图 2-01-1　2013 年 3 月 20 日，温州市人民政协副主席戴祝水到青街畲族乡调研。（由青街畲族乡政府提供）

图 2-01-2　2013 年 8 月，中共平阳县委书记王中毅到青街畲族乡调研美丽乡村建设。（由青街畲族乡政府提供）

图 2-02-1 2014 年 1 月，中共温州市委常委、组织部部长诸葛承志到青街畲族乡调研。（由青街畲族乡政府提供）

图 2-02-2 2014 年 1 月，中共平阳县委副书记、县长黄敏到青街畲族乡慰问。（由青街畲族乡政府提供）

图 2-02-3 2014 年 4 月 16 日，中共平阳县委常委、宣传部部长雷文多到青街畲族乡调研。（由青街畲族乡政府提供）

图 2-03-1　2014 年 6 月，浙江省人民政协原副主席、民进省委会主委盛昌黎到朱山村进行挂钩帮扶。（由青街畲族乡政府提供）

图 2-03-2　2014 年 7 月 29 日，省民宗委副主任吴彩星到青街畲族乡调研。（由青街畲族乡政府提供）

图 2-03-3　2015 年，平阳县县长陈永光到青街畲族乡调研经济社会发展工作。（由青街畲族乡政府提供）

图 2-04-1　1959 年 10 月，蓝享崇参加"十一"国庆典礼，受到毛泽东等党和国家领导人的接见。（由青街畲族乡政府提供）

图 2-04-2　1964 年 10 月，蓝德吾参加"十一"国庆典礼，受到毛泽东等党和国家领导人的接见。（由青街畲族乡政府提供）

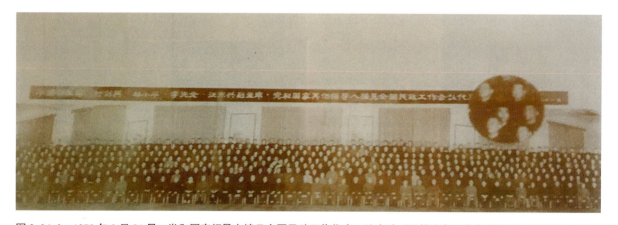

图 2-04-3　1978 年 9 月 21 日，党和国家领导人接见全国民政工作代表，池方清（四排右九）作为浙南老区代表参加会议。（由青街畲族乡政府提供）

图 2-05-1　温州市平阳县青街畲族乡航拍图（由青街畲族乡政府提供）

图 2-05-2　青街畲族乡政府

图 2-06-1 青街畲族乡农商银行（由青街畲族乡政府提供）

图 2-06-2 青街畲族乡老人活动中心（由青街畲族乡
政府提供）

图 2-06-3 青街畲族乡卫生院（由青街畲族乡政府
提供）

图 2-06-4 青街畲族乡社区居家养老服务照料中心（林炮摄于 2015 年 3 月）

图 2-07-1　青街畲族乡云祥中学（由青街畲族乡政府提供）

图 2-07-2　青街畲族乡中心学校 （林炮摄于 2013 年 3 月）

图 2-07-3　青街畲族乡幼儿园（由青街畲族乡政府提供）

图 2-08-1　龙脚潭生态园航拍图

图 2-08-2　青街美丽田园航拍图

图 2-08-3　平阳"竹海畲乡古韵青街"（由青街畲族乡政府提供）

图 2-08-4　东坑漂流（由青街畲族乡政府提供）

图 2-08-5　钩栗（新三村白岩下路边，树龄 320 年）
（池方垞摄于 2015 年 10 月）

图 2-09-1　王神洞畲族村（由青街畲族乡政府提供）

图 2-09-2　九岱民族村民族广场（林炮摄于 2013 年 3 月）

图 2-09-3　章山畲族自然村（林炮摄于 2013 年 3 月）

图 2-9-4　清代南网古戏台（林炮摄于 2013 年 3 月）

图 2-10-1 竹笋（青街畲族乡综合办供稿）

图 2-10-2 龙脚潭油菜花种植

图 2-10-3 青街竹荪（由青街畲族乡政府提供）

图 2-10-4 睦源村白枇杷种植基地

图 2-10-5 水力发电站（林炮摄于 2015 年 3 月）

图 2-10-6 平阳青街漆器工艺厂（青街畲族乡政府提供）

图 2-11-1 十五亩文化礼堂（雷顺迎摄于 2015 年 10 月）

图 2-11-2 民族展览馆（由青街畲族乡政府提供）

图 2-11-3 畲族织彩带（由青街畲族乡政府提供，2008 年 10 月）

图 2-11-4 畲族刺绣（由青街畲族乡政府提供）

图 2-11-3 畲族织彩带（由青街畲族乡政府提供，2008 年 10 月）

图 2-11-6 三月三捣糍粑（由青街畲族乡政府提供）

图 2-12-1 "三月三"畲族风情节（由青街畲族乡政府提供）

图 2-12-2 青街畲族乡首届特色运动会（由青街畲族乡政府提供）

图 2-12-3 清代李氏大屋（由青街畲族乡政府提供）

图 2-12-4 清代池氏大屋（由青街畲族乡政府提供）

图 2-12-5 宾月阁（林炮摄于 2015 年 3 月）

图 2-12-6 青街牌坊（林炮摄于 2015 年 3 月）

图 2-13-1　青街大桥（林炮摄于 2015 年 3 月）

图 2-13-2　清代抱珠桥（林炮摄于 2015 年 3 月）

图 2-13-3　清代碇步桥（林炮摄于 2015 年 3 月）

图 2-13-4　清代古石墙（林炮摄于 2015 年 3 月）

图 2-13-5　贡后水库（林炮摄于 2015 年 3 月）

图 2-13-6　滨水公园（由青街畲族乡政府提供）

图 2-13-7　三源门（由青街畲族乡政府提供）

图 2-13-8　《青街畲族乡志》领导小组和编纂人员（由青街畲族乡政府提供）

图 2-14-1 漆金：非遗传承（由青街畲族乡政府提供）

图 2-14-2 木活字印刷术传承人：徐世荣（由青街畲族乡政府提供）

图 2-14-3 清代施味辛故居（林炮摄于 2015 年 3 月）

图 2-14-4 施味辛陈列室（由青街畲族乡政府提供）

图 2-14-5 明代水尾内池宾熔故居（林炮摄于 2015 年 3 月）

图 2-14-6 宋代上马墩、下马墩（由青街畲族乡政府提供）

图 2-15-1 青街玉峰寺 （林炮摄于 2013 年 3 月）

图 2-15-2 清代章山雷氏宗祠
（林炮摄于 2015 年 3 月）

图 2-15-3 青街双合殿（林炮摄于 2015 年 3 月）

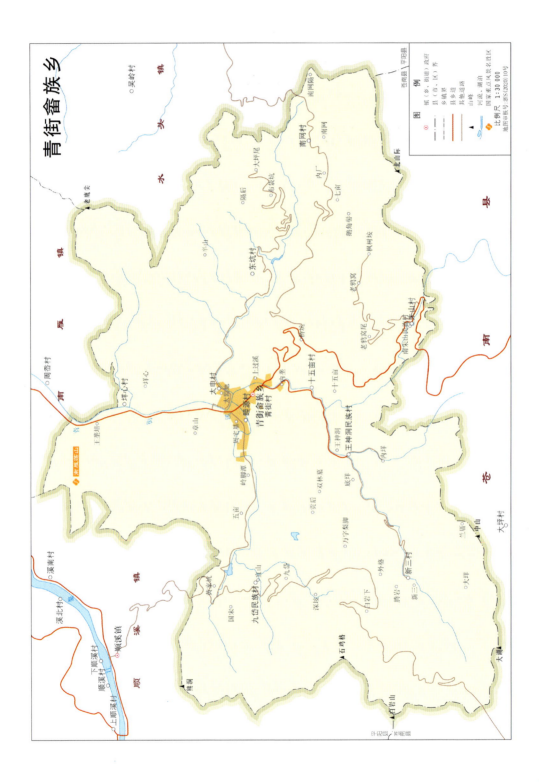

浙江省民族乡（镇）志

第二卷

青街畲族乡志

《浙江省民族乡（镇）志》编纂委员会 编

西泠印社出版社

图书在版编目（CIP）数据

青街畲族乡志 /《浙江省民族乡（镇）志》编纂委
员会编 . -- 杭州 : 西泠印社出版社 , 2021.12
（浙江省民族乡（镇）志 第二卷）
ISBN 978-7-5508-3575-7

Ⅰ . ①青… Ⅱ . ①浙… Ⅲ . ①乡镇 - 地方志 - 平阳县
Ⅳ . ① K295.55

中国版本图书馆 CIP 数据核字 (2021) 第 226064 号

浙江省民族乡（镇）志

第二卷

青街畲族乡志

《浙江省民族乡（镇）志》编纂委员会 编

出版发行 西泠印社出版社
（杭州市西湖文化广场 32 号 5 楼　邮编：310050）
网　　址 www.xilingbook.com
责任编辑 杨　舟
责任校对 徐　岫
封面设计 陈晓雷
责任印务 冯斌强
激光照排 丽水市文汇印捷数码技术有限公司
印　　刷 杭州丰源印刷有限公司
开　　本 787mm×1092mm 1/16
印　　张 34.25
字　　数 614 千字
版　　次 2021 年 12 月第 1 版
印　　次 2021 年 12 月第 1 次印刷
书　　号 ISBN 978-7-5508-3575-7
定　　价 368.00 元

《浙江省民族乡（镇）志》编纂委员会

主 任： 冯志礼（2015.03—2017.01）

楼炳文（2017.01—）

副主任： 莫幸福

李俊杰（2015.09—2020.07）

汪亚明（2020.08—）

委 员：（按姓氏笔画为序）

王传良	方土新	叶梦梅	兰明顺	兰绯绯	兰瑞仙	许积高
李旭琴	杨 杰	吴友波	张彦良	陈仁伟	邵根松	金 伟
金 茹	金伟庆	金国平	金黎萍	周林茂	周国文	周祖平
郑 浩	郑晓霞	胡建平	钟芳源	钟秀明	钟鼎春	施 强
娄 恒	贺再军（2018.05—）		夏朝敏	高成锋	蓝 青
蓝 建	蓝水林	蓝永慧	蓝伟军	蓝传德	蓝幸杏	蓝建军
蓝智伟	蓝德超	楼剑涛	雷文宾	雷伟斌	雷华林	雷菊香
蔡松芝（2015.03—2018.04）		樊国斌	潘胜华			

主 编： 莫幸福

执行主编： 施 强

副主编： 杨 杰

蔡松芝（2015.03—2018.04）

贺再军（2018.05—）

编 辑：（按姓氏笔画为序）

万中一	王闰吉	包才德	刘凌宇	汤陈生	李祖平	杨道敏
吴伯卿	吴海波	林臣波	林兴亮	胡 健	钟昌元	钟桂鸿
施 展	徐世槐	蓝义荣	蓝双一	雷 霄	雷士根	雷火元
雷柏成	雷朝欣	蔡蓉蓉				

《青街畲族乡志》编纂委员会

顾　问：黄益谦　　李信谦
主　任：钟思钰　　雷华林
副主任：陈加俊　　毛传楚　　张　伟
委　员：钟郑浩　　雷　雄

组　长：雷朝欣
主　编：蓝朝罗
编　委：池方垞　　雷朝欣　　李志晃　　雷顺迎　　池云亮

序 一

我国是一个统一的多民族国家。在中华民族历史演进过程中,造就了各民族在分布上交错杂居、文化上兼收并蓄、经济上相互依存、情感上相互亲近的多元一体格局。生活在浙江大地的56个民族,就是这种多元一体格局的具体体现。

2015年3月,省民宗委决定编纂《浙江省民族乡(镇)志》,目的是通过编纂"一方之史"的18个民族乡(镇)志,客观记述一乡一镇区域范围内自然和社会诸方面的历史和现状,达到"资政、存史、育人"之功效,对繁荣乡镇经济、促进社会和谐发展、坚守"四个自信"起到不可或缺的作用。历届民宗委领导高度重视,各民族乡(镇)党委政府尽心尽责。《浙江省民族乡(镇)志》是少数民族地方经济、政治、社会、文化、生活的丰富展演,更是民族团结的重要成果,也是全体编纂人员无私奉献与辛勤耕耘的结晶。

浙江属少数民族散杂居省份。世居少数民族有畲族、回族和满族,其他少数民族大多是中华人民共和国成立后,特别是改革开放以来因工作、经商或婚嫁而落户浙江的。2010年,浙江省56个民族成分齐全,少数民族人口总数1214697人。其中畲族人口为166276人。

1956年12月,经平阳县委、县府批准建立的凤阳畲族乡,是浙江省最早成立的畲族乡。几经撤建,至1992年5月,全省建立了18个民族乡(镇),其中有14个是革命老区。2015年,18个民族乡(镇)行政区划面积为1068.30平方千米,耕地面积9138.67公顷,人口19.61万。其中少数民族人口4.41万,辖245个行政村,其中有80个民族村。它们分布在杭州、温州、金华、衢州和丽水的13个县(市、区),目前已经全部实现通公路、通自来水、通电与通邮。

进入21世纪,省民宗委根据省委、省政府对民族工作的部署,牢牢把握铸牢中华民族共同体意识及各民族"共同团结奋斗,共同繁荣发展"的主题,深入实施"八八战略"。通过目标引领,强化区域特色,推进全省民族地区经济社会的发展;通过深化民族事务的依法治理工作,推进民族地区治理体系现代化；通过强化帮扶机制，推进浙江民族地区小康建设的"加速度"。

习近平指出，中国特色社会主义文化，源自于中华民族五千多年文明历史所孕育的中华优秀传统文化，熔铸于党领导人民在革命、建设、改革中创造的革命文化和社会主义先进文化，植根于中国特色社会主义伟大实践。《浙江省民族乡（镇）志》的编纂出版，正是贯彻落实习近平关于文化建设重要论述，体现了民族文化的传承与创新，也是推动浙江畲族文化研究工作向广度拓展、向深度推进的重要实践。也正是通过民族文化的创新性发展，将浙江畲族源远流长的灿烂文化转化为现实经济优势，对提高浙江畲族文化软实力，增强浙江畲族文化的竞争力，扩大浙江畲族文化的影响力，加快地方经济社会发展和促进社会和谐，推动民族地区政治文明、精神文明、物质文明、社会文明和生态文明的协调发展，都具有重大的现实和深远的历史意义。

《浙江省民族乡（镇）志》在篇章布局上既体现乡（镇）志编纂要求，又体现畲族文化特色。这样，有裨于贯彻党和政府的民族政策，进一步推动民族平等、民族团结、各民族共同繁荣；有裨于民族间的学习交流与文化互动；有裨于畲族民众更加了解自己民族的发展历史，提高民族凝聚力；有裨于畲族教育文化工作者更加深入全面了解浙江畲族文化内涵和现代畲族文化现象；有裨于帮助广大民众了解民族地区社会、经济与文化发展情况，具有丰富的资料性与较高的学术价值。

"修史之难，无出于志。"值此本志出版之际，谨对参加编写的全体编纂人员，以及对志书编纂工作提供帮助和付出艰辛劳动的社会各界人士、专家学者及相关人员，致以衷心感谢与崇高的敬意！

施奏美

2020年11月

序 二

　　青街畲族乡地处平阳县西南部山区，鳌江上游，畲族乡成立于1984年。乡辖区东西最大距离6.90千米，南北最大距离5.15千米，总面积21.75平方千米。2015年全乡总人口10091人，汉族及其他民族人口8072人，畲族人口2019人，畲族人口占全乡总人口22%。王神洞、南朱山、九岱3个村为民族村，九岱村畲族人口759人，是温州地区最大的民族村。

　　青街畲族乡山清水秀，环境优美，以"竹海"著称；毛竹各村均有分布，以睦源、青街、十五亩、南网、王神洞、九岱等村最多，2015年有毛竹800多公顷，占森林总面积的80.70%，毛竹收入占全乡经济收入的58.80%。

　　青街畲族乡人文资源丰富，名人辈出。在汉族中古有周氏18进士，现代有革命烈士7人，抗日阵亡将士7人，有1922年加入中国共产党的施味辛，有马来西亚共产党中央委员的李基中。畲族文化尤为突出，中央电视台曾对青街的畲族文化进行录制。1000多年来，青街人生于斯，长于斯，世世代代生生不息创造了灿烂的历史，留下了宝贵的物质和精神财富。

　　自中华人民共和国成立以来，特别是畲族乡成立以后，青街畲族乡各族人民在中国共产党和政府的关怀和支持下，贯彻党的民族政策，致力于脱贫致富，致力于社会和民族关系的和谐。调整农业生产结构，注重多种经营特色农业的发展，注重生态保护。通过艰苦奋斗，共同谱写了社会主义物质文明和精神文明建设历史新篇章。2014年6月16日环保部发布2012至2013年国家级生态乡镇命名公告，青街畲族乡入选。今后，乡党委和乡政府责无旁贷地与全乡人民一道，以史为鉴，再接再厉争取更大胜利。

　　《青街畲族乡志》是青街畲族乡的第一部志书，比较全面地记述了全乡古今面貌变化情况。此志书值得阅读，内容值得借鉴。

  《青街畲族乡志》是在《浙江省民族乡（镇）志》编辑部指导下，通过全体编写人员历经多年的努力完成的，编辑人员为畲乡的文史工作作出重大贡献，在此表示感谢。

中共青街畲族乡党委书记 钟方铢

青街畲族乡人民政府乡长 钟义钮

2018年10月

序 三

　　《青街畲族乡志》经全体编写同志的努力，集全乡人民的智慧，历时四载，数易其稿，终于面世了。

　　全书记载上自唐代，下至2015年，涵盖了21.75平方千米土地上的自然环境、生态物产、历史沿革、文明教化、民情风俗以及经济发展轨迹等全貌。通观全书，乡志能够运用马列主义、毛泽东思想的理论和方法，观察分析各个时期政治、经济、文化状况；从历史人类学、社会学视角体现域内民族迁徙史；再现了青街曾经的沧桑辉煌和今天的改革开放、科学创新的成果。编纂体例规范、资料翔实、记述完整，体现了民族性、政治性的要求，时代特征、地方特色明显。此书填补了千百年来青街无志书的历史空白，这是全乡文化建设的一件大事，值得祝贺。

　　青街自然风光旖旎、生态环境秀美，属于南雁荡山区域，四面环山、三水汇源、竹林葱郁、溪流清澈、鸟闹林间，森林覆盖率达87.50%，还有王神洞的青山瀑、十五亩龙潭、青街月山等风景名胜。这里的明山秀水吸引着四方游客来此观光。

　　青街在历史上曾是个人文鼎盛、人才辈出的地区。唐代周氏家族因安禄山叛乱，从江西饶州迁徙到此地，苦心经营，耕读传家，到南宋时有18人金榜题名。庆元二年（1196年）周茂良叔侄竟是"一门同科四进士"，誉满朝野。周氏与南湖薛氏、三桥朱氏、盖竹林氏并列平邑北港四大名门望族，门第显赫、学风昌盛、人才济济。

　　青街也是民国时期中国共产党领导下的革命活动地区。1935年有10多名青街畲汉青年参加中共闽东游击队。在抗日战争和解放战争时期，又有10多人加入革命队伍。他们同仇敌忾，奔赴疆场，用自己年轻的生命谱写一首首可歌可泣的壮丽诗篇！他们不惜牺牲、前仆后继的精神载入史册，不断激励着后人建设高度文明、和谐幸福的新青街。

青街是平阳县畲族最集中的地区。南朱山、王神洞、九岱是民族村，九岱也是温州市最大的纯畲族村。畲族自古以来就是一个勤劳和具有开拓进取精神的民族。他们披荆斩棘，开疆拓土，形成自己的民族文化。畲歌畲舞优美动人，民风习俗淳朴，畲家菜肴别有风味。他们用自己的聪明才智展示了独特的民族风貌。

而今，青街是国家级的生态乡、省级卫生乡、省级民族团结进步模范集体、省级美丽示范乡、省级体育强乡，是平阳县首批历史文化名乡，也是浙江省旅游风情小镇。青街各族人民凭借大自然的无私馈赠和丰厚的文化积淀，在各级政府的关怀下，用自己的勤劳智慧改变了畲乡的面貌。特别在改革开放后，畲乡的经济得到快速发展，人民生活水平大幅度提高。2015年，全乡工农业总产值由1989年的584万元增加到1420万元，增长1.40倍；林业产值由1989年的31万元，增加到2015年的442万元，增长13.20倍；农民人均纯收入由1989年342元，增加到2015年的11960元，增长34倍。正如中共中央总书记、国家主席、中央军委主席习近平所说的："绿水青山就是金山银山。"

鉴古明今，以史为鉴。《青街畲族乡志》为青街的发展提供借鉴，也为建设生态、富裕、文明、和谐、幸福的新青街坚定了信心。在这里我俩代表中共青街畲族乡党委与青街畲族乡人民政府，向关怀支持编写《青街畲族乡志》的前任领导，向夜以继日不辞辛劳的修编者，向各村干部及各界仁人志士表示衷心的感谢和崇高的敬意！《青街畲族乡志》的修成，希望能充分发挥"资政、教化、存史"的作用，也希望能激励后人，更好继承爱国爱乡革命传统，在新时期里再创辉煌。

中共青街畲族乡党委书记 曾仁磊

青街畲族乡人民政府乡长 曾华林

2019年6月

凡　例

第一条　宗旨。以马克思列宁主义、毛泽东思想、邓小平理论、"三个代表"重要思想、科学发展观、习近平新时代中国特色社会主义思想为指导，遵循辩证唯物主义和历史唯物主义原理，全面、客观、系统地记述浙江省自然、政治、经济、文化和社会的历史与现状。服务当代，垂鉴后世。

第二条　起讫时间。上溯事物发端，下限为2015年12月31日，必要时以注释等形式作适当下延。

第三条　地域范围。以下限时浙江省民族地区的行政区域为界，原则上越境不书。

第四条　体裁。采用述、记、志、传、图、表、录等体裁，以志体为主，图照辅之，表随文设置。全志首列序言、凡例、概述、大事记。

第五条　结构。以卷章结构为主。设章、节、目、子目4个层次，横排门类，纵述史实，力求充分体现地方特色和时代特点。

第六条　文体。使用规范的现代语体文。直接引用资料使用原文文体。

第七条　文字。以经中华人民共和国国务院批准、1986年10月10日国家语言文字工作委员会重新发布的《简化字总表》，1955年12月22日中华人民共和国文化部、中国文字改革委员会发布的《第一批异体字整理表》及2013年6月5日中华人民共和国国务院公布的《通用规范汉字表》为准；异形词以2001年12月19日中华人民共和国教育部、国家语言文字工作委员会发布的《第一批异形词整理表》为准。

人名、地名、书名、文章篇名及引录的原著文句，凡可能引起歧义、误解者，仍用原繁体字或异体字。

第八条　标点符号。以2011年12月30日中华人民共和国国家质量监督检验检疫总局、中国国家标准化管理委员会发布的《标点符号用法》为准。

第九条　称谓。中华人民共和国成立前的国家、民族、地名、组织、机构、职官等名称，除明显带有歧视、污蔑含义者加以适当处理外，原则上仍用文献记载的原名称。

志书下限时的地名使用各级政府审定的标准地名，必要时括注俗称地名。地名古今不同者，各章首次出现时在其后括注志书下限时的标准地名；隶属地域变化者，注明志书下限时所属地域。

外国的国名、地名、人名、民族名，以及政府机构、党派团体、报刊等名称，主要依照《辞海》（第六版）译名及新华通讯社译名室常用译名。

生物名称使用学名，记述自然资源涉及有关生物名称的，各章首次出现时采用二名法，必要时加注当地俗名。

第十条　简称。 各种较复杂的名称重复出现时，各章首次出现时使用全称并括注简称，其后出现直接使用简称；简称均以《有关机构、单位全称与规范化简称对照表》为准；有关机构单位2015年前的简称及其他简称采用社会上通行、不产生歧义者，且全卷保持一致。

第十一条　纪年。 干支纪年、年号纪年及其他非公历纪年等，以汉字书写，括注公历纪年；非公历纪年后有月日的，同时括注经换算后公历纪年的月日。

民国纪年以阿拉伯数字书写，括注公历纪年。

同一自然段中同一纪年多次出现时，只在首次括注公历纪年，其后不再括注。

括注公历纪年于年份后加"年"字；括注某一时间段，则只在后一个公历纪年后加"年"字。

括注公元前年份，年份前冠"前"字；括注公元元年后年份直接书写年份，不冠"公元"。

自1949年10月1日起，采用公历纪年。

公历纪年及公历的世纪、年代、月、日和时分，均以阿拉伯数字书写。

第十二条　数字。 按2011年7月29日中华人民共和国国家质量监督检验检疫总局、中国国家标准化管理委员会发布的《出版物上数字用法》表述，凡一个数字与"以上""以下""以内"等连用的，均含该数字。

第十三条　数据。 中华人民共和国成立前的数据按文献记载入志。

中华人民共和国成立后的统计数据以统计部门公布数据为准。统计部门缺失者则采用相关部门经过核实的数据，并以注释形式说明资料来源。同一内容数据有不同者，也以注释形式加以说明。重要地理信息数据采用测绘部门公布的法定数据。

第十四条　计量单位。按1984年2月27日中华人民共和国国务院发布的《中华人民共和国法定计量单位》规定表述。行文中使用单位名称或单位符号视具体情况而定。

中华人民共和国成立前的计量单位根据需要沿用旧制。

第十五条　货币。中华人民共和国成立前的货币币值均按文献记载入志。

中华人民共和国成立后货币币值均指人民币币值。1953年3月1日前后人民币各按当时币值记载，不作换算。

外国货币按文献记载入志，币值不作换算。

第十六条　地图。按2015年11月26日中华人民共和国国务院公布的《地图管理条例》和浙江省人民政府2014年11月11日公布、2015年12月28日修正的《浙江省地图管理办法》的规定，采用经浙江省测绘行政主管部门审核的地图。

第十七条　注释。直接引用（引文）、地图、图片、表格及有关重要内容，均注明资料来源，其他需要说明者亦酌情加以注释。

引用清代及清代以前编纂的志书，注明朝代、纪年、志书名称及卷次（或卷次与篇名）；引用民国时期编纂的志书，注明"民国"两字和志书名称、卷次（或卷次与篇名）；引用1949年10月1日（含）以后编纂、出版的志书，注明志书名称、出版单位、出版时间及页码。志书名称与篇名均用书名号。引用私修志书除上述各项内容外，于志书名称前注明作者姓名。

第十八条　资料。取之于档案、书籍、报刊、网络及社会调查等，均经考订、核实。凡记载不一者，正文采其一说，其余说法以注释形式记述。

第十九条　人物。以"生不立传"为原则，专设《人物传略》《人物名录》予以记载；所涉人物按"以事系人""人随事出"加以证述。

目 录

概　述

　　青街畲族乡位于温州市平阳县西南部山区，鳌江上游，北纬27°41′06.43″、东经120°9′21.32″，海拔101米，东邻水头镇闹村乡，南与苍南县桥墩镇、莒溪镇接壤，西邻顺溪镇，北连南雁镇，距县城昆阳镇53千米。

　　青街历史悠久，文化底蕴深厚，文人官员甚多，是平阳县首批历史文化名乡。早在宋代考中进士18名，元代州级以上官员6名，明代举人1名，清代贡生、生员13名。省级文保单位5处，县级文保单位2处。还有传承百年的木活字印刷术，列入省第三批非物质文化遗产。

　　畲汉各族自明清入迁青街以来，他们互相学习，互相激励，和谐相处。凭借大自然的无私馈赠和丰富的文化积淀，用自己的勤劳和智慧改变了青街的面貌。尤其自中华人民共和国成立后，畲乡的经济得到快速发展。

　　2015年，全乡工农业总产值由1989年的584万元增加到1420万元，增长1.43倍；农民年人均纯收入由1989年的342元增加到11960元，增长34倍。其中第一产业1220万元、第二产业200万元，分别占生产总值的85.91%、14.08%。

一

　　唐天宝年间，睦源（今青街）属横阳县（平阳县前称）。明景泰三年（1452年）青街地域为平阳县五十一都，属宰清乡。清代至民国13年（1924年）属崇政乡。民国14年（1925年）称睦源乡，民国30年（1941年）称青街乡。1958年11月，青街乡为生产大队（管理区），1961年改称青街人民公社（1984年撤销），1984年5月改设青街畲族乡。1992年5月，睦源乡并入青街畲族乡。乡政府驻地青街村三源路131号。

　　2010年，全乡土地面积2175.38公顷，其中耕地面积457.46公顷、园地面积2.44公顷、林地1522.43公顷（毛竹林面积占80.70%）、水域面积22.82公顷、其他农用地89.18公顷。辖2个社区，分11个村40个自然村，其中有3个民族村。户籍人口2587户10836人，其中畲族户籍人口753户2562人，占总人口23.65%。人口密度每平方千米497.97人。

青街畲族乡地处山区，境内平均海拔高度101米。境内主山脉白岩山（最高峰868.50米），由浙闽边界的洞宫山山脉延伸而来。其东南分支从白岩山迤至大垟山、垟半岭、朱山、鹅角鬏（最高峰572.80米）、南网山；其西北分支由白岩山伸延到九岱、坭山（大尖峰），转入睦岭隔。境内地貌属山地丘陵地貌。群山耸峙、峰峦起伏，地势西南高东北低，四周高中间低，地形似半圆莲花状。低山丘陵之间地势平缓。

境内红壤土类分布广，适宜毛竹树木生长。山林面积1522.43公顷中，毛竹林面积占80.70%。境内树木、竹林密布，植被丰富，绿化覆盖达到100%。至今有古树香樟、红豆杉、枫香等18株国家三级古树名木。

青街溪是鳌江水系主要支流之一，属山溪性河流，溪流发源地腾垟杨家山，青街溪主要支流有王神洞溪、朱山溪、睦源溪、东坑溪。全乡水域面积22.82公顷。

青街畲族乡属中亚热带海洋季风气候区，冬天寒冷、春季温暖、夏少酷暑、秋季干爽，夏冬季长、春秋季短，四季分明。年平均气温17.8℃，无霜期约291天，年降雨量约1819毫米，主要集中春、夏两季。

畲族有蓝、雷、钟、吴、李5个姓氏，汉族有池、李、杨、王、施、温、黄等23个姓氏。汉族各姓多数在明末清初从福建省等地迁入；畲族先民于唐代从广东凤凰山迁出，进入福建省罗源，明末清初部分畲民辗转各地进入平阳县青街。

二

青街畲族乡的经济以农业为主。20世纪50—70年代，青街实行单一的农业经济，乡民经济收入微薄，生活水平低下。1978年改革开放后，各级政府鼓励少数民族发展多种经营和特色农业，通过扶持新经济组织，成立一批农业合作社，大力建设特色农业，农民收入稳步提高。2015年，全乡农村经济总收入1183万元，是1985年132万元的8.96倍；农业总产值968万元，是1985年115万元的8.42倍；农民人均收入8630元，是1993年168元的51.37倍。

农业以粮食、毛竹、畜牧三大传统产业为主，1978年以后加快发展多种种植业和养殖业，尤以花果种植业发展快速。1989年，农作物种植面积466公顷，粮食总产量1590吨。2010年，农作物种植面积268.80公顷，粮食总产量1856.60吨。种植基地有九岱山油茶基地、睦源中药材基地、南网竹苁蝉花种植地、东坑村柑橘基地、白岩村猕猴桃基地。东坑村柑橘基地总面积已超过33公顷，白岩村猕猴桃基地扩大至近3公顷。睦源、王神洞、十五亩等村的淡水鱼养殖进一步扩大。

畜牧业主要以养殖生猪、山羊、兔以及鸡、孔雀等禽畜为主。1995年王神洞村和睦源村建立禽畜基地，东坑底村和垟心村建立山羊基地。2008年垟心村组建山羊养殖合作社。南网村建立鳄鱼孔雀养殖基地。到2008年全乡生猪存栏74头，年内出栏222头；年末牛存栏35头；年末羊存栏138只，年内出栏45只；年末家禽存栏13170只，年内出栏18815只；年末兔存栏约3000只，年内出栏约5000只。2010年，畜牧业总产值为653万元。

林业面积1874.40公顷。主要品种有杉树、松树、毛竹等。每年砍伐杉树、松树等用材林木10余万斤，收入约10万元。青街的毛竹以"青街竹"闻名。1989年推广"毛竹改笋园"改造技术，1996年已改笋山共189公顷。2007新增睦源村、太申村低产林26.70公顷，技改总面积240多公顷。2010年有毛竹林533.33公顷，年销售量500吨，产值100余万元，竹笋年产值50万元。1979年10月，青街王神洞特大毛竹及其图片以"畲乡新貌"为题参加北京"全国民族工作展览"。2005年，青街畲族乡的毛竹笋丰产示范基地和万亩毛竹笋科技示范基地被列入浙江省森林食品基地。

青街畲族乡工业发展规模较小。1996年建有青街竹制品加工厂。2003年成立青街山泉水合作社，平阳青街佛像工艺厂。1998至2010年，工业年产值保持在200万元以内。

1950年建青街和睦源供销合作社及其各村分销店。2010年，有个体商铺30余家，集中在青街村三源路，经营生产和生活用品，以及餐饮等服务业。各村均有小商店。1954年建青街信用社。1991年9月，青街信用合作社和睦源信用合作社合并为青睦信用合作社，2005年改名为山门信用社青睦分社。2000年，乡民合资创办青街畲族乡昌会绿色食品有限公司。

三

1978年前，青街畲族乡属贫困山区，其社会事业的发展也相对滞后，直到20世纪80年代后，随着新农村建设的推进，各级人民政府给予关注，不断加大投入，使青街的各项社会事业有了质的变化。

1984年起先后修建县际公路1条，长6千米；县乡级公路总长27千米。到2010

年有汽车客运站1个，年客运量2万人次。1995年，开通程控电话。1998年完成有线电视工程建设，开通有线电视。2000年，移动通信信号开通。2010年，有固定电话用户0.20万户、移动电话用户1万户、宽带接入用户0.24万户。1998年建成青街邮电所。2010年，设邮政网点1个，投递路线单程总长度22千米，乡村通邮率100%。20世纪70年代后，全乡建有水库3座，库容量3.67亿立方米。建有水电站3座，装机容量332千瓦。1995年，全乡实现村村通电。1996年8月改造南朱山、白岩下等9个村总长约32千米的低压线路。1998年完成睦源、青街、太申三村用电标准化建设。2001年，全乡完成高压线改造和农电网的改造。

在封建社会，畲民多文盲，汉族乡民受教育程度亦普遍低下。1949年前，大部分乡民没有受过私塾或学校教育。清光绪三十年（1904年）青街乡创办睦源初级小学。1949年下半年扩建为青睦中心小学。20世纪50至80年代各村举办民办小学10多所，90年代各村办小学撤并到青街畲族乡中心小学。2010年，全乡只保留青街畲族乡中心小学，学生139人，教职工21人，校舍建筑面积8653.52平方米。1962年创办初中班和农业中学。1969年农业中学改制为青睦中学，到2010年因生源不足而停办，学生分散到城镇中学就读。1987年建立青街畲族乡中心幼儿园，2010年10月被评为省三级幼儿园，在园幼儿110名，教职员工17名，全乡幼儿入学率99.99%。1993年，创办乡成人文化技术学校。1974至2010年，政府下拨教育补助经费合计722.33万元，接受社会各界助学捐资合计178万元。

1949年以前，青街畲族乡有2家中药铺，2位中医。畲医采用畲药为乡民治病，尤对蛇伤、妇科、儿科等疾病有独特的疗法。1954年有一家个体西医诊所。1962年建立建睦源保健所（青街畲族乡卫生院前身），有三间二层医用房。2010年建青街乡卫生院，新建大楼面积1580平方米，有医护人员15人。2008年开始推广新农村合作医疗保险制度，到2010年参保人数8569人，参保率75%。

青街畲族乡有文化站1个。至2015年青街畲族乡修建了九岱畲族文化广场、九岱文化礼堂、十五亩文化礼堂。2001年4月，全省第一个"畲乡民俗馆"在睦源村池氏古宅落成，珍藏竹制生产用具、竹制工艺品、竹制乐器、畲族服饰、畲族民间生活用品等500多件精品，展现青街"竹乡""畲乡"的特色。

畲族以口传文化传承民间故事、传说和畲歌。每年农历三月三，文化站组织乡内畲族歌手参加温州市等地"三月三赛歌会"。2010年九岱村举办首届平阳县畲族民歌对唱会。是年6月，朱山村畲歌手李菊花被温州市确定为非物质文化传承人。

青街畲拳（南拳）的传承已有300多年的历史，十五亩武术馆创办于1904年。

2010年，拳师李庆明获第五届香港国际武术比赛南拳等三项冠军、获第六届全国传统武术邀请赛南拳冠军。稳凳是青街畲族人民喜爱的民间传统体育项目之一，以蹬、转、翻、旋、翘、摇、摆等为基本动作。2005年，建成乡中心区露天健身中心，各村建立健身活动点，配备简易的锻炼体育器材。

古建筑有李氏大屋和池氏大屋，均为省级重点文物保护单位。徐氏平阳木活字印刷为浙江省第三批非物质文化遗产（徐世甫、徐世荣为省级非遗项目传承人）。青街漆器制作技艺被列入温州市非物质文化遗产代表性名录。

四

青街畲族乡是民国时期中国共产党领导下的革命活动地区。1935年有10多名畲汉青年参加中共闽东游击队。在抗日战争和解放战争时期，有11位抗日阵亡战士、7位革命烈士。1993年，南朱山村、九岱村、新三村被浙江省老区办命名为"革命老区村"，被编入《浙江省老区名录》。

1949年以前，青街畲族事务管理，通过修宗谱、建祠堂等宗族活动加强民族凝聚力，由族长管理族内外事务。畲民迁徙青街之初以"祖担"代替祖祠。清代居住稳定后开始修建宗祠。

中华人民共和国成立以后，县人民政府设立民族事务管理部门，具体指导畲族乡的民族事务，贯彻和执行民族政策。1949年青街成立乡人民政府。1956年4月，乡人民政府改称乡人民委员会。1958年8月，撤销乡人民委员会，乡改为公社下属的生产大队，设管理委员会。1959年3月，生产大队改称管理区，5月2日，又将管理区改称生产大队。1961年10月，生产大队改称人民公社，建立公社管理委员会，原生产队改称大队。1968年12月，撤销公社管理委员会，成立公社革命委员会。同月，撤销公社革命委员会，恢复公社管理委员会。

1984年5月，经省政府批复，建立青街畲族乡人民政府。1992年5月，撤区并乡，睦源乡并入青街畲族乡。2006年，县人民政府批准青街畲族乡九岱、王神洞、南朱山等3个村为民族村。

1995—2010年，青街畲族乡共投入资金2150万元，用于新农村建设。1995年集资21.30万元，建成迢岩桥头"青街畲乡"门楼。1998投资10万元完成青街牌门建设。2000年乡政府投资16万元改建青街、睦源、九岱等3个村的自来水设施，并实现全乡改水、改厕、垃圾集中处理。2002年，章山自然村（畲族人口300多人）安装较高标准的饮水设施。2005年完成总投资42万元的自来水工程。1997年，青街村建成青街畲乡敬老院（二间三层，建筑面积250平方米，总造价约11万元），供养10位孤寡老人。2005年建成东坑和太申村10条三面光水渠长680米，太申村防洪堤长200米，睦源、垟心村防洪堤长500米，太申、青街、睦源堰坝共5座，青街、十五亩等村引水渠1000余米。2000年始，除建设文化广场、文化礼堂、畲族陈列馆以及学校、卫生等设施外，新建青街、睦源、垟心、十五亩等6个村的党员活动室，并为全乡16个党员活动室配备了电教设施。2010年，王神洞村畲族文化中心综合大楼落成。2009年修建青街和谐桥。2010年，重建双合殿（仿古建筑，供民间庙会用）。2001年，王神洞民俗文化村建造村内长500米、宽5米的水泥路。2002年，王神洞村建成水泥路960多米。2004年，建设青街村至王神洞村水泥路（长1800米、宽5.50米）、太申至东坑水泥路（长3000米、宽4.50米）、垟心村环村水泥路(长1000米)。实施东坑、九岱、南网3个村的"康庄"工程，总里程10.10千米；青街村至王神洞村水泥路，长1800米、宽5.50米；2005年，建成东坑、九岱村、贡后、南网村4条水泥路。至2010年实现村村通公路，乡村道路全部硬化，道旁美化。2006年，青街畲族乡被市、县人民政府评为首批"历史文化名乡"。2008年，王神洞村、九岱村民族村通过省级整治村验收。2010年，九岱村获"浙江省民族团结进步小康村"称号。

青街畲族乡畲民参与政治和民族事务管理。2015年全乡有中国共产党员375人，中国共产主义青年团员294人（其中畲族中国共产党员82人、共青团员93人）；历任乡长和民族村负责人均为畲族乡民。畲族有17人当选为省党代会代表或省、市、县人大代表，8人被聘为省、市、县政协委员。共有4人次畲族人士到北京参加"五一"或国庆观礼，受到党和国家领导人接见。

大事记

一、清代及以前各朝

唐

天宝年间

周欲纳从江西饶州乐平县迁横阳（今平阳）坡南暂住，旋则迁睦源定居。

五代

梁乾化四年（914 年）

吴越王钱镠以横阳之乱既平，遂改横阳为平阳。平阳县名始于此，周氏所居地为平阳县睦源。

宋

天圣三年（1025 年）

周栋，字杓弟，任尚书检阅。

庆元二年（1196 年）

睦源人周茂良、周励、周勉、周劼，同一年中进士。

叶适为周茂良故居题《睦山堂铭》。

庆元五年（1199 年）

周溥，字少博，中进士。

嘉定元年（1208 年）

周希浚，中进士，知龙泉县。

周履常，中进士，任静江教授。

嘉定七年（1214 年）

缪思问，字叔通，中进士（甲午科）。

嘉定十年（1217 年）

周文郁，中进士，任卢阳令。周效，字有进，中进士。

绍定二年（1229 年）

周自介，中进士。

绍定五年（1232 年）

周于，字华叔，茂良孙，中进士。

嘉熙二年（1238 年）

周椅，中进士，知善化县。

宝祐四年（1256 年）

周文子，中丙辰科进士，任永兴令。

咸淳四年（1268 年）

周梓，中进士。

周熙夫，中进士。

周頵，中进士，知武冈县。

南宋（1269—1278 年）

周埏，释褐进士。

元

至正十三年（1353 年）春

闽括义军临境，出没在浙闽交界山区。期间，刘基（刘伯温）撰写《赠周宗道六十四韵》，浙东道宣慰使恩普宁镇守温州，委任周嗣德（字宗道）代理平阳知州，依靠周"讨贼安民"。

至正十五年（1355 年）

周嗣德率弟诚德在江南招募义勇，依靠地方武装打败义军。擒获首领金安三、吴邦大。周嗣德、周诚德建学置田（以充办学经费来源），创办（万全）湖岭书院。

至正十六年（1356 年）正月

知州嗣德率兵击败葛兆和金龙十率领的义军。同年，知州周嗣德、同知周诚德捐学田五十亩，兴办泾川义学（在水头镇）。

至正十七年至二十一年（1357—1361 年）

周嗣德、周诚德四兄弟因功升官。周嗣德升浙东道宣慰司同知副元帅，总制本州及瑞安军事。

至正十八年（1358 年）

平阳知州周嗣德，在家乡睦源用青石板铺成街道，故后人更地名为"青街"。

至正二十二年（1362 年）

周诚德率兵击败入侵飞云江的方明善水军，俘舟二百，保住了平阳城。

至正二十三年（1363 年）

方国珍调动台、庆、温三地兵力直攻平阳和瑞安，周诚德率官兵抵抗，相持6个月。因内奸出卖，周嗣德、周诚德被擒，周诚德至死不降，方明善占据平阳月余。

至正二十五年（1365 年）

明朝军队收复台、温、庆三郡，方国珍兵败降明。周嗣德因方国珍降明，被押送至南京。好友刘基在朱元璋前保释，周嗣德被放归睦源故里。

元末明初（1363—1381 年）

平阳坡南岭门建有"周枢密祠"，奉祀睦源周诚德。元史官程世京为之撰联。

明

洪武四年（1371 年）12 月

周嗣德骸骨由女婿顾克敏领回归葬睦源。

洪武十三、十四年（1380—1381 年）

青田人叶丁香和文成横坛人吴达三在平阳、瑞安起义，占领吴岩山（南雁镇吴山）为根据地，杀巡检、掠官宦富户。

延安侯唐胜宗领兵征剿，民"匪"（叶、吴之众）不分，一概剿灭。民居烧毁，几乎无存，睦源成了一片荒凉废墟之地。

弘治年间

雷应科、雷应传从福建南安蓬岛迁平阳桥墩，后裔于清顺治间移居青街章山。

万历年间

青街乡域属宰清乡。

蓝昆冈后裔蓝种寿（1591—1651年）、种松、种柏等从罗源大坝头分迁至平阳莒溪垟尾（今属苍南县）、闹村东湾，第九世后裔元明、元全、元亮于康熙雍正年间迁入青街王神洞。

蓝朝振（1542—？年）从罗源迁黄岩转文成，其子蓝久裕于万历间移居平阳青街仪圾山（今青街畲族乡九岱村仪山）。

万历八年（1580 年）

雷永祥与子仰宇从福建罗源迁平阳桥墩，后裔于清顺治间移居青街章山。

万历初年至万历二十三年（1573—1595 年）

池国纯、池国偕弟等举家由闽入浙，纯公派下有八子分八房，为寻求发展，其中有四个兄弟迁到睦源繁衍。六房池隐山从山门门楼基迁睦源定居，五兄池璞山同来居水尾；四兄台山选居山边，八弟池怀山择居垟心水浚头。长房池永胜于清顺治元年（1644年）移居睦源书房基。

万历年间

杨清同兄弟由闽入浙，迁平阳北港睦源垟心定居。

王一祥从南港观美北岸徙居北港崇政乡睦源垟心王山。传至第四世王文仲（字仁德），迁徙布袋坑，择地大坪尾安居。后裔王诗台、王诗易分迁东坑。

天启年间

魏朋清由闽永春湖羊镇玉柱村经寿宁迁苍南县闹村柿树垅。曾孙魏君璧分迁青街月山下定居。

天启五年（1625年）雷法罡从福鼎牛埕下迁平阳青街黄家坑。

明季间（1595—1620 年）

黄南方由闽泉州迁平阳五十一都、睦源周大公地方定居。

胡主字由闽长泰县迁居平阳五十一都睦源岭脚潭。

董新泉，由闽入浙，其第三子董明进分迁青街太监地、桥头定居。

睦源林奕泉、林奕渠，从闽南安迁居睦源东坑口定居。

李明廪徙迁青街南网大厝基定居。

清

清代（1644 年后）

青街属崇政乡五十一都，其中有青街（睦源）、顺溪、苔湖、望神洞（王神洞）、五十丈、南莽（网）、章山、周岙、迢岩、溪南、湖头山、沙阳、俞思坑、晓阳、吴阳、天井阳、戈场、富溪等。

顺治年间

李员稽三兄弟由闽南安八都吕洋迁周岙。员稽子文周（明灿）分迁青街石柱，文正（明辉）迁居太监地。

康熙年间

李君卿自安溪湖头迁入平阳，徙居青街布袋坑。

温文良偕妾从南雁狮头温（今南雁镇东门附近）分迁青街垟心村定居。

康熙至乾隆年间

李宗江裔孙李俊候，自安溪湖头迁青街岭子头定居。李国英迁居青街垟心村。

乾隆五十五年（1790 年）

李君福从闹村双木林徙迁青街大垟定居。

道光十一年（1831 年）

重建青街睦源桥。

咸丰三年（1853 年）六月十八日

连续狂风暴雨12天，平地水深七八尺，田园淹没，乡境内山崩塌，严重滑坡103处，睦源五亩池宅、柿树坪蔡宅、青街山边徐宅3处村民住房被山崩滑坡所毁，死伤数十人。岁收大歉。翌年，大饥。秋，大疫。

咸丰八年至十一年（1858—1861 年）

乡民200余人参加钱仓赵起组织的"金钱会"起义。

光绪三十年（1904 年）

乡绅李元卿发起创办睦源初等小学，贡生池龙光、李纯仁鼎力相助。

中华民国

民国元年（1912 年）

池友梅开创平阳县以竹捐办学先例。

民国 3 年（1914 年）

平阳县知事项需嘉奖睦源乡贡生办学，赠匾额有二：一为睦源旗杆内贡生池龙光题赐"广慈化雨"，一为十五亩贡生李纯仁题赐"嘉为学界"。

民国 9 年（1920 年）8 月间

狂风暴雨，受灾严重，是年农作物歉收。

民国 11 年（1922 年）

南网村施味辛在上海读大学时加入中国共产党。

民国 14 年（1925 年）

睦源乡属北港镇（后隶属水头区）。

民国 15 年（1926 年）冬

活动于沪杭各地的平阳籍共产党员施味辛、游侠等回平阳开展农民运动。

民国 16 年（1927 年）2 月

北伐军曹万顺部入浙，共产党员施味辛在政治部任职。

民国 20 年（1931 年）

华侨李基中募捐助学，池传楹等极力赞助，致使学校声望大振，学风鼎盛。

民国 22 年（1933 年）

平阳畲民组织农会、贫农团。秋季，青街郑家山一带畲民参加中国共产党（以下简称"中共"）组织的革命活动。1935 年前后有 10 多人参加了闽东游击队。

民国 24 年（1935 年）

垟心村杨志勃等合股创办青街最早的瓷器厂。厂址设在睦源村与垟心村交界处牛塘湾岭子头，利用本地秦门冈陶土及松木、干柴片烧制土碗。

是年春，中共平西区委成立，活动范围扩大到青街。

民国 25 年（1936 年）

粟裕、刘英率领中国工农红军挺进师（本地称刘英部队）从泰顺经莒溪到青街，召开千人群众大会，宣传"耕者有其田""二五减租"等土地革命内容。是年，睦源村岭脚潭人池方帮、池方凤在桥墩创办"茶行""顺生药行"，并经营"水产"和生产"小姑娘"牌香烟。

民国 26 年（1937 年）

青街东南村中共支部建立，张全敬任书记。是年，青街十五村李行化在鳌江创办"毛竹行"，促使青街毛竹大量销往江南宜山、钱库、金乡等地，至 1949 年。

民国 27 年（1938 年）

池立民在桥墩碗窑地方创办瓷器厂，瓷器产品销往台州、宁波以及江苏省一带。

中共平西区委书记林瑞清到青街开展革命活动，任指导员。是年，青街杨志勃、池步进、李行所合股在顺溪镇沙垟合办沙垟陶瓷工艺厂，有 80 多位工人，瓷器产品销往宁波、台州、福建宁德一带，至民国 32 年（1943 年）。

民国 28 年（1939 年）

中共平西区委下设三个分区，第二分区活动于青街乡、顺溪、南雁、腾蛟乡。

民国 30 年（1941 年）

设青街乡。乡名沿用至1949年平阳解放初。

民国 34 年（1945 年）

日本兵洗劫桥墩，货物被抢空，数间店面尽被烧。

民国 37 年（1948 年）

因时局不稳，青街小学停办，学生去周岙小学入学。

民国 38 年（1949 年）

中共青街党支部建立，魏起传、池昌镐、池方生先后任书记。2月，中共三山村党支部建立，雷必彬任书记。7月，中共东南村党支部建立，张全生任书记。

是年，平西区改称南雁区，青街乡、莒溪乡、腾垟乡等归南雁区管辖。

中华人民共和国

1949 年

5月12日，平阳县全境解放，县人民委员会（筹）成立。青街乡畲族、汉族妇女做罗汉鞋、干粮袋，慰问游击队和浙保六团起义官兵。

1950年5月，南雁区划分为二：青街（分置青街、矾岩二乡）、顺溪、腾垟、莒溪、天井等乡建立睦源区；山门、晓坑、晓垟等乡建立山门区。

是年，建立乡民兵组织，开展镇压反革命运动。

1951 年

县文教科答复平阳县第二次各界代表大会提案：少数民族散居地区儿童可到普通小学读书，聚居地区应单独设立"学校"，仍以民办为主，政府予以特别补助。至10月份，已补助睦源区九岱、王湾（今属苍南桥墩腾垟）2个初级小学大米，合计700斤。

1952 年

1月，土地改革运动展开，至4月结束，并发放土地证，人均田地0.78亩。

1月15至20日，浙江省人民政府委员会在杭州召开畲族代表会议，讨论畲族族称问题。出席会议的畲族代表及省机关有关部门干部47人，一致同意"畲族"这个族称。青街参加座谈会的有：蓝享时（王神洞）、蓝天两（王神洞，县民政科）。

2月，贯彻小学民办方针，九岱、东坑、南网、白岩等村先后办起民办小学。秋，实行小学"五年一贯制"。

是年，青街乡分置睦源乡。

1954 年

10月，青街信用合作社成立。12月，睦源信用合作社成立。

1956 年

5月中旬至9月上旬，大旱。山园无法播种番薯，全乡大歉收。

是年，睦源乡并入青街乡，隶属山门区。分田到户的主要责任人被政府处理。

1957 年

开展"反右派"斗争，小学教师杨志诚、池方茂、池方庆、温益三等4人被打成"右派分子"。1978年后，全部得到平反。是年，王神洞村蓝享时参加北京"五一"庆典，受到毛泽东等党和国家领导人接见。是年，青街建立股份制陶瓷厂，厂址设在睦源村下水尾内，有工人30多人。

1958 年

8月，提出大办钢铁。要学生（五年级以上）和村民上山砍杂木烧木炭，下溪洗铁砂，供烧高炉炼铁。

9月10日，创办王神洞村食堂，318人集体用膳，实行粮食、蔬菜供给制。

10月，山门人民公社成立，青街为生产大队（管理区），归山门人民公社管辖。

12月，青街王神洞村建立敬老院。全村8个老人入院。

是年，十五亩内龙井小型水电站建成，成功发电，乡民有了电灯照明。

1959 年

农历正月，平阳县第一届农民运动会召开，王神洞村选手雷玉枝（女）、钟丽君（女），参加标枪、手榴弹、跳高项目竞赛。

10月，青街大队王神洞村蓝享崇参加北京"十一"庆典，受到毛泽东等中央领导接见。

10月23日，平阳县人民委员会在山门公社青街大队王神洞地方召开畲族代表会议。

1961 年

设立青街人民公社，驻地在王神洞村。

1962 年

青街台胞池云祥在台湾地区创建庆祥、仁泰、人力三大房地产建设公司。

10月，蓝德吾（王神洞村人）参加北京"十一"庆典，受到毛泽东等中央领导的接见。

是年，学习平阳县城西公社党委书记廖锡龙（不脱产干部）参加劳动的经验。青街公社书记蓝响时、公社主任池昌真等一批不脱产干部上任，一边工作，一边坚持参加生产劳动。

是年，睦源乡保健所创办，院址在睦源村下水尾。

1963 年

9月，青街农业中学创办，后易名"青睦中学"。

1964 年

10月，蓝德吾参加北京"十一"庆典，受到毛泽东等中央领导接见。

是年，青街乡保健所创办，院址在王神洞村。是年，睦源公社从青街公社析出。

1965 年

春，青街开展"农业学大寨"运动，掀起造田平整土地、掀起大规模的开荒栽茶农业基本建设高潮。

1966 年

5月，蓝享时被选为青街公社党委（党的核心小组）书记。

7月，全公社开展"文化大革命"运动，成立红卫兵组织，开展"破四旧、立四新"运动。

11月，青街"造反派"开展批判所谓"资产阶级反动路线"斗争。党政干部被审查、批斗，社会秩序混乱。

12月，全公社学校、部门、各村成立战斗队，各部门领导受到冲击。

1967 年

3月，青街"造反派"组织举行大会，热烈欢呼中共中央发布《关于中国人民解放军支持左派群众组织的决定》。贴大字报、揭发青街党政领导的所谓"罪行"。青街农中、青街中心小学师生停课闹革命，分别组织外出串联。

1968 年

12月，撤销青街公社管理委员会，成立公社革命委员会（以下简称"革委会"），设立主任、副主任等职。

1969 年

2月，青街中心校复课，贫下中农管理学校，成立"贫管会"。

7月，雷必仕被选为青街公社革委会副主任。

1970 年

3月，青街贯彻中共中央〔1970〕3、5、6号文件，开展"一打三反"（打击现行反革命，反对贪污盗窃、反对投机倒把、反对铺张浪费）运动。青街公社三村大队胡丕举被推荐为首届工农兵大学生，就读于杭州大学数学系。

4月，在县水利部门和有关部门支持下，群众献工献料，开始建设九岱、贡后水电站。

12月，建立青街公社党的核心领导小组。王神洞村蓝享时是山门区"农业学大寨"的典范人物。

1971 年

春，青街公社各大队领导班子相继成立。

1972 年

1月，恢复青街公社党委会。

8月，受9号台风影响，青街毛竹、房屋损失严重。

10月，推行赤脚医生制度，各村办起了合作医疗室，配备赤脚医生。

1973 年

6月，蓝享时选为青街公社革委会副主任、青街公社党委（党的核心小组）副书记。

1974 年

春，青街成立领导小组，开展"批林批孔"运动。

1975 年

青街（睦源）公社召开"农业学大寨"经验交流会。

1976 年

1月8日，国务院总理周恩来逝世，青街干部、群众举行悼念大会。

7月6日，全国人大常委会委员长朱德逝世，青街干部、群众举行悼念活动。

9月9日，中国共产党中央委员会主席、中国共产党中央军事委员会主席毛泽东逝世，青街公社、学校等单位下半旗志哀。

10月16日，全乡热烈庆祝粉碎江青反革命集团，之后有800多人参加游行活动。

1977 年

4月，蓝享时选为青街公社党委书记。

1979 年

10月，青街王神洞特大毛竹图片以"畲乡新貌"为题参加北京"全国民族工作展览"。反映青街乡王神洞村先进事迹的照片和实物送到北京参加庆祝中华人民共和国30周年的展出。

1980 年

春，青街乡部分土地包产到户。

9月17日，平阳县畲族民间文学研究小组成立，蓝享时（王神洞村人）担任组长。

1981 年

12月，中国共产党平阳县委员会（以下简称县委）组织工作队在青街、睦源2个公社进行稳定山权、林权，划定社员自留山，确定林权生产责任制（简称林业"三定"）的试点工作。

1982 年

青街至矾岩公路开通。

1983 年

2月26日、27日（农历正月十四至十五日），由县委统战部、县文化局、县妇联联合举办畲族元宵音乐会，分别在畲族聚居的山门顺溪公社溪南大队和青街公社王神洞大队举行。

1984 年

5月8日，撤销青街公社，设立青街畲族乡人民政府，隶属山门区。是年，省财政厅拨款9万元修建青街至王神洞公路。

6月，召开了首届青街畲族乡人民代表大会，出席会议正式代表47名，会议听取和审议通过了政府工作报告，选举产生乡人大主席1人、乡长1人、副乡长2人。

是年，浙江电视台在青街拍摄《竹外桃花》电视剧。

1985 年

3月，顺溪区成立，青街划归顺溪区管辖。

4月15日，召开青街畲族乡第八届人民代表大会第二次会议。

1986 年

3月18日，召开青街畲族乡第八届人民代表大会第三次会议。

1987 年

4月10日，召开青街畲族乡第九届人民代表大会第一次会议，会议选举人大主席1名、乡长1名、副乡长2名。

9月，青街贡后村池方清参加北京全国民政会议，受到华国锋、邓小平、李先念等中央领导接见。

1988 年

3月15日，召开青街畲族乡第九届人民代表大会第二次会议。

1989 年

全乡开始推广"毛竹改笋园"改造技术，林业产值大幅提高。

4月19日，召开青街畲族乡第九届人民代表大会第三次会议。

1990 年

4月20日，召开青街畲族乡第十届人民代表大会第一次会议，会议选举人大主席1名、乡长1名、副乡长2名。

是年，旅美华侨池云祥捐资330000元、乡贤李信惠捐资5000元、萧江人民政府捐资5000元、青睦中小学教师捐资1500元，在青街村月山山麓兴建青街畲族乡中学。

1991 年

4月22日，召开青街畲族乡第十届人民代表大会第二次会议。

9月，青街信用合作社和睦源信用合作社合并为青睦信用合作社。

1992 年

2月，温州市府召开扶贫现场办公会议，邀请民族乡乡长参加，为青街畲族乡解决了8万元建设资金。

3月28日，青街畲族乡第十届人民代表大会第三次会议召开。

5月8日，睦源乡并入青街畲族乡。

6月17至22日，平阳县人民代表大会常务委员会（以下简称"人大常委会"）李绍行率人大教文卫体委、民侨委、县府民族科负责同志到青街畲族乡南朱山村调研少数民族情况，并慰问南朱山村少数民族特困户。

9月7日，温州市人民代表大会民族侨务工作委员会（以下简称民侨委）主任严永椿等人到青街畲族乡调研。

10月13日，平阳县主要领导率县府办、民族科等13个部门单位领导到青街畲族乡现场办公，筹集20多万元资金，帮助民族乡解决道路、用电和饮水问题，并对青腾公路建设问题进行调研。

1993 年

2月22日，温州市人大民侨委主任严永椿、市委统战部副部长金国文到青街畲族乡检查民族工作。

4月15日，青街畲族乡第十一届人民代表大会第一次会议召开，会议选举人大主席1名、乡长1名、副乡长2名。

4月20日，雷金莲（女，王神洞村）被推荐为温州市政协委员。

5月21日，举行云祥中学"命名、授牌"仪式，邀请池云祥、温秋花夫妇及其子女参加剪彩活动。平阳、苍南两县主要领导人及原平阳县县长池欣昌，苍南县委原副书记池方清等应邀出席，平阳县人民政府赠池云祥先生"捐资办学，功垂千秋"铜匾一块，并聘请池云祥为云祥中学名誉校长。

9月16日，温州市人大民侨委、教委、农委以及民族处等领导到青街畲族乡调研竹山改笋山、劳务输出和创办民族企业等工作。

是年，温州市第五中学与青街畲族乡云祥中学挂钩结对，开展教育扶贫。

1994 年

3月27日，县财政对青街畲族乡作出"财政超收部分实行全部分成"的答复。

4月9至10日，县农工民主党组织医务人员带B超、胃镜、心电图等医疗设备到青街畲族乡义诊。

4月13日，召开青街畲族乡第十一届人民代表大会第二次会议。

5月9日，副县长周景标带领县机关、财税局等17个单位负责人到青街畲族乡现场办公，为青街畲族乡筹集了无偿、有偿帮扶资金共47.70万元，帮助解决青街至九岱民族村机耕路等12个建设项目。

7月13至14日，浙江省民族事务委员会（简称省民委）副主任李绍瑛到青街畲族乡检查民族工作。

8月，浙江人民出版社出版《浙江省名村志》，青街畲族乡王神洞村、青街村入载。

8月10日，青街畲族乡至苍南腾垟公路图纸会审。根据图纸设计，青腾公路按国家4级、单车道20千米/小时设计标准建设。总造价170万元，其中平阳段需140万元（包括两座桥梁造价24万元）。

8月24日，17号台风正面袭击平阳，青街畲族乡经济损失97.20万元；毛竹毁坏8万株，经济损失24万元；房屋毁坏203间，经济损失15万元；杉杂木毁坏1万株，经济损失6万元；水坝、水渠被毁400米，经济损失7万元；民间交通道路被毁500米，损失1万元；电杆、电线被毁坏154档，损失20万元；水稻损失1500亩，损失24.20万元。

9月14至16日，浙江省教育委员会（以下简称省教委）、省民委在杭州召开的全省民族教育工作会议上，青街小学蓝方华（先进个人）受通报表扬。

1995 年

2月，温州市政府召开扶贫现场办公会议，邀请民族乡长参加，为青街乡解决了8万元建设资金。

4月2日，召开青街畲族乡第十一届人民代表大会第三次会议。

5月8日，青街畲乡程控电话动工，全线4.20千米，电缆于5月20日架通，开通50台电话。

5月，平阳县机关10多个部门负责人到青街畲族乡现场办公，为青街畲族乡筹集20多万元资金。在夏粮未收之前，乡财政拨出1万元进行救济，重点解决了40多户病灾户、缺粮户的困难。

7月5日，在青街畲族乡召开全县少数民族党建工作会议。14个少数民族人口较多的乡镇党委书记或副书记以及7个民族村的党支部书记30多人参加会议。

10月12日，温州市民族事务处到青街畲族乡检查"九·五"计划的制定情况。推广竹山改笋山，并对该项目进行重点扶持，至10月底已改造1380亩笋山。

10月，由群众集资兴建的青街至南网公路建成，长6.80千米，总投资80万元，已完成路基70%。睦源卫生院至乡政府、青街停车场至青街基督教堂的两条水泥路均已验收通车。

10月，青街人民集资21.30万元，建成设在迢岩桥头的"青街畲乡"门楼。

12月，全乡实现村村通电。全年，县民族经费支持青街畲族乡竹山改笋山1000多亩。

是年，中共浙江省委员会（以下简称省委）、省委宣传部、省委统战部、省教育厅、省电视台联合举办"绿荫工程"专题节目，云祥中学与温五中校长作为温州全市"绿荫工程"典型代表参加专题节目录制。

是年，青街畲族乡九岱村简易公路竣工通车（投入35万元）。

是年，在王神洞村、睦源村分别建立禽畜基地，在东坑底村、垟心村分别建立山羊基地。

是年，维修引水渠道10处，长2800米；修复防洪堤3条，长110米；新建防洪堤1条，长80米；维修川坝5处，长150米。累计完成土石方1.52万立方米，共投资4.50万元。

1996 年

4月15日，召开青街畲族乡第十二届人民代表大会第一次会议，会议选举人大主席1名、乡长1名、副乡长2名。

5月15日，平阳县常务副县长周景标带领县教委等14个部门负责人到青街畲族乡现场办公，为青街畲族乡筹资30万元，解决了教育等12个问题。

6月6日，鳌江三中与青街云祥中学缔结友好学校仪式在云祥中学举行，县人大、县政府、县政协等领导和华侨池云祥以及有关负责人出席了缔结仪式。随后鳌江三中教师和学生分别为云祥中学捐赠1200多元和4420元，供学校购置图书之用。

10月，青街竹制品加工厂投产。

11月9日，"平阳县扶持少数民族奔小康现场会"在青街畲族乡王神洞村召开。

11月，省地质队探测境内储藏灰绿岩、花岗岩、陶土等矿产资源。

12月，王神洞村蓝天华、蓝天高进行"冬笋改春笋"薄膜覆盖保护试验。邀请专家举办4期农村实用技术培训班，受训人员800人次。

是年，全乡16个村进行换届。

是年，青街畲族乡投资10万元改造南朱山、白岩下等9村总长约32千米的低压线路，同年8月投入使用。

是年，睦源、腾岩两村共修建水渠2条，计1000多米。全长6千米的青腾县际公路已完成工程量80%（青街畲乡投资120万元）；自筹40万元，总投资100万元的青矾柏油路改造已完成1千米。投资20万元打通全长1.9千米的大垟至大坪机耕路；投资15万元建成全长1.20千米（包括1座桥梁）的王神洞村机耕路；投资50万元建造南网公路2.60千米；投资12万元完成青睦水泥路和东坑、九岱机耕路的扫尾工程；投资12万元建造十五亩机耕路；同时王神洞至贡后的机耕路动工。

是年，在青街村兴建青街畲乡敬老院（二间三层，建筑面积250平方米，总造价约11万元）。

是年，县委统战部、财政局、农业局、供电局、农行、中行、广电局、水电局、社保局、县供销总社等10个单位，赠送王神洞、九岱等少数民族村手扶拖拉机两辆、耕牛5头、种羊30头。

1997 年

1月13日，温州市民族宗教局（以下简称市民宗局）局长蓝升广受市人民政府委托，率员到青街畲族乡进行脱贫验收。

1月31日，县机关部门人员到青街畲族乡进行春节慰问。

2月2日，县民宗局与县电视台一行人到青街畲族乡王神洞村拍摄畲族人过新年传统习俗等专题片。王神洞村的蓝天华、蓝天高等2户村民在一亩面积的竹山上，进行"冬笋改春笋"薄膜覆盖保温试验。

2月18日，县民宗局到青街畲族乡王神洞村了解笋山薄膜覆盖保温试验情况。

3月26日，召开青街畲族乡第十二届人民代表大会第二次会议。

4月9日，县府在青街畲族乡召开发展民族经济座谈会。王神洞村介绍笋山薄膜覆盖保温的效益和经验。

农历"三月三"，青街畲族乡召开发展民族经济庆祝会。

5月14日，县人大民侨委、县委统战部、县民族宗教局领导在青街畲族乡与乡党政领导共同学习《民族乡行政工作条例》，对照《条例》检查贯彻执行情况。

9月12日，平阳县政府领导带领县机关27个部门和单位负责人到青街畲族乡现场办公。宣布青街畲族乡脱贫，并给予奖金10万元。

10月17日，市民宗局一行到青街畲族乡检查民族工作，补助九岱小学1万元，补助九岱村、王神洞村竹山改笋山项目资金各1万元。

11月18日，市人大、市民侨委及执法检查组到青街畲族乡检查《民族乡行政工作条例》执行情况。

11月19日，"平阳县扶持少数民族奔小康现场会"在王神洞村召开，县委、县府和有关部门的领导参加。

11月，总投资12万元的乡敬老院竣工并交付使用，解决10位孤寡老人的住房问题。

是年，青街至南雁矾岩柏油路建设已完成2.20千米（总长3.20千米，青街畲族乡投资80万元）。

是年，完成青街至苍南县腾垟乡的县际公路路基和桥梁工程，总长5千米。总投资128万元。

是年，完成青街乡十五亩村1千米机耕路和1座桥梁建设，投资10万元。

是年，完成王神洞村内垟至外垟的机耕路（1千米）和1座跨溪桥建设，乡投资12万元。

是年，完成白岩下村机耕路（1千米）建设，乡投资10万元。

是年，青街畲乡中、小学的入学率分别是95.51%和99.51%，初中辍学率0.11%，初中完成率98.80%，小学毕业率100%。

是年，乡投资3.30万元，完成东坑村小学危房的改建。

是年，乡投资1.60万元，完成九岱村小学危房的改建。

1998 年

3月20日，县政府在青街畲族乡召开发展民族经济座谈会，提出发展民族经济以点带面，以面带片的发展措施。

4月20日，召开青街畲族乡第十二届人民代表大会第三次会议。

5月8日，青街畲族乡召开民族乡建乡15周年庆祝大会。国家民族事务委员会（以下简称国家民委）政法司司长黄凤翔、省民宗委民族处长朱军、温州市人大常委会副主任王培德、市政协副主席林毅、市长助理章时趋、市委统战部副部长金国文、市民宗局局长蓝圣广、平阳县县长戴祝水等一行以及市县有关方面的领导出席。

5月，矾（岩）全碗（窑）县际公路（途经青街乡）通车。

7月，总投资350万元的青街邮电所动工兴建。

9月12日，平阳县政府领导带领县级有关部门与青街畲族乡挂钩的乡镇等20多个部门和单位，到青街现场办公，为青街畲族乡筹集40多万元资金，解决南网学校、青矾柏油路、王神洞水利设施等问题。

10月，完成睦源、青街、太申3村用电标准化建设。

是年，青（街）腾（苍南县腾垟）公路通车。完成对南网村、腾岩村、白岩下村、东坑村、东上村等机耕路的修建。完成水尾路和睦源村水泥路面改造。东坑漂流提升配套设施，吸引近2万人次游客休闲观光。全乡有40多支工程队，4000多人分布在全国10多个省、市，劳务输出收入5000万元。青街乡投资10万元完成青街牌门工程建设。投资55万元完成有线电视工程建设，并开通有线电视。青街乡引进10位大中专毕业生充实到中小学教师队伍。南网村完小迁建工程建设完成，结束校庙合一的历史。

1999 年

1月12日，召开中共青街畲族乡第十届党员代表大会。

2月5日，召开青街畲族乡第十三届人民代表大会第一次会议，会议选举人大主席1名、乡长1名、副乡长2名。

4月6日，省民委副主任李绍瑛等省市领导到青街畲族乡调研民族工作，并到九岱、王神洞村进行现场考察。

4月14日，垟心村发生特大火灾，烧毁民房31间，33户173人受灾，无人员死亡。

5月14日，中共平阳县委书记曹国旗率县四套班子及部门负责人到青街召开现场办公会议。解决该乡农业、旅游、通村公路、用电、水利工程等9个问题，落实资金60余万元，并决定每年给青街畲族乡财政补助10万元，连续3年不变。

9月6日，省人大民侨委副主任金庆明、省民委法规处领导，在市人大民侨委主任林文星、市民族处领导陪同下，到青街畲族乡检查《民族乡行政工作条例》贯彻落实情况。

9月17日，浙江大学副教授苏平到青街畲族乡指导发展效益农业。

10月14日至12月1日，全乡开展农村和农业现代化教育活动。

11月5日，县财政局领导到青街畲族乡检查现代化教育工作，并落实办实事资金15万元。

2000 年

2月25日，县政协社会法制委召开会议研究对民族乡视察事宜，听取并研究民族乡政策落实和基础设施建设情况。

3月20日，召开青街畲族乡第十三届人民代表大会第二次会议。

4月，乡民在青街村合资创办青街畲族乡昌会绿色食品有限公司。

4月12日，省民宗委民族处副处长钟建文等至青街畲族乡调研。

4月27日，平阳县残疾联合会到乡开展残疾人结对工作。

5至6月，县政协和民宗局组成调查组，对青街畲族乡民族村经济发展情况进行调查。

5月30日，平阳县文物馆派员考察青街六大古屋。

6月17至22日，县政协领导率少数民族政协委员到青街畲族乡视察，听取乡民族工作情况汇报。

7月5日，青街乡发生暴雨，垟心村人行桥被山洪冲垮，东上村3间民房被洪水冲塌，无人员损伤。

8月，青街畲族乡创办全省第一个"畲乡民俗馆"（2001年4月27日落成）。馆址设在睦源村池氏古宅。

12月8日，青街乡移动通信信号开通。新建青街、睦源、垟心、十五亩等6个村的党员活动室，并投入40万元的资金为全乡16个党员活动室配备电教设施。

12月8日，青街中心小学教学楼动工兴建（投入50万元，建筑面积1500平方米）。乡政府投资16万元改建青街、睦源、九岱等3个村的自来水设施。

年底，全乡有13个村通机耕路，剩余3个村（白岩下、腾岩、东上）进入扫尾阶段。

2001 年

4月8日，召开青街畲族乡第十三届人民代表大会第三次会议。

4月24至28日，国家民委政策法规司司长铁木尔·苏和国家民族杂居处处长沈琳及省民宗委副主任李绍瑛到平阳县考察民族工作。4月27日到青街畲族乡，祝贺民俗馆落成。

8月23日，浙江省民宗委民族处和市民宗局领导到青街畲族乡考察，听取民族乡工作情况的汇报。

9月，县教育局分配5位大中专毕业生到乡中小学。云祥中学考上县重点高中1人，普高及其他学校20人。

10月20日，国家民族事务委员会副主任李晋有，在浙江省民宗委副主任李绍瑛的陪同下到平阳考察民族工作。先后察看了青街畲族乡、梅溪书阁钟声亮鸽场和蓝氏塑料制品有限公司。

10月，王神洞民俗文化村项目开始启动，建造村内长500米、宽5米的水泥路，并清理村内溪流，修整溪边小路。

是年，青街畲乡全面完成高压线改造，全乡农电网的改造进展顺利。

是年，省、市、县安排用于少数民族聚居地基础设施建设专项补助经费38万元。其中补助王神洞村10万元。

2002 年

1月29日，中共青街畲族乡第十一届党员代表大会召开。

2月4日，青街畲族乡第十四届人民代表大会第一次会议召开，会议选举人大主席1名、乡长1名、副乡长3名。

3月6日，桥坑村后门山发生森林火灾，受灾面积约2.70公顷。

3月21日，王神洞至青街村水泥路通车。

3月27日，青街山泉水合作社在睦源村成立。

8月15日，县文联组织"家乡情"文学采风团到青街畲乡采风。

10月，王神洞村建成水泥路960多米。

12月，章山自然村（畲族人口300多人）安装了较高标准的饮水设施。

是年，青街畲族乡获"平阳县综合治理工作先进乡镇"称号。畲乡民俗馆全年接待游客2万多人。县级文物保护单位睦源桥，桥廊修葺一新。

2003年

3月5日，青街畲族乡第十四届人民代表大会第二次会议召开。

是年，乡政府建设开发无公害特色农产品基地，重点加强做大万亩毛竹笋基地、大棚蘑菇、马蹄笋、西瓜、瓯柑等基地建设。

2004 年

1月，祖籍青街东坑村的陈均远作为科技代表，出席国家科学技术奖励大会，被授予国家自然科学一等奖，受到胡锦涛等党和国家领导人接见。

4月14日，青街畲族乡第十四届人民代表大会第三次会议召开。

9月22日，乡政府举办畲族风情旅游节暨建乡20周年庆祝活动。

9月28日，县政府批准青街村与桥坑村合并为青街村，村委会驻青街自然村。

10月22日，县政府批准腾岩村、白岩下村与大垟村合并为新三村，村委会驻腾岩自然村。

11月22日，县政府批准贡后村与睦源村合并为睦源村，村委会驻周宅基自然村。县人民政府批准东坑底村与东上村合并为东坑村，村委会驻东坑自然村。

12月2日，温州市副市长陈宏峰到青街调研并支持资金10万元用于青街中心小学危房改造。

是年，建设青街希望小学教学楼及其配套设施；青街毛竹笋基地被列入了浙江省林业厅、浙江省财政厅"毛竹低产林改造"项目；青街畲族乡1400公顷林地列入国家和省级生态公益林保护范围。

是年，朱山、南网、东上等村的程控电话以及朱山、王神洞的中国移动信号接收机站安装工程、九岱村有线电视工程及东坑有线电视建设工程完成。

2005 年

3月22日，青街畲族乡第十四届人民代表大会第四次会议召开。

7月17日，县政府确认青街畲族乡九岱村、王神洞等9个行政村为民族村。

8月，修缮青街中心小学2号楼危房。

是年，青街畲族乡实施的省林业厅毛竹笋丰产示范基地及市科技局万亩毛竹笋科技示范基地被列入浙江省森林食品基地。

是年，筹资12万元建设太申村、王神洞村沿溪青石栏杆，美化睦源溪流。

是年，创办畲家竹楼。筹划建设集游客自助采笋娱乐、休闲、观光等项目为一体的毛竹公园。

是年，投入152万元，完成旅游公路青街路段4.90千米的改建工程（砂石路面改柏油路面）。

是年，建成东坑、九岱村、贡后、南网村4条水泥路，完成白岩、大垟村路基建设。

是年，建成东坑和太申村10条三面光水渠，共长680米。建成太申村200米的防洪堤。

是年，修建睦源、垟心村防洪堤，共长500余米。建设太申、青街、睦源堰坝共5座。

是年，修建青街、十五亩等村引水渠1000余米。完成总投资42万元的民心自来水工程。

是年，李氏大屋和池氏大屋被列为省级重点文物保护单位。建设中心区露天健身中心，完成东坑有线电视建设工程。

2006 年

3月28日，召开青街畲族乡第十四届人民代表大会第五次会议。

10月，青街月笔桥由地方民众集资建成，工程总投资130多万元。

11月，全乡康庄工程建设总里程23.44千米；投入资金70万元，完成东坑、九岱、贡后、南网等8条通村水泥路建设。

12月，青街畲族乡被市、县人民政府评为首批"历史文化名乡"。畲家酒楼被评为县"农家乐"示范点。

2007 年

3月，章山、九岱等村中药材种植面积超过3公顷。东坑村柑橘基地引进优良水果品种，并对基地进行扩建，总面积已超过33公顷，有2公顷开始产出。白岩村猕猴桃基地扩大至近3公顷，并开始产出。

3月21日，中共青街畲族乡第十二届党员代表大会召开。

4月10日，召开青街畲族乡第十五届人民代表大会第一次会议，会议选举人大主席1名、乡长1名、副乡长3名。

5月，县委、县政府召开全县民族工作会议暨全县第二次民族团结表彰大会。表彰模范集体11个、模范个人30名。青街畲族乡人民政府获民族团结进步模范集体称号，郑桐春（青街畲族乡党委副书记）获民族团结进步模范个人称号。

是年，新增睦源村、太申村等地的低产林26.70公顷，技改总面积340多公顷。全年竹木采运约9200根。全乡经济总收入2688万元，农民人均年收入

4085元。

2008 年

4月15日，青街畲族乡第十五届人民代表大会第二次会议召开。

是年，三源门（在睦源村下水尾），由地方善人贤士捐资建成，浙江大学书法家池长庆书写题名及楹联。

2009 年

3月20日，青街畲族乡第十五届人民代表大会第三次会议召开。

8月，拆除云祥中学教学楼、综合楼，在校址基础上建青街乡卫生院、幼儿园。

9月，王神洞村、九岱村等7个民族村通过省级整治村验收。

10月，青街和谐桥动工兴建，总投资1496762元。

是年，因山区生源日益减少，青街云祥中学与青街小学合并办学。建成青街中心学校食堂，解决了师生住宿问题。

2010 年

4月7日，青街畲族乡第十五届人民代表大会第四次会议召开。

7月，县民宗局组织医务工作者到青街畲族乡开展送医送药活动。

10月，青街畲族乡九岱村举办首届平阳县畲族民歌对唱会，全县有14个民族村（包括自然村）派选手参加。

10月，王神洞村畲族文化中心综合大楼落成，投入80多万元。

是年，九岱村获"浙江省民族团结进步小康村"称号。

2011 年

3月25日，青街畲族乡第十四届人民代表大会第五次会议召开。

4月，九岱村举办县畲歌会。成立青街社区、睦源社区。

6月，东坑村发展漂流、游泳、农产品采摘为一体的乡村特色旅游，全年接待游客3万人次。

6月16日，中共青街畲族乡第十三届党员代表大会第一次会议召开。

10月，投资225万元，完成全乡农村生活污水处理管网建设。

是年，全乡改造毛竹基地1500公顷。

2012 年

1月18日，青街畲族乡第十六届人民代表大会第一次会议召开，会议选举人大主席1名、乡长1名、副乡长2名。

12月，建成睦源社区新办公楼。

冬，浙江省民族宗教事务委员会将青街畲族乡双合殿列入浙江省民间信仰活动场所。

是年，省、市、县下达民族扶持资金323万元，其中5万元用于青街毛竹低产林改造项目。改造毛竹竹笋基地150多公顷。青街畲族乡获"温州市民族团结进步创建先进单位"称号。九岱民族村获"浙江省民族团结进步小康示范村"称号。唐升波在原青街大桥上建造九间抬梁式木结构廊屋。

2013 年

1月，中共青街畲族乡第十三届代表大会第二次会议召开。

3月17日，青街畲族乡第十六届人民代表大会第二次会议召开。

4月，市第四届瓯越"三月三"畲族风情旅游节在青街畲族乡举办，接待游客1.70万余人。各类主流媒体纷纷报道"三月三"旅游节盛况，《中国民族杂志》发表《民族风、山哈情、中国梦、畲乡美》一文。

7月，民革浙江省委会、民建浙江省委会、民进浙江省委会、九三学社浙江省委会以及省党外知识分子联谊会分别与青街畲族乡南朱山村等6个民族村进行结对。

8月26日，温州市民宗局肖益副局长赴青街畲族乡慰问受"苏迪罗"台风影响的灾民，慰问受灾户30户，发放慰问金6万元。

11月底，完成村级组织四套班子换届选举，成为全县第一个完成的乡镇。

是年，县民宗局组织道教协会等筹集善款1.50万元，慰问青街畲族乡南朱山民族村困难户。

2014 年

1月16日，中共青街畲族乡第十三届代表大会第三次会议召开。

3月，青街畲族乡畲歌畲舞队成立。畲歌畲舞队在市委宣传部主办的"爱我家乡"文化礼堂才艺礼仪大展视中获奖。

3月5日，召开青街畲族乡第十六届人民代表大会第三次会议。

3月，青街乡政府决定：每年定期举办"三月三"畲族风情旅游节、浙闽歌会、非物质文化遗产展示等文化活动。

5月，青街乡启动水环境综合整治工作，规范管理26千米河道溪流，排查危旧房675间，"即查即拆"新建违建8处，拆除各类违法建筑29处（约1.50万平方米），成功创成市级无违建乡。成功创建市级卫生乡。太申、垟心、朱山等3个村创建为市级卫生村。

8月，青街乡全面开展垃圾清理、生态修复、污水治理等环境综合整治工作。

10月，青街小流域治理二期工程（垟心段）施工全面展开。青街、垟心两村开展优美乡村创建活动。垟心村完成村庄绿化、美化工程，村外立面整体进行畲族风情改造。

是年，青街乡全面开展建成区环境卫生整治，成功创建市级卫生乡，太申、垟心、朱山等3个村创建为市级卫生村。

是年，王神洞、九岱创建美丽乡村，在建筑上体现畲族文化风情。开展民族特色村寨建设。九岱、王神洞村房屋立面畲族文化建造完成58325平方米。建立王神洞村畲族民俗文化陈列馆。青街畲族乡获省"民族团结进步模范集体"称号。王神洞畲族村获"浙江省生态文化基地"称号。畲族文化陈列室被评为县社会科学普及示范基地。青街村被列为省级历史文化古村落一般保护村、市级历史文化古村落重点保护村。全年投入360万元，完成古街重点地段、古巷、古道路面、特色路灯等修复和改造。

是年，技改竹林面积380余公顷。睦源中药材基地、南网鳄鱼孔雀养殖基地、南网竹荪蝉花特种种植地、东坑柑橘基地从村民手中流转土地53余公顷，用于扩大种植。南网村拓展美伊步鳄鱼养殖基地，发展鳄鱼制皮产业及鳄鱼观光旅游产业。

2015 年

1月23日，召开中共青街畲族乡第十三届代表大会第四次会议。

3月，青街创成"国家级生态乡"。

4月9日，召开青街畲族乡第十六届人民代表大会第四次会议。

4月16日，在九岱村举行"三月三"畲族民俗风情节活动，活动内容包括文艺节目演出、品乌米饭、捣糍粑、非遗项目展示等，吸引了2800余名游客观光旅游。

5月26日，召开共青团青街畲族乡第九届代表大会。

9月17日，召开青街畲族乡第十六届人民代表大会第五次会议。

9月24日，王神洞村被评为"全国生态文化村"。

10月，九岱村完成省级美丽宜居示范村创建工作，巩固国家级生态乡创建成果。

11月，全乡完成九岱村立面改造二期，完成畲族文化广场、畲族文化长廊、观望亭、完成睦源章山自然村、朱山村立面改造工程，畲乡垟心村入口处畲乡特色牌坊和王神洞村牌坊建设。

12月，旗杆内池氏古屋完成修缮，创成省级历史文化保护点。青石街恢复二期工程完成主道路和支线古巷的改造。邀请知名作家、书画家、摄影家到青街采风，创新"微博微信微电影"微旅游营销举措。举办青街畲族乡"骑乐无穷"风情旅游节、"美丽平阳 乡村毅行"等活动。

是年，红旅公路青街段、垟心桥均建成通车，省"四个一万"项目睦源至九岱、桥南线至垟心完成改造建设，新三村白岩至大洋启动硬化工程完成。

是年，睦源社区创成"市级四星幸福社区"。南网村竹荪种植专业合作社扩大竹荪种植面积80亩，实现经济效益100余万元；投入100余万元，建成金线莲、铁皮枫斗自动化管理的立体式种植基地20余亩。建成小香薯种植基地20余亩，建成金线莲种植基地5000平方米。

是年，发展农村电商，充分利用村淘服务站、淘宝网等载体，产品远销内蒙古、新疆等地。

是年，建成睦源村滨水小公园1个，取缔重大污染源养猪点2个，确保水源地水质。

第一章　环境与建置沿革

　　青街畲族乡四周群山环抱，三溪水流行其间，属亚热带气候，四季分明，植被丰富，毛竹、森林茂密，为南雁荡山国家风景名胜区的组成部分，是国家级生态乡。唐天宝年间，已有周姓在青街定居。畲族始迁明万历年间。唐代，青街称睦源。明代行政区域为平阳县五十一都，属宰清乡。清代称崇政乡。1925年（民国14年）称睦源乡，隶属水头区。1941年（民国30年）始称青街乡。1950年分置青街、睦源二乡，属睦源区。1984年建立青街畲族乡，属山门区。

第一节　自然环境

　　青街畲族乡地处山区，属山地丘陵地貌，四周高中间低。冬无严寒，夏不酷暑。山清水秀，动植物资源丰富。红壤土类分布广、面积大，适宜毛竹生长。

一、地理环境

　　青街畲族乡位于平阳县西南部山区，鳌江上游，地处北纬27°41′06.43″、东经120°9′21.32″，海拔101米。东邻水头镇闹村乡，西北与顺溪镇相连，东南临苍南县玉苍山景区、莒溪镇，东北接南雁荡山风景名胜区。

（一）土地面积

　　乡辖区东西最大距离6.90千米，南北最大距离5.15千米，总面积21.75平方千米。

（二）山　脉

　　主山脉白岩山（最高峰868.50米），由浙闽边界的洞宫山山脉延伸而来。其东南分支从白岩山迤至大垟山、垟半岭、朱山、鹅角髻（最高峰572.80

米）、南网山；其西北分支由白岩山伸延到九岱、坭山（大尖峰），转入睦岭隔、大垅山至上宝峰、睦山。

（三）地　貌

地貌属山地丘陵地貌。群山耸峙、峰峦起伏，地势西南高东北低，四周高中间低。低山丘陵之间地势平缓，溪流蜿行其间，形成葫芦状山谷小盆地。

（四）溪　流

青街溪是鳌江水系主要支流之一。属山溪性河流，发源于腾垟杨家山，流经朱山村、十五亩村、青街村、太申村、睦源村、垟心村，流入南雁镇境内的周岙垟仔尾与顺溪汇合，注入南雁溪，流长10.07千米，流域面积31.35平方千米，总落差420米。

支流从北向南有：垟心内仔坑水流发源于半山，由东向西流经垟心村，注入青街溪；章山坑水流发源于狮仔山，由西向东流经章山垟，注入垟心潭下；睦源溪发源于白岩深垵头山，由西向东流经白岩、九岱、黄家坑、睦源村，流入青街溪的三脚潭。它的分支流有坭山坑、贡后墓岗坑、黄家坑、国宋坑等小溪流。东坑溪发源于南网村的牛郎基山，由东向西流经南网村、东坑村、太申村，流入青街溪的三脚潭。它的分支流有寨后坑、布袋坑、半山坑、溪头坑等小溪流。

青街溪、东坑溪、睦源溪之水汇合于三脚潭，俗称"三水汇源"。桥坑坑水发源于小老鸦区山，由东向西流经桥坑，注入青街溪。十五亩大垵坑水流发源于老鸦区山，由东向西流经大垵，注入青街溪。王神洞溪发源于白岩蛟龙坑山，由西向东流经白岩、腾岩、王神洞，注入青街溪。它的分支有垟半岭坑溪流。

（五）水资源

水域面积22.82公顷。年降水量约1819毫米，主要集中春、夏两季。青街溪发源于杨家山、白岩蛟龙坑山，睦源溪发源于白岩深垵头山，东坑溪发源于南网牛郎基山，多年平均流量1.46立方米/秒，多年平均径流量4557万立方米。侵入岩风化裂隙水泉流量0.10—0.78升/秒。泉水露头多，梯田灌溉及居民生活用水有保证。

现有睦源村贡后水库、九岱村黄家坑水库，可以长期蓄水。青街乡水电站（建在十五亩村）可蓄水发电。青街溪支流属一级水功能区，水质达标。

二、气候状况

（一）气候特征

青街乡域属中亚热带海洋季风气候区。冬无严寒，夏少酷暑，春季温暖，秋季干爽，夏冬季长，春秋季短，四季分明。

表2-1-1-1　　青街畲族乡四季状况一览表

四季	初日	终日	历期（天）
春	3.21	6.80	80
夏	6.90	9.26	110
秋	9.27	12.40	69
冬	12.50	3.20	106（闰107）

数据来源：平阳县气象局。

表2-1-1-2　　2008—2015年青街年降雨量和年平均气温一览表

单位：气温（℃），雨量（mm）

年份	年降雨量	年平均气温	年最高气温	年最低气温
2008	1991.30	17.10	36.90	-3.10
2009	2447.30	17.20	37.90	-4.80
2010	2533.70	17.40	39.60	-3.60
2011	1876.50	17.40	38.90	-5.70
2012	2667.40	17.40	39.30	-3.50
2013	2375.60	17.90	39.70	-4.40
2014	2005.90	18.10	38.20	-4.30
2015	2565.10	18.20	38.80	-3.10

数据来源：平阳县气象局。

（二）气　温

年平均气温17.80℃。全年最热为7、8月，7、8月平均温度分别为28.20℃、28℃，平均最高温分别为32℃、31.30℃。最高极端气温38.30℃（1957年、1988年），1937年6月曾达42.80℃。

常年最冷月份为1、2月份，1,2月平均气温分别为7.50℃、7.90℃，平均最低温分别4.20℃、5℃，年极端最低温-5℃。

表2-1-1-3　　　青街各月平均气温一览表

单位：℃

月份	一	二	三	四	五	六	七	八	九	十	十一	十二	年均
青街	7.40	8.20	11.40	16.80	20.80	24.40	28.60	27.50	24.90	19.60	14.80	9.80	17.80

数据来源：平阳县气象局。

表2-1-1-4　　　2014—2015年青街月气温和降雨量一览表

单位：气温（℃），雨量（mm）

月份 年份＼项目	一		二		三		四		五		六	
	气温	降雨量	气温	降雨量	气温	降雨量	气温	降雨量	气温	降雨量	气温	降雨量
2015	8.40	76.50	9.20	46	12.50	138.70	17.60	71.5	21.20	203.60	26.20	112.90
2014	8.20	72.40	9	51.70	12.80	241.70	17.10	175	20.50	284.90	24.60	283.60

月份 年份＼项目	七		八		九		十		十一		十二	
	气温	降雨量	气温	降雨量	气温	降雨量	气温	降雨量	气温	降雨量	气温	降雨量
2015	26.10	256.80	26	782.20	23.20	406.60	19.90	75.60	16.90	181.30	11.20	21.40
2014	27.30	248.50	27.10	336.90	25.40	294.20	20.10	8.80	16.10	50.30	8.40	30.30

数据来源：平阳县气象局。

（三）湿　度

6、7、8月最小相对湿度分别约为40%、68%、36%，4、5、6月相对湿度分别约为86%、86%、88%，最小相对湿度约11%。据1933年资料，年均绝对湿度约14.14克/立方米，相对湿度约77.83%，年平均蒸发量约117.56毫米。据1957—1980年统计，年平均相对湿度约83%，极小值约11%。

（四）无霜期

全年无霜期约291天。

（五）日　照

全年日照约1783.70小时。境内日照以7—8月份为最多，农历九月九开始衰减，俗谚有"九月九，太阳傍山走"（指日照时间缩短）。太阳辐射以夏季为最多，冬季最少，光含有效辐射山地丘陵44.90千卡，其时空分布规律与总辐射一致。

（六）蒸发量

E20蒸发量约1342.80毫米。

（七）降水量

年降水量约平均1819.90毫米，主要集中春、夏两季。

（八）灾害性天气

灾害性的天气有台风、暴雨、干旱等；每年7—9月是台风主要集中季节，一般来说7月份占21%，8月份占38%，9月份占31%。民间有"七月怕半，八月怕初"说法。

暴雨的极值在200毫米以上，最大达448毫米。以8至9月为最多。据1957至1988年统计：中旱9年、小旱5年，秋旱和秋冬旱100天以上有2年（1967年和1979年），秋旱和秋冬旱60天以上有9年。

台风过境时，影响不大。若台风12级以上，且在温州与福鼎一带登陆，毛竹、树木被吹倒，兼有暴雨发洪水时，即有山崩或田园被冲毁。如1963年5月10日，台风极大风速超过12级，风向南西，并伴有雷阵雨，部分房屋倒垮，毛竹林摧折1200多株。

三、地质状况

青街境内土地总面积2175.38公顷，属于燕山晚期第四次侵入岩，岩体以火山岩体和侵入体为主。土壤为比较典型的酸性砖红壤，适合毛竹生长。

（一）地质地层

青街地质属于燕山晚期第四次侵入岩，地层为下白垩纪内陆河湖相碎屑岩夹火山杂岩。分布有钾长花岗斑岩、花岗斑岩、石英正长斑岩等。主要与铜、铅锌等金属和稀有金属矿产有关。青街、睦源有石英正长斑岩，角闪石、辉石、角闪长岩等出露。睦源角闪石、角闪长岩结构致密、矿物均匀、色泽艳丽，是生产磨光板材的上佳材料。

（二）地质矿产

境内岩体以燕山期岩浆活动形成分布广泛的各种火山岩体和侵入体为主。主要矿产资源有黄铁矿、高岭土矿、火成岩和花岗岩等。其中高岭土矿储量最多，分布于月山山脉、山边岗、大板路、太监地、秦门岗（大柱）等山地，花岗岩石材次之。

1. 高岭土矿（瓷土）

高岭土是一种非金属矿产，是一种以高岭石族黏土矿物为主的黏土和黏土岩。因呈白色而又细腻，又称白云土。其质纯的高岭土具有良好的可塑性和耐火性等理化性质。青街的高岭土矿瓷土清白，含高岭土90%以上，有1670℃的耐火度，是青街陶瓷厂（碗厂）的取材原料。用火烧制耐火砖，制作日用瓷器制品，如碗、盘以及造纸和耐火材料等。其中月山大板路魏厝墓垵等一带已被开采多年。1990年碗厂停止生产，为了保护环境，高岭土矿已被列入禁止采掘范围。

2. 花岗岩

花岗岩是最常见的一种岩石，储量丰富，各自然村均有分布，多为浅肉红色、浅灰色、灰白色。底色以白、青为主。中粗粒、细粒结构，块状构造。由于地处在大断裂带边缘，从相关裸露点观察，节理发育岩体较破碎，色差大。散落于地表的孤石较多，且大小不一，旧时曾被加工为石臼、碓臼、石磨、柱磉、门槛、石盆、石水槽、石拱桥、碇步、墓碑等。尚未形成石材开采或加工企业。

（三）土 壤

1. 红壤土类

红泥土土属，分布广，面积大，是山区分布最广的土壤类型，土层厚40至100厘米，土壤养分含量较低、疏松、通透性好，红橙色，具有酸、黏、瘦特征。

2. 黄壤土类

山地黄泥土属，分布在600至800米以上的山地，山地黄沙土、山地石沙土、山地黄泥土，土层较厚，有机质含量高，黏酸性，呈黄棕色，宜封山育林，保持水土。

3. 粗骨土类

土层浅薄，有机质含量低，为荒山林地，不宜垦殖。

4. 紫色土类

酸性紫泥土土属，沙砾含量高，供肥性能好，保肥性能差，土壤反应酸性，多为林地，或种番薯。

（四）地域面积

青街乡土地总面积36千米，其中：耕地457.46公顷；园地2.44公顷；林地1522.43公顷；草地4.32公顷；居民点及公矿用地6.74公顷；交通用地14.99公顷；水域面积22.82公顷；未利用地89.18公顷。

四、野生动、植物资源

境内野生动物按陆生野生动物、水产类两部分介绍；野生植物按观花、观果、观叶类和竹类植物以及野生药材种类分述。

（一）动物资源

青街境内陆生野生动物资源丰富，兽类、鸟类、两栖类、爬行类、蜘蛛类、昆虫类以及陆生野生动物生息繁衍变迁进行分述。

1. 陆生野生动物

根据1994年温州陆生野生动物调查资料和近年来新发现的记录，青街境内有陆生野生动物1392种，隶属51个目，268个科。其中：兽类47种，分隶8目，17科；鸟类252种，分隶18目，50科；两栖类17种，分隶1目，6科；爬行类41种，分隶3目，11科；蜘蛛类64种，分隶1目，19科；昆虫类971种，分隶20目，165科。

兽　类　民国《平阳县志》载，历史上境内有兽类22种，隶属6目14科。现存兽类47种，隶属8目17科，其中虎、豹、狐等种不见，食虫目、啮齿目的野生动物有所增加。境内山区小麂、野猪、小灵猫、大灵猫、中华竹鼠、赤腹松鼠、野兔等32种，占兽类总数的68.09%。

鸟　类　据1994年的调查有鸟类252种，其中：以雀形鸟类最多，有105种，占鸟类总数的40.60%；其次，鸽形目鸟类有38种，占鸟类总数的15.80%；其三，槲形目有15种，占鸟类总数的5.95%；其四，雁形目与鹳形目各14种，占11.11%；有些目就1科1种，主要有白鹇（竹鸡）、雉鸡、山斑鸠、百舌、大杜鹃（郭公）、小杜鹃、领角鸮、领鸺鹠（枭）、绿啄木鸟、斑啄木鸟、家燕、金腰燕、白鹡鸰、棕北伯劳、松鸦、喜鹊、灰喜鹊、灰树雀、画眉、大山雀、山麻雀、麻雀、小灰山椒鸟、白鹭、白头翁、白劲鸦、黑颧、雁、猴面鹰等。

爬行类　平胸龟、乌龟、壁虎、蜥蜴、脆蜥、赤链蛇、虎斑游蛇、小头蛇、水赤链蛇、水蛇、翠青蛇、眼镜蛇、银环蛇、蕲蛇、竹叶青、金环蛇、蝮蛇等。

两栖类　民国《平阳县志》对两栖类陆生、野生动物只收录蛙（蛙蟆）和金钱蛙（田鸡）2种。据1994年调查，有1目17种，山区主要有：蝾螈、角蟾、大蟾蜍、雨蛙、金线蛙、黑斑蛙（田鸡）、泽蛙、树蛙、虎皮蛙等。

兽　类　小麂、穿山甲、松鼠、黄胸鼠、褐家鼠、东方田鼠、豪猪、棕鼯鼠（飞鼠）、山獾、豹猫、野猪、狗獾、小灵猫、竹鼠、野兔、蝙蝠等。

2. 境内野生动物的变迁

据1993年版《平阳县志》及青街畲族乡各村实地调查材料，境内野生动物出现较大的变迁。

麂　1950年前常见，此后罕见。1990年后又出现，近年增多较快，常被捕捉。

野　猪　1950年前常见，此后又罕见。1967年曾出现，后又罕见。1990年后再现，近年数量剧增，成为祸害，有些山田已无法耕种。

野山羊　1950年前常见，后罕见。近年偶有出现。

竹　狗　1955年前极多，常入室咬鸡鸭，今未见踪迹。

豹　猫　俗名猫狸。今常见。

豪　猪　1950年前常见。后罕见。

穿山甲　1950年前很多，后逐年减少，今极少。

野　兔　1950年前常见，后罕见。1980年后重现，1990年后成灾。近年，荒山成林，又大量减少。

黄　鼬　俗名黄鼠狼。1960年前很多，常入室咬家禽，1980年后少见。

獾　猪　俗称昆猪。常见，数量较多，经常捕得。

松　鼠　常见，今无天敌，繁殖快，随处可见。

家鼠、田鼠、山鼠　常见。1960年后，猫类天敌减少，鼠类泛滥，近年天敌增多，数量大减。

石龙子　俗称狗母蛇。旧时极多，近年罕见。

蛇　类　近年数量增多，其中五步蝮蛇、银环蛇会伤人。

苍　鹰　俗称猎剽。1960年前较多，后渐减，今绝迹。

雕　鹰　比苍鹰体小，以前很多，1980年后渐少，近年又出现。

猫头鹰　历来常见。1960年后减少，近年数量增多。

乌　鸦　1956年前较多，1980年后少见。

喜　鹊　1956年前较多，1980年后罕见，2010年又出现。

雉　鸡　历来均有。近年有从养殖场中逃出。繁殖快，遍野皆见，破坏农作物。

黑斑乌（田鸡）　历年均有。近年数量大增。

红翅凤头鹃　俗名长尾山娘，历年均有。1960—1990年极少见，导致松毛虫成灾，近年增多，山间到处飞舞。

斑　鸠　历来均有。1960—1990年极少见，近年成群结队。

杜　鹃　历来都有。近年数量大增，春天到处可闻啼声。

麻雀、黄雀、山雀　历来均有。麻雀曾被误称"四害"之一，遭大量捕杀。民间传能治小儿百日咳，近年数量大增。

白头翁　历来均有。今数量不多。

野生鳖　旧时较多，小溪、水田常能捕到，1980年后，身价提高，大量捕杀，数量锐减，唯深潭中偶有发现。

乌　龟　历来均有。数量不多，近年偶有发现，人工养殖的较多。

溪　鳗　历来均有。1970年后绝迹。

毛　蟹　旧时极多。民谚"九月九，毛蟹出洞口"。1990年后绝迹。

鲫　鱼　历来溪中常见。

鲤　鱼　近年放生鱼。红鲤较多，不准人捕杀，供游人观赏。

刺　鱼（黄牛鲛）　历来野生。雨后垂钓可得。

红　狮　历来溪中野生，繁殖很快。雄鱼体红较大，雌鱼体淡蓝较小。

溪　虾　旧时极多，1990年后绝迹。

田　鳝　旧时极多，今极少。

泥　鳅　旧时极多，今溪坑中已常见。

田蛙、青腰蛙、雨蛙等　1958年前数量多，后逐渐减少，近年少见。

3. 水产类资源

青街境内有鲢、鳙、草鱼、青鱼、鲤、鲫、白鲫、团头鲂、罗非鱼、田鲤鱼、黄鳝、泥鳅、中华绒蟹、鳖、中华圆田螺、三角帆、褶纹冠蚌、溪鱼、田贡鱼、蚌、溪虾、小虾、黄刺鱼等。

（二）野生植物

境内野生草木本植物按观赏类、竹类、药材类分述。

1. 观赏类野生植物

观花类　乳源木莲、伞形绣球、厚叶中华石楠、中华绣线菊、深山含笑、腊莲绣球、合欢、继木、梅、桃、山合欢、美丽胡枝子、梵天花、连蕊茶、闪光红山茶、金丝梅、中国旌节花、福建紫薇、秀丽野海棠、秀丽香港四照花、麂角、杜荆、尖齿臭茉莉、白花满山红、映山红、黄山梅、芬芳安息香、金钟花、杜鹃、马银花、杜虹花、老鸦糊、木槿、扶桑、白花重瓣木槿、夹竹桃等。

观果类 杨梅、枫梅、畏芝、拓木、天仙果、变叶榕、青皮木、草珊瑚、小叶黄杞、山枒、豹皮樟、绒毛润楠、大穗鹅耳枥、山油麻、海金子、野山楂、尖嘴林檎、掌叶悬钩子、花榈木、茵芋、酸味子、木姜冬青、小果冬青、微果冬青、香冬青、尾叶冬青、野鸦椿、紫果槭、猴欢喜、了哥王、红凉伞、山血丹、蜜花树、野柿、罗浮柿、宜昌荚莲、吕宋荚莲、柴珠、广东冬青、冬青、毛冬青等。

观叶类 浙江樟、细叶香桂、卷柏、竹柏、树参、天南星、阔叶箬竹、乌药、长叶木姜子、浙江木姜子、阔叶十大功劳、厚皮香、杨梅叶蚊母树、大叶冬青、孝顺竹、华杜英、杜英、薯豆、紫薇、老鼠矢、黄杨、刨花楠、红楠、薄叶润楠、光叶石楠、石楠、虎皮楠、青榨槭、秀丽槭、蓝果树、枫香、盐肤木、木蜡树、野漆树、毛漆树、棕榈、蒲葵、马桂木、乌桕、山胡椒、银杏等。

此外，还有庭荫类、蔓木类、绿篱类及草坪草木本植物等。

2. 竹类植物

绿 竹 古名石竹。弘治《温州府志》："石竹、夏笋，味甘，初著竹时可为纸，既老可编器。"今以取笋为主，出笋期长达4个月，笋形马蹄，又名马蹄笋，是夏季佳肴。绿竹原系农家零星种植，20世纪70年代后，笋作为商品蔬菜大量种植，青街本地所产马蹄笋味极佳。

毛 竹 古名茅竹、猫儿竹，又名凤尾竹。旧时，是茅屋屋架及建筑工地脚手架。睦源、青街、南网、王神洞、贡后、九岱、十五亩村等山上盛产毛竹，其他各村也有大片的竹林。春笋，味甘甜而香脆。

根 竹 叶可入药，称淡竹叶。

紫 竹 色紫，作笛管，量少。

南 竹 又名江南竹。春笋，薄而节长。

箬 竹 又名翁竹。短小，叶大如掌，可裹粽，少量生长。

斑 竹 皮有斑点，少量生长。

3. 药材类

境内野生药材种类丰富，择要列出。

刺黄连 土名刺连，小檗科小灌木，狭叶。

金刚刺 土名狗骨刺，菝葜科，多年生攀缘状小灌木，短梗。

大 青 又名路边青、青乌心，马鞭草科小灌木。

山芝麻 又名山洋麻，梧桐科小灌木。药用全株。

算盘子　土名文豆子，大戟科小灌木。

毛冬青　土名苦菽，木樨科，常绿小乔木。

山苍树　土名乌樟，樟科落叶小乔木。

路路通　土名枫香树，金缕梅科落叶大乔木 。

狗腿迹　又名小桃花，锦葵科分枝小灌木。

红刺统　五加科小灌木棘茎木。

苦　参　豆科多年生小灌木。

龙船花　又名山丹，茜草科小灌木。

虎　刺　土名老鼠刺，茜草科小灌木。

侧　柏　土名扁柏树，枸科常绿乔木。

根　竹　禾本科多年生常绿植物。

马尾松　松科常绿大乔木。

钩　藤　茜草科藤状灌木。

五加皮　五加科落叶小灌木细柱五加。药用根皮。

岗　稔　土名大号狗螺，桃金娘科小灌木桃金娘。

苦　楝　楝科落叶乔木。

九节茶　金粟蓝科常绿小灌木，学名草珊瑚。

大罗伞　俗名雨伞子，紫金牛科常绿小灌木。

乌柏根皮　大戟科落叶乔木乌柏树的根白皮。

常　山　虎耳草科落叶小灌木。

金银花　忍冬科缠绕藤本植物忍冬的花朵。

大血藤　又称红藤，大血藤科攀缘木质藤本植物。

土茯苓　土名山猪仔，菝葜科多年生藤本植物光叶菝葜。

葛　根　土名挂藤头，豆科多年生藤本植物野葛。

威灵仙　毛茛科缠绕藤本植物。

黄　独　又名金线吊蛋、黄金山药，薯科多年生缠绕藤本植物。

瓜　蒌　土名狗屎瓜，葫芦科多年生藤本植物栝蒌。

牛　膝　土名鸡骨草，苋科多年生草本植物。或柳叶牛膝。有红、白两种。

白茅根　禾本科，多年生草本植物。

麦门冬　麦冬，百合科草本植物。

半　夏　天南星科多年生草本植物。半夏块茎有毒，需经加工炮制后入药。

天南星　天南星科多年生草本植物。

仙　茅　土名野棕，仙茅科多年生草本植物。

地　稔　土名狗螺，野牡丹科多年生伏地草本植物。

羊　乳　土名奶奶庆，桔梗科多年蔓生草本植物。

黄　精　土名山姜，百合科多年生草本植物。

野菊花　也称野艾，菊科多年生草本植物。

香　附　土名臭头香，莎草科多年生草本植物。

虎　杖　土名金刚笋，蓼科多年生草本植物。

石菖蒲　天南星科多年生宿根草本植物。

苍耳子　菊科植物苍耳的果实。

山栀子　称黄栀子，茜草科小灌木。

夏枯草　唇形科多年生草本植物。

胡颓子　土名柿糊，胡颓子科常绿藤状灌木。

白芥子　十字花科植物。农村当家蔬菜，广有种植。

金樱子　土名家兄刺，蔷薇科攀缘状小灌木。

女贞子　土名冬青子，木樨科常绿大灌木。

山　楂　土名山杞果，蔷薇科落叶小灌木。

浮小麦　土名鸟麦，禾本科植物。

薄　荷　唇形科宿根草本植物。药用茎叶。

水蜈蚣　莎草科草本植物。

大叶田基黄　土名红根子，报春花科草本植物。

紫　苏　土名红苏，唇形科草本植物。

路边菊　土名马蓝菜，菊科多年草本植物。

香　薷　唇形科多年生草本植物。

木　贼　木贼科多年生常绿草本。

六月雪　别名六月霜，菊科泽蓝属草本植物。

千里光　又名九里明，土名黄花子，菊科多年生草本植物。

小青草　又名六角葵、大鸭草，爵床科草本植物。

地胆头　土名牛长鼻，菊科多年生草本植物。

羊蹄草　土名大号奶草，又名一点红，菊科一年生草本植物。

鱼腥草　土名臭脚姆，三白草本多年生植物。

紫花地丁　土名红犁头标，堇菜科草本植物。

蒲公英　又名黄花地丁、奶草，菊科多年生草本植物。

马齿苋　土名猪母耳，马齿苋科草本植物。

马蹄金　土名田螺丕，旋花科草本植物。

田基黄　土名烛台草，金丝桃科草本植物。

刺苋　又名野苋菜，苋科草本植物。

车前草　土名五根草，车前科多年生草本植物。

铜钱草　又名盆上、芫荽、天胡荽，伞形科伏地草本植物。

鸭跖草　土名鸭蛋草、火金姑草，鸭跖草科草本植物。

崩大碗　又名积雪草，土名乞丐碗。

浇竹叶　本地称洼竹末，禾本科植物。

败酱草　土名苦菜，菊科多年生草本植物，药用全草。

谷精草　谷精草科草本植物，药用全草。

大蓟与小蓟　土名鸡角瓮。菊科多年生草本植物。

马鞭草　土名铁扫帚，马鞭草科多年生草本植物。

艾　又称五月艾、艾蒿，菊科多年生草本植物。

仙鹤草　又名龙芽草，土名鸭脚蛆。蔷薇科多年生草本植物。

紫背三七　土名红宏菜，菊科多年生草本植物。

旱莲草　菊科草本植物。

益母草　唇形科草本植物。药用全草。

石斛　土名吊蓝，蓝科多年附生草本植物。

毛大丁草　土名一枝香，菊科草本植物。药用全草。

灯笼草　也称假番茄，茄科草本植物。药用全草。

鼠曲草　也称绵菜，菊科一年生草本植物。

酢浆草　土名盐酸草，酢浆草科伏地草本植物。

豨莶草　菊科一年生草本植物。药用全草。

莲籽草　正名鸡眼草，又名三叶人字草，蝶形花科伏地草本植物。

独脚金　土名疳积草，玄参科一年生草本植物。

三白草　土名三张白，三白草科多年生草本植物。

叶下珠　大戟科一年生草本植物。

白花蛇舌草　茜草科湿生伏地草本植物。

半枝莲　土名五龙寒，唇形科一年生草本植物。

一枝黄花　土名红脚苦菜，菊科多年生草本植物。

瓜子金　又名小叶远志，远志科多年生草本植物。

半边莲　土名鸡嘴舌，半边莲科伏地草本植物。

金花草　土名含培秧，陵齿蕨科多年生蕨类植物。

贯　众　鳞毛蕨科多年生蕨类植物。

凤尾草　凤尾蕨科植物。

卷　柏　土名红脚鸡，卷柏科蕨类植物。

伸筋草　土名躲猫草，石松科蕨类植物。药用全草。

骨碎补　又名猴姜，水龙骨科附生蕨类植物。

卷　柏　土名还魂丹，卷柏科蕨类植物。

石黄皮　润肺止咳，民间用以治疗睾丸肿大、偏垂等症。

石　苇　水龙骨科附生蕨类植物。

灵　芝　土名柴头菇，腐生菌类植物。

海金沙　土名纺车藤，蕨类海金沙科攀缘草本植物。

3. 植　被

青街历史上林木茂密，至2015年，有古树香樟、红豆杉、枫香等18株近100—500年不等的古树名木。各村有大面积成片毛竹纯林。除常绿阔叶类植物外还有松树、杉木、灌木以及芒萁、茅草等植物群落布满山坡田野、溪坑杂地。2014年6月16日国家环保部发布2012至2013年国家级生态乡镇命名公告，平阳县顺溪镇和青街畲族乡获评。

平阳县生态办紧紧围绕省级生态县创建工作，通过大力开展农村生态经济、饮用水源保护、农村生活污水处理、农村生活垃圾保洁、畜禽排泄物治理和"四边三化""五水共治""提升生态环境质量公众满意度"等工作，切实改变居民周边生活环境，提升环境质量和环保意识，为生态创建奠定了坚实基础。

至2015年，青街畲族乡引入各种水果林木、欣赏景观林木等，森林覆盖率达87.50%，成为国家级生态乡。

第二节　人文环境

青街畲族乡属南雁荡山风景区，以"自然风光旖旎、民俗风情浓郁、文化积淀深厚、毛竹远近闻名"著称，素有"竹海畲乡、生态家园"美誉。

竹林似海，自然景观与古迹较多。有人文景点6处、人文遗迹24处，展现出"畲·竹·古"旅游资源特色。

一、人文遗迹

（一）古建筑

1. 双合殿

双合殿位于青街水口，前身是天后宫，始建于清嘉庆年间，后在宫左旁再添一殿，称"双合殿"。20世纪50年代，双合殿曾改建别用。2010—2012年，重建双合殿，建筑面积2793平方米，总耗资2300万元，聘九岱雷衍银等畲族木匠师傅承建。新双合殿背靠笔架山，面对月山，门临青溪，远眺白岩峰，纵深51米，宽41米，高19.7米，二层结构，回廊曲折，四条大梯上下通行。左为杨府殿，右为娘娘宫，内庭前有戏台两座，可供艺伶斗台争艳。全殿自上而下精雕细刻，人物、花鸟、山水、走兽等造型逼真生动。殿前有白玉华表一对，高7.56米，铜狮两对，亭阁两座，用青石砌成。

2. 章山雷氏旗杆

章山雷氏旗杆位于章山雷氏宗祠前。清咸丰十年（1860年）清廷授予雷云"贡元"时立。2003年春，按原样重修。旗杆长9.70米，胸围90厘米，尾围30厘米。底部两条旗杆石把旗杆夹住。每条石长35厘米，厚15厘米，高180厘米。杆顶下50厘米处设方型龙字斗一个，四面都刻上"龙"字。杆顶安放两个红色连珠。

3. 施味辛故居

施味辛故居位于平阳县青街畲族乡南网村大厝基自然村，清代建筑，坐南向北，由厢房和正房组成。厢房系二屋木构，建于20世纪40年代，四开间，二层设窗，施重檐悬山顶。正房系清代建筑，单层木构，七开间，7柱13檩，明间中置固定屏门，两侧作通道，明次间设前廊，为双步梁承单步梁，前檐柱柱头设斗拱，出一跳，承挑檐檩，阶沿辅青石，下设三级台阶，三山式，悬山顶。该建筑做工简朴，素白天饰，现状保存良好，2018年县府拨款3万元予以维修。2010年9月14日，平阳县政府公布为平阳县文物保护单位。

4. 街头大份李氏大屋

街头大份李氏大屋位于青石街东南端，建于清代中晚期。同济大学和杭州大学的古建筑专家评定：总体结构完整，保存完善，具有典型的明清江南山区民居建筑风格。2005年3月，李氏大屋被列为省级重点文物保护单位。大屋四周环境优美。第一道门台是青石门杠，粉红花岗岩石阶，琉璃瓦盖顶。门台两边有石刻楷书对联："当户青山延秀色；环门绿水起文波。"门台两侧为3米高的围墙，墙体由溪石砌成。进入第一道大门便是内庭，种有花草，垒叠假山，是个十分考究的花园。第二道大门上有"司马第"匾额，为清代浙江学政吴钟骏所题赠。6扇大门往里开，门上画着6尊门神臣像，托塔持械，十分威武，颜色鲜艳，神态逼真。进入二道大门后，是大屋的内院，前后两进，并设厢房，四周二层走马楼，系全木构建筑。楼上回廊设美人靠，清一色雕花栏杆。有木柱232根，每根石磉与柱头中放有三钱朱砂，可防虫蛀，蚊虫苍蝇不敢飞入。大院四周楼上、下有8个大厅，48间房间；房间花窗均有不同花样。四条大楼梯上下通行，四面贯通。大屋通面阔40米，进深36米，占地面积2280平方米，建筑面积1440平方米，梁架均为抬梁穿斗混合式，悬山顶。楼上正厅有"银盾"一座，构建十分精致，专为奉李氏五世祖畲族蓝氏祖姒牌位，供裔孙们奉祀纪念。两旁竖立"州同分府""儒学副堂"牌匾，肃穆庄严。楼下正厅有"楼娑联辉""彤管扬微"匾额，系清道光朝侍讲学士孙锵鸣及平阳知县汤肇熙所题赠。厅堂壁上有用金粉书写在大红宣纸上寿序文6幅，计800余字，颜体正楷，虽经120余年，仍然金光灿烂如初，保存完好。从古屋走出不少杰出人物，如马来西亚共产党中央执委、侨领李基中，美国加州数学博士李信明等。

5.岭脚潭池氏大屋

岭脚潭池氏大屋位于睦源村西端岭脚潭，为四合院式木构建筑，共29间，布局恢宏，建造技艺精湛。大屋建于清乾隆年间，距今已近300年。大屋前后进均为9间平房，有两个宽敞的正厅，两厢为二层重檐，楼下设有厅堂，二层设有美人靠，梁架均为抬梁穿斗混合，悬山顶。四面回廊贯通，门窗、屏风装饰花雕，青石柱磉呈八角形状，造型优美精致。屋内有戏曲故事、飞禽走兽、神话传说、花鸟山水、名胜古迹等木质雕饰，形象逼真，惟妙惟肖，呼之欲出。池氏大屋是一座保存很完美的"明清时代木雕工艺美术馆"。2011年，青街畲族乡民俗馆始办在本屋，竹制生产用具、竹制工艺品、竹制乐器、畲族服饰、早期畲族民间生活用品等500多件精品，分类设置在各厢房里，有服饰冠戴、传统器皿、远古遗响、昼耕夜读、一生习俗、卧室起居、古雕珍品、畲乡名人、丹青妙笔、生活剪影、竹器集粹等11个展厅，展现青街"畲乡竹海"特色。2005年3月，被浙江省人民政府列为重点文物保护单位。

6. 池宾瑢宅

池宾瑢宅又称"水尾内池氏古屋"，是一座大型的合院式民居建筑，建于明万历年间。大宅院坐东北朝西南，由主院和两厢分院组成，两侧分列厢房，按次第列展，平面略成长方形，主屋昂上穿斗结构，对称有序，四周回廊贯通。原地基1.60公顷，建筑面积长83米，宽78米，占地面积6474平方米。宅院面对月山，后靠笔架山，左邻青街金钟山，右接睦源玉笋峰。当时建房72间，1个大中厅，4个护厅，4个天井，开凿3个水池，四周筑有围墙，规模宏大，布局合理。门阶、庭院采用溪石铺设而成，具有明显地方特色。大厅上首有乾隆庚午年（1750年）浙江学政窦光鼐题赠的"敬姜芳范"匾额。第二进正厅前悬挂有清道光二十六年（1846年）浙江学政吴钟骏题赐的"月峰并永"等。2010年9月，池宾瑢宅被列为县级文物保护单位。

7. 李氏二份大屋

李氏二份大屋位于青街村大月山竹林下，建于清代中晚期。原宅基1.20公顷大屋依山傍水，前有金钟、石柱山，后有玉笋、睦山，为四合院式木结构，6个厅堂、28间，建筑面积2330平方米。正厅为两层木构建筑，面阔11开间，进深7柱13檩，抬梁穿斗式梁架，前檐柱向外出二踩，承挑檐檩。二层前檐柱向外出一跳，设走马廊，拼花美人靠。方形柱，礩形础。明间隔断门上有精美雕刻。三合土地面，阶沿采用压条石铺砌，前下二级踏步接甬道。悬山顶屋面，上盖小青瓦，两端有脊饰。南北厢房，二层三开间，进深7柱13檩，前檐向外出斗口跳。明间开6扇隔扇门，次间开2扇花窗。二层前檐做法与正厅前檐相仿。前厅为单层，面阔十开间，进深七柱十三檩，厅堂较高，穿斗抬梁式梁架，前后檐各向外二踩。明间三合土地面，其余地面架设木地板。明间开六扇大门，次间开二扇花窗。悬山顶屋面，两端有脊饰。建筑选材十分考究，礤石斗拱错落有序，株木壁柱混玉平面，内设天井走廊靠槛，环廊相接，屋前阳埕荷河，沿溪高墙防护。大屋整体保存完好，具有典型的明末清初江南建筑特色。2011年1月，被省政府列为浙江省重点文物保护单位。

8. 上过溪李氏大屋

上过溪李氏大屋建于清乾隆五十三年（1788年），坐北面南，东临金钟山，西傍青溪水，亦临月山，是一座明清时期建筑风格的纯木结构的四合院，前后进两房均7间，两侧厢房各3间，共20间。前后两大厅长宽各二丈四尺，厅上由两根大步（俗称百步，胸围大，四棱）和两根拱梁（比大步稍小）拱立而成，五间平脊两端各有锦鸡朝天，紧靠两边间脊端也有锦鸡朝天。其余18间是二层楼房，两侧厢房两边都有楼梯，由侧楼回廊将前后楼房连接贯通。房屋内外建筑结构设计大方，门窗、屏风精雕细刻，花鸟人物形象逼真，惟妙惟肖。前厅上匾"玉辉堂"是清嘉庆十年平阳县知县李品镐为贡生李安邦立。后厅上匾"扶杖观光"是清道光七年钦命吏部左侍郎、提督浙江学政、加五级纪录十次杜尊为项钦大宾李安邦七十荣寿立。

内庭四周门阶和前房门阶都是用长一丈二尺、宽二尺的青石板铺成的。内庭是用大小一样精选的小溪石铺成方、圆、花卉等图案而成，非常美丽壮观。前庭是用平溪石砌成的。四合院后有花台，前有鱼塘，院两边有上、下两侧庭，中间有个四方小水塘（备防火用）。前庭的最前方有父子两贡生立得两对旗杆（两对旗杆和前后厅两匾在"文化大革命"中被红卫兵拆掉）。

9. 李世绍宅

李世绍宅又称"下过溪李氏宅院"，位于太申村太监地双合殿边上，建于清道光十一年（1831年）。总占地面积0.88公顷，建筑面积约2000平方米。主屋及两厢房（均二层）略高，前进平房稍低，呈三阁廊格式，杉木结构。正厅有一对高45厘米的太湖石石鼓，光洁晶莹、凸刻细雕莲花、牡丹图形。主屋厢房三面走马楼，有雕花木栏杆，院楼设上、下2个大厅，3个小厅，32个房间。内院为四面交井的大庭，有二座石雕鲤鱼跳龙门，占地约0.06公顷，宽敞明亮。2007年6月，被列为第9批县重点文物保护单位。

10. 周宅基

周宅基位于睦源村。唐代至明代初年，周氏府第内外设二重围墙，引二重溪渠之水，建有"睦山堂"和"水绕堂"。有厅堂15个、通道3条、外设5厅、水门上下各一，中通道用青红小条石铺金钱图案8个，呈连环节。南宋学者叶适曾作铭。外马路口有红石上、下马墩2个，刻有"乾道丙戌渭叟立"字样。内路口一对青石锣耸立，刻有"乾道元年"字样（乾道元年，1165年），至今已800多年历史。

表2-1-2-1　　青街畲族乡古建筑一览表

名称	级别	类别	保存状况	建造年代	公布时间
青街李氏大屋	省级文保点	古建筑	完好	清代	2005.03.16
李氏二份民居	省级文保点	古建筑	完好	清代	2011.12.02
青街池氏大屋	省级文保点	古建筑	完好	清代	2005.03.16

名称	级别	类别	保存状况	建造年代	公布时间
池宾璆民居	省级文保点	古建筑	完好	明万历年间	2010.09.14
太申村李世绍民居	省级文保点	古建筑	完好	清代	2011.12.02
南网施味辛故居	县级文保点	古建筑	完好	清代	2010.09.14
南网村南网宫	三普点	古建筑	完好	咸丰	2011.12.02
睦源桥	县级文保点	古建筑	完好	清代	1986.12.18
睦源路65民居	三普点	古建筑	完好	清代	2011.12.02
青街上过溪李氏民居	三普点	古建筑	完好	清代	2011.12.02
十五亩李氏民居	三普点	古建筑	完好	清代	2011.12.02

资料来源：青街畲族乡政府。

（二）古遗址

1.“碗窑”工矿业区

“碗窑”工矿业区位于睦源村。青街陶瓷的历史已有80多年，当地人称之为“碗厂”或“碗窑”。陶瓷的传统生产工艺有12道工序：采掘瓷土，舂土细研，淘洗沉淀，晒干陶泥，陶泥成坯土，拉提制器，修坯，画花，上釉，刮脚，入窑烧制，出窑验收。

2.青石街

传说，南宋时（1127—1279年），周家望族（登科及第18人）中有一青年名周八，年轻时贪玩好赌、游手好闲，很不争气。其兄嫂激发开导他，如能皇榜得中，将铺设青石板为路相迎。后来周八一改恶习，奋发习文从武，上京赴考，中武举。其嫂不食言，在祖宅老路口铺上青石板迎接周八荣归故里。至元代末期，在青石板路两侧已建起房屋，形成街道，故名青石街，街长210米，宽约3米，中间部分沿溪建造，可观“灵山秀水，苍松翠竹”。

3.石柱敲金钟

位于青街村月山脚下，面对着金钟山。据历史传闻：离石柱之南40米处今名曰“书房基”地方有个书院。清末有谜语抄本流传至今，其中一则是“夜间所得万里明，高土低见天连生，讲述孔孟之道理，众人都来此会盟”，谜底是“月山书院”四字。传闻此处曾是周氏族人讲学读书的地方。为了激励后生立志读书奋发向上，周氏族人在此处的石台上竖一根石柱，面对金钟山，意为警钟长鸣，教育儿孙时时警醒自己，不可懈怠，意志要像金钟一样稳固，将来名声要像金钟般洪亮。果然，众儿孙不负祖辈厚望，到宋代不到百年便考中18名进士，誉满朝野。传说中的石柱已不复存在，现在见到的石柱是2002年重竖的。

（三）桥与碇步

1. 上过溪碇步桥

上过溪碇步桥位于上过溪厝面前潭上游。清乾隆期间，李汉鼎、汉崇两兄弟捐资建造。碇步桥有九间，中间石碇两边上有石榫，每间都用两条石板嵌铺在石墩的石榫上。全碇步桥长13.50米，宽0.65米，高0.65米。

2. 抱珠桥

抱珠桥位于王神洞水口，是南、北港交通必经的古要道。古时无桥，只用竹木扎成的便桥通行，一遇大雨，山洪暴发，竹桥被毁，渡水艰难。清乾隆乙卯年（1795年）春，太学醇斋池生倡议捐资，众乡贤支持，筹资建成抱珠桥。全桥采用溪鹅卵石拱砌而成，桥洞宽4.20米，高4.80米，两侧相距8.50米。桥高5.50米，桥面长11.20米，宽4.20米，采用精选的大小一样的溪石铺砌。抱珠桥拱砌成后，南北交通，风雨无阻，至今岿然不动，完好无损。

3. 睦源桥

睦源桥位于青街乡桥亭潭，睦源溪汇合处，重建于清道光十一年（1831年）。单孔，红条石板砌成，桥孔拱券形，东南与西北走向，横跨睦源溪，桥长12米，宽4.60米，高4.40米，跨径5.58米。桥面建木结构廊屋5间，中系通道，廊屋两边设栏杆靠槛，供人憩息。顶部彩绘山水图画。桥旁有500年以上树龄的香樟一株。桥下流水潺潺，四周翠荫重重。

4. 青街大桥

青街大桥位于睦源村与太申村水口，跨青街溪。青街溪、睦源溪、东坑溪三溪之水汇于桥下，向东北流出青街溪。大桥系石拱桥，建于1973年，长39.80米，高11.50米，宽5.68米。桥身为单孔青石结构，由溪涧中开采的花岗岩块石和条石拱砌而成，桥为拱形，桥洞呈半椭圆形。2012年，乡贤唐升波创意抬梁式木结构廊屋9间，聘请九岱雷衍银等畲族木匠师傅承建。桥廊设计奇异，造型优美，结构牢固。全桥采用40根木柱，内柱头斗拱盘托，外有悬柱花篮，木壁瓣花豪放，屋脊为重檐空顶，装饰9个藻井，天棚格式独特，横梁、隔断、檩上、贴木刻有各种花样浮雕，美观雅致，古朴大方。屋脊背端饰有吻兽，翘角处精雕四大龙头图案；8个风铃，迎风响亮，音声悠扬；琉璃瓦盖顶，光彩照人。廊桥两端有书法名家题额："竹乡古韵""鸟语溪音"，旁饰木雕戏剧人物，笑脸拱迎，栩栩如生。桥廊内两边设有18张美人靠，槛上栏杆刻有纹龙，木雕花瓶等图饰，既保护行人安全，又可供人们歇息。廊柱上有12对楹联，墨宝真迹来自京、沪、粤、川、杭等书法名家的题赐。

5. 青街石碇步

青街石碇步位于睦源桥潭下游，建于清乾隆乙未年（1775年），池缵筠首倡建造。碇步长32米，宽1.20米，高0.85米。中间有一间"石板桥"，两条石板嵌在两碇步石榫上，石板长1.80米，便于竹排通行。此碇步是南北港必经古道，往北经垟心、周岙、五十丈、南雁到山门、水头等地，往南至腾垟、莒溪、桥墩等地。原碇步在20世纪70年代被洪水冲毁，后几经重修，今见到的碇步是乡贤唐升波在2013年建造的。

6. 行蒲碇步

行蒲碇步位于青街溪三脚潭上游，建于清光绪中期，李行蒲独建，故名。碇步长13.80米，宽0.85米，高0.65米。为了让"竹排"通行，中间建有"石板桥"一间，上用两条石板平铺成，长1.65米。

7. 岭脚潭碇步

岭脚潭碇步位于睦源溪岭脚潭下游，胡氏捐资建于清光绪年间。碇步长8.50米，宽0.60米，高0.80米。中间有一间平板桥，让竹排顺利通行。

二、人文景观

（一）竹林、笋市

青街畲族乡竹林一片连着一片，宛如绿色海洋，有毛竹、观音节、金竹、绿竹、水竹、四季青等。大的竹高耸入云，圆径有小水桶那么粗，可以用来镌刻对联；小的竹只有一小丛，可以点缀盆景。"一天两潮水，一年四季笋。"这是乡里流传的两句古语。所谓"一天两潮水"，指青街西面白云山应潮潭曾有过渔舟出海的传说。东海的潮水是否经过鳌江，涨到应潮潭，已无法考证，但"一年四季笋"却是千真万确。不仅季季有鲜笋，还有腌的、晒的笋制品。清明前后，是笋市，青街满街买卖竹笋，熙熙攘攘，热闹非凡。

（二）龙　潭

龙潭位于十五亩村东北约300米处，由山溪会流冲击形成。潭面约1公顷，水清澈见底。潭边为花岗岩，四周杂以溪涧、流泉，山峦翠色，村野紫烟，风景秀美。

（三）青山瀑

青山瀑位于王神洞南面1500米处。此水来自腾垟溪。瀑布平时宽3—4米，暴雨季节5—8米。从38米高的悬崖奔泻而下，撞到离潭面28米凸出的岩壁上，顿时溅起无数的小水珠，如烟如雾，向四周飞散。瀑下有个50平方米的浅水潭，深不到1米。瀑声哗哗，寒气逼人。

（四）白　石

白石位于白岩下自然村西面2.20千米处的白岩峰顶，海拔868.50米，是青街畲族乡最高的山峰。峰顶有块见方百米的巨石，中有白色，故名白石。石罅间长着奇形怪状的树，石壁上还长着当地人称之为"石菇"的菌类植物。白石右下方有个岩洞，洞不大，只容纳10来人。民间传说，王神洞村的王神曾在此修炼过。近人有诗《咏白石》道："隐约祥云里，崔嵬逼斗宫。安身唯一岘，睁眼向千峰。日上霞光满，月来雪意融。只求铺大道，不愿论英雄。"

（五）雨伞石

雨伞石位于在白岩下自然村2.50千米处。伞正面高6.80米，侧面高13.30米，伞叶围3.20米，伞杆高2.60米，杆粗4.20米。乡民奉为神石，每逢村民设醮（做道场）时，道士带人到这块石上用新柴刀取火种。曾有人咏诗道："神峰一伞绕云烟，遮雨挡风千万年。懒去人间夸业绩，终朝独立向苍天。"

图 2-1-2-1 雨伞石（雷朝欣 摄）

（六）东坑漂流

东坑漂流是平阳第一漂。2009年5月，东坑村两委全面规划，由王积盼全权负责，建设东坑漂流工程。从深潭开始，多处造坝蓄水，设有坝口。下游疏通溪道，漂流至溪头坝上止。全程2.50千米，落差82米。全程漂流时间40分钟。至2010年4月，漂流全程通道、设备、游泳池、民宿住房、农家乐餐厅、KTV包厢、车道、停车场等全面建设竣工。总投资520万元，其中乡政府赞助28万元，5月1日正式开始营业，2015年总收入107万元。

图 2-1-2-2 东坑漂流（雷朝欣 摄）

第三节　建置沿革

南宋时期周八武举及第，其嫂以青石铺路迎之，故名青街。元至正十八年（1358年），平阳知州周嗣德铺青石板街道，故后人将"睦源"更名为"青街"。1000多年来，青街管辖范围和归属区域几经变更，自1950年起才形成现在规模的青街乡。1984年，青街畲族乡辖10个行政村20个自然村。1992年睦源乡并入青街畲族乡。2004年10月以后至2015年，全乡保持11个行政村，其中王神洞、南朱山、九岱为民族村。

一、政区沿革

唐天宝年间，睦源（今青街）属横阳县。元元贞元年（1295年）至明洪武元年（1368年），乡域属平阳州。明景泰三年（1452年），青街睦源地域为平阳县五十一都，有26村，属宰清乡。清代至民国13年（1924年）属崇政乡。民国14年（1925年），行政区称睦源乡，属北港镇，后隶属水头区。民国21年（1932年），青街属北港第五区。民国30—38年（1941-1949年），称青街乡，归属南雁区。

中华人民共和国成立后，于1950年5月，青街乡分置青街、矾岩二乡，属睦源区管辖。1952年，青街乡分置睦源乡。1956年，睦源乡复并入青街乡，隶属山门区。1958年10月，山门人民公社成立，11月，青街为生产大队（管理区），归山门人民公社管辖。1961年，设立青街人民公社。1964年，青街公社分为青街人民公社和睦源人民公社。1965年，青街、睦源公社属山门区所辖。1984年4月13日，撤销青街公社。

1984年5月，设立青街畲族乡人民政府，隶属山门区。1985年3月，顺溪区成立，青街划归顺溪区管辖。1990年，青街、睦源属顺溪区所辖范围。1992年5月，顺溪区撤销，睦源乡并入青街畲族乡，直属平阳县管辖。

二、辖区村落

1949年5月，平阳县解放。县和乡人民政府先后成立，随后也建立了各行政村。1950年全乡建立了16个行政村。1984年成立了青街畲族乡，有10个行政村，另外6个划归睦源乡。1992年睦源乡并入青街畲族乡，仍16个行政村。2004年各行政村进行合并，桥坑并入青街村，贡后并入睦源村，东上并入东坑底村，白岩下、大垟、腾岩组成一个村，名新三村，全乡计11个行政村。

（一）青街行政村

村委会驻地青街。由青街、桥坑自然村组成。1950年5月，青街乡人民政府成立，称月山村。1958年10月，山门人民公社成立，青街乡更名为青街生产大队，月山村更名为青春生产队。1961年，青街人民公社成立，称青春大队。1981年12月，更名青街大队。1984年政社分设时，恢复村建制，属青街畲族乡。

青　街　系青街畲族乡人民政府和青街村委会驻地。东、南、西三面环山，有小溪由南往北流经睦源，直至矾岩大桥与顺溪汇合。属半山区。据传，此地南宋有一名士周八，被其嫂所开导，乃发愤习武，武举及第，其嫂以青石辅路迎之，此地故名青街。

桥　坑　1950年建立青街乡桥坑行政村。村委会驻地在桥坑自然村。位于乡政府东南1千米处，三面环山，北有小溪流向青街。属山区。1955年为青街乡青春高级合作社。1958年为桥坑大队。1984年恢复村建制，属青街畲族乡。2004年并入青街村。当地《李氏宗谱》记载，清嘉庆七年（1802年），李氏祖先由闽迁此。当地有小溪坑向西流入青街溪，坑上有小桥，故村名为桥坑。

（二）九岱行政村

村委会原驻地国宋，现迁址坭山。由国宋、黄家坑、坭山、深垵、九岱自然村组成。1950年建立青街乡九岱行政村。1955年为青街乡九岱高级合作社。1958年人民公社成立后，与白岩下合建东方红大队。1964年将白岩下划出，称九岱大队。1984年恢复村建制，属青街畲族乡。

国　宋　系九岱村委会驻地。《雷氏宗谱》载，清乾隆十二年（1747年），雷国宋迁居此地。雷氏后裔为纪念祖先，即以国宋为村名。位于乡政府西南3.50千米处，西靠山，东临岭脚潭。属山区。

九　岱　青街《雷氏宗谱》载：清顺治八年（1651年），雷氏始祖迁居此地，并开垦水田一丘，当年收割九麻袋稻谷。后裔为纪念始祖艰苦创业的精神，命地名为九袋，因闽南话"袋"与"岱"同音，故名九岱。

（三）十五亩行政村

村委会驻地在十五亩自然村。1950年属青街乡，称十五亩行政村。1956年为青街乡朱山高级社。1958年从朱山社分出，单独建队，名十五亩大队。1984

年恢复村建制，属青街畲族乡。

十五亩 系村委会驻地。《李氏宗谱》载，清嘉庆七年（1802年），李氏祖先移居此地，垦田十五亩，遂名村为十五亩。位于乡政府南面1千米处，十五亩山西侧半山腰，山下有小溪，自东南往北流经青街。属山区。

（四）南朱山行政村

因村委会驻地得名。由朱山、老鸦窝尾、老鸦窝自然村组成。1950年建立青街乡朱山行政村。1956年为青街乡朱山高级社。1958年为朱山大队。因重名，1981年12月，更名为南朱山大队。1984年恢复村建制，属青街畲族乡。

朱 山 系南朱山村委会驻地。《朱氏宗谱》载，清雍正八年（1730年），朱氏兄弟由闽迁居此地，故名朱山。位于乡政府东南3.50千米处，四面环山，一条小溪发源于腾垟山，通过村南，直至十五亩、青街。属山区。

（五）王神洞行政村

村委会驻地外垟。由外垟、王神洞、内垟、半岭头自然村组成。因村得名。宋叶适《水心文集·睦山堂铭》作"望神洞"。原为洞名，后为村名。当地《蓝氏宗谱》载，清乾隆年间，蓝氏祖先迁居此地时，已名"王神洞"，乃"望神洞"之谐音。又传有王神和尚在此修炼，故名。

1950年，建立青街乡王神洞行政村。1956年为青街乡王神洞高级合作社。1958年人民公社成立时，本村和腾岩、大垟合建王神洞大队。1964年腾岩、大垟划出，王神洞与内垟、外垟合并，仍名王神洞大队。1984年恢复村建制，属青街畲族乡。

外 垟 系王神洞村委会驻地。《蓝氏宗谱》载，康熙、雍正年间，蓝氏祖先从福建迁来此地。因本村三面环山，中有里、外两个田垟，本村在外，故为外垟。位于乡政府东南2千米阳半岭山北侧山腰。山下有小溪自东南往北流向青街，属山区。

（六）新三村行政村

村委会驻地腾岩。位于乡政府西南3千米处。由腾岩、大垟、白岩下、深垵、外格自然村组成。1950年，白岩下、腾岩、大垟各自建立行政村。1955年，白岩下（深垵属白岩下）、腾岩（外格属腾岩）、大垟三村联合办社，称青街乡三村高级合作社。1958年成立人民公社时，白岩下与九岱组成东方红大队；腾岩、大垟属王神洞大队。1964年白岩下、大垟、腾岩从东方红与王神洞大队分出，分别建立大队。1973年白岩下、大垟、腾岩大队合并，更名为三村大队。1984年恢复村建制，各自从三村大队析出，分别成立村委会。2004年三个村又重新合并，组成新三村。属青街畲族乡。

白岩下　位于乡政府西南6.5千米白岩山东侧半山腰。属山区。《池氏宗谱》载，清乾隆年间，池氏祖先从闽泉州铜塆迁此成村，因处白石之麓，故名白岩下。包括深垵自然村。

（七）睦源行政村

村委会驻地周宅基。由周宅基、章山、岭脚潭、贡后、万字梨脚组成。睦源为古名。1950年属青街乡。1952年为睦源乡睦源行政村。1956年属青街乡、分章山、周宅基、岭脚潭3个高级社。1958年为睦源大队。1964年归睦源公社。1984年恢复村建制，属睦源乡。1992年并入青街乡。

周宅基　系睦源村委会驻地。位于乡政府西北200米处，北负山，东、南、西三面临溪，村南小溪经睦源桥汇入青街溪，溪上有碇步和大桥。属半山区。

据民国《平阳县志·选举志一》和《人物志三·周勉传》及《池氏宗谱》载，南宋乾道元年（1165年），周姓居此，历庆元、嘉定、绍定、咸淳诸朝百年，世代科甲鼎盛、第宅相连。后周氏移居外地，所遗宅基由池氏迁居，故村名周宅基。

贡　后　1950年为青街乡贡后行政村。《池氏宗谱》载，清乾隆十六年（1751年），池氏祖先由闽泉州铜塆迁来，居住小埦之后，故村名为埦后，因方言"埦"与"贡"同音，遂成贡后。

由贡后、万字梨脚两村组成。1954年与万字梨脚联合办社，名青街乡贡后初级社。1955年转为贡后高级合作社。1958年为贡后大队。1984年恢复村建制。2004年并入睦源村。

（八）太申行政村

村委会驻地太监地自然村。1950年属青街乡。1952年与周宅基合并称太基行政村，属睦源乡。1956年为青街乡太申高级合作社。1958年为青街太申大队。1964年又划归睦源公社。1984年政社分设时，恢复村建制，称太申行政村，属睦源乡。1992年属青街畲族乡。1956年至1986年村名作"太心"，后改作"太申"。

太监地　系睦源乡政府和太申村委会驻地。位于乡政府北面200米处，东靠仙人寨山麓，西南临溪。村南为青街溪，上有碇步和大桥。属半山区。

《李氏宗谱》载，清顺治年间，其祖从闽迁此定居当时，此地已名太监地，相传宋代此地出过"太监"（即宦官），故名。

（九）垟心行政村

村委会驻地垟心。由垟心、王垄培组成。因驻地得名。1950年属青街乡。1952年与章山村合并称垟心行政村，属矾岩乡。1956年又划归青街乡。1958年为青街垟心大队。1964年属睦源公社。1984年恢复村建制，属睦源乡。1992年属青街畲族乡。

垟　心　系垟心村委会驻地。位于乡政府北面0.50千米山间小平川之中心，故名垟心。东靠山麓，西临青街，村北有一桥，小溪自东向西汇入青街溪，属半山区。

（十）东坑底行政村

村委会驻地东坑。由东坑、半山、东上、布袋坑、大坪尾自然村组成。因住地得名。1950年为青街乡东坑行政村。1952年属睦源乡。1956年为青街东坑高级合作社。1958年为青街东坑大队。1964年属睦源公社。因重名，1981年12月更名为东坑底大队。1984年政社分设时，恢复村建制，属睦源乡。1992年属青街畲族乡。2004年东上、布袋坑、大坪尾并入东坑底村。

东　坑　系东坑村委会驻地。位于乡政府东面3千米寨后山西麓，村东二小坑与南网大坑汇合向北流向青街，因地处青街溪东源，故名东坑。属山区。

东　上　原是个行政村，村委会驻地布袋坑，由布袋坑、大坪尾两村组成。地处东坑上首，故名东上。1950年为青街乡东上行政村。1952年属睦源乡。1956年又属青街乡，分大坪尾、布袋坑2个高级合作社。1958年为东上大队。1964年划归睦源公社。1984年恢复村建制。属睦源乡。1992年属青街畲族乡。2004年并入东坑底村。

布袋坑　原为东上村委会驻地。《李氏宗谱》载，清康熙年间，其祖先自闽南垵溪湖头迁此。李氏祖先以种香菇为业，积累一布袋金钱，购买一契土地，名曰布袋契。契中所列山界至坑为止，故村名为布袋坑。位于乡政府东面3千米处，地势北高南低，村中小溪流入村南小坑，再往西流向青街。属山区。

（十一）南网行政村

村委会驻地七亩。由七亩、南网、内厂组成。因南网山得名。1950年为青街乡南网村。1952年属睦源乡。1956年为青街乡内、外厂两个高级合作社。

1958年为南网大队。1964年属睦源公社。1984年政社分设时，恢复村建制。属睦源乡。1992年为青街畲族乡。

七　亩　系南网村委会驻地。《张氏宗谱》载，清嘉庆二年（1797年），其祖先居此，垦田七亩，故名七亩村。位于乡政府东南6.50千米南网山西侧半山腰。属山区。

第二章 人 口

唐安史之乱（755—763年）时，周氏从江西乐平弋阳迁平阳青街定居，明初迁居外地。青街《池氏宗谱》记载，万历初年，池国纯、国富偕弟等为避倭乱举家由福建徙入浙江，徙迁平阳小龙里（今属山门门楼基）定居。纯公有八子，为寻求生存，其中4个兄弟分迁到睦源（今青街）繁衍。青街《李氏宗谱》记载，清顺治二年（1645年）当稽、员稽、奉稽由福建南安（八都）吕洋迁浙江平阳南雁周岙。员稽子文周（明灿）分迁青街石柱，文正（明辉）迁居青街太监地开荒垦殖。

青街境内畲族在明万历年间至民国初年陆续入迁。

2015年，全乡有23个汉族姓氏，5个畲族姓氏。全乡总人口10091人，其中畲族人口2019人，占全乡总人口的22%。王神洞、南朱山、九岱等3个行政村为畲族村。九岱村畲族人口893人，是温州地区人口最多的纯民族村。

第一节 迁 徙

青街畲族祖籍广东潮州凤凰山区（今广东潮州市）。唐乾元元年（758年），有畲族先民从广东潮州凤凰山迁出，进入福建省罗源，定居于起步、乌坑等地。据有关宗谱、史料等记载，唐光启二年（886年），有盘、蓝、雷、钟4姓计360余口自漳州的漳浦县赤岭乘船北上，中途盘姓一船遭遇暴风，不知去向，其余在连江马鼻道上岸，后徙居罗源大坝头（今福建罗源县起步镇黄家湾畲族村坝头自然村）。青街的李姓、吴姓畲族，均系嫁入的女性，世居的没有。

一、入 迁

（一）畲族入迁

从万历年间到民国初年的近400年间，福建和平阳畲民或为避倭寇及海盗骚扰，或因不堪统治阶级迫害，先后入迁境内，第一个入迁青街的是明万历年间九岱黄家坑雷氏。今境内畲民有蓝、雷、钟、吴、李5姓。其中吴、李为女性，因婚配而至。

1. 蓝 氏

蓝氏入迁青街有4个支系：莒溪垟尾支系、苍南昌禅岙口支系、莒溪乌岩内支系、文成周山水坑支系，最早入者已有400多年历史。

莒溪垟尾支系（王神洞蓝氏） 青街王神洞蓝氏始祖蓝种寿（1591—1651年），祖籍广东潮州府凤凰山。明万历年间，偕侄蓝玉桂（1605—1666年）携眷至浙江平阳、莒溪垟尾（今属苍南县）；相传蓝种松（1596—1658年）负先父遗骨来平阳青街王神洞。宗祠在苍南莒溪镇垟尾村。又传，蓝昆冈第四世孙蓝良得、蓝良足、蓝良富三兄弟曾来平阳青街王神洞垦殖，白天上山打猎、采拾、种植，夜里睡在溪边岩下避雨处。一天夜里，老虎来觅食，三弟蓝良富被噬。蓝良得子蓝田圃，生于明嘉靖二十五年（1546年）。以此推算，良得等人在王神洞垦殖时间约在嘉靖年间。据莒溪垟尾《蓝氏宗谱》记载，蓝昆冈第九世孙元明、元全、元亮于康熙至雍正年间移居青街王神洞，为王神洞之始祖。[①]

苍南昌禅岙口支系（青街九岱坭山蓝氏） 据宗谱记载，青街坭山蓝氏始祖蓝久裕（1590—1642年）由闽来浙，居青街九岱坭山。宗祠在苍南县昌禅岙口。

莒溪乌岩内支系（王神洞岭边蓝氏） 先世华清、华春、华勋3兄弟由福建灵江乌鼻龙潭背始迁于此，分天、地、人3房，迄今已有15世。又北港闹村马湾先世元谷公，于康熙四十一年（1702年）由福建罗源移居浙江平阳北港闹村马湾内开基而居，生四男，分福、禄、寿、喜4房。坟葬闹村马湾内祖屋后门山，宗祠在苍南县莒溪镇乌岩内。

文成周山水坑支系（腾岩蓝氏） 先祖蓝久初自广东到福建省连江道岸，后迁居罗源县，第3世肇取公于明嘉靖十一年（1532年）由罗源大坝头迁浙江平阳岚下村（今苍南马站蒲城乡）。清雍正十年（1732年）后代转迁莒溪柳杨坪大洋路上，第10世安省于1957年搬迁平阳青街畲族乡新三村腾岩居住。

2. 雷 氏

雷氏入迁青街有4个支系：章山支系、黄家坑支系、文成双桂垟山桐油垄

---

① 诸说应以宗谱为准。

支系、苍南昌禅岙底支系，最早入迁者已有360多年历史。

章山支系（章山、九岱、南朱山雷氏） 青街章山、九岱雷氏始祖雷永祥儿子仰宇、仰善、仰甫于明万历八年（1580年）先后从福建罗源大坝头迁浙江平阳桥墩黄坦口（今苍南枫树湾）。清顺治八年（1651年）沿海迁界，雷仰宇子雷明蕚、雷明山率子侄合族移平阳青街。雷明蕚居章山，雷明山九岱，称北港派。宗祠在青街畲族乡章山村。

黄家坑支系（黄家坑、九岱雷氏） 雷法罡支族先祖于明朝万历年间（1573—1620年）自福建罗源大坝头（今霍口乡大王里村）牛栏垟迁往福安牛头畔（今牛石板），转徙福鼎白琳牛埕下，其长子仍居牛埕下。始祖雷肇松迁鼎邑分水头，再徙浙江平阳青街章山；始祖雷永祥三子雷法罡在明万历移居平阳五十一都青街黄家坑，繁衍子孙。宗祠在青街畲族乡九岱村黄家坑。

文成双桂垟山桐油垄支系（章山外厝、九岱深垮雷氏） 雷玉先父雷江，从福建连江迁云和三都，雷玉于明弘治十三年（1500年）从云和迁平阳莒溪十八家（今属苍南），孙雷念自莒溪迁罗源黄庄山，又于嘉靖庚申年（1560年）从罗源经景宁包凤转迁文成西坑旁边洋。随后，雷奉伍于万历乙酉年（1585年）从景宁包凤迁养源头井洋（文成），生五子，长子启秋，移居文成双桂坳里。其后，启秋长子文峰从坳里迁平阳南雁洋心（今青街章山）。宗祠在文成双桂桐油垄。

苍南昌禅岙底支系（九岱水碓洋雷氏） 明嘉靖年间，雷念二郎自福建罗源迁徙浙江平阳县莒溪郑家山（今苍南莒溪大山村）。雷法宝子应宇的后裔移居顺溪相公基和洋洞口，第十一世子孙日棠（1907—1970年）年轻时从相公基移居青街九岱大片，宗祠在苍南县昌禅岙底。

3. 钟 氏

青街畲族钟氏有2个支系：朝阳溪边支系、苍南昌禅中岙支系。

朝阳溪边支系（九岱国宋钟氏） 先祖为钟百户，由广东凤凰山徙居福建罗源，明嘉靖间（1522—1566年）经福建福鼎后溪转徙浙江平阳朝阳溪边。生三子振（善）宗、振（善）贤、振（善）辉。后裔部分留居平阳等地。振宗之子成定公生四子，次子圣丁公迁居文成培头，或迁回罗源。宗祠在朝阳乡溪边村（焦坑）。

苍南昌禅中岙支系（九岱水碓洋钟氏） 明嘉靖年间，始祖钟天赐从广东徙居福建连江，后转居罗源大坝头，第五世孙元雄（生卒不详）迁居浙江平阳山门旺庄大岭外，生子4个，长子钟启派后裔分衍平阳顺溪锅潭（只音村），第十世孙廷铨生子有二，长子有翰居原地，次子有蕉（1903—1975年）年轻时搬迁青街九岱水碓洋。宗祠在苍南县昌禅中吞。

4.吴氏（苍南莒溪十八家吴氏）

以吴知己（法度）为始祖，知己于明嘉靖自闽侯徙罗源转福安、娶彭氏为妻，无嗣；嘉靖三十三年（1554年）又娶畲女蓝氏，生9子2女。随着人口增长，遂迁福安后坑。公临终前嘱子女要操母族语，又因与畲族有血缘关系，故属畲族，为畲族之女婿族。到第八世文罡，于清康熙间从后坑迁苍南莒溪十八家，九世应乾于康熙四十九年（1710年）迁泰顺雅阳承田。

分衍：苍南莒溪水碓头，泰顺雅阳宫湾、巡司岗。

乡内畲族吴氏都为女性，因婚嫁而成，有15人。

5.李 氏

李□□[①]（万十三郎）于明万历间由福建霞浦落洋徙福鼎白岩，配雷氏，生6男，分立礼、乐、射、御、书、数6房。书房、数房于崇祯间从白岩徙今苍南莒溪水碓头；乐房廿六郎于顺治庚寅年（1650年）从福鼎深垄迁泰顺彭溪昌基；射房迁玉塔；御房迁仕阳。

分衍：苍南莒溪大坪大山脚、中贡、油茶篮、西厅、礁头、大山李厝、岱岭福掌、泰顺峰文牛文堘等地。乡内畲族李氏为女性，因婚配而成，共有23人。

（二）汉族入迁

世居青街的汉族共有27个姓氏。最早迁居青街的是周氏，在唐"安史之乱"时，从江西乐平弋阳迁平阳青街（睦源）定居。明初迁居外地。诸姓中欧阳氏，苍南腾垟人，在青街行医，后返回腾垟；刘氏始祖曾住青街月山下，后迁居何地不详；蔡氏曾居住睦源柿树坪，清咸丰时因山崩毁坏屋院，迁居福建。今池氏和李氏人口最多。

1.池 氏

平阳池氏开基始祖是秦国大司马公子池，其裔孙以祖名为姓。其后池子华为秦丞相，食禄汝南，封西平郡（今河南西平县）。唐乾符年间，可祖公随陈岩入闽平乱，后来，又在王潮军中任都统使。晚年退居厦门同安县覆鼎山下。宋代年间其后裔公兴公徙迁长溪赤岸，至养龙公转迁彩吞。历23世，至万历初年，池国纯、国富偕弟等为避倭乱举家由闽入浙，徙迁平阳小龙里（今山门门

---

① 原祖谱资料缺失。

楼基）定居。纯公派下有八子分八房，为寻求发展，其中有4个兄弟迁到睦源（今青街）繁衍。

明万历二十三年（1595年），池隐山公自山门门楼基迁来睦源、择地周宅基定居。传17世，裔3016人，居本地1216人。五兄璞山公、同来住居水尾内，裔2213人，居本地687人；四兄台山公，选居山边，裔878人，又回迁福鼎；八弟怀山公，择居垟心水浚头，传16世，裔325人，其中迁徙梅溪王立308人，居本地17人。长房池永胜公慕睦源山川之秀，于清顺治初年，移居青街书房基，裔235人，居本地33人。池氏总祠在山门坑东村，始建于清道光十六年（1836年），青街睦源村有五、六房分宗祠。五房宗祠始建于清道光二十年（1840年），重建于2009年。六房宗祠始建于中华民国11年（1922年），重建于1986年。

房裔分迁：五房裔分迁灵溪水门村1100多人，福鼎塔山100多人。六房裔主要分迁水头、灵溪、鳌江、昆阳、温州、杭州、长兴及福鼎大帽山共有1820多人。四房裔由青街山边迁福鼎王家坪、虎头岗、秦屿、点头各地878人。八房裔分迁鳌江梅溪280多人。长房裔分迁矾山、马站、福鼎前岐、薛家山120人，维新、安徽龙头山78人。此外，裔孙外迁全国18省68县以及美国、新加坡、加拿大、马来西亚、法国等地生活创业。

2. 李 氏

据《平阳李氏志》载，清顺治二年（1645年），当稽、员稽、奉稽由福建南安（八都）吕洋迁周岙。员稽子文周（明灿）分迁青街石柱，文正（明辉）迁居青街太监地。传15世，有裔2668人，居本地裔1600多人。当稽公男二，长文献，次文田。文田无传。文献出继本地朱元能为子，配吴氏生孙男廷秀，元孙男三，长次嗣朱，三承宗李氏曰公远，于康熙丙申年（1716年）奉父母携侄移居江南第七河，裔孙512人，宗祠在青街村月山下。奉稽公转移江西玉山白石坑。

据南网和苔湖《李氏宗谱》记载，宋代李清臣十七世孙明廪（1461—1522年），于明代中后期徙迁南网，历4世，后裔转迁顺溪眉溪口，腾垟九楼坪。清康熙年间，李宗江派下9世孙君卿（1647—1716年），自闽安溪湖头迁平阳四十四都金垟村，后转迁青街月山脚，再徙居布袋坑，种香菇为生，用布袋装香菇出卖，再买山、田地，故名布袋坑。李宗江传14世，裔220人，居本地78人。李宗江派下（时和）11世孙俊候（1691—1760年），自安溪湖头迁平阳青街岭子头。李宗江孙秉潜派下9世孙国英，迁青街垟心，裔180人，居本地

110人。原闽籍李仕德五世孙文秀，于1690年分迁闹村双木林，6世君福（文秀子）又徙迁青街大垟，传17世，30户150人，居本地60多人。

3. 杨 氏

明万历二十年（1592年），杨清同与兄杨祖同自闽泉州晋江县芙蓉乡后垟村迁平阳北港睦源垟心定居，传16世，裔1100多人，居本地600多人。宗祠在垟心村。

4. 王 氏

明万历年间，王一祥从南港观美北岸，徙居北港崇政乡（睦源）垟心王山。传至第四世孙文仲，字仁德，徙迁布袋坑，择地大坪尾安居，为大坪尾王氏鼻祖。其后裔孙诗台、诗易分迁东坑，为东坑王氏始祖。传16世，裔828人，居本地488人。宗祠在东坑村。

5. 黄 氏

明季间，黄氏始迁祖南方公，由闽泉州迁平阳五十一都，在睦源周大公地方定居，传15世，裔61人。宗祠在垟心周大公地方；另一支黄氏始迁祖，从山门墩脚迁居青街朱山村枫树垵，传9世，裔150多人。宗祠在山门墩脚。

6. 林 氏

明季间，睦源林氏始迁祖奕泉、偕长兄奕渠，从闽南安迁居睦源东坑口定居。长兄长孙埌，清初移居台湾，次孙茂卿衍派，传15世，裔320多人，居本地92人（含老鸦区、布袋坑林姓人数）。宗祠在山门西山村。

7. 董 氏

明时迁平始祖董新泉，由闽入浙，居平阳腾蛟田岗（至今400余年），其第三子董明进分迁北港青街太监地、桥头定居。后裔一支又移居泰顺梅溪定居。传13世，裔310多人，居本地80多人。宗祠在青街旗杆贡。

8. 胡 氏

明末清初，始迁祖胡主字由闽长泰县迁平阳北港五十一都睦源岭脚潭定居。传15世，裔318人，居本地98人。宗祠在山门大岭脚村（山门二桥头）。

9. 魏 氏

明天启年间，魏朋清由闽永春湖羊镇玉柱村、经寿宁迁平阳北港，成为闹村柿树垅肇基始祖。曾孙君壁分迁青街月山下定居。传13世，裔286人，本地裔198人。宗祠在太监地山边。

10. 徐 氏

顺溪侯宅徐穆公七世孙佛皇徙迁青街山边安居，人口繁衍，至清咸丰三年

（1853年），大雨山崩压毁住宅，人丁大减。至今传14世，计70余丁，分迁平阳、苍南桥墩等地50多人，居本地20余人。徐世甫、徐世荣为省级非物质文化遗产传承人（木活字印刷），唐华生为市级非物质文化遗产传承人。宗祠在青街山边。

11. 吴 氏

南网吴氏始迁祖吴次琳，自福汀、上杭，与昆季迁浙瓯平阳五十一都南网居住，传14世，裔680多人，居本地260人。宗祠在南雁吴山村。

12. 施 氏

南网施氏始迁祖华吉，及弟化贞、华庆于清康熙甲子（1684年）年自闽安溪迁平阳北港石墩冈开拓基业，传2世迁凤湾。乾嘉年间，施一袍长子文部，字天属，善风水，移居南网大厝基。同时迁居南网的有文宝、文速、文左诸兄弟。传14世，裔438人（南网270人、朱山168人），清乾隆年间，施廷准从凤卧后堡迁居桥坑，有裔132人。施氏裔孙居本地350多人。宗祠在凤卧后堡村。

13. 张 氏

南网张氏先祖张奕祐自闽长泰县石铭里入浙，徙迁东瓯平阳北港林坑。清康熙年间，长子享贤从水头溪内（四十四都）移居南网。传14世，裔285人，本地裔126人。宗祠在水头镇林坑。

14. 温 氏

温君道（1554—1634年），字守吾，明万历年间自闽德化迁平阳北港金垟村，至四世孙文良（1679—1754年），名日御，字世贞清康熙戊子科考中武举人。钦授明远将军，原配吴氏，诰封四品恭人。清康熙年间，温文良偕妾陈氏从狮头温（今南雁东门附近）分迁垟心，建房（今温厝）定居。垟心温氏传12世，裔268人，本地裔216人。宗祠在水头镇金山垟。

15. 卢 氏

明季间，卢明乐同母（高氏）携胞弟与侄自闽龙溪县坡尾迁入平阳北港蒲潭垟，为肇基创业之祖。曾孙元凯公于康熙年间移居五十一都青街垟心坑仔尾定居，传12世，裔160人，居本地120多人。宗祠在苍南县闹村乡。

16. 陈 氏

始迁祖陈光八，在清乾嘉年间，从山门屿边迁居青街布袋坑宫脚，传9世，裔238人，居本地68多人。分迁到南雁岭街、水头、鳌江、灵溪及外省市170人。七世孙陈均远是著名古生物科学家。裔孙就读过北京大学、浙江大学、南京大学等名牌大学有19人。另一支陈氏分别居贡后、周宅基、青街村，约近60人，是从顺溪陈氏裔分迁而来。宗祠在顺溪镇。

17. 彭 氏

清乾嘉年间，彭光友长子世勤从水头分迁到睦源岭脚潭山边定居，传9世，裔68人，分迁到水头泾川49人，居本地19人。宗祠在水头镇金山垟。

18. 朱 氏

清后期（咸丰同治年间）朱炳雨两兄弟从南雁溪南徙迁睦源五亩地方安居，传6世，裔83人，分迁霞浦七都36人，居本地47人。宗祠在南雁镇溪南村。

19. 邱 氏

始迁祖邱引玖从观美迁闹村大施定居，子生员在清乾嘉年间，分迁青街白岩下火管坑居住，传10世，裔130人，再转迁杭州、福建等地113人，居本地18人。宗祠在苍南县南水头。

20. 梁 氏

迁平始祖梁显德，从闽南安徙迁平阳金家楼。传9世至永添（1941—2008年，祥扁父），时7岁（1947年）随母邓氏从顺溪只音坑迁到青街白岩下村安居，传4世，12人。宗祠在苍南县金家楼。

21. 唐 氏

始迁祖唐敏卢（1900—1966年），民国年间，到青街桥坑学木艺，31岁时去山边徐家池氏进门，传4世，裔8人。宗祠在苍南县腾垟乡大田后村。

22. 缪 氏

始迁祖缪百（善）于民国后期，以做麦芽糖度生，先暂居董厝，再转居水尾内，后定居李氏第二份，传4世，裔6人。宗祠在瑞安市。

23. 季 氏

清末，季邦国祖父从扬美季山迁居东坑定居，传5世，裔8人。宗祠在苍南县联山乡季山村。

24. 周 氏

睦源周氏在历史上曾名列平阳北港四大望族。始迁祖周欲纳，在唐"安史之乱"时，从江西乐平弋阳徙迁平阳睦源定居。自南宋庆元二年（1196年），周茂良叔侄4人同科登进士起，此后70年间，睦源周氏一门登皇榜者有18人，入仕途官宦达27人，声名远播、门第显赫。后历经元末明初农民战争，至明洪武十三、十四年（1380—1381年）周氏后裔徙迁逃生，分居丽水、杭州、泰顺、苍南及县内坡南、山门郭岙等地，今青街睦源已无周姓人家住居。

25. 欧阳氏

欧阳青云，腾垟湾底人，是一名中医师，行医几十年，后返归腾垟，入全国中医名录。

26. 刘 氏

始迁祖曾居住青街月山下，后裔迁居何地不详。月山下刘氏宅遗址，刘氏坟墓石碑尚在。

27. 蔡 氏

清代时居住睦源柿树坪，清咸丰三年（1853年），因大雨山崩毁坏屋宅，后裔于民国初迁往福建。

二、分 迁

畲族祖籍地在广东省凤凰山，为了生存发展，广大畲民不畏艰难困苦，由广东向福建、浙江、江西、湖南、安徽等地辗转迁徙，最后定居于此。定居后，他们辟地垦荒，披荆斩棘，艰苦创业，繁衍子孙，不断地发展壮大自己。从青街畲族蓝、雷、钟3姓族谱中可看到一个民族发展的历史轨迹以及艰辛的历程。

（一）蓝氏支系

1. 王神洞蓝氏（莒溪垟尾支系）

康熙至雍正年间，元明、元全、元亮入迁青街王神洞。属于昆冈支派王神洞蓝氏后裔分迁苍南县莒溪、赤溪、观美；泰顺和文成县；福建福鼎、霞浦、福安以及江苏宜兴和台湾。平阳县内分迁青街王神洞、闹村东垟、维新余山、昆阳坡南、西湾三沙、晓坑徐垟等地。

排行：昆宝支良田种玉，士元有永朝同（孔）昌。

新增排行：

宗茂享德、天锡大盛，文章华国、奕世芳荣。

均平受祜、克振家声，诗书忠孝、传至云祁。

该支从"种"字辈已繁衍到"文"字辈，计18世，2015年仍居青街畲族乡境内有107户496人：王神洞97户452人，深垵8户36人，南朱山2户8人。

2. 九岱坭山蓝氏（苍南昌禅岙口支系）

该支先祖蓝久裕入迁青街九岱坭山，已繁衍20世，2015年居住在青街畲族乡九岱村坭山的有19户，79人。属于蓝久裕支派坭山蓝氏后裔分迁苍南县凤阳崩山，南宋洋头、昌禅岙口、鼓楼山、赤溪下堡、藻溪小新垟、福建福鼎市安仁山、小华阳、罗吨、葛宅庵、八斗、国公坪、大母洋岭头、牛奢岚水碓坑上游洋、万八岭、白琳周窗岭；霞浦县沙江南后二坑、文洋鹧鸪岗、八都、牙城、王家山、乌石界等地。平阳县内分迁维新领降、吴垟戈场、青街九岱坭山。

排行：朝中德建，永国胜文，士孔子明，茂景清春。

新排行：承家宜孝敬，保世贵纯长。

3. 王神洞岭边蓝氏（莒溪乌岩内支系）

该支系先祖元钟入迁青街畲族乡王神洞岭边，已繁衍13世，2015年居住在青街境内的7户30人，分布于王神洞5户21人，南朱山2户9人。该支系后裔由平阳县内分迁青街王神洞岭边、闹村马湾、闹村杨坑、苍南莒溪、腾垟等地。

排行：朝元士必，奇帝明昌，逢宗振作，允得齐良。

新排行：兴邦治国，家声显扬，祥开广大，奕世传芳。

4. 腾岩蓝氏（文成周山水坑支系）

该支系基祖蓝安省于1957年从苍南县莒溪镇大坪村柳杨坪大洋路上搬迁平阳青街畲族乡新三村腾岩居住，已传3代，2015年仍居青街腾岩的有4户22人。

排行：文荣巨大，士成德宗，安天朝永，国高子周。

新增排行：承继芳声庆昌。

（二）雷氏支系

1. 章山、九岱、南朱山雷氏（章山支系）

章山雷氏支系先祖雷明萼、雷明山公于顺治八年（1651年）从苍南桥墩黄坛口迁平阳青街睦源章山。属永祥支派章山雷氏后裔分迁浙江杭州、瑞安、苍南、文成、泰顺，福建霞浦、福鼎、前岐，江苏宜兴等地。平阳县内分迁顺溪溪南、朱山、锅潭、白云山、银坑、晓垟徐垟、山门旺庄、维新余山、怀溪畲龙、闹村、南雁前山、堂基、苔湖以及青街章山、九岱、南朱山、王神洞、腾岩等地。

排行：

忠孝传家法，诗礼启后昆，永仰明风光，起孔世可文，
国天宗必顺，朝正日昌新，一淑乃恒进，万盛锡其源，
荣华逢瑞庆，富贵尚阳春，志大学昔孟，克守惟由仁。

该支从"明"字辈已繁衍到"新"字辈，计18世，是青街畲族乡畲族最大支系。2015年仍居青街畲族乡境内的有241户954人：分布于九岱82户301人，南朱山71户286人，章山65户276人，腾岩15户40人，王神洞8户51人。

2. 九岱黄家坑雷氏（黄家坑支系）

始祖雷法罡于明万历间（1573—1620年）入迁青街九岱黄家坑。属法罡支派黄家坑雷氏后裔分迁浙江平阳、苍南、文成、泰顺、瑞安、青田、景宁、云和、杭州、德清，福建福鼎、霞浦、福安、寿守，江苏宜兴等地。平阳县内分迁于顺溪溪南、知音、闹村东北、南雁岭坎、堂基、晓阳乐家坑以及青街九岱黄家坑、章山自然村等地。

排行：振廷日德，玉世文宗。

新排行：仲朝维君子，盛衍大荣昌，运会诗书继，芳名道学长。

该支系已繁衍到"昌"字辈，计18世。2015年仍居青街畲族乡九岱村黄家坑62户246人，章山自然村4户19人。

3. 章山外厝雷氏（文成双桂垟山桐油垄支系）

该支系始祖雷文峰公从文成双桂垟山入迁青街畲族乡睦源章山，已繁衍到"义"字辈，计16世。属章山外厝雷氏文成双桂垟山桐油垄支派分迁杭州、桐庐、富阳、丽水黄渡、瑞安东岩徐山、泰顺、文成、苍南。平阳县内分迁顺溪溪南、南雁、闹村、山门、青街章山、九岱深垵等地。2015年仍居青街畲族乡的有21户86人：分布于章山15户57人，深垮6户29人。

排行：

始奉启文周，世宗子胜成，士永元德本，明昌绍义仁，

廷开延富贵，家邦有吉全，清和云锦秀，瑞兆信荣华，

广福积善利，泽远满宇宏。

4. 九岱水碓洋雷氏（苍南昌禅岙底支系）

该支系基祖雷日棠（1907—1970年）年轻时从顺溪相公基移居青街九岱大片，已传四代，现居青街九岱村水碓洋有7户23人。

排行：念法应文启振。

新增排行：孔春清月日，大开新朝君，仁可宗得志，其中士贤孙。

（三）钟氏支系

1. 九岱国宋钟氏（朝阳溪边支系）

国宋钟氏分支始祖君罗（钟百户五世孙）从平阳朝阳溪边分迁青街九岱国宋。属九岱国宋钟氏朝阳溪边支派分迁浙江平阳、苍南、泰顺、文成、瑞安、桐庐、临安、湖州、德清、安吉，福建福鼎、霞浦以及四川、台湾等地。平阳县内朝阳溪边，青街九岱国宋。

排行：

百振圣成，君启文天，国子建大，学义秉（炳）维，

思希祖德，应运中兴，云礽继世，丕显家声。

该支系从"君"字辈已繁衍到"思"字辈，计13世。2015年仍居青街九岱国宋的有47户139人。

2. 九岱水碓洋钟氏（苍南昌禅中岙支系）

该支系钟有蕉（1903—1975年）年轻时从顺溪锅潭入迁青街九岱村水碓洋已传四代。青街畲族乡畲族支系中最近期入迁者，人口最少的一个支族，现只1户8人。

排行：天启应世，元文胜子，鸣朝廷有。

新增排行：

大显其政，杨光思承，诗书忠孝，传至云礽。

兴复邦家，济美斯年，立步先德，存心后贤。

青街畲族各宗先祖早年迁徙，大部分徒步翻山越岭，肩挑背负，牵妻携子到达迁徙地；少部分人通过乘船北上，登岸后再步行前往迁徙地。他们沿途探寻或亲朋介绍到可以刀耕火种的风水之地，然后确定新的居住地。

畲族迁徙的原因诸多，主要有四：其一是由于唐代潮、漳、汀三州先后设治，畲族人民不堪统治，在政治上和经济上遭受欺压剥削，在原地无法生活下去，被迫迁往他乡。其二，宋元之交地方不安宁；元、明两代畲族人民反抗统治压迫斗争失败，遭到镇压，迫使在粤东、闽南等地的畲族逐渐向闽东、闽北、浙南乃至赣东人口比较稀少的山区迁移。其三，明代，倭寇不断侵扰中国东南沿海，居住闽东的畲民往北迁至浙南山区。其四，畲族大都居住在深山，随着人口增长，生活不得温饱，只好背井离乡去寻觅新的生存环境。

第二节　繁　衍

2015年，青街畲族乡总人口10091人，分布在11个行政村，汉族及其他民族8072人，畲族2019人，畲族占全乡总人口20%。全乡男5449人、女4642人，男女性别比为117.38比100。全乡土地面积21.75平方千米，人口密度每平方千米464人。青街、睦源、东坑和南网等4个村的人口达1000人以上，十五亩、王神洞、太申等3个村的人口只有500人左右。王神洞、南朱山、九岱为民族村，畲族人

口占总人口的15.60%，九岱村畲族有759人，是温州市最大的民族村。

青街畲族乡的人口结构呈现两个特点：一是人口自然结构不平衡。2015年，性别结构严重失调，0—4岁年龄段男女性比为127.80比100；人口趋向老龄化，60岁以上人口占总人口18.50%。其二，人口的社会结构属传统的农业型，90%以上人口从事农业生产。文化程度结构逐渐改善。20世纪50年代，全乡受高等教育的大学生只有2人，2010年有93人，2015年达到187人（其中畲族76人）。15岁及以上文盲人口从2010年的20.98%下降到了2015年的17.50%。

一、人口分布
（一）人口数量
1. 民国及以前各期的人口

青街地区居住着畲、汉等民族，人口数量有记载的最早可追溯到宋代，平阳县有户籍记载。宋绍圣年间，全县有主户[①]11260，丁25542；客户10576，丁11230。按5口之家计算，全县也不过10多万人，所以属"僻远下州"。宋室南渡，人口大量南迁，宋建炎年间，主户增至35760。元元贞元年（1295年），"以县五万有奇户"升为中等州。明太祖洪武年间，户仍有5万余，丁口[②]则达170358。明永乐十年（1412年）至万历十年（1582年），户籍由43902户114689口，降至24493户86719口。人口减少原因有倭寇骚扰、土地集中、赋役繁重、人口逃亡等。清顺治十八年（1661年）"迁海"，又使全县户籍人丁锐减为43554口。

清代规定："凡民男曰丁，女曰口，男年16为成丁，未成丁亦曰口，丁口系于户。"康熙三十年（1721年），实行"以丁配田"。康熙五十年（1711年）下诏："新增人丁，永不加赋。"至康熙六十年（1691年），全县丁口248123。雍正四年（1726年），实行"摊丁入亩"，结束历史上以丁口计征人头税，申报户籍接近真实。雍正十三年（1735年），全县有丁口256876。乾隆三十七年（1772年），"永停编审"，此后户籍失载。宣统三年（1911年），全县第一次有男女户口统计：男258674人，女209286人。辛亥革命后，户籍管理渐趋严密。民国9年（1920年）全县在册人口674765人。民国31年（1942

---

① 主户又称税户、编户，是指有田产、应纳税服役的人户；客户指外来户口或租佃之户；丁，北宋乾德元年（963年）规定：男子20岁为丁，60岁为老，而南宋文献则有21岁为丁。

② 明代规定男女满16岁分别为成年丁口。

年），浙江省民政厅统计表：平阳县有普通户149050户，男380104、女275598人，合计655702人，另有寺庙，男1193人、女774人，总计657669人。其中，学龄儿童男58156人，女44489人，合计102645人，就学比例为就学者24.73%，失学者75.27%，学龄儿童占全县人口总数15.61%，就学者只占3.86%，失学者占11.75%，青街属半山区，就学比例更低。民国34年（1945年），全县人口721343人。青街乡，包括青街、周岙、垟心、白岩下、朱山、王神洞，属11保，143甲，计2024户8761人。这是青街乡首次有确切的人口数据。

2. 中华人民共和国成立后的人口

中华人民共和国成立后，全乡人口逐年增加，这是由于经济的发展，生活水平的提高，卫生事业的改善，生育基数逐年扩大，死亡率下降之故。如王神洞畲族村，民国37年（1948年），有63户258人，其中男子143人、女子115人。1958年达到71户317人，其中男172人、女145人，每户平均人口4.28强。9年来，净增人口59人，尤其女孩增长快，1948年1—5岁女孩仅有8人，1958年增至24人。

自1978年改革开放以来，随着经济的发展和人民生活的改善，先富起来的少部分人为了争取更大的发展空间，便陆续把户口移居城镇，因此全乡人口有所下降。2001年，全乡2593户11240人，2015年降至2427户10091人，下降10%。

据全国六次人口普查，除首次资料不足外[1]，青街人口状况是：

第二次（1964年6月30日），青街公社常住人口731户3072人，其中男1725人，女1347人，畲族1012人、汉族2060人。

第三次（1982年7月1日），青街公社常住人口4381人。

第四次（1990年7月1日），青街畲族乡常住人口950户3982人，其中男2123人、女1859人，畲族1423人、汉族2559人。

第五次（2000年7月1日），青街畲族乡常住人口1875户5747人，其中男3060人、女2687人，畲族1324人、汉族4423人。

第六次（2010年7月1日），青街畲族乡常住人口1725户4658人，其中男2396人、女2262人，畲族1041人、汉族3617人。

（二）人口分布

据统计，1984年青街畲族乡10个村总人口数4937人，20%人口集中在青街

---

[1] 材料来源于平阳县统计局、档案馆、《平阳县志》、《平阳六年》。

村。全乡两大山头白岩下村和大垟村占13.10%,腾岩(自然村)占3.40%。九岱、王神洞、南朱山为民族村,占39.23%。至2015年末,全乡人口10091人。城镇常住人口2856人,城镇化率24.90%,另有流动人口4463人。

表2-2-2-1 1984年青街畲族乡人口分布一览表

单位:人、%

村名	人口	占全乡人口比例
青街	999	20.24
十五亩	508	10.29
王神洞	549	11.12
贡后	437	8.85
南朱山	620	12.56
大垟	325	6.58
桥坑	244	4.94
九岱	768	15.56
白岩下	320	6.48
腾岩	167	3.38

数据来源:平阳县统计局。

表2-2-2-2 2000年和2005年青街畲族乡人口分布一览表

单位:人、%

村名	2000 年		2005 年	
	人口	占全乡人口比例	人口	占全乡人口比例
青街	1397	12.61	1986	18.89
十五亩	588	5.31	473	4.50
南朱山	648	5.85	591	5.62
王神洞	572	5.16	508	4.83
九岱	969	8.74	805	7.66
新三(白岩下、腾岩、大垟)	747	6.74	715	6.80
垟心	914	8.25	877	8.34

续表

村名	2000 年		2005 年	
	人口	占全乡人口比例	人口	占全乡人口比例
睦源	2064	18.62	1876	17.84
太申	521	4.70	519	4.94
东坑	1438	12.98	1271	12.19
南网	1224	11.04	895	8.51

数据来源：平阳县统计局。

表2-2-2-3　　2010年和2015年青街畲族乡人口分布一览表

单位：人、%

村名	2010 年		2015 年	
	人口	占全乡人口比例	人口	占全乡人口比例
青街	1988	18.85	1414	14.01
十五亩	476	4.51	500	4.96
南朱山	593	5.62	633	6.27
王神洞	513	4.86	550	5.46
九岱	807	7.65	748	7.41
新三（白岩下、腾岩、大垟）	720	6.83	752	7.45
垟心	879	8.34	895	8.87
睦源	1878	17.81	1927	19.10
太申	521	4.94	529	5.24
东坑	1274	12.08	1291	12.79
南网	896	8.50	852	8.44

数据来源：平阳县统计局。

二、人口构成

（一）自然构成

1.性别构成

据1952年土地改革时统计，全乡男性2703人、女性1778人，男女性别比（女性为100）为152.02比100，1984年为130.90比100，1990年和2015年分别为114.09比100、117.38比100。

表2-2-2-4　　　1995—2015年青街畲族乡人口性别构成一览表

单位：人

年份	总户数	总人口	男性人口	女性人口	性别比（女=100）
1995	2611	9629	5047	4582	110.14
1996	2619	9568	5102	4466	114.24
1997	2602	9572	5307	4265	124.43
1998	2628	9557	5132	4425	115.97
1999	2643	9618	5068	4556	111.23
2000	2609	11082	6531	4551	143.46
2001	2593	11240	6431	4809	133.72
2003—2004	2595	10937	5947	4990	119.17
2005	2588	10804	5875	4929	119.19
2006	2579	10774	5989	4785	125.16
2007	2572	10798	6132	4666	131.41
2008	2533	10911	6318	4593	137.56
2009	2584	10960	5881	5079	115.79
2010	2587	10836	5792	5044	114.83
2011	2578	10808	5793	5015	115.51
2012	2582	10591	5674	4917	115.40
2014	2413	10752	5792	4960	116.77
2015	2427	10091	5449	4642	117.38

数据来源：平阳县统计局。

1950年青街乡分置青街、矾岩二乡，属睦源区。1952年青街乡分置睦源乡后，全乡1118户4481人，其中男2703人、女1778人。1956年，睦源乡并入青街乡，全乡2244户9076人。1961年，设立青街人民公社，总人口数1556户5964人。1984年，撤销青街人民公社，设立青街畲族乡，总人口数1134户4937人，其中男2799人、女2138人。

表2-2-2-5　　　1995—2015年青街畲族乡人口变动一览表

单位：人

年份	总人数	出生数	出生率（‰）	死亡数	死亡率（‰）	增长数	增长率（‰）
1995	9629	188	19.52	92	9.55	96	9.90
1996	9568	169	17.60	73	7.63	96	10.03
1997	9572	197	20.58	65	6.79	132	13.79
1998	9557	139	14.54	79	8.27	60	6.27
1999	9618	156	16.22	64	6.7	92	9.56
2000	11082	186	16.76	77	6.94	79	7.12
2001	11240	153	13.61	81	7.20	72	6.41
2003—2004	10937	232	21.21	185	16.92	47	4.29
2005	10804	119	11.01	58	5.37	61	5.65
2008	10911	123	11.27	62	5.68	61	5.59
2009	10960	148	13.50	104	9.49	44	4.01
2010	10836	252	23.26	338	3.19	-86	-7.93
2011	10808	110	10.18	101	9.34	9	0.83
2012	10591	146	13.65	317	29.63	-171	-16.14
2014	10752	198	18.48	72	6.72	126	11.72
2015	10091	184	18.23	83	8.22	101	10

数据来源：平阳县统计局。

2. 年龄构成

根据1990年和2015年人口调查材料分析，1990年全乡人口23岁以下的占半数，而2015年31岁以下的占半数。1990年60岁以上的占总人口12.40%，其中90岁以上的有5人、99岁1人。2015年60岁以上的占总人口18.49%，其中90岁以上的有106人、100—104岁有4人，人口趋向老龄化。

表2-2-2-6　　1990年青街畲族乡人口年龄构成一览表

单位：人

年龄（岁）	合计	男	女	性别比 （女=100）
总计	3982	2122	1860	114.09
0—4	350	171	179	95.53
0	69	29	40	63.25
1	79	37	42	88.10
2	70	37	33	112.12
3	71	39	32	121.88
4	61	29	32	90.68
5—9	378	204	174	110.89
5	79	44	35	125.71
6	65	34	31	109.68
7	72	38	34	111.76
8	86	46	40	115
9	76	42	34	123.53
10—14	437	245	192	127.60
10	77	43	34	126.47
11	74	45	29	155.17
12	99	59	40	147.50
13	89	52	37	140.54
14	98	46	52	88.46
15—19	476	239	237	100.84
15	86	48	38	126.32
16	92	55	37	148.65
17	106	46	60	76.67
18	94	45	49	91.84
19	98	45	53	84.91
20—24	376	207	169	122.49
20	70	41	29	141.38
21	100	55	45	122.22
22	68	37	31	119.35
23	63	33	30	110

续表1

年龄（岁）	合计	男	女	性别比（女=100）
24	75	41	34	120.59
25—29	269	138	131	105.34
25	68	36	32	112.50
26	53	26	27	96.30
27	63	34	29	117.24
28	56	30	26	115.38
29	29	12	17	70.59
30—34	249	126	123	102.44
30	41	19	22	86.36
31	58	28	30	93.33
32	45	25	20	125
33	44	23	21	109.52
34	61	31	30	103.33
35—39	239	110	129	85.27
35	61	34	27	125.93
36	41	17	24	70.83
37	39	10	29	34.48
38	56	29	27	107.41
39	42	20	22	90.91
40—44	198	105	93	112.90
40	48	24	24	100
41	40	22	18	122.22
42	35	16	19	84.21
43	31	16	15	106.67
44	44	27	17	158.82
45—49	156	95	61	155.74
45	33	19	14	135.71
46	39	25	14	178.57
47	20	14	6	233.33
48	29	16	13	123.08
49	35	21	14	150
50—54	201	117	84	139.29

续表2

年龄（岁）	合计	男	女	性别比（女=100）
50	35	19	16	118.75
51	35	23	12	191.67
52	49	31	18	172.22
53	41	26	15	173.33
54	41	18	23	78.26
55—59	162	91	71	128.17
55	29	22	7	314.29
56	33	14	19	73.68
57	42	25	17	147.06
58	29	15	14	107.14
59	29	15	14	107.14
60—64	145	85	60	141.67
60	30	20	10	200
61	32	18	14	128.57
62	32	21	11	190.91
63	30	16	14	114.29
64	21	10	11	90.91
65—69	107	60	47	127.66
65	34	21	13	161.54
66	22	10	12	83.33
67	18	12	6	200
68	17	7	10	70
69	16	10	6	166.69
70—74	113	69	44	156.82
70	32	21	11	190.91
71	22	12	10	120
72	28	16	12	133.33
73	18	12	6	200
74	13	8	5	160
75—79	67	32	35	91.43
75	12	8	4	200
76	20	10	10	100

续表3

年龄（岁）	合计	男	女	性别比 （女 =100）
77	10	4	6	66.67
78	9	5	4	125
79	16	5	11	45.45
80—84	38	17	21	80.95
80	11	5	6	83.33
81	10	4	6	66.67
82	5	2	3	66.67
83	6	2	4	50
84	6	4	2	200
85—89	16	10	6	166.67
85	5	3	2	150
86	3	1	2	50
87	6	5	1	500
88	2	1	1	100
89	-	-	-	-
90—94	4	1	3	33.33
90	2	-	2	-
91	1	1	-	-
92	-	-	-	-
93	1	-	1	-
94	-	-	-	-
95—99	1	-	1	-

数据来源：平阳县统计局。

表2-2-2-7   2010年青街畲族乡人口年龄构成一览表

单位：人

年龄（岁）	合计	男	女	性别比 （女 =100）
总计	4658	2396	2262	105.92
0—4	284	169	115	146.95
5—9	196	95	101	94.05

续表

年龄（岁）	合计	男	女	性别比（女=100）
10—14	203	120	83	144.57
15—19	272	157	115	136.25
20—24	263	125	138	90.57
25—29	255	129	126	102.38
30—34	222	113	109	103.66
35—39	315	142	173	82.20
40—44	365	183	182	100.54
45—49	358	168	190	88.42
50—54	351	170	181	93.92
55—59	357	164	193	94.97
60—64	291	160	131	122.13
65—69	227	138	89	155.05
70—74	265	152	113	134.51
75—79	214	107	107	100
80—84	136	69	67	102.98
85—89	54	25	29	86.20
90—94	26	9	17	52.94
95—99	4	1	3	33.33
100岁及以上	—	—	—	—

数据来源：平阳县统计局。

表2-2-2-8　　2015年青街畲族乡人口年龄构成一览表

单位：人

年龄（岁）	合计	男	女	性别比（女=100）
总计	10091	5449	4642	117.38
0—4	811	455	356	127.80
0	123	72	51	135.84
1	147	81	66	122.72
2	180	101	79	127.84
3	177	95	82	115.85

续表1

年龄（岁）	合计	男	女	性别比（女 =100）
4	184	106	78	135.89
5—9	975	536	439	122.09
5	204	112	92	121.74
6	202	104	98	106.12
7	229	128	101	126.73
8	198	113	85	132.94
9	142	79	63	125.39
10—14	733	420	313	134.18
10	144	81	63	128.57
11	152	92	60	155.33
12	150	88	62	141.93
13	145	79	66	119.69
14	142	80	62	129.03
15—19	768	437	331	132.02
15	167	97	70	138.57
16	147	83	64	129.68
17	141	76	65	116.92
18	152	88	64	137.50
19	161	93	68	136.76
20—24	670	397	273	145.42
20	151	88	63	139.68
21	117	85	32	265.62
22	150	89	61	145.90
23	113	69	44	156.81
24	139	66	73	91.66
25—29	667	343	324	105.86
25	144	79	65	121.53
26	120	58	62	93.35
27	153	83	470	118.57
28	122	54	68	79.41
29	128	69	59	116.94
30—34	618	315	303	103.96

年龄（岁）	合计	男	女	性别比 （女 =100）
30	128	64	64	100
31	120	71	49	144.89
32	123	59	64	962.18
33	120	52	68	76.47
34	127	69	58	118.96
35—39	591	303	288	105.20
35	139	74	65	113.84
36	100	46	54	85.18
37	89	44	45	97.77
38	141	72	69	104.34
39	122	67	55	121.81
40—44	621	348	273	127.47
40	111	69	42	164.28
41	112	65	47	138.29
42	116	57	59	96.61
43	166	94	72	130.55
44	116	63	53	118.86
45—49	675	347	328	105.79
45	135	72	63	114.28
46	151	68	83	81.92
47	147	86	61	140.98
48	117	60	57	105.26
49	125	61	64	95.31
50—54	628	314	314	100
50	122	56	66	84.84
51	121	59	62	95.16
52	139	69	70	98.57
53	118	60	58	103.44
54	128	70	58	120.68
55—59	464	244	220	110.90
55	66	34	32	106.25
56	91	41	50	82

年龄（岁）	合计	男	女	性别比 （女 =100）
57	86	47	39	120.51
58	109	61	48	127.08
59	112	61	51	119.60
60—64	488	239	249	95.98
60	105	62	43	144.18
61	94	51	43	118.60
62	108	49	59	83.05
63	84	33	51	64.70
64	97	44	53	83.01
65—69	378	212	166	127.71
65	81	47	34	138.23
66	82	48	34	141.17
67	72	37	35	105.71
68	79	44	35	125.71
69	64	36	28	128.57
70—74	263	158	105	150.47
70	67	35	32	109.37
71	57	36	21	171.42
72	42	25	17	147.05
73	55	40	15	226.66
74	42	22	20	110.00
75—79	269	153	116	131.89
75	43	20	23	86.95
76	57	37	20	185
77	48	24	24	100
78	55	37	18	205.55
79	66	35	31	112.90
80—84	234	116	118	98.30
80	46	27	22	122.72
81	46	28	18	155.55
82	49	26	23	113.04
83	50	16	34	47.05

续表4

年龄（岁）	合计	男	女	性别比（女 =100）
84	40	19	21	90.47
85—89	128	66	62	106.45
85	35	19	16	118.75
86	24	14	10	140
87	22	15	7	214.28
88	31	11	20	55
89	16	7	9	77.77
90—94	68	33	35	94.28
90	26	15	11	113.36
91	7	5	2	250
92	10	2	8	25
93	12	6	6	100
94	13	5	8	62.50
95—99	34	12	22	54.524
95	12	4	8	50.00
96	12	5	7	71.42
97	5	2	3	66.66
98	3	1	2	50
99	2	–	2	–
100—104	4	1	3	–
100	1	–	1	–
101	1	–	1	–
102	–	–	–	–
103	1	1	–	–
104及以上	1	–	1	–

数据来源：平阳县统计局。

（二）社会构成

1. 民族构成

2015年，青街全乡人口主要由汉族和畲族构成，全乡10091人，汉族及其他民族人口8072人、畲族2019人，畲族占全乡总人口20%。王神洞、南朱山、九岱为民族村，畲族占总人口15.60%，其中九岱村畲族人口759人，是温州市最大的民族村。

表2-2-2-9　　　1984年青街畲族乡各村人口民族组成一览表

单位：户、人

行政村	户数	人口	汉族	畲族	畲族在村中比例 %
青街	234	999	999	-	-
十五亩	102	508	508	-	-
王神洞	126	549	-	549	100
贡后	93	437	437	-	-
南朱山	134	620	270	350	56.45
大垟	69	325	325	-	-
桥坑	66	244	244	-	-
九岱	190	768	-	768	100
白岩下	78	320	283	37	11.56
腾岩	42	167	96	71	42.51
合计	1134	4937	3162	1775	-

数据来源：平阳县统计局。

表2-2-2-10　　　2005年青街畲族乡各村人口民族组成一览表

单位：户、人

行政村	户数	人口	汉族	畲族	畲族在村中比例 %
青街	287	1986	1986	-	-
十五亩	101	473	473	-	-
王神洞	117	508	-	508	100
南网	213	895	895	-	-
南朱山	129	591	316	275	46.53
新三村	146	715	598	117	16.36
睦源	431	1873	1586	287	15.32
九岱	205	805	-	805	100
太申	121	519	519	-	-
东坑	293	1271	1271	-	-
垟心	202	877	877	-	-

数据来源：平阳县统计局。

表2-2-2-11　　　2015年青街畲族乡各村人口民族组成一览表

单位：户、人

行政村	户数	人口	汉族	畲族	畲族在村中比例 %
青　街	306	1244	1244	－	－
十五亩	109	500	500	－	－
王神洞	128	550	26	524	95.27
南　网	237	961	961	－	－
朱　山	148	633	341	292	46.13
新　三	166	752	618	134	17.81
睦　源	459	1927	1617	310	16.09
九　岱	206	809	50	759	93.81
太　申	128	529	529	－	－
东　坑	300	1291	1291	－	－
垟　心	208	895	895	－	－

注：汉族栏包括娶进其他民族成分。数据来源：平阳县统计局。

2. 劳动力构成

2000年，青街畲族乡总人口11082，劳动力人数6577人，占总人口59.35%。男劳动力3437，占总劳动力52.26%；女劳动力3140人，占47.74%。

表2-2-2-12　　　2000年青街畲族乡劳动力构成一览表

单位：人

村别	人口总数	劳动总数	男	女
青街（桥坑）	1397	930	490	440
十五亩	588	280	150	130
朱山	648	396	200	196
王神洞	572	320	170	150
九岱	969	529	270	259
新三（白岩下、腾岩、大垟）	747（298、136、313）	385（168、70、147）	204（90、38、76）	181（78、32、71）
垟心	914	565	284	281
睦源（贡后）	2064	1171	607	564
太申	521	312	168	144
东坑（东上）	1438	958	525	433
南网	1224	731	369	362

续表

村别	人口总数	劳动总数	男	女
合计	11082	6577	3437	3140

数据来源：平阳县统计局。

2011年全乡总人口10808人，男5782人、女5026人，其中畲族2547人，占总人口的22%。从事农业1032人，务工3563人，务商1038人，文教卫生行业176人，家务1503人，其他655人。

2015年，总户数2427户，户籍总人口10091人（其中畲族2019人），男5449人、女4642人。农业人口9403人、非农业人口688人，18岁以下2134人、18—34岁　人、35—59岁3745人、60岁以上1387人。农村劳动力资源4186人，其中男性2249人、女性1937人。农村从业人员3428人，其中男性1805人、女性1623人。从事农业1023人，其中男性536人、女性487人。

3. 文化程度构成

1949年以前，大部分乡民没有受过私塾或学校教育，畲民尤甚。民国22年（1933年），温州专署范翰芬、王虞辅、许蟠云在《平阳畲民调查记》文中记载："至言学校教育，实无萌芽可言。畲民在学校读书者，不过千分之一……平阳（包括苍南）有蓝姓、钟姓卒业高等小学，又有二钟姓卒业于中学及师范，以数万之畲民，仅有三数人曾受中等教育……唯近年来畲民渐有送其子与汉族共读于私塾者。"

20世纪50年代，青街乡受过高等教育的大学生只有2名。2010年具有大学毕业程度的有93人，每千人中近9人；文盲人口占15岁及以上人口达到20.98%。2015年大学生有187人（其中畲族76人），每千人中有19人；文盲人口占15岁及以上人口下降至17.50%。

表2-2-2-12　　2010年和2015年青街畲族乡15岁及以上文盲人口一览表

年份	15岁及以上人口（人）			文盲人口（人）			文盲人口占15岁及以上人口比例（%）		
	合计	男	女	合计	男	女	合计	男	女
2010	3975	2012	1963	834	252	582	20.98	12.52	29.65
2015	4151	2118	2033	727	224	503	17.50	5.39	12.11

数据来源：平阳县教育局。

表2-2-2-14　　　2010年和2015年受教育程度（6岁及以上人口）一览表

年份	6岁及以上人口			未上过学			小学		
	合计	男	女	小计	男	女	小计	男	女
2010	4329	2207	2122	855	259	596	1727	907	820
2015	4909	2717	2192	932	477	455	1557	895	662

年份	初中			高中			大学专科		
	小计	男	女	小计	男	女	小计	男	女
2010	1340	794	546	314	197	117	82	42	40
2015	1565	835	730	668	406	262	85	48	37

年份	大学本科			研究生		
	小计	男	女	小计	男	女
2010	11	8	3	-	-	-
2015	100	54	46	2	2	-

数据来源：平阳县教育局。

三、家 庭

境内的畲汉家庭大多是核心家庭，由一对夫妻加上子女和前辈老人作为核心人员。家庭形式主要以男性为支配地位，妇女虽然在家庭中地位较低，但并非丈夫可任意虐待妻子，如女儿出嫁后受夫家虐待，可回娘家报告，娘家便组织亲房、伯叔、母舅等到女婿家理论直至女婿承认错误并保证今后不再重犯为止。这种现象畲族叫"做娘家头"，汉族叫"起娘家"。

畲族同汉族在婚姻、妇女地位上略有差别。畲族在辛亥革命前实行的是族内婚，不与异族联姻；汉族即同姓不婚，要与异姓联姻。畲族妇女的家庭地位比汉族妇女要高，因为畲族妇女最勤劳，与男子同工同酬，是家庭成员主要经济来源创造者。凡家庭中重大的事情，妇女有权过问，有时可直接参与决断。丈夫虐待妻子之事较少发生。而汉族是"男主外，女主内"，即男人劳作赚钱维持生活，女人操持家务。男人成为家庭经济主要创造者，而女人成为生活的辅助者。因此，汉族妇女地位相对低下。中华人民共和国成立后，倡导男女平等、同工同酬。

（一）家庭结构

家庭的组成有父系、母系、双系三类。父系妻从夫居，子女从父姓；母系夫从妻居，子女从妻姓；双系大多为女方是独生子，子女长从母姓，次从父系。1949年后，畲族女子嫁到汉族家庭，子女随母姓者日渐增多。

畲族的家庭结构大都是以父母及子女的一夫一妻制的父系核心家庭，构成社会生产和生活的基本单位。女子婚后从夫居，所生孩子从父姓。兄弟结了婚，有了子女，便大都另立门户。三代同堂大都是独子，或是兄弟分了家，父母同幼子同住。据统计，2010年和2015年，一代户占多数，分别是总户数48.20%、47.20%，三代和四代同堂的分别占17.90%、20%。

家庭的构成由单一民族逐渐走向多民族的融合。畲族历史上的族规是实行族内婚，但同姓（同宗）不婚，盘、蓝、雷、钟、李、吴6姓互为婚姻，严禁与异族通婚。直到辛亥革命后，才破除这个传统。历史上也有人敢于挑战这个传统的。如清代乾隆年间，青街李氏大份5世祖李允柏，不顾族人反对，迎娶王神洞蓝氏（畲族）为妻。蓝氏卒后，子孙花了3000两白银，为其母在二楼厅堂建了一座"银厝"来供奉灵位（这座银厝在1966年"文化大革命"初期被捣毁）。中华人民共和国成立后，随着民族平等团结和谐政策的执行，畲、汉两族通婚渐多。同时党和政府在畲族升学、就业、提干等方面有诸多优惠政策，故畲汉联姻者子女均从畲族、畲姓。据2010年第六次人口普查，全乡1725户，单一民族户1676户，占家庭户97.16%，两个民族户49户，占家庭户2.84%。2010年后，畲汉联姻的比例快速上升。仅据九岱民族村统计，2015年全村206户，就有37户是两个民族户，占全村家庭户17.96%。

（二）家庭规模

现代家庭的规模趋向小型化。据统计，2010年最多的是2人户，占总户数的29.20%，2015年是单人户（占4.92%）；2010年和2015年，1—4人户分别占总户数86.90%和75.20%，而6人以上分别占5.80%和14.20%。

表2-2-3-15　　　2010年与2015年青街畲族乡家庭户规模一览表

单位：户、%

年份	家庭户	一人户		二人户		三人户		四人户		五人户	
	户数	户数	比重	户数	比重	户数	比重	户数	比重	户数	比重
2010	1725	445	25.79	504	29.22	322	18.67	226	13.10	128	7.42
2015	2395	118	4.92	662	2.76	554	2.31	467	1.94	253	1.05

续表

年份	六人户		七人户		八人户		九人户		十人及以上	
	户数	比重	户数	比重	户数	比重	户数	比重	户数	比重
2010	51	2.96	27	1.57	9	0.52	7	0.41	6	0.35
2015	183	0.76	97	0.40	38	0.15	23	0.09	-	-

数据来源:平阳县统计局。

表2-2-3-16　　　2010年和2015年青街畲族乡家庭户类别一览表

单位：户、 %

年份	家庭户	一人户		二人户		三人户		四人户	
	户数	户数	比重	户数	比重	户数	比重	户数	比重
2010	1725	831	48.17	585	33.91	290	16.81	19	1.10
2015	2395	1131	47.22	784	32.73	455	19.00	25	1.04

数据来源:平阳县统计局。

（三）家庭形式

传统家庭以男子为家长，宗祀由男子承继。男子有财产继承权，女子一般无继承权。父死，长子继承家长地位。丈夫死，子幼，妻子当家，儿子长大后，儿子当家。

无子嗣的人，可用侄儿或招养子作嗣子。有女儿没儿子，可留女儿招赘。赘婿同样享有继承权。

畲族分家由父母主持。分家时，先把全部山地、田地及其他财产逐个估价，兄弟平均分配。有长孙，还要抽一份"长孙田"，一般不超过十分之一。未成亲者可抽部分作"老婆本"。分家后父母单独起伙，但大都同幼子同住。这些，已与汉族习俗无多大区别。

畲族每一祠堂设一族长。族长是当地氏族的首领，也是解决当地族内或地方纠纷事件的权威人物。族长一般由该族辈分最高、年纪最大、德高望重者担任，畲民绝对服从族长，族外事务必须先与族长接洽。每个祠堂都有一些公田，称为"众田"，多寡不一，作为祠堂公产，如王神洞村的蓝氏公田是4亩，由族长管理。

每个祠堂由同姓同宗组成，在同姓同宗中又按兄弟分出"房份"的组织，如王神洞村，过去的67户蓝姓均属二房，而长房在泰顺，三房在洋尾，四房在福鼎上陶。历史上畲族居民不断迁徙，故很重视宗谱的修纂。清同治五年（1866年），雷云在《雷氏宗谱》中详细陈述这一理由："明季间，我鼻祖永祥公由罗源迁居浙平桥墩。迨国朝定鼎之初，缘海氛迁界，合族移居北港等处。厥后我起益公由北港来三十一都赤洋古楼下，复居詹家坑，由詹家坑复徙五十二都仓头，传之于今，十有余世。犹幸已派下家谱有载，世次相承，昭然可考。若前三四世，仅列其名，余弗详焉，谱之莫修故也。第自北港分为数派，而散处章山、朱山、晓垟（阳）、山门、泰顺、福鼎、蒲门诸派，尽皆一本之亲。……苟无谱以志之，微论在闽以前，祖宗之世系，未以稽考；即来瓯以后祖宗之名号，犹或失传。况乎族丁繁昌，聚散不一，去此失彼，错处外乡。形迹隔则通向疏，数传而后，势必至视骨肉如途人，等同宗于秦越者，孝弟之心，又乌从而生乎？"这一祠堂的雷姓，共印"总谱17部，房谱40余本，分存各房"，这对畲族克服迁徙带来的困难，保持民族的认同心，是有一定作用。

第三章　政治与民族事务

青街畲族乡的畲、汉等族人民，在中国共产党的领导下，积极参加抗日战争和解放战争，为人民的解放事业作出了贡献。民国时期及以前，青街畲族没有什么政治地位，有文化者只有少数，参政者极少。中华人民共和国成立后，各级政府重视民族平等工作，对在新民主主义革命中立下功劳的畲族人民给予特殊照顾，畲族政治地位明显提升，开始参政议政，每届乡领导班子均配备一定数量的畲族干部。一些畲族精英成为省、市、县党代表、人大代表和政协委员。为了更快地培养畲族人才，除浙江少数民族师范学校外，其他学校也降分录取畲族考生，培养畲族干部，加快了境内脱贫致富步伐。

第一节　政治生活

在中国共产党的领导下，青街畲族人民在抗日战争和解放战争中，坚持反白色恐怖的斗争和开展争取人民解放的斗争。中华人民共和国成立以后，他们积极参政，建设中华人民共和国。自1978年改革开放以来，全乡人民解放思想，开拓进取，同心同德，艰苦创业，经济和社会发展都取得巨大成就。进入21世纪，乡政府践行"南拓北连，东西贯穿，发挥优势，种养并举，加强团结，全面促进"的思路，经济实力大幅增强，乡村面貌大有改观。青街畲族乡有4位代表参加"国庆观礼"和全国少数民族参观团，受到党和国家领导人的接见；有19人参加省、市、县党代会、人代会，7人被推选为市、县政协委员。

一、民国时期中国共产党领导下的革命斗争

青街畲族乡是平阳县的一个革命老区。在中国共产党的领导下，青街畲民和许多畲族地区一样，和汉族为主的群众携手并肩，与国民党反动派、封建地主阶级进行了英勇的斗争。

民国27年（1938年），粟裕、刘英领导红军离平阳北上抗日以后，浙南地区国民党反动派消极抗日、积极反共，不断地在平阳进行"清剿"。但革命活动一直未间断过，而且更加广泛与深入。1935年，刘英领导的革命部队在学校召开群众大会，宣传革命思想。许多有志青年由此参加了地下革命工作。青街畲族群众支持游击队作战，送粮送饭，掩护红军与党的工作人员，探听敌人消息，为红军、游击队送信带路。民国30年（1941年），鼎平县委被敌人摧毁，革命运动受到暂时的挫折，青街畲族乡畲族群众在地下党领导下，坚持反白色恐怖的斗争。

抗日战争期间，中共平西区委领导人林军中曾帮助池云友组织抗日自卫队120多人，还介绍他加入共产党，池云友后遭国民党便衣特务杀害，被追认为烈士。

解放战争时期，青街畲族乡畲族群众在中共平阳县委领导下开展争取人民解放的斗争。王神洞村有蓝天两、蓝德浮、蓝德梅、蓝德金等4位畲族儿女为革命身负重伤。1948年9月，王神洞村在党的领导下组织农会。是年冬，全部青壮年参加民兵。1949年春，做好迎接解放军南下工作，并配合浙南游击纵队于5月解放平阳全境。

青街畲族人民为人民解放事业作出的贡献得到政府的确认。1993年，九岱村、南朱山村、新三村被省老区办命名为"革命老区村"。

二、中华人民共和国成立后的政治生活

中华人民共和国成立后，1951年5月16日，中央人民政府政务院颁布了《关于处理带有歧视或侮辱少数民族的称谓、地名、碑碣、匾联的指示》，《宪法》规定"各民族一律平等，禁止对任何民族的歧视和压迫，禁止破坏各民族团结的行为"。之后，有关对畲族带有侮辱性的称谓很快消失了。1956年，国务院又正式确定了"畲族"族称。畲族人民多年盼望的民族平等的理想，终于在中国共产党的领导下得以真正实现。

（一）参政议政

党和政府为了使畲族人民能够更多地参加民主政治生活和管理国家大事，各级人大、政协都安排一定畲族名额。青街畲族乡蓝德吾等人分别成为省、市、县人民代表，或被推选为政协委员。1984年5月，青街畲族乡成立。2006年王神洞、九岱、南朱山被县政府命名为民族村。

表2-3-1-1　　中国共产党浙江省代表大会少数民族代表名录一览表

届别	姓名	性别	民族	籍贯	所在单位	备注
3	蓝德吾	男	畲	青街	山门区公所	-

表2-3-1-2　　中国共产党温州市代表大会少数民族代表名录一览表

届别	姓名	性别	民族	籍贯	所在单位	备注
11	雷美红	女	畲	青街	九岱村	-

表2-3-1-3　　中国共产党平阳县代表大会少数民族代表名录一览表

届别	姓名	性别	民族	籍贯	所在单位	备注
1—3	蓝享时	男	畲	青街	王神洞村	-
3—5	蓝德吾	男	畲	青街	山门区委	-
4	雷本立	男	畲	青街	青街信用社	-
5	蓝秀花	女	畲	青街	王神洞村	-
6—7	蓝秋梅	女	畲	青街	青街畲族乡政府	-
10	雷朝欣	男	畲	青街	青街畲族乡政府	-

表2-3-1-4　　浙江省历届人民代表大会少数民族代表名录一览表

届别	姓名	性别	民族	籍贯	所在单位	备注
3—5	蓝享时	男	畲	青街	王神洞村	-

表2-3-1-5　　　温州市历届人民代表大会少数民族代表名录
一览表

届别	姓名	性别	民族	籍贯	所在单位	备注
6	蓝德纯	男	畲	青街	王神洞村	－
7—9	雷朝欣	男	畲	青街	青街乡政府	－

表2-3-1-6　　　中国人民政治协商会议温州市历届委员会
少数民族委员一览表

届别	姓名	性别	民族	籍贯	所在单位	备注
4—6	雷金莲	女	畲	青街	青街小学	－
12	雷美红	女	畲	青街	九岱村	－

表2-3-1-7　　　平阳县历届人民代表大会少数民族代表名录
一览表

届别	姓名	性别	民族	籍贯	所在单位	备注
1	雷必彬	男	畲	青街	青街小学	－
1—7	蓝享时	男	畲	青街	王神洞村	－
4—8	蓝德吾	男	畲	青街	平阳县委统战部	－
5	蓝茂雅	男	畲	青街	王神洞村	－
9—12	雷朝欣	男	畲	青街	青街乡政府	－
11	蓝玉琼	女	畲	青街	南朱山村	－

表2-3-1-8　　　中国人民政治协商会议平阳县历届少数民族
委员名录一览表

届别	姓名	性别	民族	籍贯	所在单位	备注
6	蓝德吾	男	畲	青街	平阳县委统战部	－
8—10	雷顺林	男	畲	青街	九岱小学	－

续表

届别	姓名	性别	民族	籍贯	所在单位	备注
11—12	雷顺群	男	畲	青街	青街小学	-
12—13	蓝天宇	男	畲	青街	水头小学	-
13	雷昌周	男	畲	青街	青街乡政府	-
13	蓝秋梅	女	畲	青街	青街乡政府	-

表2-3-1-9　　　共青团浙江省历届代表大会少数民族代表名录一览表

届别	姓名	性别	民族	籍贯	所在单位	备注
13	雷灵娇	女	畲	青街	青街防保站	-

表2-3-1-10　　　平阳县历届人民代表大会青街乡汉族代表名录一览表

届别	姓名	性别	民族	籍贯	所在单位	备注
1	池方钦	男	汉	青街	平阳县人民政府	-
1	施一丰	男	汉	青街	南网村	-
2—3	魏起助	男	汉	青街	青街公社	-
6	池方清	男	汉	青街	平阳县人民政府	-
7	李省中	男	汉	青街	青街村	-
7	王志高	男	汉	南网	南网村	-
7	黄益谦	男	汉	青街	山门区公所	-
7—8	池欣昌	男	汉	青街	平阳县人民政府	-
8	池汉昌	男	汉	青街	贡后村	-
8	池昌本	男	汉	睦源	睦源村	-
8	池昌财	男	汉	睦源	矾岩乡政府	-
8	池昌备	男	汉	青街	睦源乡政府	-
8	吴良选	男	汉	睦源	平阳农业银行	-
8	李信友	男	汉	青街	睦源乡政府	-
8	黄益谦	男	汉	青街	水头区公所	-
9	陈爱兰	男	汉	青街	青街村	-

届别	姓名	性别	民族	籍贯	所在单位	备注
9	池昌本	男	汉	睦源	睦源村	-
9	李中明	男	汉	青街	睦源乡卫生院	-
11	池欣昌	男	汉	青街	平阳县人民政府	-
11	池云森	男	汉	青街	青街畲族乡	-
12	李中将	男	汉	青街	大垟村	-
15	李克海	男	汉	青街	十五亩村	-

表2-3-1-11　　　政协平阳县历届青街乡汉族委员名录一览表

届别	姓名	性别	民族	籍贯	所在单位	备注
3—5	池方清	男	汉	青街	平阳县人民政府	-
7—9	李信友	男	汉	青街	睦源乡政府	-
8	李中明	男	汉	青街	睦源乡政府	-
8-9	李杰中	男	汉	青街	平阳县机关事务管理局	-
9—10	池宗惠	男	汉	青街	青街供销社	-
9—11	李信速	男	汉	青街	平阳电视台	-
11—14	黄宗耀	男	汉	青街	平阳雅河律师事务所	-

（二）赴京观礼

中华人民共和国成立后，青街畲族乡执行国家民族政策，畲族参与民族事务工作，涌现出许多优秀人才。蓝享时等4人在国际劳动节或国庆节赴京观礼或表演。

表2-3-1-12　　　青街畲族历次"五一""十一"赴京参观代表一览表

届别	姓名	性别	民族	当时所在单位	备注
1957	蓝享时	男	畲	王神洞村党支部	书记
1959	蓝享崇	男	畲	王神洞村	-
1964	蓝德吾	男	畲	山门区委	-
2001	蓝红霞	女	畲	-	进京参加全国少数民族文艺会演

第二节 组 织

中华人民共和国成立后，青街畲族乡党组织和各行政村党组织不断完善组织建设，并先后参与在党中央领导下的土地改革以及互助组、初级社、高级社和人民公社化运动。在社会主义革命和社会主义建设各个不同的历史阶段，全乡各级党组织发挥领导核心作用。

一、中国共产党基层组织
（一）乡（镇）党组织沿革

1949年2月，睦源管理区管辖的3个党支部，即青街党支部、三山村党支部和东南村党支部相继建立。从此，中国共产党带领青街人民走向社会主义大道。睦源乡党支部于1952年4月从青街乡分设，1954年9月9日建立乡党支部，1956年4月并入青街乡。1956年青街乡设立，成立青街乡党支部。在人民公社时期，青街乡于1970年12月建立党的核心小组，1972年1月恢复党委；睦源乡于1971年3月建立党的核心小组，7月恢复党委。1984年4月公社改为乡，建立乡党委。此后青街畲族乡党委建置未有改动。

表2-3-2-1 中国共产党青街乡党组织沿革及领导人名录一览表

名称	职务	姓名	任职时间	备注
青街党支部	书记	魏起传 池昌镌 池方生	1949.02—1949.04 1949.02—1949.04 1949.07—1949.09	睦源管理区管辖的三个党支部于1949年2月建立。
三山村党支部	书记	雷必彬（畲）	1949.02—1949.09	
东南村党支部	书记	张全生	1949.07—1949.09	
青街乡党支部	书记	卢立起 黄明宣 李绍幼（畲）	1956.04—1956.12 1956.12—1958.05 1958.05—1958.11	－
	副书记	卢立起 温怀锦 施正建 周朝道	1956.04—1956.12 1956.02—1956.12 1956.07—1957.07 1957.02—1958.12	－

续表1

名称	职务	姓名	任职时间	备注
青街大队（管理区）党支部	书记	蔡明芳 李绍幼（畲）	1958.12—1961.06 1961.06—1962.06	1958年12月建立。
	副书记	蓝景生（畲） 施正建	1958.12—1962.06 1960.11—1961.10	
青街乡党支部	书记	池方生 卢立起	1950.06—1954.10 1954.11—1955.03	
	副书记	陈正春	1954.11—1955年冬	
睦源公社革命委员会	副主任	李丕凤 池昌世 李信涨 李丕炳 施德侯	1969.07—1971.02 1969.07—1976.10 1969.07—1976.10 1969.12—1971.03 1971.03—1976.10	
睦源乡党支部	书记	卢立起 蓝景生（畲）	1954.09—1954.11 1954.11—1956.06	1952年4月从青街乡分设，1954年9月9日建立乡党支部，1956年4月并入青街乡。
青街公社党委（党的核心小组）	书记	蓝响时（畲）	1966.05—1969.07	1970年12月建立党的核心小组，1972年1月恢复党委。
	副书记	魏起传 雷盛柒（畲）	1966.5—1969.07 1966.05—1969.07	
	组长	池昌真 周杨龙	1970.12—1972.01 1970.12—1972.01	
	书记	池昌真	1972.01—1976.10	
	副书记	施正建 蓝响时（畲）	1972.01—1976.10 1973.06—1976.10	
睦源公社党委（党的核心小组）	书记	李丕炳	1966.05—1969.07	1971年3月建立党的核心小组，7月恢复党委。
	组长	李丕凤	1971.03—1971.07	
	书记	李丕凤	1971.07—1976.10	
	副书记	施德侯	1971.07—1976.10	

续表2

名称	职务	姓名	任职时间	备注
青街乡（公社）党委	书记	池昌真 蓝响时（畲） 池方理 施德侯	1976.10—1977.-4 1977.-4—1981.12 1981.12—1983.11 1983.12—1985.11	1984年4月公社改为乡。
	副书记	蓝响时（畲） 池昌真 施正建 唐敏恤 施德侯 雷朝欣（畲）	1976.10—1977.04 1977.04—1979.09 1976.10—1981.04 1977.04—1979.12 1981.12—1985.04 1981.12—1984.04 1982.12—1984.04	
睦源乡（公社）党委	书记	李丕凤 吕德国 李信友 黄显县	1976.10—1977.04 1977.04—1977.12 1977.12—1983.05 1983.04—1985.03	1984年4月公社改为乡。
	副书记	施德侯 李信友 李志树 池昌世	1976.10—1981.12 1977.10—1977.12 1981.12—1983.11 1984.04—1985.03	
青街畲族乡党委	书记	李法中	1985.11—1987.12	－
青街畲族乡党委	副书记	施德侯 雷必仕（畲）	1985.03—1985.11 1987.02—1987.12	－
睦源乡党委	书记	黄显县 池昌世	1985.03—1987.02 1987.02—1987.12	－
	副书记	林开好 池昌世	1987.02—1987.12 1985.05—1987.02	
青街畲族乡党委	书记	李法中 杨学畴 林开好	1988.01—1988.08 1988.08—1989.11 1990.01—1990.03	－
	副书记	雷必仕（畲） 杨学畴（畲） 雷大霖（畲） 李美才	1988.01—1988.08 1988.06—1988.08 1988.08—1990.03 1988.09—1990.03	
	书记	林开好 谢炳侯	1990.03—1991.04 1991.04—1992.05	
	副书记	雷大霖（畲） 李美才（畲） 蓝颜春（畲）	1990.03—1991.03 1990.03—1992.05 1991.03—1992.05	

续表3

名称	职务	姓名	任职时间	备注
睦源乡党委	书记	黄显县 池昌世 李法中 王图乐	1985.03—1987.02 1987.02—1990.01 1990.01—1991.04 1991.04—1992.05	-
	副书记	郑知钦 王图乐	1990.03—1992.05 1990.03—1991.04	-
青街畲族乡党委	书记	陈善清	1992.05—1993.03	-
	副书记	蓝颜春（畲） 池云森	1992.05—1993.03 1992.05—1993.03	-
	书记	陈善清	1993.03—	-
	副书记	蓝颜春（畲） 池云森	1993.03— 1993.03—	-
	书记	陈善清 邓招算 陈应许	1994.01—1994.07 1994.07—1996.01 1996.01—1996.03	-
	副书记	蓝颜春（畲） 池云森 蓝青柳（畲） 雷善阳（畲）	1994.01—1996.01 1994.01—1994.04 1996.01—1996.03 1996.01—1996.03	-
	书记	陈应许	1996.03—	-
	副书记	蓝青柳（畲） 雷善阳（畲）	1996.03— 1996.03—	-
青街畲族乡党委	书记	陈应许 方明晓	1998.03—1998.12 1998.12—1999.01	-
	副书记	蓝青柳（畲） 雷善阳（畲） 蓝德铪（畲） 陈明坤 王茂楚	1998.03—1998.12 1998.03—1998.12 1998.12—1999.01 1998.12—1999.01 1998.12—1999.01	-
	书记	方明晓 陈 伟	1999.01—2001.12 2001.12—2002.01	-
	副书记	蓝德铪（畲） 王茂楚 池方昆	1999.01—2002.01 1999.01—2002.12 2001.12—2002.01	-

续表4

名称	职务	姓名	任职时间	备注
青街畲族乡党委	书记	陈 伟	2002.01—2003.03	-
	副书记	蓝德铅(畲) 池方昆	2002.01—2003.03 2002.01—2003.03	-
	书记	陈 伟 郑鸿阳 王大杰	2003.03—2003.12 2003.12—2006.04 2006.04—2011.3	-
	副书记	蓝德铅(畲) 池方昆 徐爱华(女) 曾克城 蓝春才(畲)	2003.03—2006.09 2003.03—2005.01 2005.06—2006.09 2006.09—2006.10 2006.09—2006.10	-
	书记	周春珍(女)	2011.04—2015.04	-
	副书记	蓝江旭(畲) 钟思钰(畲) 钟方转(畲) 陈萃亮	2009.10—2012.12 2012.01—2015.03 2009.10—2012.01 2011.06—2012.03	-
	书记	钟方转(畲)	2015.03—	-
	副书记	钟思钰(畲) 林 勇 胡 坚	2012.01— 2016.04— 2015.03—	-

（二）乡党员代表大会

1991至2015年共召开七届乡党员代表大会，每次大会听取审议书记代表上届党委的工作报告，听取审议乡纪律检查委员会工作报告，并作出决议。每次大会均选举产生新一届委员会和纪律检查委员会。届内书记、副书记和委员调整由上级党委决定。

党代表按照分配名额，以无记名差额选举的方式产生。1999年乡党员代表大会，代表名额以定基数或按党员比例确定，各乡镇党代会代表51至120名。2002年各乡镇党代会代表名额以40名为基数，按每50名党员增加1名代表计算。2011年始，试行党代表常任制，届中每年召开一次例会。

表2-3-2-2　　　青街畲族乡纪律检查委员会书记任职名录一览表

姓名	任职时间	备注
池昌世	1992.06—1993.03	-
郑知钦	1994.01—1998.12	-
王茂楚	1998.12—2001.12	-
徐爱华(女)	2001.12—2006.09	-
郑经锐	2006.09—2011.06	-
钟方转	2011.06—2011.12	-
钟思钰	2012.01—2015.04	乡党委副书记（兼）
林　勇	2015.04—2015.12	-

二、人大机构

中华人民共和国成立后，实行中国共产党领导下的人民代表大会制度，以乡人民代表大会为权力机关，乡人民政府为执行机构。乡人民代表大会每届任期5年，每年至少举行1次会议。1966—1976年，"文化大革命"期间一度中断。1980年，青街公社恢复人民代表大会制度，选举公社管理委员会。

青街畲族乡人大机构在乡党委领导和乡人民代表大会监督下履行政府职能，管理本乡政治、经济、文化、教育、卫生、社会治安等，保证宪法、法律、法规和上级人民代表大会及其常务委员会的决议的遵守和执行。在职权范围内通过和发布决议。根据国家计划，决定行政区域内的经济、文化事业和公共事业的建设计划。审查和批准本行政区域内的财政预算和预算执行情况的报告。决定本行政区域内的民政工作的实施计划。选举本组人民代表大会主席、副主席。选举镇长、副镇长。听取和审查镇人民政府的工作报告。撤销镇人民政府的不适当的决定和命令。保护社会主义的全民所有制的财产和劳动群众集体所有的财产，保护公民私人所有的合法财产，维护社会秩序，保障公民的人身权利、民主权利和其他权利。保护各种经济组织的合法权益。保障少数民族的权利。保障宪法和法律赋予妇女的男女平等、同工同酬和婚姻自由等各项权利。

表2-3-2-3　　　青街畲族乡历届人大主席团任职名录一览表

职务	姓名	任职时间	备注
主席	林开好	1990.04—1991.04	-
主席	谢炳侯	1991.04—1992.05	-
主席	池昌世	1990.05—1992.05	睦源乡
主席	雷朝欣	1992.05—1999.02	-
主席	方明晓	1999.02—2002.02	-
副主席	雷朝欣	1999.02—2002.02	-
主席	雷朝欣	2002.02—2006.12	-
主席	邱朝柱	2007.01—2011.05	-
主席	刘小青（女）	2011.05—2012.01	-
副主席	蓝秋梅（女）	2005.04—2011.05	-
主席	郑经锐	2011.05—2015.12	-

三、政　府

1956年4月，乡政府称乡人民委员会，设正、副乡长及委员。1958年11月，撤销乡人民委员会，乡改为生产大队。生产大队设管理委员会，设大队长、副大队长等职，大队下辖生产队，设队长等职。1959年3月，生产大队改称管理区，5月2日，又将管理区改称生产大队。1961年10月，生产大队改称人民公社，建立公社管理委员会，设社长、副社长。原生产队改称大队。1968年12月，撤销公社管理委员会，成立公社革命委员会，设主任、副主任等职。同月，撤销公社革命委员会，恢复公社管理委员会。

1984年5月，经省政府批复，建立青街畲族乡人民政府，设乡长、副乡长、人武部、妇女主任等职，其中乡长、副乡长由乡人民代表大会选举产生。同时恢复行政村组织，设村民委员会，主任和委员由村民选举产生。

1992年5月，撤区并乡，睦源乡并入青街畲族乡。

表2-3-2-4　　　青街畲族乡政府乡长、副乡长一览表

名称	职务	姓名	任职时间	备注
青街乡人民委员会	乡长	池方生 卢立起 周朝道（兼）	1956.04—1957.06 1957.06—1958.06 1958.06—1958.12	-

续表1

名称	职务	姓名	任职时间	备注
	副乡长	李信友	1956.04—1958.06	－
		唐书远	1956.04—1956.11	
		蓝景生(畲)	1958.06—1958.12	
青街大队 （管理区）	大队长	蓝响时(畲)	1958.12—1959.03	－
		杨良印	1959.03—1960.02	
		蓝响崇(畲)	1960.02—1960.11	
		施正建	1960.11—1962.06	
	副大队长	林垂连	1958.11—1962.03	－
		蓝响时(畲)	1959.03—1960.02	
		姜应文	1960.02—1960.11	
		雷梅花(畲/女)	1960.11—1962.06	
青街公社 管理委员会	社长	姜应文	1962.06—1964.06	－
		池昌真	1964.04—1966.05	
	指导员	李丕炳	1964.05—1966.05	－
	副指导员	姜应文	1964.06—1965.11	－
青街公社 管理委员会	副社长	池方巢	1965.08—1966.05	－
		李吕中	1966.04—1966.05	
		李志树	1965.10—1966.05	
睦源公社 管理委员会	社长	姜应文	1964.06—1965.10	1964年4月从青街公社分设。
	副社长	池昌真	1966.04—1966.05	
青街乡人民政府	乡长	郑鲲	1950春—1951.06	－
		欧阳竹友	1951.06—1952.04	
		李丕炳	1952.04—1952.11	
		金慎广	1952.11—1954.10	
		施正建	1955.05—1956.01	
	副乡长	陈方拔	1950.09—1951.05	
		李丕炳	1951.09—1952.04	
		李信友	1953.10—1956.04	
		池方生	1956.02—1956.04	
睦源乡人民政府	乡长	池昌华	1952.04—1952.11	1952年4月，从青街分设，1956年4月，并入青街乡。
		池方卯	1952.11—1953.10	
		池方生	1953.10—1956.02	
青街公社 管理委员会	社长	池昌真	1966.05—1969.07	－
	指导员	李丕炳	1966.05—1969.07	

续表2

名称	职务	姓名	任职时间	备注
	副社长	池方巢 李吕中 李志树	1966.05—1969.07 1966.05—1969.07 1966.05—1969.07	-
睦源公社 管理委员会	副社长	池昌世	1966.05—1969.07	-
青街公社 革命委员会	主任	池昌真	1969.07—1972.01	1969年7月 建立。
	第一 副主任	周杨龙	1970.10—1971.10	
	副主任	李志树 魏起助 雷必仕（畲） 施正建 蓝响时（畲）	1969.07—1970.10 1969.07—1976.10 1969.07—1976.10 1969.12—1976.10 1973.06—1976.10	
睦源公社 革命委员会	主任	李歪凤	1971.2—1976.10	-
睦源公社 革命委员会	副主任	李丕凤 池昌世 李信涨 李丕炳 施德侯	1969.07—1971.02 1969.07—1976.10 1969.07—1976.10 1969.12—1971.03 1971.03—1976.10	1969年7月建 立。
	副书记	林开好 池昌世	1987.02—1987.12 1985.05—1987.02	-
青街公社 革命委员会 （管理委员会）	主任	池昌真	1976.10—1979.12	-
	副主任	施正建 雷必仕（畲） 蓝响时（畲） 魏起助 李信友 唐敏恤	1976.10—1981.04 1976.10—1981.12 1976.10—1981.12 1976.10—1977.07 1977.04—1977.10 1977.04—1979.10	-
睦源公社 革命委员会 （管理委员会）	主任	李丕凤 吕德国 李信友	1976.10—1977.04 1977.04—1977.12 1977.12—1981.12	-
	副主任	施德侯 李信友 池昌世 李信涨	1976.10—1981.12 1977.10—1977.12 1976.10—1981.12 1976.10—1979.02	-

名称	职务	姓名	任职时间	备注
青街公社 管理委员会	主任	施德侯	1981.12—1984.04	1981年12月，公社革命委员会改为公社管理委员会。
	副主任	黄祖侈 林开亮	1982.08—1984.04 1982.08—1982.12	
睦源公社 管理委员会	主任	李志树	1981.12—1984.04	1981年12月，公社革命委员会改为公社管理委员会。
	副主任	池昌世 池昌财	1981.12—1984.04 1982.06—1984.04	
青街畲族乡 人民政府	乡长	雷朝欣（畲）	1984.04—1985.03	－
	副乡长	黄祖侈 池昌勤	1984.04—1985.03 1984.06—1985.03	－
睦源乡人民政府	乡长	池昌备	1984.04—1985.03	－
	副乡长	黄昌棉 池昌棉	1984.04—1985.03 1984.05—1985.03	－
青街畲族乡 人民政府	乡长	雷朝欣（畲）	1985.03—1987.12	－
	副乡长	黄祖侈 池昌勤 池昌棉	1985.03—1986.03 1985.03—1987.04 1987.04—1987.12	－
睦源乡人民政府	乡长	池昌备 池昌勤	1985.03—1987.05 1987.05—1987.12	－
	副乡长	黄昌棉 池昌棉 王图乐	1985.03—1986.03 1985.03—1987.05 1987.05—1987.12	－
青街畲族乡 人民政府	乡长	雷朝欣（畲）	1988.10—1990.03	－
	副乡长	池昌棉	1988.01—1990.03	－
	乡长	蓝颜春（畲）	1990.04—1992.05	－
	副乡长	池昌棉	1990.04—1992.05	－
睦源乡人民政府	乡长	池昌勤	1988.01—1990.02	－
	副乡长	王图乐 张艺	1988.01—1990.05 1989.06—1990.05	－
	乡长	郑知钦	1990.05—1992.05	－
	副乡长	张艺	1990.05—1992.05	－

续表4

名称	职务	姓名	任职时间	备注
青街畲族乡人民政府	乡长	蓝颜春（畲）	1992.06—1993.04	—
	副乡长	池昌棉 张 艺	1992.06—1993.04 1992.06—1993.04	—
	乡长	蓝颜春（畲）	1993.04—1993.12	—
	副乡长	池昌棉	1993.01—1993.12	—
	乡长	蓝颜春（畲）	1994.01—1996.03	—
	副乡长	池昌棉 张 艺	1994.01—1996.03 1994.01—1996.03	—
	乡长	蓝青柳（畲）	1996.03—	—
	副乡长	蓝德铑（畲） 池方昆	1996.03— 1996.03—	—
	乡长	蓝颜春（畲）	1994.01—1996.03	—
	副乡长	池昌棉 张 艺	1994.01—1996.03 1994.01—1996.03	—
	乡长	蓝青柳（畲）	1996.03—	—
	副乡长	蓝德铑（畲） 池方昆	1996.03— 1996.03—	—
	乡长	蓝青柳（畲）	1998.03—1999.02	—
	副乡长	蓝德铑（畲） 池方昆	1998.03—1999.02 1998.03—1999.02	—
	乡长	蓝德铑（畲）	1999.02—2002.02	—
	副乡长	郑知钦 池方昆	1999.02—2002.02 1999.02—2002.02	—
	乡长	蓝德铑（畲）	2002.02—2003.03	—
	副乡长	郑知钦 郑友富 曾克城	2002.02—2003.03 2002.02—2003.03 2002.02—	—
	乡长	蓝德铑（畲）	2003.03—2006.09	—
	副乡长	郑知钦 郑友富 曾克城 许道琦 林海丹（女）	2003.03—2005.04 2003.03—2006.03 2003.03—2006.09 2005.01— 2005.11—	—

续表5

名称	职务	姓名	任职时间	备注
青街畲族乡人民政府	乡长	蓝春才（畲）	2007.11—2010.01	-
	副乡长	许道琦 林海丹（女） 周丽君（女） 董光海	2005.01—2010.01 2005.11—2010.01 2009.07— 2010.07—	-
	乡长	蓝江旭（畲）	2009.10—2013.02	-
	副乡长	周丽君（女） 董光海 陈凤凰（女） 蓝永强（畲）	2010.01—2014.01 2010.01— 2010.01— 2013.10—2016.04	-
	乡长	钟方转（畲）	2013.03—2015.03	-
	副乡长	董光海 陈凤凰（女）	2009.01—2016.04 2011.10—2016.04	-
	乡长	钟思钰（畲）	2015.03—	
	副乡长	董光海 陈凤凰（女） 蓝永强（畲）	2010.01—2016.04 2012.01—2016.04 2013.10—2016.04	（挂职）

四、人民武装部

青街畲族乡的人民武装部履行以下主要职责：第一，贯彻落实党和国家的军事路线、法律、法规，执行党委的决议和上级军事机关的指示；第二，负责征兵工作；第三，负责当地的国防教育和军事训练工作，在有关部门协同下具体组织实施；第四，协助公安机关维护社会治安、处置突发事件以及各类应急抢险救灾任务。

表2-3-2-5　　青街畲族乡人民武装部部长任职一览表

职务	姓名	任职时间	备注
部长	胡英元	1988.01—1989.05	-
部长	李美快	1990.05—1992.05	-
部长	王图乐	1988.01—1992.05	睦源乡

续表

职务	姓名	任职时间	备注
部长	王图乐	1992.05—1995.04	-
副部长	黄益初	1995.04—1997.07	-
部长	黄益初	1997.07—1998.12	-
部长	郑经锐	1999.01—2011.03	-
部长	钟思钰	2011.03—2012.09	-
部长	陈加俊	2012.09—2015.12	-

五、群团组织

(一) 青街畲族乡妇女联合会

妇女联合会的职责是宣传、贯彻、执行党的路线、方针和政策，指导基层妇女组织开展工作；组织宣传《妇女权益保障法》《反家暴法》和各种保障妇女权益的法律、法规，参与社会综合治理工作；为妇女儿童提供法律咨询；组织农村妇女开展各类评优推荐活动；发挥村妇联主席主观能动性，利用好各个节日开展形式多样的、丰富多彩的宣传服务活动。如"生育关怀宣传""平安三率、反家暴、反邪教等普法知识宣传""五水共治、垃圾分类知识宣传""好家风家训、宣传"等；积极开展"平安家庭""文明家庭""美丽庭院"的宣传和创建活动，每月村妇联主席例会制度，以会代训，进行全面培训；协调有关部门开展工作，为儿童健康成长创造良好的社会环境；承办乡镇党委、政府和上级妇联交办其他事项。

表2-3-2-6　　青街畲族乡妇女联合会任职一览表

职务	姓名	任职时间	备注
主席	蓝秋梅(女)	1988.01—1992.05	睦源乡
副主席	王文君(女)	1991.10—1992.05	-
主席	蓝秋梅(女)	1992.06—1999.08	-
副主席	郑月仙(女)	1999.08—2000.07	-

职务	姓名	任职时间	备注
主席	郑月仙(女)	2000.07—2010.04	-
副主席	林秀丽(女)	2010.04—2011.01	-
主席	余跃跃(女)	2011.01—2014.09	-
主席	陈雪娇(女)	2014.09—2015.12	-

（二）青街畲族乡中国共产主义青年团

青街畲族乡的中国共产主义青年团在20世纪80年代恢复，至此团工作逐渐转向正常。乡（镇）建团委，设团委书记。团的中心工作是发动青年积极配合党的中心工作。

表2-3-2-7 青街畲族乡共青团组织任职一览表

职务	姓名	任职时间	备注
书记	陈明坤	1988.01—1992.05	-
书记	李美快	1988.01—1990.02	睦源乡
书记	魏起川	1990.03—1991.10	睦源乡
副书记	黄益初	1992.07—1995.07	-
书记	黄益初	1995.07-1998.08	-
书记	叶剑强	1998.08—1999.12	-
副书记	潘海虹(女)	1999.12—2002.07	-
书记	潘海虹(女)	2002.07—2006.12	-
书记	鲍宗待	2007.01—2009.05	-
书记	林 解	2009.05—2012.01	-
副书记	雷大标	2012.01—2013.06	-
副书记	程信勇	2013.06—2015.06	-
书记	程信勇	2015.06—2015.12	-

第三节　政策法规

中华人民共和国成立以后，县政府设立民族事务管理部门，具体管理民族事务，贯彻和执行民族政策。1984年，青街畲族乡成立，根据畲族乡的实际情况和《民族乡条例》等，贯彻落实党和国家及省、县制定的民族政策、法规，做好民族事务管理工作。

一、乡民族政策

为了帮助少数民族，尤其是民族乡的经济、文化、教育、卫生等事业的发展，青街畲族乡执行县委、县政府制定了一系列政策法规：

1. 加强对民族工作的领导和保障少数民族的合法权益

中共平阳县委〔1999〕149号文件《关于进一步扶持少数民族地区发展的若干规定》："要把民族工作列入议事日程，确定一名领导分管民族工作，县委、县政府每年至少要召开一次研究民族工作会议；每2—3年召开一次全县民族工作会议或表彰会议，及时妥善解决民族工作中出现的困难和问题。县、乡（镇）党代会、人代会、县政协会议和工、青、妇组织应安排相应比例的少数民族代表或委员。各级组织有关部门应当教育干部群众尊重少数民族的风俗习惯，保障少数民族的合法权益。"

2. 培养和配备少数民族干部

平阳县政府〔1991〕148号文件《印发<关于扶持我县少数民族地区发展的若干规定>的通知》指出：要积极培养选拔少数民族干部，要十分注意培养少数民族的干部，尤其是要注意在顺溪区、青街畲族乡及其他少数民族较多的区乡（镇）配备少数民族干部。2006年中共平阳县委《关于进一步加快少数民族地区经济社会发展的若干意见》指出："县人大常委会组成人员的候选人中应当有少数民族人士，县属党政机关各部门也应配备一定数量的少数民族干部。少数民族人口1000以上的乡（镇）党政领导班子中，要配备少数民族领导干部，少数民族人口在500—1000的乡（镇）至少配备一名少数民族干部。"

3. 发展少数民族的文化教育事业

教育工作主要抓质量，抓九年制义务教育的普及率。1985年平阳县人民政府《关于对少数民族聚居区实行优惠政策的通知》明确指出："对少数民族小学要一律免收学费，对少数民族教育要有计划地安排教师进修、培训。"1991年县政府发文明确：对少数民族升高中的考生予以适当降分录取。在民办教师转公办教师时，对少数民族的民办教师也要给予适当照顾。中共平阳县委〔2006〕221号文件《关于进一步加快少数民族地区经济社会发展的若干意见》指出："从2007年开始，县财政每年安排20万元设立民族教育专项资金，用于少数民族地区学校改善办学条件。""县教育部门每年要从教育基金中安排10%以上的资金，用于帮助民族学校、民族班改善办学条件，优化教育教学资源。从2007年开始，县财政每年安排10万元设立民族教育助学金，用于初、高中民族班贫困生生活补助。"文化工作主要是畲族的"三月三"歌节、青街的古建筑类修复、民族村寨建设等，由此带动旅游业。

4. 发展少数民族的卫生事业

卫生工作主要抓便利群众看病，挖掘畲医畲药，为畲汉群众服务。平阳县政府〔1985〕134号文件《关于对少数民族聚居区实行优惠政策的通知》指出："卫生部门要对少数民族地方病、传染病进行稽查，给予治疗，少数民族医疗费减免要落实。从85年起，爱卫会要增加少数民族水改补助费，并由县爱卫会统一掌握补给。"中共平阳县委〔1999〕149号文件《关于进一步扶持少数民族地区发展的若干规定》表明："县及医疗单位要积极开展与少数民族人口在1000人以上的青街……在乡镇的医疗对口支援，以派医术较高的医师主诊或不定期组织医疗队进行巡诊，解决民族地区群众看病难的问题。"中共平阳县委〔1999〕149号文件《关于进一步扶持少数民族地区发展的若干规定》指出："帮助民族乡办好卫生院，实现民族地区到2000年人人享有初级卫生保险。"

5. 发展少数民族的文化体育事业

平阳县政府〔1991〕148号文件《印发〈关于扶持我县少数民族地墒发展的若干规定〉的通知》指出："县有关部门要加大民族地区的广播、电视、文化、卫生、体育事业的扶持力度。切实帮助民族乡有线电视网络和文化中心建设，以丰富民族地区文化生活。""培养少数民族文化娱乐骨干，办好文化站、俱乐部，活跃少数民族地区的文化生活。积极收集、整理、挖掘畲民的传统文化，并予以创新、发展。"中共平阳县委〔2006〕221号文件《关于进一步加快少数民族地区经济社会发展的若干意见》指出："进一步繁荣少数民族地区文化、体育事业。县财政、文化部门应当加大对民族地区文化建设折资投入，支持民族地区挖掘、保护和利用民族传统文化资源，积极发展民族文化产业，培养少数民族文艺人才。"中共平阳县委〔2010〕53号文件规定："支持民族乡、村挖掘、保护和开发具有民族特色的衣着服饰、文学艺术、建筑风格、技术艺术、节日风俗以及畲族古籍、畲医畲药等，积极开展具有民族乡村特色旅游业。"

6. 扶持少数民族乡发展经济

平阳县政府〔1991〕148号文件《印发〈关于扶持我县少数民族地区发展的若干规定〉的通知》指出："各级政府和有关部门在分配化肥、农膜、物资等农业生产资料，对民族乡和少数民族农户要适当予以照顾。""县农业部门要帮助民族乡和民族村及时解决所需种子和技术等农业生产方面所碰到的困难。""青街畲族乡范围内的少数民族企业，独办企业及个体工商户，除税法规定不能减免的产品和经营商业外，应按税务管理权限，报经批准，可以予以减免产品税、增值税和营业税、所得税的照顾。"中共平阳县委〔1999〕149号文件《关于进一步扶持少数民族地区发展的若干规定》指出："根据《民族乡行政工作条例》的要求，从1999年开始，本届任期内，县财政在编制年度财政预算时，安排给青街畲族乡10万元的机动财力，并在此基础上，逐年增加。民族乡财政收入的超收部分和财政支出的节余部分，全部留给民族乡周转使用。""科技部门要优先安排少数民族乡、村科技扶贫项目，加强民族乡、村科技培训和实用技术的推广，依靠科技知识加快少数民族地区致富奔小康步伐。"中共平阳县委〔1999〕149号文件《关于进一步扶持少数民族地区发展的若干规定》指出："凡在少数民族乡、村办企业以及少数民族（除昆阳、鳌江、水头、萧江外）建房，土地、建设、规划部门在收取有关税规费时，要在国家政策允许范围内，给予倾斜照顾。"中共平阳县委〔2006〕221号文件《关于进一步加快少数民族地区经济社会发展的若干意见》："加快民族地区的基础设施建设，电力、水利、交通、广电、电信等部门在安排建设项目时，要优先考虑民族地区，并在资金、物资、技术等方面给予重点倾斜。""完善对民族乡、民族村的挂钩扶贫制度。民族乡和民族村均要列为扶持对象，安排挂钩扶持以对口支持单位，落实资金、项目，切实为民族乡、村办实事，积极鼓励民营企业各类资本到民族乡、村投资发展，拓宽民族村村级集体经济渠道，财政部门在安排经费时，对民族村安排本高于其他村的标准。"乡党委、政府根据《民族乡工作条例》，联系畲族乡的实际，首先，宣传贯彻民族平等团结政策。各级党代会、人代会、政协，畲族公民都有一定的比例。其次，抓民族乡的经济发展，根据青街的实际，主要是抓劳务输出，抓毛竹深加工，利用竹林发展竹荪生产。

二、乡民族事务

（一）推荐县级及以上人大代表候选人、政协委员等

按规定把有代表性的少数民族人士推荐为人大代表的候选人，参加代表选举。并向县委统战部门建议安排少数民族政协委员；推荐参加全国组织的少数民族赴北京国庆观礼或全国少数民族参观团的人员；推荐为少数民族和民族地区工作中做出突出贡献和显著成绩的单位和个人，由县级及以上党委和政府予以表彰；向上级党委建议做好少数民族干部和领导干部的培养、选拔和任用工作。

（二）协调各民族之间关系

对在日常生产和生活中，少数民族与汉族、少数民族与少数民族之间出现的一些纠纷和矛盾，或在社会上出现一些违反民族政策的歧视行为，及时处理，并向上级党委、政府如实反映情况，提出解决问题的建议。

（三）推进民族乡各项事业发展

发展民族经济和各项社会事业，促进各民族的和睦相处、共同繁荣进步，是民族事务的永恒主题。帮助少数民族群众发展种植业、养殖业和加工业，使贫困的少数民族人口摆脱贫困。做好民族教育工作，及时向教育行政部门提出搞好民族教育建议，争取更多的民族教育优惠政策，以提高少数民族学生的入学率、巩固率，切实实现少数民族全民义务教育；与此同时，汇聚多方力量，提高少数民族学生考升大、中专的升学率，以培养更多的少数民族人才。要求卫生部门做好少数民族常见病和地方病的普查和防治。保护和发展少数民族传统文化。组织开展一些民族文化活动，挖掘传统文化遗产，如搜集整理编写散落在民间的畲族民歌，搜集畲族古籍名录，倡导在具有民族特色的重大活动场合穿着民族服装等。做好民族传统体育工作。在开展少数民族全民健身活动、提高健康水平的同时，有重点地进行少数民族传统体育训练，培养少数民族体育骨干，积极参加省、市少数民族传统体育运动会。积极搞好民族地区基础设施建设。协助制定规划，并争取县有关部门的资金支持，努力改善民族地区交通、饮水、改厕、小溪流整治等生产生活设施，增强民族地区生产的发展能力，改善生活环境。

（四）提出发展民族事业的合理化建议

开展对少数民族情况的调研，对境内民族事业发展提出合理化建议，为

民族工作的决策提供参考。

（五）计划生育工作

协助计划生育部门，做好人口计划生育政策的宣传，落实少数民族计划生育照顾的有关规定。

第四节　行政村管理

中华人民共和国成立后，各行政村逐步建立初、高级农林业生产合作社。1958年9月实行人民公社化，11月村改名生产队。1959年2月，改名生产大队，设大队长、副大队长。1984年，恢复乡人民政府建制，下设行政村，行政村设立村民委员会。 2006年，县政府批准青街畲族乡九岱、王神洞、南朱山等3个村为民族村，村民委员会每届任期3年，村长从畲族村民中选举产生。

一、村民委员会

中华人民共和国成立始，村级农民协会由农民协会会员选举产生。1954年12月始，贯彻《中华人民共和国选举法》，村长由选民选举产生。选举办法用"豆选"。即候选人背后摆1只碗，选民根据应选村长、副村长名额领取"彩豆"（染色的黄豆）数，列队按次序投放彩豆。得"彩豆"多者当选。初级社、高级社的社长也由社员选举产生。人民公社期间的大队长由上级任命。1984年恢复行政村建制以后，村长恢复由选民选举产生。

1987年11月24日经第六届全国人大常委会第二十三次会议审议通过并公布《中华人民共和国村民委员会组织法》，于1988年6月1日起试行。村民委员会组织法是关于农村村民自治的法律。农村村民依法实行自治。《中华人民共和国村民委员会组织法》第二条规定："村民委员会是村民自我管理、自我教育、自我服务的基层群众性自治组织，实行民主选举、民主决策、民主管理、民主监督。"

村民委员会设主任、副主任、委员。村民委员会由村民直接选举产生，下设村民小组、调解小组等组织。换届选举一般每3年进行一次。1997年底，大力宣传《村民委员会组织法（试行）》颁布10周年。1998年，《中华人民共和国村民委员会组织法》颁布实施。1999年，颁发《泰顺县村民委员会换届选举工作实施意见》。2002年，对依法选举产生的村（居）委会正副主任，县民政局给予发证认可，建立档案。2003年，各级党委、政府组织力量进行宣传贯彻省民政厅《关于村民委员会换届选举工作若干意见》和省人大常委会《浙江省村民委员会选举办法》。

1990至2015年，乡内进行过8届村委会民主选举。

二、民主管理制度

1991年始全面推行村务公开和民主管理。根据村委会组织法要求，村委会均订立村民自治章程和村规民约，建立村民代表会议制度，规定重大村务必须通过村民大会或村民代表大会同意；实行村务财务公开，村民民主权利得到发挥。

1995年，认真贯彻落实中共中央《关于加强农村基层组织建设的通知》和市府办《关于开展全优乡镇和先进村（居）委会竞赛活动的通知》精神，积极组织开展争先创优活动。1999年，村（居）委会普遍实行村务公开、民主理财，建立健全村民代表会议等制度。

21世纪后，各村（居）委会全部建立村务公开栏，或以表格、会议公布等形式对村务进行公开。

表2-3-4-1　　各民族村历任党支部书记和村主任一览表

1. 九岱民族村历任党支部书记名录

姓名	任职时间	备注
雷盛柒	1955—1972.04	九岱大队
雷必源	1972.04—1987.03	九岱大队
钟义程	1987.04—1994.03	九岱村
钟义松	1994.04—1997.01	九岱村
雷衍兵	1997.02—2007.12	九岱村
雷美红（女）	2008.01—	九岱村

2. 九岱民族村历任村委会主任名录

姓名	任职时间	备注
雷必源	1970.07—1971.04	九岱大队
钟义程	1971.04—1981.03	九岱大队

姓名	任职时间	备注
雷必情	1987.04—1994.03	九岱村
雷衍兵	1994.04—1997.01	九岱村
雷衍凤	1997.02—2008.02	九岱村
蓝丽珍（女）	2008.03—2011.02	九岱村
钟炳斌	2011.03—2015.12	九岱村

3. 王神洞民族村历任党支部书记名录

姓名	任职时间	备注
蓝响时	1955.04—1982.02	王神洞大队
蓝德纯	1982.03—1966.02	王神洞大队
蓝响崇	1996.03—2008.09	王神洞村
蓝天华	2008.10—2013.12	王神洞村
蓝天等	2014.01—2015.12	王神洞村

4. 王神洞民族村历任村委会主任名录

姓名	任职时间	备注
蓝响绘	1958—1969.05	王神洞大队
蓝天决	1969.06—1969.11	王神洞大队
蓝响绘	1969.12—1984.02	王神洞大队
蓝响阅	1984.03—1999.02	王神洞村
蓝天华	1999.03—2008.02	王神洞村
蓝德着	2008.04—2013.11	王神洞村
蓝天贤	2013.12—	王神洞村

5. 南朱山民族村历任党支部书记名录

姓名	任职时间	备注
雷必仁	1964—1987	南朱山大队
雷天景	1988—1990	南朱山村
黄兆来	1991—2009	南朱山村
施德兵	2010—	南朱山村

6. 南朱山民族村历任村委会主任名录

姓名	任职时间	备注
雷必仁	1954—1967	初级合作社、高级合作社社长
雷必转	1968—1993	大队长、主任
雷必寅	1994—1996	南朱山村
雷必泉	1997—2002	南朱山村
蓝大敬	2003—2008	南朱山村
雷朝庆	2009—2014	南朱山村
雷朝銮	2014—	南朱山村

表2-3-4-2　　历任村党支部书记和村主任一览表

1. 历任村党支部书记

名称	姓名	任职时间（至2015年底）	备注
青街	李省中	1971.04—1989.02	—
	李信东	1989.03—2014.06	—
	李初中	1952.10—1984.03	原桥坑村
	李珍中	1984.04—1999.04	原桥坑村
睦源	李信乾	1999.05—2004 2004.07—2015.12	原桥坑村
	池昌带	1960.10—1990.05	—
	池昌总	1990.06—1997.05	—
	池长伟	1997.06—2015.12	—
	池昌群	1981.04—1997.06	原贡后村
	池汉昌	1997.07—2005.03	原贡后村
新三村	雷德赎	1957.10—1992.04	原白岩村
	池方鏊	1992.05—1998.03	原白岩村
	雷本资	1998.04—2004.04	原白岩村
	胡育飘	1961.08—2008.03	原腾岩村
	李志直	1972.10—1978.05	原大垟村
	李中众	1995.03—2011.04	原大垟村
	梁老扁	2011.05—2015.12	—
十五亩	李吕中	1949.05—1985.05	—
	李福中	1985.06—2009.04	—
	李信宝	2009.05—2015.12	—

续表

名称	姓名	任职时间 （至 2015 年底）	备注
东坑	王荣两	1960.04—1985.05	—
	池长密	2011.03—2014.04	—
	李悌琛	1985.04—1994.02	—
	王荣爱	1994.03—2007.04	原东上村
	李悌帽	2007.05—2011.05	原东上村
	池长会	2014.06—2015.12	—
太申	李志焕	1988.03—1996.04	—
	李华中	1996.05—2002.03	—
	李信延	2002.03—2011.04	—
	李信奇	2015.03—2015.12	—
垟心	杨明坤	1980.03—1996.04	—
	杨明录	2002.03—2010.05	—
	卢孔进	1996.03—2002.05 2010.04—2015.12	—
南网	王志高	1984.03—1999.05	—
	吴皇孝	1999.06—2005.04	—
	张仁高	2005.05—2014.03	—
	张仁圭	2014.03—2015.12	—

2. 历任村委会主任名录

名称	姓名	任职时间 （至 2015 年底）	备注
青街	李白中	1979.03—1989.05	—
	李庆很	1989.06—2004.03	—
	李信乾	2004.04—2014.03	—
	陈金娥（女）	2014.03—2015.12	—
睦源	池云真	1977.05—1983.04	—
	池云飞	1983.05—1988.03	—
	雷正来	1988.04—1991.03	—
	池长伟	1991.04—1997.05	—
	池宗聘	1997.06—2005.04	—
	池长来	2008.03—2014.04	—
睦源	池云木	2014.05—2015.12	—
	陈承雷	2005.04—2008.05	原贡后村

续表1

名称	姓名	任职时间 （至 2015 年底）	备注
新三村	池云起	1952.03—1992.04	原白岩下村
	池长华	1992.05—2004.04	原白岩下村
	池文昌	2008.03—2014.03	—
	李志玉	1982.03—1994.04	原大垟村
	李志旺	1994.04—2005.03	原大垟村
	李中论	2014.04—2015.12	—
	雷顺栗	1995.03—2004.04	原腾岩村
十五亩	李信乳	1947.06—1985.04	—
	李美中	1985.05—2009.03	—
	李庆成	2009.04—2015.12	—
	李和昆	2016.04—2019	—
东坑	李法起	1988.03—1993.05	—
	池昌城	1995.04—2011.05	—
	王荣爱	1992.03—1995.04	原东上村
	吕梅珠	1989.03—1992.05	原东上村
	王积盼	2011.06—2015.12	—
	李俤帽	1995.06—2000.04	原东上村
太申	李营忠	1993.03—2005.04	—
	李信奇	2005.05—2011.03	—
	李信酒	2011.04—2015.12	—
垟心	杨明录	1996.04—2002.04	—
垟心	温兴阔	2002.05—2011.04	—
	杨德访	2011.05—2014.03	—
	杨德聪	2014.04—2015.12	—
南网	张仁存	1996.03—2002.04	—
	张仁高	2002.05—2005.03	—
	吴良守	2005.04—2014.03	—
	吴皇泼	2014.04—2015.12	—

第四章 经 济

青街畲族乡地处丘陵地带，四面环山，大部分为山区、半山区，仅青街、太申、睦源、垟心4个村地势较平坦。长期以来，乡民依山而居，垦荒造田。水田为梯田，旱地梯园居多。1949年前，农业耕作落后，用的是传统的农具，农作物收获少产量低。民国时期，平原双季稻亩产200千克左右，山区单季稻亩产100—150千克。

中华人民共和国成立后，由于良种的推广与耕作技术的提高，粮食亩产量增长20.30%，农户收入由1957年157元提高到1958年的205元。1984年，注重农林业并行发展和生态保护，经济发展较快。1993年，农作物播种面积510.60公顷，粮食总产量达113.70万千克，农林牧渔总产值526万元，工业总产值300万元，农民纯收入391元。至2015年，农作物播种面积268.80公顷，粮食总产量185.50万千克，农林牧渔总产值1220万元，工业产值200万元，农民年纯收入11960元。

第一节 农 业

民国以前，青街的经济以自给自足的小农经济占主导地位。青街乡的畲族人民采用"刀耕火种"的形式开垦山地维持生计，辅以狩猎和帮工，生活艰辛。中华人民共和国成立后，现代化科学技术发展，生产力不断提高，青街的传统农业开始向现代农业转型。

1984年青街畲族乡成立后，调整了农业生产结构，注重多种经营、特色农业发展，限制乡村工业，注重生态保护。2015年农林牧渔总产值达到1220万元。

一、传统生计方式
（一）刀耕火种
明弘治和万历年间，雷、蓝先祖从福建南安、罗源、福鼎向浙江迁徙，几经辗转到青街定居后，农业生产仍沿用着原始的"刀耕火种"的耕作方式。刀耕火种也称"烧畲"。每年农历正月末二月初，畲族男女老少选择土质较肥沃、树木较稀疏的山坡地，将枯黄柴草砍倒，待到四、五月间柴草干焦之时，到其地清出四周"火路"（即隔火带），然后生火将柴草焚烧殆尽，俟其冷却，撒播下"黄粟"类植物种子，待秋后收获。如该地水源充足，便改成水田，栽种水稻。与当地汉族的交融中，畲民逐渐摒弃刀耕火种，采用铁犁牛耕，到民国初期畲民的耕作方式和当地汉族没有多大差异。

（二）狩猎生活

畲民都居住在偏僻山坳或密林中。山中野兽常来侵害人畜，糟蹋庄稼。明末清初，就有蓝氏先民在青街王神洞被老虎袭击致残的事件发生。为免除兽害，保护人民生命安全、增加收入、改善生活，畲民常利用农耕之余，从事狩猎。各村建有狩猎专业队，也有相邻数村临时组合的打猎队，还有农闲季节以单人上山狩猎的。

狩猎前要供奉"盘古爷"，点烛烧香，祈求保佑狩猎丰收，回来时感恩还愿。狩猎工具有散射的火枪（铳）、坚韧的竹枪、敷毒的弓矢、活动的竹吊、锋利的累刀、伪装的陷阱和木笼（笧），还有机灵的猎犬等。

主要猎物有野猪、野兔、野羊、山鸡、香狸、黄鼠狼、松鼠、狼、麂獐等。所获猎物的珍贵皮毛可出卖，有的内脏还可作药，兽肉除部分食用外，还可送到集市出售。在当时封闭的山区既可带来经济收入，又可丰富食物品种。

在狩猎分配上，集体狩猎时，共享猎物。第一个击中猎物者，分配时获特殊一份，得兽头和兽皮；不剥皮的野猪类，尾巴向头部方向拉，尾尖到哪里便截到哪里，将此部分留给猎手。剩余部分，见者平分。凡猎获物4脚未捆时赶到的人，均可分到1份。如果猎物小又少，而分配的人多，便把猎物烧好，让全村男女老少都来吃，俗称"散野神"。1949年以后，狩猎活动已不多见。

（三）垦山筑田

青街古称睦源。据《周氏宗谱》记载，唐天宝年间，一支周氏族人在此定居，拓荒创业。至明洪武十三、十四年（1380—1381年），族人为避战乱，迁徙外地。明万历年（1573年）初开始，诸姓先后从外地迁入。前后的1200多年间，先辈们用刀、锄等传统工具，垦造了一块块山园、一丘丘梯田。

据统计，1963年全乡林粮面积1597.87公顷，耕地306公顷（其中旱地127公顷），竹林666.67公顷。在开垦的土地上种植水稻、山稻、甘薯、大小麦、高粱、黍子、荞麦、燕麦等，还种下油菜、大豆；在荒地上种上茶叶、油茶、油桐、乌桕等。畲汉先民特别重视毛竹的栽培，日积月累，苦心经营，造就青街一片"竹海"。

1. 传统农具

青街畲汉民族主要有铁制、木制、竹制三大类传统农具：

铁制农具 以铁木结构为主，有犁、耙、锄头、铲、双齿、四齿、栏扒、耥耙、田圈、镰刀、草刀、柴刀等。这类农具主要用于田间耕作与收割。

木制农具 有水车、风车、牛车、谷笼、吊桶、粪桶、稻桶、稻梯等，这类农具主要用于提水灌溉、积肥运输和脱粒等。

竹制农具 有竹担、扁担、畚斗、箩筐、灰箕、簟、稻桶簟、谷筛、米筛等。

传统农业生产用具在使用中，通过畜力、风力、水力，减轻人的体力消耗，提高劳动工效，一些轻巧、耐用、工效高的传统农具，至今还在广泛应用。

2. 主要作物

青街畲族乡的主要粮食作物有水稻、甘薯、马铃薯、大小麦、蚕豆、豌豆和杂粮等。1956年以前，这些农作物的品种多以自选、自留、自繁、自用为主。随着时间的推移，农作物品种严重退化，难以提高产量。1949年以后，政府把良种推广作为农业技术的中心工作。从1956年开始，政府从外地购进大量高产品种进行推广，传统的品种逐渐被淘汰。

水 稻 据明隆庆《平阳县志》记载，水稻品种有尤籼、野猪粳、地曝、红芸、早糯、晚糯等21个品种。清乾隆年间，有27个品种，增加9个新品种，淘汰了3个旧品种。民国《平阳县志》载有早稻品种6个，其中糯稻1个。20世纪40年代，早稻多为早京秋、宁波秋等高秆、耐瘠、低产品种。1952—1960年逐步推广"503""南特号""陆财号""莲塘早"等良种，但不耐肥，易倒伏。

晚稻品种，民国时期有"白芒晚""乌芒晚""三百粒""蒲鞋京""白芒糯"等40余个品种。一些稀有品种如香谷、元宝糯均已绝迹。据民国《平阳县志》载，香谷（一名过山香）"以一二合杂他米炊之，满甑皆香"。20世纪50年代，有"西瓜红""硬头京""三百粒""乌嘴糯""乌芒晚""红芒晚""白壳糯"和"黄栀糯"等品种。两熟制的间作稻产量低，俗称"秋四晚六"，即早稻亩收四袋谷，晚稻亩收六袋谷，每袋25千克，算是"年成大丰收"。平常年景，亩产200千克左右。大部分山区、半山区都是种植单季晚稻，产量更低。

民国时期至20世纪50年代，青街境内除月山、睦源、垟心、太监地、章山等地早稻（俗名"六月秋"）套种晚稻外，其他村都种单季晚稻。直到1956年实行农业合作化后，平原地区才普遍推行双季稻，大部分山村仍种单季，只有极小部分土壤肥沃、阳光照射时间长、不缺水的田种上早稻，但种植面积不大。

传统的水稻品种在20世纪60—80年代因产量低逐渐淡出人们的视线，代之而起的是杂交水稻，因为它具有明显的增产优势，至20世纪末全乡已实现水稻杂交化。

甘薯 本地俗称番薯，古称大薯，明代已传入温州。明弘治《温州府志》载："大薯，极大者可四五斤重。山薯蓣，出于岩石。二者皆农家所恃以助岁计者。"民国《平阳县志》载："甘薯色有红、白，有六十日红、六十日白、台湾红、台湾白、金瓜薯、秀香薯诸种。近种六十日红及台湾薯二类为多，邑人刨丝曝干者曰番薯丝，切片蒸晒曰香薯枣，取粉做面曰番薯粉。"1950年前，境内番薯品种有"台湾红""台湾白""六十日早""金瓜薯""五爪龙"等，除"五爪龙"外均为耐瘠、长蔓品种。甘薯是青街农民的主粮。甘薯不易储藏，需晒成甘薯丝食用。旱田甘薯亩产（每亩2000株）薯丝400—500千克，山园亩产薯丝150千克左右。1968年以后，由于薯瘟蔓延，上述品种被淘汰，代之以华北48等抗瘟品种。1980年以后，"牡丹红""密冬"等逐步成为主要品种。

大、小麦 明隆庆《平阳县志》载："种麦者甚少。"乾隆《平阳县志》载：有"大麦、小麦、米麦、荞麦"4种。大小麦的种植面积，由于自然环境的限制和民俗习惯等原因，一直较少，生产水平始终较低。

大小麦是境内冬种夏收的主要春粮作物之一。山区、半山区以大麦为主，平原地区以小麦为多。大小麦复种方式是：先麦后稻或先麦后薯。

民国时期大麦品种多为本地四棱、六棱皮大麦和谷雨米麦。20世纪50年代小麦品种以"内山麦""红和尚""白和尚""蜈蚣麦"等品种较为普遍。这些大小麦品种亩产60千克左右，山区更低。20世纪60年代后逐渐被淘汰。

马铃薯 马铃薯俗称洋芋、番芋。1949年以前，山区、半山区少量种植，后逐渐扩大，依表皮颜色分为白皮、红皮和黄皮。生育期短（80到100天），适宜在单季稻和番薯播种前栽培，是农民粮菜并用的农作物，也是春粮作物之一。1950年，老品种以白洋芋、腰子芋为主。马铃薯容易退化，这些旧品种在1960年后被淘汰。马铃薯栽培需要选择良种，不可在同块地上连年播种或与茄科作物连种，其主要病害为晚疫病虫害，如地老虎、蚜虫等。

杂粮 玉米、薏米、高粱、粟、稷、荞麦等，历来有零星栽培，一般都在田头、地角小面积种植或在园地上套种。蚕豆，俗称淮豆（槐豆），有小粒、中粒和大粒种，是粮、菜、绿肥兼用作物。蚕豆品种有本地的钱仓早（清明边摘青籽）、头类早和二类早等。二类早为主要栽培品种。种植方式：水田为蚕豆—稻；薯地为蚕豆—番薯。蕉藕，又名藕芋，属旱地粮食经济两用作物。1951年传入境内，其块茎可提取淀粉，每百斤能提取藕粉7.50—10千克，其中纯淀粉在80%以上。蕉藕淀粉与番薯淀粉一样能制成粉丝，可做粮食或副食，还可应用于生产味精、葡萄糖和制药工业。蕉藕可酿酒或作猪饲料。蕉藕具有适应性广、产量高、易栽培等特点。1957年，种植面积迅速扩大。1960年，蕉藕粉丝作为救命粮食的补充品发挥了很大的作用。20世纪80年代中后期，随着种植业结构的调整，种植面积逐年减少。

油 菜 油菜品种分为白菜型、芥菜型和甘蓝型3种，籽皮有黄色和黑色之分。民国时期，均种植本地白菜型油菜，因生育期短有利于后作栽培，适于水田三熟制，但产量低，一般单产籽12.50千克左右。1953年引进甘蓝型"胜利"油菜品种，因生育期过长不宜于水田三熟制栽培，多作甘薯园前茬，对后作季节矛盾不大。一般亩产100斤左右，以上油菜品种于20世纪70年代被淘汰。

大 豆 民国《平阳县志》对大豆品种有如下记载："白豆、六月白、七月白、八月白诸种。青豆，皮绿较细。黄豆，又名毛豆，俗以白豆呼之，有中、晚各种。一种名曰田岸豆，粒较大，亦黄豆类。黑豆俗名乌豆，亦名玄豆，有'六月乌''七月乌''八月乌''九月乌'诸种。"20世纪50年代，春夏秋均有栽培。春大豆有"五月白""六月白"，均为本地种；夏大豆本地种有"八月白""九月白"；秋大豆本地种有秋豆。春大豆多种于田埂或涂园，于3月下旬至4月初下种；夏秋大豆大多种于田埂或套种于茶园、蔗园；夏大豆于5月中旬播种；秋大豆于7月下旬至8月播种。大豆与春花作物套种，一般株距25厘米，行距40厘米，每穴2—3苗。旱地麦—豆—番薯套种，次年清明节前4—5天在麦畦边套种一行大豆，麦收后从畦分作两条番薯垄，每条垄沟一行大豆。大豆生育前期根瘤菌不多，要适当施点氮肥。大豆的主要病虫害有豆荚螟、斜纹夜蛾和黄花病、霜霉病等。境内所种大豆多用于食用、不作油料榨油。

3. 栽培技术

青街畲族乡的农民在长期的生产劳动中积累了丰富的生产经验，形成一整套作物栽培技术。

（1）水稻密播水育法

育　秧　水稻种子采用冷水浸种、温水催芽，然后撒到田里育秧，采用的是密播水育法。1956年，早稻推广落古稀、半旱秧，晚稻则改为稀播培育大秧。播期，早稻为清明前，晚稻为立夏边。

密　植　旧品种都是高秆稻，易倒伏。农民根据土壤肥力不同决定扦播的疏密，一般采用肥疏瘠密的方法。每亩密度4000丛左右。

施　肥　平原地区以农家土杂肥即栏肥、人粪尿、泥灰等为主。1953年起才开始推广绿肥，用紫云英和苜蓿等作基肥。山区水田少，山园多，靠的是甘薯丝，农家土杂肥都用去种甘薯，水田没肥施，只好利用土壤里固有的养分。

管　理　秧苗插下1个月后耘田。整个生长期至少耘2遍，多的3遍。粳稻一般不除虫，糯稻除虫用菜油或桐油，做法是：把油滴入田里，另一人用木耙使劲往稻丛泼水，稻飞虱和浮尘子就会随水掉入水田里。灌溉主要采取串灌、满灌，保持寸水。

（2）甘薯栽培法

甘薯又名番薯、地瓜、山芋等。明朝由福建引入种植，已有300多年栽培历史。全乡除太基、垟心、太监地、月山几个村水田较多外，其他各村都是山园多，以种甘薯为主。据1956年统计，全乡甘薯地面积占粮地面积45.90%。1980年后，由于种植业全面调整和价格规律影响，甘薯种植面积逐年减少。20世纪50年代，甘薯的栽培仍采用传统的方法。

改　土　土层深的作深翻，土层薄的加客土，开荒山丢旧山，轮换种植，创造深、厚、肥、松的土壤。

育　苗　1950年以前，采用冷床育苗或温床育苗。温床育苗做法：先把苗床用柴草烧热，接着铺上干薯藤，洒上人粪尿，然后放下薯种，上面盖上泥灰，最后铺上地衣或稻草。

扦　插　历来是"小满开压，芒种当令，夏至完成"。

密　度　甘薯密度老习惯是"垄宽三尺三，株距斗笠宽"，每亩压2000株左右。

施　肥　强调施足基肥，即牛粪、猪粪、羊粪、鸡粪、泥灰等土杂肥，适量增加块根肥和裂缝肥。

翻　蔓　又名翻藤，在立秋、处暑进行，翻2—3遍，使养分集中于块根，防止分散。

治　病　甘薯一般不治病虫害，只采用改种、稻薯轮作措施，使病虫害得到控制。

（3）大、小麦播种法

播种期 一般小麦在11月10—15日，大麦在11月15—25日播种。

播种方式 条播和点播。山区以点播为多。小麦每亩4—5千克，大麦5—6千克。施足基肥、年内肥，增加追肥，做到前期出、中期控、后期保的原则。

管 理 麦田管理主要是防早衰、防杂草、防倒伏及防治病虫害。最主要的病害是赤霉病；虫害以蚜虫为甚。

（4）油菜栽培法

传统的栽培方法比较简单。

用 地 平原用晚稻收割完的旱田，山区用甘薯田或肥力好的山园。

移 栽 苗龄30—35天，壮苗要求"三个六"，即6张叶、6寸高、根茎粗0.60厘米。

密 植 以点播为主，密植程度37厘米×16厘米，亩种9000株。

施 肥 基肥用人粪尿、栏肥、泥灰，追肥人粪尿。

管 理 除草填穴。油菜病虫害主要是蚜虫与菌核病。

（四）其他副业

1. 茶 叶

平阳县被《浙江省茶叶区规划》列为省内茶叶生产最适宜区。《民国·平阳县志》记载，宋崇宁元年（1102年）已实施"禁榷法"，征收茶税。清乾隆、光绪、宣统年间就有芽茶上解户部。民国初年，已产销红茶、绿茶、白茶、珠茶、烘茶、芽茶、乌龙、寿眉等品种，并有一套绿茶、红茶、旗枪的拣茶与制茶技术。

青街地处平阳县西部，大部分为山区，是茶叶生产的适宜区。据1956年统计，全乡有茶园58.33公顷；20世纪60年代有66.67公顷（许多茶园套种甘薯）。每年制作绿茶200担（每担50千克），收入3万元。

2. 粮油加工

20世纪60年代，青街有踏碓32处、水碓7处、油车1部。山区地方加工稻谷用石杵、石臼等简单工具，依靠人力，或手捣，或脚踏，以去壳舂米，俗称"踏碓"。平原有水源的地方，利用溪涧水力，推动木制水车砻谷、舂米，俗称"水碓"。日加工稻谷量，约为手捣50斤，脚踏100斤，水碓150斤。加工油料，主要工具为石碾、木榨、炒锅等。加工方法：将菜籽（或茶籽、桐籽等）用水力碾成粉末、蒸熟，用稻草包扎成团，装入木榨，用人工杠杆垂吊，榨压取油。磨制面粉，均用人力和水力推动石磨碾粉。这些古老粮食加工工具到20世纪70年代由碾米机代替，油料加工工具到20世纪80年代由榨油机代替。

二、土地制度变革

青街畲族乡的先民们祖祖辈辈在这块古老的土地上繁衍生息，在多山少田的地理环境下，开垦荒山、筑田造园，维持生计。土地改革以前，多数农民缺地或无地，靠租种过生活，经营单一，耕作落后，经济发展十分缓慢，基本上属封闭式的小农经济。

中华人民共和国成立后，随着土地改革的完成和农业合作化的发展，特别是党的十一届三中全会以来，农村普遍实行了联产承包责任制，解放了生产力，调动了畲乡人民的种田积极性，土地生产率和劳动生产率逐渐提高，农民的生活水平蒸蒸日上。

（一）过渡时期

1.土地改革

耕地权变革 1952年土地改革之前，全乡耕地大部分归属私人及寺院、道观、祠堂等所有，多数农民缺地或无地，靠租种过活。承租形式主要有定租制、分租制和预租制3种。定租制由田主确定租额，不论时年丰歉，佃户须按原定租额缴纳；分租制根据当年实际产量，按业主和佃户双方事先确定的分配比交租；预租制又称典田，佃户在承典土地时，须向业主缴纳一年地租，典期一般为一年，俗称"年年清"。

民国时期，全乡地租很少为分租制，大部分为定租制。分租制有的七三分（佃主得七成，业主得三成），有的六四分，各村不一。定租制业主视土地的肥力、水利条件不同而定，每亩田租3袋至6袋（每袋25千克）。如王神洞畲民租种地主7.50公顷水田，一年要交出11400千克稻谷，每亩交租101千克。交出田租后所剩无几，有的佃户只够交租。当时流传着一句话："种田人赚稻草。"

1952年土地改革前，全乡人口有1118户4481人。贫雇农占总户数57%，地主占3%。全乡水田少，山地多，农民生活来源靠的是番薯丝。土地集中在几个地主手中，个别地主占有数百亩田，大部分地主有十几亩田，租额占收获量75%以上。王神洞村居住61户畲族，243人，自有土地4.76公顷，租种地主的田7.53公顷，没有耕牛，每年要交出牛租200多千克，地租9000多千克，共要交出11400多千克。全村有8户在秋收后就没粮食，12户长期替地主做雇工，3户讨饭吃，除了10户够吃用外，其余都要去泰顺、文成等地买粮食。村民住的是草寮，吃的是番薯丝。村民对他们的贫困生活如是描述："火笼当棉袄，番薯丝吃到老，蜡烛倒头点。"

1950年6月30日中央人民政府公布《中华人民共和国土地改革法》。睦源区（青街乡属睦源区）土地改革于1952年1月13日开始搞试点，29日全面展开，春耕前各乡及选区建立了政权，到4月13日土地改革工作完成。

土地改革工作，坚持"依靠贫农、雇农，团结中农，孤立富农，有步骤地有分别地消灭封建剥削制度，发展农业生产"的总政策，经历了4个阶段。

第一阶段：宣传发动群众。

第二阶段：划分成分斗地主。这是一个政策性很强的重要阶段，分为5个步骤：（1）学习。广泛进行宣传教育，对农民说明划分阶级的意义及步骤、标准、方法。（2）评论。代表会中首先初步评出地主，由小组讨论修正；再评出贫雇农，方法是自报公议。（3）审查。召开全乡农代会，审查所有评出的阶级成分，着重审查地主、富农、小土地出租者。（4）通过。以村或两个村为单位，召开群众大会，对地主进行说理斗争，通过内部成分划定，宣读名单获大会通过。（5）公布。各种成分张榜公布。

第三阶段：没收地主的土地、耕畜、农具、多余的粮食以及在农村中多余的房屋；征收富农出租的土地，并向农民颁发"土地、房屋所有权证"。

第四阶段：建立乡、村政权。

经过土改，全乡划定雇农36户、贫农602户、中农401户、小土地出租者36户、富农1户、地主34户、其他成分28户。

土改时，农民协会、民兵、妇女、儿童团等群众组织发挥了积极作用。全乡参加农会1471人、妇女会826人、民兵组织343人、儿童团301人、农民代表180人。全乡参加组织人数占总人数的57.9%。

经过土地改革，人均占有耕地0.78亩。废除了封建土地所有制，使许多无地少地农民分得了土地，实现了农民"耕者有其田"的千年梦想。

林地权变革 青街畲族乡属半山区，水田少而山地林地多，山林的收入占总收入一半以上。中华人民共和国成立前，70%—80%山林为少数地主、富农及宗族名下的祠堂、寺观所占有，剩余部分为族山、众山、香火山等。1951年，在土地改革中，按照《土地改革法》和《浙江省土地改革中山林处理办法》有关规定，没收地主山林，征收祠堂、庙宇、寺院、教堂和其他团体的山林及各种族山、众山，征收工商者的山林，征收富农出租的山林，保护雇农、贫农、中农山林。在土地改革中，山林分配实行山、田统一，山、田比例均等，田多补山，山多补田。近山，传统习惯于经营土地者，则多分山；近田，传统习惯于经营水田者，则多分田。山林田亩搭配分配。根据山场土质优劣、苗木大小、离村远近、运输畅梗等情况，经民主评议，以常年年均收益折后普通土地计算之。土地改革时，王神洞村分得土地113亩，其中水田107.25亩、山林5.75亩。通过山林土改，基本平均了山权，扭转了山农山林个体所有制贫富悬殊的现象。

2. 互助组、合作社

互助组　土地改革后，农民分到土地，生产积极性得到发挥。但由于底子薄、资金缺、农具不足，生产上遇到许多困难。山区农民原来有换工的习惯，1954年人民政府引导全乡农民组织起来，按照自愿互利的原则，组织25个临时性的互助组，260户参加。互助组没有改变农民生产资料所有权和农民一家一户生产经营权，主要形式是以工换工，发挥集体生产优势，协作互助，解决农民生产困难，为后来的合作化打下基础。

农业合作社　从1955年开始，在互助组的基础上，相继建立农业生产合作社（简称初级社，也称低级社）。全乡建有初级社18个，入社农户2244户，人口9076人。初级社实行"土地入股，评分记工，收入按土地、劳力比例分红"的分配制度，土地私有权尚未取消。1956年底，全乡18个初级社转成15个高级农业生产合作社（简称高级社），入社户数2185户，人口8816人。高级社取消了土地私有权，耕牛、大型农具折价入社，并实行按劳分配原则，采用定额计酬或小段包工，包工到组的分配制度。

在指导农业合作化工作过程中，由于要求过急、过高，轻管理，重发展，某些村曾出现闹退社的现象。1957年3月，全乡开展整社工作，逐步扭转了被动局面。从互助组到初级社，又从初级社到高级社，循序渐进，完成了农业社会主义改造，调动了农民生产积极性，发挥了集体的力量，促进了农村经济的发展。

表2-4-2-1　　1956年青街乡农业用地面积一览表

单位：亩

项目 社别	合计	水田	旱地	茶园	桑园	柑橘	其他果园	油茶	梧桐	柏树
高级农业生产合作社	6945	4870	2075	839	3	28	－	507	14	5
农业生产合作社	180	120	60	36	－	－	－	30	1	

数据来源：平阳县农业局。

表2-4-2-2 　　1956年青街乡春花作物收获情况一览表

单位：亩、斤

社别 \ 作物项目		小麦	大麦	蚕豆	豌豆	油菜籽	春马铃薯	绿肥
高级社	面积	915	404	46	52	328	206	394
高级社	收获	111590	50083	2876	1885	16742	42987	-
初级社	面积	18	7	1	1	2	1	17
初级社	收获	2200	570	50	50	105	195	-

数据来源：平阳县农业局。

表2-4-2-3 　　　1956年青街乡牲畜数量一览表

单位：只

牲畜 类别	黄牛	水牛	猪	绵羊	山羊	鸡	鸭	鹅	柏树
总计	325	147	1487	15	746	6883	573	115	3441
高级社	219	133	33	15	277	-	-	-	-
初级社	15	3	-	-	-	-	-	-	-
社员私有	91	11	1454	-	469	-	-	-	-

数据来源：平阳县农业局。

表2-4-2-4 　　　1956年青街乡大型农业生产用具一览表

单位：台

类别	旧式水车	打稻机	喷雾器	喷粉器
高级社	1	4	5	1
初级社	1	0	0	0
合计	2	4	5	1

数据来源：平阳县农业局。

　　1951年山林土改后，党和人民政府引导分得山林的农民走集体道路，互助互利，互通有无，开展互助合作。1954年，山农先后转常年互助组为初级社。根据中共浙江省委《关于山区合作社运动中处理山林问题的指示》精神，按照自愿互利原则和民主协商办法来处理社员山林：山农房前屋后零星少量林木，仍归社员所有；幼林、苗圃，偿还工本费后划归合作社集体所有；成片果树、茶树、桑树、竹子、桐树、乌桕和其他经济林，视收益大小、经营难易、工本多少，作价归合作社所有；大片用材林，按材积分等作价，转归集体所有。土改后，境内山林经历了从临时互助组到常年互助组，再到初级社、高级社，一改历来私有制为集体所有制。

（二）人民公社时期

1958年8月29日，中共中央作出《关于在农村建立人民公社问题的决议》。平阳县兴起大办人民公社运动。到10月下旬，全县成立了12个政社合一的人民公社。原来的区改称公社，原来的乡改称大队，原来的高级社改称小队。青街隶属山门公社，改称青街管理区，后又改称大队，下分8个生产队，即朱山、南网、东方红、垟心、睦源、青平、王神洞、青春。

人民公社成立后，生产资料归公社所有，实行土地、劳动力、资金、农具、粮食五个统一，简称"五统"。生产上采取"大兵团作战"，所有小队都办公共食堂，分配上推行基本工资加奖励与伙食供给制度。这时，口号甚嚣尘上，"千斤稻、万斤薯""六畜加翻""放开肚皮吃饭"。农业上大放"卫星"，方法上大搞"小株密植""移苗并栽"，又大力动员全体社员上山伐木烧炭、开掘铁沙大炼钢铁，耽误了农事。这时的"五风"，即"生产瞎指挥风、浮夸风、共产风、强迫命令风、干部特殊化风"越刮越烈，严重挫伤了农民生产的积极性，破坏了生产力的发展。经济收入靠的是林业，主要是毛竹。故青街乡民流传一句话："坐在田岸，背靠山。"1956年林业占经济收入54%，到1963年下降到34.50%。

由于1958年刮"五风"，加上1959—1961年三年困难时期，本乡闹饥荒，粮食奇缺，只好挖野菜充饥，许多人患上浮肿病。1960年，开始纠正公社成立初期"一平二调"①的错误做法。1961年，贯彻《农村人民公社工作条例（草案）》，实行"三级所有，队为基础"，生产资料归公社、大队、小队三级集体所有，以小队为基本核算单位。以生产队为基本核算单位，并恢复评工计分制度。重新分配社员自留地，对平调的财务算账退赔，并解散公共食堂。采用全劳力和半劳力劳动定额的管理方法。在分配上以生产队为单位，实行劳动与基本分结合，按"二八"或"三七"开的方法进行分配。这些政策措施的贯彻落实，使农业生产得到恢复，逐渐走出了"五风"造成的困境。

---

① "一平二调"是平均主义和无偿调拨的简称。"一平"是指在人民公社范围内把贫富拉平，搞平均分配；"二调"是指对生产队的生产资料、劳动力、产品以及其他财产无代价地上调。

1961年9月，建区分社，设立青街人民公社，隶属山门区。1964年春，贯彻《关于目前农村工作若干问题的决定（草案）》和《关于农村社会主义教育运动中一些具体政策的规定（草案）》，全公社进行"小四清"（即清理账目、清理仓库、清理财务、清理工分）。1965—1966年又进行"清政治、清经济、清组织、清思想"的社会主义教育运动。这些运动虽然对解决农村干部工作作风等问题起到一定作用，但由于把问题扩大化，结果伤害了许多农村基层干部。

1966—1976年，这10年的"文化大革命"，严重冲击了农村基层组织。农村一度处于无人管理和干部不敢管理的局面，给农村工作造成了混乱，农业生产停滞不前，粮食产量上不去，加上人口增加，人民生活水平下降。有的村小队悄悄地分田到户，经过一两年奋斗，基本解决了生活问题，但后来作为"资本主义复辟"事件来批判。直到十一届三中全会后，1982年全乡实行了家庭联产承包责任制，农业生产才走上发展轨道。1984年春，完成了政社分设工作，恢复了乡村建制，取消了人民公社政社合一的体制，设立了青街畲族乡。

表2-4-2-5　　　1957—1959年青街生产大队粮食、毛猪和收入一览表

生产队名称	粮食产量 / 斤					毛猪头数（含可养量）						每户平均收入 / 元			
	1957年亩产	1958年亩产	1959年			1957年头数	1958年头数	1959年				1957年	1958年	1959年	1959年位数
			总产量	亩产	位数			总头数	每亩头数	位数					
朱山	683	765	315600	825	159	103	125	130	0.35	18		150	180	220	128
南网	555	586	339500	687	275	100	115	85	0.20	19		150	200	468	14
东方红	600	710	46645	845	142	110	130	180	0.40	17		150	175	180	163
垟心	825	832	261800	841	145	110	121	87	0.30	18		160	180	220	128
木元	650	700	495500	1054	34	160	122	105	0.20	19		160	210	320	69
青平	600	620	551001	925	94	750	230	103	0.35	18		150	201	351	54
王神洞	756	887	567805	1063	31	181	235	220	0.50	16		185	275	415	24
青春	710	780	425314	841	145	130	199	97	0.60	17		155	215	330	64

数据来源：平阳县农业局。说明：每户平均收入包括个体收入部分。位数是各生产队在山门公社内的位数。

1958年10月，青街、晓阳、南雁、山门、顺溪、维新、晓坑、矾岩、怀溪、东屿、南田、吴垟12个乡组成山门人民公社，原来的乡改称大队。公社成立后，宣布将所有的山林、荒山收归公社所有，对社员所有林木进行造册登记，并明确宣布取消农民对山林的所有权。社员的所有山林及房前屋后零星果木，由公社核定为本人报酬，并将其做本投资入社，社员所有经济林与少量杂木林、荒山一律无偿收归公社所有。这股"共产风"导致农村生产力大破坏，引发1958—1961年森林大砍伐。

1958年底，全国开展"大办食堂""大办钢铁"运动。公社动员每个大队建造小高炉，青壮年上山找铁矿、洗铁沙以及伐木烧炭。除杂木外，还肆意砍伐柑橘、柿树、柚木、杉木、油茶来烧炭或作为柴薪。1961年毁林种粮，砍树度荒，又一次造成森林资源的破坏。据统计，1958—1961年平阳县共砍木柴8.50万吨，损坏森林资源5万立方米，许多水源涵养林、防护林被毁。几年间共砍伐毛竹218万株，重点毛竹产区——青街乡，原有立竹210万株，至1962年底只存65万株，大片森林稀疏枯败。

1961年6月26日，中共中央颁发《关于确定林权保护山林发展林业生产若干政策规定（试行草案）》（即十八条），平阳县委作出具体规定：天然森林资源和公社化以前已划归国有的山林，仍归国家所有；高级社时划归合作社、生产队集体所有与个人所有的山林，仍归大队、生产队集体及个人所有；人民公社现有及今后新造的各种林木，必须坚持"谁种谁有"原则，国造国有，社造社有，队造队有，社员种植的零星树木，归其个人所有；谁的山林，林木产品收益就归谁支配，任何单位与个人不得侵犯；公社乃至县以上各级单位砍伐大队、生产队及社员树木的，以及大队、生产队无偿砍伐社员树木的，均须认真清理，坚决、彻底、全部退赔。1962—1965年，社队、社员掀起造林风，其中1965年1月，境内掀起种茶、造林高潮。但好景不长，1966年，"文化大革命"开始，林业所有制又出现混乱局面，许多公社、大队干部被冲击，乡村出现了无人管理的现象。这时无政府主义思潮泛滥，少数人闹"山林还家"，收回祖宗山，乱砍滥伐，山林又遭受严重破坏。

（三）改革开放时期

1978年中国共产党召开十一届三中全会，确定社会主义现代化建设为工作重点，坚持实事求是，一切从实际出发，理论联系实际的思想路线。乡党委和乡政府认真贯彻落实三中全会制定的路线、方针、政策，根据县委各项决定，首先在农林业体制上进行改革，结果农林业生产得到大发展，人民生活普遍提高。从此，各项事业进入了持续发展的新阶段。

在家庭联产承包责任制度下，土地所有权仍属集体，经营权归属农民家庭个体。1979年青街公社白岩小队包产到户，一些干部仍认为是搞资本主义，要刹住这股风。1980年9月，中共中央发出《关于进一步加强和完善农业生产责任制几个问题的通知》后，部分生产队开始实行包干到组或者包干到户（统称大包工）的家庭联产承包责任制。1981年3月，进一步贯彻中共中央〔1980〕75号和〔1981〕1、2号文件，因地制宜推行生产责任制。在工副业发达地区推行专业承包联产计酬生产责任制；一般地区实行包产到户等家庭联产承包责任制。家庭承包责任制土地的分配，基本上是按人平均的，将土质、水利条件不同的田、畈田和垄田合理搭配分给农民，还规定按实际人口3至5年进行变动。至1982年全乡基本上实现生产队建立责任制。是年，部分村粮食亩产量突破千斤关。1984年，中共中央一号文件强调要继续稳定和完善联产承包责任制，延长土地承包期，把土地承包期，从原来的3年延长到30年，帮助农民在家庭经营的基础上扩大生产规模，发展市场商品生产。

1981年继农业生产责任制工作完成后，平阳县委便着手进行完善山林责任制"三定"工作，划定山林面积，确定承包年限，责任到户。这一举措彻底端掉了"大锅饭"，调动了山区农民兴林致富的积极性。

青街水田少而林地多，特别毛竹多。1963年全乡林粮总面积1597.87公顷，其中山林1291.67公顷（竹林666.67公顷，占81%；耕地306.20公顷，占19%）。竹木（主要是毛竹）是全乡的主要经济来源，占农民一年总收入一半以上，因此山林的承包极为重要。1981年12月，县委组织工作队在青街、睦源两公社进行稳定山权、林权划定社员自留山，确定林权生产责任制的试点工作。1992年按照"大稳定，小调整"的原则，对承包过于零碎的、人口和劳动力增减变化比较大的生产队，进行承包林地适当调整，后把林地承包期从30年延长到50年（终止期2055年12月31日），并定权发证。这就给广大农民吃了定心丸，调动了农民造林、护林的积极性。据1985年统计，仅竹林改造"笋园"一项，一年竹笋收入80多万元。

三、民族乡成立后的农业

作为山区的青街畲族乡，以粮食种植为代表的农业生产也备受关注，20世纪90年代前曾被定为余粮乡，每年要承担国家粮食定购任务135吨，由于青街境内田地大多数在山坡上，大部分为旱涝田地，生产方式落后，旱涝虫灾频繁，单位面积粮食产量不高，平均亩产处在150—200千克之间，直到1986年才达到亩产417千克。

中共十一届三中全会后，党和人民政府重视农业生产，领导农民进行农田基本建设，改革耕作制度，推广优良品种，改进栽培技术，提倡科学施肥和病虫害防治，粮食产量逐年提高。1989年全乡（青街乡、睦源乡）粮食总产量为1590吨，2005年后加快高效农业示范区建设，种植规模不断扩大，经济笋业、药材、山油茶种植成为农业生产一大特色、种植业产业结构调整为效益农业。种植业主要有粮食、油料、茶叶、水果、蔬菜等。粮食作物以水稻为主，兼种番薯、大豆、马铃薯、毛豆、玉米、大小麦等；油料作物有油菜、山油茶、花生等；水果以柑橘为主，兼种杨梅、柚子、水蜜桃、柿子和瓜果。2015年，全乡粮食总产量为1856.60吨，实现农业产值581万元。

（一）种植业

耕种土地　青街畲族乡山多田少，森林的覆盖率达87.50%。据1992年统计，青街畲族乡有耕地面积240.73公顷，其中水田159.93公顷；山地1666.67公顷，竹林533.33公顷，占41.70%。2010年，耕地面积为264.80公顷，其中水田为163.67公顷；山地1636.60公顷，竹林563.40公顷，占47%。2015年，青街畲族乡总面积为2175.38公顷，其中：耕地457.46公顷（其中水田164.73公顷）、园地2.44公顷、林地1522.43公顷（其中竹林556.67公顷）、草地4.32公顷，居民点及公矿用地6.74公顷、交通用地14.99公顷，水域面积22.82公顷，未利用地89.18公顷。

农业产量　20世纪90年代以前，青街畲族乡曾被定为余粮乡，每年要承担国家粮食定购任务。由于以山垄田为主，单位面积粮食产量不高，年均粮食亩产一直在200千克左右，直至1989年才达到460千克。在当时片面强调粮食生产的情况下，农业生产效益较低。

中共十一届三中全会后，实行联产承包责任制，调整产业结构，生产率不断提高，农业现代化持续稳定发展。2005年后加快高效农业示范区建设，种植规模不断扩大，药材种植成为农业生产一大特色，种植业产业结构调整成效明显。

种植业主要有粮食、油料、水果、蔬菜等，粮食作物以水稻为主，兼种番薯、大豆、玉米、大小麦等，油料作物以油菜为主，水果以瓜类、柑橘为主。全乡实现农业生产值581万元。

表2-4-1-1 　　　1985—2015年若干年份青街畲族乡经济和社会
情况一览表

年份	村数（个）	村民小组（个）	户数（户）	人口（人）	其中非农业人口（人）	其中畲族人口（人）	农村劳动力（人）	农民年人均纯收入（元）	工农业总产值（万元）	工业总产值（万元）	耕地面积（公顷）	粮食总产量（吨）
1985	10	57	988	4463	147	1653	2537	168	132	17	121.06	517
1990	10	57	1172	4611	116	1747	2598	271	321	22	120.73	543
1995	16	95	2328	9629	257	2308	6444	573	833	47	243.13	1708
2000	16	95	1875	11092	236	2440	4714	2359	1100	150	244.86	1384
2005	11	95	2508	10804	211	2483	4048	2435	1169	200	237.53	653
2010	11	95	2509	10836	324	2529	4529	5600	1092	200	264.80	297
2015	11	95	2427	10091	351	2619	4737	8630	1183	215	457.46	408

数据来源：平阳县青街畲族乡政府。

表2-4-1-2 　　　1989—2015年青街畲族乡经济发展情况一览表

年份	乡	人口（人）	农民年纯收入（元）	农作物播种面积（亩）	粮食总产量（吨）	生猪存栏（头）	林业产值（万元）	农林牧渔总产值（万元）
1989	睦源	4969	342	3721	930	1127	31	168
1989	青街	4528	335	3269	660	1321	33	216
1992	合并后青街畲族乡	9546	377	6998	1632	1643	79	381
1993		9562	391	7659	1137	2093	115	526
1995		9629	573	6546	4996	2319	172	407
1997		9572	1609	5103	1890	2830	231	411
1998		9557	1687	4717	1616	2412	207	1074
1999		9618	2029	5945	1379	2223	275	1008
2000		11092	2359	6079	1384	1372	330	508

年份	乡	人口（人）	农民年纯收入（元）	农作物播种面积（亩）	粮食总产量（吨）	生猪存栏（头）	林业产值（万元）	农林牧渔总产值（万元）
2001		11240	2379	4800	1115	873	437	476
2002		11018	4466	5007	801.70	589	502	1212
2003		10937	4827	4715	2183	443	90	2350
2004		10906	5219	5160	2264	337	239	918
2005		10804	5754	4791	653	389	239	969
2006		10835	6251	4416	714	200	349	935
2007	合并后青街畲族乡	10878	6872	3783	709	74	419	957
2008		10911	7655	3646	869	123	341	829
2009		10960	8254	3750	949	105	390	895
2010		10836	9274	3624	972	63	322	892
2011		10808	10615	3798	978	91	318	945
2012		10591	11827	4446	1080.40	100	441	1216
2013		10647	11863	4034.30	18569	67	438	1216
2014		10752	11890	4030	1855	20	440	1218
2015		10691	11960	4032	1856.60	25	442	1220

数据来源：平阳县青街畲族乡政府。

表2-4-1-3　　　2015年各类农作物种植面积和产量一览表

农作物类别	面积（公顷）	产量（吨）
谷物	63	435
薯类	50	218
油料作物	18	24.10
豆类	7	16
蔬菜	34	568
果用瓜	16	369
其他作物	4	57

数据来源：平阳县农业局。

表2-4-1-4　1989—2015年若干年份水稻种植面积和产量
一览表

年份	面积（公顷）	产量（吨）
1989	467	1632
1990	466	1631
1995	418	1468
2000	405	1384
2005	352	1237
2010	334	1179
2011	318	1103
2012	296	1080
2013	284	1245
2014	278	1571
2015	269	1857

数据来源：平阳县农业局。

表2-4-1-5　　1970—2015年部分年份豆类种植面积和产量
一览表

年份	面积（公顷）	产量（吨）	面积（其中大豆）	产量
1970	11	31	10	25
1985	12	35	11	28
2000	13	36	12	29
2005	14	38	13	34
2010	13	35	12	28
2011	13	39	19	36.30
2012	29	69.30	17	40.50
2013	26	63.40	16	39.40
2014	30	62	16	38.50
2015	12	17.10	10	14.70

数据来源：平阳县农业局。

表2-4-1-6　　1992—2015年部分年份番薯种植面积和产量一览表

年份	面积（公顷）	产量（吨）	年份	面积（公顷）	产量（吨）
1992	50	218	2004	337	96
1993	50	217	2005	301	93
1994	50	217	2006	256	89
1995	47	206	2007	16	85
1996	46	198	2008	14	83.40
1997	46	197	2009	14	82.70
1998	45	195	2010	13	71.50
1999	45	190	2011	13	68.60
2000	43	178	2012	12	67.30
2001	27	122	2013	12	66.40
2002	25	116	2014	12	65.10
2003	362	101	2015	12	62.50

数据来源：平阳县农业局。

　　生产工具　农业机械化程度较低下，传统生产工具依旧占主导，有犁、耙、耖、锄、齿耙、田刨、扁担、稻桶、镰刀、风鼓车、拖拉机、农用小型水泵、喷雾器、打稻机、农用运输机械，2015年手扶拖拉机12部。

　　农业科技逐渐进入青街畲族乡。乡政府特邀农业技术人员、专家、教授指导种植、养殖技术，如指导山羊养殖技术及管理。2013年引进了毛竹林改造"竹山改笋山"的技术及管理方法。2015年，引进了水果及蔬菜种植的科学技术及管理方法。

　　传统施肥采用农家有机肥和无机肥。有机肥包括畜禽（鸡、鸭、牛、羊、兔、猪）粪便、人粪尿、草籽肥、菜籽饼、豆饼、沤肥（垃圾、草）等。农家无机肥采用泥灰、草木灰、石灰等。20世纪50年代以后，农业逐渐使用化肥，其品种有尿素、碳酸氢铵、钙镁磷肥、过磷酸钙、普通复合肥等。

　　（二）养殖业

　　1980年后，畜牧养殖业由传统家庭的庭院式养殖向养殖场专业化、规模化转化，生产水平不断提高。2010年"五水共治"净化溪流，美化乡村，境内的专业养殖场搬迁或转行，养殖数大大下降。

境内养殖业包括放牧的牛、羊和圈养的鸡、鸭、兔、鹅等。牛有水牛和黄牛两种。水牛体壮力强，可犁田耕地；黄牛体小力壮，行动灵活，适合山区梯田耕地。田园、山林承包到户后，全乡生产队的耕牛近20头，全部折价分到犁田能手家中，归个人所有。农闲时由妇女儿童在青山草地上放牧；农忙时，为农户犁田耙地，赚人工和牛工两份工钱。多余的牛则变卖为商品牛。2009年，九岱村农业专业合作社从山东省鲁西地区引进30头黄牛。

猪、兔、鸡是畲汉两族农家年年饲养的牲畜家禽。以米糠、粗粮、番茄藤和野菜为饲料，一户一年养1—2头猪、5—6只鸡、7—8只兔是很普遍的。一家杀猪，街坊邻居不但可以分到一大碗香喷喷的猪血菜外加几块肉，还可以借贷几斤猪肉过节（自家杀猪时归还）。猪、兔都是圈栏养的，用稻草或野草填栏。栏满时出栏，经日晒后，堆积浇拌粪水发酵。栏肥是农作物的最好有机肥料。

鸭、鹅是喜水动物。家住溪边或家屋边有水塘的人家才能养。因此，养鸭、鹅的人家较少。鸡、鸭、鹅是放养的。鸡、鸭、鹅的笼窝是用粗糠或碎草填的。鸡、鸭、鹅粪也是农作物最好的有机肥。

鸡、兔、鸭、鹅，20世纪80年代前都是自养自给的，几乎没有出售。养猪，猪肉除自留外，一般一头猪的猪肉只有几十元到几百元的收入。

2007年，年末猪存栏74头，年内出栏222头；年末牛存栏35头；年末山羊存栏138只，年内出栏45只；年末家禽存栏13170只，年内出栏18815只；年末兔存栏约3000只，年内出栏约5000只。

1978年改革开放后，大量农民工入城和外出创业后，牲畜饲养逐年减少，除牲畜养殖基地外，极少有家庭饲养。

（三）特色作物

竹 荪 青街南网竹荪种植专业合作社（2012年创办）利用青街乡万亩毛竹林优势，结合温州市科技强乡科技实力，进行竹荪种菌培养、栽培、加工以及销售。2014年通过QS认证。2015年，南网竹荪种植专业合作社竹荪年产值50多万元。

竹 笋 古称竹芽、竹胎、竹萌、竹肉，又分冬笋、春笋、鞭笋，以冬笋为最佳。性微寒味甘、无毒，具清热化痰、解毒透疹、健脾益气、助消化增食欲、降血压、防止血管硬化和美容防癌等功能。毛竹笋富含蛋白质、可食性纤维素，和维生素与铁、钙、磷等矿质营养元素，以及糖分、脂肪等。竹笋所含蛋白质经水解后可得到18种氨基酸，其中8种氨基酸为人体所必需，2种氨基酸为人体所半必需。毛竹笋营养丰富，其肉脆鲜嫩，味美可口，尤其毛竹冬笋享有"天下第一笋"的美誉。竹笋还可加工成笋干、笋丝、烟笋、酸笋、淡笋、罐头笋、咸盐笋、保鲜方便笋等众多竹笋系列食品。青街一年四季都有笋。青街四季笋的年出售额约100万元。

金线莲　又名金线兰，为兰科开唇兰属植物。在民间有金丝线、金耳环、鸟人参、金线虎头蕉、金线入骨消、金钱草、金线石松等美称。其特征是：叶圆盾形，根茎较细，叶柄细长，棕褐色，可攀缘。不耐寒，喜温暖湿润，越冬温度10℃以上。花生于叶腋，有黄、红、赭、乳白等色，不整齐。金线莲是极稀有的野生山珍极品。

在境内深山老林竹林间的山坡、沟边、土质松散的潮湿地带生长着野生金线莲。改革开放前，尤其是南网、南朱山、新三、王神洞、九岱村等竹林间野生较多。少数林农上山采摘自用或泡酒。改革开放后，由于通讯、互联网发展迅速，野生金线莲具有治疗百病之功效声名远播，素有美称。但随着民间长期大量滥采和野生动物的侵害，加之竹林改造、山地开发，境内野生金线莲数量大为减少。

2013年南网村张浩抓住本村大量毛竹林优势，租赁1.10公顷竹林在林下仿野生种植金线莲。垟心村也种植3个大棚。2015年南网仿野生栽培增加至1.80公顷。

金蝉花　青街是毛竹之乡，有1200万平方米的竹林，在这片广阔的竹林中，植被非常丰富，除了珍贵的野生金钱莲外，还有一种十分珍贵的中药材——金蝉花。

金蝉花俗称大虫草，属于虫生真菌，蝉花是一种外形具有"动物"和"植物"形态特征的奇妙生物，根是蝉的幼虫体，花是从单个或是2—3个蝉幼虫头部生长出来的，约一寸多长，从顶端分枝开花，花粉为乳黄色，称为蝉花孢子粉。

孢子粉就是"种子"，具有繁殖的功能，其形成过程是蝉的幼虫在蝉羽化前被虫草菌感染、寄生，当气候环境适宜时，吸收虫体的营养转化成菌丝体，最终虫体被菌丝体完全占据而只剩下一个躯壳。万物复苏时节，菌丝体又从营养阶段逐渐转化为有性阶段，具有繁殖功能的"蝉花孢子粉"渐从顶端分枝"发芽"，形似花朵，故而称为蝉花。因该品种资源稀少且珍贵，故称"金蝉花"。

金蝉花生长在竹林的丘陵地带，海拔80—500米，地势平缓，郁闭度较高，土质疏松，湿度较大，地面覆盖有枯枝落叶层，且常有竹蝉活动的竹林。青街的竹林一般均能采到蝉花。每到夏、秋季节村民纷纷到竹林间寻找挖采，增加农民的经济收入。

金蝉花功效作用及营养价值：蝉花含有虫草酸、肝糖、多种生物碱及麦角甾醇等，具有提高免疫力、抗疲劳、保肾、改善睡眠、抗肿瘤、保肝、抗辐射和明目等多重作用，是神奇的古老中药。蝉花可以作为冬虫夏草的代用花，同样可以达到滋补养生的作用。

第二节　林　业

青街畲族乡位于平阳县西南部山区丘陵地带，山多田少。在漫长的社会经济发展过程中，林业中的毛竹始终占主导地位。因受以前传统生产关系束缚，交通运输条件的限制，生产水平低下。1949年，林业产值仅32万元。1978年改革开放后，实行了新生产体制，调动了人们的生产劳动积极性，林业生产得到持续稳定发展。至2015年全乡总面积为2175.38公顷，林地有1522.43公顷（其中竹林有556.67公顷）、草地有4.32公顷，森林覆盖率为87.50%。全乡农村经济总收入1220万元，其中林业产值442万元，占全乡经济总收入的36.23%。

一、毛竹林

青街有"竹海"之美称，构成青街畲族乡的山林主体是竹林。毛竹在各村均有分布，以睦源、青街、十五亩、南网、王神洞、九岱等村较多，2012年有毛竹800公顷，占森林总面积的80.70%。

毛竹又称"楠竹、茅竹、南竹、江南竹、猫竹、猫头竹、唐竹、孟宗竹"，系禾本科、竹亚科，刚竹属，单轴散生型常绿乔木状类植物。地上茎即竹竿，可高达20米以上，粗可达0.25米。地下茎即竹鞭，节间有须根，左右两侧交替而生笋芽，也称侧芽，每节一颗。竹鞭在土壤中蔓延生长，发笋长竹，形成竹林。毛竹的地上部分与地下部分交替生长，竹鞭生长一般在新竹抽枝叶后开始，竹笋萌发生长时，鞭鞘便萎缩脱落。来年竹林换叶后，断梢处侧芽萌发，抽出新鞭，继续生长。水、肥靠竹鞭的须根吸收，竹鞭寿命可达10年以上。笋芽一般在立秋前后开始萌动分化，白露前后分化最快。到初冬，笋体肥大，笋箨呈黄色，上被绒毛，称为冬笋。到春季温度回升，竹笋生长加快，出土成笋称为春笋。出土的竹笋中有一部分不能生长的称为退笋或死笋，因此识别退笋并及时采挖是确保留竹和增加效益的重要环节。最简便的识别方法是清晨检查箨叶尖，箨叶尖上无露水者一般为退笋。毛竹是一种多年生草本植物，新竹长成抽枝展叶后，高生长与粗生长停止，体积不再随年龄的增加而增大。但其纤维化主要靠成竹生长来完成。新竹长成后，第二年春季换叶，当地人称嫩竹；以后每两年换叶一次，第二次换叶后称四年竹；每换一次叶竹龄增加一度，一至三度处于幼壮龄阶段（嫩竹、四年竹、六年竹），生命活动旺盛，制造有机物多，抽鞭发笋能力强；四、五度生理活动下降趋势属白皮竹，所连接竹鞭也逐渐老化，生理活动减弱，抽鞭发笋能力逐渐衰退，六度以上竹生活力衰退、枝叶枯黄，竹皮开始发红，竹鞭已完全丧失抽鞭发笋能力。毛竹林出笋成竹以两年为一周期，大量发笋成竹年称为大年，次年即为小年，春夏主要是换叶生鞭，出笋少，甚至不出笋，但到冬季出冬笋则为大年。对于大小年不明显的竹林称为花年竹林，花年竹林产量稳定，但对经营管理措施要求较高。青街大部分为逢双年份春笋大年，留笋养竹，逢单年份清理林地抚育挖冬笋，花年竹林极少。

（一）栽　培

青街栽培毛竹的历史由来已久。早在唐代安史之乱期间，周氏族人自江西弋阳迁居睦源（青街），艰苦创业，勤治家产，其中包括栽培毛竹。经过五代、北宋到南宋，数百年来的积淀，周氏家业不断扩大，成为平阳北港名门望族。庆元二年（1196年），朝廷派重臣叶适来睦源考察。在睦源期间，叶适写下了一篇《睦山堂铭》赠送周氏，其中有句"有兰婉婉，有竹雅雅，睦山之下，尚启来者"，指出睦源山上有大片的竹子。

明洪武十三、十四年（1380—1381年），青田叶丁香和文成吴达三等在平阳、瑞安聚众起事，周氏族人为避战乱而迁出睦源，一直到明万历年间，这两百年来睦源一度无人居住，这时毛竹便无限制自然大量地繁殖起来。明清年间，池、施、温、雷、蓝、李等诸姓氏迁入青街，一面培育毛竹，一面合理利用，使毛竹的产量和质量得到不断提升。

清代乾隆年间，平阳诸生刘眉锡来青街坐馆（教读）时，整个青街便是"青山皆竹色，绿水尽篁声"了（《睦源青街古名》）。他不但写到"竹海"，还写到毛竹扎成竹排运往各地的繁忙景象。他在别的诗中还具体写到各山的竹。如"烟重月山竹，风飏春树莺"，写月山竹；"睦山镜里颜相照，竹叶杯前句自留"，写睦山竹。竹林成为青街的主要景观。到清末，有的富户竟然"琅玕（翠竹）数万。每当春夏之间，抽梢解箨，菁猗郁葱"。竹林成为家庭主要财富的标志。

中华人民共和国成立后，各级政府对发展林业极为重视，制定了一系列的政策，鼓励（给树苗、给种子、劳动补贴）农民植树造林，因此造林的面积不断扩大，毛竹的产量也不断进提高。1957年，全乡立竹有210万株，2015年达到315万株。

（二）竹林改造

青街大部分是山区，山多田少，收入主要靠林业，而林业主要靠毛竹。毛竹除竹本身外，竹笋也具有经济价值。青街大部分林地是黄土，长出的竹笋白嫩肥大，吃起来清脆、有甜味，深受人们的喜爱，成为人们餐桌上的佳品，因此遐迩闻名。青街的先祖不但把冬笋运到水头、鳌江、昆阳一带销售，还运往远处。据说，清时李氏先祖把冬笋运到金华、嘉兴一带，结果成为本地富户。竹笋的收入是青街人民主要经济来源之一。

中华人民共和国成立后，各级政府非常关心群众的生活，制定了一系列的政策发展集体经济。特别自1978年改革开放来，上级政府加大对山区的投入，加强扶贫力度。在完成电、水、路的基础上，乡人民政府根据县府的部署和青街毛竹林多的实际，采取了强有力的措施，进行竹林改造：一是对低产林的改造，即改善竹林结构，加强土、肥、水的管理；二是把竹林改成笋园，促进毛竹早出笋，提前上市，提高竹笋产量和质量，从而获得较高的经济效益。

1.技术引进

请进来　聘请林业专家及技术人员授课并作实地指导。1984,至2015年聘请平阳县林业局专家及技术人员给农村干部讲解毛竹林改造技术要点，并作实地指导。计15次，32人。参加学习人员达1000人。

走出去　1984至2015年由温州市民宗局、平阳县民宗局和青街乡人民政府先后12次组织各村干部到浙江省著名的毛竹产地安吉县参观学习。学习竹林改笋园、低产林改造以及毛竹综合开发利用等经验。参观学习人数达600人。

2.典型示范

乡人民政府非常重视典型示范作用，做到以点带面。首先狠抓典型示范基地建设。1984年王神洞民族村干部蓝德纯、蓝德井改造了3亩低产林，当年竹笋收入7000元，增产11倍。在典型的引导下，1985年王神洞民族村126户，户户都进行竹林改造，全村整理竹林500多亩，当年竹笋收入达38万元，增收52%。

3.定期验收

每年冬，由平阳县民宗局、青街乡人民政府及各村干部组成验收组到各村检查验收，验收合格者给予奖励。

在乡人民政府真抓实干下，山区人民掀起改造毛竹林的热潮，全乡自1984至2015年，共改造毛竹林202公顷，收入达7800万元。

表2-4-2-1　　　1985—2015年青街畲族乡若干年份毛竹林改笋园情况一览表

年份	面积（公顷）	产值（万元）	增收（％）
1985	167.20	250.10	51.50
1988	170.30	255	52.60
1990	170.10	254	52.80
1992	186.60	280	53.20
1995	187.10	282	52.80
1996	189	285	54.10
2000	189.70	286	55.20
2005	188	283	54.50
2010	187	281	52.90
2015	189.80	287	55.80

数据来源：青街畲族乡政府。说明："竹林改造"的大部分是重复改造，并非年年开垦新园。

二、经济林

青街畲族乡的经济林主要以生产果品、食用油料、工业原料和药材的林木为主。

（一）果木林

20世纪60年代境内的柚子、桃、柿、梨、万字梨等有零星种植。畲乡成立（1984年）后，全乡发展水果林43.50公顷，其中杨梅21.40公顷、柑橘14.70公顷、猕猴桃7.40公顷。到2015年，全乡共种植各种水果103.50公顷。

柑　橘　属常绿小乔木，为传统经济林木。改革开放前，境内农户屋后略有种植，大多为普通苗木，挂果迟、口感差。20世纪80年代初，农户逐步开始种植。2001年东坑村王积盼引进优质早熟蜜柑、瓯柑、脐橙，建立了2.70公顷柑橘基地，打造生态果园，开展自驾采摘游活动。同年10月，九岱畲民雷衍侃、钟炳兵、雷荣创等从福建引进瓯柑优质品种，建立了3.20公顷柑橘园，年产量17.5吨（总收入8.50万元）。2015年全乡有柑橘14.70公顷，产量85吨。

杨 梅 常绿乔木，叶子长倒卵形，花褐色、果实近球形，表面有粒状突起，紫红色或白色，味酸甜。既可直接食用，又可加工成杨梅干、酱、蜜饯等，还可酿酒，有止渴、生津、助消化等功能。1978年改革开放前，境内杨梅房前屋后和山地有零星栽培。1989年全乡种植1.80公顷，2015年全乡种植21.40公顷。

柚 子 境内房前屋后零星种植，1987年全乡种植1.70公顷，2015年全乡种植12.30公顷。

枇 杷 别名芦橘、金丸、芦枝，蔷薇科，常绿小乔木，高可达10米，小枝粗壮，黄褐色，密生锈色或灰棕色绒毛。其花可入药，成熟的枇杷味道甜美，营养颇丰，枇杷果实有润肺、止咳、止渴之功效，根据果肉的色泽分为红肉类（红砂）和白肉类（白砂）两大类。枇杷对土壤要求不严，适应性较广，改革开放后，境内有零星种植。2010年南网竹荪种植专业合作社负责人张仁淡在睦源村租赁土地4.20公顷，引进国内比较著名的宁海白砂枇杷，该枇杷具有果大、含糖高、皮薄汁多、酸甜适口、入口即化、风味浓郁等优点，该品种曾经被国家林业局认定为国家级林木推广良种。2013年却发现枇杷不结果或果子小，后经县农业局和浙江省亚热带作物研究所温州市科技特派员夏海涛及专家们的检测和技术指导，利用科学管理，让花枝和营养保持一定的比例，确保基地的枇杷果子大和饱满。白枇杷的引种，有利于丰富青街的农产品种类、吸引游客、发展全域旅游，对青街的经济发展具有一定的推动作用。

黄栀子 又名木丹、支子、山栀子、枝子、黄鸡子、鲜支、卮子、越桃、小卮子、山黄栀。茜草科常绿灌木，高0.50—2米，幼枝有细毛。叶对生或三叶轮生、革质，长圆或卵状披针形，长赛各7—14厘米和2—5厘米，先端渐尖或短尖，全缘，两面光滑，茎部楔形，有短柄；托叶膜质，基部合成一鞘。花单生枝端或叶腋、大形、白色、极香；花梗极短，有棱、萼管卵形或倒卵形；上部膨大，先端5—6裂，裂片线形或线状披针形，花冠旋卷，高脚杯状，花冠管狭圆柱形，长约3毫米，裂片5或更多，倒卵状、圆状；雄蕊6，着生花冠喉部，花丝极短或缺，花药线形；子房下位1室，花柱厚，柱头棒状。果实倒卵形或长椭圆形，有翅状纵棱5—8条，长2.50—4.50厘米，黄色，果顶端有宿存花萼。花期在5—7月。果期在8—11月。果子和根部可入药。药用价值高。

2011—2012年睦源村、九岱村、新三村先后种植黄栀子中药材共7.70公顷，2015年产量15.50吨。

（二）木本油料林

在境内种植木本油料植物历史悠久，油桐、油茶、乌桕 简称"三籽"，到20世纪80年代基本无人经营，其中油茶和油桐数量较多，产量较高。

油 茶 油茶树属常绿小乔木，因其种子可榨油（茶油）供食用故名。茶油色清味香、营养丰富，耐储藏，是优质食用油。据1956年统计，全乡油茶林33.80公顷。1958年大炼钢铁时，大量的油茶树被砍烧。20世纪60至70年代，供销社大力推广种植油茶树。但油茶的经济效益较差，油茶树被砍伐作为薪柴，各村油茶林大量减少。21世纪初，随着生活水平的提高，茶油的食用价值越来越高，有部分村民开始种植油茶。2010年4月，九岱村开发种植高产山油茶14.20公顷。

油 桐 又名油桐籽。种子具有厚壳状种皮，种仁含油高达70%，种仁榨取的桐油是重要工业油，制造油漆和涂料，经济价值高。被广泛用于制漆、塑料、电器、人造橡胶、人造皮革、人造汽油、油墨、农具等制造。在药用价值中有吐风痰、消肿毒、排二便的功效。在20世纪70年代间，境内房前屋后杂地、山地种植8.70公顷。1985年后因受到市场经济价格政策影响，基本上处于无经营管理状态。至2015年，林间、杂地仍有零星分布，任其自然生存。

乌 桕 又称桕子、木子树，是工业用木本油料树种之一。种子可提制桕油，桕油是制造高级香皂、蜡纸、蜡烛、油漆、油墨、涂料、可涂油纸、油伞等的重要原料。其木材可做家具，可供雕刻等用材，在20世纪60年代间，境内零星栽培在园地坎、田埂边、溪沟旁及山坡地。到20世纪80年代，农业生产责任制落实后，土地和林业基本到户经营，由于工业用料减少或是改用其他原料，乌桕种子市场价格下跌，故成为杂木生存。至2015年，境内普遍生长野生的乌桕林木。

（三）木本粮食林

青街境内林区间有栽培或是野生粮食林。它是一种从树木上采取可代替粮食的果实，如苦槠、锥栗、板栗、钩栗、麻栗、银杏、柿子等。

苦 槠 别称苦锥、苦栗，所属山毛榉目、壳斗科，其寿命非常长，叶常绿，枝叶对二氧化硫等有毒气体抗性很强。花期在4—5月，果当年10—11月成熟，苦槠果子可制成传统名吃——苦槠豆腐，这种美食流传到现在。至2015年，在境内的山坡或林中与其他树木混生，村边、路旁有栽培。

栗　子　别称板栗，属壳斗科栗属经济植物，是中国驯化利用最早果树之一。花期5—6月，果当年9—10月成熟，果实成熟会从栗苞中脱落自然落地。20世纪60年代在睦源村旗杆内路边有栽培。2015年道路拓宽建设需要后移栽于他地，境内房前屋后和山地有零星栽培2.20公顷，年产量3.30吨。

（四）其他特用林

境内常见特用林有：杜仲、桑树、茶树、桂花、樟树、棕榈、黑荆树、大青叶等。

杜　仲　主要产品树皮（杜仲）含有桃叶珊瑚苷，其为强壮剂，也是降低高血压良药。杜仲的果实、树叶、树皮均含有杜仲胶，是一种硬性橡胶，可加工提取供电工及其他工业用。20世纪70年代引进青街栽培。20世纪90年代由于市场不畅销而停止经营，至2015年，杜仲只有零星分布，任其自生自灭。

桑　树　落叶乔木，高可达15米，树体富含乳浆，树皮黄褐色，桑木可以用来做弓，树皮可以作为药材、造纸原料，叶为养蚕的主要原料，亦可药用，并可作土农药，木材坚硬，可制家具、乐器及雕刻物价等。桑葚不但可以充饥还可以酿酒。20世纪60年代境内溪边、路边、房前屋后普遍栽培，农村家家户户都养蚕，种桑树是一项重要的经济收入来源。20世纪80年代养蚕户少了，随之桑树也减少。至2015年，在境内有零星栽培经营桑葚。

棕　榈　主要剥取其棕皮（棕片）纤维，做绳索，编蓑衣、棕棚、地毡，制造刷子和作沙发的填充料等，叶可制扇和草帽，未开放的花苞可食用，果实、叶、花、根可入药。种棕榈是农家的一项经济收入。20世纪60年代后随着社会进步，棕皮纤维被尼龙制品替代了，20世纪80年代后基本无人种植。至2015年，境内仅有零星分布。

黑荆树　速生树种，蜜源植物，木材可制人造纤维，树皮是拷胶原料，叶子可制配合饲料，是优良的工业原料。20世纪70年代境内有种植。20世纪90年代后，由于市场不畅销而无人经营、管理。至2015年，黑荆树少见。

桂　花　常绿灌木或小乔木，质坚皮薄，叶长椭圆形面端尖，对生，经冬不凋。花生叶腋间，花冠合瓣四裂，形小，其园艺品种繁多，最具代表性有金桂、银桂、丹桂、月桂等。以桂花做原料制作的桂花茶是中国特产茶，它香气柔和，味道可口，为大众所喜爱。桂花在园林建设中有着广泛的运用。

三、用材林

杉木林、松木林是境内用材林的主体，其他用材林木也有分布，但较为零星，一般都混交在杉木林、松木林、竹林及薪炭林中。珍稀树种有南方红豆杉等。用材林中，有不少百年以上树龄的古木。

杉　木　俗称正杉、刺杉，为杉科常绿乔木，是特有用材树种。它具有生长快、成材早、产量高、材质好、抗病虫能力强的特点。木材纹理直、质地软、细密、干后不翘不裂、易加工、耐腐朽、有香气，广用于建筑、桥梁、造船、电杆、门窗、家具、板料及各种木制品，也是优良的造纸原料。2015年境内有杉木13公顷。

柳　杉　俗称大杉、榅杉，为杉科的常绿大乔木。境内均有分布，旧时主要用材树木之一。生长快、树木高大，是境内土地造林的优良速生树种，主要用于建筑、桥梁、造船、农具等用材。

樟　树　别称香樟，为樟科的常绿大乔木。生长迅速、寿命长、树冠开展。主干硕壮、抗风力强、病虫害较少、前芽力强、叶色浓绿，不怕烟尘，是珍贵的用材和持用经济树种。木材纹理细致、柔韧致密、光滑美观，硬度中等、容易加工，含挥发油和特殊芳香，耐湿、抗腐、祛虫，变形小、保存期长，为贵重的农具、艺雕、造船良材。主要分布在村旁及道路边。境内树龄最长的为睦源桥旁的一棵樟树，至2015年，已超过490年。

枫　香　当地称枫树，为落叶大乔木，高可达30—40米，胸围可达4—5米。有红枫和白枫两种，红枫叶色多变，秋后经霜变红，生长迅速，根系发达，主干通直挺拔、枝权多，分布无规则。如今青街的杉木林及竹林间和村旁路边枫香数量较多，但无成纯林，以自然生产和保护留养为主。境内树龄百年以上被列入平阳县古树名木保护名录的7株，分布于青街、太申、睦源。

松　树　本地称松柏，为松科常绿大乔木，是境内分布最广、数量最多的用材林，适应性强，对土壤要求不严格，在石砾土、山脊或是在陡峭的石山缝里都能生长，是全乡荒山造林的先锋树种是工农业生产上的重要用材，主要供建筑、枕木、矿柱、家具、桩柱等。2010年以来，由于松材线虫病的严重危害、治理难度大，境内局部松树成片枯死，造成林中松树数量减少。

四、薪炭林

青街境内薪炭林分布极广，以阔叶乔木或灌木丛林为多，林木中灌木以自然生长为主，是农村和小城镇不可缺少的燃料来源，也是山区居民生活物资的主要来源之一（挑草柴出售），因而薪炭林在农村中占据重要地位。中华人民共和国成立后，为了保护森林资源，防止乱砍滥伐以及防止森林火灾，全乡各生产队（组）专门各派一名护林员进山、守山，有的须常年守护，有的季节性巡逻，有的临时禁山和封山育林等。20世纪80年代后煤、电、液化气普及到农村后，薪炭林的地位和作用不再那么引人关注。但森林防火还保持延续，畲族乡成立后，青街有防火督促组11人、扑火队27人，如今森林覆盖率达87.50%。

五、古树名木

全乡已被列入平阳县保护的古树名木有5种19株，树龄最短的为120年，最长的树龄490年。有国家三级植物枫香、金桂、樟树、枫杨、朴树和钩栗等珍贵树种，分布于各相关自然村周边，构成青街绿色的风景线（2014年平阳县林业局调查）。

表2-4-2-2　　　青街畲族乡古树名木一览表

保护标牌编号	树名	地址	树龄/年	树高/米	胸围/厘米	平均冠幅/米	保护等级
CC0337	枫香	青街三源路个人宅院	170	25	460	23	国家三级古树
CC0338	枫香	青街三源路个人宅院	170	25	410	22	国家三级古树
CC0339	金桂	桥坑村宫子贡	200	16	150	17	国家三级古树
CC0340	枫香	太申村太监地	200	25	305	15	国家三级古树
CC0341	枫香	太申村太监地	200	21	290	14	国家三级古树
CC0342	枫香	太申村太监地	200	22	360	13	国家三级古树
CC0343	枫香	太申村	200	22	230	11	国家三级古树
CC0344	樟树	太申村太监地	210	24	560	22	国家三级古树
CC0345	枫杨	太申村感德宫	190	25	410	23	国家三级古树
CC0346	枫杨	太申村感德宫	190	25	420	21	国家三级古树

续表

保护标牌编号	树名	地址	树龄/年	树高/米	胸围/厘米	平均冠幅/米	保护等级
CC0347	金桂	垟心村	210	15	140	15	国家三级古树
CC0348	金桂	垟心村	200	14	170	14	国家三级古树
CC0349	枫香	青街卫生院	180	19	310	11	国家三级古树
CC0350	樟树	太申村	160	19	400	11	国家三级古树
CC0351	枫杨	太申村	120	16	230	17	国家三级古树
CC0352	枫杨	太申村	120	16	210	12	国家三级古树
CC0033	樟树	青街睦源桥	490	16	560	15	国家三级古树
032627600047	朴树	九岱广场边	300	17	430	18	国家三级古树
032621600024	钩栗	白岩下路边	320	19	410	15.50	国家三级古树

数据来源：平阳县林业局。

第三节　工商贸易

　　青街四面环山，雨量充足，地面山林密布，竹海飘荡，地下陶瓷白土、花岗岩等矿产丰富。手工业发达，陶瓷工艺品、竹编精品、土特产、山杂货等物产丰富，销售省内外。改革开放后，随着工业机械化的不断发展，青街漆器工艺，青街建筑业，青街赴江西、贵州、新疆等地煤矿开采工程队发展很快，但其他手工业逐步衰退或消失。

一、工　业

（一）平阳漆器工艺厂

　　平阳漆器工艺厂的前身是青街陶瓷厂、青街塑佛厂。1980年春，李盘忠从顺溪陶瓷厂回乡创办青街陶瓷厂，厂址在睦源村，从事陶瓷产品的生产工作，工人有30多人，年产值150多万元。1990年，因陶瓷产品滞销，工厂被迫停止生产，将工人疏散到水头陶瓷厂。是年底，李盘忠又和青街村人合股创办青街塑佛厂（厂址在青街内陇垵），工人有20人，年产值100多万元。21世纪初，因厂址土地业主要求土地赔偿，金额巨大，无法解决而停产。2001年，李盘忠又在垟心自己的自留地上独资重建青街塑佛厂。李盘忠子孙三代又经过十几年不断改进陶瓷塑佛技艺，后又引进了漆器的先进制作佛像技艺，不断地发展更新，终于掌握了先进的漆器制作佛像技艺。2012年，青街漆器制作技艺被列入温州市非物质文化遗产代表性名录，故青街塑佛厂更名为平阳漆器工艺厂，从业人员58人，销售产品546.20万元。2013年1020万元。2014年1350万元。2015年1680万元。

（二）建筑工程队

青街自民国以来有几支建房小分队，每队有5—7人。他们以精湛的建房技术，用锯、斧头等简单工具建起了一座座木结构民房。1978年改革开放后，他们引进了砖木混合结构的技术，在各村建起了3—5层的新楼房，并有几支建筑小分队走出乡里，加入各大城市的建筑大军，每年都有几十万的收入。特别是九岱村的雷衍银的工程队，2003年回乡承包了"青街双合殿"的建筑，他们凭借精湛的技艺建成的"青街双合殿"风貌壮观，闻名省内外，引来八方游客瞻仰，赞不绝口。2015年，从业人员65人，劳务收入720万元。

（三）煤矿开采工程队

1978年改革开放以后，青街有20多个代表（工头）到山西、贵州、青海、新疆、内蒙古等省和自治区承包煤矿开采业务，组织了30多支工程队。青街每年有200多人分赴各省和自治区参加煤矿的开采工作。2015年劳务输出收入1500万元。

（四）青街篾器社

青街盛产毛竹。自民国以来，青街有十几位个体篾匠专门为农户编织生活和生产用具，如篾席、竹床、蕈、箩筐、箪、坭箕、礼盒等，特别是池方授师傅编织的篾席滴水不漏，礼盒细致美观。

农业集体化后，政府对个体工商业实行改造政策，由个体篾匠组成青街篾器社（社址在感德宫）。生产的篾席、竹雕、礼盒等产品畅销省内外。改革开放后解散，仍由个人自由发展。由于工业机械化的不断发展，许多篾编产品被工业产品所代替。2015年，从事编织坭箕、钉竹架、扎扫帚等37人，年产值320万元。

（五）青街成衣社

青街有20多位裁缝工人，以家为店，专门为全乡人民登门制作衣服、蚊帐、棉被、床单等用品。农业集体化后，按人民政府政策，自觉地组织了青街成衣社，集体为全乡人民服务。社址设在青石街李信甫屋（二间门面），后迁水尾路池方神屋（二间门面）。改革开放后解散，工人回家开店，继续为民工作，也有的夫妇俩外出到温州、义乌等地开服装店，发展裁缝事业。2015年，从业人员18人，年收入210万元。

二、商 业

清末至民国年间，青街乡老街较有名气的商铺有：内垅李氏当店（五间开面）（兼营南货）、水尾池开芳酒坊（七间开面）、李同茂商店（三间开面）、池正观酒行（三间开面）、董上发的三元客栈（三间开面）、林氏客房（四间开面）、池元兴的盐行（两间开面）、李连忠先生的药铺（三间开面）、池云广"回春堂"药店（两间开面）、池同发丝线绉纱店（两间开面）、上街"三友布店"（两间开面）、魏兴国的卦坛、魏兴全五香店、池永和五香豆腐店，还有桥坑李志俩猪肉铺（兼营南货）、池方按南货店。街上还有染布店、蓝花缬绽青被加工店、面店等。

此外，还有到外地经营商业、金融业、工业的。如桥墩池顺生中药店，鳌江李行化竹行，福鼎桐山李月忠药铺，杨志勃、池步进等在顺溪沙垟合伙经办的陶瓷厂，池立民在碗窑经营的瓷器，池腾辉（新加坡会馆副会长）在新加坡经营的五金店，池昌褒在台北的中药店，池昌稿在温州五马街开办的汇中银行等。

1952年4月土地改革后，人民政府实行了粮食统购统销政策，在青街乡建立了青街粮库和青街粮站。农业户除按政府规定交公粮外，还把多余的粮食卖给政府，由青街粮库收购；农业集体化后，由生产队负责向政府交公粮和按政府规定的粮食定额统购。非农业户（供应户）凭政府发给的粮食定量簿册本（后用粮票）向青街粮站购买。

1961年，农业生产集体化后，政府对个体工商业实行改造，由青街乡人民政府管理成立了青街供销社，全面负责全乡的毛竹、农副产品、生活用品、水产品的收购和销售；由餐饮、屠宰和小商品经营户组成的联成集体商店经营。

20世纪80年代改革开放后，人民政府终止了粮食统购统销政策，粮食市场自由买卖开放后，青街粮库和青街粮站停止营业。青街供销社和青街联成集体商店解散。

伴随改革开放的不断深入发展，短短的十几年间，一条100多米长的水尾路和300多米长的三源路的两侧建起200多间的高层楼房。原开设在老街的商铺都搬迁到三源路上。三源路两侧较大商铺有：

青街超市　三源路54、58、90号，经营烟酒、包装副食品、日用品、杂货等，零售兼批发。

三源副食品商店　三源路57、59号，经营烟酒、包装副食品、日用品、杂货等，零售兼批发。

易福副食品商店　三源路50-4、6、8号，零售烟酒、包装副食品、日用品、杂货等。

中国移动通信专营店　三源路58、60号，经营手机销售、手机充值。

中国联通青街签约代理店　三源路41号，经营联通手机充值等业务，兼营玩具、文具。

金银首饰加工、零售店　三源路17号，经营金银首饰加工和销售。

液化石油气经营部　三源路50-51号，液化石油气零售。

五金杂货店　三源路33号，零售五金、杂货。

服装、日用品店　三源路42号，零售服装、日用品。

水产品零售店　三源路44号，零售水产品、食用品。

百年副食品老店　三源路50号，经营烟酒、副食品、杂货等。

水果店　三源路47号，主营水果，兼营蔬菜。

中药店　三源路49号，主营中药，兼营大米。

水产品零售店　三源路53号，主营水产品、兼营食用品。

五金、杂货、家具店　三源路57、59号，经营五金、什货、家具。

西药店　三源路63号，零售西药。

中药店　三源路76号，零售中药。

水果店　三源路72号，零售水果、大米。

水产、食品、蔬菜店　三源路74号，零售水果、食品、蔬菜。

百货店　三源路78号，零售百货。

文具店　三源路21号，零售各种文具。

烟酒食品店　三源路23号，零售烟酒副食品。

青春家电　三源路87号，零售家电。

猪肉铺　施明和、施明加、董文真等分别在街道旁边设摊出售。

农家生产的季节性的瓜、菜、水果、土特产和外地客商运来的瓜、菜、水果、水产品等，分别在六板桥旁和街道两侧空地上摆摊出售。青街各村都有3—5家的烟酒、副食品、杂货零售店，分别从李和周店、曹文强店进货，回村销售。

三、新经济组织

截至2015年12月30日，青街畲族乡境内有包括平阳县青街畲族乡九岱农业专业合作社、平阳县富乾生态农业实验场、平阳县青街畲族乡水力发电站、浙江远普电气有限公司等在内的65家温州平阳县青街畲族乡企业单位，名录如下：

1.平阳县青街竹笋专业合作社

主营产品：毛竹笋种植、初加工、销售

地　　址：青街畲族乡王神洞村　　法人代表：蓝天华

注册资本：20万元人民币

成立时间：2004年9月8日

2.平阳县青街畲族乡水力发电站

主营产品：水力发电

地　　址：青街畲族乡十五亩村　　法人代表：李信东

注册资本：60万元人民币

成立时间：1993年5月8日

3.平阳县富乾生态农业实验场

主营产品：淡水鱼、马蹄笋、冬笋、雷竹

地　　址：青街畲族乡桥坑村　　法人代表：李信乾

注册资本：3万元人民币

成立时间：2002年2月8日

4.平阳县青街畲族乡九岱农业专业合作社

主营产品：山羊养殖、黄牛养殖、长毛兔养殖

地　　址：青街畲族乡九岱村　　法人代表：雷顺迎

注册资本：33万元人民币

成立时间：2009年7月7日

5.平阳县建永淡水鱼养殖专业合作社

主营产品：淡水鱼养殖

地　　址：青街畲族乡青街村　　法人代表：魏建昌

注册资本：200万元人民币

成立时间：2014年7月24日

6. 平阳县汗艺商贸有限公司

主营产品：零售、预包装食品

地　　址：青街畲族乡王神洞村　　　法人代表：蓝天盘

注册资本：15万元人民币

成立时间：2014年8月28日

7. 温州美伊步农业开发有限公司

主营产品：农业项目开发、淡水鱼养殖；鸡、牛、猪养殖

地　　址：青街畲族乡南网村　　　法人代表：吴皇投

注册资本：2000万元人民币

成立时间：2014年7月18日

8. 浙江远普电气有限公司

主营产品：电器设备、低压电气开关、插座、家用电器制造、销售

地　　址：青街畲族乡睦源村　　　法人代表：池昌谊

注册资本：100万元人民币

成立时间：2015年7月24日

9. 平阳县南发家禽养殖专业合作社

主营产品：家禽养殖

地　　址：青街畲族乡南网村　　　法人代表：吴皇利

注册资本：32万元人民币

成立时间：2015年9月11日

10. 平阳县竹乡药品零售有限公司

主营产品：处方药、非处方药、中药材、中药饮片、化学药制剂、抗生
素、生化药品、生物制品（除疫苗）零售

地　　址：青街畲族乡三源路76号　　　法人代表：池长安

注册资本：3万元人民币

成立时间：2014年9月10日

11. 平阳县志华家兔养殖专业合作社

主营产品：家兔、鸡养殖

地　　址：青街畲族乡南网村　　　法人代表：吴皇貌

注册资本：60万元人民币

成立时间：2015年3月23日

12.平阳县长举淡水鱼养殖专业合作社

主营产品：淡水鱼养殖

地　　址：青街畲族乡睦源村　　法人代表：池长举

注册资本：100万元人民币

成立时间：2013年7月23日

13.平阳县美伊步鳄鱼养殖专业合作社

主营产品：暹罗鳄养殖

地　　址：青街畲族乡南网村　　法人代表：吴皇投

注册资本：5000万元人民币

成立时间：2013年1月11日

14.平阳县常青毛竹笋专业合作社

主营产品：毛竹笋种植、初加工；中药材种植

地　　址：青街畲族乡南网村　　法人代表：张仁碧

注册资本：150万元人民币

成立时间：2013年7月23日

15.平阳县青睦中药材种植专业合作社

主营产品：中药材、茶叶、水果、水稻种植

地　　址：青街畲族乡东坑村　　法人代表：王积盘

注册资本：250万元人民币

成立时间：2014年5月19日

16.平阳县双东农业开发有限公司

主营产品：农业项目开发；农业观光服务；漂流服务；中药材种植；淡水鱼养殖；家禽养殖

地　　址：青街畲族乡东坑村　　法人代表：王积盼

注册资本：100万元人民币

成立时间：2015年7月9日

17.平阳县青龙电子商务有限公司

主营产品：网上销售服装、皮革制品、鞋、腰带等

地　　址：青街畲族乡睦源村　　法人代表：池昌永

注册资本：10万元人民币

成立时间：2014年4月23日

18. 平阳县青街畲族乡宝成农业专业合作社

主营产品：毛竹、竹笋、柚子种植；毛竹种植技术

地 址：青街畲族乡十五亩村 法人代表：李信宝

注册资本：10万元人民币

成立时间：2014年5月27日

19. 平阳县桥山竹笋有限公司

主营产品：竹笋种植、销售

地 址：青街畲族乡三源路4号 法人代表：陈美华

注册资本：10万元人民币

成立时间：2014年5月27日

20. 平阳县曾翠秀皮革制品加工厂

主营产品：皮革制品加工

地 址：青街畲族乡睦源路47号—53号 法人代表：曾翠秀

成立时间：2015年3月12日

21. 平阳县浩宇中草药种植有限公司

主营产品：中草药种植、销售

地 址：青街畲族乡南网村七亩 法人代表：张浩

注册资本：15万元人民币

成立时间：2015年7月28日

22. 温州青街工艺品有限公司

主营产品：工艺品加工、销售；园林景观工程，建筑装饰文化用品、艺术品（不含文物、收藏品）销售

地 址：青街畲族乡青街村 法人代表：李伟

注册资本：300万元人民币

成立时间：2014年4月13日

23. 平阳青竹油坊

主营产品：菜籽油初加工

地 址：青街畲族乡三源路118-1号 法人代表：李庆龙

成立时间：2015年2月9日

24. 平阳县青街畲族聪恒毛竹种植专业合作社

主营产品：毛竹种植

地 址：青街畲族乡垟心村雁青路112号 法人代表：杨德聪

注册资本：150万元人民币

成立时间：2014年6月26日

25.平阳县雁青泥鳅养殖专业合作社

主营产品：泥鳅养殖；鸡、鸽子养殖

地　　址：青街畲族乡垟心村　　法人代表：魏起录

注册资本：75万元人民币

成立时间：2014年4月1日

26.平阳彭成军皮带加工厂

主营产品：皮带加工

地　　址：青街畲族乡睦源村　　法人代表：彭成军

成立时间：2013年4月9日

27.平阳县恒希服装店

主营产品：服装零售

地　　址：青街畲族乡三源路769号　　法人代表：林前进

成立时间：2013年5月21日

28.平阳县腾龙中药材种植专业合作社

主营产品：中药材种植

地　　址：青街畲族乡东坑村　　法人代表：李法龙

注册资本：150万元人民币

成立时间：2013年3月19日

29.平阳县李信忠淡水鱼养殖专业合作社

主营产品：淡水鱼养殖

地　　址：青街畲族乡青街村　　法人代表：李信忠

注册资本：7.60万元人民币

成立时间：2015年5月14日

30.平阳县池长华食品店

主营产品：预包装食品零售；卷烟、雪茄烟零售

地　　址：青街畲族乡垟心村桥头　　法人代表：池长华

成立时间：2011年5月10日

31.平阳县晓鹰广告设计工作室

主营产品：广告设计

地　　址：青街畲族乡三源路118号　　法人代表：李栋

成立时间：2014年4月22日

32. 平阳池丽君面馆

主营产品：餐饮服务（小吃店，不含凉菜，不含裱花蛋糕，不含生食海产品）

地　　址：青街畲族乡三源路85号　　法人代表：池丽君

成立时间：2011年11月18日

33. 平阳县孝义淡水鱼养殖专业合作社

主营产品：淡水鱼养殖

地　　址：青街畲族乡南网村　　法人代表：张仁孝

注册资本：10万元人民币

成立时间：2011年9月27日

34. 平阳县青垟漂流服务部

主营产品：漂流服务

地　　址：青街畲族乡垟心村　　法人代表：李前住

成立时间：2014年5月23日

35. 平阳县黄兆辉山羊养殖专业合作社

主营产品：山羊、鸡、鸭、猪、兔养殖

地　　址：青街畲族乡朱山村　　法人代表：黄兆辉

注册资本：180万元人民币

成立时间：2015年11月20日

36. 温州市明辉家禽专业合作社

主营产品：土鸡养殖；淡水鱼养殖；蔬菜种植

地　　址：青街畲族乡东坑村　　法人代表：池昌旭

注册资本：50万元人民币

成立时间：2014年3月14日

37. 平阳县山哈中药材种植场

主营产品：中药材种植

地　　址：青街畲族乡九岱村　　法人代表：雷朝泼

成立时间：2012年6月26日

38. 平阳畲山客家庭农场

主营产品：黄栀花、杨梅种植

地　　址：青街畲族乡九岱村　　法人代表：钟炳斌

成立时间：2014年4月22日

39. 平阳县昌河食品店

主营产品：预包装食品零售

地　　址：青街畲族乡睦源村沿溪路26-1号　　法人代表：池昌河

成立时间：2013年2月4日

40. 平阳县青街皮革制品加工厂

主营产品：皮革制品、塑料制品加工

地　　址：青街畲族乡青街村　　法人代表：李信川

成立时间：2012年10月18日

41. 平阳县青街畲族乡顶佳皮具加工厂

主营产品：皮具加工

地　　址：青街畲族乡王神洞村　　法人代表：蓝素生

成立时间：2014年3月25日

42. 平阳县田老伯果蔬专业合作社

主营产品：水果、蔬菜、毛竹、花卉种植；淡水鱼养殖。

地　　址：青街畲族乡睦源村　　法人代表：雷昌兴

注册资本：100万元人民币

成立时间：2013年10月31日

43. 平阳县易福食品店

主营产品：零售、预包装食品　　法人代表：池长坚

地　　址：青街畲族乡三源路50－6号

成立时间：2013年10月11日

44. 平阳县南网竹荪种植专业合作社

主营产品：竹荪种植；竹笋初加工

地　　址：青街畲族乡南网村　　法人代表：张全月

注册资本：100万元人民币

成立时间：2013年10月31日

45. 平阳县李信满面馆

主营产品：餐饮服务；卷烟、雪茄烟零售

地　　址：青街畲族乡三源路52号　　法人代表：李信满

成立时间：2008年12月19日

46. 平阳县丁西鸽子养殖有限公司

主营产品：鸽子养殖

地　　址：青街畲族乡九岱村156号　　法人代表：雷顺丁

注册资本：3万元人民币

成立时间：2013年11月20日

47. 平阳县青街乡垟心山羊养殖专业合作社

主营产品：山羊养殖、销售

地　　址：青街畲族乡垟心村　　法人代表：杨明录

注册资本：5万元人民币

成立时间：2007年8月28日

48. 平阳县竹乡酒楼

主营产品：餐饮服务

地　　址：青街畲族乡睦源村和谐桥头　　法人代表：郑淑秋

成立时间：2005年11月9日

49. 温州美伊步茶业专业合作社

主营产品：组织收购成员及同类生产经营者的茶叶水果、蔬菜；茶叶、水果、蔬菜种植

地　　址：青街畲族乡南网村　　法人代表：吴爱春

注册资本：50万元人民币

成立时间：2012年12月14日

50. 平阳县内厂山羊养殖专业合作社

主营产品：山羊、牛养殖

地　　址：青街畲族乡南网村　　法人代表：吴皇泼

注册资本：15万元人民币

成立时间：2015年8月25日

51. 平阳县火田中药材种植专业合作社

主营产品：中药材、水果、蔬菜种植

地　　址：青街畲族乡东坑村　　法人代表：池长守

注册资本：50万元人民币

成立时间：2014年1月23日

52. 温州茂群农业专业合作社

主营产品：水果、蔬菜、茶叶、坚果、中药材、水稻种植；淡水鱼养殖

地　　址：青街畲族乡青街村26号　　法人代表：雷日群

注册资本：100万元人民币

成立时间：2014年2月26日

53. 平阳县张氏中药材种植专业合作社

主营产品：中药材、水果种植

地　　址：青街畲族乡南网村　　法人代表：张全月

注册资本：200万元人民币

成立时间：2012年3月20日

54. 平阳县青溪淡水鱼专业合作社

主营产品：淡水鱼养殖

地　　址：青街畲族乡十五亩村　　法人代表：李美忠

注册资本：15万元人民币

成立时间：2011年12月15日

55. 平阳县蒋叶花服务店

主营产品：服务零售

地　　址：青街畲族乡九岱村575号　　法人代表：蒋叶花

成立时间：2013年7月1日

56. 平阳县天坦果蔬专业合作社

主营产品：水果、蔬菜种植

地　　址：青街畲族乡王神洞村　　法人代表：兰天坦

注册资本：50万元人民币

成立时间：2014年9月23日

57. 平阳县青街畲族乡东坑农家乐排档

主营产品：餐饮服务

地　　址：青街畲族乡东坑村　　法人代表：王积盼

成立时间：2011年8月11日

58. 平阳县王爱妃小吃店

主营产品：餐饮服务

地　　址：青街畲族乡睦源路5号　　法人代表：王爱妃

成立时间：2011年4月6日

59. 平阳县都龙香薯专业合作社

主营产品：番薯种植

地　　址：青街畲族乡三源路77号　　法人代表：雷荣创

注册资本：50万元人民币

成立时间：2015年7月17日

60. 平阳县贡后生态淡水鱼专业合作社

主营产品：淡水鱼养殖

地　　址：青街畲族乡睦源村　　法人代表：池长月

注册资本：15万元人民币

成立时间：2010年6月3日

61. 平阳县青街畲族乡步胜酒楼

主营产品：餐饮服务

地　　址：青街畲族乡睦源路2号　　法人代表：吴步胜

成立时间：2014年10月10日

62. 平阳县池淑林皮带加工厂

主营产品：皮带加工

地　　址：青街畲族乡睦源村　　法人代表：池淑林

成立时间：2015年5月22日

63. 平阳县丽春山羊养殖专业合作社

主营产品：山羊、土鸡、鸭、黄牛养殖

地　　址：青街畲族乡垟心村　　法人代表：王丽春

注册资本：60万元人民币

成立时间：2015年9月18日

64. 平阳县老宅面条加工厂

主营产品：面制品加工、销售

地　　址：青街畲族乡太申村太心路11号　　法人代表：胡美月

成立时间：2015年12月28日

65. 平阳县青街畲族乡天孔皮带加工厂

主营产品：皮带加工

地　　址：青街畲族乡王神洞村　　法人代表：李秀清

成立时间：2013年7月16日

四、外　贸

平阳漆器工艺厂制作的漆器佛像形态逼真、壮丽大方、栩栩如生、防水耐酸碱、不易褪色变形、收藏价值高，产品不但畅销全中国，还远销海外。

2010年出售给新加坡大觉寺，被供于藏经楼，价值210万元。2012年"自在观音""静卧观音"远销越南胡志明市，价值300万元。2013年7月，"太子佛"被体武藏野美术大学收藏，价值270万元。2014年，"三宝佛""释迦牟尼佛"等漆器作品远销意大利时尚之都米兰"慧杲寺"，价值520万元。2015年，"释迦牟尼佛""静卧观音""十八罗汉"等出售泰国，价值730万元。

第四节　旅游服务

商业贸易的发展带动服务业。早年南、北港货物对流必须经过青街，搭竹筏运输，因此来青街进行货物交易的客商甚多，所以青街的住宿、餐饮、南货、医疗等店铺一直齐全，生意兴隆。中华人民共和国成立后，青街、睦源两乡政府为扶植本地金融，于1954年建立了信用社，为全乡村民提供储蓄、活期与定期存款、有息和无息贷款等业务。改革开放后，九岱民族风情园、岭脚潭生态园等乡村景区的建设使旅游业开始成为乡经济的有机组成。

一、服务业

（一）餐饮业

青街开餐饮店在三源路的有：雷美霞小吃店、李信满点心店、池立志早点店、池方堃早点店。其中开在三源路30号的雷美霞小吃店全日开放，供应早点、午晚饭、夜宵。

和谐桥头二忠农家乐和停车场边的方潘农家乐都有30多年的经营历史。农家乐都有自己独创的具有畲乡特色的拿手好菜，如三月三畲族风情旅游节的百笋宴，还承办乡里百姓的红白喜事的酒席。

（二）理发业

睦源村有2家，青街村有2家：池新春理发店，有30年历史；陈素珍理发店有10年历史，都是家店合一。

（三）运输业

1. 竹筏运输

竹筏运输集货运与客运于一身，来往于青街至水头之间。青街是南、北港货物运输必经的中转站。客商从泰顺、莒溪、天井、桥墩、腾垟等地采购来的山杂货、碗窑烧制的陶瓷器等，都要雇人工肩挑背扛到青街来搭竹筏运到北港水头，再销售到平阳各地。客商从北港各地采购来日常生活必需品、生产用具、各种海鲜干货等搭竹筏运回青街，再雇人工肩挑背扛到南港各地批发给当地商铺出售，因此青街竹筏运输比较忙，每天都有少则几张多则十几张竹筏来往于青街与水头之间。青街各地出产的山杂货、竹木制品、陶瓷器、木材、柴火等货物靠竹筏运输于占江埠外销各地；本地商铺从外地采购来的日常生活必需品、生产工具、海鲜、南干货等都要用竹筏运回青街。竹筏青街至水头顺水通行时，每张竹筏三节，可装货物1500斤。前天傍晚装货，第二天清早从青街码头出发，中午抵达水头镇占家埠起货。货起待客商接收后，把竹筏的中节卸下，只剩二节，把中节竹筏放在两节竹筏上，再装回头货。因水头至青街是逆水行驶，每张竹筏只能装货500—700斤。第二天，每张竹筏还要雇一人来半路帮推送竹筏。清晨从水头出发，下午方能到达青街。1982年，青街至水头的公路开通以后，竹筏运输逐渐消失，载客和载货由客车和货车代替。现在竹筏仅供旅游者观光和欣赏。

2. 竹排运输

青街每年出产几十万斤毛竹都是由竹排运输销往外地的。做竹排前，护水员先要把做竹排的溪上游的各个坝口都堵上，把水蓄起来。做竹排时做排师傅要每排先选20根头径20厘米左右的排头竹放在溪边，用柴刀在每根排头竹的头节竹两边砍两个孔，用一根竹尾把10根排头竹平排穿起来，两端用木栓拴紧，再把两张这样的竹排相隔1米左右叠在一起，用竹篾上下捆紧扎牢，再在上张竹排的中间用篾做一个环绳扣在中间，这样一张竹排的排头就做好了。做竹排师傅把所有要做竹排的毛竹都拖到溪坝上，把10根左右的毛竹的竹尾集中在一起，用竹篾扎紧成一束，并要使每根竹的竹头向上翘起，这样可以减少水对竹的冲力，同时不让竹排下行时竹头被石头钩住不动，接着把一束束的毛竹连接起来——把后束的毛竹尾从前束中间竹头处套进去，直到竹的中间，并把后束的竹尾用竹篾捆扎在前束中间的一根竹上，再相隔半米远处把另一根毛竹也用竹篾紧扎牢，这样连接才能使竹排在弯曲的水路上行驶时左右弯曲运行自如。再把这样连接的7—12束后的竹尾和排头的竹尾交叉集合在一起，用竹篾捆紧扎牢，这样一张竹排就捆扎好了。竹排都捆扎好后，护水员打开坝口，水从坝口向下游冲去。此时做竹排师傅站在竹排的排头上，手拿竹篙，左右自如地点击水路两边石块，条条竹排像出水长龙，浩浩荡荡地顺水向下游飞速游去……。第一天天黑前，竹排撑到五十丈一坝上停靠。第二天清晨再撑到水头镇占家埠地方停留，把5—7张竹排的毛竹集中在一起，用两条大篾缆捆扎起来。待潮水退落时，由一个师傅开着大排，顺着潮水开往麻步、鳌江、直夹河等地埠头靠岸起竹，分别销往平阳、瑞安、苍南各地。这样，一次竹排运输量在15000斤以上。1982年，青街至水头的公路开通以后，竹排运输逐渐消失，毛竹由货车装运到外地销售。

二、金　融

1954年，为加快两乡的社会主义建设，青街、睦源两乡党政干部遵照上级指示，下村宣传和发动村民自愿入股（每股3元）信用社，信用社盈利后入股者有股金分红和有请求贷款的优先权。信用社职责是办理全乡村民的储蓄、活期与定期存款、有息和无息贷款等业务。信用社建立后有几次分红。20世纪末，信用社股金全部退还后，转为国营。

（一）青街信用社

1954年10月建立，1991年12月与睦源信用社合并，改称顺溪信用社青睦分社，2005年12月顺溪信用社青睦分社改名为山门信用社青睦分社，2015年7月更名为平阳县农商银行山门支行青睦分理处。

（二）睦源信用社

1954年12月建立，1956年4月停止营运（并入青街信用社），1964年4月继续营业。1991年12月与青街信用社合并，改称顺溪信用社青睦分社，2005年12月顺溪信用社青睦分社改名为山门信用社青睦分社，2015年7月更名为平阳县农商银行山门支行青睦分理处。至2015年末，青睦分理处各项存款余额1亿元，各项贷款余额3800万元。共发放贷款504户，其中涉农贷款501户，余额3746万元。发行丰收借记卡12461张，达到人均一张卡拥有量。

表2-4-4-1　　1954—2015年青街信用社、睦源信用社、青睦分社主任一览表

机构名称	历任班子		任职起讫时间	备注
	姓　名	职务		
青街信用社	施德候	主任	1954.10—1958.12	1954年10始建
	林乃庆	主任	1958.12—1964.04	—
	雷必文	主任	1964.04—1967.05	
	池昌真	主任	1967.05—1968.12	

机构 名称	历任班子		任职起讫时间	备注
	姓　名	职务		
	雷必文	主任	1968.12—1981.09	
	陈淑惠	主任	1981.09—1988.03	
	池长守	主任	1988.03—1991.12	
睦源 信用社	胡丕晚	主任	1954.12—1956.04	1954年12月始建 1956年4月停止营业 1964年4月继续营业
	林乃庆	主任	1964.04—1968.08	
	雷本立	主任	1968.08—1982.10	
	李悌配	主任	1982.10—1986.11	
	陈正旺	主任	1986.11—1991.12	
顺溪信用社 青睦分社	陈正旺	主任	1991.12—1999.06	1991年12月青街、睦源两 信用社合并称顺溪信用社 青睦分社
	池长守	主任	1996.06—2008.01	
	雷顺宪	主任	2008.01—2011.09	
	魏师师	主任	2011.09—2016.06	2015年7月更名平阳县农 商银行山门支行青睦分 理处

三、旅游业

青街是南雁荡山风景区之一。"畲、竹、古"是青街旅游资源特色。这里有温州市最大的民族村，有平阳北港名门望族的宋代遗址，有具有江南特色的明清古建筑，也有闻名遐迩的竹海。来此旅游观光的人每年达10万人次。特别在"三月三"、端午节、中秋节、国庆节等节日游客更多。旅游收入每年达200万元。

（一）旅游资源

青街畲族文化是重要的旅游资源之一。至2012年，投入300万元，已完成九岱畲族特色村寨建设。2014年又投入40万元完成文化礼堂建设。投入150万元完成王神洞村畲族特色村寨以及畲族文化陈列室建设。2012年，民间总投资2300万元，完成青街双合殿的筹建。唐升波出资180万元，改建青街大桥为石拱廊桥并修复碇步。民间资本投入300多万元，完成青石街复原工程，建成东坑村水上休闲青街漂流。完成平阳西部旅游绿道网青街段13.60千米绿化工程建设，完成垟心至十五亩3千米滨水游步道。

青街"竹海"名闻遐迩，每年前来参观的人络绎不绝。

（二）旅游景点

青街畲族乡主要景点有：周宅基（宋代遗址）、章山雷氏旗杆、睦源桥、施味辛故居、李氏大屋、池氏大屋、双合殿、抱珠桥、青街石碇步、畲乡民俗馆、竹海、龙潭、十五亩滨水游步道、青山瀑、东坑漂流等。进入21世纪，青街开发了3个具有民族特色的旅游景区：

1. 九岱民族风情园

九岱民族风情园位于青街畲族乡九岱村，九岱村地处平阳县南雁风景区东北，青街畲族乡的西部，是温州市最大、浙江省第二大的纯畲族村，该村有着得天独厚的生态资源，森林覆盖率高，四季溪水长流，空气清新，对于开发"特色生态""竹海"等旅游项目，构筑人与自然相和谐、资源永续利用和经济社会可持续发展的生态村具有优势。

九岱民族风情园项目总投资约2000万元，最终目标是形成"一核、两线、五区"的空间结构，具体而言就是以九岱畲族文化特色为核心，围绕滨水景观环线和山间游步观光环线两条主线路，打造形成包含畲族民宿区、滨水区、桃花林区、民俗展览区、风情体验区的五大观赏区，从而形成九岱旅游核心竞争力与民族特色旅游品牌形象。风情园包括游客中心、生态停车场、民族风情游步道、畲情驿站、旅游公厕、休憩小亭、畲族文化长廊等。

2. 岭脚潭生态园

岭脚潭生态园位于青街畲族乡睦源村，建设特色水果和养生养老生态园区。区内正在实行环境综合整治，打造畲族风情节。岭脚潭生态园总占面积100公顷，计划引进投资，建成一处3000平方米的四星级宾馆、一处养老院、竹林体验观光园、观光缆车、滨水广场及综合环境整治。发展毛竹笋加工、开发林下经济作物竹荪以及芋头、白枇杷等经济作物。项目总投资0.50亿元，流转耕地40公顷，建设用地0.33公顷，发展特色种植业，星级宾馆及养老院。

3. 月山公园

月山公园位于青街村月山，该项目计划投资1000万元，根据山体走势及地形高差，新建850米长、2米宽的游步道，同时依据当地特色文化，复原一处民国时期的烟台，设置清云寺等5处休息观景点，丰富游步道整体内容，提升村民的日常户外活动及休闲健身场所的环境。

第五章 社会事业

青街畲族乡历来重视传统道德和文化的教育，耕读传家。唐宋至清末，曾办过书院、私塾、族馆、义馆等。清光绪年间，创办了睦源初级小学。中华人民共和国成立以后，中国共产党和人民政府十分重视教育，创办工农速成识字班和夜校，村村开办公助民办小学，开展少青壮年的业余扫盲和义务教育工作；创办幼儿园，加强学校的基础教育；创办青睦中学，普及初级中学教育，提高畲乡人民文化水平。

畲乡文化底蕴丰厚，民俗风情浓郁，地方特色浓厚，有古建筑、畲族婚俗、民歌、服饰、彩带、畲族美食、武术等非物质文化遗产传承。青街乡民利用山区的草药治病，民国时期出现"永宁堂""回春药店"等民间医药店铺。中华人民共和国成立后，畲乡的医疗卫生日新月异。畲乡农民参与农村新型合作医疗保险和养老保险，社会保障事业健康发展。

畲乡的传统手工艺丰富多彩，如篾匠、裁缝、陶瓷等，改善了农民的生活和推动了社会的发展。

第一节 公共基础设施

20世纪80年代前，青街畲族乡境内的公共基础设施极差。没有自来水，村民多饮用泉水或井水。当时没有通电，照明用煤油、蜡烛、菜油、柏子油和松明等；乡境内1982年才通公路，砂石路面，路况极差，大多数村民出行还是以步行为主。1978年改革开放后，上级人民政府大力支持青街畲族乡改善交通、供水、邮政电信等公共基础设施建设，乡里到1995年通上电话，1998年设立青街邮电所。乡域内各村发生了翻天覆地的变化，村村通公路，户户用自来水、电器、电话，部分家庭还通上了互联网，人民群众生活条件逐渐改善。

一、交 通

青街是南（鳌江以南）、北港（鳌江以北）交通运输的中转站。客商从南港采购来的农副产品、陶瓷器等货物雇工肩挑背扛到青街搭竹筏运至水头占家埠销往北港各地；从北港各地采购来的水产品、生活用品等货物由竹筏运至青街，再雇工挑至南港各地销售。青街的货物也由竹筏运输。青街出产的毛竹也是由人扎成"竹排"，由水路撑运到麻步、鳌江等地销售。人们出行是步行；富人子弟、医师出诊可坐双人抬的轿兜或坐竹筏出行。

1980年春，青街至矾岩公路开始建造。在山门大桥、矾岩大桥和公路建造时，青街各生产队男女社员无偿义务出工建设，年老妇女自动组织打草鞋支援。1982年公路开通。从青街出发，经过南雁、山门、水头直通县城。

1984年8月10日，青街至苍南腾垟公路图纸会审后开始建造，2年后开通。

1984年青街至王神洞公路开始建造，接着青街至九岱、青街至东坑、青街至南网、东坑至东上连续开通。2014年4月白岩至大垟村公路开始建设，与腾垟至莒溪的公路连接，从此，青街畲族乡实现了村村通公路，助动自行车、电瓶车、摩托车、汽车成为村民的主要交通工具，毛竹和农副产品等货物由货车运载。2010年青街有汽车客运站1个，年客运量2万人次。

二、水 电

（一）供 水

青街畲族乡地处浙南丘陵地带，四面环山，一年四季雨水量充足，山泉水密布，水资源非常丰富。

1. 饮用水

自民国以来，畲乡大部分村民饮用的是山泉水，都是将整根毛竹用铁冲尖刀打通竹节，把毛竹头尾连接，接头用布条塞紧防漏水，用竹尾或木材搭架，由高而低，用几根或几十根毛竹连接，把泉水引到屋边，各村民用水桶接水，拿回家倒进水缸备用。这样一处水，可供几十户人家饮用。一小部分人家饮用井水。

改革开放后，人民生活逐步提高，以村或临近几户人家自主集资在山泉水处建造水泥、砖石结构的蓄水池，并用大、小塑料管连接各户，全乡各村民都安装上了自来水。

2. 灌溉用水

青街田地都是梯田，最高梯田是由山泉水灌溉，中间梯田由坑水拦坝引进灌溉；低处的大中梯田用拦溪造坝开渠引水灌溉。由高而低，可自动引水灌溉和排水，非常方便。20世纪70年代，为了扩大农田灌溉用水和发电，青街建造了3座水库，库容量3.67亿立方米，至2015年保持库容量不变。

九岱水库　位于九岱村村口水碓垟自然村，主流源自黄家坑，集雨面积为2平方千米，设计水头13米，蓄水量为1.50万立方米，1972年建成，水库主要建筑蓄水大坝、引水渠道、压力前池、厂房及升压设备，装有1台碾米机、1台磨粉机，大大方便了九岱村民及周边村民加工粮食，同时装有1台12千瓦的发电机，让九岱村畲民开始体验点灯不用油的生活。灌溉范围内耕地面积6.67公顷，水库蓄水可满足下游睦源村农田的灌溉要求，提高灌溉保证率和复种指数。

贡后水库　位于贡后水尾口，主流源自贡后和九岱七亩，集雨面积1.5平方千米，蓄水量1.70万立方米，水头18米，1974年建设，水库主要由蓄水大坝、引水渠道、压力前池、产房及升压设施等组成，装有1台20千瓦发电机，发电供给贡后各自然村村民照明。

（二）供　电

20世纪70年代前，青街畲族乡境内村民照明用菜油灯或蜡烛，灯光昏暗。许多人还用乌桕籽油点灯，但气味难闻。贫穷山民也用松明、火篾照明，后来出现煤油灯，出门一般用灯笼或桅灯，少数人用电筒。

1972至1993年，青街畲族乡境内建设水电站3座，装机容量332千瓦，部分村开始通电。平阳县青街畲族乡十五亩水力发电站于1993年11月建成投入使用，装机容量300千瓦，总投资金67万元，年发电量60万千瓦时，该电站的蓄水塘位于南朱山水尾口，小拦水坝库容4700立方米，落差110米，发电厂房建在十五亩村。

1995年，全乡实现村村通电。1996年8月改造南朱山、白岩下等9个村总长约32千米的低压线路。1998年完成睦源、青街、太申3村用电标准化建设。2001年，全乡完成高压线改造和农电网的改造。

三、邮　电

青街畲族乡邮政所的前身是青街邮政代办所，始办于1955年，设在睦源桥边董家，池爱珠同志负责，兼售邮票，邮箱挂在她家门口，邮票有普通（八分）和挂号（贰角）两种。寄信人只要在信封右上角贴上邮票投入信箱即可。池爱珠在邮票上盖上邮戳由邮递员取走。

1995年，青街畲族乡开通程控电话。1998年建成青街邮电所。完成有线电视工程建设，开通有线电视。2000年，移动通信信号开通。2010年，设邮政网点1个，投递路线单程总长度22千米。有固定电话用户0.20万户、移动电话用户1万户、宽带接入用户0.24万户。2012年4月，青街畲族乡邮政所重建于三源路3号。所中只有池刘平一人，负责邮政所中挂件、包裹、特快专递、汇兑、话费充值、电力缴费、助农取款等业务。2015年，青壮老年人都有智能手机，户户开通宽带网络，通讯极其方便。

第二节 教 育

青街乡民非常重视教育。唐宋至清末，曾办过私塾、族馆、义馆、书院等。清光绪三十年（1904年），创办了睦源初级小学。1949年下半年，睦源小学由平阳县人民政府接管，实行公办，后又陆续在各行政村创办民办公助小学。1963年9月，创办青街农业中学，学员半工半读。1969年9月，创办青睦中学，1993年5月更名为青街云祥中学。

1950年7月，全面开展业余教育和扫盲活动，创办了工农速成识字班、夜校、午晚班、送字上门、包教包学，形成"万人教，全民学"的扫盲高潮。1958年4月，基本实现了青壮年无盲乡。1987年始办青街幼儿园，加强基础教育。1993年，创办青街畲族乡成人文化技术学校，传授科学文化技术知识。2015年，有青街畲族乡小学1所，在校小学生为139人，幼儿园1所，在园儿童有110人。

一、社学与私塾教育

唐宋至清末，青街乡通过社学与私塾教育培养人才。南宋时期，据周姓宗谱记载，周姓出18名进士。清代，全乡出举人1名、释褐进士1名、登仕郎1名、迪功郎3名、贡生11名、生员2名、国学生31名、太学生2名。

清代以前，青街双合殿大宫、岭脚潭宫、李氏宗祠、九岱宫、白岩下厝宫、南网外厂宫等曾是私塾场所，由族（村）延师设馆，为族（村）儿童青少年提供受教育机会，有"义塾"性质，称社学。南宋时期，月山书院（址在青街村书房基）系周氏子孙读书之所。

民国年间，青街、睦源、白岩下、南网、东坑、布袋坑等村，都曾创办有私塾。私塾又称蒙馆、学馆。有大户人家延师在家设学的私塾，有塾师自设的学馆，有族（村）延师设馆的义塾。私塾入学年龄没有严格限制，一般招收7岁以上蒙童，年龄无上限，无统一学制。1个塾师一般教1—10个学生。主要教材有《三字经》、《百家姓》、《千家诗》、《幼学琼林》、"四书"、"五经"等。民国时期增加《古文观止》等。教材由塾师选定，一般符合由浅及深原则。年初开馆，冬至结束，无暑假和休息日。课程安排也很简单，圈点课文。教学方法比较传统，师生一对一教读，或由教师领读，学生跟读。

二、学校教育

青街学校教育始于清光绪三十年（1904年），由青街乡绅李元卿发起创办睦源初级小学，让全乡各村儿童来校读书，学校经费由竹排运输队捐资维持。1949年下半年，学校转公办，教师7人，学生120人。1990年，青睦中心小学有12个班级，学生553人，教师25人；2015年下学期，6个班级，学生139人，教师17人。

1987年，青街幼儿园始办，教师1人，幼儿42人，2010年9月青街畲族乡中心幼儿园由民办转为公办，成为平阳县第一所乡镇公办中心幼儿园。2015年，4个班级，幼儿110名，专任幼师8名，入园率99.90%。

1950年2月，青街各村校小学都转为公助民办小学，全乡共有民办小学13所。民办教师工资低（每月只领公助部分12元）、生活艰苦（有些教师住宿在宫殿或祠堂）、教学任务重（白天教"一、二、三年级复式"教学，晚上还要教夜校）。改革开放后，人民生活不断提高，有些学生随家长外迁求学，民办小学生数量逐渐减少而停办，学生并入青街中心校。2003年，九岱、南网、东坑3所民办小学最后停办。

1963年9月，青街农业中学始办，半工半读。1969年9月转为全日制，办在青睦小学内，称青睦中学。1990年5个班，学生237人，教师9人。1993年5月，青睦中学更名云祥中学，2006年，3个班级，学生134人，教师10人，2008年并入青街中心校，2009年8月停办。

（一）幼儿教育

1987年春，李爱金受青街乡妇联的委托，创办青街幼儿园，收幼儿42名，园址设在睦源村仓库，后迁至青街村六板桥边李信实新建楼房。1990年，李宝华在睦源路66号创办青街乡第二幼儿园，当年招收幼儿38名。1996年，两家幼儿园合并为青街乡幼儿园。园址设在青街沿溪路1号，设大、中、小三班，共收幼儿96名。

2006年，青街乡幼儿园被县教育局命名为平阳县青街畲族乡中心幼儿园。2007年，新入园17人，大、中、小班共计幼儿49名。教职员工5人，其中专任教师3人。2009年，青街畲族乡中心幼儿园搬迁到原云祥中学综合楼，大、中、小三班幼儿数65名。2010年9月，青街畲族乡中心幼儿园由民办转为公办，成为平阳县第一所乡镇公办中心幼儿园。2011年12月，青街畲族乡中心幼儿园被评为浙江省三级幼儿园。2012年，县发改局、县教育局、青街乡人民政府共投资380万元拆除原云祥中学综合教学楼，兴建青街畲族乡中心幼儿园新园舍，占地面积3103平方米，建筑面积1589平方米，户外活动场所2541平方米。2013年竣工。全园配套设施齐全，有符合幼儿健康发展要求的活动室、午睡室、盥洗室、衣帽间、保健室，有培养幼儿兴趣与能力的美劳室、建构室、海洋球室、图书室、多功能活动室、户外大型滑梯组合、玩沙区、玩水区、种植园。新园舍设有小、中、大三班，在园幼儿100名。

2015年，全园有4个班，共计幼儿110名，教职员工17名，其中专任教师8名。全乡幼儿入园率99.90%。

（二）小学教育

清光绪三十年（1904年）李元卿等人在青街水口天后宫（今双合殿）创办睦源初级小学。清宣统二年（1910年），雷氏宗亲捐资创办九岱小学（校址九岱宫）；民国2年（1913年），创办南岗小学（校址南网外厂宫）；民国14年（1925年），创办青街乡第三初级小学（白岩小学前身）；民国33年（1944年），创办东坑小学（校址在王氏祠堂）。1955年，创办朱山小学（校址朱山水口宫）；1956年，创办王神洞小学（校址在王神洞农场住房大厅）；1960年，创办大垟小学；1965年，创办垟心小学；1966年创办东上小学；1970年，创办十五亩小学、贡后小学；1972年，创办章山小学；1988年，创办腾岩小学。

1. 青街畲族乡中心小学

前身为创办于清光绪三十年（1904年）的睦源初级小学，曾名为青街中心小学、青睦中心小学。位于青街水口的青街双合殿的右殿。

民国26年（1937年），校长李信我去信新加坡国龙皮革公司会计李基中，动员华侨捐款。用善款为学校购田2亩多建操场，还购了一批课桌椅、一架大风琴和一些教学和体育器具。次年学生132人，教职工7人。民国38年，教员3人，学生不足50人。青街解放后（1949年下学期），学校由县政府接管，教师7人，学生120多人。1952年，有6个班级，学生185人。有2名毕业生考上平阳中学，后来有1名考上浙江大学。

1990年，青睦中心小学，12个班级，学生553人，其中一年级84人、二年级101人、三年级88人、四年级131人、五年级149人。教师25人，其中公办12人、民办7人、代课6人。合龄儿童入学率达98.23%，12—40周岁的少青壮年非文盲率达93.35%。1995年，全乡小学入学率达99.46%，普及率达96.95%，少青壮年非文盲率已达97.52%。2007年下学期，小学7个班，学生263人，其中女生109人，少数民族学生94人，专任教师33人。2015年下学期，6个班级，学生139人，其中一年级28人、二年级23人、三年级21人、四年级23人、五年级23人、六年级21人。教职工21人，其中专任教师17人。校舍建筑面积8653.52平方米，200米塑胶操场、功能室、实验室、电脑室、图书室、美术室、音乐室等健全。

学校以"尚德·远志·笃行"为校训，以"坚持德育优先、态度优先、追求精细、精致，争创农村优质学校"为发展的基本思路，以青街畲乡人的"勤劳"和青街竹乡文化中"坚韧不拔"为核心文化内涵，培养具有青小特质的小学生。全校师生秉承永不言弃的精神干劲，努力发展。学校在核心文化的指导下，积极进行畲乡民族教育的探索。学校以社团活动为依托，开设了畲语、畲歌、畲舞、畲族民俗等课程，把畲族文化传承与学校教育紧密结合起来，在畲文化传承的同时，学生的素质得到良好的发展。同时，学校依托每年的畲乡"三月三"活动，通过畲族婚庆习俗、做乌米饭、捣糍粑、对畲歌、跳畲舞等活动对学生进行畲族文化的教育。青小畲舞小舞蹈队员们多次参加县区活动，受到好评。畲舞《畲族娃幸福梦》获得平阳县艺术节优秀舞蹈奖。通过多年努力，青小师生很好地继承了畲家人的勤劳善良、坚韧不拔的精神。学校先后被评为市义务教育标准化学校、市信息化学校、市绿色学校。

表2-5-2-1　　　青街学校历任校长一览表

姓名	性别	职务	任职时间
李元卿	男	校长	1904.10—1919.12
池友梅	男	校长	1920.01—1933.12
朱仰西	男	校长	1934.01—1935.01
李会中	男	校长	1935.02—1936.12
李信我	男	校长	1937.01—1940.12
李介中	男	校长	1941.01—1942.12

续表

姓名	性别	职务	任职时间
吴明昂	男	校长	1943.01—1943.11
池方成	男	校长	1943.12—1944.08
吴良楷	男	校长	1944.09—1945.08
池友文	男	校长	1945.09—1947.12
李昌中	男	校长	19490.9—1951.08
林翰	男	校长	1951.09—1955.08
唐 勋	男	校长	1955.09—1962.08
林声斗	男	校长	1962.09—1969.08
李信涨 蓝天决	男	校长	1969.09—1976.09
沈秋女 池云亮 （临时主持）	男	副校长	1976.10—1977.02
蓝德柔	男	校长	1977.03—1981.08
李信谦	男	校长	1981.09—1983.08
池云源	男	校长	1983.09—1986.08
温兴普	男	校长	1986.09—1987.10
李克宾	男	校长	1987.11—1989.09
池云源	男	校长	1989.10—1992.08
温兴阔	男	校长	1992.09—1993.09
李克宾 李学军 （主持工作）	男	校长	1993.10—1995.08
李学军	男	校长	1995.08—1996.08
温兴阔	男	校长	1996.09—2006.08
蓝天胜	男	校长	2006.09—2013.08
施世然	男	校长	2013.08—2015.底

表2-5-2-2　　青街中心校历任教导主任名录一览表

姓名	性别	职务	任职时间
李招州	男	教导主任	1949.09—1950.08
朱仁年	男	教导主任	1950.09—1955.08
林克靖	男	教导主任	1955.09—1959.08
唐书君	男	教导主任	1959.09—1962.08
李信谦	男	教导主任	1962.09—1981.08
李信涨	男	教导主任	1981.09—1985.08
温兴普	男	教导主任	1985.09—1986.08
李卫中	男	教导主任	1986.09—1988.08
李志晃	男	教导主任	1988.09—1992.08
胡型让	男	教导主任	1992.09—2001.08
兰天胜	男	教导主任	2001.09—2006.08
施世然	男	政教主任	2006.09—2010.08
陈圣宗	男	教导主任	2007.09—至今（2015.底）

表2-5-2-3　　青街中心校教师名录一览表

姓　名	性别	家庭住址	任教时间	任教课程	学历	备　注
李昌忠	男	青街	1949.09—1951.08 1969.09—1982.12	语文	中师	退休
李信言	男	青街	1957.09—1980.12	数学	中师	退休
李招洲	男	闹村	1949.09—1951.08	数学	温师	调苍南
朱仁年	男	水头	1950.09—1955.08	音乐	中师	调水头
林翰	男	莒溪	1951.09—1955.08	语文	中师	调苍南
唐淑玉	女	莒溪	1951.09—1955.08	语文	中师	调苍南
陈群	男	顺溪	1951.09—1957.08	数学	黄埔军校	调顺溪小学
杨志诚	男	温州	1952.09—1957.08	语文	中师	调温州
温益三	男	水头	1952.09—1957.08	数学	中师	—
林德快	男	山门	1952.09—1958.08	音乐	中师	调山门小学
唐勋	男	腾垟	1955.09—1962.08	语文	中师	调苍南

续表1

姓 名	性别	家庭住址	任教时间	任教课程	学历	备 注
林克靖	男	腾垟	1955.09—1959.08	数学	中师	调苍南
唐书君	男	腾垟	1955.09—1962.08	语文	中师	调苍南
黄益谦	男	青街	1959.03—1959.06	语文	高中	转粮管所
张全尊	男	青街	1960.09—1966.08	语文	中师	退休
池云源	男	青街	1962.03—1986.01 1989.08—1992.08	数学	中师	退休
简爱琴	女	青街	1962.03—1983.01	语文	高中	退休
林声斗	男	山门	1962.09—1969.08	语文	中师	调山门小学
池天放	女	青街	1962.09—1976.08	语文	高中	调东屿小学
李信谦	男	青街	1962.09—1982.12	语文	中师	离休
李信涨	男	青街	1963.09—1985.08	语文	大学	调水头小学
陈秀金	女	青街	1964.09—1985.08	数学	大学	调水头小学
张全奕	男	青街	1965.03—1966.02	理化	高中	－
蓝德柔	男	青街	1963.07—1997.02	语文	少师	退休
雷金莲	女	青街	1964.09—1994.08	语文	少师	退休
雷顺明	男	青街	1965.09—1998.08	体育	少师	退休
黄秀玉	女	青街	1966.08—1981.02	语文	高中	－
沈秋女	女	青街	1964.09—1974.08	思品	高中	转业
池昌孚	男	青街	1968.09—1975.08	语文	高中	－
池昌宣	男	青街	1969.09—1983.12	音乐	中师	退休
蓝天送	男	青街	1968.09—1970.12 1974.03—2011.10	数学	少师	退休
李志晃	男	青街	1963.09—1964.08 1970.02—1992.08	数学	大学	青睦中学
郑玉梅	女	青街	1972.09—1983.11	语文	高中	退休
魏起城	男	青街	1975.09—1983.08	语文	高中	转业
徐世荣	男	青街	1971.09—1983.08	数学	高中	转业
朱招乾	男	青街	1976.02—1992.08 1999.09—2008.08	数学	高中	退休
温兴阔	男	青街	1972.03—2012.05	语文	高中	退休

姓　名	性别	家庭住址	任教时间	任教课程	学历	备 注
蓝方华	男	青街	1983.09—1993.08 1998.09—2015.08	政治	少师	退休
蓝梅红	女	青街	1976.02—1992.08	语文	少师	青睦中学
雷顺波	男	青街	1984.01—1992.08	体育	少师	退休
李信延	男	青街	1975.09—2015.11	体育	高中	退休
温兴旺	男	青街	1976.02—2016.09	数学	高中	退休
胡爱贞	女	青街	1975.09—2013.06	语文	高中	退休
陈丽芳	女	青街	1975.10—1994.03	语文	高中	退休
李庆亮	男	青街	1980.02—1992.08 2009.09—2010.12	体育	高中	退休
雷明孝	男	青街	1970.09—1972.08 1992.09—2010.07	数学	少师	退休
池长春	男	青街	1975.09—1980.07	语文	中师	调苍南
池秋录	女	青街	1976.09—1977.07	数学	高中	转业
李丽君	女	青街	1977.09—1978.02	数学	大学	调平阳一小
魏起瑜	男	青街	1978.09—1985.08	语文	中师	调水头四小
李学军	男	青街	1986.09—1992.08 1993.10—1996.08	数学	大学	调山门学区
池昌前	男	青街	1992.09—2015.12	语文	高中	退休
蓝天决	男	青街	1970.09—2006.03	音乐	高中	退休
温兴普	男	青街	1979.09—1986.07 1989.09—2010.11	语文	大学	退休
李卫中	男	青街	1979.09—1987.08	数学	大学	退休
李克宾	男	青街	1973.09—1990.08 1993.09—2016.11	体育	中师	退休
蓝锡对	男	青街	1985.09—1992.08	理化	大学	调水头
张仁颂	男	青街	2004.09—2010.07	数学	高中	退休
池方垞	男	青街	1983.09—1992.08	语文	大学	青睦中学
李美娇	女	青街	1992.09—2009.05	语文	中师	退休
王后瑞	男	青街	2003.09—2008.05	语文	高中	退休
池长仙	男	青街	1988.09—1992.08	语文	大学	调鳌江

姓　名	性别	家庭住址	任教时间	任教课程	学历	备　注
李小斌	女	青街	1984.09—1992.08	英文	大学	调平阳教育局
李信欣	男	青街	1984.09—2001.08	英文	大学	调平阳二中
唐菲菲	女	青街	1976.09—1978.08	语文	中师	调南雁
卢立松	男	南雁	1971.09—1978.08	语文	中师	南麂小学
雷衍宾	男	青街	1975.09—1992.08	理物	少师	调云祥中学
池云亮	男	青街	1970.10—1992.08 1999.07—2005.02	语文	高中	退休
曾瑞嵌	男	灵溪	1971.09—1984.08	语文	中师	灵溪小学
雷正旺	男	青街	1977.02—2017.03	语文	中师	退休
王丽珠	女	青街	1985.09—1986.07	数学	高中	转业
温兴伟	男	青街	1986.09—1987.07	数学	高中	转业
雷大府	男	南田	1991.08—2015.12	语文	少师	在职
曾小洲	男	灵溪	1983.09—1984.08	语文	中师	调苍南
池剑丰	男	青街	1983.12—1984.12	语文	大专	转农行
池灵萍	女	青街	1980.09—2001.07	音乐	高中	转业
池文红	女	青街	1981.08—1987.07	数学	大专	调水头
李少蓉	女	青街	1981.09—1987.10	语文	中师	调南雁小学
张仁圭	男	青街	1985.09—1986.08	语数	高中	转业
池昌永	男	青街	1987.03—1987.08	语数	高中	调苍南
池昌达	男	青街	1984.01—1990.12	语文	中师	调苍南
雷衍荣	男	青街	1991.09—1993.12	数学	高中	转业
雷顺井	男	青街	1991.09—1993.12	数学	高中	转业
蓝天安	男	青街	1993.09—2001.08	语文	大学	水头镇一中
陈素清	女	青街	1986.09—1993.12	语文	中师	调平阳
雷顺群	男	青街	1980.03—2008.05	数学	高中	退休
李贤中	男	青街	1995.07—2017.03	数学	高中	退休
施德琪	男	青街	2003.09—2008.02	语文	高中	退休
陈亦尧	男	青街	1978.02—2018.11	数学	高中	退休
胡英科	男	青街	1988.09—1993.08	语文	大学	调水头

续表4

姓　名	性别	家庭住址	任教时间	任教课程	学历	备 注
雷日群	男	青街	1992.08—1998.07	美术	中师	水头四小
雷顺仕	男	青街	1992.08—2012.08	数学	大学	调水头四小
杨作铭	男	青街	1992.08—1999.07	数学	大学	调平阳县教育局
李前贤	男	南雁	1993.08—1997.07	语文	大学	南雁小学
池昌交	男	青街	1993.08—1996.07	数学	大学	灵溪
池长驹	男	青街	1993.08—1999.07	体育	大学	昆阳二小
雷日坤	男	青街	1995.08—2001.07	语文	大学	水头实验小学
胡燕飞	女	青街	1996.08—2001.08	语文	大学	鳌江小学
胡型让	男	山门	1994.08—2003.08	科学	大学	水头一小
雷美月	女	青街	1994.08—1997.07	语文	大学	鳌江实验中学
池昌斌	男	山门	1994.08—1997.07	思品	大学	北京
雷小春	女	青街	2002.08—2004.07	语文	大学	杭州
陈圣泼	男	青街	1993.08—1999.07	数学	大学	水头二小
李妙忠	男	青街	1992.08—1999.07	语文	大学	鳌江
李金装	女	青街	1996.08—2002.07	音乐	大学	水头一小
李青恒	女	青街	1998.08—2004.07	语文	大学	水头二小
蓝天程	男	青街	1999.08—2005.07	数学	大学	水头一小
李信华	男	青街	1982.01—2015.12	语文	大学	在职
李兴中	男	青街	1984.01—2015.12	数学	中师	在职
池长艺	男	青街	1984.01—2015.12	数学	大学	在职
陈积次	男	南雁	1982.09—2015.12	数学	中师	在职
张仁寿	男	青街	1998.11—2015.12	数学	大学	在职
蓝天胜	男	青街	1998.09—2013.08	语文	大学	调山门学区
雷昌兴	男	青街	1998.09—2013.08	科学	大学	调水头一小
施世然	男	青街	2001.08—2017.08	语文	大学	调昆阳二小
陈圣宗	男	青街	2002.08—2015.12	数学	大学	在职
蓝菲菲	女	青街	2002.08—2013.08	语文	大学	调水头二小
李平平	女	青街	2002.08—2015.08	音乐	大学	鳌江十二小

续表5

姓 名	性别	家庭住址	任教时间	任教课程	学历	备 注
谢作跑	男	麻步	2005.08—2009.08	科学	大学	平阳二中
周倩如	女	青街	2005.08—2009.08	音乐	大学	鳌江十小
池春玲	女	青街	2006.08—2009.08	数学	大学	宋埠小学
池真真	女	腾蛟	2006.08—2009.08	科学	大学	腾蛟一小
周陈静	女	水头	2006.08—2009.08	语文	大学	水头三小
李培胜	男	水头	2007.08—2009.08	体育	大学	水头三小
林小玮	女	麻步	2007.08—2009.08	科学	大学	麻步一中
周美娟	女	南雁	2008.08—2010.12	英文	大学	鳌江十二小
池夏方	男	青街	2009.08—2015.12	—	大学	在职
杜海峰	男	萧江	2008.08—2009.08	语文	大学	调鳌江
董希函	男	水头	2009.08—2013.04	数学	大学	水头二小
廖 文	男	水头	2009.08—2015.12	社会	大学	在职
潘 仲	女	青街	2009.08—2015.12	英语	大学	在职
王令统	男	鳌江	2009.08—2015.08	美术	大学	鳌江四小
郑画画	女	鳌江	2010.01—2011.12	音乐	大学	鳌江一小
林 齐	男	南湖	2013.08—2015.08	科学	大学	水头实验小学
王小燕	女	鳌江	2014.08—2015.12	语文	大学	在职
张作炼	男	鳌江	2014.08—2018.08	体育	大学	鳌江十五小
周梦瑶	女	昆阳	2014.08—2015.12	音乐	大学	在职
周小敏	女	郑楼	2014.08—2015.08	数学	大学	郑楼中心校
张文意	女	鳌江	2015.08—2015.12	数学	大学	在职

2. 青街畲族乡民办小学

全乡的民办小学共有13所。最早的是清宣统二年（1910年）九岱雷氏宗亲捐资创办的九岱小学（校址在九岱宫），1913年创办南岗小学，1925年创办白岩小学，1944年创办东坑小学。1949年以后，为了普及小学教育和方便学龄儿童就近入学，配合各村领导开展青壮年的扫除文盲工作，又陆续了创办了王神洞、朱山、大垟、垟心、东上、十五亩、贡后等9所民办小学。

民办小学教师教学任务重，白天要进行一年级、二年级、三年级学生组成的"复式"教学，有的还有午班或晚班（放牛娃和因贫困不能入学的儿童）；晚上要教夜校，扫除少青壮年文盲，夜以继日地工作。生活艰苦，有的教师吃住在宫殿或祠堂；工资低（每月15—25元），每月只领8—14元的公助部分，其余生产队负担的部分要待年终决算后才能领，生产队收成不好时还领不到工资。为了普及小学入学率，垫付贫困儿童的书簿费和学费，往往无收。

民办教师，虽然工资低，生活艰苦，但他们忠诚于党的教育事业，呕心沥血，夜以继日地工作，无怨无悔。雷顺林、雷金莲、兰德柔、池方垞、张全两、郑玉梅等老师，为了探索复式教学的规律，刻苦钻研，累积经验，多次开乡、区、县级"复式教学"公开课或观摩课，多次被评为区、县级先进教师。特别是雷顺林老师，1983年被评为浙江省"五讲四美"优秀教师、浙江省少数民族优秀教师。1984年被评为温州市劳动模范。

九岱小学　宣统二年（1910年）秋，雷氏族亲捐资聘请莒溪王洞塾师刘某来九岱始办九岱小学堂，校址在九岱宫，学生12人。民国34年（1945年），九岱小学迁至坭山蓝金生农舍内，教师蓝长行，学生15人。民国37年，小学回迁到九岱宫，教师李国华，学生18人。1956年，张全尊老师来校任教，学生增至32人，一、二年级复式，晚上还教夜校。1958年，县教育局拨款500元，群众献工250元、献木料值500元，在九岱宫建成1座由2个教室和1个办公室组成的纯木结构的新校舍。1963年，雷顺林来九岱小学任教，一、二、三年级复式，学生增到45人。1965年，乡、区级复式教学公开课在九岱小学举行，雷顺林老师执教，教学效果良好。1975年，县教育局拨款2000元，群众献工献料，在原校舍两侧扩建2个教室，教师2人，学生58人。1982年，一、二、三、四年级学生增至68人，教师3人。同年10月，市、县复式教研公开课在九岱小学举行。雷顺林老师执教（二、四年级复式）。市、县教研员，本县各小学校长、教师代表200多人参加。课后教研评估优秀。1983年，平阳县教育局批示，畲族学生免收学费。雷顺林老师被评为"浙江省五讲四美"优秀教师、浙江省少数民族优秀教师。1984年冬，雷顺林老师被评为温州市劳动模范。1989年，县教育局拨款2万元，九岱小学在坭山重建1座2层的由3个教室和2个办公室组成的教学楼。在校教师3人，学生47人。1990年，九岱小学教师3人，其中公办教师2人、代课教师1人，学生43人，其中一年级12人、二年级11人、三年级8人、四年级12人。2003年，据平政发〔2003〕45号文件，九岱小学撤并入青街畲族乡中心小学。

王神洞小学　1956年始办，校址在王神洞农场住房大厅。聘请闹村蓝天坚任教，一、二年级复式，学生29人。教师兼教夜校识字班。1963年，县局拨款2000元，群众献工200天，在外垟溪边北面兴建2个教室1个办公室的教学平房1座，占地面积121.80平方米。1966年新校舍建成入住，教师2人。一二年级复式、三四年级复式共2个班，学生52人。1978年，朱山、贡后、腾岩、大垟部分学生来校学习，一二年级复式、三四年级复式、五年单式共3个班，原办公室也作教室了。教师4人，学生73人。1979年5月，青街乡复式教学观摩课在王神洞小学举行。雷金莲老师执教，三四年级复式，班级学生31人。小学校长、学科教研员、村校教师代表20多人参加，课后教研评估良好。1986年4月，山门区复式教学公开课在王神洞小学举行。山门区各乡镇小学教研员，各村校教师代表80多人来校参加。雷金莲老师执教，二三年级复式、课后教研评估优秀。1990年，2个班级，学生23人。其中一年级11人，二年级12人，教师2人，其中公办教师1人、代课1人。1993年，平政发〔1993〕121号，王神洞小学并入青街畲族乡中心校。

南网小学　民国2年（1913年），张全敬、吴明川带头捐资创办南岗小学。校址在南网外厂宫。桂山、联山、少尖、上笼、东上、朱山等地儿童均来校读书。1941年，校长施光新，教员4人，学生60人，改校名为"青街乡第三、四保校"。1946年，更名为"睦源乡十四保校"，校长吴明概，教员3人，学生66人。1949年，更名为"青街乡南网小学"，校长张全尊，教员3人，学生72人。1964年，张全两老师任校长，教师4人，学生85人。同年冬，县局拨款1万元，群众投工500天，无偿去青街挑沙、挑石子，去腾垟运石板。在南网外厂宫拆去两侧廊，建成4个教室、2个办公室的砖木结构教学平房，占地面积204平方米。1979年10月，山门区复式教研公开课在南网小学举行，各小学教研员、村校教师代表30多人参加，张全两老师执教，课后教研评估优秀。该年，南网小学被评为山门区教学先进单位。1983年，县局拨款在南网外厂大厝基后面兴建1座2层砖木结构，有5个教室、2个办公室，还有厨房、教师寝室等新校舍，1985年竣工，南网完小迁入新校舍。1990年，南网小学5个班学生148人，其中一年级27人、二年级32人、三年级25人、四年级39人、五年级25人。教师7人，其中公办2人、民办2人、代课3人。2003年，据平政发〔2003〕45号文件，南网小学并入青街畲族乡中心小学。

白岩小学　白岩小学办学较早，在20世纪20年代就设馆延师，教读子弟，直至1949年，在学儿童少者15人，多者20多人。馆址设上厝大厅和下厝内宫。教的是《三字经》《增广贤文》和《神童诗》之类的启蒙读物和四书五经。30

多年来，延请塾师5人。塾师的薪金由学生负担，每人每年50斤稻谷或50斤番薯丝。1950年，创办了白岩村第一所现代学校。校址在下厝内宫。校长池步暖，教师池方庆，学生32人，学生除来自白岩村外，还来自王神洞、贡后、大垟等自然村。开设课程有语文、数学、音乐、图画、体育等，至1952年下半年停办。1956年，重办白岩小学，校址设上厝外宫，开设一至三年级复式班，学生22人。生源来自白岩、腾岩2个村，教师季庆宙。1959年校址迁到大队办公室（上厝路边），学生最多时25人，最少15人，李志勉、黄益谦、施巨猛、温怀对、林翠香、池方垵等分别在此任教。1971年，白岩、大垟、腾岩3个村（本为3个大队，1973年合并为一个行政村，改名为三村大队），创办了一所五年制民办公助的完全小学——三村小学，仍为复式教学。校址在白岩底壶（3个村中心点），学生最多时达75人，开始由2位教师任教，到1973年增加到3名教师，完小一直坚持到1980年。1973年曾在三村小学开过四五年级复式公开课，执教老师池方垵。参加教研活动的有本公社各村校教师和部分青街中心学校教师，课后教研评估优秀。10年间，在此完小任教过的教师有池方垵、徐世荣、池秋莲、雷明孝、李贤中、胡爱真等6人。1981年，五年级入青街中心学校学习，学校转为一至四年级复式教学，学生38人，教师有池方垵、李贤中、池昌前。1988年三村大队撤销，恢复白岩、大垟、腾岩3个村，仍分为3个大队，三村小学也随之结束。白岩、大垟各自在本村建造新校。白岩小学的校址在九宫隔，大垟小学在大垟村水口宫边，腾岩小学在腾岩水口宫。1990年，白岩小学二个班级，学生30人，其中一年级8人、二年级10人、三年级12人，教师2人，其中公办1人、代课1人。1993年，腾岩学生入白岩小学，当时白岩学生20名，任教老师池昌前，2000年由于生源少，不到10名，上级教育部门决定白岩小学并入青街中心学校，大垟小学1997年并入青街中心校。

东坑小学　1944年（民国33年），校名为青街乡第三保校，校长陈观秋，校址在王氏祠堂，教员3人，学生42人。1945年，校长王锦晃，学生54人。1949年，李国华先生一人任教，一年级与二年级复式教学，校址在王氏祠堂，学生27人。1962年，郑玉梅老师来校任教，一至三年级复式教学，校舍迁至李夫实厝大厅，学生37人。1963年10月，山门区复式教学公开课在东坑小学举行，山门各乡镇小学教研员、村校教师代表50多人来校参加，郑玉梅老师执教，一至三年级复式，课时45分钟，课后深得老师们好评。该年郑玉梅老师被评为山门区优秀教师。1964年，上级拨款300元，村干部发动群众捐资，献工献料，在东坑隔门地方建成由2个教室、1个办公室和厨房、寝室组成的石、木结构的校舍1座，学生增到38人。1984年，县局拨款1万元，村长王荣两、老师王积义带头发动群众捐资、献工献料，在原校址重建1座2层3个教室、1个办公室和教师寝室、厨房等组成的钢筋水泥、砖木结构的校舍5间，四周高筑围墙，设大小铁门两处，教师3人，学生增到82人。1985年10月，山门区复式教学公开课在东坑小学举行，区教研员、各小学、村校教师代表40多人来校参加，王积义老师执教，课后教研评估优秀。1985年冬，学校四周栽种树木花草，四季鲜花常开，环境优美，被评为平阳县绿化先进单位。1990年，东坑小学学生50人，3个班级，其中一年18人、二年17人、三年15人，教师3人，其中公办、民办、代课教师各1人。2003年，东坑小学并入青街畲族乡中心小学。

表2-5-2-4　　1910—2003年青街畲族乡民办小学一览表

校名	创办时间	历任教师名录	停办时间	并入学校	停办原因
九岱小学	1910年	刘某、蓝长行、李国华、张全尊、简加鹤、蓝天坚、蓝天厚、雷盛把、素秋、雷顺林、雷顺明、雷顺群、陈积次、雷昌兴、雷衍荣	2003年	青街中心校	生源不足
王神洞小学	1956年	蓝天坚、雷必欣、雷必仕、周锡蓝、蓝德柔、雷金莲、雷美红、蓝天决、蓝梅红、蓝德井、蓝天送、雷顺群、胡爱贞、蓝美绿、蓝玉琼、蓝天胜	1993年		
白岩小学	1925年	池步暖、池方庆、季庆宙、李志勉、黄益谦、施巨猛、温怀对、林翠香、池方垵、徐世荣、王后素、池秋莲、雷明孝、李贤中、胡爱贞、池昌前	2000年		
南网小学	1913年	张全敬、吴明川、施光新、吴明概、张全尊、张全两、蓝德柔、郑玉梅、张全奕、张全益、张仁颂、张仕秀、雷日坤	2003年	青街中心校	
东坑小学	1944年	陈观秋、王锦晃、王锦仕、李国华、周青钩、郑玉梅、张全两、池方垵、简爱琴、王积义、陈金花、李克宾、李信延、王后瑞	2003年		
朱山小学	1955年	雷必欣、雷美红、李信涨、池云亮、黄秀玉、郑金枝、施明法、施德琪	1997年		

续表

校名	创办时间	历任教师名录	停办时间	并入学校	停办原因
贡后小学	1970年	雷金莲、蓝德柔、雷明孝、池昌宣、池长艺、池方住、陈亦尧、雷顺群、池昌达、池美华	1993年	青街中心校	生源不足
大垟小学	1960年	雷顺市、李汉中、徐世荣、李志勉、群青、李贤中	1997年		
东上小学	1966年	郑玉梅、李悌帽	1997年		
十五亩小学	1970年	李信言、李信满	1993年		
垟心小学	1965年	张全尊、林翠娥、蓝天送、温怀守、池云亮、温兴旺	1986年		
章山小学	1972年	钟义德	1982年		
腾岩小学	1988年	1名代课老师（姓名未查到有效资料）	1993年	白岩小学	

（三）中学教育

1962年9月，青街业余初中班始办，学生38人，教室设在小学。1963年9月，青街农中始办，半耕半读，学生42人，课堂设在青街感德宫。1969年9月，青街农中改制为青睦中学，招初一新生48人，和青睦小学合办。1990年，青睦中学5个班，学生237人，其中初一113人、初二84人、初三40人，教师9人。

1990年，旅美华侨池云祥回乡探亲，投资33万元，李信惠捐资5000元，萧江镇人民政府捐资5000元，青睦中小学15位教师捐资1500元，开始在月山脚下兴建1座6个教室、3个办公室的2层教学楼和1座含教师宿舍、教工食堂的二层楼房。1992年9月青睦中学师生搬入新校舍上课。1993年5月，青睦中学改名为云祥中学。1996年杭州制氧有限公司和平阳县萧江镇人民政府各捐资5万元，在教学楼右侧续建一座含室内体育室、教师会议室、物理实验室、化学实验室、图书室的三层综合楼。2006年，云祥中学占地面积6514平方米，建筑面积1663平方米，图书5000册，固定资产86万元。3个班级，学生134人，其中女生77人，初一42人、初二57人、初三35人，教职工13人，专任教师10人。2008年中学并入中心校。2009年8月中学停办，学生转入其他乡镇中学就读。

表2-5-2-5　　　云祥中学历任校长一览表

姓名	任职时间
池云亮	1992.09—1999.08
池长仙	1999.09—2003.08
陈剑芳	2003.09—2005.08
池夏方	2005.09—2009.08

表2-5-2-6　　　云祥中学教导主任一览表

姓　名	性别	职务	任职起讫时间
蓝锡对	男	教导主任	1992.09—1996.08
胡英科	男	教导主任	1996.09—1998.08
池长泉	男	教导主任	1998.09—1999.08
李小斌	女	教导主任	1999.09—2001.08
陈剑芳	女	教导主任	2001.09—2003.08
郑秋荣	女	教导主任	2003.09—2006.08
谢作跑	男	教导主任	2006.09—2009.08

表2-5-2-7　　　云祥中学教师一览表

姓　名	性别	家庭地址	任教时间	任教课程	学历	备注
李志晃	男	青街	1992.09—2001.08	数学	大学	-
池方垵	男	青街	1992.09—2005.08	语文	大学	-
蓝方华	男	青街	1993.09—1998.08	政治	中专	-
蓝梅红	女	青街	1992.08—2009.02	语文	中专	-
朱招乾	男	青街	1992.09—1999.08	数学	中专	-
雷顺波	男	青街	1992.09—2012.07	体育	中专	-
李小斌	女	青街	1992.09—2001.08	英语	大学	-
池云亮	男	青街	1992.09—1999.08	政治	高中	-
蓝锡对	男	青街	1992.09—1996.08	化学	大学	-
池长泉	男	青街	1993.09—1999.08	数学	大学	-
胡英科	男	青街	1993.09—1998.08	语文	大学	-

续表

姓 名	性别	家庭地址	任教时间	任教课程	学历	备注
李学军	男	青街	1992.09—1993.10	数学	大学	-
雷衍彬	男	青街	1992.09—2002.08	物理	少师	-
李开鹏	男	青街	1995.09—2001.08	科学	大学	-
池夏方	男	青街	1992.09—2009.08	政治	大学	-
张桂玲	女	青街	1992.09—2009.08	英语	大学	-
池长仙	男	青街	1992.09—2003.08	政治	大学	-
陈建芳	女	顺溪	1999.09—2005.08	科学	大学	-
陈敏丽	女	鳌江	1998.09—2001.08	语文	大学	-
蔡伟志	男	昆阳	1998.09—2005.08	数学	大学	-
陈小丽	女	麻步	1999.08—2001.08	社会	大学	-
林小明	女	麻步	1999.08—2001.08	英语	大学	-
鲍宗诺	男	萧江	2002.08—2007.08	数学	大学	-
徐明阳	男	麻步	2002.08—2007.08	数学	大学	-
黄玲玲	女	萧江	2002.08—2005.08	英语	大学	-
雷淑萍	女	青街	2004.08—2008.08	社会	大学	-
谢海鸥	女	昆阳	2003.08—2007.08	英语	大学	-
王海萍	女	昆阳	2003.08—2006.08	英语	大学	-
郑秋荣	女	山门	2003.08—2006.08	语文	大学	-
谢作跑	男	梅溪	2005.08—2009.08	科学	大学	平阳二中
佘青峰	男	昆阳	2002.08—2006.08	数学	大学	-
黄伟校	男	水头	2005.08—2009.08	体育	大学	-
周陈静	女	水头	2006.08—2009.08	语文	大学	水头三小
蔡步甜	男	水头	2002.08—2006.08	数学	大学	-
周倩如	女	萧江	2005.08—2009.08	音乐	大学	鳌江十小
池真真	女	水头	2006.08—2009.08	科学	大学	腾蛟一小
林小玮	女	麻步	2007.08—2009.08	英语	大学	麻步一中
李培胜	男	水头	2008.08—2009.08	体育	大学	水头三小
杜海峰	男	昆阳	2008.08—2009.08	语文	大学	调鳌江
池素玲	女	青街	2006.08—2009.08	数学	大学	宋埠小学

三、其他教育

（一）成人教育

1949年前，农村中少青年90%以上是文盲，中华人民共和国成立后，党和政府十分重视教育，首先针对乡村干部创办速成识字班，随后在农村中办起了夜校，开展全面扫除少青壮年文盲活动。改革开放后，为提高人民生活水平和学习科学技术，创办了成人文化技术学校，促进农村商品经济的发展。

1. 夜 校

1950年7月，平阳县政府颁发《如何开展工农业余教育实施初步意见（草案）》，要求农村中以完全小学为核心，普遍举办工农识字班。青街乡、睦源乡人民政府要求青街小学和各村校教师以举办冬学、夜校为己任，动员和组织青壮年男女入夜校识字班学习，结合宣传减租减息和土地改革，教唱革命歌曲。同年，青街小学教师下太申村、青街村、睦源村办夜校工农识字班，青壮年男女学员70多人。九岱村在九岱宫，王神洞村在水口宫，白岩村在下厝，南网村在外厂宫，东坑村在王氏祠堂先后办夜校。免费提供工农识字课本，学员自带桌椅、菜油灯，点火篾上学。

1951年，工农识字班运动继续发展，朱山、十五亩、东上、垟心、白岩下、章山各村都办起夜校。教师晚上下村到夜校教学。1956年，青街、睦源两乡全面开展扫盲活动，随着合作化运动的发展，形成学习文化的热潮。两乡青壮年文盲入学率在82%以上。1957年，据县委、县政府颁发的《关于开展农民业余文化教育工作的指示》要求，加快农村扫除文盲和开展农民业余教育工作。青街、睦源两乡增设8个夜校教学点、5个中午班，新增学员183名。对偏僻山区无法上夜校学习的青壮年，实行送字上门，责任到人，包教包学。1958年，随着"大跃进"形势的出现，两乡开展"万人教、全民学"的扫盲运动，广播里教识字、工地上有"文化灯"、田头设"识字牌"，农民上地干活时，一边劳动一边学文化。4月，青街、睦源两乡青壮年非文盲率在90%以上，基本实现青壮年无盲乡。1963年，青街公社、睦源公社实现队队办民校，满足青壮年人人上民校的要求。青街小学不但办扫盲班，还办起了高小班和初中班。1966年6月，"文化大革命"开始，工农业余教育停顿。1972年，青街、睦源两公社各队民校恢复上课，以学习毛主席语录及"文化大革命"文件、"批判资产阶级"为主，复盲人数上升。1979年9月，青街、睦源两公社夜校全部恢复上课，青壮年男女的入学率逐步上升。1986年，全乡少青壮年非盲率为91.20%，基本实现无盲乡。

2.文化技术学校

1978年改革开放后，随着农村商品经济的发展，农民扫盲工作转入学文化、学科学知识的轨道。1993年，青街畲族乡成人文化技术学校始办。1995年，政府拨款在原睦源公社办公楼（位于青街矴步头边）后右侧建造一座二层两间的教学楼，挂牌正式成立。每年举办2期（40—50人）的先进技术培训班。培训的内容：毛竹园开垦育笋、马蹄笋栽培、养鱼、养青蛙、水果林栽培（杨梅、柑、桔）等；还负责对全乡各村的文盲半文盲的继续扫盲工作。2013年，青街畲族乡成人文化技术学校在青街中心学校重建（原教学楼在重建"青街双合殿"时被拆除），任命施世然为校长，李信华为副校长，陈圣宗为副校长兼教务主任。设立青街畲族乡中心学校1个教学点和3个校外实践基地：

教学点：青街畲族乡中心学校是一所功能齐全的现代化农村学校，拥有48平方米的电脑室（35台电脑），48平方米的阅览室，可容纳100人的多媒体教室等。

畲族文化和乡情教育基地：以九岱村文化广场和王神洞村文化礼堂为教育基地，周梦瑶负责畲舞教学、雷美红负责畲族文化民俗教育，进行定期学习和培训。

山羊养殖基地：山羊养殖地位于十五亩村，负责人李信播是远近闻名的养殖专业户，负责畜类养殖培训。

鱼类养殖基地：基地位于垟心村，占地面积2亩多，负责人杨明录，开展鱼类养殖培训。

表2-5-2-8　　2013—2015年青街畲族乡成人文化学校培训一览表

单位：人

年份	畲族文化教育培训	山羊养殖技术培训	鱼类养殖技术培训	毛竹种植	广场舞培训	扫盲人数	培训总人数
2013	426	143	211	237	31	50	1198
2014	427	146	214	239	32	50	1208
2015	431	149	223	241	35	200	1379

四、教育扶持

中华人民共和国成立初，青街小学和各村校都设在宫殿、祠堂、农舍厅堂，教学设备极其简陋。为了改建新校舍和改善教学设施，政府部门逐年拨款给各校，得到各村干部的大力支持，发动村民献工献料，大力支持学校的建设。改革开放后，乡贤们自动捐资兴建新校舍，关心入学困难的特困学生，结对帮扶特困生入学，大大促进了青街教育事业的发展。

（一）政府补助

自1958年开始，各级政府部门重视和关心青街民族乡教育事业发展，社会有识之士在资金上给予支持，在业务上给予帮助。

表2-5-2-9　　1958—2012年政府补助教育经费及社会资助情况

年份	校名	上级拨款	群众集资（师生投入）	群众献料	投工（天）
1958	九岱小学	0.05万元	–	–	250
1960	青街中心校	0.80万元	–	–	–
1964	青街中心校	1.30万元	0.10万元	–	–
1965	王神洞小学	0.20万元	–	–	200
1974	青街中心校	3.50万元	–	–	1500
1976	章山小学	0.35万元	–	–	100
1978	十五亩小学	0.08万元	–	–	150
1982	贡后小学	0.15万元	–	–	250
1983	南网小学	1万元	–	–	500
1984	东坑小学	1万元	0.05万元	–	650
1984	朱山小学	0.15万元	0.05万元	–	250
1987	青街中心校	3.80万元	0.50万元	–	–
1987	白岩小学	0.35万元	–	–	300
1987	大垟小学	0.70万元	–	–	280
1987	青睦中小学	3.80万元	0.50万元	–	–
1988	东上小学	1.20万元	–	–	300
1965—1989	青街中心校	–	–	建厕所、小仓库	–

续表

年份	校名	上级拨款	群众集资 （师生投入）	群众献料	投工（天）
1995	青街乡成人文化技术学院	－	－	－	－
1995	云祥中学	26万元	－	－	－
1997	东坑小学危房改造	3.30万元	－	－	－
1997	九岱小学危房改造	1.60万元	－	－	－
1997	南网小学建造	25万元	－	－	－
2003	青街中心小学教学楼重建	264万元	－	－	－
2012	青街畲族乡中心幼儿园	380万元	－	－	－
小计		722.33万元	－	－	－

（二）社会捐资

1982年2月，乡贤胡育林捐资做实验室桌椅12副。

1992年8月，海外侨胞池云祥捐资33万元、李信惠0.50万元、萧江镇人民政府0.50万元、15位教师0.15万元，共计34.15万元，在月山脚下与第二份李氏大屋之间兴建1座2层6个教室、3个办公室的教学楼和1座2层的教工食宿楼。

1996年夏月，杭州制氧集团公司捐资5万元、平阳县萧江镇人民政府5万元，在教学楼右侧助建的1座含室内体育室、物理实验室、化学实验室、电脑室、理化仪器室、会议室的3层综合楼。从此，云祥中学已成为各种教学设备齐全的初级中学。

2001年，林圣雄捐资20万元给青街畲族乡中心小学助学。

2012年12月，胡育林、李庆新、唐升波、池云浪、李克海、林乃足、李斌等捐资110万元助建畲族乡中心小学200米环跑道塑胶运动场。

2013年5月，池艺方捐资5万元为全校学生每人制作2套校服。

（三）结对助学

1990—2008年，鳌江实验小学和青街畲族乡中心校结对6名贫困生，每年每人500元，计3000元。1990—2005年，平阳县疫控中心与青街中心校结对2名学生，每年每人500元，计1000元。1997—1999年，鳌江一小与青街中心校结对4名学生，每年共2000元。2001—2003年，水头一小与青街中心校结对3名学生，每年共1500元。2006—2007年，水头二小与青街中心校结对

3名学生，每年共1500元。2012—2015年，平阳红衣义工社与青街中心校结对帮扶15名贫困学生。2015年，温州平阳银行与青街中心校结对帮扶20名贫困学生。2011—2015年，平阳县退教协青街小组每年资助5名学生，每人500元。1993—2005年，温州第五中学与云祥中挂钩结对，开展教育扶贫，每年资助12名贫困学生。

五、教育成果和获奖

中华人民共和国成立后，青街畲族乡在校受过教育人数达11500人。1995年，全乡小学入学率99.46%，普及率96.95%，扫盲率98.87%。

1983年，雷顺林老师被评为浙江省"五讲四美"优秀教师、浙江省少数民族优秀教师。1984年冬，雷顺林老师被评为温州市劳动模范。1985年，乡实验中心被评为市、省级先进单位。1986年9月，池方垯老师被温州市委和市人民政府授予"为人师表优秀教师"称号。1992年，温兴阔老师获"市第四届园丁奖"。1993年，温兴旺老师获"省第六届春蚕奖"。1994年，蓝方华老师被浙江省教育委员会和浙江省民族事务委员会评为全省民族教育先进个人。1996年，池方垯老师被平阳县人民政府命名为"二十佳农村教师"。2001年，李小彬老师被评为"省第十四届春蚕奖"。2005年，郑秋荣老师获"省第十八届春蚕奖"。2008年8月，青街中心校通过"省三类标准化学校"评估验收。2009年10月，被评为"平阳县关心下一代工作先进集体"。2010年池云亮老师被评为浙江省非遗文化先进工作者。2011年3月，被评为"平阳县2010年度学校治安综合治理工作先进单位"。2012年施世然老师被评为温州市骨干班主任。2012年池云亮老师被评为浙江省第二批优秀民间文艺家。

2012年11月，青街畲族乡中心校通过"温州市义务教育标准化学校"和"温州市信息化学校"验收。2013年12月，青街畲族乡中心小学被评为"温州市绿色学校"和"2012学年平阳县发展性评价优秀学校"。施世然被评为"平阳县名班主任"。2014年2月，青街中心校被评为"平阳县第二批小学生课外文体活动工程示范学校"，7月，被评为"平阳县毒品预防教育四星级学校"。9月，池昌前老师被评为"全国优秀教师"。10月，青街中心校通过"温州市标准化音、美、图书室和实验室"和"浙江省标准化学校"验收及以"2014学年平阳县发展性评价优秀学校""平阳县2014年度等级平安校园创建5A学校""平阳县2014年度等级毒品预防教育四星级学校"等称号。2015年1月，青街中心校被评为"温州市小班化教育试点学校"，被评为"平阳县2014年度教育技术装备工作先进集体"。12月,青街中心校被评为"平阳县语言文字规范学校"

第三节　文　化

青街畲族乡文化底蕴丰厚,民俗风情浓郁,地方特色浓厚,有古建筑、近现代史迹等不可移动文物7处,有畲族婚俗、民歌、服饰、彩带、畲族美食、武术等非物质文化遗产传承。中华人民共和国成立后,尤其是改革开放后,乡村文化事业蓬勃发展。2001年4月,畲乡民俗馆落成,时任浙江省委副书记梁平波亲题"畲乡民俗馆",被誉为"中国农村第一个畲乡民俗馆"。2013年4月,温州市第四届瓯越"三月三"畲族风情旅游节在青街畲乡举办,《中国民族杂志》发表"民族风·山哈情·中国梦·畲乡美"一文予以褒扬。

一、文化机构团体

(一)广　播

青街广播放大站始建于1969年,负责接收、放大信号和各村广播网的发展和维护。放大站设在青街公社政府大楼。广播范围只在政府所在地周围几个村庄。

1971年,平阳县人民政府要求村村有广播,配备2名值机员,2名线务员,由池昌滚负责。青街10个大队都架上了电线,除王神洞大队有22根水泥电线杆外,其他大队都用毛竹作电线杆。全公社用线600千克。每天广播时间:早上5:30—8:30,中午11:00—12:30,晚上17:30—20:30。广播内容:时政要闻、公社党委中心工作、农业科学知识、天气预报及革命样板戏。

进入20世纪90年代,随着电视的普及和乡镇政府体制的改革,农村广播逐步走向衰落。90年代后期,有线电视网络兴起,各地广播、电视部门纷纷组建了自己的有线电视网络,并迅速延伸到广大农村地区,当地广电部门工作重心都向有线电视转移。2015年,农村广播就是利用现有有线CATV网络电视系统中87—108M这一广播专用频段来传输农村广播信号。传输网络不需要任何改造和二次投资,借助有线电视HFC网络进行广播、电视"两网合一",实现广播、电视双入户。农户只要打开电视机,随时就能收到平阳县广播放大站发出的信息。

(二)电　影

1975年,青街和睦源两公社(简称青睦公社)成立农村电影放映队,主要从事农村电影放映工作。李信锐任队长,池长富任发电机员,陈秋莲任放映员。当时农村文化活动相当贫乏,电影深受群众欢迎。青睦公社有16个行政大队,每个大队每月放映1—2场,每月24场,一年288场,每场次加放科技等宣传内容,对宣传农业科技、森林防火、抗台防汛、计划生育等工作起到一定作用。电影队成员没有固定工资,由放映场次多少而定。除青街、睦源、南网三个大队售票外,其余均由大队部付出及部分村中人士资助。每场20—30元。售票的大队,在剧院、学校、茶厂放映,售价成人0.10元,儿童0.05元。每场收入40—80元。农户如建房上梁、高龄庆寿、结婚出嫁等喜事,均要邀请电影队放喜庆影片。1990年后,电视逐步普及,电影业受到影响,放映的次数开始减少。1997年,电影放映队因入不敷出,停止放映,各地电影队也相继解散,最后由平阳县文化局一次性发放人民币10000元作为补助。

随着电视业蓬勃发展,闭路电视、数字电视、宽带电视相继出现,电影业也与时俱进,进行体制上的变革。2003年,平阳县农村数字电影公司组建,公司把全县分为昆阳、鳌江、萧江、水头、腾蛟5个片区,9台放映机,选派人员并用承包制的形式到各地山村巡回放映。青街李小锋负责水头片,包括水头镇、南雁镇、顺溪镇、青街畲族乡,有2台放映机,每个村每月放映1—2场,报酬按放映场数多少计算。至2015年,青街畲族乡共计放映场次2376场。

（三）电　视

1985年,黑白电视进入农户,需架10多米高的外天线,可接收1—2个频道。1990年,乡广播放大站改称为广播电视站。在县有关部门的支持下,投资10多万元在青街月山建起了电视差转台,可接收20—30个频道。1998年,广播电视配套线路更新,电视基本普及,农户都能看到较多电视频道。2012年,除个别偏僻山村用"户户通"外,都开通了数字电视,覆盖率达80%。2015年,上级加大对山区的投入,开通了宽带电视,覆盖率达95%,可接收100多个频道。电视的普及,极大地丰富了广大农村群众的文化生活。

二、文化设施

（一）九岱民族文化广场

九岱村民族文化广场2010年列入初步规划,2011年3月动工,11月建成,占地面积2000平方米,总投资320万元。入口处的畲族特色牌坊,分为左中右3个入口木质大门,门台上挂着"畲"字的灯笼,门台正中上方是书法家池长庆题写的"九岱民族文化广场"八个金色大字,其背后镶了一块大小对称匾额式的凤凰图案。牌坊右边是九岱村旅游导览图和游客须知牌，左边是"不文明行为曝光台"，其后面是2米多宽的绿化带，绿化带右边紧挨着一块天然景观大石头（周长22米，高2.50米），上刻有"畲风"2个红色大字，在石头边上用木料特意搭起葡萄架，在横杆处并排挂着印有"社会主义核心价值观"字词的灯笼。前是圆形观众广场，广场直径30米，地面由不规则的大理石铺成，每块大理石之间种上毛茸茸的草皮，形成了生态广场。广场中间用雨花石拼缀成一个直径3米大有凤凰图案围绕着的"畲"字，形成了畲族象征性的图腾。

1.50米高的200平方米扇形舞台面向广场，舞台后面是一座占地面积66平方米高8.50米的背景楼，砖木结构，飞檐斗拱，上盖琉璃瓦，屋脊中间用大青石刻上金色的"畲"字，两头是凤凰图案。背景楼有左右门，供活动时演员化妆或更衣之用，门两旁用青石雕成2只展翅的凤凰，面向舞台，舞台周围有长廊、花坛、亭子和草坪等。舞台面对着观众席，观众席分为3个区域、3个层次，用33块条形大青石筑成，既方便观众就座，同时也体现了"三月三"的寓意。

文化广场是九岱村庄中心点，每逢九月九、中秋节、元宵节等节日都会在这唱畲歌、跳畲舞，进行文艺演出。特别是"三月三"畲族文化节在广场上隆重举行时，上万人不远千里赶来参加活动，感受畲族风情。平时村民茶余饭后来广场健身、休闲。

（二）九岱村文化长廊

九岱村文化长廊建立在文化广场周边，由法制长廊、初心长廊和畲村文化长廊组成。

1.法制长廊

该长廊处于舞台的右边，由四间组成长12米，高3.50米，单边靠椅面向广场，是集休闲、普法于一体的法治文化宣传阵地。

2.初心长廊

通体红色的"初心长廊"掩映在绿树翠竹中，在"光辉历程伟大成就"展板里介绍了平阳县早期共产党员，青街乡南网人施味辛，让党员、群众在休闲中回顾党的光辉历程，不忘初心、爱党信党护党、永远跟党走。

3.畲村文化长廊

造型独特的曲折长廊，共有11间，似一条静卧在广场边缘的长龙，把一个古老的民族在千年变迁中木质仿古留下美丽篇章、民族的智慧、民俗风情串在一起。长廊布置的内容有：前言篇、村史村情廊、乡风民俗廊、畲族文化廊、美好家园廊、崇德尚贤廊等等。通过文化长廊的建设，挖掘本村优秀传统文化，开展传统文化教育的活动，为建设具有畲族特色的先进文化奠定基础。

（三）畲族文化陈列室

陈列室位于王神洞村，面积180平方米，室内收藏了明清以来数百件的展品，分列历史文化、生活用品、劳动器具3个展览橱窗。通过数百件生活、生产用具和图文展板的展示，反映畲族文化的方方面面。

历史文化展览窗，展示了不少的文献资料，有畲族宗谱、历史文化挂图。挂图有"三清图""招兵图""凤凰图""金鸡玉兔图"等。畲歌手抄本有5本，抄本用毛笔抄写，竖行，每行2句14字，内容有《火烧天地》《长工歌》《砍柴歌》《唱条歌崽测妹心》《苦情歌》等。另有民国时期《平阳畲民调查》，封面上印有"右平阳畲民钟君志庄，左调查者王君处辅"字样。

生活用品展览窗，展示了历代众多用品，其中有明代的茶盒，清代的瓷碟、盐罐，民国时期的小石臼、菜油灯架、糕饼印、瓷墨砚、铜笔筒、中号角、旱烟管、铜火笼等；有特别能展示畲族妇女聪明才智的织带机、凤冠、花鞋、绣花枕头、肚兜、绣花帽圈，还有青年姑娘穿的绣凤上衣；还有妇女巧手做的休闲装、劳动装，这些服装用的布是自己织的，材料是棉纱、苎麻；另有广大妇女展示身手的工具如线筐、纺车等。

劳动器具展览窗，有金属农具犁、耙、耥耙、田圈、镰刀等，有木制农具吊桶、稻梯等，有竹制农具扁担、畚斗、谷筛等数十件，部分传统农具至今还在运用。

三、文化事业

文化礼堂是以社会主义价值观为核心、传承乡村优秀传统道德和传统文化的重要载体，是农村广大群众寄托情感、培养情操、提升境界的精神家园。青街畲族乡有九岱文化礼堂和十五亩文化礼堂。

（一）九岱文化礼堂

九岱村文化礼堂与村民中心相连接，地址在坭山（宜山），于2014年4月动工，10月竣工。占地面积480平方米，总投资40万元，两层砖混结构，高12米，上盖绿色琉璃瓦。文化礼堂按照"文化礼堂，精神家园"的定位，充分融合传承传统文化，弘扬主流价值，丰富文体活动，使农村文化礼堂成为人们内心向往，精神寄托的场所。九岱文化礼堂由畲族文化广场、畲族文化长廊、畲族特色墙绘、道德讲堂以及农家书屋这5个部分构成。

文化礼堂小广场边是升旗台。红色升旗台，有2级台阶。旗台上的不锈钢旗杆，高14.20米，每个法定节假日或是民俗重要节日都要举行升旗仪式。

在村民中心旁边设立了的农家书屋，有32平方米，成为宣传科学理论、传播先进文化、塑造美好心灵的重要阵地。通过开展演讲、读书比赛、知识竞赛、讲故事等形式，积极倡导科学文明健康的生活方式，鼓励农民群众积极用科学文化知识解决人生难题。为了管理好农家书屋，使之发挥更大的作用，成立了书屋管理小组，制定了严格的借阅制度、赔偿制度、书籍管理办法及管理员工作细则，并积极创造条件，确保农家书屋长期有效地运转。至2015年，农家书屋现存藏可供借阅书籍3800册，书籍内容涵盖了文化艺术、实用技术、历史文化、科普健康、政治法律、经营管理、教育体育、工具书、音像等九大类，不仅可以为群众传递科学情报，也满足了社会对文化娱乐的需要，丰富和活跃了老百姓的文化生活，在精神文明建设中，起到了不可替代的作用。让文化气息溢满了每一位农民朋友的心里，让科技的力量走在农民致富的最前沿，"农家书屋"我们的家。

道德讲堂设在文化礼堂的一楼，上一台阶就是个8平方米的讲台，讲台面对着四组八排课桌椅，这就是群众道德自省、自警、自觉、自立，净化心灵，理顺情绪，健康身心，幸福生活的互动交流的场所。讲台中间的墙上是当代九岱人共同价值观——"务实、守信、崇学、向善"四个核心词。讲堂配有电子设备、音响，具备开展中小规模的政策解读、法律宣讲、主题教育、技能培训、交流恳谈等功能；左边墙上有配备队伍名单，右边挂着道德评议会议制度、村民议事会制度、村红白理事会工作制度、禁赌禁毒会工作制度、九岱村村规民约、九岱村全家福、笑脸集等。讲台对面墙上有九岱村文化礼堂管理制度、文化活动室管理制度、文化礼堂制度（总干事驻堂制、传统文化每月"礼事日"制、文化礼堂亮灯制、文化大使联系制、大学生村官驻堂制办法、月月主题制、志愿者服务制）。

2015年在文化礼堂举办各类宣读、技能培训30余场。通过文化礼堂这个窗口，展示文化资源的保护和传承，让更多村民享受家门口的文化。

（二）十五亩文化礼堂

2013年9月，由十五亩村热心社会公益事业建设的企业家李克委捐资100万元、李克边40万元、李和安10万元筹建的"十五亩村文化礼堂"竣工。十五亩村文化礼堂外表宏伟壮观。内部主要由"二堂""三层""四室""五廊"等部分组成。堂址是十五亩村马潭边。

"二堂"指学堂和礼堂。学堂是村两委学习和贯彻上级文件精神、规划村的重大建设事项的场所。正面挂着伟大导师马克思、列宁、毛泽东、邓小平像，四周悬挂着"村级重大事项五议两公开流程图"等图案条幅。

礼堂是十五亩村的文化礼堂，是十五亩村人民的精神家园。礼堂的正中是戏台，是村民大会召开会议、村文娱活动演出、三源南拳爱好者练拳的场所。戏台对面供着2012年农历六月十六日安香立炉拜祖师的香案，墙上悬挂南拳始祖6幅肖像，再上面是3块牌匾。戏台左侧是"弘扬武德"与"南拳历史沿革"图介。戏台右侧是"拳步总纲简述"和"拳历"的图介。左侧廊是"文化礼堂精神家园"前言、村史村情廊、乡风民俗廊的内容介绍。右侧廊是八幅"南拳文化"的文字表述和各种图像的条幅。

"三层"是文化礼堂内部三层建设。一层是文化礼堂，二层正中是十五亩村"社会总体规划"和"村庄建设"。左侧是"美好家园廊"图介，右侧是"崇德尚贤廊"介绍。两侧廊分别悬挂着6幅图文并茂的条幅。三层的正中是学堂，两侧布置是文化艺术廊和"四室"。

"四室"是畲文化展示室、村民创业展示室、竹文化展示室、图书室。

"五廊"指村史村情廊、乡风民俗廊（一层）、美好家园廊、崇德尚贤廊（二层）、文化艺术廊（三层）。

十五亩文化礼堂全面展示了十五亩村历史文化和各项建设事业的成就，梳理十五亩村特有的文脉，挖掘十亩村优秀传统文化教育普通活动，推进农村文化资料源的保护和传承，为建设具有地方特色的先进文化奠定基础。十五亩村文化礼堂具文化传承、礼仪传教、文化活动、教化熏陶、培训学习、村务管理等功能，融先进文化与地方文化、现代文明与传统文化为一体，打造富有地方特色的文化品牌，是新时期十五亩村村民的精神家园。

四、文化活动

绿道骑行、浙闽畲歌会、竹竿舞、畲歌畲舞、三月三民俗节等文化活动让人领略畲族传统文化所带来的特殊的韵味。

（一）绿道骑行

2015年10月22日，由县文广新局、县旅游局、县民宗局、青街政府主办的青街畲乡风情文化旅游节暨首届青街绿道小环线骑行活动举行。总路程9千米（从双合殿出发经青街村→十五亩村→王神洞村→贡后自然村→九岱村广场→睦源村→双合殿）的首届青街绿道小环线骑行活动是这次旅游节的重要活动之一，来自温州各地自行车骑行爱好者共100多人参与集体骑行活动。

（二）畲歌畲舞队

2014年5月20日，青街畲族乡成立了具有畲乡民族文化特色的畲歌畲舞队，成员共15人（跳舞12人、唱畲歌3人）。畲族特色舞蹈《打枪担》，在温州市委宣传部主办的"爱我家乡"文化礼堂才艺礼仪大展视中获奖。

2014年9月8日，九岱村举行"浙闽畲歌会"，来自福建福安、霞浦、福鼎和浙江苍南、文成、泰顺以及平阳的畲汉民众上千人在九岱民族广场欢聚一堂，观赏畲族歌者精彩表演。

五、非物质文化遗产

青街畲族乡非物质文化遗产是畲、汉各种以非物质形态存在的与群众生活密切相关、世代相承的传统文化表现形式，包括口头传统、传统表演艺术、民俗活动和礼仪与节庆，有关自然界和宇宙的民间传统知识和实践，传统手工艺技能等以及本节摘录的7个方面传统文化表现形式及相关的文化空间。

（一）畲族服饰制作工艺

青街畲族乡畲族传统服饰，古时男女有别，男的青色大襟衫，女的一般是上衣黑色大襟右衽、矮领，领口、袖口有红色花纹图案。后面长于前裾，衣襟两侧开衩，右侧内襟有一小口袋。衣襟从中至右侧一部分绣有色彩艳丽，或花鸟、或其他形状的图案，周围围有齿纹状纹样。袖端缀以红边或红绿相间之布条，亦有作六角形者，相传此系高辛氏刘皇后之服饰。用料一般选用苎布，绣工精美华丽，内容有凤图、牛羊图及各式花边图案等。袖口及衣内缘滚红边，领及襟角有简单纹饰，通身使用布扣。裙为黑色，长过膝，上沿有白边，两侧边缘滚有红绿布边，上饰黑折。结婚时穿上此衣，节日或大庆之日，间亦一穿，去世时则作为寿衣。

青街畲族服饰绣艺精妙，针法繁多，用彩色丝、绒、棉线，在绸、缎、麻葛、布帛等底布上借助针的运行穿刺，从而构成花纹、图像或文字。

畲族服饰图案大多取材于日常生活中各种物象。如飞禽走兽、花鸟虫鱼、农舍车马以及传统的几何形图案，如万字、云头、云勾、浮龙纹、叶纹等。有的用文字排列组合成图案，文字的形体有原始的，也用楷书，常用一些旧的吉祥语，如"五世其昌""三元及第""招财进宝"等。再如象征农田的方格图案、象征江河的彩条图案、象征林木的十字图案，都作为一种较为固定的样式被保留下来。

畲族服饰在明清时代，闽、浙、粤、赣等地基本相同。男女"无寒暑，皆衣麻"。而今，青街畲族乡畲族群众平时穿着传统服饰的已不多见。

朱山村工匠雷顺俭能制作畲族传统服饰，2010年6月，他被确定为县级非物质文化传承人，2015年被确定为市级非物质文化传承人。

（二）畲族民歌

畲族民歌随处可见，以畲语歌唱的形式表达，每逢佳节喜庆之日便歌声飞扬，即使在山间田野劳动探亲访友迎宾之时，也常常以歌对语。畲歌的演唱形式有独唱、对唱、合唱等。其中无伴奏的山歌是畲族人最喜爱的一种民歌方式。"双音"是畲族人擅长的二声部重唱的唱法，又称"双条落"。

2006年5月20日，畲族民歌经国务院批准被列入第一批国家级非物质文化遗产名录，其代表作有《高皇歌》《封金山》《时辰歌》。2010年6月，朱山村李菊花被温州市确定为非物质文化传承人，2014年参加省级非物质文化传承人评选。2010年10月，王神洞村雷秀珠被列为县级非遗文化传承人，2015年春参加市级传承人评选。

（三）畲乡乌米饭

关于乌米饭的来历，历史上有这样的传说：唐总章二年（669年），畲军起义领袖雷万兴被官兵围困于盘陀岭，粮草断绝，义军取得山中乌饭果（黑色，蚕豆大，无核）充饥，吃后精神大振。在三月三这一天冲出重围，获得大胜。此后，每年三月三日，他们的后代就到山上去采乌稔树叶，煮染成乌米饭表示庆贺，以示不忘过去这段有意义的历史，后来三月三日就成了畲族的传统节日。另据史料记载，在我国古代，古人就有食乌饭的习俗，不过汉人食用乌饭，大都是寒食节前后几天。唐朝时有很多道士，清明前后上山采集一种叫"南烛"的树嫩叶，用来染煮乌饭食用，馏饭青乌色，叫"青精饭"，即乌米饭。

畲族乌米饭原为民间食品，每逢农历三月三，在青街畲族乡多有人家用乌饭树叶煮乌米饭，已成习俗。乌米饭色泽乌中带蓝、乌黑发亮，既美观又香甜可口，极有畲家特色风味，具有养精益髓、凉血健脾、养颜益寿之作用。是畲族人民对饮食文化的提炼，也是古代劳动人民智慧的结晶。

每年只有三、四月份采到乌饭树嫩叶，才能做乌米饭。摘到嫩叶后，洗干净，然后放到石臼里，舂捣而碎，用纱布包装好捣碎的嫩叶，再用力捏出汁来，然后倒掉叶渣，取汁浸米约2至4小时。把已浸过稍有点黄色（叶汁颜色）的糯米放进蒸桶，用蒸汽蒸1个小时左右，"乌饭"即可蒸熟。

1950年后，"三月三乌饭节"被人们淡忘，进而消失。改革开放后，政府部门十分重视畲族传统节日的恢复活动。2010年，温州市民宗局在泰顺、文成、苍南三县开展恢复工作，2012年冬，青街畲族乡府召开筹备会，寻找会制作乌米饭的师傅。家住青街乡的池云亮一家传承乌米饭制作技艺，做出的乌米饭香甜可口，受到周围群众的喜爱。

2013年，温州市第四届瓯越三月三畲族风情旅游节在青街畲族乡隆重举办，吸引各地客人前来观光，乌米饭再次登上餐桌，进入了人们的视线。2015年，平阳青街乌米饭制作的传承技艺，被列为温州市非物质文化遗产项目，使之得到更好的保护和传承。

（四）木活字印刷技艺

木活字印刷技艺是一项珍贵的非物质文化遗产，如今在平阳县青街畲族乡仍然得以传承。徐世甫、徐世荣、唐华生一家三口便是该技艺的忠实守望者。徐世荣出生于木活字印刷世家。吴焯三（1894年生）把木活字印刷技艺传授给其子吴良华（1914年生），吴良华传授给徐世甫（1926年生）。徐世甫的弟弟徐世荣（1943年生）师从其兄，延续着木活字印刷技艺。徐世荣的爱人唐华生（1948年生）和他们的孩子也加入到了这个行业中。

木活字制作和印刷宗谱的流程有13道工序：先开丁（登记）、誊清（理稿），再捡字、排版、塞紧、校对、印刷、折纸、晾干、划经线、牵纬线、切谱（裁边）、装订等。一套木活字印刷要备足2万多字模，慢工出细活，一个大姓氏的家谱要印上两三个月才能完工。

徐家木活字所用字为仿宋体，材料系梨树木。梨树木活字耐磨，不变形，不断裂，易吸水。印刷的作品不褪色，不老化。1998年，木活字印刷作品《平阳县南雁镇陈氏族谱》在厦门、福州展览交流，受到欢迎。

2009年10月，平阳木活字印刷被列为浙江省第三批非物质文化遗产，徐世甫、徐世荣为省级非遗项目传承人。2010年6月唐华生被确定为市级第一批非遗传承人。

（五）平阳漆器制作技艺

平阳漆器制作技艺具有悠久的历史，在平阳青街李氏一家可追溯4代人。1920年李氏开始从事漆器制作技艺。1955年后，李盘忠创作了大批优秀的漆器作品，其中"皓月红烛""拉网""老子出关"在全国美展中获奖。1980年，李盘忠创办平阳县青街陶瓷工艺厂，开始较大规模地生产漆器，制作的"观音""西方三圣"等作品销往各地，后经商家转手在广东拍卖价格高达20多万元。1990至2001年，李盘忠之子李信江、李建明兄弟创作的漆器作品"三宝佛"被福建太姥山蝙蝠洞保存。"四面地藏王"被江苏南通南山寺收藏。2002年，李信江之子李伟创办平阳县青街佛像工艺厂，重点生产漆器佛像作品。2008至2011年，李伟创作的高达6米的漆器作品"三宝佛"被河南开封大相国寺收藏。还有李伟、李燕兄弟创作的漆器作品"藏传文殊"赠送给广东湛江千年古刹天宁禅寺，收藏于藏经阁。

平阳漆器的制作颇为不易，从选料、制模、塑胎、髹饰至成品，每件成品要经过数十道甚至上百道工序。制作和阴干等工序十分费时，一件漆器作品往往需要几个月才能完成，有些漆器珍品的制作甚至长达两三年。工艺流程主要有：

塑造泥坯　先用木料以佛像结构订制骨架，再以江土混合麻绳捆实形成佛像大体动态与姿势，然后充实肌体面部，处理完善表情，最后进行修光。

胚模制作　根据佛像的结构原理进行规划切片，再以软硬模版相结合进行翻制。然后对模版进行细部衔接处理至整胚模制作完成。

洗麻、浸麻　将夏布（苎麻布）浸泡清水数十分钟，晾干后使用。

裱　布　在胚模上，先用水裱上两层毛边纸，刷上脱离剂两道，再刷上推光漆，然后刷上数道生漆，作黏合剂裱褙上夏布。

上细灰　用生漆加陈年细瓦灰调制成漆，将调成的细灰均匀刮附于胚模上，阴干。

上浆灰　匀刮瓦灰浆于表层，阴干。

贴布、贴麻　用料灰将夏布、麻丝贴实于胚模及接缝处以防止接缝处开裂。

上粗灰　用生漆加陈年粗瓦灰调制成漆，刮附于阴干后的夏布上。要求刮得平整，厚薄均匀，并达到一定厚度。镶嵌时除上底灰外，还要上一次细灰。

刮　浆　用薄灰料将胚孔隙刮平。

脱　模　待漆灰完全阴干后，逐步脱去胚模，留下漆布"雏形"。

砂　磨　砂磨分粗磨和细磨。粗磨主修边，细磨主修面部、衣纹及手脚部位，然后以生漆和细瓦灰进行修补，最后进行整体磨光。

装饰上彩　（1）先以黑漆、朱漆做底形成统一色调；再根据色彩调和及搭配做好主面积色彩；然后分别运用大、中、小及勾线笔根据佛像形态设计描绘出相应图样。（2）先用稀朱漆做一次底，等阴干后再二次用朱漆做底；然后根据季节变化调制生大漆做黏合剂，利用经验控制好干湿程度最后进行传统按金。以上两种装饰方法都要进行最后的透明漆处理，使漆器佛像能产生深沉古朴、瑰丽神奇、韵味无穷的艺术效果。

2014年11月，平阳青街漆器制作技艺传承人李伟被正式确定为温州市级非物质文化传承人。现在平阳漆器制作技艺在平阳县青街佛像工艺厂得到较好的传承和保护，作品不仅销往全国各地，还积极参加各类展演展示活动；2014年，在第9届中国（萧山）海峡工艺品博览会上其作品获优秀作品评比金奖。2015年，第10届中国（义乌）文交会上其作品获工艺美术银奖。参加温州市第二届职业技能大赛，受到专家、领导等好评。

（六）闽南话长诗

闽南话长诗又称闽南民歌，即是用闽南话唱音的民歌。以前，在平阳县北港、苍南县南港讲闽南话的山区，极为流行。长诗讲究押韵，一般七字为一句，四句为一条（首），唱声响亮，内容通俗易懂。闹洞房、牧牛、采茶或干农活休息时都可以唱。长诗篇目有《看牛诗》《长年诗》《甘蔗诗》《请茶诗》《十二月看花诗》，后来又学唱《白扇诗》《金钱诗》及《戒赌诗》《征东》《征西》《十二红》《梁山伯与祝英台》等。

睦源村池昌朗擅长唱闽南话长诗，声音好，一般连唱两天三夜不成问题。2010年10月，被列为县级非物质文化传承人。

（七）非物质文化遗产传承人

青街畲族乡非物质文化传承人有9人，其中畲族有6人。2008年，1人被确定为市级非遗传承人，2人被确定为县级非遗传承人。2009年，2人被确定为市级非遗传承人，1人被确定为县级非遗传承人。2011年，1人被确定为省级非遗传承人。2012年，1人被确定为市级非遗传承人。2014年，1人被确定为省级非遗传承人，1人被确定为市级非遗传承人。

表2-5-3-1　　　青街畲族乡非物质文化遗产传承人一览表

序号	项目类别	项目名称	姓 名	性别	民族	出生年月	从艺起始年	当选传承人时间	所在单位	申报类型
1	传统技艺	畲族乌米饭烧制技艺	曾月映	女	汉	1946.11	1966	2014.11	青街畲族乡	传统技艺
2	传统音乐	畲族高皇歌	雷春腊	女	畲	1956.07	1970	2009.04	朱山村	传统音乐
3	传统音乐	畲族民歌	李菊花	女	畲	1949.07	1963	2011.11	畲族乡	传统音乐
4	传统音乐	畲族民歌	雷秀珠	女	畲	1952.05	1965	2014.11	王神洞村	传统音乐
5	传统技艺	漆器工艺	李 伟	男	汉	1974.12	1989	2012.12	青街村	传统技艺
6	传统技艺	畲族刺绣	雷顺俭	男	畲	1949.09	1964	2008.12	朱山村	传统技艺
7	传统技艺	畲族服饰	雷顺俭	男	畲	1949.09	1964	2008.12	朱山村	传统技艺
8	传统技艺	畲族织彩带	雷春腊	女	畲	1956.07	1972	2008.12	青街乡	传统技艺
9	传统技艺	木活字排版印刷	徐世荣	男	汉	1943.07	1970	2009.12	青街村	传统技艺

资料来源：青街畲族乡政府。

第四节　卫生与体育

　　畲族往往居住在山区，较为偏僻的地区，交通不便，经济困难，在漫长的历史进程中，畲族人利用山区的草药治病，如治疗蛇伤、妇科、儿科等疾病，见效快，深受畲、汉群众的欢迎。

　　中华人民共和国成立后，党和政府对少数民族健康非常关心，使少数民族群众有病能及时得到治疗。自1954年在青街开设个体、西医诊所后，至20世纪70年代先后在王神洞开设医疗点、睦源建保健所，后建立青街畲族乡卫生院。

一、民间医药

　　畲族民间医药是畲族人民在与疾病长期斗争中总结出来的传统民族医药，有独特的医疗方法和用药习惯，一些简易验方在畲族中妇孺皆知，对医治蛇伤、风湿、骨髓炎、妇科炎症、黄疸肝炎、痢疾、痔疮、小儿疳积等疾病有独特疗效。畲医依靠口传身授来传艺，没有教材，主要是家族祖传，绝大多数是父传子、子传孙、传媳不传女。20世纪60年代，青街有5名畲医，1978年改革开放后，随着现代医疗卫生发展，至2015年，畲医仅剩2人。

（一）畲　医

由于畲民长期居住在偏远闭塞、村落分散的山区，交通不便，经济落后，在特定的历史条件和地理环境中，畲民为求生存与繁衍，他们学会了医学技术，积累了丰富的经验。畲族的医药就是畲民长期在生产、生活实践中与疾病作斗争的经验总结和智慧结晶。身手不凡的畲族民间土医师，称为畲医。他们利用山中丰富的中草药资源，治疗疾病，保护人民身体健康。

1. 雷顺张治疗瘰疬病医术

雷顺张，男，畲族，民国32年（1943年）出生于青街畲族乡九岱村。其家族治疗瘰疬（颈部淋巴结核）医术已有四代传承。治疗时，用小竹节圈套住患者的硬滑肿块，用银针扎进，然后用草药敷上创口。雷顺张的治疗一般将患者接收在家，住3—7天，提供膳食，每天更换草药3次。

2. 蓝德柔治疗蛇伤

蓝德柔，男，畲族，民国27年（1938年）出生于青街畲族乡王神洞村。有40多年的蛇伤治疗经验，能辨出伤者是被什么蛇咬到的，视伤势轻重，再用几种草药擂烂成糊，把药敷在伤口上，每天1次，最多3天就能消肿。为了给伤者争得治疗时间，他平时经常上山踩点，找准蛇药的生长点，病人一到家，即使在夜里，也能很快采到新鲜草药，使患者能在第一时间得到救治。至今，他已治愈蛇伤患者近200人，是位颇有声望的蛇医。

3. 雷盛读眼科畲医

雷盛读，男，畲族，青街畲族乡九岱村人，祖传三代眼科畲医。主治：痘病、角眼肉症、珠红症、海蜇症等眼症。几十年来，利用祖传民间草药，为患者治病不辞劳苦，不计报酬，在周边乡村很有名气。

（二）畲　药

畲族的民间医生普遍的用山中丰富的中草药资源，随采随用，讲究新鲜，防病多的以青草药为主。

1. 畲族草药医采用草药特点

畲族草药医的特点：治病多取青草药，用全草或选用叶、茎、花、果、皮、根，亦有取木本、藤本、蕨类、菌类等。草药四季可采，遍地皆有，故畲医出诊常带装药袋，边出诊边采药，随用随取，不花钱或少花钱，不仅常见病疗效好，急症用药亦药到病愈。

2. 常用草药

（1）白花蛇舌草

功效：清热、利湿、解毒。

主治：肺热喘咳、扁桃体炎、咽喉炎、阑尾炎、痢疾、尿路感染、黄疸、臃肿疔疮、毒蛇咬伤等症。

内服：煎汤或捣汁。

外用：捣敷。

（2）八角枫

功效：祛风除湿、舒筋活络、散瘀止痛。

主治：风湿关节痛、跌打损伤等症。

内服：侧根1—3钱浸酒口服（有毒，切勿过量）。

外用：浸酒擦患处。

（3）艾　叶

功效：散寒止痛、温经止血。

主治：经寒不调、宫冷不孕、吐血衄血、崩漏经多、妊娠下血等症；外治皮肤瘙痒、脱皮。

内服：煎汁。

外用：研细末调膏敷或煎汤洗。

（4）百　合

功效：清火、润肺、安神

主治：心肺疾患，对虚烦、惊悸、神志恍惚或肺痨久咳、咯血等症皆适宜。

食法：做羹或煮粥。

（5）半边莲

功效：清热解毒、利水消肿。

主治：毒蛇咬伤、痈肿疔疮、扁桃体炎、湿疹、跌打损伤、湿热黄疸等症。

内服：煎汤或捣汁。

外用：捣敷或捣汁调涂。

（6）车前子

功效：清热利尿、渗湿止泻、明目、祛痰。

主治：小便热秘不通、水肿胀满、目赤障翳、痰热咳喘等症。

内服：煎汤或入丸散。

外用：水煎洗或研末调敷。

（7）海风藤

功效：祛风湿、通经络、理气。

主治：风寒湿痹、关节疼痛、筋脉拘挛、跌打损伤、哮喘、久咳等症。

内服：煎汤或浸酒。

（8）黄　连

功效：清热解毒、泻火解毒。

主治：湿热痞满、呕吐吞酸、泻痢、黄疸、高热神昏、心火亢盛、心烦不寐、血热、吐衄、目赤、牙痛、消渴、痈肿、疔疮、湿疹、湿疮等症。

内服：煎汤或开水浸泡。

（9）黄　芪

功效：益气固表、敛汗固脱、托疮生肌、利水消肿。

主治：气虚乏力、中气下陷、久泻脱肛、便血崩漏、表虚自汗、痈疽难溃、血虚萎黄、内热消渴等症。

内服：水煎服。

（10）金钱草

功效：利水通淋、清热解毒、散瘀消肿。

主治：肝胆及泌尿系统结石、热淋、肾炎水肿、湿热黄疸、毒蛇咬伤、跌打损伤等症。

内服：煎汤或捣汁。

外用：鲜品捣敷。

（11）金丝吊葫芦

功效：消肿解毒、祛痰止咳。

主治：百日咳、咽喉肿痛、乳痈、疮疖、毒蛇咬伤等症。

内服：煎汤。

（12）金银花

功效：清热解毒、抗炎、疗风。

主治：胀满下痢、温病发热、热毒痈疡和肿瘤等症，对于头昏头晕、口干作渴、多汗烦闷、肠炎、麻疹、肺炎、乙脑、乳腺炎、败血症、阑尾炎、皮肤感染、痈疽疔疮、腮腺炎、化脓性扁桃体炎等症有一定疗效。

内服：浸泡或煎剂。

（13）六月雪

功效：健脾利湿、舒肝活血。

主治：小儿疳积、急慢性肝炎、经闭、白带、风湿腰痛等症。

内服：煎汤

外用：烧灰淋汁涂、煎水洗。

（14）牛　膝

功效：补肝肾、强筋骨、活血通经、引火（血）下行、利尿通淋。

主治：腰膝酸痛、下肢痿软、血滞经闭、痛经、产后血瘀腹痛、症瘕热淋、血淋、跌打损伤、痈肿恶疮、咽喉肿痛等症。

内服：煎汤或浸酒或入丸散。

外用：捣敷、捣汁滴鼻或研末撒入牙缝。

（15）七叶一枝花

功效：消肿止痛、清热定惊、镇咳平喘。

主治：痈肿肺痨久咳、跌打损伤、蛇虫咬伤、淋巴结核、骨髓炎等症。

内服：煎汤、磨汁、捣汁或入散剂。

外用：捣敷或研末调涂。

（16）天南星

功效：燥湿化痰、祛风定惊、消肿散结。

主治：口眼歪斜、半身不遂、癫痫、惊风、破伤风、风痰、眩晕、喉痹、痈肿、跌伤、蛇虫咬伤等症。

内服：煎汤或入丸散。

外用：研末撒或调敷。

（17）威灵仙

功效：祛风除湿、通络止痛、消痰水、散癖积。

主治：痛风顽痹、风湿痹痛、肢体麻木、膝冷痛筋脉拘挛、屈伸不利、脚气、疟疾、破伤风、扁桃体炎等症。

内服：煎汤、浸酒或入丸散。

外用：适量捣敷。

（18）野菊花

功效：清热解毒、疏风平肝。

主治：疔疮、痈疽、丹毒、湿疹、皮炎、风热感冒、咽喉肿痛等症。

内服：水煎汤或开水泡服。

（19）鱼腥草

功效：清热解毒、排脓消痈、利尿通淋。

主治：热淋、肺痈吐脓、痰化喘咳、热痢、痈肿疮毒等症。

内服：水煎汤（不宜久煎）或鲜品捣汁。

外用：捣敷或煎汤熏洗。

（20）凤尾草

功效：清热解毒。

主治：无名肿痛、目赤。

内服：煎汤。

二、现代医疗卫生

青街畲族乡卫生院的前身是民国时期青街老街先后开张"永宁堂""回春药店"，地方老中医欧阳青云、池云广（号翰苑）、王锦仁为周边民众辨证论治。民国31年（1942年），日军进犯丽水。民国34年，保育院院长李家应在顺溪患重症，周锡光、欧阳青云以中药方剂治疗。1954年，宜山（今属苍南县）周开明、周信谊在青街开个体西医诊所（1961年并入保健所）。

20世纪50年代，先后在青街老街乡政府旧址、睦源社区旧址、王神洞村开设医疗点。20世纪70年代建睦源保健所（卫生院）3间2层医用房。20世纪80年代拆扩建为5间3层医疗用房。1982年卫生院被评为市级医疗质量优胜单位，1983年省卫生厅授予李中明卫生先进工作者称号。

2013年在院长俞设负责下新建卫生楼1幢（原青街云祥中学校址），建筑面积1580平方米，职工编制15人，设有预防保健、儿童保健、妇女保健、中医、儿科、全科、外科、内科，有彩超2台、心电图2台、X光室等医疗设备，配备服务车1辆，主要开展基本公共卫生服务、基本医疗服务、优生优育等工作，大大改善了青街畲族乡的医疗条件。

三、卫生防疫

中华人民共和国成立前，由于生活贫困，畲族人民的卫生条件差，有的一家住半间房，所有东西都堆在一起，养猪就在房子旁边，养鸡、养兔就放在家里，人与家禽同住。畲族人民普遍未用过肥皂（以茶饼代替）；由于衣服破烂，没有更换的衣服，故也不经常洗；吃的东西也不太注意卫生，村民有病主要靠境内畲医治疗；妇女在家分娩，叫农村有经验的妇女用土法接生，产妇和婴儿死亡率较高。因缺乏预防因素，境内经常流行天花、霍乱、白喉、流行性脑脊髓膜炎、乙型脑炎、结核病等十几种传染病，尤其是霍乱、天花、白喉、流行性脑脊髓膜炎流行面广，死亡率高，这些传染病一旦大流行，往往死亡惨重。

中华人民共和国成立后，政府对少数民族的健康非常重视。1957年政府派防毒队到青街王神洞等少数民族村庄对畲族人民普遍进行验血抽查，共抽查202人，检查出有疾病的14人，对患者马上进行了治疗，家庭贫困的进行免费治疗，此外，政府还派卫生队给畲族人民种牛痘和打防疫针，并实行免费治疗。蓝德水、蓝德足2人，在1953年和1954年2年间就享受免费治疗达300余元，1956年流动保健站在王神洞建立，并培养了1名畲族保健员。

开展经常性的卫生运动，每年都要进行几次大扫除，从房前屋后，灶前厨后，到各种农具进行彻底的打扫，改善了畲族人民的卫生条件，畲族人民的健康水平大大提高。1969—1970年大力培训"赤脚医生"，各大队办医疗室。1985年改"赤脚医生"为乡村医生，开始重视儿童免疫工作，在常规免疫基础上，对4周岁以下儿童一律进行二轮免疫糖丸普服，挨家挨户登记造册，发放糖丸，普服率达100%，基本消灭小儿麻痹症、百日咳、天花等严重危害儿童的疾病。对流行性脑炎、乙肝霍乱等流行性疾病及时发现和治疗。自2000年以来，畲乡完善基础设施，搞好环境卫生，修建水池，引入清泉水到村民家中，使人人都使用上洁净安全的自来水。同时拆除露天茅厕，改用家庭水冲厕，改善了蚊蝇满天飞、屎尿臭气到处熏的恶劣环境。给全乡各村各户发放厨余垃圾桶和其他垃圾桶，还设立了垃圾分类点，配备清洁员、自动装卸垃圾车，垃圾由专人清运，确保环境的整洁。2012年青街畲族乡卫生院为提高群众卫生、保健、疾病预防等服务水平，在各村设置"卫生防疫·健康教育"宣传窗并定时更换卫生健康内容及相关图片。

四、体　育

古时青街练拳成风。南宋至清代，青街共出18名进士，其中武进士多名。练拳健身、保家卫国，千百年来一直为青街人民所信奉。每逢重大节日，以拳助兴。平阳南拳有着悠久的历史，在当地具有广泛的群众基础。长期以来，青街交通不便，相对闭塞，因此平阳南拳自形成以来很少受到外来拳种的冲击，较好地保留古代拳术的风格，被称为南拳中的"活化石"，极具研究价值。

（一）畲族武术

畲族武术历史悠久，源远流长，是一项以提高搏斗技能为主旨，而又渗透着中国古代医学理论与实践的古老健身运动。调节阴阳，改变人体内环境，使人获得"和谐情感""健康延寿"之益。畲族武术产生的主要原因就是战争。人们为了掌握格斗的技能和技巧，要寻找一些方法进行操练。这种操练的方法和形式，畲族人民称之为畲拳。畲拳乃畲族独创，已有300多年的历史。创编者，号雷乌龙，人们尊称他为"乌龙公"。畲拳的主要动作有冲、扭、搁、削、托、拔、踢、扫、跳等。进攻时多用拳肘。防守时常用前臂和掌，讲究以肘护肋，步伐稳健，运作紧凑，进退灵活，具有"下如铁钉，上如车轮，手如辗盘，眼如铜铃"的特点。上至古稀老人，下至学龄儿童，不论男女都有练拳习武的爱好。畲家拳的流派和套路有数十种之多，练功的方法也很特别。练铁砂掌之前，先砍一节精粗的竹筒，内装一条毒蛇，蛇腐烂后，练武者将手伸进竹筒，蛇毒使其手奇痒难忍，急需插入米糠、谷子、沙子及铁砂中摩擦。练习棍术的器械来源广泛，"柱杖"、锄头、扁担等生产工具都是习武器械。"盘柴槌"（即打柴棍）是棍术的一种，有长短之分，长的3.6米左右，短的2.3米左右，其招式有7步、9步、猴子翻身、双头槌、三跳步、四步半、天观地测等。畲族武术注重内外兼修，注重调节行气和意念运动，经常练习不但能收到壮内强外的效果，而且对治疗多种慢性冷热病和调节人体内环境平衡均有良好的医疗保健作用。

（二）稳凳也称"问凳"

稳凳是畲族人民喜爱的民间传统体育项目，它起源于畲族早期的宗教祭祀活动，随着人类社会的发展进步而逐渐演变成为民间体育活动。稳凳以蹬、转、翻、旋、翘、摇、摆等为基本动作，并结合难度较大的插旗、套圈等形式进行竞赛或表演。经常参加稳凳运动能有效地发展灵敏、力量、柔韧、耐力等身体素质，提高平衡能力和提高大脑中枢神经系统的功能。对晕车、头晕、食欲不振等症状有着明显的改善作用。

稳凳表演开始先由2名畲族少女翻身上凳，她们在不断快速地转、翘过程中，将抛接的10个小圈逐个套向离凳4米处的旗杆，最后以套中多者为胜。然后是2名男运动员飞身上凳，他们的动作难度要比女运动员表演时大得多，他们要在非常快速地转、翘中将地上的小圈捡起，并挺身或后屈身直接将圈套向旗杆，最后以套中多者为胜。

（三）竹竿舞

竹竿舞又称竹杠舞，持竿者姿势有坐、蹲、站3种，变化多样。有节奏、有规律的碰击声里，跳舞者要在竹竿分合的瞬间，不但要敏捷地进退跳跃，而且要潇洒自然地做各种优美的动作。竹竿舞是畲族同胞庆祝节日的一种独特方式。每逢节日，畲族同胞便会身着漂亮的民族服饰，以欢快的舞步和有节律地敲击竹竿的声音共庆节日的美好。节奏一般为"开、合、开、合、开开合"，竹竿开的时候脚跳进去，竹竿合的时候脚跳出来。跳竹杠分为"单跳、双跳"两种，单跳的方式为：由各人在竹竿中间，一个跟着一个沿着空格一步一跳，边跳边舞，向前向后往复不止。双跳的方式为：两人一组，双方的动作必须协调，彼此相互照顾，按照一对竹竿的开与合，在间歇中巧妙地跳动，跳完上个空格后，又重复返回，如此不停，直到尽兴为止。

竹竿舞的动作以人们的肌肉活动特有的运动形式产生负荷，刺激内脏器官，改善人体血管循环系统和呼吸系统机能状态，增强人体肌肉力量和关节灵活性，提高了身体素质。

2009年以来，青街畲族乡中心小学充分挖掘畲族文化资源，选择便于管理、简单安全、取材方便的"竹竿舞"畲族传统体育项目课程并在各年段开设。既增进了师生对畲族文化的了解，又丰富了校园体育文化生活。

（四）平阳县三源南拳协会

前身是青街十五亩南拳武术馆。1904年农历2月24日，十五亩青年李立盾、李行化、李行拔拜五十丈武术名家（广东白鹤山白鹤仙师高徒）黄石儿为师，并创办十五亩武术馆。1913年农历2月，李行化、李行拔两兄弟在河槽头（今鳌江镇）开办竹行。河槽头三恶霸无故生事，集结20多人群殴行化、行拔两兄弟。二人凭平生所学，背靠背，击败他们的围攻，打得他们纷纷跪地求饶，一时名声大振。从此，山门、水头、鳌江、平阳和苍南等地年轻人纷纷集结设馆，聘请青街十五亩拳师李赵中、陶中、和顺、和安等人出教，授徒数百人。1949年后，十五亩南拳武师李和顺任平阳县武术协会首届主席。拳师李庆明，2010年参加第五届香港国际武术比赛，获"65公斤级推手""南棍""南拳"三项冠军，获第六届全国传统武术邀请赛"南拳"冠军，获第七届浙江国际传统武术比赛"南拳""南棍"二项第一名。

李庆明现任平阳县三源南拳协会副会长，嘉兴市武术协会会长兼总教练，中国武术协会会员，浙江传统武术裁判员等职。2012年农历9月28日，平阳县三源南拳协会在青街十五亩文化礼堂成立。

第五节 传统手工艺

青街山多地少，盛产毛竹。多口之家，生活贫困，为生活所迫，必另谋生计。由此有些青年外出拜师学艺，如篾匠、裁缝、陶瓷等；有的创设制油车，为农民加工食用菜籽油；有的创建水碓，为农民舂米。广大妇女由家传、家庭互教互学，学会纺纱织布、养蚕缫丝、针织、刺绣、篾编、草编等。传统手工艺丰富多彩，改善了农民的生活和推动了社会的发展。

一、制 油

民间制油技艺是地方文化浓缩的产物。青街境内传统榨油器最具代表性、典型性，由木制笨重油车（李记油车）、水碓等组成。正是这种榨油设备和工艺，为四邻八方的油农压榨食用油提供方便。

（一）油 车

李记油车开设于清乾隆中期，位于石柱与书房基中间的路边，有5间平房，内设炒锅灶、石磨、蒸锅灶、踩油饼处、油榨设备、厨房等，还有水碓。

油榨设备由榨油筒（车母）、主副横梁、千斤巨石、大小木圆鼓、四尺方木等组成。油榨筒由一根长约3米、直径60厘米的大硬木，一端中间挖出一个长为1.80米、直径30厘米的大圆柱，使圆硬木成为一个大木筒竖在中间房的中间，紧挨筒的两边各树立一根长约3.50米、直径40厘米的大硬木（车子），作为主副横梁的支点。筒的前、后两边各锯去一块长分别为1.70米、1.60米，宽为20厘米的木块。前后两空间方便将榨油饼放进或拿出。圆筒底面周围挖一条深2厘米、宽3厘米的圆环沟——流油沟。再在筒的前边锯去木块的下方挖出一条小沟和流油沟相通，并在小沟的前下方放一个油桶，让榨出的油顺着小沟流进油桶里。油榨筒的上方有一个直径为28厘米、长为20厘米的圆柱，圆柱的上方还留有直径为20厘米、长为20厘米的圆柱柄，此柄上端与主副两横梁连接。主横梁是一根长约6米、直径50厘米左右的大硬木，一端用杠杆原理装在竖立的油榨筒边的车子上（支点），另一端用缆绳吊在屋梁下半空。梁的中间间接吊着3个用2根直径20厘米、长约1.50米做成的支架，两根木材中间装有一根硬横木棒，作为撬千斤石的支点，每个支架下都有一块千斤巨石，每块巨石上都有一石孔，每石孔里都装一条环绳扣。副梁由两根较小的木材并排组成，梁上同样有3个支架，架下都有一块千斤石。

榨油有6个程序：

1.先把油菜籽放在风鼓机里扬去杂质后，再放进锅里炒干。

2.炒后的油菜籽放进石磨里磨碎后，再送到水碓里捣细。

3.把捣细的油菜籽粉放进蒸桶里，并放在蒸锅上蒸熟透。

4.踩油饼：踩油饼师傅先在踩油饼处的地上放2个用竹篾做成的圆箍，里面放两张用干净稻草做成的油衣，再把蒸熟的油菜籽粉倒进用圆篾箍和油衣做成的小圆桶里，用露在圆箍外的油衣包盖上，用脚踩坚实后，向上去掉一个上圆箍，把原来还露在箍上的油衣草尾往下压，再把这个圆箍扣在上面，用手把圆箍往下压，去掉下圆箍，把上圆箍压到油饼中间，这张油饼就踩成了。

5.把一张张油饼装进油榨筒里，一张又一张油饼叠在油榨筒的正中央，每张油饼离油榨筒边3厘米左右，再把大圆硬木鼓放在油饼上，根据需要再在上面放小圆硬木鼓，再在上面放几根四尺方硬木，直到顶住主副横梁止。再在油榨筒的流油沟前方下放一个油桶，让油车榨出的油自动流进油桶里。

6.榨油。榨油师傅检查完榨油的一切设备安装正确无误后，站在油榨筒的后方高喊"脚踏角插大梁下"。两边掌管主副横梁的师傅放下横梁，做好一切工作后，又喊"上千斤"。榨油师傅两人用一根长约3米、直径20厘米的木棒穿进支架，以支架横木为支点，木棒的一端穿进千斤石的环绳扣，二人紧抓住木棒的另一端用力往下拉压，千斤巨石被高高吊起，二人随后将木棒末端压在安装在石板上的石柱的横木桩下固定。这样陆续把主副横梁下6个千斤石都吊起。此时，主副横梁就有万钧之力向榨油筒中的油饼压下，油就榨出来了，并自动地流进了油桶里。

油榨好后，先放下千斤巨石，再将横梁的缆绳绞起固定，并将油榨筒和横梁的连接松开后，再将油榨筒里的油饼一张张拿出来，去掉圆箍，剥去油衣，再将油饼拿去水碓捣细，拿回进蒸桶再蒸熟，再踩油饼，再上榨油筒再榨油一次。这样每百斤油菜籽可榨油33斤以上，且油香扑鼻，质量上乘，深受油农们称赞。因此，腾垟、顺溪、南雁、山门等地农民都来青街李记油车榨油。李记油车每年还为青街、顺溪、山门等供销社榨油10000多斤，供各地油站出售。

20世纪80年代农业体制改革，油菜种植减少，又因现代机械榨油机产生，因此李记油车榨油量逐年减少，以至停业。后因油车房年久失修，倒塌拆除了。

（二）水　碓

水碓是由石杵臼、踏碓逐步改进建造成的。

石杵臼由石臼和石杵组成。石臼是由一块大石头打造成上面长宽约为70厘米的正方形下底长宽约40厘米的正方形，高为80厘米的梯形的四方台。在上台面的正中央挖出一个直径为50厘米的半圆球凹形。石杵是一根长宽为20厘米、高为50厘米的石条，上端两侧凿打一个直径为5厘米的小圆孔，用一根长约70厘米、直径为5厘米的木棒的一端穿进去，并用木栓栓紧，作为石杵柄。石条的四棱打成圆条，下端打成小半圆球体。人是用双手拿着石杵柄用石杵在石臼里舂米，捣大、小麦粉，米粉，捣年糕等的。

踏碓的石臼和石杵臼的石臼大小一样，但踏碓的石臼是埋在碓庭地下的，只让石臼的上台面略高于庭面一点。踏碓的石杵上半段较大，长约20厘米、宽约15厘米，下半段逐渐缩小，下端打造成小半圆球体。上端打成长约15厘米，宽约12厘米，高约12厘米的石柄，套进碓杆的一端已凿成的同样大小的木榫里，并用木栓钉紧。碓杆长约2.50米，在碓杆五分之二处装一根横硬木条，两端穿进两根已打好孔的硬木桩上作为支点。两根木桩固定钉在一条石板上很牢固。此时的石杵头恰好落在石臼里。再在碓杆支点的另一端碓杆下挖一条长1.70米、宽30厘米的斜坑。舂米时，人脚一踏蹬碓杆的末端下落，石杵头升起，这杵一起一落，达到舂米的目的。用踏碓舂米、捣粉等比用石杵臼用手拿石杵舂米、捣粉省力多了。

水碓是有房子的。水碓里装有4个石臼和带石杵头的碓杆。它们和踏碓一样。水碓房里还有风鼓机、米床、米筛、米畚斗、箩等用具。碓庭前是一个石坑，石坑下有一个出水口，坑上装有一根轮杠，轮杠中间上装有圆轮，圆轮两边各装二根碓拨，圆轮上有水槽、水槽上接水渠。前有水扑紧靠，防水溅向碓庭。水槽和水渠之间有水闸。舂米时先把谷子放进石臼，再打开水闸，水进入斜放的水槽，水直冲圆轮上的轮叶，转动圆轮，装在圆轮的轴上的碓拨敲打碓杆的一端的末端下落，碓杆的另一端的石杵升起，这样一起一落石杵头不断地击打着石臼里的谷子。4门水碓是可以同时工作的，待石臼里的谷子舂去大部分的谷皮后，舂米人用左手将石杵头扶起，右手用一根木棍将石杵头撑顶住，碓拨敲打不到碓杆末端，停止舂米，用米畚斗将石臼里的米和糠收起，放进风鼓机里扬去糠，将米放在米槽里，用米筛筛出还没有舂去谷皮的谷子，最后把这些谷子集中再放到石臼里舂，直到完全舂成米为止。再将米槽里所有米放进风鼓机扬净糠，米就舂好了。再把前次风鼓扬出的粗糠放进石臼再舂，糠舂细后拿回，作为猪、鸭、鸡、鹅、兔的饲料。

水碓舂米、捣粉等既方便又省力，年终时人们来水碓捣粉、捣年糕，非常忙碌。

还有一种水碓是没有水槽和水扑靠的，水渠是修在轮杠底下的，打开水闸，水直冲轮杠圆轮，水碓开始工作，其他构造与上种水碓相同。现在供游客观赏的都是此种。

二、纺　织

纺织是一门古老而又富有生命力的传统手工艺，在人类文明的发展史上占有举足轻重的地位。传统手工纺织在青街乡有悠久的历史，在旧时代纺织是大多数女人生存的基本技能之一。纺棉纱、捻苎麻线、养蚕缫丝、织棉布、扎扫帚等手工艺是古代妇女在漫长岁月里累积而成的。改革开放后，随着社会主义建设发展、科学技术不断进步，传统手工纺织工艺逐步消失。

（一）纺棉纱

自种的棉花晒干去籽或买来的棉花，先在弹棉花机里弹细，再拿回用双手把棉花分拆成长20厘米、宽5厘米、厚2厘米的小块，并把它一块块放在木板上。妇女们一手拿一根细竹签放在一块棉花的正中央，另一手拿面简压在上面向前后搓滚几下，抽出竹签棉块便成一条棉条了。如此，直至把所有弹细的棉花都搓成棉条为止。

纺纱时，纺纱女坐在纺纱车旁的椅子上，把一条长约20厘米的竹壳条卷套在纺纱车的车针上，一手拿着棉条，另一手在棉条一端捻出一条小线来，并把它固定在竹壳条卷的中间。这样，纺纱女一手鼓动纺车，另一手拿着棉条开始纺起纱来。纺出的纱线不断地缠绕在竹壳卷上，由中间有规律地先向上后向下不断地缠绕着，纺成中间大两边小的棉球，待棉球中间直径15厘米左右时停止取下棉球，再套上一条竹壳卷继续纺纱，直到所有棉条纺完为止。

纺纱女先把一个棉球的竹壳卷一端套在纱座的针上，把纱线头向上穿进纱座上的横杆上了线孔里，拿出线头再过"浆"（用米粉煮成的稀糊）。盛米糊的小圆桶底装一根小竹屑枝条，桶的上端的周围用竹壳做成围墙，在墙上扎一个小针孔。过浆时，把棉纱线头穿过浆桶底下的横竹条后，拿起线头再穿过竹壳围墙上的线孔（线孔可将线上多余的浆阻回桶里），再把线头固定在纱护架上。此后，纺纱女一手鼓动纱护车，另一手（手上拿着一小块白布，线从布中过，可把纱上浆擦干净）拿着过浆后的纱线不断地围绕在纱护车架上。一个纱球护完了，再换一个纱球接上线头再护。待纱护上的纱线有一斤左右时停止，将纱线头缠绕藏好后，把纱线从纱护上取下为，称为一"敲"（束）。将所有的纱线都过浆护成一束束棉纱为止。

（二）捻苎麻线

农户都自种一种草本植物苎麻。待苎麻长大成熟后收割，去茎取其皮，用管刀去掉外皮，取其白色纤维晒干，每条白色纤维有1米多长。

农妇先用钉耙把苎麻纤维打成一条条苎麻丝，再用手把一条条苎麻丝头尾连接捻成线放进竹编的苎麻筐里。捻满一筐后把线头藏好后取出晒干后储存。待所有苎麻丝都捻成线后再过浆（过浆过程和棉纱过浆一样），直至用纱护车护成一束束苎麻线为止。

（三）养蚕缫丝

清明节后，桑树已长出嫩叶。蚕妇用手帕将蚕种包好放进胸前的内衣里，用体温将蚕种孵化。几天后，用鸭毛将孵化出的幼蚕轻轻地扫在养蚕的器具里，把采回来的嫩桑叶擦干用剪刀剪成细条来喂养，同时要保温。喂养5—7天（与气候温度有关）后蚕开始首眠：蚕像睡觉一样，不吃不动。过一天，身上脱去一层皮，醒来后幼蚕也长大了。再喂养5—7天后，蚕就二眠了。二眠后的蚕长得更大了，也不用再保温了，然后把它放养到圆形的竹编大簸箕里，桑叶也不用剪细，一张张来喂养即可。三眠后蚕的体形更大了，就分养到晒番薯丝的长条竹匾上。分养时，把整枝桑叶放在养蚕的簸箕里，待蚕爬到桑叶上吃桑叶时，用手把整枝桑叶和蚕一起拿到竹匾上。如果还有蚕留在原喂养的簸箕里时，再拿一些桑叶放在上面，以后再把桑叶和蚕拿到竹匾上，不必用手将蚕一条条拿上去。四眠，也称大眠后，蚕长得很快，吃得桑叶也多，每天要放几次桑叶来喂养。同时匾上的蚕长大了容不下，要不断地分养到其他新匾上，因此蚕妇要夜以继日地劳作，很忙很辛苦。

大眠3—5天后，蚕就要上山了。蚕妇用干净的稻草做成草垛，把一束束草垛装在条匾上作为蚕山。蚕要上山时，蚕头和全身透明光亮。此时蚕妇把一条条蚕往亮处一照，就把上山的蚕放在蚕山上了。蚕就在草垛上吐丝作茧了。蚕山的竹匾下要打几个火锅（把木炭放在锅里烧旺），提高室内的温度。

蚕上山了。蚕上山前拉下的粪便粒大，很多人将此粪便收集起来晒干，去掉杂质称作蚕沙。夏天，用蚕沙泡水当茶喝，有散热消渴、消毒解暑、活血散瘀等功效。

蚕上山5—7天后，茧做好了。蚕妇把茧从草垛上取下来，把茧外粗丝去掉后放到箩里，等待缫丝了。

蚕妇会留些茧在蚕山上，过几天，蚕蛾会咬破茧出来。蚕妇把雌、雄蛾交配后的雌蛾放在纸上产卵，然后将卵纸挂在楼板下梁上一段时间，再收藏作下年蚕种。

缫丝工具由锅灶、缫丝车架和纱护车组成。缫丝前，先把锅里的水烧开，缫丝车架放在锅中间后半边锅沿上，纱护车架在纱护脚两支架上放在锅灶旁边。缫丝师傅坐在锅灶和纱护车中间的一边椅子上。用双手从箩中取适量的茧子放进锅里，用半片竹做成像手掌伸出四指一样的许多筷子组成的竹掌筷在锅里搅动几下，搅出一条丝线来，先把丝线头穿进缫丝车边上一线孔里，再向上放在车架上一滚筒上，再把线头固定在纱护架上。此后，缫丝师傅，一手拿着丝线，一手鼓动纱护车，开始缫丝了，丝线就不断地、均匀地围绕在纱护上。如果锅里有些茧的丝抽完了，就拿些茧放进锅里，用竹掌筷在锅里搅动几下，让新茧丝和老茧丝一起连成一丝线，不断地围绕在纱护架上。待纱护架上的丝线有一斤重左右时，就把丝线头绕上一圈扎定后取下，称为一敧（束），接着再缫丝，直到把所有蚕茧都缫成丝为止。

蚕豆是蚕上山吐丝作茧后化成的蛹。等茧在锅里抽完丝后，蚕豆就会落在锅底。蚕豆有消毒、破毒、活血散瘀等功效。缫丝时，有许多儿童围在缫丝师傅旁边，等着争着吃蚕豆。大人们也喜欢吃蚕豆，多余的蚕豆可以放在锅内焙干，留着以后吃。

（四）织棉布

织布要先经过车线盒、牵布、上耳疏、疏布、织耳棕、上脚踏等程序，最后才能上木织布机穿梭织布。

牵布工具由2根布耙、1根2丈长的尺哥、1个叉布杆座组成。牵布时，把2根布耙分别竖靠在屋的板壁上，尺哥扣合在布耙上。尺哥上装有20个线孔，把已车好纱的20个线盒放在尺哥下，把线头由下向上分别穿进尺哥的20个线孔里后，把20根线头集中在一起扎紧在布耙边的叉布杆的一根竖杆上，牵布女拿着20根线走到另一布耙边，把线由下向上缠绕在布耙的最下一耙上，再走回把线也由下向上缠绕在这边布耙的下一耙上，再走到另一布耙把线也由下向上缠绕到上一个耙上，这样来回不断地由下向上把线缠绕到布耙上。两布耙之间相距2丈。一机要织布的丈数（2丈×耙数＝丈数）可数耙数而知。牵足要织布的丈数的耙数后，就要由上向下逆顺路走缠绕到下一个布耙一直到叉布杆。此时，要把线交叉缠绕在原来扎线头的杆上（注意交叉杆的两杆之间的线是交叉的，其他各布耙上的线都是合在一起的），继续不断地来回牵布。布的宽度是由布的经线条数决定的。经线的条数可由牵布的手数来计算的（20×手数＝条数）。叉布杆上的交叉数就是手数，由此计算条数也很方便。牵足条数后，也把线头扎在同一根叉布杆上。

布牵后，开始上耳疏了。两妇女坐叉布杆边上，一妇女一手拿着耳疏，另一手将一支钩针插进耳疏边上的一耳齿间，另一妇女拿一根线放在钩针上，钩针一回，线就穿过耳疏了，并把线着绕在棕杆上，一齿齿、一针针把线钩进耳疏去（不能漏齿），这叫上耳疏。此后，妇女把纱线从布耙上取下来，一束又一束摘叠起来要拿去疏布了。

疏布要5个妇女。一妇女两手拿着整束的经线，两个妇女分别站在耳疏的两边一手拿着耳疏的一边，另一手拿着木疏不断地在经线上疏着，另两个妇女把已穿过耳疏的线头绕在棕杆上并把棕杆安装到织布机的绞布杆上，绞动绞布杆的绞手，把已疏理清的经线卷到绞布杆上。同时，每卷一圈都要拿一根篾片分别嵌在线卷里面不同的4个位置上。就这样，五个妇女不断地疏布，一直把经线都疏直理清卷到绞布杆上并把线的末端用一根竹条穿过并散开，固定在织布机的滚布杆上，布就疏好了。

梳布后织耳综。一妇女坐在织布机的坐板上，一手拿着耳综板，板沿上放一根棕树枝干，把综线头固定在棕枝干上，另一妇女把耳疏边上第一根经线递上，上耳综就是把综线绕过经线把综线交叉卷在棕枝干上，另一妇女把耳疏隔齿的第三根经线递上，同样方法把综线交叉卷织起来，从耳疏的这边到那边，把所有奇数齿上的经线都织上耳综为止，并在综线头固定在棕枝干上，抽出综板。穿进一根木综杆，两端都和棕枝干扎紧。用同样的方法，把耳疏上的双齿数上的经线上的耳综也织好。接着把绞布杆和缠绕着线头的竹条杆一齐翻转过来。再用同样的方法，分别把单齿耳疏上的经线和双齿耳疏上的经线的耳综都织好。此时两副耳综交错织着经线。接着再把绞布杆和线头竹条杆一齐翻转过来，重新固定好。接着把耳疏装进耳疏框架里并固定，耳疏框架的四分之一和四分之三处的上边装有一根小木条，木条上有一线孔，把织布机一横木上已扎固定的两条苎麻丝绳放下，分别穿进木条线孔，向上扎好，此时耳疏框架吊在半空，并要使穿过耳疏的经线恰在耳疏的中间。再在横木条的前方20厘米处放一根竹杠，两端固定在织布机架上，在竹杠的两端内各放一条苎麻丝绳，丝绳的两端分别系在两副耳综杆端上，此时两副耳综也被平排吊起。再把二根脚踏上的绳子分别和下两付耳综的中间连接起来。此时两根脚踏前端也平排吊起，此后可以织布了。织女先用二根稻草试织。左脚一踩脚踏，左手向前推耳疏框架，此时两副耳综一下一上把经线上下二层分开，右手把一根稻草穿进去，再把耳疏框架一拉，再换右脚踩脚踏，再推框架，此时两层经线交错分开，再用一根稻草穿进去，再拉框架一下。接着织女先把已车好的纬线管装进梭里，把纬线头从梭边的线孔穿出来夹定在右边的两条经线间。此后，左脚踩下脚踏，左手向前推耳疏框架，耳综把经线上下两层分开，右手把梭沿耳疏边向另一方送进去，左手换推框架去接梭，右手换拉框架，接着换右脚踩下脚踏，右手推框架，此时两层经线交错分开，左手送梭……就这样不断地换脚踩脚踏，不断地换手推拉框架，不断地换手穿梭织布了。这是平板布的织法。如果要织花布，就要织四副耳综，四根脚踏，把经线分成四层。四根脚踏以1、3，2、4轮流踩踏，四层经线轮流上下交错，同样穿梭织布。这是传统织布法，织布速度较慢。20世纪70年代末，在织布机两边的穿接梭处加装了一个梭框，大大地增加了织布的速度。框比梭长1寸，三面用木板围着，框上中间横木条中间有一线孔。一条苎麻线绳的一绳头从上向下穿过，绳头再接着一个圆环。梭的一端尖套进环里，把梭放在穿接梭框里，较离框边1寸。用同样方法，把另一个绳头接到对边的穿接梭框里。再把拉手绳的绳头穿过装在织布机上的横木条上的滑轮后再接到苎麻线绳的中间上。这时，织女的脚一踩脚踏，一手推耳疏框架，一手一拉手绳，梭就从一边穿过经线到另一边。这样，织女不断地换脚踩脚踏，一手不断地推拉耳疏框架，一手不断地上下拉手绳，梭不断地来回织布了，大大地增加了织布的速度。

此外，还有织苎麻布、蚕丝布、织绉纱、围巾、裤腰带和带子及塑料编丝布。

苎麻布一般都是平板布，只用二个脚踏和两综，牵布和织棉布过程一样。蚕丝布都是花纹布，要用四个脚踏和四综。牵织丝布和牵织棉布过程一样。因蚕丝较细和高贵，丝布的质量要求也高，所以只有巧妇才会织。绉纱其实是用绉纱丝织成的，牵布、织法和织蚕丝布基本相同，但质量要求更高，织的技术更高，所以绉纱是专业人员纺织的。织围巾、织裤腰带和各种不同的带子都是用棉纱染成各种不同颜色用各种不同的织具织成的。织法和织具比较简单，几乎每个妇女都会织的。织塑料编丝布的牵布和织法完全和棉布的相同，也是用四个脚踏、耳综，织布机上都装有穿接梭框，采用先进的织布法了。

三、编　织

编织是一种流行广泛的民间传统工艺。常用的编织品有毛衣、篾编、草鞋、斗笠、麦秆编、蓑衣等等，具有色泽鲜艳、花式繁多、经久耐用等特点。但是随着科技的发展，现代人们对于编织的了解越来越少，有些编织手艺随着时光的流逝而消失。

（一）篾　编

篾匠都要从师学艺3年后才能从事篾编工作的，他们心灵手巧，用一把篾刀把一根竹条破成4—6层条又薄又细的篾片，用双手把这些篾片编织成各种各样美观的用具，如饭篮、菜篮、桌罩、竹椅、竹床、篾席、簟、箩筐、畚箕、坭箕、簸箕、米筛等，还有把篾片染上各种颜色，特制精美的礼具，如六合礼盒、点心盒、花篮等。

（二）编斗笠

篾匠用篾片编成上下两层同样的斗笠架后，在下层的斗笠架顶到边沿铺上一层箬竹叶，再把斗笠架上层盖在下层上，两层中间和边沿都用竹篾穿缝好，斗笠就制作完成了。斗笠可用来遮阳挡雨，无论男女，上山下地干活，每人每天必戴。斗笠价格利润不高，销量很大，每家杂货铺都有出售。

（三）麦秆编

农妇将尾节麦秆取下放进水里浸泡漂白后，用双手将四条麦秆编织成一条带子，再用带子编成草斗笠、圆形扇子等，并用针线缝制牢固。有些巧妇，还把麦秆先染成五颜六色，再编成桃形花扇、花草篮、花草帽、手提包等，非常美观且又很实用。

（四）缝蓑衣（棕衣）

蓑衣是农民干活御雨的必用雨具。因此每家都栽种几株棕树，每隔二三年剥一次棕皮毛，去骨晒干后收集。

缝蓑衣前，师傅先把一些棕毛用钉耙打成棕毛丝，用棕丝打成棕线，再用两条棕线打成棕绳。

缝蓑衣时，师傅先把一张张的棕毛放在床板上，用手依次把蓑衣的后背、两袖护肩、蓑衣的领口的图样铺好，再用棕绳穿针细心缝制起来。缝制好后放在一边。用同样的方法，再把围腰、胸带、围裙分别缝制好。最后把它们用带子连接起来（两胸带间、围裙前都是用二条带子连接的），蓑衣就缝制成了。棕蓑衣坚实耐用，一领新棕蓑衣可供人用一辈子。

（五）打草鞋

草鞋是农民上山下地干活必穿的鞋具，因此成年男女人人都会打草鞋。打草鞋的工具很简单：一个钉耙、一个木扒和一条护腰带。打草鞋前先根据脚的长短用络麻丝搓好草鞋绳和整理好用水浸泡过的稻草。打草鞋时，人坐在长板凳上，先把两根打结的草鞋绳扣在钉耙上，另一端系在人的腰带上，用双手把几条稻草搓成小绳作为纬线不断地来回编织起来，织一段后就用木扒扒紧，并在鞋的两边适当的位置做好三只草鞋耳。同时，要根据草鞋前后宽度不同而不断移动扣在钉耙上草鞋绳的位置来决定草鞋的模样和合脚。一只草鞋的两边前后各有三只鞋耳。草鞋打好后，把扣在钉耙上的两绳打结，分别穿进后鞋耳作为草鞋的后脚跟，系在腰上的绳子打结后分别穿进前脚耳作为草鞋带子。人穿草鞋时，把草鞋带绳在脚背上交叉分别穿过后脚跟上耳绳子后，再回到脚背上打结即可。

以前因为人人干活或出行，都要穿草鞋，所以各家农户都会打草鞋，也有人专门打草鞋出售的。现在，老人死亡火化或归山安葬时，孝子必须袖口戴麻布，脚穿草鞋，因此如今市场上尚有少量草鞋出售。

（六）弹棉褥

棉褥是冬天御寒必备的，一般人家一床有上盖下躺二褥的。未到冬天，弹新翻旧的人家很多，因此地方上弹棉褥师傅也很多。

弹棉褥时，师傅先把一半棉花放在床板上，用弹弓把棉花弹细，然后按棉被的尺寸铺好，再在上面牵一领棉纱网并用面筒在上面压搓实，然后把它翻转过来，如有夹旧时，先把旧棉褥上面纱的去掉，并用钉耙把它打散，再用弹棉弓把它弹细放在中间，然后用新棉花弹细后铺在上面，再在上面牵织一层棉张网，上下两张网交接好后，再用面筒压搓实，这样一领棉褥就算弹好了。

有些师傅一到秋天，就背着棉弓到宁波一带去弹棉褥赚钱去了，到年终时才回来过年。

（七）扎扫帚

扫帚是盐场扫盐和每户人家扫地的必用工具。平阳、瑞安、苍南等县每个地方的杂货铺出售的扫帚都是青街畲乡人民供给的。扫把销售量很大，因此扎扫帚出售是畲乡人民的重要副业之一。

扫帚的主要原料是毛竹枝的分枝梢。青街盛产毛竹。把砍下毛竹削去的竹枝从山上捡回来，把多枝叶的分枝梢从竹枝上摘下来，除去分枝上的小分枝，用浸湿的竹壳丝条（如今用编丝条）扎成一小束。晒干，再放在泥箕底背或地上搓揉去净竹叶。扎扫帚时，先把一条用水浸湿后软的野山藤（俗称碗藤）的一端固定在柱子上（野山藤从山上采回后晒干备用；后来因为扫帚销量大，野山藤采尽不够用，便从山上砍来新毛竹，破成一厘米宽的长篾片条，煮熟后晒干备用，此称扫帚篾；如今用尼龙绳或编丝布带来扎扫帚），再拿5束去净竹叶的竹枝梢，把最长的一束竹枝梢的中间部位放在野山藤另一端上固定，用力扎紧3—5圈（与藤条粗细有关）压弯后再接上第二束，第二束要稍退后，且使梢尾底平再扎3—5圈压弯后再接第三束，第三束中正，梢尾与前二束底平，也扎3—5圈后再接第四束、第五束，同样扎法，但第四、五束梢尾要向后稍弯，最后一圈又一圈地扎扫把（长约20厘米），直到藤端打结固定为止。然后把离藤结5厘米处的多余的枝条用柴刀砍去使扫把端平，最后，用一根直径3—4厘米、长100厘米、一端削尖的木条插进去作为扫帚柄，这样一把扫帚就扎好了。然后把所有的扫帚捆成担，再肩挑到青街竹筏运输站托运到水头镇占家埠，再托船运或陆运往平阳、瑞安、苍南等各地销售。

四、烧　炭

木炭分为木硬炭和木松炭。木硬炭是毛竹林中或山顶生长的松木或杂木在造炭窑烧制成的，供高炉铸钢、铸铁用；木松炭是农家煮饭菜锅灶洞里的木材烧尽剩下拾起的，卖给打铁匠用于打铁器的。两者是农家的副业收入之一。

1. 木硬炭

硬炭是农民在高山上建土炭窑烧制的。土炭窑一般依山傍水建造，圆形窑高2米左右，炭民先在山上把直径5—15厘米的杂木都砍倒晒干后，再去把枝叶去掉后的木材收集来搬进窑里，把一根根木材竖装在窑中，一窑可装几千斤木材。木材装满窑后再封门，此时只剩窑口——供火烧窑用。第一次烧窑时，先在木材堆顶上放木材枝叶，使窑顶呈半圆球形，先在上面铺一层柴草，再在上面覆盖一层约30厘米厚的水拌黄泥土，并用木锨压紧，把土块打实，土炭窑周围边上有烟囱。

点火烧窑时，窑顶上不能有冒烟的地方，如有即用泥浆补上打实。烧窑师傅根据烧窑时间和木材是否烧尽的烟色而决定何时熄火。熄火后要密封烧窑口和烟囱，并用泥土堵实，不能有一丁点冒烟的地方，闷熄窑火。

几天后，火熄炭凉后才打开窑门取炭，装筐挑担下山，出售给铸钢、铸铁锅房烧锅炉用。1958年大炼钢铁时，青街人民也上山砍木烧炭，供炼铁高炉烧用。

2. 木松炭

松炭是每家煮饭菜锅灶洞里的木材烧尽剩下的。用火钳夹起放进放在锅灶边的火罐加盖熄灭后收集起来的木炭，或用火钳夹起放在灶坑的火灰上用水浇熄晒干收集起来的木炭都称松炭。

打铁铺经常会派人下村来购买松炭，地方上也有人收购松炭去卖给打铁铺的，他们都是以筐论价。所以松炭主要是用于打铁的。另外，制茶时，也常用松炭打火炉来焙干茶叶保障；蚕上山时，蚕妇也用松炭打火炉来给室内加温的。

第六节　社会保障

社会最低保障、困难救济、自然灾害等社会保障性工作是民政工作的重要内容，也是保障群众切身利益的关键。1978年改革开放以后，政府特别关注弱势群体的社会保障需求。伴随经济体制改革的全面推进，社会保障逐步展开大规模扶贫运动。2008年以来，逐步建立起了具有中国特色的社会保障制度，农村新型合作医疗保险、养老保险、孤老保障开始向全乡各村60岁以上居家养老服务延伸。

一、农村低保

青街畲族乡地处山区，经济条件相对较差，特困户、扶贫户、临时困难户、低保户占有较大的比例。自20世纪50年代中期开始，县民政局每年均发一定数量的救济金和救济粮，用于特困救济。2014年，青街畲族乡有低保户150户、173人；五保户30户、32人；重度残疾27户、28人；一、二级重残，特困残疾16人。发放低保金145万元。

表2-5-6-1　　2014年青街畲族乡各村农村低保对象一览表

村	总人数	总户数	低保	五保	重残	一二级重残、特困残疾
青街村	1241	316	21	5	1	1
睦源村	1928	474	38	6	8	2
垟心村	986	217	10	3	0	2
太申村	546	132	7	3	1	0

续表

村	总人数	总户数	低保	五保	重残	一二级重残、特困残疾
东坑村	1574	363	14	5	5	3
九岱村	849	229	14	1	4	1
十五亩村	547	118	10	1	1	2
王神洞村	592	130	8	1	0	1
南网村	974	266	16	0	4	2
朱山村	632	154	18	2	1	1
新三村	726	174	17	5	3	1

数据来源：青街乡人民政府。

二、农村合作医疗保险

农村合作医疗保险是由一种互助共济的医疗保障制度，在保障农民获得基本卫生服务、缓解农民因病致贫和因病返贫方面发挥了重要作用。2002年10月，《中共中央、国务院关于进一步加强农村卫生工作的决定》明确指出：要逐步建立以大病统筹为主的新型农村合作医疗制度，到2010年，新型农村合作医疗制度要基本覆盖农村居民。

青街畲族乡农村合作医疗医保险工作开始于2009年，个人缴费在参保时按年度一次性缴清20元。2010年，全乡参加新农合5903人，占人口总数72.30%，2015年参加新农合8429人，占人口总数92%。

表2-5-6-2 2010—2015年青街畲族乡各村参加农村医保情况一览表

单位：人

村名	2010年	2011年	2012年	2013年	2014年	2015年
青街村	737	892	906	978	979	1003
睦源村	1009	1204	1221	1368	1438	1493
垟心村	439	520	539	619	673	690
太申村	265	309	309	347	472	482
东坑村	937	1062	1069	1136	1177	1202

村名	2010 年	2011 年	2012 年	2013 年	2014 年	2015 年
九岱村	454	560	566	678	689	706
十五亩村	284	326	334	395	429	431
王神洞村	385	433	437	486	513	520
南网村	543	649	656	743	757	783
朱山村	410	461	473	522	523	544
新三村	440	512	523	560	561	575
合计	5903	6928	7033	7832	8211	8429

数据来源：县社保局。

三、农村养老保险

新型农村社会养老保险（简称新农保）是以保障农村居民年老时的基本生活为目的，由政府组织实施的一项社会养老保险制度，是国家社会保险体系的重要组成部分。养老待遇社会统筹与个人账户相结合，与家庭养老、土地保障、社会救助等其他社会保障的措施相配套，建立个人缴费、集体补助、政府补贴相结合的筹资模式，以党的十七大和十七届三中全会精神为实施依据。

自2009年开始，青街畲族乡的老人享受社会福利。社保补助每位60岁及以上老人60元。到2015年，60—79岁每人提升到120元，80岁提升到160元。

2010年，全乡已享受养老保险的有866人，参保在职的有732人。

2015年，享受人数11人，参保人数190人。

全乡已享受人数1834人，参保在职人数2242人。

四、老人协会

青街畲族乡老人协会首届会议于1988年9月在青街感德宫召开，参加人数约400人，会议选举雷朝欣为会长。1991年5月换届，时任乡党委副书记池云森兼任会长。1993年8月换届选举，选出会长1人（李信言）、副会长6人、委员25人。1995年初，在乡政府和县有关部门的支持下，协会领导带头并发动全体会员捐资献料，建成了2间3层的老人协会大楼。2000年2月，池云真被选为会长，至今会员已发展到1447人。逢年过节协会对高龄老人及困难老人进行慰问。

五、养老服务

中华人民共和国成立初期，人民政府对生活困难的老人进行临时救济。1956年合作化以后，根据第一届全国人大第三次会议通过的《高级农业合作社示范章程》规定，对生活无靠的老弱、孤寡、残疾社员，由合作社保吃、保穿、保烧柴、保教（孤儿）、保葬，其后逐步演变为保吃、保穿、保住、保医、保葬和保孤儿入学（"五保"）。

1997年，青街畲族乡敬老院创办于青街月山下（乡政府旁边），投资17万元，占地800平方米，建有6间二层砖石结构的敬老院用房。敬老院设有保健康复室、医务室、琴棋书画室、餐厅室、阅览室、精神慰藉室、花园庭院等多种功能设备。2000年期间，五保供养由分散向集中过渡、五保老人的生活由温饱型向疗养型发展。青街敬老院配备专职工作人员3名，负责管理37位孤寡老人（五保、低保）享受供养。

2015年底青街畲族乡60岁以上老人有2019人，九成以上老人选择在最熟悉的地方养老，青街乡政府为了满足居家老人的养老服务需求，先后在各村中心位置开设"居家养老服务照料中心"7个，每餐只收取象征性的伙食费2—5元，其余由政府支出（包括服务员工资）。居家养老服务照料中心为老人日常生活提供悉心的照料服务，真正让青街畲族乡老年人老有所依、老有所养、老有所乐。

2015年，在青街畲族乡敬老院生活的五保户有7人，其他都在各村居家养老服务照料中心养老。

第六章　语言和口传文学

　　畲族只有本民族的语言，没有文字，各地畲族语言共通。畲族语言的共通性，起着民族心理认同和维系民族感情的重要作用。青街境内畲族通用双语，即畲话用于畲族内部交流，与当地汉族交流时使用闽南语。青街畲民以口传文化传承自己的历史，包括畲歌、畲族民间故事、畲族谚语、畲族谜语等，记录着畲家的过去与现在，并世代相传。

第一节　语　言

　　畲族语言通用汉字记录，属汉藏语系、苗瑶语族，语支未定，类似汉语客家话。青街畲话就是一种包含多重历史层次积淀的，至今仍处在不断变化中的极不稳定的少数民族语言。族内称"山哈话"，意为"山客话"。畲族最早聚居地在广东省潮州凤凰山一带，先民从广东迁移青街途中，曾在闽东停留过一段时间，故其畲话部分掺杂了闽东话词汇和口音。

一、畲　话

　　青街畲族使用的语言含有古畲语"底层"、汉语客家话成分和现畲族居住地汉语方言成分。畲族人把这种语言叫作"山哈话"，青街畲话就属于这种语言。"山哈"是指山里客人的意思。先来为主，后来为客，先来的汉人就把这些后来的畲民当为客人。

　　青街畲话的特点可以用汉语音韵学的有关术语，从语音、词汇、语法三个角度，作纵横向比较分析，在与畲话有关系的汉语方言特别是客家话以及中古音的比较中阐述其特点，尽量体现畲话的层次性。本志叙述的"古声母""古韵母""古声调"等分别指《广韵》系统的声韵调。青街畲话的特点体现在语音、词汇和语法方面。

二、语 音

（一）声 母

1. 声母的概况

包括零声母在内，青街畲话有25个声母。

青街畲话的声母系统与温州话相似，而与普通话差别较大。与普通话声母系统相比较，青街畲话的声母系统有两个特点：第一是有浊塞音、浊擦音声母，第二是有舌根部位的鼻音声母[ŋ]，且可以自成音节，如"五"[ŋ]。

就发音部位而言，普通话的声母通常被分为7类，青街畲话少了舌尖后音（卷舌音）一类，只有双唇音、唇齿音、舌尖中音、舌面音、舌尖前音、舌根音6类。就发音方法而言，青街畲话多了一种类型，即全浊声母，青街畲话的全浊声母共有6个：在塞音中有双唇音[b]、舌尖中音[d]、舌根音[g]3个；在擦音中有双唇音[w]、唇齿音[v]、舌面音[j]3个。

青街畲话保留一部分上古声母系统的特点，表现在以下4个方面：

一是唇音字中还有一部分保留双唇音（即"重唇音"）读法，如"飞、风"等。但整个唇音组有"重唇"和"轻唇"的分化，"轻唇音"还分为"清""浊"两类。这个发展趋势与《广韵》音系相同，也与大多数南方方言相同。

二是舌根音（即"牙音"）唇音字中有一部分没有向舌面音发展，相当一部分还保留"见"组的读音，如"加、减、街、家"等；

三是青街畲话只有泥母，没有"娘、日"母；

四是大部分疑母字的仍保留[ŋ]声母的读音。

表2-6-1-1　　青街畲话声母一览表

发音部位	塞音			塞擦音		鼻音	擦音		边音
辅音	清音		浊音	清音		浊音	清音	浊音	浊音
发音方法	不送气	送气	—	不送气	送气	—	—	—	—
双唇	p	p'	b	—	—	m	—	w	—
唇齿	—	—	—	—	—	—	f	v	—
舌尖中	t	t'	d	—	—	n(ŋ)	—	—	l
舌根	k	k'	g	—	—	ŋ	x	—	—
舌尖前	—	—	—	ts	ts'	—	s	—	—
舌面前	—	—	—	tɕ	tɕ'	—	ɕ	j	—

相对来说，青街畲话的声母系统与中古音的声母系统更为接近。其相同之处主要是有浊塞音、浊擦音声母，唇音声母有"轻重"之分，且"轻唇音"分"清浊"。不同之处主要有二：一是"知"组、"照"组的分化，这两组的声母绝大多数归入舌面音[tɕ][tɕʻ][ɕ]，少数读[t][tʻ]，其次是浊音声母减少，不是每个发音部位都有。

在双唇音一组中青街畲话有浊塞音[b]和浊擦音[w]，[b]声母与《广韵》的并母有来源关系。但《广韵》的并母字在青街畲话中绝大多数已读为送气清塞音[pʻ]，如"皮[pʻi]、被[pʻi]、步[pʻu]"等。这表明在青街畲话中，全浊声母的消失早已开始，目前已接近完成阶段。青街畲话的双唇浊擦音声母[w]的来源是主要是古匣母和明母。

在唇齿音一组中，青街畲话有一个浊擦音[v]，这个音的主要来源是上古的匣母。

在舌尖中音一组中，青街畲话有一个浊塞音[d]，这个音与《广韵》的定母有联系，但《广韵》定母字的声母，青街畲话绝大部分读送气清塞音[tʻ]，如"提[tʻi]、弟[tʻai]、大[tʻai]"等。这个现象也反映了"浊音清化"的趋势。

在舌根音一组中，青街畲话有一个全浊塞音声母[g]，这是中古音系群母的遗留，但绝大多数群母字的声母在青街畲话中都读送气清塞音[kʻ]，如第三人称代词"渠"的声母就读[kʻ]。青街畲话已无与清擦音[x]配对的浊擦音声母。中古匣母字的声母在青街畲话中绝大多数已读同部位的清音[x]，如"合、恨、恒、号、核、盒、汗、岸、项、下"等，此外，还派入双唇擦音[w]，如"云"，或者派入唇齿擦音[v]。

在舌面音一组中，青街畲话已无浊塞擦音，有一个与[ɕ]相配的浊擦音[j]，它的来源是古匣母、余母和疑母。

在舌尖前音一组中，青街畲话已没有浊擦音[z]。

2.青街畲话声母词举例

[p]	帮母：	北比毙杯贝逼毕壁笔臂飞风
	并母：	备朋笨葡
[pʻ]	滂母：	批劈披匹偏铺浮平濞（[pʻi]鼻涕）
	并母：	扑朴被部葡苹萍屏婆薄篷白皮
[b]	并母：	倍旁
[m]	明母：	米迷美尾妹明灭没蒙密无[mo]
[w]	明母：	文物务买卖

匣母：云运圆皇完

匣母（中古云母）：袁园胃为卫位

晓母：歪

[f]　帮母：费匪发法方放翻纷

并母：风冯罚烦范犯房

晓母：荒

溪母：湾阔

[v]　匣母：画话黄活镬旺禾(稻)

匣母（中古云母）越

晓母：唤

[t]　端母：低底滴帝蒂滴陈德鸟

端母（中古知母）：中

定母：代担台蹄敌唐独杜特

定母（中古澄母）：潮澄除

[t']　透母：体剃踢屉梯推托太

定母：提弟同洞大地徒毒豆读

初母：窗囱

[d]　定母：道堂岱度

[n]　泥母：暖嫩农脑年泥尿你娘人

日母：让染热软

疑母：研严元银玉热

明母：猫[niao]

[l]　来母：里离力李理利梨赖来楼

泥母：宁

[k]　见母：观加减界街个哥歌国过果古故讲家九教敬间健江继绢结

余母：捐

群母：权局强侨共

匣母：厚

定母：赵（中古澄母）

疑母：饿[k/e]

[k']　溪母：科全泉可苦库口扩劝圈轻青康哭曲幸（有[ki][xing]两读）

群母：棋旧舅穷琴轿桥强其（"他"的意思）

　　　　　　崇母：柿

[g]　　　　群母：渠共

[x]　　　　晓母：很虾吓花欢好化向兴戏香

　　　　　　匣母：学和会合恨恒号核盒寒旱汗杭夏学鞋害毫咸衔豪浩凶咸下
吓（"怕"的意思）血有（[xo]中古云母）

　　　　　　溪母：裤

　　　　　　禅母：善上

[ŋ]　　　　疑母：硬额牛藕鹤岩眼雁牙瓦岳呆人鳄日源

　　　　　　匣母：员（中古云母）

[tɕ]　　　　章母：砖转章终止祝柱指烛竹掌浙着（着衣）

　　　　　　端母（中古知母）：珍

　　　　　　定母（中古澄母）：朝、潮

　　　　　　从母：情酒绝才尽

　　　　　　精母：姐

　　　　　　群母：健

[tɕ']　　　 昌母：昌川车闯菜充冲出处切

　　　　　　定母（中古澄母）：长（长短）传重 值直丈

　　　　　　透母（中古彻母）：超

　　　　　　崇母：状撞

　　　　　　从母：静钱

　　　　　　清母：切（切开）

　　　　　　邪母：谢匙

[ɕ]　　　　书母：守手舍水审赏小始式室释世设束施势

　　　　　　心母：信萧霄消想相死

　　　　　　晓母：晓

　　　　　　船母：食实射舌蛇神

　　　　　　邪母：祥俗续

　　　　　　禅母：社树数熟（数目） 石谁是

　　　　　　崇母：事

　　　　　　余母：游

　　　　　　匣母：现

[j]　　　　余母：药摇盐育

匣母：县

匣母（中古云母)：远

疑母：疑议义

影母：影蔫

[ts] 精母：资仔尊箭爵最罪

从母：暂

[ts'] 清母：仓促醋粗存翠

昌母：尺

从母：瓷磁词次催崔字

初母：差插疮创

邪母：象席

禅母：市瑞

崇母：锄

彻母：超

[s] 心母：四思司西细速素粟雪息暑习小[sai]盛

山母：双霜爽洗

书母：识世

禅母：十时视

崇母：士事

邪母：习

船母：乘

[0] 影母：一衣依医矮哑鸭恩安案爱

疑母：俄

余母：演ian

（二）韵　母

1.韵母的概况

青街畲话的韵母共有62个。韵母系统可分为单元音韵母、复元音韵母、鼻音尾韵母、塞音尾韵母4个部分。韵母有开、齐、合、撮，四呼齐全。

表2-6-1-2　　　青街畲话韵母一览表

按口型分 / 按结构分	开口呼	齐齿呼	合口呼	撮口呼
单元音韵母	a	i	u	y
	o	–	–	–
	ə	–	–	–
	ɔ	–	–	–
	œ	–	–	–
复元音韵母	ai	ia	ua	yei
	au	io	ui	ye
	əu	iu	uai	–
	ɔu	iai	uei	–
	–	iau	–	–
	–	iəu	–	–
鼻音尾韵母	am	im	–	–
	ɔm	iem	–	–
	–	iam	–	–
	an	in	un	yn
	ən	ian	uan	yən
	en	ien	uon	–
	ɔn	–	–	–
	aŋ	iŋ	uŋ	–
	əŋ	–	–	–
	eŋ	iaŋ	uaŋ	–
		iuŋ	uoŋ	yoŋ
塞音尾韵母	aʔ	iʔ	uʔ	yʔ
	ɔʔ	iaʔ	uoʔ	yɔʔ
	əʔ	ieʔ	–	–
	eʔ	–	–	–

　　青街畲话的单元音韵母有"a、o、ə、ɔ、œ、i、u、y"8个，其中"y"韵母疑是畲族居住地方言融入畲话的。青街畲话复元音韵母有16个，与梅县客家方言大同小异，数量也差不多，只是在韵母元音的口腔开合度、舌位高低上略有差异。青街畲话的古鼻音尾韵母有27个，还保留"～m、～n、～ŋ"三套收

尾，但收"～m"的字很少。塞音尾韵母有11个，但"～p、～t、～k"三套收尾都已演变为"～ʔ"尾。

青街畲话韵母系统中都存在着以[y]为主元音的韵母，即属于撮口呼一类的韵母，如"女"读[ny]，"斤"读[kyn]，"六"读[lyʔ]，"中"读[tɕyŋ]，"船"读[ɕyon]等。

平阳畲话古通摄一等和三等字今读不同韵的音，一等阳声韵字读"oŋ"韵，青街畲话读"uŋ"韵，入声韵均读"uʔ"，如：东（toŋ）、笼（loŋ）、空（k'oŋ）、送（soŋ）、囟（ts'oŋ）、红（foŋ）、木（muʔ）、鹿（luʔ）、速（suʔ）等。三等阳声韵字读"yŋ"韵，入声韵除了非组声母字读"uʔ"外，大部分读"yʔ"或"ioʔ"，与浙南吴语比较接近。如：浓（nyŋ）、龙（lyŋ）、中（tɕyŋ）、宫（kyŋ）、穷（k'yŋ）、胸（hyŋ）、福（fuʔ）、六（lyʔ）、竹（tɕyʔ）、促（tɕ'ioʔ）、浴（ioʔ）等。

古韵母有一些字开口一、二等读音有分别。如蟹摄开口一等有两读：一类读（oi）韵，有"胎台代袋来猜对罪雷"等；另一类读"ɔi"韵，有"带太大奈害蔡在开爱盖"等；二等基本上读"ai"韵，有"排拜扮挨派寨柴解鞋"等。又如咸摄，开口一等舒声主要读"ɒm"，有"贪南蚕暗毯痰蓝三敢"等；开口二等则主要读"am"，有"赚杉咸衫减衔"等。这些都与粤方言的韵母系统具有某些共性，虽然"盘蓝雷钟一宗亲，都是广东一路人"的畲民离开广东的年代已经十分久远，但是现今的畲话中仍或多或少地遗留粤语的特点，说明畲话与粤方言早期的确存在着互相渗透的关系。

2. 韵母词列举

复元音韵母：

ai：底、第	au：饱、鸟	eu：到、口	ɔu：狗、刀
ia：写、蛇	io：梳、茄	iu：酒、秋	iai：鸡、快
iau：猫、爪	ieu：烧、头	ua：话、花	ui：醉、脆
uai：怪、拐	uei：盖、辈	yei：醉、吹	

鼻音尾韵母：

im：饮、心	am：减、添	iam：店、尖	ɔm：南、三
iem：盐、染	in：人、新	un：裙、吞	yn：根、斤
an：山、钱	ian：仙、眼	uan：搬、弯	en：面、轮
ən：恨、劝	uon：官、碗	yən：砖、船	ɔn：炭、短
ien：变、县	iŋ：清、京	yŋ：钟、龙	aŋ：冷、晴

iaŋ：声、轻　　　ɔŋ：床、糠　　　　yoŋ：香、羊　　　uoŋ：王、黄

uŋ：桶、聋　　　　eŋ：凳、藤

塞音尾韵母：

iʔ：力、食　　　uʔ：谷、族　　　　yʔ：竹、熟　　　　aʔ：客、麦

iaʔ：尺、石　　　ɔʔ：落、角　　　　yoʔ：脚、药　　　uoʔ：镬、划

əʔ：菊、虱　　　eʔ：德、色　　　　ieʔ：刻、墨

（三）声　调

青街畲话的单字声调是5个调，分别为阴平、阳平、上声、去声、入声。声调体系基本上维持中古平、上、去、入4大类的格局，列表如下：

表2-6-1-3　　　青街畲话声调一览表

	阴平	阳平	上声	去声	入声
青街畲话	44	22	35	21	5

青街畲话的古清声母平声子今读阴平，少数古全浊平声字今也读阴平，古全浊、次浊平声字今读阳平，古清上和次浊上声字今读上声，古全浊、次浊去声字和大部分古全浊上声字今读去声；来源上，只有阳平、入声、上声和去声的来源比较复杂。

青街畲话的古全浊上声字已经归并，大部分今读去声，基本符合"浊上归去"的规律。还有一点需要强调的是，平阳畲话的单字音还存在两种小称变调形式：一是部分上声字变为高平调325→55，如"妹耳马鸟你"等；二是部分平声字和上声字变为转折调，如茄22→325，蚊22→325，虾43→325，姑43→325，舅31→325，公43→325，弟31→325等。

青街畲话的小称变调，应该是受南部吴语的影响所致。因为客家方言、闽语、粤语中都不存在小称变调现象，而在南部吴语中，小称现象十分普遍。从形式构成的角度看，南部吴语的小称现象主要有5种类型：一是儿缀型，二是鼻尾型，三是鼻化型，四是变调型，五是混合型。

青街畲话的小称变调基本上属于变调型。在南部吴语的许多方言里，变调是小称的重要手段之一。小称变调是语义变调的一种，它不同于语音变调和语法变调。青街畲话小称变调的特点是本音发生小称变调时因单字调的不同而不同，单字调是小称变调的条件。一般是几个具有某种共性的单字调读作同一个小称调。

（四）词 汇

青街畲话词汇呈现多元化的特点，主要来源于4个部分：古畲话词、客家话词、闽语词、吴语词，此外还有少量的粤语词。

1. 古畲话词

古畲话词有3个来源：一是苗瑶语底层词，二是古壮侗语词，三是不明来历的词。古苗瑶语时期，古代畲族先民尚未从"武陵蛮"中分化出来，古畲话还没有形成。但畲话中的少量词仍遗留古苗瑶语词的读音或说法，除前文所列举的外，还有如下所示：

"有（ho2）"，与"何"音相似。湘南等地也有这种说法，如江水读（hou4），东安读（ɣau6），宁远读（xəu5）；同类的还有一个"芋"读（fu6），布努瑶语的"芋"音（vu6），跟（fu6）相近。

崽（tsoi3），一般称儿子和生物幼崽。今畲话的"崽"，即指儿子、幼崽，也作指小词尾用，如"手指"称"手指崽"或"手崽"。

子（tɕi1）(指小词尾)，如"日子"（ŋid7 tɕi1）、栗子（lid8 tɕi1）、"拈子丝瓜"（nan2 tɕi1）、"砧子杜礦"（tim6 tɕi1）等，这是一个其他方言少见而湖南话中较常见的词尾。

外公（岳父）（tai1 koŋ1—3）、外婆（岳母）（tai1 pʻo2—3）。（tai1）音的本字是"爹"，这是古来的南楚方言词。

鸡（kiai1）、颈（kiaŋ3），勉瑶语分别念（tɕai1）和（tɕəŋ1），应该是从（kiai）演变而来的。

"刷"读sod7，"爱"读oi5，"迟"读ɔn5（宴），"给"读pun1（分），以及"侄"和"孙"同称sun1（孙）等，都近似苗瑶语，"会"说hai1（解），也近似苗瑶语hai2。

"发疟疾"说fɔd7 puʔ7—laŋ1，"发泼（寒冰貌）冷"，勉瑶说put7 tɕwaŋ3，布努语"疟疾"说—mpu7，它们应该是同源的。

现在所说的壮侗语族，即所谓古越族人的后裔。上古时期闽粤赣交界地区，是百越民族的天下。后来畲族从湖南迁到这里后，在古畲话形成的过程中融入了古越族后裔的词汇，以及少数与客家话等畲族迁徙地汉语方言没有同源关系的不明来源的词。

畲话中的客家话词语，一般有3种情况：

（1）词义与现在闽、粤、赣大多数客家话词相同或相近。如下所示：

下雨→落水	泥土→泥	玩耍→嫽
扁担→担竿	田埂→田塍	乌鸦→老鸦
稻子→禾	喜鹊→阿鹊	多少→几多
衣服→衫	烤火→炙火	多久→几久
浇菜→淋菜	冷水→凉水	走→行
公牛→牛牯	被人打→分你打	锅→镬
穿→着	给你钱→分你钱	哭→叫
他→渠	我→	屁股→屎窟
夜晚→暗晡	大石头→石牯	肚子→肚屎
干→燥	柱子→墩	

（2）词义与现在闽、粤、赣部分地方的客家话词相同或相近。对比如下：

普通话	畲话	客家方言点
太阳	日头	日头（梅县、东莞、宁都、诏安、寻乌）
今天	今晡日	今晡（长汀、铜鼓、大余）
绳子	索	索（梅县、河源、宁都、铜鼓、寻乌）
开水	沸水	沸水（梅县、东莞）
稀饭	糜	糜（揭西、诏安）
头发	头毛	头毛（河源）
肚子	肚屎	肚屎（梅县、揭西、武平等）
洗澡	洗浴	洗浴（长汀、诏安）洗身儿（梅县、寻乌）
我们	人	丁人（铜鼓、梅县）众人（寻乌）
你们	你人	你丁人（铜鼓、梅县）　你众人（寻乌）
他们	渠丁人	渠丁人（铜鼓、梅县）　渠众人（寻乌）
弟弟	弟	佬弟（梅县、寻乌等）

（3）古畲话词素与客家话词素混合而成的畲话词。如下所示：

普通话	客家话词 ＋	古畲话词素 ＝	畲话词
厕所	ɕi3屎	p'ɔ6◇	屎◇
谷穗	kuʔ7谷	neu3◇	谷◇
岳父	koŋ1公	tai1◇	◇公
月亮光	ŋyet2闲	ho1◇	◇闲
雀斑	ɕi3屎	puan6 mun2	◇◇屎

青街畲族多从福建迁入，其语言也必然受到闽方言的影响，所以畲话词中有少量的闽语词。如"用"叫"使"，"无用"叫"唔使"，"东西（物）"叫"毛"，"袖子"说"手椀"，"膝盖"说"脚夆头"，"嘴唇"叫"嘴皮"，"芋头"叫"芋卵"，"害喜"叫"病崽"，"牲畜"叫"头牲"，"衣裳"叫"衫裤"，"干净"叫"清气"，"风筝"叫"纸鹞"，"时候"叫"时节"，"短裤"叫"裤头"等。

青街畲话的语言系统中，已经融合和吸收了昆阳、鳌江等地的方言，畲话吸收汉语词语主要有两种情况：

（1）以畲话读音或畲汉杂糅式读音照搬汉语方言的词形和词义。

畲话读音+汉语词形和词义。如"正经"读tɕiaŋ1 kiŋ1，"共产党"读koŋ ts'ɒm3～1 toŋ3，"主席"读tɕɐy3ɕi2，"总理"读tɕɐyŋ3～1 li3，"书记"读ɕy1 ki，"北京"读pa3～1 kiaŋ1，"电视"读tansa，"空调"读k'oŋ1 t'au2，"电脑"读tannau3，"手机"读ɕiu3 ki1，"学校"读hoʔ t'an2，"机关"读ki1 kuan1，"社会"读ɕia foi6，"状元"读ts'ɒŋ ŋɔn2，"结果"读kiɛt kua3，"自行车"读kioʔ t'ɔb2 tɕ'ia1（脚踏车）等等。

畲话词素+汉语词素。

普通话	畲话词素	吴语词素	合璧词
肥肉	p'i3肉	fi2肥	肥肉
讨债	lo1攞	su5数	攞数
前面	tai1◇ɕian2前	◇前	

（2）直接搬用新居住地汉语方言词的说法，使得一个事物有两种以上的说法。

少量的粤语词，如畲话"儿子"叫"崽（tsoi3）""女儿"叫"囡（ŋy3）"，与粤语的"崽(tsai3)""女(noey3)"接近。畲话其他接近粤语的词还有"睡"说"睏（kun4）""看"说"睇(t'ai3)"。

保留中古汉语词的特色的少量单音节词。如下所示：

稻谷→禾	小米→粟	房子→寮
光亮→皓	没有→冇	清理→开
箩筐→箩	东西→物	茄子→茄
房间→间	蚂蚁→蚁	稻草→秆
油麻→麻	泥土→泥	咳嗽→遁
鞋子→鞋	衣服→衫	桌子→桌

瀑布→潶　　　　　知了→蝉　　　　害怕→惊

少数古汉语词的遗留。如下所示：

捆→缚	走→行	跑→走
墓→坟	杀→戮	烧饭→炊
游泳→泅	砍→	吃→食
红→赤	咬→啮	逃→遁
什么→奚落	竹篮→箪	陡→崎
路费→盘缠	绳子→索	筷子→箸

少数带有古汉语的词素。如下所示：

猪圈→猪囚（tɕ'iu2）	牙印→牙痕（hon2）
酒杯→酒瓮（uon6）	鸡窝→鸡栖（tsi1）
口很渴→颈燥涸（hot7）	

（五）语法特点

青街畲话的语法结构一般与汉语差不多，但也有一些本民族的特色。现从词法、句法两个方面加以叙述，在与汉语方言的比较中突出青街畲话的语法特点。

1. 词法特点

（1）名　词

用"崽、子、儿"作名词的后缀，表示"小""祈使"或"鄙视、归类"的意思，"子"也表示无意义的词缀。如下所示：

猪崽→小猪	碟崽→小碟子
细崽俚→小孩子	凳崽→小矮凳
贼子（"子"表鄙视）→盗贼	
柴子（"子"表归类）→野生果实	
嫩菜儿→小菜苗	虾儿→小虾
坐下崽→坐一会儿	伞子（"子"无义）→伞
狐狸子（"子"无义）→狐狸	

用"公、牯、哥"作名词的后缀，表示雄性生物；用"娘、牸、娜"作名词的后缀，表示雌性生物。如下所示：

牛牯→公牛鸡公→公鸡	
猪哥→种猪	猪娘→母猪
牛牸→雌小牛	女囡→女子

表示雄性的词缀，与客家方言基本相同；表示雌性的词缀，与客家方言以及闽语大不相同，一般大型牛马等家畜平阳畲话说"牸"，客家方言说"嬷""婆"，其中"嬷"是客家方言的特征词，有时相当于粤语的"馳[na]"字。对比如下

普通话	闽语	客家话	畲话
母牛	牛母	牛嬷	牛娘或牛牸
虱子	虱母	虱嬷	虱娘
母鸡	鸡母	鸡嬷	鸡娘

畲话的"头"除了与普通话一样表示词的后缀外，还表示时间、处所及大约数。如下所示：

菜头（后缀）→萝卜　　　　宴晡头（时间）→晚上
日昼头（时间）→中　　　　拢沿头（处所）→檐口下
十头寮（大约数）→十来户　天头（时间）→明天

用"菱"作词的后缀，表示尖状物。如：

田角菱→尖形的菱角　　　　茶壶菱→茶壶嘴
石牯菱→圆而尖的大长石头　栋杆菱→担铳的尖端

用"卵"作词的后缀，表示事物的形状外，还表示生殖意义。如下所示：

鸡卵（鸡蛋）→圆而光滑的事物
光头卵→圆而光滑的头
花卵（花蕊）→圆形状的事物
茶子卵→卵形的茶果

此外，畲族彩丝带中织有"卵"字的表示物体形状，还表示生殖意义，是丝带中最复杂的字形之一。

（2）动　词

用"睇"作动词的后缀，表示"试一下看"或"祈求"的意思。如下所示：

望下睇→请看一下　　读下睇→试读一下
忖下睇→请想一下　　帮下睇→请帮一下

冇（mau2），青街畲话表示"没有"的意思，粤语也有"冇"这个词，读[mou2]，表示"没有"的意思，与畲话音相近，形义完全相同。客家方言的"冇"读p'aŋ5，表示"不实在、不充实"之义，与闽语相似。如"冇话"，畲话和粤语表示"没有话"的意思，客家方言和闽语表示"谎话"的

意思。

（3）形容词

青街畲话中部分表示"很"义的形容词，带有明显的摩状色彩，一般用形容词+形容词重叠后缀的形式表示。如很红→赤辣辣，很白→白落落，很黑→黑茫茫，很薄→薄稀稀，很酸→酸纽纽，水很温→水渍渍，很弯→弯虬虬，很暗→窨沉沉，路很滑→路溜溜等。也有的形容词后缀是两个不同的音节。如很薄→薄几裂，很咸→咸◇（mu1）个。

（4）副 词

青街畲话表示强调语义时，常用"（ɕien3）险"或"（hai6 ŋin2）吓人"放在形容词之后，相当于普通话的"很"或"非常"，如"很高"说"高险（kau1 ɕiɛn3）"或"高吓人（kau1 hai6 ŋin2）"。这种后置强调的用法并不见于客家话，而在浙南吴语中常见。

表示重复动作的副词，相当于"再吃一碗饭"的"再"，普通话一般是放在动词之前，客家方言"食一碗饭添（tʻiam1）"和畲话的"食一碗饭凑（tsʻəu1）"，都是放在动词之后。

（5）代 词

青街畲话的代词也有人称代词、指示代词和疑问代词之分，其称说有自己的特色。

人称代词 单数第一、第二、第三人称代词，青街畲话的称说为"亻厓（我）""你""渠（他）"，与客家话比较接近，但调类调值上有明显差异。"亻厓（我）"客家话有两派说法，多数读为阳平展唇的ŋai2，而青街畲话读阴平圆唇的ŋuai1或ŋɔi1。"你"多数客家话说ŋi2，属于阳平调，青街畲话读ŋi1，属于阴平调。"渠（他）"多数客家话说阳平不送气的ki2，青街畲话读ky1，皆为阴平调。

指示代词 指示代词是用来指示和区别人或事物的代词。平阳畲话有近指和远指之分，"这"一类词表示近指，"那"一类词表示远指，青街畲话表示近指的代词读作kuai3，表示远指的代词读作nai3。

疑问代词 青街畲话中比较有特色的疑问代词有：

"谁"：青街畲话读作ɕyʔ7◇，景宁、丽水等地说"nan1kɔi1◇个"，梅县客家方言说"那个ŋai5～1 ke5"。

"什么"：青街畲话读作"ɕi1 nɔʔ7什乇"，临安叫"ɕi1ʔ7 kuai3什个，"梅县客家方言说"脉个mak1 ke5"。

"怎样"：青街畲话读作"nam6 yoŋ6◇样"，景宁、丽水、龙游叫"tso6 tso1◇◇"，临安叫"tsoʔ7 tso ioŋ6◇◇样"，梅县客家方言说"样儿ŋioŋ5～1 ie"。

"哪里"：平阳畲话读作"nam3◇"，景宁、丽水说"na1 tso1◇◇"，龙游叫"nai1 tiʔ7"，临安说"la6 tsaʔ7◇◇"，梅县客家方言说"哪儿ŋai5～1 ie"

"多少"：青街畲话说"几多"，临安受汉语方言影响说"多少"，梅县客家方言也说"几多"。

"多久"：青街畲话说"几久"，临安受汉语方言影响说"多久"，梅县客家方言也说"多久"。

（6）量 词

青街畲话的量词大部分与客家方言、闽方言接近，但也保留一些富有特色的量词。

①表示条状物的量词用"行"。如下所示：

一行蛇→一条蛇　　　一行竹→一根竹子　　一行凳→一条凳
一行绳→一条绳子　　一行鱼→一条鱼　　　一行笔→一支笔

②表示块状物的量词用"粒"或"兜"。如下所示：

一粒布→一块布　　　　　　　一粒墨→一块墨

③普通话用"只"的量词，部分畲话词用"边"表示，也有的用"个"。如下所示：

一边手→一只手　　　　　　　一边鞋→一只鞋
两个兔子→两只兔子　　　　　两个耳朵→两只耳朵

（7）介 词

表示被动语义，相当于普通话"我被他骂"的"被"，畲话和客家方言都用"分（pun1）"来表示。相当于普通话介词"从这到那"的"到"，青街畲话用"透（tʻeu1）"来表示。

（8）助 词

普通话经常用在定语和中心语之间的结构助词"的"，青街畲话说"其（ke2）"。如"你的鞋子"说成"你其鞋（ŋi^{55}ke^{22}hai^{22}）"。

（9）连 词

青街畲话的"奴[nuŋ1]"，可以充当连词，连接前后两个词，构成并列词组，相当于普通话的"和"，如"亻厓 nuŋ1渠是隔壁寮"（我和他是隔壁邻居）；还可以充当介词，一是与名词组成介词结构，相当于普通话的"跟""对"，如"你nuŋ1渠讲，亻厓 病了"（你跟他说，我病了），二是表示处置义，相当于普通话的"替""把"，如"你nuŋ1这袋米kʻia²¹坻楼（你把这袋米拿到楼上去）"。客家方言中也有"同""劳（lau1）"等与畲话对应的说法，不仅可以充当连词，而且也兼有"替""把"的处置语义，如"同我做好来"是"替我把它做好"之义。

（10）短　语

①词法结构上别具特色的短语。普通话偏正短语中的修饰、限定成分一般放在中心词之前。畲话名词性的偏正短语可以分为两种情况：一是不加结构助词"的"，放在中心词之后；二是加结构助词"的"，则放在中心词之前。动词性的偏正短语与普通话一样放在中心词之前，一般不加结构助词。

②名词性短语。不加结构助词的名词性短语：

人客→客人	猪哥→雄猪	鸡公→公鸡	鸡娘→母鸡
羊牯→公羊	鸭牯→公鸭	牛崽→小牛	猫娘→母猫
碗公→大碗	雌小牛→牛牸	手公→拇指	刀拜→菜刀

加结构助词的名词性短语：

阿爷其衫→爸爸的衣服　　　你其鞋→你的鞋

③词性短语。

力力行→快步走　　　　　快走→快跑

好好嫽→好好玩　　　　　使力打→用力打

④动述补短语。普通话述补短语前后两个成分之间是补充与被补充的关系，往往有结构助词"得"作标志。畲话述补短语的语序与普通话差不多，但大多数不用结构助词"得"，有少部分加结构助词"的"，可能是当地汉语方言的影响。

食勿会落→吃不下　　　　　赶唔着→赶不上

食饱饱→吃得饱　　　　　　行快快→走得快

好险→好得很　　　　　热险→热得很

⑤动方位短语。普通话方位短语中表示方位词素的，一般都放在中心词之后，而畲话有以下两种情况：

1）放在中心词之前：

坻树→树上　　　坻楼→楼上　　　坻凳→凳子上

落坻山→到山上　　坻桌→桌上　　　唔坻桌→桌面上

面前→前面　　　　里寮→屋里　　　　里洞→洞里

2）放在中心词之后。

树面头→树的上方　　　　　　床k'ɔ1下→床底下

寮tai1前→房屋前面　　　　　寮内肚→房屋里面

大厅tɔ1央→大厅中间　　　　　寮屎头→房屋后面

2.句法特点

青街畲话的句法特点主要体现在单句上，如下所示：

（1）处置句

普通话用"把"字处置式，青街畲话用"nug"字处置式，这个"nug"可能是"持拿"义动词"拏"。如：

①你把这袋米拿到楼上去。

ŋi^{55}nuŋ^{44}kuai^{55}t'uei^{22}mai^{35}k'ia^{21}tai^{55}leu^{22}。

你奴这袋米坻楼。

②他把杯子打破了。

ky^{44}nuŋ^{44}puei^{44}taŋ^{35}p'ɔ^{44}la。

渠奴杯打破了。

③把那本书拿给我。

nuŋ^{44}ŋ^{35}pun^{35}ɕy^{43}pun^{44}ŋuai^{35}。

奴那本书分厓亻厓。

（2）被动句

表示被动语义、相当于普通话"我被他骂"的"被"，畲话用"分（pun1）"来表示，这种用法与客家话相同。如：

他被人骗了。

ky^{44}pun^{44}ŋin^{22}p'ien^{44}la。

渠分人骗了。

碗被他打破了。

guon^{35}pun^{44}ky^{44}taŋ^{35}p'ɔ^{44}la。

碗分渠打破了。

我被他打了一下。

ŋuai^{44}pun^{44}ky^{44}taŋ^{35}it^{5}hɔ^{21}。

亻厓 分渠打一下。

（3）比较句

①比较句例句：

这只公羊大些。

kuai⁵⁵t'eu²²gyoŋ²²ku³⁵t'uei²¹ti?⁵。

个头羊牯大点。

里面的衣服窄，外面的衣服宽。

nuei²¹pan⁴⁴ke²²sam⁴⁴sai⁴⁴,ŋia²¹pan⁴⁴ke²²sam⁴⁴t'uei²¹。

内边其衫细，外边其衫大。

这个人比那个人高。

kuai³⁵kuai⁵⁵ŋin²²ko⁴⁴ku²¹nai³⁵kuai⁵⁵ŋin²²。

这个人高过那个人。

那个没有这个好。

nai³⁵kuai⁵⁵mɔu²²kuai³⁵kuai⁵⁵hɔu³⁵。

那个冇这个好。

②明比与暗比句：比较句一般有明比与暗比之分。明比是把相比之事明白说出来，一般有"优于、等于、劣于"三类：

表示"优于"的，畲话一般为"甲+形容词+过+乙"句式，梅县客家方言一般是"甲+比+乙+过+形容词"。

表示"等于"的，畲话一般用"得[ti?5]……一样"，客家方言一般以"同……一般般"表示。

表示"劣于"的，畲话一般用"唔及"，客家方言一般用"当……唔得"或"当得……到"表示。暗比是不把相比之事说出来，它比明比句简单，一般用"过有"或"有过"表示。试对照如下：

普通话	畲话	梅县客家话
①这个人比那个人高。	这个人高过倨个人。	这个人比尔个人过高。
②你比他好。	你好过渠。	你比渠过好。
③我比他胖。	我肥过渠。	我比渠过肥。
④你和他一样高。	你得渠一样高。	你同渠一般般高。
⑤你说的和他说的一样。	你讲的得渠讲的一样。	你讲个同渠讲个一般般。
⑥老王干活比不上我。	老王做事唔及我。	老王做事当我唔得。
⑦他没有你那么漂亮。	渠冇你唔生好。	渠无你靓。

⑧他说的话更有道理。　渠讲的话何道理。　　渠讲个话过有道理。

上例①～⑥句为明比句，⑦～⑧句为暗比句。

（4）存现句

存现句表示人或什么存在、出现或消失，它的基本格式是"处所词＋存现动词＋事物"。如下所示（下例的下划线词为存现动词）：

亻厓　寮今晡 ho1（有）人客。→我家今天有客人。

亻厓　爷今晡 ɕi1（在）寮。→我爸今天在家里。

亻厓　ŋia3（娘）今晡 ŋ6 ɕi1（不在）寮。→我妈今天不在家。

树面头 ho^{44}（有）三头鸟。→树上有三只鸟。

寮 ho^{44}（有）一座山。→房屋后面有一座山。

你其鞋◇眠床◇下。→你的鞋子在床底下。

梁◇寮读书，亻厓　　爷唔◇寮。→他在家读书，我爸不在家。

　　　　　　　　娘坐◇凳。→母亲坐在凳子上。

（3）双宾语句

1. 母亲给我一双新鞋。

ŋia^{35}pun^{44}ŋuai^{44}it^{5}suŋ^{44}ɕin^{44}hai^{22}。

◇分亻厓　一双新鞋。

2. 给我一支笔。

pun^{44}ŋuai^{44}it^{5}haŋ^{22}pit^{5}。

分亻厓　一行笔。

（4）疑问句

疑问句例句：

你要上哪去？我上街去。

ŋi^{55}hou^{55}hɯ^{44}nam^{35}ʔŋuai^{44}oi^{44}lɔʔ^{2}kiai^{44}hɯ^{21}。

你好去◇？亻厓　要落街去。

你记不记得？

ŋi^{55}ki^{44}tɕ'yoʔ^{2}mai^{44}ki^{44}tɕ'yoʔ^{2}？

你记着◇记着？

哪个人打你？

ɕiaʔ^{5}ŋin^{22}taŋ^{35}ŋi^{55}？

◇人打你？

你看，这样做行不行？

ŋi⁵⁵tʻai³⁵,kuai²¹ʦo⁴⁴hai⁴⁴mai⁴⁴suei³⁵?

你睇，这做做会婍使？

锅里还有饭没有？

guoʔ²nuei³⁵ku⁴⁴hoʔ²²pʻuan²¹aʔ⁴⁴mɔu²²?

镬内故有饭啊有？

你吃吃看，好吃不好吃？

ŋi⁴⁴ɕiʔ²ɕiʔ²tʻai³⁵,hau⁵⁵ɕiʔ²ŋ²²mau⁵⁵ɕiʔ²?

你食食睇，好食唔好食？

另外，青街畲话中常用反问语气表示肯定或否定句式。如：

我讲阿唔喔？→我说的没有错吧？

我讲是阿唔喔，哈？→我说的是对的，是吧？

睇，还有人劝你阿唔？→看，再没有人来劝你啦。

就是渠顶好啦？→不一定就是他最好。

难怪唔？→难怪，是这样。

（7）感叹句　青街畲话感叹句句末常用两个以上语气词，加强表达的语气。如：

我真唔去罗喔（lo⁵⁵o²²）！→我真的不去啦！

真倒霉哩嗨（la⁵⁵xa²²）！→真倒霉啊！

体面险啦啊（lɔ⁵⁵ɔ²²）！→很体面啦！

我就唔去的格（ti²²ka⁴³）！→我就是不去！

硬的倒是莫爬来啊哈（ɔ⁵⁵xɔ³¹）！→（你）倒是硬撑得住不起床！

就泄我嘴过啊唔喔（ɔ⁵⁵m²²o²²）！→就是逃不出我说的（那种结局）啊！

（8）状定语后置

从语序角度看，青街畲话有状定语后置的特点。如：

你做认真的。→你认真点儿做。（状语在谓语之后）

你行先。→你先走。（状语在谓语之后）

梁寮牛买来了，壮壮喽。→他家买来（一头）肥壮壮的牛。（定语后置）

楼下老鼠绝个都死掉啦。→楼下个个老鼠都死掉啦。（定语后置）

你寮田禾见丘都有水。→你家每亩稻田都有水。（定语后置）

分烫烫尺烫去真疼，火烧火辣的。→被毛辣虫蜇去火辣辣的痛。（定语后置）

（9）青街畲话还有使动句式，体现古汉语色彩。如：

听听都难过人。→听了都使人难过。（使动）

莫吃亏渠。→不要使他吃亏。（使动）

（六）词语选录

下列新编青街畲话词语选录以汉语释义和国际音标作为标注。

1. 人体名称

畲话表述	汉语释义	国际音标
头毛	头发	t'əu²mɔu²
眉口毛	眼睛毛	ŋi²k'i³mau²
鼻	鼻涕	p'i⁵
头颈	脖子	t'əu²kiaŋ³
牙	牙齿	ŋɔ²
嘴	嘴巴	tsyei³
面鼓卵	脸蛋孔	mian⁴lɔŋ³
嘴须	胡须	tɕiei³su¹
眼口	眼睛	ŋie³k'i³
耳菌	耳朵	ŋiəu³k'un¹
鼻洞	鼻孔	p'i⁵tuŋ⁴
舌	舌头	siɛt²
手甲	手甲	ɕiu³kap³
手骨	手腕	ɕiu³kul³
手崽	手指	ɕiu³tsei³
细手	小手	sai⁴ɕiu³
大手	大手	tuai⁴ɕiu³
大腿	大腿	tuai⁴bi⁵t'ei³
凤管	喉咙	fɔn⁴kun³
肚屎脐	肚脐	tu⁴ɕi³tɕi²
背龙嘣	背	pei⁴lyŋ²p'iaŋ¹
屎豆	屁股	ɕi³t'iə⁴
奶	乳房	nɛn³

续表

畲话表述	汉语释义	国际音标
肚屎	肚子	tu⁴ɕi³
屎忽	屁股	ɕi³fɔnl¹
嗨	肺	xei¹
养崽	生崽	yoŋ³tsuei³
洗崽	洗崽	sai³tsuei³
心肝头	胸部	ɕin¹kɔŋ¹tʻəu²
带身	怀孕	tɔi⁴ɕin¹

2. 亲属称谓

畲话表述	汉语释义	国际音标
公白	曾祖父	kuəŋ¹pʻa⁵
阿白	曾祖母	a¹pʻa⁵
阿移	祖父	a¹kuŋ²
阿玛	祖母	a¹ma¹
阿爸	父亲	a¹pa⁴
阿妳	母亲	a¹ȵia³
阿伯	伯父	a¹pa⁵
嬷妳	伯母	mo²ȵia³
阿祭	叔叔	a¹tsei⁴
阿姆	婶婶	a¹mo³
妳公	外祖父	ȵia¹kuŋ¹
妳婆	外祖母	ȵia³pʻo²
妳舅	舅父	ȵia³kʻiu⁴
妳姆	舅母	ȵia³mo³
姑婆	姑祖母	ku¹pʻo²
姑公	姑祖父	ku¹kuŋ¹
阿姑	姑妈	a¹ku¹
姑丈	姑丈	ku¹tɕʻiɔŋ⁴

续表

畲话表述	汉语释义	国际音标
契爷	岳父	k'ei⁴jia²
契妳	岳母	k'ei⁴ŋia³
妹细	妹夫	mɔei⁴sai⁴
崽	儿子	tsuei³
女帅	女婿	ny³sai⁴
布女崽	女孩子	pu⁴ny³tsei³
佛生崽	男孩子	fu⁵saŋ¹tsei³
孙崽	侄儿	sun¹tsei³
女孙	侄女	ny³sun¹
亲情	亲戚	tɕ'iŋ¹ts'aŋ²
男人客	丈夫	tɕ'iɔŋ²pu⁴
布娘（女人）	妻子	pu⁴niɔŋ²
先生	医生	ɕin¹saŋ¹
大舅	妻兄	tuai⁴k'iu⁴
哥	哥	ko¹
大仇	大家	tuai⁴li⁴
凯姆	妻嫂	k'ei³mo³

3. 天文地理

畲话表述	汉语释义	国际音标
热头	太阳	niet⁴tiəu²
月光	月亮	nye⁴kɔŋ¹
星	星星	saŋ¹
风水	台风	tai¹pØn³
寮公	雷	lau³kuŋ¹
落水	下雨	lo⁴ɕuei³
云露	雾	wən²lu⁴
落雪	下雪	lo⁴sɔt³
江龙	虹	kau¹lyŋ²

续表

畲话表述	汉语释义	国际音标
龙雹	冰雹	lyŋ²pau⁵
食月光	月食	sit²nye⁴koŋ¹
食日头	日食	sit²niet⁴t'iəu³
好天	天晴	t'an³ts'an¹
泥粉	灰尘	nai²bun³
石牯	石头	ɕia²ku³
石牯卵	鹅卵石	ɕia²ku³lon³
落岭	下岭	lo⁴liaŋ³
街路	街	kiai¹lu⁴
诲	海	xuei³
龙展	龙潭	lyŋ²tsaŋ³
水井	水井	suei³tsaŋ³
坑沟	溪	xaŋ¹kau¹
大坝	大坝	t'uai⁴puei⁴
锈生	生锈	ɕioŋ⁴saŋ¹
行路	走路	xaŋ²lu⁴

4. 动植物

畲话表述	汉语释义	国际音标
黄牛	黄牛	woŋ²ŋau²
牛牯	公牛	ŋau²ku³
猪牯	公猪	tɕy¹ku³
猪娘	母猪	tɕy¹nioŋ²
羊娘	母羊	jioŋ²ŋioŋ²
掌羊	放羊	tɕioŋ³jioŋ²
掌牛	放牛	tɕioŋ³ŋau²
鸡公	公鸡	kiai¹kuŋ¹
鸡娘	母鸡	tɕ'iai¹nioŋ²
孵鸡仔	孵小鸡	p'iu¹kiai³tsuei¹

续表1

畲话表述	汉语释义	国际音标
企鹅	鹅	tɕia³ŋo²
虾公	虾	xɔ¹kuŋ¹
老蟹	蟹	xai⁴
湖溜	泥鳅	xu²liu¹
田仙	黄鳝	t'an²ɕian⁴
乌贼	墨鱼	wu¹ts'eit⁵
蛇远	蚯蚓	ɕia²jyaŋ³
翅	蜈蚣	k'iau⁴
狗虱	跳蚤	gɔu³seit¹
虱娘	虱子	seit¹niɔŋ²
虻	苍蝇	muəŋ¹
虻子	蚊子	muəŋ¹tsei¹
月皮脬	肉	pi²
壮月皮脬	肥肉	tsɔŋ⁴pi²
睁月皮脬	瘦肉	tsaŋ¹pi²
卵	蛋	luan³
刀	鸟	tau¹
老削	喜鹊	lau³ɕiaʔ⁶
老口	乌鸦	lau³ɤo³
食谷刀	麻雀	mau²pin⁴
尧	猫	niau²
老水	老鼠	lau³suei³
王蚁	蚂蚁	wɔŋ²ni³
尾柳	尾巴	muei³liu³
戏到	翅膀	xi⁴kɔp⁴
禾	稻子	vo²
谷	谷子	ku³
禾秆	稻草	vo²kuan³
禾脑	谷穗	vo²niu³

续表2

畲话表述	汉语释义	国际音标
票	萍	p‘iəu^{4}
旱薯	番薯	xan^{4}ɕy^{3}
扶卵	芋头	xu^{2}luan^{3}
金瓜	南瓜	kin^{1}kɔ^{1}
包菜	球菜	pau^{1}ʦ‘uei^{4}
包萝	玉米	pau^{1}səu^{2}
芥菜	芥菜	kiai^{4}ʦ‘uei^{4}
囊兹	丝瓜	naŋ^{2}ʨi^{1}
苛	茄子	k‘iu^{1}
抛	柚子	p‘au^{1}
多投	花生	ku^{3}tau^{4}
香菌	香菇	ʨ‘iaŋ^{1}k‘un^{1}
米荠	荸荠	mai^{3}ʨ‘i^{4}
梢梨	梨子	ɕiəu^{1}lai^{2}
丛柏	松树	ʦ‘ɔŋ^{2}paʔ^{3}
正杉	杉树	ʨiɔŋ^{1}san^{1}
茅竹	毛竹	mau^{2}ʨy^{5}
王竹	水竹	vɔŋ^{2}ʨy^{5}
毛郑	茅草	mau^{2}ʦein^{4}
火吉菜	苦菜	fu^{3}kat^{2}ʦ‘ei^{4}
启	柿子	k‘i^{3}
饭字菜	甜菜	p‘Øn^{4}ʨ‘y^{4}ʦ‘æi^{4}
包菜	空心菜	yn^{1}ʦ‘æi^{4}
高笋	茭白	kəu^{1}sun^{3}
火麦	荞麦	fu^{3}mət^{4}
鲁菜	咸菜	xan^{3}ʦ‘uei^{4}
山决	蕨菜	kØ^{2}
马蜞	蚂蟥	mɔ^{3}k‘it^{2}
姜娘	老姜	kiɔŋ^{1}ȵia^{2}

续表3

畲话表述	汉语释义	国际音标
烟酒	旱烟	Ian¹tɕiəu⁴
茶米	茶叶	tsʻɔ²mai³
兔	兔	tʻu⁴

5. 劳动和生活

畲话表述	汉语释义	国际音标
㧁田	插秧	pu⁴tʻan²
割禾	割稻	vɔ¹ɣuo²
作誓	干活	tsoʔ⁶ɕei⁴
田唇	田埂	tʻan²sun²
拖田	犁田	lai¹tʻan²
爬田	耙田	pʻɔ²tʻan²
薅草	耘田	xau¹tsʻau³
摘茶	采茶	tsa¹tsʻɔ²
打禾	打稻	vo³ɣuo²
凳	椅子	teŋ⁴
格斗	抽屉	tʻuai⁵kat⁵diəu⁴
锁箸	钥匙	so³tɕʻy³
饭箸	筷子	pʻuan⁴tɕʻy³
火头	斧头	pu³tʻəu²
刀拜	菜刀	tsʻuei⁴tau¹pai⁴
板填	切菜板	pan³tin²
桶箜	锅盖	tʻuŋ³kʻØn¹
搂鼻	笊篱	lau³pʻi⁵
羹调	调羹	kaŋ¹tau²
铲字	锅铲	tsʻan³tɕʻi³
笠头	草帽	lit⁴tʻəu²
挡水	棕蓑	tuŋ³kin³
紧头	枕头	tsʻɔŋ³tʻəu²
耕布	织布	kaŋ¹pu⁴

续表

畲话表述	汉语释义	国际音标
眠床	床	min²ts'uŋ²
衫	衣服	saŋ¹
面缠	毛巾	mian⁴p'an⁴
裤头	短裤	fu⁴t'əu²
短手腕	短袖	tØn³vun⁴
闷帐	蚊帐	məŋ¹tɕioŋ⁴
飞船	飞机	puei¹ɕiaŋ²
踏脚车	自行车	t'ɔ⁴kio³tɕ'ia¹
洋油	煤油	joŋ²jəu²
茶贡	汤灌	ts'ɔ²kuŋ⁴
瓯盏	酒杯	tɕiu¹tsan³

6. 建筑和食物

畲话表述	汉语释义	国际音标
起寮	盖房	xi³lau²
做墙	砌墙	tsoʔ⁶tɕ'ioŋ²
寮	房子	lau²
大厅	厅堂	duŋ⁴xɔ¹
橺	房间	kiant⁴
通纸	窗子	tuŋ¹tɕi³
灶间	厨房	tsou⁴kian¹
寮栋	屋顶	lau²tiŋ⁴
抗洪	厕所	ɕi³p'ɔ¹
墩	柱子	lau¹
梁皮	梁	lioŋ²p'i²
角崽	椽	ko³
楼进	梯子	lau²tɕin⁴
门担	门槛	mun²təm⁴
路坎	台阶	lu⁴k'ɔm³
食饭	吃饭	ɕi²p'uaŋ⁴

续表

畲话表述	汉语释义	国际音标
沫	稀饭	muei⁴
食酒	喝酒	ɕi²tɕiu³
古粽	粽子	ku³tsɔŋ⁴
丸	汤圆	ɣun²
米粉	粉干	fun³kØn³
飞水	开水	pui¹sui³
鲁	烫	lu³
楞	冷	laŋ⁴
食月皮	吃肉	ɕi²pi²
祄	雨伞	sØn⁴
活	袜子	wa²

7. 文化教育卫生

畲话表述	汉语释义	国际音标
学堂	学校	xo²tɔŋ²
做口每	演戏	tso⁴xei³
头角晕	头晕	t'əu²nɔ³xiŋ¹
盲堂	瞎子	ts'aŋ²maŋ²
单爿眼	独眼	tɔn¹pan⁴ŋian³
聋耳菌	耳聋	ŋiu³k'un¹luŋ³
背耳	耳背	puei⁴ŋi³
哄管痛	咽痛	xɔŋ³kuan³tuŋ⁴
哑口	哑巴	a³kau³
伤风	感冒	ɕioŋ¹fuŋ¹
发痧	中暑	ɕiaŋ¹sɔ¹
肚屎痛	肚痛	tu⁴ɕi³tuŋ⁴
出宝	麻疹	tɕy¹mɔ³
颈口	口渴	kiaŋ¹xət²
顿	咳嗽	tun⁴
泻肚	拉肚子	ɕia⁴ɕi⁴

续表

畲话表述	汉语释义	国际音标
大舌	口吃	t'ei⁴ɕiet²
摆脚	瘸脚	pai³kio³
食药	服药	ɕi²ɤio⁴
睇病	看病	t'ai⁴p'iaŋ⁴
带疾	残疾	tɔi⁴tɕit²
拖背	驼背	k'iau¹ku⁴
攞食	乞丐	k'iai¹ɕi²
瘨人	疯子	fəŋ¹tsɿ²

8. 生活

畲话表述	汉语释义	国际音标
亻厓	我	ŋuai²
佢	他	ky²
佢人	他们	ky²ŋin²
迪咯	自己	ti⁵kɔ⁴
拐	这里	kuai³
士拿	什么	ɕi⁴nɔʔ⁶
唸位	里	nam³
几多	多少	ki³to¹
睇	看	t'ai⁴
担	挑	tɔm⁴
着衫	穿衣	tɕioʔ⁶sam¹
炙热头	晒太阳	tɕia⁴ŋie⁴t'əu²
晒衫	晒衣服	sai⁴sam¹
昏唔着	睡不着	fun¹my⁴tɕio¹
想昏	想睡	ɕioŋ³fun¹
晓的	知道	xiəu³tit¹
唔晓的	不知道	m²xiəu³tit¹
分佢打	被他打	pun¹ky²taŋ³
食唔落	吃不下	ɕi²m²lo⁴
吞唔落	咽不下	t'un¹m²lo⁴
剃头	理发	t'ai⁴t'əu²

畲话表述	汉语释义	国际音标
何	有	xo^2
毛	没	$mɔu^2$
伶	会	xui^4
苗	坏	mai^2
细	小	sai^4
清气	干净	$tɕ'iŋ^1k'i^4$
杆扫	扫帚	$kɔn^1sɔu^3$
紧行	快走	$kin^3xaŋ^2$
面面行	慢走	$mian^4mian^4xaŋ^2$
先行	前面走	$t'ei^1san^1xaŋ^2$
屎头行	后面走	$ɕi^3t'əu^2xaŋ^2$
做阵行	一起走	$tso^4tin^2xaŋ^2$
唔去	不去	m^2xy^4
毛去	没去	mau^2xy^4
莫去	别去	$mɔ^4xy^4$
正去	刚去	$tɕiaŋ^4xy^4$
好显好	很好	$xɔu^3xian^3xɔu^3$
俏活	高兴	$k'iu^4waŋ^2$
淘气	气愤	$tiu^2k'i^4$
好睇	好看	$xɔu^3ku^4$
唔好过	难过	mai^2ku^4
忖透	想到	$ɕioŋ^3tɕ'io^4$
作心	烦恼	$tsoʔ^6ɕin^1$
好萨	漂亮	$xɔu^3sat^4$
梦见	做梦	$mɔŋ^4kian^4$
呆想	胡想	$moŋ^1ɕioŋ^3$
吹	猜	$tʂ'uei^1$
丹人	神经病人	$tan^1ŋin^2$
唔甩	不用	m^2suei^3
奴	和	nu^2
蔸	棵	$k'ɤ^1$

续表2

畲话表述	汉语释义	国际音标
夏老	汉族	xɔ⁴lau³
体识	体面	t'i³miɛn²
汾	睡	men¹
娚	玩	ʥioŋ¹
分	给	puən¹
倚	站	k'i³
嗳	哭	t'an²
天皓	天亮	t'iɛn¹xau⁴
作拿	为何	tɕi⁴no²
日昼	中午	niet⁴tɕiu⁴
刹夜	宿夜	sə⁴ja⁴
大仿	大家	ta⁴tɕia⁴
唅位	那里	nam⁴wei⁴
汗巾	毛巾	man⁴p'an¹
兜	株	tiəu¹
墨瓦	墨砚	mo⁴iɛn³
五月节	端午节	ŋ³nyɛ⁴tsə²
竹高	竹竿	tʂu²kɕy¹
窜出	伸出	luŋ⁴tɕ'y¹
壮月皮胺	肥肉	tsuŋ⁴
荡着	碰到	toŋ⁴tɕ'iu¹
青龙（恶闹）	小便	o¹nau²
落水	下雨	lo⁴ɕui³
骂嘴	吵架	suŋ⁴mɔ³
东杆	扁担	tuŋ¹kan¹
烂	破	lØn⁴
世界	田园	t'iɛn⁴yɛn⁴
傍紧	赶紧	kan⁴tɕin³
生分	陌生	saŋ¹p'un⁴
搵门	关门	taŋ¹mɯn²
卵来	抱来	loen³luei²
王桶	稻桶	t'uŋ²vuŋ³
半巨	灰箕	pei⁴ɕyn⁴

畲话表述	汉语释义	国际音标
水亥	雨鞋	suei³xai⁴
值钱	爱惜，对他好	tei²tsʻan²
怪色	这样	kuai⁴joŋ⁴

9. 时处

畲话表述	汉语释义	国际音标
今日	今天	kin¹niʔ⁴
坦日	明天	tʻan³niʔ⁴
大日	昨天	tʻei⁴niʔ⁴
眼头	早晨	nian³tʻəu²
日时	白天	nit⁴ɕi²
暗晡	晚上	ɔm⁴puʻtʻəu²
日昼	中午	nit⁴tɕiəu⁴
食老	下午	ɕi²lau³
面头	上面	mian⁴tʻəu²
卡下	下面	kʻɔ³xɔ⁴
内多	里面	nei⁴tu¹
大前	前面	tʻei⁴san²
屎豆	后面	ɕi³tʻəu⁴
当多	当中	tu¹ʔɔŋ⁶
寮内	屋里	lau²nei⁴
甘罗	监牢	goŋ¹lo²

10. 民俗

畲话表述	汉语释义	国际音标
做人哈	做客	tsoʔ⁶nin²xaʔ⁶
办酒	办酒席	pian⁴tɕiu³
攞新口	娶儿媳	lo²sin¹pʻiu³
攞布娘(女人)	娶老婆	lo²pu⁴niaŋ²
打火炮	放鞭炮	taŋ³xu³pʻau⁴
养崽	生孩子	jioŋ³tsei³

畲话表述	汉语释义	国际音标
做月	坐月子	tso$?^6$nye^4
做寿	做寿	tso$?^6$ɕiu^2
过世	去世	ku^{4}sie^4
葬坟	安葬	tsɔŋ^{4}puŋ^2

三、方　言

（一）浙南闽南话

青街境内交流有两种语言：一是畲话，二是浙南闽南话。闽南话历史悠久，讲闽南话者占总人口三分之二左右，系强势语言，故汉族会畲话者不多。境内畲族通用双话，即畲话用于畲族内部交流，与当地汉族交流时使用闽南话。

浙南闽南话俗称福建话，现在也直接称闽南话。主要分布浙江省南部的平阳、苍南两县，人口100多万。其周边各县也有许多讲闽南话，如洞头、玉环、泰顺等在浙南范围内，而福鼎、霞浦则属福建省闽东地区。侯精一主编的《现代汉语方言概论》中所说的"闽东和浙南方言岛"就是指上述地区。该书又指出："闽南话是闽语中最大的一片，但是口语最为统一。包括闽、台、粤及东南亚各国的闽南话皆可相通。"

据当代部分学者研究，闽南话发源于两千年前黄河下游，即古代齐鲁一带。上古的齐鲁一带的海边地方也称东夷，文化比较发达。闽南话是上古东夷语言的"后代"。它是在长期的迁徙过程中，各地闽南话不断地交流融合，同时在周围方言的影响下，逐渐形成大体一致区域性的一种方言，即浙南闽南话。

历史上北方一带曾经历了汉末丧乱、三国纷争、五代十国混战、唐末内乱、宋代外族入侵时期，为了躲避战乱，北方的人口（包括居住黄河下游的东夷人）大量地流向南方，即向浙南、福建一带迁移，然后一部分在明、清年间由福建漳州、泉州等地向现在的平阳、苍南一带迁徙。青街的池氏、李氏、胡氏、施氏、温氏等这时分别从福鼎、南安、晋江、长泰、安溪、德化等地迁入青街，随即形成当地强势的语言，故后来民国年间迁入的梁氏、缪氏本说瓯语（温州话），为了交流方便也讲闽南话，当地的畲民与族外的交流也讲闽南话。

青街的闽南话与平阳、苍南两县基本相同。

（二）语音特点

1. 注音字母

套用汉语拼音字母。套用字母19个，称为普通字母。本方言特有的语音，运用便于记忆的不同字母，这种字母仅5个，称为特色字母，即R（如）、B（无）、G（月）、ɔ（窝）、ɯ（与）。读音表中注明。上述24个字母列表于下：

表2-6-1-3　　　浙南闽南话注音字母一览表

a 亚	ɔ 窝	ê 下	i 衣	u 污
b 玻	p 坡	m 毛	B 无	o 学
d 短	t 胎	n 那	l 螺	e 呃
z 资	c 雌	s 思	R 如	ɯ 与
g 郭	k 科	G 月	h 灰	(ng 秧)

注：表中汉字是字母名称；汉字下面有波浪线的读该字的闽南话白话音；其他汉字用文读音或文白同读音。

2. 声　母

声母简称声，古人所谓14声就是14个声母，加上零声母就是15声。相对于14声，闽南话还有14个鼻化声母。闽南话声母由15声和鼻化声母组成，列表于后。

表2-6-1-4　　　浙南闽南话声母一览表

十五声	鼻化声母	鼻化声母例字
θ 零	ng 秧	丸边 闲平 影饼 鞍丙 碗搬
b 玻	bn 帮	篦篇 蔫马 般梅 判买 彭瞒
p 坡	pn 滂	棉甜 定担 单听 痛领 坛滩
B 无	m 毛	天你 托拿 烂前 章枪 脑泉
d 短	dn 当	争星 正请 前壬 枪声 臼先
t 胎	tn 汤	姓 衫 山
l 螺	n 那	
z 资	zn 庄	
c 雌	cn 仓	
s 思	sn 霜	
R 如		
g 郭	gn 光	经坑 柑可 关看 京庆 宜牛
k 科	kn 康	硬砚 我好 敖兄 雅欢 横
G 月	Gn 昂	
h 灰	hn 方	

3. 韵　母

　　闽南话韵母共48个，其中，阴韵20、阳韵17、入韵11。uei韵也可表示为uê韵；n可作词头，但不成一韵；m韵只有一个音节；uang韵只有一个"风"字。列表于后。

表2-6-1-5　　浙南闽南话韵母一览表

	a 亚	ɔ 窝	ê 下	o 学	e 呃	ɯ 与	–
阴韵①	i 衣	ia 也	ua 娃	ai(aê) 哀	ui 威	uai 歪	uei(uê) 划
	u 污	au 凹	ɔu 乌	eu 欧	iu 优	iau 腰	iêu 腰
	m 姆	am 庵	iam 盐	iem(im) 阴	–	–	–
阳韵②	(n) 安	an 恩	en 恩	ian 烟	iên(in) 因	uan 弯	uen(un) 温
	ng 秧	ang 翁	ɔng 翁	iang 殃	iêng(ing) 英	uang 风	iɔng 央
	(h) 合	ab 合	–	–	iab 业	–	(iêb)
入韵③	(l) 曷	al 曷	il(iê) 一	ul 郁	ial 阅	ual 越	(el)
	(h) 握	ah 握	ɔh 沃	iɔh 约	iah 药	–	(ieh)

4. 声　调

　　汉语有声调。汉字的读音除有声母、韵母的变化外，还有字音的高低、升降和长短的变化，人们的听感上亦有平和、猛烈、淡去和干脆等区别，这就是声调。

　　古人主要凭听感把声调分为"4声"，即四个声调。如《康熙字典》引《等韵·分四声法》；

---

① 家、父、孩等字的韵母由元音组成，韵尾可拉长的，称为阴韵。
② 阴、盐、安等字的韵母，韵尾是可拉长的鼻音，称为阳韵。
③ 学、业、物等字的韵母，韵尾一般不拉长，称为入韵。

平声平道莫低昂，上声高呼猛烈强。

去声分明哀远道，入声短促急收藏。

现代对声调常用五度分析法：一度低调；二度半低；三度中调；四度半
高；五度高调。根据分析，可得：

表2-6-1-6　　浙南闽南话声调一览表

序号	四声	八调	发 音 分 析	听 感
①	平声	高平调	基本维持四五度高音，无升降变化	清平柔和
②		中升调	从三度中音逐渐升到五度	
③	上声	降升调	从二三度开始，先降一二度，再升至四五度	高呼猛烈
④		高降调	从五度高音逐渐降到一二度	
⑤	去声	中平调	基本维持三度中音	淡去低沉
⑥		低平调	基本维持一度低音	
⑦	入声	入升调	同中升调，不拖尾音	短促干脆
⑧		入降调	同高降调，不拖尾音	
⑨	轻声	－	轻，模糊，难分高低升降	－

（1）序号代替声调符号（有些方言中用这种方法）；

声调序号①、②等，可以模仿普通话第一声、第二声等做法，分别称为第
一调、第二调等等。用序号代替声调符号可以表示音节，只要把声母、韵母、
声调三要素顺次写在一起就可以了。例如：hua①（花）、guen⑤（近）等。

（2）声调图和声调符号

为了形象地表示声调，按五度制声调表示法，先画一条竖线作比较线，分
成四格五点，分别用1、2、3、4、5表示低、半低、中、半高、高。再在比较
线的左边用横线、斜线或曲线分别表示各声调音高变化，得声调图如下：

浙南闽南话声调图

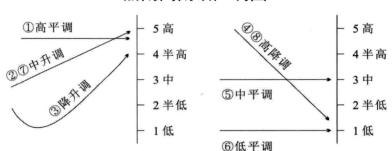

除①、②等号表示声调符号外，还可把声调图符号缩小来标记，那就是省掉竖线后的调号，其中高平、中平、低平三调都是竖线，要按横线位置的高、中、低加以区别。详见下表。

序号	声调名称	调号	音节举例（省掉竖线）		
①	平声高平调	┐	dɔ¯（多）	dai¯（呆）	dong¯（东）
②	平声中升调	↗	dɔ′（驮）	dai′（台）	dong′（同）
③	上声降升调	∨	dɔˇ	daiˇ	dongˇ
④	上声高降调	╲	dɔ`（岛）	dai`（歹）	dong`（懂）
⑤	去声中平调	┥	dɔ-（道）	dai-（代）	dong-（动）
⑥	去声低平调	⌐	dɔ_（到）	dai_（大）	dong_（洞）
⑦	入声中升调	╱	dɔh′（毒）	dal′（达）	diɔh′（着）
⑧	入声高降调	╲	dɔh`（督）	dal`（答）	diɔh`（筑）

其中，入声中升调和平声中升调调号相同，又入声高降调与上声高降调调号相同，它们之间可根据有否入声字母b、l、h加以区别。又轻声的符号可用圆点"·"表示。

（三）语法特点

1. 词　缀

①词头"姆"。"姆"[ng]用在单音节称谓名词或单音节人名前面。

用在称谓名词前：姆公、姆妈、姆哥、姆姊，等等。

用在人名前：姆杉、姆杰，等等。

②词尾"头"。有3种表达方法。

放在人物后面，有为首的意思。如：团仔头、和尚头、贼头，等等。

放在物体后面，表示该物是块形的、短的。如：裤头，等等。

表示词类的改变，和前面的动词形容词/数量词组合成名词。如：看头、苦头、日头、菜头，等等。

③词尾"仔""子""孥"

仔　如：桌仔、椅仔、裙仔、新妇仔、兄弟仔、山头仔、美国仔，等等。

子　如：鱼子、虾子、石头子、窗子，等等。

孥　如：桌仔孥、椅仔孥、团仔孥，等等。

2. 词　性

①名词词性。闽南语为一种古老的方言，一些名词与古汉语十分接近，

在古汉语词典中往往能够与之对应的名词。如：闽南方言与古汉语均将蜘蟓称蟳，将蟹称蠘，将锅称鼎，将你称汝，将他称伊，等等。同时，闽南方言中还存在一些闽南土著的残留词汇，如将汉语中的柚称抛，将女人称查某。

②动词词性。动词分为阴阳两种，一般而言阳性动词是指作用的结果为使用目的，阴性则相反。

③形容词词性。类似动词，表示状态的改变，不过较动词灵活，如可以说灯红い，也可以说灯红ぬうん，不过两者意思是不一样的。形容词程度表示方法也有自己的特点：

在形容词前加"蛮""真""一真"。如：这个人蛮好，这个人真好，这个人一真好，等等。

在形容词前加"显［hian］"。如：好显、大显、好看显、甜显甜、水显水（形容该女子十分漂亮。水，音sui），等等。

在形容词前加"棺材""死人"。如：棺材好、死人好，等等。

3. 常用特殊词汇

闽南语一些词汇与现代汉语（普通话）相差很大，有的乍看起来好像风马牛不相及。现将与现代汉语相差很大的词汇列表如下，以供比对。

表2-6-1-7　　浙南闽南语与现代汉语词汇比对一览表

普通话	闽南话	普通话	闽南话	普通话	闽南话
太阳	日头	除夕	过年	房子	厝
月亮	月光	上午	日起	衣裳	衫裤
雷	雷公	中午	日昼	凳子	椅仔
起雾	罩雾	清晨	日起早	筷子	箸
雷阵雨	西北雨	公鸡	鸡角	钥匙	锁匙开
端阳	五月节	麻雀	食谷鸟	脸盆	面桶
父亲	姆爸	大雁	雁鹅	剪刀	铰剪
母亲	姆母	蜘蛛网	飞丝网	煤油灯	鸭规灯
祖母	姆妈	蟑螂	家蛇	茶盅	茶瓯
外祖母	外妈	泥鳅	鱼溜	粪桶	粗桶
儿子	仔	蚂蟥	蜈蜞	厕所	屎合
儿媳	新妇	蝙蝠	蜜婆	尘土	涂粉
岳父	客爸	萤火虫	火金姑	顽皮	贱

续表

普通话	闽南话	普通话	闽南话	普通话	闽南话
岳母	客母	苍蝇	胡蝇	打架	相打
夫妻	翁母	蚕	娘仔	早饭	食日起
头	头壳	玉米	藩珠	午饭	食日昼
耳朵	耳子	荸荠	马荠	菜肴	门配
胳臂	手骨	花生	桃豆	开水	滚汤
右手	正手	马尾松	田柏	盖房子	起厝
尾巴	尾溜	胡说	妄讲	看守	顾
翅膀	翼鼓	闲聊	讲症	慷慨	舍割
眼泪	目屎	休息	歇	多谢	道成
肚子	腹肚	跌倒	跋倒	强盗	打劫
瞎子	青暝	玩耍	贴桃	狡猾	滑头
残废	带疾	说梦话	眠讲	累	着力
疟疾	拍里长	很人	大大	奇怪	腰调
聪明	灵	干净	清气	跑	跳
便宜	俗	漂亮	水	睡	眠

4. 句子倒装

闽南方言句子倒装十分普通，且与古代汉语十分相似。如："你先吃"叫"你吃先"，"你先洗"叫"你洗先"，"你好走"叫"你走好"，"你很好"叫"你好甚"，等等。

（四）文白两读

闽南话口语中，存在着文读和白话两个系统的语音。白话音系是自上古就有的基底方言，文读音系则是隋唐以来通过学校教育等书面渠道从时行官话中引进来的。两者同等重要。旧时蒙馆（私塾）先生教书有"读""说"之分，"读"即是文读，"说"即说白。文白两读这两大音系各有所用，有条不紊，所以说是半文半白双料语言。文读音是随字而来的，所以有音即有字；而白话音则是根据现实事物而发的，方土成分较多，故有许多的话音很难找到适当的文字表达。所谓"方言文字表达"问题，是针对白话的。

汉字中，有文白同读的，也有文白异读的。文白同读的字，显然是其中白话音的本字。例如"二、四、万、字、来、酒"等字，特别是古入声字眼中，文白同读的较多，像"入、出、木、角、菊、发、笔、正、失"等等。这些字的白话音就是文读音，就是该字的本音；反过来说，这些字就是该音的本字。文白异读的字，情况较复杂。但有许多字眼的白话音却是造字本音。如"动、子"等。有些白话音的本字是古字、异体字，不是现代通用字。如古字"犇"，骂人的话"狗犇"，即"狗生"。有些白话很难找到或者根本找不到本字，方言造字。如"𣛙"（pong-）树木丛生，"𡍮"（tiên_），两头重。"𣛙""𡍮"二字不见经传，无书可查。

表2-6-1-8 浙南闽南话文白两读比对一览表

例字	文读	例子	白话	例子
天	tian⁻	天文	tni⁻	天晴
地	dê di_	地理 土地公	duei_	田地
工	gɔng⁻	工作	gang⁻	做工
人	Riên′	人民	lang′	工人
动	dɔng-	劳动	dang-	动手动脚
子	zɯⅢˋ	子时	gngˋ	椅子
冷	liênˋ	冷言冷语	ciên_	冰冷
雨	uˋ	谷雨	hou_	雨伞
东	dɔng⁻	东西	dang⁻	东南西北
两	liɔngˋ	两汉	niuˋ lng′	半斤八两 两斤
生	siêng⁻	学生	sni～ cni⁻	亲生 生米
大	dai_	大人	dua_	大小
经	giêng⁻	经典	gni⁻	罗经
合	hab′	合同	同文读	—
接	zialˋ	迎接	同文读	—
局	giɔh′	教育局	同文读	—
谢	Gan⁻	人名	—	—
𦧈	—	—	ziˋ	针𦧈
膡	—	—	diêng′	九膡糕
据	—	—	gouˋ	拮据

续表

例字	文读	例子	白话	例子
饫	–	–	iau⁻	腹肚饫
俾	–	–	bi_	保俾
桷	–	–	gah`	桷子
脰	–	–	dau_	脰项

注：闽南话语音部分根据魏昌炽先生著的《浙南闽南话字典》一书材料编写。

第二节　口传文学

诗为诗人的心声，民歌是劳动人民的心声。民歌凝结劳动人民认识世界改造世界的经验和智慧，形象地再现各个不同时代的社会生活，生动地反映了人民群众追求美好生活的愿望。有的揭露反动统治阶级压榨人民的罪行，有的反映劳动人民苦难生活，有的是生产经验总结，有的歌颂青年男女纯真的爱情，有的歌颂农民起义英雄，有的歌颂中国共产党领导下的革命斗争。民歌的主题集中鲜明，有强烈的爱憎，结构单纯完整，语言通俗朴素，夹杂方言土语，地方色彩浓厚，常用比兴手法来表情达意，除首句外，逢双押韵。民歌大部分不知作者是谁，也没有写定的稿本，只是口耳代代相传，用当地方言歌唱。歌唱时无须乐器伴奏，而以清唱的方式进行。民歌中，尤以畲歌更具特色，传唱更为普遍，成为当地民族文化的一张名片。

一、民　歌

（一）畲族民歌

畲族民歌，多为民间口头文学，从无完整的抄本，更无印刷成书，只是歌手们用畲话以汉字记音的零星手抄，在民间转抄传学。传唱畲族民歌，成为旧时畲族家庭教育乃至社会教育的重要方式，有着很重要的地位与作用。畲族民歌，世代相传，是畲族文化艺苑瑰宝，是畲族人民在生产、生活中创作的口头文学，意蕴深厚、内容丰富、韵味独特、悠扬动听。从前，畲族人爱唱歌，畲山处处都是歌，畲族歌手随手拈来都是歌。生产劳动，招待来客，闲暇休息，以歌为乐；男女相恋，以歌为媒；喜庆节日，以歌相贺；丧葬祭祀，以歌为哭；社会交往，以歌代言。

历代的统治阶级对畲族人民进行残酷的民族压迫，嘲笑甚至禁止他们唱歌，使畲族民歌得不到正常的发展。畲族人民编出各种歌词，揭露统治阶级的黑暗和罪恶，例如"明朝十八帝"和"灾荒歌"就唱出了当时畲族人民所受的深重灾难。

1949年中华人民共和国成立以后，党和政府十分重视少数民族的文化建设。特别是1978年党的十一届三中全会以后，政府对畲族的民歌进行挖掘整理，多次举办了"三月三"歌会，使畲族传统文化得到弘扬。畲族民歌题材广泛、内容丰富、形式自由活泼、押韵悦耳。它既有口头传承，也有以字抄本。在平时演唱、对唱时，也有随编随唱。是人们思想、道德、情感、生活的真实写照。

1. 畲歌类别

畲歌历史悠久，是畲族人民历史的经验结晶。它的种类多、内容丰富。大致有七种：一是传说、故事歌；二是情歌；三是生活歌；四是劳动歌；五是革命歌；六是仪式歌；七是儿歌、谜语歌。

（1）传说故事歌

畲族传说故事民歌，在畲族中世代传唱。

《高皇歌》 在畲族中流传最广的是《高皇歌》，它是一首美丽的传说歌，每逢年节和喜庆聚会时都会歌唱。作者及创作年代不详，各地抄本详略不一，都是根据本民族龙麒传说编作的。大抵可分6个部分：引子；祖公"龙麒"不平凡的来历和征番建奇功而获娶高辛皇帝第三公主；祖公生三男一女，上朝讨姓，道出盘、蓝、雷、钟姓氏由来；祖公"心愿去作田"，辞官隐居，卒领子孙开基广东凤凰山，而后狩猎殉身；子孙开发繁衍多年，人多田少，从广东搬迁福建、浙江等处；尾声。《高皇歌》以朴素的民族感情，反映从原始社会到封建社会，畲族先民对世界的认识，追溯畲族的起源和历史。

《人种歌》 叙述火烧天地遗民再造人类的奇迹，如同汉族伏羲和女娲兄妹通婚的神话故事，但比后者想象更丰富、完整、奇特。反映了原始社会早期血亲婚配的历史过程。

《蓝玉蒙冤》 控诉封建最高统治者大肆屠戮功臣的血腥罪行以及株连无辜的残暴行径。

《封金山》 叙述畲民先祖在封金山上垦荒拓土、发展生产、艰苦创立基业的故事。

《传说就是一首歌》 叙述1956年畲民族称得到确认，同时人口不断增加而倍感欣慰；回顾过去，激情满怀，由衷歌唱自己悠久的历史，歌唱自己独特的文化传统。

高 皇 歌①

盘古开天苦嗳嗳，毛②日毛夜造出来，
又毛花子又毛字，身着树叶青苔苔。

盘古开天透③如今，一重山背一重人，
一潮海水一潮鱼，一朝天子一朝臣。

盘古开天透如今，世上变何④几样人，
几人好心讲实话，几人心苗⑤好骗人。

讲山便讲山乾坤，讲水便讲水根源，
讲人便讲人根祖，三皇五帝定乾坤。

盘古坐位造五帝，造田造地造世界，
又造五河九条水，造起日月转东西。

造出大路分⑥人行，造出田地分人耕，
又造玉帝管天下，又造官府管百姓。

当初皇帝高辛王，出去游娒⑦睇⑧山场，
行出天下去游娒，转来京里做君王。

---

① 青街畲族乡王神洞村蓝响时藏稿，蓝朝罗记于 1983 年。
② 毛：无。
③ 透：到。
④ 何：有。
⑤ 苗：坏。
⑥ 分：给。
⑦ 娒：玩。
⑧ 睇：看。

大随帝国出高辛，刘氏女子配成亲，
时间过去三年整，养得一崽龙麒真。

我今再来唱番王，番边番王来造反，
番王造反二三年，番边大乱出燕王。

朝廷皇帝心事烦，又教京里起总兵，
总兵去守九州城，番王大乱爱来争。

又教总兵前头行，点出总兵几千万，
总兵去保九州城，番边番王反毛闲。

番边大乱二三载，高辛皇帝苦嗳嗳，
想起毛人①平得倒，啥人平了为女婿。

杀死兵马乱纷纷，皇帝毛奈挂榜文，
啥人平了番邦乱，愿许公主佢②为婚。

番王造反果是真，自己手下又毛兵，
天下兵马杀尽了，啥人杀了女为亲。

高辛皇帝发言真，东西南北挂榜文，
啥人平得番王倒，第三公主配成亲。

榜文挂在四城门，睇榜人群乱纷纷，
毛千毛万人睇榜，亦毛一个揭榜文。

龙麒听讲便近前，近在榜文前面睇，
近在文榜睇文字，收落榜文往前行，

---

① 毛人：无人。
② 佢：他。

龙麒拿字行在前，文武百官带去见，
文武百官紧随后，皇帝亲自去接见。

皇帝问你如何收，龙麒点头笑呵呵，
问你今去几时转，回罢现今唔①能收。

又问第二第三年，点头自愿去番边，
去透番廷皇帝殿，服侍番王二三年。

番王酒醉火炎山，龙麒去睇便近前，
变作龙王去载水，番王身边喷水山。

番王酒醉眼睇见，身边凶险火炎山，
乃毛龙麒来救命，番王烧死落阴间。

番王酒醉便回头，回转家堂上高楼，
回到家堂高楼上，身盖金被银枕头。

番王酒醉在高楼，身盖金被银枕头，
文武百官毛随后，龙麒砍断番王头。

手提王头出城门，枪刀弓箭乱纷纷，
太白君星云头现，番贼个个睇白云。

手提王头过海河，番边贼子赶来多，
枪刀好似林中笋，追佢唔②着毛奈何。

手提王头过海洋，云雾遮来黑茫茫，
天将地神来相邦，下海就变是龙王。

① 唔：不。
② 佢唔：他不。

变做龙身一闪跳，番王贼子个个啼，
一时回转大同地，百官来睇番王头。

绑了王头去见王，高辛皇帝笑一场，
平了番王太平日，就封女婿龙麒王。

皇帝封我龙麒王，啥人何敢来笑郎，
结了公婆过三年，养得一崽①未号名。

高辛皇帝仔细想，唔论几崽着分姓，
讲好号姓未号名，大崽出世坐金盆。

皇帝仰头一下睇，皇帝就讲你姓盘，
二崽出世蓝来放，皇帝就号佢姓蓝。

三崽出世正一岁，皇帝殿里号姓来，
雷公云头一声响，提笔题名就姓雷。

当初出朝在朝中，亲养三崽女一宫，
招得女婿为驸马，女婿名字是姓钟。

大崽姓盘盘自能，张家女子结成亲，
出入又坐八牙轿，文武百官背后送。

二崽姓蓝蓝光辉，廖家女子结成亲，
出入又坐八牙轿，彩旗龙伞背后随。

三崽姓雷巨佑公，葛家女子结成双，
出入又坐八牙轿，文武百官背后送。

---

① 崽：子。

大崽姓盘盘自能，养得一女便是真，
婚配女婿是姓李，天地同认结成亲。

姓吴姓罗是凯亲①，后来亦攞②蓝雷人，
天地同认为公婆，蓝雷都是一路人。

祖公自愿爱出去，皇帝圣旨讲分佢，
六个大仓由你拣，拣着那个你拿去。

六个大仓做一排，统是银宝发金光，
六个大仓金银宝，命苗③开个是铁犁。

六个大仓金钥匙，皇帝亲手拿分你，
六个大仓金银宝，命苦开个是铁器。

皇帝爱你纱帽戴，锁匙分你随你开，
纱帽两耳你唔要，自愿这个笠头戴。

当初祖公实是癫，何官唔做去作田，
自作田地毛纳税，唔用纳税是清闲。

皇帝出朝三姓正，蓝雷钟李是亲晴④，
敕封掌在广东省，大崽姓盘行过番。

当初出朝在广东，皇帝圣旨来敕封，
敕封同掌又同寮⑤，官府唔坐去打弓。

---

① 凯亲：表亲。
② 攞：娶。
③ 命苗：命不好。
④ 亲晴：亲戚。
⑤ 寮：屋。

凤凰山上统是崖，日日打猎上山去，
攀弓打猎山羊崽，分羊斗死石壁前。

当初祖公实唔通，官府唔坐去打弓，
攀弓打死山羊崽，分羊斗死石壁中。

分羊斗死石壁前，几好神仙睇唔见，
一堂崽孙①睇唔着，求神问佛正睇见。

分羊斗死石壁背，乌鸦来唰②天地悲，
吊死半天唔得落，吊死半天落唔来。

百鸟来啄祖公头，崽孙想来毛法头，
锣鼓拿来壁下打，打锣打鼓闹苍天。

乌鸦受惊飞上山，锣鼓打久更来深，
锣鼓分贼偷去了，锣鼓偷去真冤深。

崽孙想来毛计排，乌鸦成群又来唰，
几时等得抬身尸，乃等身尸落眼前。

锣鼓分贼偷去了，毛锣毛鼓打柴爿，
等了长久掉下来，崽孙回转办棺材。

殡殓事情搞完成，文武百官又转来，
锣鼓打久更又深，打警乌鸦飞上天。

殡殓功德安葬坟，祖坟葬的是广东，
葬在广东凤凰穴，凤凰来唰闹纷纷。

---

① 崽孙：子孙。
② 唰：叫。

文武百官来见皇，一直送透上山场，
文武百官齐送落，送葬凤凰太仙宫。

凤凰啯来声音软，荫出崽孙做大官，
朝内官府去做官，千古万年分人传。

葬在广东凤凰山，文武百官来送葬，
官府衙门来保守，门前又建好官堂。

坟前又建好官堂，唔甩①崽孙去烧香，
唔甩崽孙去祭请，奉祀祭请就出王。

掌在广东会稽山，门前又造好官厅，
掌在广东七贤洞，千古人传好名声。

凤凰山上是祖坟，毛日毛夜水喷喷，
祖公葬在凤凰穴，荫出蓝雷崽孙来。

凤凰山上一片云，日日夜夜水吩吩，
广东收粮毛米吃，亦毛谷米好是银。

当初出朝在广东，广东山哈②好英雄，
蓝雷钟李为公婆，做亲唔管穷和富。

帝王敕封盘蓝雷，自种田地山毛税，
敕封代代管世界，毛忧毛愁似神仙。

官府唔做去作田，广东人口几千万，
种了粮食唔纳税，害了崽孙统毛闲③。

---

① 唔甩：不用。
② 山哈：畲族自称。
③ 毛闲：没闲。

广东人口几千万，大崽姓盘游过番，
蓝雷钟李为公婆，广东移走落下南。

下南掌久又分散，六亲九眷亦分散，
亦何移去福州府，亦何移去落罗源。

亦何移去福建省，亦何移走去福安，
亦何移去处州府，亦何移走去青田。

亦何移去浙江省，亦何移走去江南，
亦何移去泰顺县，亦何移走去瑞安。

现在移走来下南，想起毛食是艰难，
想起唔好才移走，六亲九眷正分散。

当初祖公好名声，代代着讲崽孙听，
唔信去睇广东主，祖公功劳大如山。

讲起祖公分你听，祖公功劳大如山，
敕封女人戴银髻，面前银花加八仙。

男人原便男人相，女人戴髻是娘娘，
皇帝敕封戴定定，千古万年唔准放。

劝你蓝雷人崽孙，耕作田地爱勤劳，
百般世情作实在，亦何①财主亦何穷。

作乃毛食你莫骂，莫怨祖公命唔好，
三十六仓由你拣，又拣一仓是犁耙。

---

① 何：有。

作乃毛食你莫骂，莫怨祖公命唔好，
三十六仓由你拣，好拣一仓是犁耙。

作乃毛食你莫气，莫怨祖公命唔是，
三十六仓由你拣，好拣一仓是铁器。

祖公历代统作田，作田人崽真毛闲，
勤苦耕作作何食，作那毛食你莫嫌。

当初祖公真本事，在朝唔掌①出朝去，
官府唔做田唔管，崽孙毛用亦怨佢。

记牢祖公老功劳，歌句唱分大细②听，
蓝雷钟李是亲晴，各处各地各方便。

祖公历代千万年，高辛皇帝管百姓，
祖公平得番王倒，天下四处太平年。

人　种　歌③

天要没朝是唔对，灭了人种毛定来，
天要没朝毛好事，元仙元英哥同妹。

当初没朝火烧天，烧了天下毛人行，
美好天下火烧了，乃留哥妹二个仙。

当初砍柴两哥妹，日日带饭挂石背，
每日午时正食饭，乃见饭包唔见了。

---

① 唔掌：不住。
② 大细：大小。
③ 青街畲族乡王神洞村雷秀珠藏本，记于 2007 年冬。

饭包毛了真唔信，必定山里出妖精，
可妹两人统去睇，睇见一个石猪精。

哥妹成双赶过来，好问石猪一句嘴，
日日把偃饭吃了，好好话语讲句来。

石猪开口讲来听，那个日子火烧天，
食饭亦俭付饭钱，食菜亦俭分你还。

石猪教你两哥妹，天乃落棉就着来，
天乃落棉就着行，就着行透偃身背。

真实话语讲你听，天乃落棉就着行，
天乃落油就着走，天乃落火行偃成。

实话教你两哥妹，回转家堂莫多嘴，
回转家堂莫乱讲，讲了天计是唔对。

实话教你是着听，回转莫去讲闲话，
回转家堂莫乱讲，讲了天计雷公响。

石鼓①猪精讲得对，棉花桐油真下来，
哥妹双双赶紧行，行到石猪精身背。

石鼓猪精话着听，棉花桐油真落泥，
哥妹双双赶紧行，行到石鼓精身旁。

棉花桐油火落来，石鼓猪精开大嘴，
教哥兄妹就钻入，正救得你两哥妹。

---

① 石鼓：石头。

石猪肚内毛关系，坐在肚内挺安心，
哥妹两人坐肚内，教你兄妹两个人。

时辰透，石猪游去远遥遥，
一时钻透海底内，大海中央尽游到。

时辰透，石猪合嘴海中睬，
一时钻透海底内，唔怕海上火烧天。

石猪钻透海中央，救你哥妹两个人，
坐在肚内毛要紧，火烧天地唔烧你。

七日七夜火烧天，这样的事真未见，
田地世界统烧了，亦毛树木亦毛山。

火烧天地实是真，泥土浇了七尺深，
田地世界统烧了，亦毛畜生亦毛人。

七日七夜火烧天，石鼓猪精出来睬，
睬见天下统烧了，乃见天下白洋洋。

天下泥粉烧作灰，海中猪精游出来，
火烧天下毛人种，总留元仙两哥妹。

元仙元英两哥妹，要食饭菜毛定来，
又毛山场又毛地，毛寮①安心苦哀哀。

哥妹二人苦哀哀，石鼓猪精又吷来，
又何石洞当寮掌，石鼓洞里统是宝。

---

① 毛寮：无屋。

哥妹二人毛注意，石鼓猪精就教佢，
教居石洞当寮掌，宝贝坦日拿分你。

宝器交分两哥妹，拿来唔晓怎么开，
拿来唔晓怎么使，石鼓猪精又教嘴。

宝器拿出就来开，开出有肉又何菜，
开出样样何得食，安心百事做得来。

世上总留两哥妹，睇着世界心又呆，
今来天下毛人种，哥妹怎么结头对。

哥妹毛法结成亲，又去请问石猪精，
猪精开口对佢讲，哥妹合拢结成亲。

哥妹唔敢结头对，石磨开口来做媒，
石磨扛透山顶上，滚落山脚侩合对。

哥妹注意定落来，手擎石磨山上背，
擎上山顶滚下落，石磨拼拢合一对。

石磨滚落合磨心，元仙元英拜天神，
拜了天地拜日月，哥妹同心结成亲。

元仙元英结头对，一胎又养崽九个，
五男四女唔凑双，何个毛得凑一双。

何个毛得结成亲，一世统做单身人，
人讲攞饭①哪里来，当初出世就定身。

———————

① 攞饭：讨饭。

单身一人毛开交，毛崽毛孙背草包，
何个毛亲毛崽女，攞饭怎么断得了。

蓝玉蒙冤[1]

历史发展到明朝，明朝洪武第一枭，
山林崽孙名蓝玉，扶助平元毛出头。

蓝玉平元第一功，功大封作凉国公，
出将入相管大事，洪武妒才头角痛。

洪武妒才头角痛，何心陷害凉国公，
明朝洪武廿六年，蓝玉贬落天牢中。

皇帝陷害蓝玉公，攻击蓝玉假赏功，
草包奸臣受暗旨，一时奏本几千封。

一心一意害忠良，蓝玉假罪复成真，
一口咬定杀蓝玉，国人忖起大痛心。

蓝玉毛罪定死刑，又灭九族又灭亲，
冤情如海株连大，杀死亲人几万人。

蓝玉灭族实冤深，又灭一百诸侯亲，
元璋降旨灭九族，坚决唔赦蓝姓人。

蓝姓崽孙毛路行，连夜逃走宁波城，
就雇大船逃出海，漂洋过海去番邦。

两只大船到海中，大风大浪船难通，
船内粮缺水又少，保存后代着避风。

---

① 青街畲族乡王神洞村蓝享时唱，黄平记于 1983 年。

入港避风罗源湾，罗源湾内马鼻山，
齐齐上山去逃命，爷姈①兄弟行分散。

马鼻山水入山林，刺斗树下且安身，
搭起草寮去垦荒，锄头家伙件件新。

男人毛敢上街行，女子毛奈踏出门，
毛人查问我女子，妇女上街亦平安。

避免查问毛出山，男管家庭女外边，
男内女外成风俗，历史苦情唱你听。

蓝玉冤案深且重，明朝管下人难救，
乃恨朝廷心真毒，山林百姓受折磨。

严禁科举禁读书，置业唔准立文契，
山林受害官唔理，石板压头苦百姓。

封 金 山②

掌落③浙江几多年，人丁来多又毛田；
蓝雷钟李商量讲，一心乃念封金山。

掌落浙江几多时，受尽夏老④几多气；
何话毛敢当面讲，行落别处去开基。

商量去睇封金山，又何田地又何山；
造出田地毛纳粮，亦毛交租是清闲。

---

① 爷姈：父母。
② 平阳县民族科藏稿。
③ 掌落：住下。
④ 夏老：汉族。

封金山上好田场，三万七千串心垟；
新开田地毛纳粮，冬来收转谷满仓。

封金山上好世界，八十五里串心街；
新开田地毛纳粮，做苦毛食是命歹。

封金山上出木头，树木来多满山摇；
大桁砍来做寮料，桁桁扛转起高楼。

封金山上树木长，杉树杂木满山岗；
山林树木十分好，年长月久砍唔光①。

封金山上树成林，杉树杂木满山青；
山水地盆十分好，当初掌过山哈人。

封金山上好世界，蓝雷钟李人丁齐；
掌落封金开田地，开出田地作世界。

封金山上好田场，二万七千串心垟；
十字路口造金殿，造出金殿九城墙。

封金山上好掌城，八十五里串心城；
十字路口造州府，造出金殿九重城。

封金山上好世界，八十五里串心街；
十字路口造州府，造出一城几多街。

封金山上好园圃，八十五里串心河；
东边造了南边造，东南西北统造过。

---

① 唔光：不光。

封金山上出宝山，十里串心万里城；
方方两万七千里，山哈掌过几多年。

封金山上出宝金，十里串心万里林；
方方两万七千里，啥人掌着值千金。

封金山上何银两，十里串心万里垟；
方方两万七千里，啥人掌着好田场。

封金山上好处多，金银宝贝亦统何；
佢管天下十三省，明皇出朝就来坐。

封金山上去开基，原是六郎安身基；
亦何金银珍珠宝，掌在封金好福气。

封金山上好乡村，原是六郎安祖坟；
亦何金银何财宝，代代旺出好崽孙。

清朝北京康熙皇，圣旨发落透浙江；
浙江各县四姓子，发转封金开田种。

康熙皇帝好心肠，圣旨发落透浙江；
四姓子孙毛万千，唔论穷富统发上。

唔论穷富统发上，发转金山开山场；
啥人何敢留落户，先斩后奏本府做。

皇帝圣旨来的真，圣旨发分四姓人；
蓝雷钟李毛千万，县县府府统起身。

康熙来管六十年，四姓人子慢慢行；
睇透一年康熙死，山哈难转封金山。

今下留落毛福气，毛何圣旨唔好去；
圣旨皇上来发落，难转封金去开山。

浙江省头人马多，毛田毛地毛奈何；
感谢康熙皇帝王，皇帝归天调主做。

清朝雍正乾隆皇，嘉庆道光咸丰皇；
清朝皇帝注定灭，灭了清朝转民皇。

民国天下好来透，好似龙主来造桥；
何福之人桥上过，毛福之人水上漂。

清朝代代街边游，十代皇种本日休；
天下注定清朝灭，灭了清朝转源流。

壬子癸丑甲寅年，丙辰丁巳见民天；
仰见贤人坐实位，山哈得见似神仙。

传说就是一首歌[1]

广东何座凤凰山，山上掌着我祖先；
千年历史一条河，传说就是一首歌。

山哈兄弟姐妹多，男女大细恄[2]唱歌；
山哈何首古老歌，歌名就咽高皇歌。

高皇歌崼千年传，山哈人人统恄唱；
山哈民歌代代传，山哈原是共娘养。

山哈人口百万人，古歌从古唱透今；
民族名称未定论，五六年定畲族名。

---

① 平阳县民族科藏稿。
② 恄：会。

　　　　　　山哈历史长又远，神奇传说故事多；
　　　　　　古老民歌唱古老，人人统唱古老歌。

　　　　　　凤凰山上祖公掌①，历史画卷编成歌；
　　　　　　每条歌崽讲故事，百首歌言讲族源。

　　　　　　凤凰山上难作食，各人分开迁各地；
　　　　　　民族风情统一样，讲话唱歌同口音。

　　再如畲族故事歌《钟景祺》《蓝玉》等，皆在畲村广泛传唱。有的故事歌取材于汉族民间传说故事，如《英台十送》《唱孟姜》《八仙蟠桃》《陈靖姑》等，也深受欢迎。

（2）情　歌

　　青街畲歌中以情歌最多，语言更加生动形象，应用了更多的修辞方法，包括比喻、借代、拟人、夸张、排比、反复、对偶、顶真等。以"歌作媒"，是畲族最有特色的一种风俗。从前，畲族男女隔山抛歌，隔溪对唱，以歌代言，以歌传情。"妹乃何意哥何心。何心唔怕郎家穷。"他们在爱情生活中的淳朴、纯真，在情歌中得到表现。如《闹洞房》唱道："新间内里喜洋洋，新郎新娘好容光。新结公婆情义好，同心同德何商量。"《对情歌》中有"天上毛云星崽明，地上男女爱结亲。何缘唔讲人穷富，总爱郎崽真心人"。《天地歌》唱道："一行红线两头牵，新郎新娘心相连。今日一把天地拜，结成公婆万万年。"

十　送　郎②

　　　　一送郎君百两银，分郎读书写文章；
　　　　千言万语来交代，学好文章考状元。

　　　　二送罗帕同一双，绣龙绣凤绣鸳鸯；
　　　　娘乃同郎姻缘定，勤奋读书莫忖娘。

---

① 掌：住。
② 平阳县民族科藏稿。

三送手巾做表记，尽心同郎结夫妻；
十载寒窗莫吓苦，中了状元娘欢喜。

四送汗巾四尺长，亲手耕好送分郎；
分郎路上擦汗水，擦了汗水全身凉。

五送香袋香喷喷，袋上绣起满山红；
郎君读书半夜了，放在枕边陪郎汾①。

六送白扇白皙皙，边上刺绣五色丝；
扇中又绣凤凰刀②，娘等郎君会佳期。

七送丝带新又新，送郎上京求功名；
郎君功名乃求成，莫做忘恩负义人。

八送绸鞋两头平，唔怕落水唔怕晴；
郎君功名乃得就，做官着为老百姓。

九送墨瓦③奴笔纸，送郎考场作好诗；
文章盖倒别省府，三元及第天下知。

十送衣衫奴雨伞，分郎上京中状元；
中了状元显宗祖，回转家中结团圆。

（3）生活歌

生活歌是反映畲族社会生活和家庭生活的歌，有《苦情歌》《劝郎歌》《劝男劝女歌》《人心唔足歌》《戒赌歌》《劝世歌》等。昔日，畲族生活歌以苦歌为多，大都反映旧时畲族人民的悲惨生活。

例如，《长工歌》申诉着昔日畲民受压迫的苦难深重："三月过了四月半，人崽帮人做长年；田中作誓④汗淋淋，爷妳睇了泪涟涟。财主逼债透门

---

① 汾：睡。
② 刀：鸟。
③ 墨瓦：墨砚。
④ 作誓：劳动。

前，大祸临头灾难来；打死爷来抢去妹，告透衙门毛人朝①，日头上山透坳里，人崽被迫掌山场；唔是人崽山头相，那是官吏逼上山。""毛衫毛裤难过冬，床上毛被盖冬衾，夜长挨冻难熬皓，日夜全靠烘火笼。"

苦 情 歌②

一件衣裳破又破，十八年前做的裤，
穿了长久无法洗，三杆柴秤秤不过。

没吃没穿真真苦，日日难过日日过。
夜里无被盼天光，日里无粮盼天暮。

吃亏吃亏真吃亏，身上只盖破棕蓑；
娘拉过去郎拉来，棕蓑只够盖脚尾。

凄惨凄惨真凄惨，身上只盖破棉团，
娘拉过去郎拉转，棉团只够盖心肝。

做了穷人真困难，借人升米脚手酸，
早时借人一升米，晚时来还一升三。

（4）劳动歌

以劳动生产为内容的歌，是畲族以歌唱形式表达对各项劳动的心理感受，赞美男女共同参加劳动的传统习俗，表现了畲族人民吃苦耐劳的优良品质。有《种田歌》《种棉歌》《砍柴歌》《采茶歌》《牧牛歌》《种苎歌》《答薯歌》等。这类民歌，一是反映畲族人辛勤劳动的情景，又往往将生产知识、生活哲理贯穿在劳动过程中，如："田塍一丘接一丘，思量引水灌禾幼，勤劳人崽作何食，懒惰人崽做毛收。""锄头柴柄七尺长，一年作落三年粮；泥里财富千千万，手唔拿锄取唔上。" 二是重节令，如："谷种落泥田要通，垟里

---

① 朝：理。
② 平阳县民族科藏本。

下鸡①呙隆隆；草木冬眠风吹醒，一年之计在于春。一年之计在于春，男女老嫩统出工；男耕田来女割草，大大细细②毛空闲。"

采 茶 歌③

正月时节种茶天，雨水绵绵人正闲，
共郎双双栽茶树，山坡青青茶成行。

二月铲茶人纷纷，娘在家堂耕手巾。
二头耕起茶叶枝，中间耕上采茶人。

三月时节采茶天，茶叶抽出芽尖尖，
姐妹牵手来上山，讲讲笑笑采茶忙。

四月采茶日又长，菀菀④茶树叶青青，
东边采来西边转，何心采茶茶满筐。

五月采茶五月节，菀菀茶树叶双莲，
茶树种在深山里，采茶姐妹掌路边。

六月采茶日尖尖，偃⑤郎路边去种桑，
桑树成林林成荫，天热树下好歇凉。

七月采茶七月半，姐妹好心泡茶汤，
清水泡茶分郎食，表妹情义长又长。

八月采茶秋分凉，风吹茶叶满园香，
手捧茶碗心头跳，食茶忖着采茶娘。

---

① 下鸡即青蛙。呙呙即叫。
② 细细即小小。
③ 平阳县民族科藏本。
④ 菀菀：株株。
⑤ 偃：我。

九月重阳天渐寒，娘在家堂耕细丝，
耕起细丝好又软，分郎做件新衣裳。

十月来时人收冬，大细①收成忙匆匆，
等透明年二三月，茶园内里再相逢。

（5）革命歌

20世纪30—40年代，平阳地区的大多数畲村是游击区。畲族人民支持革命，参加红军，踊跃支前，在斗争中编出大量歌谣，如《十字歌》《十扇歌》《红军为人民》《红军歌》《翻身歌》《党的恩情永不忘》等；他们有"火烧草寮心唔死，杀头亦要干革命"的无畏精神，投身革命，决心埋葬旧社会。

1949年，中华人民共和国成立以后，畲族群众根据自己亲身感受，又创作了大量新民歌，歌颂中国共产党、歌颂社会主义新生活，歌唱新时代畲族人民的精神面貌。如《土改歌》《一颗红心连北京》《何党领导甜万年》《想想将来歌更多》《伟大领袖毛泽东》《计划生育歌》《山哈铁心腾党行》等等。畲歌常唱的：

"石榴花瓣唔离心，彩带丝线唔离针；山哈铁心腾②党走，建设四化新长征。""山哈人人爱唱歌，唱尽山歌泪成河；一声春雷乌云散，男女大细乐呵呵。民族政策就是好，欢乐歌声满天响；睇睇眼前唱唔尽，想想将来歌更多"表达了畲族人民紧跟共产党建设社会主义现代化的欢乐和决心。

十字歌③

一字写来成扁担，共产起义是困难；
朱毛两人来议论，打倒反动闹苍苍。

二字写来二横清，共产起义为人民；
反动贼仔杀尽了，贫苦农民能翻身。

三字写来三排排，万里江山解放来；
中国各省尽解放，剩落台湾省一个。

---

① 大细：大小。
② 腾即跟。
③ 平阳县民族科藏稿。

四字写来四角方，贫苦农民快活仙；
地主原来放高利，全家财产没收光。

五字写来金丝黄，千贼逃去南关塘；
抽兵抓人毛道理，大军开去打尽光。

六字写来头点丁，第一勇敢刘伯承；
伯承大军打天下，回转北京争光荣。

七字写来尾又翘，苏联机器正运透；
中国工人来学习，学了机器造来凑。

八字写来两边开，中国机器亦造来；
中国工人技术好，机器何大亦何细。

九字写来尾又弯，共产首都在北京；
北京主席来领导，贫苦农民出头天。

十字写来一直前，解放一九四九年；
劳动生产着努力，争取模范上北京。

（6）仪式歌

畲族民歌中有许多反映生活习俗的仪式歌，成亲、闹洞房、劝酒、拜公婆、祭酒、送神、起寮、留客、敬茶、丧葬等活动都需以歌来表达，形式较固定。如《行郎歌》《劝酒歌》《闹洞房》《祭祖歌》《守孝歌》《劝孝歌》《守灵歌》《劝亡灵》《五更叹》《奠酒歌》等。

守孝歌[①]

正月守孝正新春，毛见偅×一个人；
双脚踏进孝堂内，刀割心头闹纷纷。

---

① 平阳县民族科藏稿。

二月守孝苦嗳嗳，灯火怪皓①照你来；
毛见偃×来答话，孝堂内里想晤开。

三月守孝是清明，人崽祭坟闹纷纷；
何人坟头挂张纸，毛人坟头草茫茫。

四月守孝人抟田，手拿秧把分两爿；
姐妹来呙先嘺②×，偃忖偃×心不甘。

五月守孝五月节，又办祭礼摆面前；
别人来食月节酒，偃×毛食心肝切。

六月守孝秋禾黄，秋米乃黄割来偿；
千跪万跪一张纸，千拜万拜一炉香。

七月守孝七月半，又办祭礼又做粄③；
别人来食月半酒，偃×毛食领香烟。

八月守孝人中秋，忖起偃×眼泪流；
别人的×毛干过，自己的×苦幽幽。

九月守孝九重阳，田里新谷黄霜霜；
别人来食重阳酒，偃×毛食添名香。

十月守孝田花香，田花作仔转玲琅；
田花作仔一个仔，忖起偃×肚愁黄。

11月守孝人冬节，办来祭礼做古节；
别人来食冬节酒，保佑崽孙满冬青。

---

① 皓：亮。
② 嘺：哭。
③ 粄：年糕。

12月守孝人过年，又办祭礼做新年；
别人来食过年酒，保佑崽孙大俬班。

祭 祖 歌

新故亡魂丧间内，坦日扛出大安葬；
亡魂一梦梦黄粱，永世唔见转回乡。

脚踏黄泉路上去，阴府地狱渺茫茫；
阴府地狱毛底坑，人乃去了难转生。

灵魂去透阎王殿，阎王请你做先生；
你在阴府要保佑，人丁兴旺万年春。

劝 孝 歌

笔头落纸写歌句，写得何凭又何据；
古人选歌凭道理，贤人做事亦传书。

讲根源来进人世，孝顺爷妳天地知；
唔信去睇寮檐水，点点滴滴毛差移。

天下爷妳一样心，早日养崽得成人；
养崽受了千般苦，养育功劳海洋深。

十月怀孕肚内藏，养落泥里心正放；
十个月日食妳奶，大来又烦少文章。

为养崽大日夜忙，头痛身热妳愁惶；
食爷饭来着妳衫，孝顺爷妳心莫丧。

二十四孝学古人，个个孝顺存真心；
生间老时应服侍，死后空嘯是骗人。

（7）儿歌、谜语歌

儿歌，畲族有的称"细崽歌"，内容充满儿童生活情趣，是对儿童进行启蒙教育的民歌，主要是教育孩子学好文化，"千业唔如字墨好，人靠才来马靠毛"。如《劝子读书歌》《孩儿歌》等。

劝子读书

少年认真去读书，也知庄稼也知书；
能文能武会致富，人前人后毛人欺。

谁人养子唔读书，律理唔通像牛猪；
讲话错误便动武，叔伯兄弟唔称呼。

谜语歌，是劳动时，亲朋相聚时的对答唱，如："青青石板平又平，只能睇来唔能行；凡人高来摸唔着，千年万年草唔生。"谜底：天。

从前，畲族人在劳动之余，常聚集在厅堂或餐桌周围对歌，每至深夜，有的地方农闲时还搭台举行大型赛歌会，邀请邻村歌手参加，有时进行几天几夜。大型歌会在结束时，多以《十二生肖歌》收底，故称"歌底"。畲族民歌，非常生动活泼，丰富多彩。凡是能看到的，话能说出来的，都可编歌来唱。从前，民歌在畲族人民的生活中起到很大的作用。他们不但在日常生活中，用它来直接抒情，而且用它来作生活教科书。

2. 畲歌结构

畲歌的形式、格律、曲调以及它的演唱法都别具一格，富有特色。其歌词古朴自然、清新活泼、充满田园风味。一般和汉族的七言绝句一样，基本上为七字一句，四句为一条（首），但也有变格，第一句"三字头""五字头"，两个三字短句合成为"六字头"，有几十条歌词内容连贯在一起，陈述同一主题的叫"连"，在百条以上连接成的称"长连"歌，歌词押韵有严格要求，其规律一、二、四句尾字同韵，而且定要押畲话的平声，第三句末要用仄声。如《高皇歌》："盘蓝雷钟在广东，出朝原是共祖宗。今下分出各地掌，话语讲来统相同。"其中"东""宗""同"都是平声韵，"掌"为仄声。多条组成的畲歌，如：

"散条溜"：是临场发挥，即时编唱的畲歌，一般没有固定的歌词。

"条落"：是第二首歌只是变动第一首歌中的某些词语，两首内容基本相同；如果变动两次则成为三首，称之"三条变"。

"十条编"：是指由十首左右组成的畲歌，各首歌的首句，一般只用数字、时辰或者时令为序连接起来。

"成连歌"：修辞格式与连接方法，按福鼎、苍南等地的说法：可分为序列格、齐首格、叠腰格、称呼格、换韵格。序列格：一"连"内容条歌的首句，用数字或时令、节气、时辰等为序连接起来。齐首格：把一"连"内各条歌的首句相同而联成一连歌的。叠腰格：以一个字或一组词嵌于每句句腰中，成为连接成连的手法。称呼格：首句用称谓词作连接的方式，一般为三字头；如是谜歌，有问有答，又可称"问答格"。换韵格：一条歌，其他词不动，只动换韵脚，变一次韵脚，使变一条为二条，变两次韵脚为三条歌（即三条变）。

3. 畲歌传承

畲族民歌多为民间口头传承，过去从无完整的抄本，无印刷成书，只是歌手们用畲话以汉字记音的零星手抄，在民间转抄传学。畲歌的传承方式主要有三种：一是生产劳动、招待来客、闲暇休息，以歌为乐；男女相恋，以歌为媒；喜庆节日以歌为贺；丧葬祭祀，以歌当哭；社会交往，以歌代言。二是姑娘出嫁前"做表姐"的畲歌。畲族姑娘出嫁前，舅父、姑父、姨丈都要请她去"做表姐"，村里的青年陪她唱歌，和她对歌。"做表姐"，是姑娘们在出嫁前对其先前学歌成绩的一次检验，是结婚时应付各种对歌的一次预演。这是畲歌较为传统的一种传承方式。三是举办畲歌会，1949年以后，除上述方式传承畲歌外，还在畲乡、村举行畲歌会。如1983年农历正月在青街畲族乡王神洞村和顺溪镇溪南村举办畲歌会；1983年4月平阳县"三月三"畲族歌会在怀溪畲龙村举办；1985年县文化部门培训的畲族歌手参加在泰顺举办的"温州地区第二届民间文学交流会"，还有青街畲族乡和该乡的王神洞村、九岱村都举办过畲歌会。

（二）汉族民歌

境内汉族日常生活通用闽南话，汉族流传的民歌均用闽南话传唱，也无须乐器伴奏，很有地方特色。因讲闽南话者先祖均迁自闽南，故境内今天流传的部分民歌，如《天乌乌，要落雨》与闽南民歌有渊源关系。

1. 童　谣

火金姑①，火蜡霞②。一窟水，三尾虾。虾香香，酒红红。蛤蟆狗仔吊灯笼。吊起起，打手指。吊落落，打手镯。

萤火姑，火来啰！一窟水，三尾虾。大尾捉来烤，小尾放它爬。爬到上厝姑姑捧糖茶。糖茶捧出来，姑也爱，嫂也爱。开后门，剥芥菜。芥菜青苍苍，好栽葱；葱无芽，好栽茶；茶无蒂，好做戏；戏做好看不好看，大花变小旦。

天乌乌，要落雨。哪时落？初四五。阿公举锄头耙水路，耙一条乌鱼豚五斤五。阿公要煮糖，阿婆要煮醋，二尺二鼎③打了做两股④。

"鸡，鸡！叫我啥路数⑤？黄昏要宰你，说你不生卵。""一天生一个，十天生一筐，要宰着宰鸭。"

"鸭，鸭！叫我啥路数？黄昏要宰你，说你不生卵。""一天生一个，十天生一窝，要宰着宰牛。"

"牛，牛！叫我啥路数？黄昏要宰你，说你不犁田。""上丘是我犁，下丘是我耙，要宰着宰马。"

"马，马！叫我啥路数？黄昏要宰你，说你不嚼草。""我一天到处跑，背脊让你当路走，要宰着宰狗。"

"狗，狗！叫我啥路数？黄昏要宰你，说你不顾门。""上房是我看，下房是你困，要宰着宰猪豚。"

"大猪豚，大猪豚！叫我啥路数？黄昏要宰你，说你不嚼泔⑥""一天嚼三槽汾，十天嚼你三大缸，千刀万刀由你分。"

"月光光，月朗朗。骑仙马，去仙堂。仙堂宫，娘仔⑦来起宫。宫未到，娘仔爱吃豆。豆未熟，娘仔爱吃肉。肉未打⑧，娘仔爱吃鸭，鸭未杀，娘仔爱吃梨。梨未生，娘仔捉来打嘴边。打惊惊，去南京。南京狗仔汪汪吠，大姑二姑拾稻穗，大姑拾一巧，二姑拾一穗，大姑牵猪，二姑牵羊，牵来牵去娶新娘。新娘头顶一朵花，鸭母兑冬瓜。冬瓜好炖汤，鸭母兑粗糠。粗糠好烧火，

---

① 火金姑即萤火虫。
② 蜡：烧的意思，闽语音"啦"。
③ 鼎：锅。
④ 两股：两半。
⑤ 啥路数：干什么。
⑥ 泔：即水。
⑦ 娘仔：闽语称蚕娘仔。仔，方言音 a。
⑧ 打：即买。

番薯煮麦粿。麦粿好吃真好吃，畚箕和嘎帘①。嘎帘好晒谷，大姆骂小婶。小婶苦又苦，牛皮好绷鼓，鼓好打，鸡骂鸭。鸭好杀，乞丐骂奴才。奴才来担水，纱面煮鸡腿。好味真好味，白鱼真多刺。榉火钳，栱②火管，吹啊吹，吹一只大猪豚。"

"月光光，圆又圆，喂公鸡，好叫更，养大猪，赚大钱，一头猪脚一头面，红结绳，结万年青。"

"客鸟叫，人客来；鸡仔小，不甘杀，打肉路头远，杀鸭怕拔毛。"

"正月拖拖，二月吃'沙'，三月吃茶，四月吃麦，五月烟脚皮，六月秋米粥，七月粟米粿，八月番薯胚，九月皇桶响，十月巴肚严。"

"一螺空，二螺富，三螺卖酒醋，四螺平平过，五螺磨刀枪，六螺杀姨娘，七螺七颗星，八螺八仙家，九螺九条龙，十螺十状元。"

"带鱼带乌乌，白弓搅虾蛄。带鱼带罗罗，白弓搅虾鲙。海里无鱼发白弓，黄瓜生仔大头丁。虾蛄尾溜戴纱帽，鲳鱼骂它不正经。海内无鱼发白弓，无脚无手发蜇白。蜇白八脚十六耳，一对翁某③成一个。"

"摇抱，养大鸡请大舅，大舅吃不了，喂鸡鸟，鸡鸟放它去，乌鸦满地钻。"

"蚁，蚁！榉④椅榉桌请青蚁。青蚁没在厝，奶奶去吩咐，吩咐哪，吩咐顶厝三婶婆。牵子牵孙来佚佗⑤。"

"田鹭丝，飞来飞去歇厝基；厝基响响动，你公会织网；网织条条平，你公会弹棉；棉弹真好纺，你公会箍桶；桶箍真不会漏，你公会造灶；灶造真好烧，你公会栽茄；茄栽一百过一百，你公会看鸭；鸭看一班又一班，你公会找蛏；蛏拾夹夹好，你公会打草割；草割打起真好割，你公会点纸；纸点一张过一张，你公会种姜；姜种一爪又一爪，你公会打鸟；鸟打一个又一个，你公会种麦；麦种一丘又一丘，你公会吹哒嘟⑥；哒嘟吹起真正响，你公起厝带买田。"

---

① 嘎帘：读 galia，用蔑编成的一种圆形晒具。
② 栱：音 bun，吹。
③ 翁某：方言，指夫妻。
④ 榉：搬。
⑤ 佚佗：方言，这里是玩的意思。
⑥ "哒嘟"为喇叭发出的声音，象声词，指代喇叭。

2.民 歌

番 薯 诗①

女将挂帅唐赛英，兵困番邦十三零；
困在番邦真凄惨，内缺粮草外缺兵。

赛英祷告上天庭，天赐番薯救万兵；
赛英带来番薯种，来到中原教百姓。

清明放落番薯种，上面加土下铺藤，
要冷要热农夫候，应当立夏要开藤。

小满开土当剪藤，要等雨仔落阴阴；
芒种番薯正当令，夏至番薯压完成。

小暑大暑当铲草，立秋处暑要翻藤；
翻到白露三遍透，秋分番薯正落头。

立冬番薯藏入洞，里面加草外封土；
别的五谷藏种子，番薯它要藏身尸。

要吃番薯没多久，头尾算算百廿日；
粗刨细刨番薯丝，种田农夫看天时。

南云托起我勿刨，要等日头西风天；
单日晒干番薯丝，三天放匿不值钱。

番薯丝请客无体面，洗出番薯粉办排场；
薯粉请客场面好，人客吃了都夸奖。

---

① 采录：任闲。

金 钱 诗①

正月时节是新年，赵起一家八兄弟；
八个兄弟排好阵，排起好阵铸金钱。

二月时节杏花天，赵起饭店大路边；
就叫人客入来坐，又叫人客领金钱。

三月时节是清明，赵起发令透京城；
一个金钱一个帖，长毛就到不用惊。

四月时节牡丹鲜，赵起一家带头前；
八个兄弟把反造，金钱造反百廿天。

五月时节五纷纷，九相也造十只夹板船；
载到钱仓烧掉三座屋，后来专烧雷渎温。

六月时节六月冬，赵起发令打九相；
九相地方真好打，打了九相来私通。

七月时节七月半，赵起发令打桐山；
打了桐山不要紧，回来兵马点点去一半。

八月时节八中秋，赵起发令打温州；
捏了冷饭饿几顿，打了温州啥因由。

九月时节九落时，鹤溪团练投金钱；
团练害了老百姓，后来专打四十二大溪边。

十月时节十大冬，赵起发令打瑞安；
瑞安打了个把月，后来传捉总理一个人。

---

① 吴良祚先生于 20 世纪 80 年代搜集于青街乡南网村。

十一月时节冬至乌，长毛剃头是人枯；
男的剃头不要钱，女的剃头变尼姑。

十二月时节过年边，金钱没屋苦过年；
金钱没屋不要紧，桐山大兵打死大路边，
猪拖狗拔没身尸。

烟 叶 诗①

烟籽落地是冬天，又怕下雨又怕晴，
又怕霜冻又怕雪，烟苗搭架盖草青。

未过谷雨过清明，烟苗拔出栽园边，
剥烟要等大小暑，人人烟脚忙着抓。

一来又怕西风起，二来又怕汰浪天，
三来又怕西北雨，男女收烟闹喊喊。

长 年 诗②

正月新春正新年，手拿雨伞找长年；
上街转了下街转，找到一个好长年。

二月时节正开工，半碗肥肉半碗葱；
给我长年未开箸，主家父子吃全空。

三月时节田水冷，担犁担耙去犁田；
方圆几里犁完了，总剩路边一丘缺水田。

四月时节插田天，肩担秧篮去插田；
别人插田鱼肉酒，我去插田菜干咸。

五月时节当忙天，手拿耙锄去耘田；
主家问我耘什么？去耘田菜荸荠葱。

六月时节大暑天，丈八水车靠河边；
日间耘田夜车水，想我长年苦无边。

七月时节七月青，米桶无米问长年；
长年一日吃你三碗冷白粥，谁管米桶空吼空。

八月时节八中秋，主家抱子街上游；
长年无子无牵挂，主家无儿叫长工。

九月时节九重阳，糯谷割来酿酒尝；
主家酒吃昏昏醉，吼留半盏给我长年尝。

十月时节十大冬，梅香添饭松又松；
下有蛛蛛飞丝网，上有蚊子苍蝇倒头扦。

十一月时节雪花飘，主家叫我拾柴烧；
一头背来两灶半，一担挑来五灶烧。

十二月时节过年边，算盘算算无半钱；
主家叫我干年添，讨饭也赢过做长年。

牧 牛 诗①

正月牧牛正担当②，日天下雪夜下霜；
门前道路吼人走，后门路仔走到光。

---

① 唱述：池方祚，记录：唐书亮。
② 担当：无义。

二月牧牛放后沟，后沟吃草爬岩头；
三年未见阿姆面，脚踏岩头目屎①流。

三月牧牛三月三，手拿镰刀连扁担；
未曾割草先割手，血仔流流痛心肝。

四月牧牛牧真远，日起赶出到黄昏；
摸黑赶归主家问，无奈旁边吃草啃。

五月牧牛五张机，手拿镰刀穿蓑衣；
一日压我两担草，只怕牛仔养不肥。

六月牧牛天气热，主家叫我牛勿骑；
主家讲话若没听，黄昏回家吃饭吃。

七月牧牛七仙桃，囝婿办酒请妗婆，
妗婆没吃囝婿酒，查某仔不配放牛哥。

八月牧牛八条沟，手拿藤条目屎流；
别人问我干个啥，代人牧牛没出头。

九月牧牛西风起；树头叶落草枯稀；
主家管自缝棉被，吃管放牛农君穿单衣。

十月牧牛十大冬，上田割了下田空，
上田下田割尽了，牧牛农君一场空。

十一月放牛冬至边，阿姆写信儿身边；
有钱无钱回家转，鞋儿拖拖姆身边。

---

① 目屎：眼泪。

十二月牧牛是年边，主家叫我算铜钱；

我算有一千八百五，他算只剩一双草鞋钱。

山农苦[1]

娘啊娘！奶儿勿嫁山头垟！

若嫁山头垟，上岭仰翻天，落岭倒头扦；

大猫当邻舍，乌坑雀当鸡啼；

火笼当棉袄，蓑衣当床被；

王树明油（松树脂）当灯点，茅杆当壁篱；

茅棚厂当楼屋，床下关肉猪；

门后放壅桶，蚊虫大如鸡；

一年吃半粒米落肚，单吃苦菜搭番薯；

烂头鱼鲝吃我份，勿想鱼鲜搭虾皮。

砍柴给刺戳，山狗路担勿落；

一脚溜去单下落，一气滚去见阎罗王。啊皇天娘！

附记：中华人民共和国成立前，平阳县大部分山区农民生活困苦不堪，故有此谣流传。

手艺人[2]

手艺人，讲不尽，肚底越想越冤深；

吃不饱，穿不暖，衣衫褴褛不像人。

天光吃来麦枝枝，日昼吃来麦糊薄稀稀；

点心吃来三个大麦鼓，黄昏拉屁当鸡啼。

铃郎铃[3]

铃，铃郎铃，老海[4]同志带民兵，民兵不怕死，石头当铳子[5]；

---

① 采录：杨学明。

② 唱述：倪小坚，记录：应小微（女）。

③ 采录：乡志编写组。

④ 老海，指郑海啸同志，平阳北港凤林人，1933 年入中国共产党，1936 年任中共平阳县委书记。1949 年后，任温州专署专员。

⑤ 铳子，即子弹。

统子密密橹^①，橹到水头区；水头未解放，松树当土贡^②。
土贡一声响^③，便衣反动全投降。

二、民间故事

青街畲汉民族民间传说故事，具有奇幻的想象、迥异的风格、浓郁的地方和民族气息。故事，畲民俗称"故老"，大多畲村都有讲"故老"的能手，多在雨天或冬天晒太阳、热天晚上乘凉时围坐讲"故老"，内容涉及风俗、生产、生活、人物等。

（一）畲族故事传说

青街畲族民间故事、神话传说，虽数量不多，但流传颇广，多为口头传播，有的与汉族民间故事大同小异。这些民间故事，传递着畲族人民的智慧。

王神洞（畲族）^④

平阳青街有个地方叫王神洞，聚居畲族百姓。

古时候，那地方有个小寺院，还有个洞，不过谁也不晓得洞在哪里。大家只晓得小寺院里住着一个和尚，心蛮善，一个人不声不响在修炼。那和尚年长月久，就修得能够呼风唤雨，剪纸成兵。

再讲十五亩的大庵岭头有个大寺院，寺院里住着九十九个和尚，和尚头好胜凶恶，曾拜在玉苍山玉真道人门下，武艺蛮高，有法术。这个恶和尚看见底山这地方风水好，要想抢地盘，就派一个和尚去探情况。大庵岭头的和尚摸到小寺院，往门缝里一看，只见一个和尚正坐在灯烛下面剪纸人。那些纸人经他的手，一个个像活的一样。大庵岭头和尚十分奇怪，立刻回大庵岭头寺院向和尚头子报信。和尚头子招拢九十八个弟兄，对他们讲："底山小寺院有个妖僧，我们要马上除掉他，占领他的地盘。只是他修行多年，功夫蛮好，弟兄们要格外留心。"这九十八个和尚功夫都蛮好，有刀僧、棍僧、南北少林拳僧，听到头人的鼓动，打一声喊，就走。

九十八个和尚由头儿带领，手拿兵器向里山小寺院冲杀过来。小寺院那和尚得到消息，立即把纸人放出，只听得他喊一声："冲！"无数纸人活了，

---

① 射击。
② 指土炮。
③ 音 dán。
④ 讲述：蓝茂铁（畲族），记录：黄平。

个个手拿武器迎战。大庵岭头和尚见里面冲出无数三头六臂、獠牙咧嘴的妖人，一下吓得魂飞魄散，乱了阵脚，纷纷向外撤退。小寺院和尚指挥纸人猛追猛打，在十五亩潭边大战一场。大庵岭头和尚不是对手，死伤很多，一个个落在潭中，其余的逃归寺院，关了山门不敢走出。那个潭就叫"和尚潭"，现在还在。

大庵岭头和尚恼火，夜里睡不着，半夜时节，迷迷糊糊只见玉苍山玉真道人托给他一个梦，告诉他，那小寺院的僧兵将是用纸剪成的，只要用黑狗的污血就能破他法术。

第二日醒来，和尚头把梦里的事讲一遍，叫大家搜集黑狗的污血。等一切准备好，又率领一班和尚，向小寺院冲杀。小寺院的和尚仍旧用纸人助战，那边就泼出黑狗的污血，那些纸僧给污血一喷，露出原形，一个个掉落地上。

小寺院和尚见法术破了，晓得单人难对付，就躲到那个山洞里。大庵岭头和尚占领了底山的地盘，多次搜寻那个逃走的和尚，只是无论如何寻不着。据讲，那个和尚后来就在洞里修炼，不晓得过了多少年，修炼成王神。那以后，大家人就把那地方叫王神洞了。

金牛和银蚕（畲族）①

金牛和银蚕本来是天宫太白金星座下的两个童子。他们日日勤力劳动，情投意合，结成兄弟。

一日，金牛、银蚕一同到南天门去嬉戏，看见守门天将在打瞌睡，就偷偷溜出南天门，去赏赏天外风光。

他们低头弯腰朝下面看，哈！人间山山水水，有树木花鸟，有田园房屋，多美丽！他们还看到男男女女，勤耕巧织，忙忙碌碌，相亲相爱，一时看得眼红了。金牛很羡慕，就劝银蚕一起下凡去见识见识。银蚕只怕私自下凡，罪犯天条，不敢下去。金牛脾气犟，说："怕什么，这么好的机会，千年也难碰到呀！"胆小的银蚕仍旧拿不定主意。

那守门天将一忽醒过来，发觉逃出金牛和银蚕，这还得了，急忙追出去，想劝劝他们回宫。金牛一见天将追来，心生一计，忙对银蚕说："推（阿弟）呀，天将要来捉我们了。事情到了这个地步，叫他捉回天庭受罚，还不如到下界逍遥自在，快跟我走！"就拉着银蚕逃落凡间来。

---

① 讲述：雷顺道（畲族），记录：杨秉正。

玉帝听到守门天将的禀奏，大发雷霆，立即吩咐托塔天王李靖带领天兵天将去捉拿金牛银蚕问斩。这时候，太白金星出班奏道："这两个童子私自下凡，实是臣下管教不严，请体谅他们无知，免去死罪，从轻发落。"玉帝见太白金星求情，就讲："也好，死罪可赦，活罪难免，着罚他们谪降凡间，牛吃青草，耕田犁地，蚕啃树叶，吐丝作茧自缚吧！"

金牛和银蚕来到人间，凑巧是寒冬腊月，霜打青草青草枯，风吹树叶树叶落，两兄弟只好躲在山洞里，吃点枯草干叶，喝点山水，饿得肚皮贴着背脊。住了一段时间，蚕熬不住苦，想回天宫，他对牛说："悔不该逃下凡间，自寻苦吃。只要我们回心转意，玉帝或许会宽恕的，还是回去吧！"牛讲："我情愿一生一世吃草耕田，决不回天宫。再加肚饿得这样子，连走路也吃力，怎么上天哪。"蚕忙讲："这好办，阿哥骑在我背上，我背你上天。"牛拗不过蚕的好意，只得由蚕背着上天了。

南天门守将因为金牛银蚕私自逃奔，连累他也受处罚，正没有出气的地方，那天一眼看到蚕背着牛要闯进南天门，他就不声不响地举起闷棒，狠命向牛头打去。牛大吃一惊，来不及躲避，赶紧弯起前蹄，卡牢蚕的头部，一下被卡得头晕眼花，头重尾轻，摇摇晃晃，翻了一个跟斗，从天上掉落地下，差点送命。这一跌，牛跌掉了上排门牙，下巴被削去了一半；蚕跌得骨头节节断，身体一下子变得比以前小得多了。直到现在，牛仍旧没有上排牙，下巴很短很短；蚕的身体很小很小，面部还留着牛的两只脚印，全身软绵绵的，再也不能远走高飞了。

经过这么一场风波，牛和蚕就长期住在人间。牛吃青草，勤力耕地，驯驯服服地听从主人使唤，一点也没有怨言。蚕啃桑叶，忙忙碌碌吐丝做茧，一会儿作茧蛾，张开翼膀要飞，一会儿爬到高的地方去做茧，做着上天去的美梦。畲家人把蚕儿做茧叫作"宝宝上山"，或叫"宝宝上天"，就是这个意思。

搁工鸟（畲族）①

早先，有个佛生崽（男青年）名叫青郎，爹姆早死了，只留下半间寮子和一亩多田。青郎寮里穷，讨不起布侬（老婆）自己也不会料理家事。镬灶打在脚肚上，靠打短工混张嘴巴。

那年夏至前后，青郎今日替蓝家通田，明天帮雷家插秧，主人家都请插秧

---

① 讲述：雷顺道（畲族），记录：杨秉正。

客吃"插秧酒"。青郎偏偏贪杯，吃了这家又吃那家，忘了给自己田里插秧。

这天，青郎到自己田头一看，啊呀！秧苗出"谷儿"啦！"芒种芒种，样样要种；芒种不种，样样断种。"他想，现在已经过了芒种，秧插上也白白，一下子放把火把秧苗烧了。

青郎在烧秧苗的时候，凑巧被天上雷公看见了："哼！从盘古开天以来只有插秧种稻，怎么容得你烧秧苗！"雷公大怒，一声响雷，一下把青郎打死在地上。

青郎死后，晓得自己做错了事，后悔也来不及了。他想，别人若像我一样误了插田，毛（没有）收成还食什么？想呀想呀，变成了一只青色的鸟儿，拍拍翼膀，高叫"搁工搁工，搁搁几工"，朝深山里飞去。

从那起起，年年清明以后，大家人常常看到这种青鸟儿，"搁工搁工，搁搁几工"，叫个不歇，好像是叫大家切切不要搁工，误过农时。畲家人把这青鸟叫作"搁工鸟"。种田人每年听到搁工鸟的声音，就晓得应该及时播种插秧了。

宝鼓（畲族）[①]

早日，山里有个人家，爹姆早死，阿哥叫春山，已经讨亲，阿弟叫山鸟，还是个独自人儿。阿嫂顶厉害，她想：上代只留下一点旧屋薄地，若等阿叔讨来布侬，家私要对半分，不合算，要早点想法子把阿叔赶出去才好。他们公婆（夫妻）暗暗商量，做了个圈套。

那年春天，阿嫂叫他们兄弟去种包萝，她拿出两袋包萝崽，一袋给冲波（丈夫），一袋给阿叔，还说："包萝好种收成好，就愁阿叔外行，有种毛收，白白糟了包萝崽。唉，两兄弟吃同镬饭，家私要平分，作息差个十万八千里哪！"

山鸟听出阿嫂话中有刺，赌气讲："我若收不到包萝，情愿家私一点也不要。"春山敲边鼓讲："这是讲笑，当什么真？"山鸟是直肚肠的佛生崽，不晓得阿嫂的圈套，只是翘翘头说："伢讲话算数，决不赖。"说罢，两兄弟上山去种包萝。

哥种西坡，弟种东坡。

隔了十来天，山鸟上山看看，西坡包萝出了嫩绿的苗，而东坡连一片芽儿

---

① 讲述：雷顺道（畲族），记录：杨秉正。

也没有。他发呆了，想不出是什么缘故。再过几天又去看，还是看不出苗头，急得困也困不安。他哪里晓得阿嫂把包萝崽炒过了呢！

这日早上，山鸟又上山去，啊！你看东坡地上长出了一株大包萝哪，两丈多高，大碗口那么粗。他看得出神，哈哈大笑，这不成了包萝王了吗！连忙三脚并做两步飞回家告诉哥嫂。阿嫂做梦也想不到炒过的包萝崽会长呢。

山鸟有了这株包萝王，今日铲草，明日浇水，包萝越长越大。到了秋天，一穗穗的包萝粟，密密麻麻，又黄又亮，好像珍珠一色，山鸟连做梦也笑啦。

包萝王熟了，山鸟带着箩筐和竹梯上山去摘包萝。到了东坡，抬头一看，皇天呀，包萝哪里去了？包萝秆上只剩下破破碎碎的叶子，低头看看地上还有一双大脚印哩，这不是叫人偷了去吗！他顺着大脚印寻去，过了一冈又一冈，翻了一岭又一岭，只见这双大脚印停在一个山洞口，不见了。

这时节，天色慢慢暗下来，山洞里黑洞洞，山鸟不敢进去，就轻手轻脚爬到山洞旁边一株大树权上躲着，打算看看动静。

一会儿，月光上山了，洞里走出四个奇形古怪的人，坐在洞口石凳上，围着石桌讲闲谈。

有个老翁先开口讲："我们种的这包萝王真大，包萝米又鲜又香，吃了可以延年益寿呢！"一个瘦长的中年人接着讲："这玉米总不如王母娘娘的蟠桃好吃嘛。听讲人间京都正宫娘娘生'奶梗'，侎有一帖药可以治呢！"一个矮人问是什么药，瘦长的中年人指指洞口右边的野草说："喏，这叫'抽脓白'，椭圆形，绿色叶子，淡白色梗，捣碎掺点糖，连着敷上几贴，化脓止痛，顶灵验的。"

又有个大个子几步迈到大树下面，从树洞里拿出一副小铜鼓，大声说："别管这些闲事，来，我们食点物事吧！"说着，"咚咚咚"地敲了起来，边敲边念："小鼓真真乖，素鸡快送来！"话音刚落，一下飞来了一盆素鸡摆在石桌子上。大个子又念："小鼓真真乖，素鱼快送来！"

石桌上又多了一盆素鱼，大个子报了一连串的物事，石桌上就摆上各色各样的菜，还有热腾腾的麦饼，香喷喷的酒，连酒盏和箸都有，四个神仙捧杯大喝。

吃了酒饭，天快亮了。大个子把小铜鼓重新放在树洞里，四个神仙一起走进洞里去。洞口仍旧黑洞洞，一点光线也没有。

山鸟偷偷从树权上爬落来，在山洞右边东寻西找，真的找到了"抽脓白"，挖了一大把，放在衣兜里，又从树洞里偷来了小铜鼓，夹在脖札下（腋下），一阵烟跑回家来。

第二日，山鸟上京城，揭下黄榜，治好娘娘的"奶梗"。皇帝摆酒请他，要给他封官赐赏，问他要什么，他只摇摇头说："伢勿要做官，勿要金银财宝，还是回家种山打柴去。"皇帝挽留不住，只好给点路费让他回去了。

山鸟回到家里，半句不提分家的事，卷了棉被和几身旧衣衫，对哥嫂说："伢到山上去住，家私统统给你，伢只要一把锄头。"说着，就用锄头柄挑起铺盖出门去。哥嫂快活得不得了。

山鸟上山搭了座茅棚，还是起早摸黑勤力作息，食的用的要什么有什么，日子过得蛮好蛮好。

天下没有不透风的墙，山里人都说山鸟得了什么宝贝，怪不得发财了。春山和布侬听到这风声，又眼红又妒忌。那天，两公婆特地上山到山鸟屋里探探。阿嫂一进门就说："阿叔独自住在深山，食好着好用好，是不是狐狸精当布侬啦？也不向哥嫂讲一声，快叫新娘子出来见见面！"山鸟听了，面孔红到耳根，讲："阿嫂勿讲笑，伢那里有什么布侬！""没有狐狸精，也一定得了什么宝贝，不是的话，屋里怎么这样好？"山鸟不会转弯抹角，就把包萝被偷，见到神仙，盗来宝鼓的经过从头到尾讲了。春山听了心里痒痒的，要问山鸟借宝鼓用几天。山鸟晓得自己讲漏了嘴，急中生智，忙说："宝鼓只认主人，别人借用就不灵了。"哥嫂没法，只好空手回去。

阿嫂心不死，叫春山也去寻神仙，也想得到宝物，一生一世受用。春山财迷心窍，第二日就上路。寻呀寻呀，果真寻到那个山洞，也躲在那株大树权上。

那日夜里，月光圆圆，星光闪闪，四位神仙又出来对月闲谈。谈了一阵，矮个子连说："有生人臭，有生人臭！"大个子高叫："怪不得宝鼓、宝草被偷了，一定是他！"几个神仙东张西望，发现树上有人。那高瘦的中年人举起扁担那么长的手，只一抓，就把春山抓下来，甩在地上，喝问："你这贼，今天看你逃到哪里去？"春山吓出尿来了，急说："不是伢，那是伢兄弟偷的。"大个子说："管你什么兄呀弟呀，准不是好人，把他吊起来！"春山连忙跪地求饶。老翁在旁讲情说："这次放他生，下次不饶。"瘦长的中年人说："也不能太便宜他了。"伸手把春山的鼻头轻轻一拧，登时拧成了五寸多长的长鼻头，说声"去！"春山就连爬带滚逃了回来。

春山布侬一看春山变成了长鼻头，又叫又哭，好不伤心。哭了一阵，她一下想起阿叔那个宝来，急匆匆上山求山鸟想想法子。山鸟带着宝鼓下山，见阿哥生着这么长的鼻头，心里也蛮难过。他边敲鼓边念道："小鼓真真乖，鼻头短得快！"

宝鼓真灵，敲了一下，鼻头就短一点，再敲一下，鼻头又短了一点，连敲几下，鼻头连连缩进去，只比原来的高了一点点。阿嫂偏不称心，又催山鸟再敲几下，哪晓得，这么一敲，春山就敲成了矮鼻头，再也长不起来了。两公婆无法，只怪自己太贪心了。

（二）汉族民间故事

较之畲族民间故事，汉族民间故事内容更多，内涵更丰富，有真人真事，有传说故事，有动植物故事。这些故事，运用丰富的想象和夸张手法，传递汉族人民的智慧。

浪子回头的故事[1]

周八的故事在青街地方可谓家喻户晓，在浙闽边境也广为流传。

青街古称睦源，是温州历史上名乡镇之一。睦源山清水秀，人杰地灵。南宋时，周氏族人有史可查的进士就有十八人，人称风水宝地。

周家有一男孩，乳名叫周八，才十三四岁，就生得身材高大、虎背熊腰，一百廿斤重的大石臼他能一口气连举十来下，真是力大无穷。

他结识一帮朋友，爱习拳练腿，舞枪弄棒。平时，他常四处外出游山玩水，打赌游戏等，只要说起读书，他就感到头痛，不思上进。

有一年正月十五日，在朝为官的七位兄长回乡省亲，时值元宵佳节，连同周八刚好围坐一张八仙桌饮酒。席间，七个兄嫂在背后叽叽喳喳，讥笑周八太没出息，至今还是个白衣秀士。周八听后脸红过耳，感到十分惭愧。在七位兄长面前丢人现眼，实在无地自容。但七位兄长没有严训批评，只是耐心劝导周八，一定要改掉恶习，励志上进，争取功名，为周家列祖争光。酒席散后，周八剥开一个红心抛（柚子）给大家解酒，这柚子刚好八瓣，不多不少，刚好每人分一瓣。兄弟们感到十分惊奇，大兄长笑着说："周八，你可晓这是天意呀！只要你今后努力上进，一定会有出头的好日子。"大嫂她们在旁边笑着插嘴说："小叔若能高官得中，我们愿用青石板铺路，迎接你荣归故里。"

---

[1] 采录：池云亮。

从此后，周八下决心痛改前非，他辞别家中，直奔杭城发愤读书，并一边坚持刻苦练武。经过几年的日夜奋斗和艰辛拼搏，周八果然高中榜眼，受到宋孝宗皇帝赏识，留他在朝中做官。

不久，周八高高兴兴骑着高头大马回家省亲拜祖。当七位兄嫂接到捷报时，大家说："一言既出，驷马难追呀！"就在祖宅老路口铺上青石板，并设红石上、下马墩两个，简易青石锣一对。周八骑马到村口，立即下马，就向前来迎接的七位兄嫂请安，并感激地说："当初若无大嫂你们的开导，怎能会有我的出头日子"！现在睦源周宅基路口，红石上、下马墩还在，内路口仍耸立着两个青石锣呢！至于五十丈村外狮子山上（龙船石下）群群石狗，至今身上（据传，曾被年轻的周八在游山玩水、练拳脚时打过）还留有一个个拳头印痕呢。

乌纱岩的由来①

周八每天随文武百官上朝，心中甭说有多高兴！看到自己的亲人在朝班整整齐齐，威风凛凛，他内心快活得实在憋不住，便笑出声来。这时金銮殿上的孝宗皇帝感到莫名其妙，开口便问："周爱卿，你为何发笑？"皇帝不问即罢，这一问使周八更加得意："万岁，你有所不知，我周家一门现有八个亲兄弟在朝中做官，这恐怕是历朝历代都没见过吧！""噢！有这样的事？"又问周八："是哪八位？"周八便一一指给皇帝看。皇帝一看，心里暗吃一惊，又问周八："你们周家八位亲人在朝做官，这是什么原因呢？"周八笑着回答："一来是我睦源周氏地盘风水好，二来是兄弟个个有志气。"这时皇帝很有兴趣地追问："你们周家风水怎么好法？爱卿无妨讲给朕听听。"周八说："万岁，讲不如画，待我今晚画出图来，明天呈给万岁爷欣赏如何！"孝宗皇帝点头称好。

第二天早朝时，周八恭恭敬敬呈上自己连夜画好的"周家风水图"，皇帝一看，连连称赞："果然好风水，好风水！"在画中周家府第后有座大月山，形似一顶乌纱帽，前有台案笔架山，右有金钟山，左有玉笋双峰高耸相抱，睦源溪水宛如玉带环腰，面堂内有展旗峰、双狮山、象山守护；面堂外有碧海天城，屹立着朝拜诸峰作揖，其状拱手躬腰，形态逼真，预示着周家人人会头戴乌纱，个个会光宗耀祖。周八见皇帝赞誉不绝，爱不释手，便按不住内心高

---

① 采录：池云亮。

兴，顺口吟出一首自家特色的风水诗："一日两潮鲜，一月照三山；一年四季笋，一母八子官。"这时候，孝宗皇帝突然眉头一皱，变了脸色，但马上又抬头，仔细地看了看，只见周家八位兄弟有文有武、相貌堂堂，威风凛凛，屹立在朝班。心想：有这八大金刚在我朝中，赵家江山怎会有安宁日子，有朝一日他们结党营私的话。这天下可就是姓周的了。皇帝越想心中就害怕，决定设法除去他们。

没过几天，周家八兄弟就被安上了结党谋反的莫须有罪名，七位兄长立即被斩首，周八被革职，废为庶民（据说皇帝认为周八诚实，把不该说的真实事情说了出来，因此免他一死）。有一天早朝时，皇帝还用御笔把"周家风水图"上的月山勾了一笔，霎时间，周八屋后的大月山哗啦啦崩塌下来，周府全家老小被埋在里面。只有一位董氏女佣人，在事发前因煮早饭时，梳理头发，忽然木梳子掉落地上，被她饲养的一条大黄狗咬去就跑，她追狗为夺回木梳子而避过这场大劫难。生死荣辱一瞬间，周八后悔不及，他千恨万恨只恨自己太多嘴，怎么也想不到会给周家带来灭顶之灾。这天，周八呼天天不应，叫地地不灵，他突然纵身跃上路顶一块巨石，一脚溜下去，那岩石被划破一道沟，一伸手摘下头上那顶乌帽便抛入溪潭中，说也奇怪，那纱帽顷刻间化成一块大纱帽岩，周八一头撞去，立即撞死在纱帽岩上。从此后，人们就把溪边这地方就叫周大公（周大公地名也沿用至今）。

故里人民为了纪念周八浪子回头，做人正直忠实，就尊称他为"周八大王"。还在青街双合殿为周八、董氏佣人塑了神像，供人们参观、缅怀、祭（祀）拜。周八的故事也一代代流传至今。

狗骨刺[1]

很久以前，青街白岩下底壶地方，住着一个陈老太婆，人们无法了解她的身世，只知道她整天念经拜佛，乐意助人，心地善良。陈老太婆住一间茅草屋，门前碧溪长年流淌，水质清冽，屋后一片乱杂地，草木丛生。

因杂地肮脏，里面生长很多蜈蚣。这蜈蚣大的如蜥蜴，小的如毛毛虫。陈老太婆就在屋后饲养了许多公鸡，想用蜈蚣作鸡的饲料。可这些大公鸡见到这许多蜈蚣也吓得拍翅膀"咯咯咯"逃窜。

青蛙密密跳，她紧紧跟。青蛙跳呀跳，跳进了另一丛草地，撞碰折断了一

---

[1] 采录：乡志编写组。

株细细的带刺的草茎，倒地昏过去了，陈老太看得真切，口中默默念着阿弥陀佛，却见到被碰断的小茎上流出鸡蛋清一样的叶汁。这叶汁一滴一滴恰好滴在青蛙的伤口上，过一会儿，青蛙却神奇般苏醒过来。

陈老太心中明白，这根小茎是好的草药，就采集了很多。因这种草药的根部像一块狗骨，茎中上有许多小刺，就给它起个名字叫"狗骨刺"。

起先，陈老太用"狗骨刺"为民间做了许多好事，不久，名声传出，民间大量用上这种草药，陈老太的生活自然无忧无虑。

"狗骨刺"也叫金刚刺，有解毒之功效。如被蛇、蜈蚣等毒虫咬伤，敷上它即可消肿止痛，并能治疗痈、疗疮等症。

贼裤带[①]

人们都说"贼裤带"是一种刀枪药，具有止血消炎，散淤生肉的神奇功效。为什么这种良药会有"贼裤带"这样难听的怪名呢？

早年，平阳南雁荡山朱山有个飞贼本领高强，会飞墙走壁，能在屋顶瓦片上行走，没有半点声音。还能在水上走，步行如飞。他会轻功，经常潜入财主人家偷盗金银珠宝，接济穷人。有一次，他潜入一个大财主官僚的住宅，不慎惊动了守夜的家将，那家将功夫也是了得，两人对打几个回合，那家将渐渐招架不住，飞贼越战越勇，不料，财主家人越战越多，不一会儿，几十个家丁家将围拢上来。飞贼奋起抵抗，挥拳扫腿，边打边退。官僚财主在一旁看得真切，急命家人取来一篮黄豆，从飞贼背后泼洒出去，飞贼没防这一手，"唰"的一声滑倒在地，待他要"鹞子翻身"时，几十个打手一起涌上把他压住，随即被捆绑，吊在大樟树上。财主命打手用麻绳浸水抽打。这麻绳浸水又韧又硬，飞贼被打得皮开肉绽昏死过去。财主以为飞贼被打死了，就命家丁抬出去抛到野外荒郊的草丛里。

过了好久时间，飞贼被潮湿的地气浸醒过来，只觉得浑身疼痛不已，口渴难忍，要挪挪不动，要爬爬不起来。看看身边有许多无名花草，就顺手摘下几根放在嘴里嚼嚼，用来解解渴。嚼了几株后不久，飞贼觉得周身有些舒服，过了一个时辰，奇事出现了：血止了，肿也消了，痛也减轻了，元气也恢复了一大半。飞贼无意中发现这种"宝草"，高兴得不得了，连忙把这种茎粗长、叶子椭圆形的草药采了许多带回家去。再经过两次治疗，飞贼的重伤完全恢复。

[①] 乡志编写组采录。

后来，飞贼就大量采集此种草药，把它晒干，研成粉末包在裤带里，如行窃被人打伤，就把药粉放在口里用生水冲服。

这飞贼临老病危时，把这种奇遇告诉了儿子，并把这种秘方交给儿子同时教育儿子不要行窃。不久，他儿子搬进城里，开了个专治跌打损伤的医药店度光阴。因这种草药原先是装在飞贼裤带上的，儿子就给它起个名字："贼裤带"。

"牛眠之敬"的由来[①]

浙南平阳北港一带有一种风俗，人死了称作"白喜"，亲戚朋友都要包包吃酒，酒包上都习惯一种写法 "牛眠之敬"。

相传，早年间，福建罗源县有户姓叶的人家，生了两个儿子很不争气，游手好闲，贪吃懒做，整天到赌场混日子，丢下一个生病在床的父亲，不管是死是活。他们的娘舅是个员外，比较有钱，两兄弟经常昧着良心到娘舅那里骗钱打赌。

这一次，他们又输个精光，回到家里父亲已经病得奄奄一息，连话都不会说了。兄弟俩互相使个眼色，又到娘舅那里骗钱，他们统一口径说是父亲叫他们来借钱买药的。娘舅拿给他们二十两银子，并再三嘱咐要买药给父亲吃，兄弟俩阳奉阴违，出了娘舅的家又一头栽进了赌场，不到半个时辰，又输个精光。叹叹气回到家里一看，父亲已经断了气。这后事没法料理，兄弟俩又去找娘舅，说父亲吃了药无效，死了，娘舅这时正好公务在身，一时脱不开，只好再拿出五十两银子对他们说："先把你父亲葬了，等我办好事马上就去。"

你说这两狗生儿赌博念头有多重，拿了五十两银子没去葬父亲，又跑去赌场去了。没多少工夫又输光了。这下可完了，父亲也没法安葬，兄弟俩你看我，我看你，最后只好用一床破草席卷着父亲的尸体抬到山里埋葬。

兄弟俩抬到小山岙刚刚放下歇歇脚，天空就下起了雷雨，兄弟俩便扔下父亲的尸体到一块岩石下避雨。狂风裹着雷雨越下越大，越下越猛。下了好一会。只听得"哗啦"一声如山崩地裂般巨响，兄弟从岩石下探出头一看，不得了，小山岙因受暴雨冲刷，松动的泥土塌陷下来，正好把父亲埋得严严实实。兄弟俩开始有些害怕，但反过来想想也好，老天爷总算把父亲给葬了。

雷雨过后，兄弟俩回到家里刚好碰上娘舅来了。娘舅听说他们已经葬了姐

---

① 讲述：池云亮，记录：黄平。

夫，便要兄弟俩带他去看坟。听说娘舅要看坟，兄弟俩倒吓出了一身冷汗。但又没办法，只好硬着头皮带娘舅去。

娘舅识得风水，到了小山呑还未问姐夫的坟在哪里，便被那里的好风水给吸引住了。他指指点点教两个外甥看："这小山呑是只睡眠的牛，你们来看，这是牛头，这是牛身，这是四肢，这是牛尾巴。"兄弟俩随娘舅指点看了半天，也看不出什么名堂，只是不停地嗯嗯点头。

"咳"，娘舅长长叹一口气说："怪我公务太忙，没给你们父亲看风水，如果你们父亲是裹着草席葬在这里就好啰！"

兄弟俩不懂娘舅的意思，问道："为什么？"

娘舅说："你父亲如果葬在牛眠之地，占着最好的风水，说明你们有福气，这牛吃着草，你们兄弟俩就大福大贵了。"

兄弟俩听到这里"扑通"一声双双下跪，把几次骗钱去赌博，待父亲不孝，用草席裹父亲的尸身，在小山呑被塌陷的山土掩埋等等事情一五一十讲给娘舅听。娘舅严厉责怪了他们，然后又劝导他们改邪归正，努力进取，将来必有出头的日子。

兄弟俩抱头痛哭了一场，写下血书，决心改掉恶习，重新做人。娘舅又给他们每个人十两盘缠，指点他们去投军。那时节，正逢乱世，兄弟俩在军队中打仗很勇敢，多次立功受奖，并提升做了将校。后来，阿哥官做到节度使，阿弟官做到兵部侍郎。光宗耀祖，衣锦还乡，兄弟俩为了报答父亲的养育之恩，洗刷不孝的名声，他们在埋葬父亲的小山呑里修起了坟墓，墓前竖起了一块金字坟碑，上面题写了"牛眠之敬"四个大字。这就是"牛眠之敬"的由来。

兄弟分家①

从前有两兄弟，老大贪婪奸诈，好喝懒做，凡事总想占便宜；老二忠厚老实，勤劳俭朴，凡事都让人三分。父母双亡后，一切财物老大掌管着，老二只管下地劳动。

日子一天天过去，两兄弟都大了。有一天老大对老二说："咱父母过世已久，我们兄弟总不能合在一起过一辈子。现在你也不小了，应该自己成家立业，我们把家分了吧！"老二说："一切听哥的。"老大又说："父亲留下的两间新房是我帮建的归我，那两间旧房是祖业，归你好了。"接着把好的田园

---

① 乡志编写组采录。

都自己占了，只划两亩贫瘠的田园给老二。虽然好的东西都被哥哥占去了，可是老二也没什么意见，只是那只牛归老大不大甘愿，因为长期都是他喂养，一时离开有点舍不得。老大说："既然不同意，我们就这样做吧：两人各拉牛的一头，看牛跟谁走就归谁！"说完就奔到牛头前，紧紧地抓住牛鼻子绳，老二抓着牛尾巴，两人各自拼命用力，终究老大力气大把牛拉走了。老二只拉下一个牛蜱虫。老二待了一会儿，看看没法，只好把牛蜱虫带回自己老屋，挂在墙壁上。

有一天，邻居家一只公鸡跑过来，把那个牛蜱虫吃了。老二非常伤心，坐在地上哭。邻居跑过来问他："你为甚哭呢？"老二说："我跟我哥分家，分牛的时候只分得一个牛蜱虫，挂在墙上给你的公鸡吃了，现在什么都没有了。"邻居说："不要紧！我那只公鸡赔你就是了。"

老二把这只公鸡关在家里。天天自己吃饭，鸡也吃饭，总怕鸡吃不饱，把自己的饭省下来给鸡吃。有一天，他出去干活，忘记了关门，鸡跑出去了，给邻居家的狗吃了，他又伤心地哭了。邻居问："你怎么又哭呢？"他说："我家公鸡给你的狗吃了。"邻居说："别哭！那我的狗赔你就是了。"

老二把那只狗带回家。他待那只狗很好，从不打它骂它。老二到哪里，那只狗也跟到哪里。老二坐，狗也坐，老二站，狗也站，整天形影不离。春耕春种到了，老二正愁没牛耕田，忽然那只狗跑到他眼前，眼睛直盯着老二。老二说："我无牛耕田，既无钱买牛，又无钱租牛，真没办法了，你能帮帮我吗？"狗听后朝他点点头，汪汪叫了两声。他就把狗带到田边，犁绑在狗后面，让狗拉着试试，并且准备了饭团给狗当点心。狗真的拉着犁耕起田来，并且耕的比牛还快还好。不久他的田地就都耕完了。接着张罗播种插秧。

再说老大赶着牛去耕田。因老大很懒，常常让牛饿着，那只牛变得又瘦又老态，耕起田来慢吞吞的，鞭子再抽也没用，一天耕不了几分地，别人都耕完了，他的地还耕不到三分之一。他看老二没有牛，反而把田耕得又快又好，不知用什么办法，就去问老二。老二告诉他，自己是用狗当作牛耕地。他就向老二要求，把狗借给他耕几天。老实的老二也就答应了。这狗到老大的田里，怎么也拉不动犁，任你用鞭子抽打也没用，反而把为它准备的冷饭团吃光了。老大一生气，就把狗打死了。

老二知道了，十分伤心，立即跑到田头把狗尸体抱回，大声痛哭："可怜的狗啊！你无缘无故被害死了，我的心多难过啊！"他哭了半天，最后只好把狗埋葬在后面山自己的土地上。不久在埋狗的地方长出一株竹子来，又有一根奇怪的藤缠着竹子攀到竹枝上去。老二发现埋狗的地方长出竹子和长藤，触景生情，那天早晨就到后面山埋狗处手扶竹竿伤心地哭起狗来。哭啊哭，他的手颤抖起来，竹竿就跟着摇动起来。谁知就这么一摇，稀里哗啦地掉下许多银子来。原来这是一株摇钱树！老二把银子收回家。以后每天天刚蒙蒙亮，老二就到后面山摇下许多银子，不久就发大财了。他拆除了破旧的小房子，盖起了新房，又在乡亲的介绍下娶了个年轻美貌的妻子，还买了耕牛，置了田地，成为地方上的富户，过起了衣食无忧的好日子。

老大由于贪吃懒做，田园荒芜庄稼歉收，日子越来越难过。他不知老二为甚发财那么快，十分羡慕，就去向老二请教。忠厚老实的老二又如实地把摇钱树的秘密告诉他。他向老二要求，让他去摇几天，好让他得些银子度度生活。老二认为都是兄弟帮帮他也是应该的，就答应了。第二天老大也早早起床，到后面山去摇那株竹子。谁知稀里哗啦地掉下来全是狗屎、狗尿，浇了老大一身。连续去摇几个早晨，都是如此。他十分恼怒，拿了把柴刀，一气之下把那株竹子砍掉了。

老二见心爱的摇钱树又被哥哥砍掉了，伤心极了，对着竹子哭了大半天："我舍不得你烂在山上，要扛回去做个有用的东西，每天出门进门看着你。"于是他把竹子扛回去剖成篾条，精心做了个漂亮的鸡笼。说也奇怪，鸡笼刚做完，就有鸡来生蛋。上厝的鸡来生蛋，下厝的鸡也来生蛋，天天都是一笼子蛋。老大见了眼红，要借老二鸡笼用几日，老二答应了。谁知鸡笼到了老大家，上厝的鸡来拉屎，下厝的鸡也来拉屎，天天都是一笼子屎，连一个鸡蛋影子也没有。老大一时火起，只几脚就把鸡笼踩烂了。老二见鸡笼被踩烂了，伤心透了，就去把那一堆破篾条抱回来，放在家里舍不得丢掉。

第二年春天，下起了狗毛雨，一连下了个把月，弄得家家户户无干柴生火做饭，老二家也一样。那天老二的妻子用青柴生火总是点不着，她就去取一根破鸡笼的干篾条来点火，谁知她刚把点着火的旧篾条伸进灶洞里，锅里的水就开了，第二根伸进去，饭就熟了。从此，老二家就不愁无干柴做饭了。这事老大知道了，他就跑到老二家说："我们都是兄弟，你们一家吃饱，总不能让我家吃生米吧！"说完就把大部分鸡笼篾抱回去了。老大的妻子点一根鸡笼篾没着火，第二根也没着火，一连十几根都是如此。老大知道后，一时性起，就把全部鸡笼篾塞进灶洞点上火，这时火苗轰的一声腾空而起，把房子点着了。不到半个时辰，将几间房子连同屋外牛棚全部烧光。水火无情，家中粮食、家具、衣物全部被烧毁，连牛也被烧死了。顷刻间老大变得一无所有，只好出外求乞活命，再也无脸面见老二了。

长工与财主[①]

从前，有户人家兄弟俩，父母早亡，没有留下多少业产，家境贫穷，老大给财主当长工，老二给人家打短工。谁知老大这家财主心地很坏，总想生奸计刁难长工，由此找借口年终不付工钱。老大起早摸黑辛辛苦苦干了一年，到年终拿不到一个铜板，只好空手而归。老二觉得奇怪，年初明明讲定的工钱怎么不给呢？老二问。"哥！你有没有偷懒？"老大说："没有。"老二觉得更加奇怪，迫不及待地想得到答案，催促说："那为甚？讲啊！"老大长叹一声说："一言难尽。"过了一会儿，断断续续地讲了出来。

原来老大到财主家干了一个多月后，有一天财主要老大把水牛扛到田里去耕种。老大说："这么大的牛怎么扛得动呢？我干不了！"财主于是扣除了他的工钱。第二次财主要老大把屋顶上的瓦片搬到院子里晒，当天要搬回屋顶，老大又说干不了，财主又扣了他的工钱。第三次财主要老大把院子里水井抬进屋里；第四次要老大把一担人粪尿挑到山上给庄稼施肥，先要尝尝粪便的味道是咸的还是淡的；第五次要老大把葱栽到屋顶上，老大每次都摇头说干不了。财主就一次次扣他的工钱，结果七扣八扣，一分钱也没了。老大白白地替财主家干了一年活。

老二听了老大的诉说，气得毛发都竖起来。他说："明年让我去，看看他再耍什么花招？"说到做到，过了年，老二真的到财主家去了。财主说："你今年到我家已议定了工钱，我叫你干什么活你就要干好，干不了，是要扣工钱的。"老二说："那好，你就吩咐吧。"财主要老二把水牛扛到田里去耕种。老二爽快地说："好吧！"他立即从牛棚里牵出牛来，并拿出一把明晃晃的大柴刀，把刀举得高高的，要把牛头砍下来。财主慌了，结结巴巴地说："你……这是……做什么呢？"老二说："我的肩膀不够宽，要把牛劈成几块，才能扛到田里去。"财主说："别砍！别砍！我加你工钱就是了。"

首次财主没占到便宜，满心不甘愿，便又使出个鬼点子，叫老二把屋顶的瓦片搬到院子里晒，还要当天搬回屋顶。老二二话没说，拿把锄头，挑了担泥箕，架起楼梯，爬上屋顶，拿着锄头劈劈啪啪地把瓦片勾进泥箕，准备运到院子里。财主见了，忙说："不要勾了！不要勾了！我加你工钱就是了。"

---

① 采录：池方垞。

财主见一计不成，又生一计，叫老二把院里一口井抬到屋里去。老二听了，看了财主一眼，说："什么时候抬呢？"财主说："现在就抬。"老二说："拿支鲁班尺来。"财主命人拿了把尺子递给老二。老二先把井口量一量，再把门量一量，丢下尺子，拿了把斧头，乒乒乓乓对着门框砍起来。财主见了忙阻止老二："不能砍啊！不能砍！"老二说："井太大，门太小，不把门框砍掉，那井怎么抬得进去呢？"财主无言可对，只说："停下！停下！加你工钱就是了。"

过了些日子，财主想：前几次难老二，都没把他镇住，这次要大大倒霉他一番，看看我的厉害！于是叫老二挑担人粪尿给庄稼施肥，施肥前先尝尝人粪尿是咸的还是淡的，然后再决定用肥的数量。老二想：这财主实在可恶！分明是欺侮穷人！我倒要让他先尝尝这滋味！他大踏步地把一担人粪尿挑进屋里，放下扁担，托起粪桶，要把人粪尿倒进锅里。财主一见便大喊大叫起来："使不得啊！使不得啊！"忙夺过粪桶，放在地上。老二说："你叫尝尝，这生的叫我怎么尝呢？我要把它煮熟再来尝。米需要煮熟才能吃，粪便也要煮熟才能尝。这事今天你才知道吧。"财主没法，只好加工钱来阻止老二。

七月到了，俗话说"七葱八蒜九腊菖"。财主叫老二在屋顶上种葱。老二见这财主心比墨鱼还黑，又要习难他，他也不怕，就说："拿锤子来！"财主命人拿来锤子。老二上了屋顶，对着瓦片乒乒乓乓捶起来。财主说："你怎么捶瓦片呢？"老二说："你不是说屋顶栽葱么！不捶碎葱怎么栽呢？"财主说："下来吧！下来吧！我加你工钱就是了。"

财主几次三番习难欺侮老二，都没难住，反而被老二嘲弄了。年终的时候，老二不但得到了原先议定的工钱，还多了一倍，连他哥哥的钱也拿回来了。

聚宝盆①

古时候，有个穷人家孩子，父亲早亡，母亲体弱多病，为了生活，只好给本地老大财主家放牛。这孩子诚实善良，人们叫他放牛郎。

牛郎在财主家吃剩饭，穿破衣裳，夜里在牛棚里睡，但他从不叫一声苦。有一天，牛郎吃了早饭来到院子，抬眼看见东楼走廊财主家一个漂亮的千金在散心。牛郎想：可能是她母亲刚去世，心里难过出来走走吧。他便多看了

---

① 采录：池方垇。

一眼，谁知那个千金丢过来一句话："前世没烧香，这世敢看好仔娘？"说完随即进房去了。牛郎心里愤愤地说："这财主千金太欺负人了！我明明是可怜她，她反而嘲笑我'前世没烧香！'"一气之下，他从家里拿来了一把香，带了火刀，趁放牛时间，来到山上，他打起火来，把香点着了，双膝跪地，向诸天神灵祷告："神灵啊！你要保佑穷人五谷丰登。牛羊健壮，平安无事，发财兴旺。"刚祷告完，天空中忽然飞下一个金光闪闪的东西来，骨碌碌地在地上滚。牛郎一见愣了，定睛一看，原来是一个油光闪亮崭新的"铜脸盆"！他高兴地说："过去都在水沟里洗脸洗身体，现在再不用到水沟里去，有脸盆可用了！"

那天晚上牛郎洗完身体，把毛巾放在"脸盆"里，谁知到第二天，奇迹出现了，满"脸盆"都是毛巾。"脸盆"会变出毛巾！他高兴地跳起来，小声说："会不会变出针和线来呢？"他把前天补衣服的一根针和一条线放在盆子里，到了第二天，只见一盆子的针和线条！牛郎乐了，心里默默地说："这一定是件宝贝！"他马上把宝贝拿回家告诉了妈妈。牛郎妈妈说："郎儿，这是个聚宝盆！有了这宝贝，我们家就不愁穷了！"牛郎妈翻箱倒柜找了半天才找出一个铜钱，她把铜钱轻轻地放进盆子里。第二天一看，满盆子都是铜钱！牛郎把铜钱换成银子，把银子放在盆子里，盆子里就变出了许多银子。银子越积越多，牛郎再不必到财主家放牛了。他置了田地，买了耕牛，盖起了新屋，日子过得安安稳稳的。

这事财主看在眼里，记在心里。他想：这穷小子哪来钱呢？过去是个放牛的，听我使唤，现在要跟我平起平坐了，这怎么叫人甘心！于是他七打听八打听，原来他家有个聚宝盆，这聚宝盆我才有福气拥有，怎么偏偏落入穷小子家？财主越想越不对头，他便生出一条诡计，说牛郎偷了他家祖传的聚宝盆。接着财主就状告牛郎，诬陷他是贼，要县老爷严办。县官接状后便传唤牛郎。牛郎呈上聚宝盆并把它的来历陈述一遍，并对县老爷说："请老爷问问左邻右舍，有没有听说财主家有个祖传聚宝盆呢？"县官传唤左邻右舍，他们都说没听说过。牛郎说："既然没有祖传聚宝盆，那怎么说我是偷来的呢？"县老爷无言可对，但又不敢得罪财主，便改口说："这是否聚宝盆，本官尚难断定。让财主拿回试几天，若是试成功，那盆子是你牛郎的；若是试不成功，那盆子是财主家的，因为你们穷人家哪有钱买个铜盆子用！"县老爷不容牛郎分辨，胡乱断案，为了讨好财主，草草收场。牛郎只好眼睁睁地看着财主把聚宝盆捧走了。

财主心花怒放，突然间眼前涌现出无数银子、金子、珍珠宝贝来，霎时间成为天下第一富翁！想到这里便手舞足蹈起来。他迫不及待地拿回去试。第一次试银，第二次试金，第三次试珍珠，结果都如愿以偿。第四次试宝石，大出意外，满盆子都是老虎石（石英石），财主大失所望，以为心不虔诚，身子不净，冒犯了宝贝。于是命全家沐浴更衣，焚香祭拜，小心翼翼地把宝石放进盆子里。第二天清晨，财主蹑手蹑脚地移到盆前，一看又是满盆子的老虎石，财主气了，举起盆子狠狠地砸在地上，只见那盆子当当当地在地上乱转。财主更气了，命长工在院子堆起干柴把盆子烧毁。长工们点上火，霎时间火光冲天，整个院子便成火海，火势越来越猛，迅速漫延到财主五廊大屋，财主大喊："救火！救⋯⋯"没等他喊出第三声，连他也葬身火海。长工们顾不上救火四处逃窜。那财主女儿正在后花园赏花，一见浓烟冲天，知道房屋起火，连忙开了花园门逃了出去。

一场大火把财主家的金银财宝和家具杂物烧个精光。财主的几个弟弟见兄长已死，就把他的田产瓜分了。原先财主与几个兄弟都不和，死后他的女儿也无处安身，只好靠人家的施舍过生活。一天她来到牛郎门前，正好牛郎从屋子里出来，恰巧两眼相对。牛郎愣了一下，说："原来是小姐！"小姐一见牛郎，就想起过去取笑他的事来，满脸通红。牛郎也不怪她，忙招呼她进屋。小姐到此地步，也不客气，随牛郎进屋，并见过牛郎母亲。善良的母子俩，好好待她，留她住下。小姐很感动，情愿将身付托。牛郎母亲见她真心真意，仅比儿子多两岁，也就同意了，不久便择日完婚。结婚那天，牛郎母亲对儿子和儿媳说："天上掉下来的聚宝盆不在了，你们不必感到可惜，我们家还有个祖传的聚宝盆呢。"牛郎惊奇地问："娘，放在哪里呢？"牛郎妈笑着说："傻孩子，你们的一双手不是聚宝盆吗？只要你们齐心协力，用自己的勤劳双手就能生出金银财宝来。"说完，大家都笑了。

从此，牛郎起早贪黑下地干活，妻子绣花织布，母亲帮忙料理家务，一家人和和睦睦，过着衣食无忧的美满生活。

第三节　谚　语

青街畲汉民族的谚语是畲汉人民语言的精华。它短小精悍，鞭辟入里；似警钟，似箴言，如匕首，如投枪，处处闪烁着畲汉人民智慧的光华。

一、时令·农事

春南（云）夏北（云），断水磨墨。

早晨霞，晚上雨，晚上霞，断滴雨。

芒种下雨火烧溪，夏至下雨烂了鞋。

二月二下雨，苎叶三遍青。

五月初一，一滴雨一滴虫；六月初一，一滴雨一滴金。

未惊蛰响雷，插松苗不用捶。

蜻蜓织布，大水满路。

雷公訇訇，大水满田；雷公呼呼，大水满厝（屋）。

六月大旱晒不死，七月秋霖管双春。

清明断霜，谷雨断雪。

初一下雨初二散，初三下雨到月半。

吃了五月节粽，破棉袄拿去送。

夏至霉，蓑衣生虱母。

春寒雨水溅，冬寒会大旱。

小暑大暑，灌死老鼠。

九月九，大水出江口。

处暑下雨天下忧，万物种子对半收。

冬至乌，年边酥，冬至红，年边潦。

要干夏至日，要睡冬至夜。

吃了清明糕，绾起辫子尾。

三月种姜，五月拿枪。

小满不满，芒种要赶。

七葱八蒜九腊薯。

正月栽竹，二月栽杉。

七月半，上山看。

白露未露，寒露体体露。

二、时政·经济

做官容易理事难。

皇帝也有三门草鞋亲。

朝内有人好做官。

官字双个口——歪来对歪去对。

皇帝一天千人骂,乞丐一天骂千人。

按照官法打死,按照佛法饿死。

一代官九代牛。

村看村,户看户,群众看干部。

年关,年关,财主过年,穷人过关。

龙窝不如狗窝。

牛有多少力,马也有多少力。

打蛇要打七寸。

雷公打人也要犯三犯。

县官好见,衙门难进。

秀才碰着兵,有理说不清。

好汉怕懒汉,懒汉怕肮脏干。

人比人,气死人。

猪贪别人槽。

黄金助富不助贫。

三个公章,不如一支香烟。

叫同志,不如叫名字。

辛苦钱,万万年;赌博钱,不过夜。

摆店不如摆摊,种田不如种山。

家养千头牛,比上万户侯。

杀鸡杀在喉头,花钱花在刀口。

一千赊不如八百现。

冷冷在风里,穷穷在债上。

小钱不出,大钱不归。

毛(无)酒莫请客,毛灰莫种麦。

养猪唔(不)加糠,永世养唔壮。

奶是崽的娘，水是稻的粮。

冬牛唔瘦，春犁唔愁。

寮前种竹，笋出蹩蹩。

园脚种茶，年年好采芽。

丛柏（松树）晒死唔下水，杨柳浸死唔上山。

三、社交·生活

朋友千个少，冤家半个多。

人多主意多，唔怕事难做。

水轮靠水转，隔坑千桥行。

穷人交义，富人交财。

山羊麂鹿狗赶出，言语是非酒逼出。

自己行唔正，讲话毛人听。

心贪墙外花，害了自家人。

自己头上虱毋着别人捉。

树头果子，百鸟有份。

亲又亲，邻为邻，讨饭人也为自阵。

乌贼也要虾儿做眼。

水流出来的物件也着人去捡。

一人难称百人意。

糯米糍好做，人难做。

相公要交，乞丐也要交。

隔重肚皮隔重山。

抬头不见低头见。

摆渡摆到江边，送佛送到西天。

事到理上让三分，话到嘴边留半句。

牙齿底自己的，牙齿外别人的。

千年房族百年亲。

手掌是肉，手背也是肉。

子亲女亲，不如自己脚手亲。

人无辛苦意，难得世上财。

男大当婚，女大当嫁。

只要喜欢，不怕烂菜干；只要中意，不怕流鼻涕。

生你一身，难保一世。

大狗爬墙，小狗学样。

一勿赌力，二勿赌食，三勿赌气。

千补万补，不如饭补。

老人家靠饭力。

三分子娘七分扮，麻脸扮起做小旦。

坐船趁车三分命。

天在头上，路在嘴上。

后下船先上岸。

四、事理·修养

语真何人信，理真服人心。

谎话毛人听，越讲越生臭。

鸟唔怕树高，鱼唔怕塘深。

唔怕千人睇，乃怕一人识。

人做亏心事，处处怕理输。

树老心空，人老理通。

钣柴看绺，看亲看舅。

田不耙不平，理不讲不明。

一根草一滴露。

虾虮作勿起千层浪。

小卒过河能吃车马炮。

各师各法，各殿各菩萨。

丛柏唔怕出土薄，好子唔怕家内穷。

日也攻，夜也攻，功成百事通。

学好千日唔足，学苗一日何余。

何心事蒲杓，唔怕沸水烙。

竹笋出土节节老，鸟儿学飞步步高。

小时唔学，老来便直搁。

大学样，小学样，鸡仔缠鸡娘。

石板也有翻身日，穷苦总有出头时。

勿学灯笼千只眼，要学蜡烛一条心。

人靠自修，树靠人修。

脚正不怕鞋歪，心正不怕雷打。

好儿要当兵，好铁要打钉。

学勤要三年，学懒只三日。

劈柴不识纹，劈得气喷喷。

要知天高地厚，等到三十年过后。

天塌下来只有箬笠般大。

第七章 民间文献

　　谱牒、匾额、契约、唱本等民间文献，是民间文化的载体。谱牒引导人们寻根问祖，认祖归宗，寄托家国情怀。匾额起颂扬和垂范作用。匾额铭刻，或颂政绩，或颂兴学，或颂功名，或颂贞节，或庆寿诞，体现后人耕读传家和忠孝节义的思想。契约和分家书除调节人们关系外，还引领人们遵规守矩、遵纪守法。九岱、王神洞、朱山的畲歌唱本在民间传抄转学，代代相传，延续至今。

第一节　书　籍

　　青街畲族乡保存了少量科仪教本和一部分谱牒。乡域内道教曾十分兴盛，至今尚有民间信仰者多遵循道教仪式。以畲族为主体的正一派裰公已经传承十二代，经过几百年的世代传承发展，已经形成相对固定的道教科仪教本。境内的畲族和汉族均保存一些谱牒，记载家族或宗族渊源、迁徙变化、传承世系和宗族事迹。境内所有宗谱首卷，都载有本族渊源、先祖图像、先祖墓穴、授官记、支族迁徙路线、历史源流、家训等内容。

一、科仪教本
（一）《做七科》

　　不分卷，1册47页。佚名撰，青街九岱村雷仲文抄本，无抄录年代，浙江畲族丧仪经文。做七科即"做功德"，俗称"做七"。有钱人可请法师（裰公）连做七七四十九天，大多数人做完头七即罢。为死者"做七"，须置办牲礼花筵等祭品，亲属前往吊唁，法师要在灵台前请亡灵来享用。道场先由法师科请各方神仙师祖，然后按序每诵读一条经文就为亡灵献上一巡酒，要依次行"十巡酒""二十七巡酒""三七拆字十巡酒"等"三七"道场仪式，并请亡灵受领纸钱等物，最后送神完场。"做七"道场是为死者亡灵安乐，祈保阳门平安、招财纳福的宗教仪式，这种习俗至今还有沿袭。线装、草纸、楷体墨书。纸幅21厘米×20厘米，328行3848字。保存完好。今藏境内九岱村雷朝斌处，复印件藏丽水学院畲族文化研究所。

（二）《干犯与解厄》

不分卷，1册60页。佚名撰，平阳青街九岱村雷仲文抄本，浙江畲族巫术经文。此书为畲族民间巫医祭祀用书。按一月三十日东南西北某方位起因，干犯于哪些神佛，病人有何表现症状，师公对应方位祭法使患者病除消失。例如书中：乙丑日东北方起因，干犯：五通大王、游嬉娘娘、土地尊神、内外家仙二口、灶君不安。病人呕吐、腹泻、夜啼、寒热、头痛、口温咳嗽眼目红、腰痛。解：用手花一对，大米七粒、云衣四副，弥陀经五十卷，送东北方大吉。本色草纸、线装、行体墨书。纸幅15厘米×21厘米，保存完好。今藏境内九岱村雷朝斌处。

（三）《请鲁班科经文》

不分卷，1册3页。佚名撰，清代流传本，浙江民间阳事经文。请鲁班科经文是专为建房上梁时请法师时用的经文。畲民建房上梁时，都要祭请鲁班仙师以图吉利和子孙兴旺。经语中所请的神祇有：秀州府华宁县状元坊下花街巷口独脚楼台鲁班师父、栋大神云氏巧计夫人、师兄鲁郭真神、公子灵应舍人张作头、李作手、带领起工架马仙师、弹绳画墨仙师、竖柱上梁仙师、连拔出楼仙师、点白仙师、坪基定磉仙师、执天退煞仙师、抽绳拔揽仙师、执斧仙师、雕花画栋打钟仙师、七十二贤二十四星君等。敦请他们闻香飞云走马降花筵。平阳青街九岱村第十八代传人雷大选庚辰年（1940年）抄本。草纸线装、行体墨书。纸幅19.50厘米×13.50厘米，18行180字。保存完好，今存浙江省平阳县青街乡九岱村雷大选处，复印件藏丽水学院畲族文化研究所。

（四）《请师父》

不分卷，1册48页。佚名撰，平阳青街九岱村雷仲文抄本，浙江畲族功德经文。据畲族民间习俗，人亡故之后要请师父做场为死者超度亡灵。《请师父、劝亡灵》由"七别""劝灵""十别""又叹女灵文""做七叹灵""五更叹"等经文组成，内容多为劝亡灵放下阳间一切，早登西天佛国，并祈求亡灵为子孙后代招财纳福，保佑一生平安。本色草纸、线装、行体墨书。纸幅24厘米×21厘米，338行4600字。保存完好。今藏境内九岱村雷朝斌处，复印件藏丽水学院畲族文化研究所。

二、谱 牒

(一)畲族宗谱

境内10个畲族支族都有宗谱。早期宗谱多为木刻活字排印本,少数为手抄本(境内未见),都载有修谱名录、始祖铭志、荣封世祖、历代名人、传赞诗词、增修谱序、族规凡例、广东祠记、释明字义、部文告示、字行排列、公产记述、祖坟图、支图世系等内容。

表2-7-1-1   青街畲族乡蓝氏宗谱一览表

谱名	修纂时间	纂修次数	版式	现存卷数	保存人
坭山蓝氏宗谱	1975年重修	3	木活字本	5	蓝青聪
乌岩内蓝氏宗谱	清光绪七年(1881年)	3	木活字本	5	蓝作甫
洋尾 蓝氏宗谱	清光绪七年(1881年)	5	木活字本	9	蓝方华
水坑蓝氏	1987年重修	3	木活字本	3	蓝秀珠

表2-7-1-2   青街畲族乡雷氏宗谱一览表

谱名	修纂时间	修纂次数	版式	现存卷数	保存人
九岱雷氏宗谱	清同治丙寅(1866年)	7	木活字本	15卷	雷朝斌
黄家坑雷氏宗谱	清同治丙寅(1866年)	13	木活字本	13卷	雷盛招
章山雷氏宗谱	1977年重修	3	木活字本	3卷	雷正蒲
章山外厝雷氏宗谱	清同治丙寅(1866年)	7	木活字本	15卷	雷本立
南朱山雷氏宗谱	清同治丙寅(1866年)	7	木活字本	15卷	雷顺进
深湾雷氏	1977年重修	3	木活字本	3卷	雷本岩
水碓洋雷氏	1975年重修	3	木活字本	3卷	雷开宾

表2-7-1-3   青街畲族乡钟氏宗谱一览表

谱名	修纂时间	修纂次数	版式	现存卷数	保存人
国宋钟氏宗谱	清道光丙午年(1846年)	5	木活字本	7	钟义松
水碓洋钟氏	1977年重修	3	木活字本	3	钟显成

1. 莒溪乌岩内蓝氏宗谱

不分卷，3册147页。清同治十三年（1874年）蓝昌贝撰，浙江畲族蓝氏家族谱牒。记录：明万历年间蓝千四、千六兄弟从福建罗源大坝头迁到凤池李家山进施，千四次子万子孙又分居凤池、漈头、南山、柯岭、腾洋北山、王湾、青街王神洞等地。入浙后，先后进行5次修谱，也有分迁各地后山分支宗谱，均为刻印本。宗谱载有：本族族源、先祖图像、始祖墓图、授官记、历次修谱谱序、行第、修谱名录及世纪支图等。清同治十三年（1874年）陈观犀、启拔等刻木，草纸线装，宋体墨色。页面29.50厘米×21厘米，版框26.50厘米×17厘米。四周双栏，10行22字。白口、有鱼尾、口题、修谱年份，有插图。保存完好。今存平阳县青街畲族乡王神洞村兰作甫处。

2. 章山雷氏宗谱

不分卷，1册137页。清同治五年（1866年）平阳雷云撰，浙江畲族雷氏家族谱牒。内容分别修谱名录、盘瓠铭志、新老谱序、名人题赠、族规谱例、广东祠记、释畲字义、示谕、严禁告示、字行排律、始祖墓图、世系支图等。盘瓠铭当叙述盘瓠王的传奇一生。序文叙明万历八年（1580年），永祥公从福建罗源迁入平阳，为雷氏章山支派的鼻祖。世系支图载永祥公生三子为雷氏章山支派第一世祖。示谕、严禁告示载清朝平阳、瑞安两县畲民抵抗地保恶棍借故派丁甲差徭采买项等，扰害畲民和抗争科举考试等事件。南港萃菁斋木刻活字版、宣纸线装，宋体黑色。页面33.50厘米×21厘米，版框26厘米×17厘米。10行22字，四周双栏，白口，有口题、鱼尾、修纂年份。保存完好，今藏浙江省平阳县青街畲族乡章山村雷姓畲民家，复印件藏丽水学院畲族文化研究所。

3. 黄家坑雷氏宗谱

不分卷，3册191页。清光绪五年（1879年）平阳雷维铨、雷维槐等撰。浙江畲族家族谱牒。清光绪五年（1879年）创修，三修本。目录列历次修谱名录，广东盘瓠铭志、雷氏历代名宦、增修族谱序、源流序、凡例、盘瓠王祠记、释明畲字义、家训十则、论雷氏五音属相、祭祠轮流记、世纪支图等。据《增修族谱序》《源流序》记载：世祖雷法罡于明末由福鼎牛埕下迁居平阳黄家坑，为雷氏黄家坑支派的鼻祖。《释明畲字义》叙述清康熙三十六年（1697年）闽浙总督部院批特援温州府平阳正堂大宪勒石永禁示谕："总督部院恩准熙例示禁各都里保地棍捏词扰害畲民、依昔端摊派畲民丁甲、差役以及采卖杂项者，许即指名呈控重究，以凭依法施行，并在平阳衙门前立碑示禁事。"清光绪五年（1879年）平邑夏增荣刻印本。草纸线装，宋体墨书。页面32.50厘米

×18厘米，版框25.50厘米×16.50厘米。四周双栏，10行21字，白口，有鱼尾、口题、修谱年份。保存完好，今存平阳县青街畲族乡九岱村黄家坑雷盛招处。

4. 朝阳溪边钟氏宗谱

不分卷，1册160页。清道光二十六年（1846年）平阳钟子迁等主持撰修。浙江畲族钟氏家族谱牒。目录分列谱例、圣谕（族规）、谱序、名录、世系、敕赐公据、行第、支图等内容。《公据》有番营失火，"始祖"变龙行雨灭火而得番王欢心之说；《世系小引》自述百户公于明季由罗源迁福宁霞邑半山即今鼎邑后溪，为钟氏朝阳支派鼻祖。生三子：长子振宗分布平阳等地；次子振贤其孙成登迁青田县培头（今文成培头）；三子振辉迁福鼎。《支图》载：明代百户公始，至十三世"学"字辈，后裔又分迁泰顺、文成、霞浦、瑞安等地。清道光二十六年（1846年）福鼎王佳洋丹桥祇德堂木刻活字版。宣纸线装，宋体墨色。页面29.50厘米×21厘米，版框25.50×17厘米。四周双栏，9行20字，白口，有口题、花鱼尾。扉页署版本下印黑色"乐岁熙年"字样方形篆体章。"目录"页残严重，卷末有缺页。今藏平阳县青街畲族乡九岱村国宋钟义松处。

5. 莒溪水碓头李氏宗谱

不分卷，3册，首册2127页。清同治五年（1866年）福建省福鼎深垄李永楷等撰。苍南莒溪水碓头李氏宗谱记录畲族李氏之源来自闽省安溪湖头人氏，时因倭寇乱闽，李延玉逃避闽汤岭，遇蓝色艳招为女婿，后裔同畲族蓝、雷、钟、姓联姻，畲族才有李姓。传至万十三郎由霞浦雁落垟为肇基始祖，以礼、乐、射、御、书、数，大房分居派衍浙江苍南、平阳，福建福鼎、霞浦等地，明末，由福鼎乌溪迁入苍南。多次纂修宗谱，有修谱名录、凡例、家训、修谱谱序，行第及世纪支图等，对李姓源流记录较详。清同治五年（1866年）浙江苍南莒溪夏衍崇刻本。草纸线装，宋体墨色。页面34厘米×21厘米，版墨框26厘米×16厘米。四周双栏，10行22字。白口、有鱼尾、口题、修谱年份，有插图。保存完好。今存苍南县莒溪镇水碓头村李忠端处，复印件存丽水学院畲族文化研究所。

6. 莒溪十八家吴氏宗谱

不分卷，2册141页。民国17年（1928年）苍南吴祥本、吴祥体撰，浙江畲族吴氏谱牒。清同治三年（1864年）创修，三修本。目录列修谱名录、吴氏、家谱序（3序）、源流序，吴氏五音所属、凡例、行第、远支世纪、支派支图等。据《吴氏宗谱序》《源流序》记载：吴氏之祖法度公，原籍福建罗源，明纪迁居浙江泰顺大路边，后返迁闽省福安九都桐湾，五世祖吴文罡于清康熙年间从福安返迁苍南莒溪十八家居住；吴知己第八子法传公于明嘉靖三十三年（1554年）入赘留阳畲族蓝姓，生九子，成为畲族吴姓的起源。民国17年平阳莒溪吴燊刻印本。草纸线装，宋体墨书。页面29×21厘米，版框26×17.50厘米。四周双栏，10行20字。白口，有鱼尾、口题、修谱年份。保存完好。今存浙江省苍南县莒溪镇十八家村吴宜宣处，复印件存丽水学院畲族文化研究所。

（二）汉族宗谱

汉族宗谱，作为中国传统文化的组成部分，具有启裕后昆、文化传承、调适整后等社会政治功能，其内容可以诠释家族的形成过程。青街畲族乡汉族池氏和李氏的宗谱保存完好。

表2-7-1-4　　　青街畲族乡池氏谱牒一览表

谱名	修纂时间	修谱次数	版式	现存卷数	保存人
青街池氏宗谱	元至正八年	1	木活字本	12卷	池涟漪
青街池氏宗谱	明正统三年	2	木活字本	12卷	池观澜
青街池氏宗谱	清道光八年	3	木活字本	12卷	池宏海 日旭
青街池氏宗谱	清咸丰元年	4	木活字本	12卷	池开清 正观
青街池氏宗谱	清光绪三年	5	木活字本	24卷	池步发 云广
青街池氏宗谱	民国5年	6	木活字本	24卷	池发珪 云事、昌本
青街池氏宗谱	1950年	7	木活字本	24卷	池方长、方乔、昌汉

表2-7-1-5　　　青街畲族乡李氏谱牒一览表

谱名	修纂时间	修谱次数	版式	现存卷数	保存人
青街李氏宗谱	乾隆十七年	1	木活字本	3卷	李荣恢
青街李氏宗谱	嘉庆十一年	2	木活字本	3卷	李汉鼎
青街李氏宗谱	咸丰元年	3	木活字本	6卷	李世旭
青街李氏宗谱	光绪七年	4	木活字本	6卷	李淞朝

续表

谱名	修纂时间	修谱次数	版式	现存卷数	保存人
青街李氏宗谱	民国3年	5	木活字本	12卷	李立厚
青街李氏宗谱	民国31年	6	木活字本	12卷	李志桂
青街李氏宗谱	1961年	7	木活字本	24卷	李志清

说明：李氏宗谱现存青街李氏宗祠。

第二节　铭　刻

　　青街畲族乡境内铭记数量不多。匾额43块，其中庆祝寿诞26块，均为木制，由名人书写，悬挂在大屋厅堂，用于表彰在为人做事方面突出的在世人物；碑记6块，墓碑与赠碑各3块。

一、匾　额

　　青街畲族乡境内古代匾额遗存数量共有43块，其中庆祝寿诞26块，均为木制，由名人书写，用于表彰事迹突出的在世人物。7块现代匾额之中有国民党主席连战、副主席马英九，台湾地区"省主席"宋楚瑜题写的。

表2-7-2-1　　青街畲族乡匾额（铭刻）一览表

收藏场所	古匾题字	获赠人姓名	题匾者落款	题匾年月
水尾内池宅	敬姜芳范	池门郑氏	浙江学政窦光鼐	乾隆庚午年瑞月（1750年）
垟心温宅	巽婉稀龄	温门陈氏侧室	都察院副都御史窦光鼐	清乾隆戊寅瑞月（1758年）
青街水尾内池宅	文元	贡生池登衢	平阳县邑侯赵公	乾隆壬子年钟月（1799年）
青街李宅	文元	贡生李世绍	平阳县知县杨	嘉庆四年冬月（1799年）
桥坑李宅	乔山堂	国学生李定邦	平阳县知事赵发	嘉庆八年菊月（1803年）
青街李宅	春晖堂	贡生李世绍母戴氏安人	平阳县知事赵发	嘉庆十年蒲月（1805年）
青街上过溪李宅	文元	贡生李安邦	平阳县知县蒋城	嘉庆十年壮月（1805年）

续表1

收藏场所	古匾题字	获赠人姓名	题匾者落款	题匾年月
青街上过溪李宅	玉辉堂	贡生李安邦	平阳县知县李品镐	嘉庆十年壮月（1805年）
李宅	遐龄锡庆	乡耆李汉有	平阳县事蒋城	嘉庆十二年花月（1807年）
桥坑李宅	杖国嘉宾	介宾李定邦	浙江学政李宗昉	嘉庆二十二年良月（1817年）
青街书房基池宅	九龄叶梦	耄耋翁池有读	浙江学政杜堮	道光四年十二月（1830年）
睦源五亩池宅	祥徵大耋	乡耆池化在八秩荣寿	温州府知府（府学教授）陆景华	道光丙戌年葭月（1826年）
青街上过溪李宅	扶杖观光	乡钦大宾李安邦	浙江学政杜堮	道光七年知月（1827年）
下过溪宁宅	妫后克昌	李门陈氏	平阳县知县廖重机	道光十六年壮月（1836年）
青街水尾内池宅	月峰并永	池登堂	礼部侍郎提督浙江学政吴钟公俊	道光戊戌年吉旦（1838年）
水尾内池宅	月峰并永	池登堂妻季孺人	浙江学政	道光二十六年（1846年）
李宅大份	司马第	州同李渭铨	浙江学政	道光二十五年季月（1845年）
李宅大份	名邦司马	州同李渭铨	浙江学政	道光丙午年冬月（1846年）
李宅大份	典重三升	州同李渭铨	翰林院编修孙锵鸣	道光二十七年夏月（1847年）
池氏大屋	彤管扬声	池母陈太孺人	泰顺县正堂张公	道光三十年（1850年）
睦源旗杆内池宅	义行可嘉	国学生池士我	状元及第提督浙江学政杜堮	道光三十年秋月（1850年）
青街池氏古屋	杏林春永	池开趾世兄	闽南世弟举人陈位枢	咸丰五年吉旦（1855年）
李宅第二份	明经第	贡生李活铨	温州府平阳县章公	同治三年春月（1864年）
青街李宅	星应长庚	李修来六旬荣寿	翰林庶吉士黄体芳	同治三年夏月（1864年）
青街李宅大份	双星炳瑞	州同李渭铨	浙江学政吴存义	同治三年桂月（1864年）
睦源池氏大屋	拓管腾芳	池母九十荣寿	闽省崇安县知事池公	同治甲子午仲秋（1864年）
青街李宅大份	极婺联辉	李砚田先生	广西学政孙锵鸣	光绪九年夏月（1883年）
青街李宅大份	彤管扬徽	李门陈孺人	平阳县事汤公	光绪十年秋月（1884年）
青街水尾内池宅	朴厚延和	子迎	平阳县知事谢焯莹	光绪庚子年春月（1900年）

续表2

收藏场所	古匾题字	获赠人姓名	题匾者落款	题匾年月
睦源旗杆内池宅	广慈化雨	贡生池龙光	平阳县知事项霈	民国3年春月 （1914年）
十五亩李宅	嘉为学界	公民李纯仁	平阳县知事项霈	民国3年3月 （1914年）
德门寿母	九秩五世	李门方太孺人	平阳县知事 张朝辅	民国5年春月 （1916年）
李宅	年高德劭	公民李言理	平阳县知事叶	民国8年元月 （1919年）
岭脚潭池宅	义问宣昭	介宾池云霖八 十荣寿	大总统题褒	民国13年瑞月 （1924年）
岭脚潭池宅	松鹤同春	介宾池君八秩 荣寿	福建松溪县知事 池源翰	民国13年吉旦 （1924年）
旗杆内池宅	古稀齐庆	贡生池正观七 十双庆	益智女校校长陈 亦德	民国元年（1912年）
旗杆内池宅	祖德流芳	睦源池宅古屋	旅美华侨庆祥三 大公司董事长 池云祥	1989年秋月
睦源池氏大屋	福寿康宁	池门陈氏	国民党主席连战	2001年春月
睦源池氏大屋	上寿无疆	池伯成母亲	国民党副主席 马英九	2001年春月
睦源池氏大屋	玉峰春永	池宗宪祖母	宋楚瑜	2001年春月
睦源池氏大屋	畲乡民俗馆	睦源村池宅前 进大门上首	浙江省委常委、 宣传部部长梁 平波	2001年春月
青街水口双合殿	青街双合殿	双合殿	中国道教协会副 会长黄信阳	2002年瑞月
水尾内池宅	勤政为民	池欣昌	原瑞安市委书记 刘晓华	甲申(2004)吉月

图2-6-2-1 马英九先生 敬赠

图2-6-2-2　2011年广州市著名书法家池光桓题字

图2-6-2-3　2011年广州市著名书法家池光桓为睦源旗杆内池氏古宅题字

图2-6-2-4　宋楚瑜先生　敬题

图2-6-2-5　2002年连战为台湾地区《大成报》总编池宗宪祖母九十五荣寿题赠

二、碑　刻

境内碑刻数量不多，主要为墓碑、矴埠碑、桥碑、命名碑等。墓碑主要记载先人的籍贯、生卒年等。矴埠碑和桥碑是记载修路的缘由以及发起人所作的贡献和捐资人的姓名。命名碑是上级政府对有特殊贡献的人以其名字来命名某地方或某建筑物，以垂千古。

（一）墓　碑

1.蓝法坤墓碑

石碑1块，清乾隆三十四年（1769年）十二月男蓝永隆等立，书刻佚名，青街畲民墓碑。该碑中间竖刻"显考三元经录法坤蓝公，显妣归颍南郡李氏安人寿域"；右刻立碑年份，为"乾隆三十四年梦在己丑十二月"；左刻祀男名号，上端横刻云月图案及"皇清"二字；碑面两边刻"松青千古在天地，山水沙明万世昌"对联一副。碑在浙江省平阳县青街畲族乡王神洞村，墓碑照片存丽水学院畲族文化研究所。一面有字，青石，楷书阴刻、原色、碑面73厘米×40厘米，面刻60厘米×29厘米，汉文6行。保存完好。

2.蓝氏墓碑

石碑1块，光绪乙亥年（1875年）蓝孔奇、蓝孔训立，书刻佚名，浙江平阳县王神洞蓝氏墓碑。该碑的顶额刻"皇清"二字，中间刻"显考讳永财蓝公妣吴氏老安人；先考讳永喜蓝公妣雷氏老安人之寿墓"；蓝公永财名下刻"男孔新、元、忠、进、圣、选、川奉祀"；蓝公永喜名下刻"男孔奇、训、举、权、成奉祀"。碑左侧刻"本山坐癸向丁兼子午分金"；右侧刻"光绪己亥年仲冬月吉旦，民国二十六年冬月茂本茂国二房同立"。碑在王神洞村，影印件藏丽水学院畲族文化研究所。石质，楷体、阴刻。碑面60厘米×55厘米，面刻

53厘米×46厘米，9行86字，保存完好。

3. 雷孔凤墓碑

石碑1块，乾隆五十四年秋月男雷世有、雷世余、雷世千立，书刻佚名，青街畲民墓碑。该碑中间竖刻"严父居九岱讳孔凤雷公，慈母黄家坑冯翊郡安人寿域"，右刻主碑年份，为"乾隆五十四年岁次己酉季秋月"；左刻本山坐未向丑兼坤艮分金及祀男名号，上端横刻太极八卦图案及"皇清"二字。碑在青街畲族乡九岱村。一面有字，青石紫色、楷体、阴刻、碑下浮雕凸形元宝香炉。碑面73厘米×40厘米，面刻60厘米×29厘米，汉文4行共44字，保存完好。

（二）路桥碑

1. 矴埠碑

矴埠碑于乾隆丙申年（1776年）竖于青街矴埠旁，原碑无存。

赠池缵筠矴埠碑记序
清·刘眉锡

睦源池缵筠先生，继世诗书，嗜学不倦，坐如山立，虚怀若谷，禔躬肃清，课子严笃，母族周旋，村贤缔结，富携亲戚，礼款宾师；且谙练岐黄之术，生平施方济人，指不胜屈，洵近世来所不数觏也。乾隆甲午岁，迢岩溪重建矴埠，预董其事已碑志可考矣。乙未岁，复倡建本里青街溪矴埠；第见鱼鳞密比，不同鸟道坎坷，雁齿排连，几以鹊桥济渡，诚竭一时趋事之劳，而收万世利涉之效也。丙申夏，嘱余代制矴埠碑记，余钦其广济之诚，因不自揣率成应之。

2. 抱珠桥碑

抱珠桥碑于乾隆乙卯年（1795年）竖于王神洞抱珠桥旁，原碑无存。

赠池登选醇斋倡建望神洞口　抱珠桥并湖头山路序
清·刘眉锡

青街旧名睦源。宋叶水心先生为周氏睦山堂铭其序。曰：望神洞、白云山远近显敞即谓是也。其水发源于白云，经于望神诸川，汇集而始大溪；旧无桥，架竹木渡水，漂泊行旅艰焉。乾隆乙卯春，太学醇斋池生倡议捐资，合诸乡善，易之以石；而又念桥系南北通衢，水之所泄历迢岩抵湖头山麓，临溪冲塌；扉定经不堪行，因复董其事鸠工砌石，坏而复举者再几阅月而康壮告竣。由是自北而南过斯桥，而行斯路者，来无所苦，去无所危，而是皆生利济之心，有以推广之也。是为序。

（三）捐建碑

云祥中学碑　命名记于1996年立于云祥中学办公室（贴壁），2009年拆建为卫生院，原碑无存。

云祥中学命名记

青街地处南雁荡山，竹林葱郁，溪流清澈，畲汉民族秀内慧中，崇文尚学。一九六四年开始创办青街农业中学，附设于青街中心小学内，后易名青睦中学。一九九二年设校于月山之麓。

旅美华侨池云祥先生，多年来以故里发展为念，萦怀乡梓教育事业，然捐赠人民币三十三万元，兴建新校舍一千零八十四平方米，俾使学校蔚为规模。池先生助学义举，泽被后世，乡人莫不感佩。

为弘扬池先生助学精神，一九九三年五月，平阳县人民政府决定青睦中学改名为云祥中学，特立此碑，以资纪念。

平阳县人民政府　立

一九九六年三月

第三节　文　书

契约文书主要包括卖山、卖田、卖厝、分家、嗣书等契约文书。清光绪年间的契约文书有5份，民国时期的有4份，其中在平阳雷蓝钟宗谱选印中还记录了清康熙三十六年（1697年）永禁字谕文告。

一、契　约

1. 蓝响榜找尽断契

清光绪三十二年（1906年）十二月青街王神洞蓝响榜加找尽断契。内容记载：蓝响榜因缺钱用，将父手置二侧水田出卖后，认为价钱低，向买方追加价钱两千文，特立加找尽断契为凭。有立契人及见中人、代笔人画押，保存完好。王神洞村蓝响绘存，复印件藏丽水学院畲族文化研究所。

2. 蓝茂国当田契

1纸。民国7年（1918年）十二月平阳蓝茂国立，浙江民间文书。文内记载：蓝茂国因缺钱用，愿将自己两处水田托中立契当给池日吟，三面断定当本英（鹰）洋九圆整，其银即日亲收完讫。每年年终蓝茂国交谷租两袋不敢欠少，如有欠少，此田听从池边管业，蓝边不敢阻霸。当期不限定时间，以后蓝边备足本利时一齐还清，原价取赎。本色草纸，行体墨书，纸幅25厘米×42厘米，15行17字。有立契人及中人，代笔人画押。保存完好。浙江省平阳县青街畲族乡蓝向绘存，复印件藏丽水学院畲族文化研究所。

3. 蓝氏阿配卖山契

1纸。清光绪二十一年（1895年）九月平阳蓝阿配立，浙江民间经济文书。文内记载：蓝阿配因缺钱用，愿将自己名下山场一片连同山上的林木草衣，托中立契卖给蓝宗砂弟边为业。三面言定时值价钱英（鹰）洋三圆两角。其钱即日亲收完讫，其山场悉听蓝弟边管业。有立契人及见中人、代笔人一并画押。本色草纸，行体墨书。纸幅28厘米×41.50厘米，16行18字。保存完好。浙江省平阳县青街畲族乡蓝向绘存，复印件藏丽水学院畲族文化研究所。

4. 蓝茂续卖山契

1纸。民国19年（1930年）12月平阳蓝茂续立，浙江民间经济文书。文内记载：蓝茂续因缺钱用，愿将自己名下竹山一片连同山上的杉松杂木等在内，托中立契给蓝有德公边为业。三面言定时值英（鹰）洋四十一圆。其钱即日亲收完讫，其山听从蓝公管业。本色草纸，行体墨书。纸幅42厘米×35厘米，13行23字。有立契人及见中人、代笔人一并画押。保存完好。浙江省平阳县青街畲族乡蓝向绘存，复印件藏丽水学院畲族文化研究所。

5. 蓝宗槐、蓝宗沙分契

1纸。清光绪十五年（1889年）正月平阳蓝宗槐、蓝宗沙立，浙江民间分家文书。文中记载：蓝宗槐、蓝宗沙兄弟二人分祖屋宅舍田园竹山杉松杂木等，请兄弟叔侄见证议定，立下分契。以后兄弟二人照分契各管为业，不得相争或言三语四。谁如反悔，罚钱一千文，酒两桌。本色草纸，行体墨书。纸幅24厘米×53.50厘米，22行17字。有立契人及中人、代笔人一并画押。保存完好。浙江省平阳县青街畲族乡蓝向绘存，复印件藏丽水学院畲族文化研究所。

6. 蓝天好卖山契

1纸。民国34年（1945年）二月平阳蓝天好立，浙江民间经济文书。文内记载：蓝天好因缺钱用，愿将自有山场一片托中立契卖给蓝安礼为业，三面言定时价国币六百二十圆。其钱即日亲收完足，其山听从蓝安礼管业，无取无赎。本色草纸，行体墨书。纸幅42厘米×25厘米，18行16字。有立契人及见中人、代笔人一并画押。保存完好。浙江省平阳县青街畲族乡蓝天龙存，复印件藏丽水学院畲族文化研究所。

7. 蓝宗坤卖屑契约

1纸。民国15年（1926年）12月平阳蓝宗坤立，浙江民间经济文书。文中记载：蓝宗坤因缺钱应用，自愿将祖父遗下半间房间，坐落五十一都王神洞蓝处，四至分明，托中说合卖与茂国为业，三面言是，时值价银英（鹰）洋十八圆，其银即日亲收，其尾任凭蓝边执契管业、永无加贴，断无找赎。有立契人、见中人、代笔人画押。本色草纸、楷书墨色。纸幅42厘米×36厘米，10行24字。保存完好。原存浙江省平阳县青街畲族乡王神洞村蓝响绘处，复印件藏丽水学院畲族文化研究所。

二、文告　嗣书

1. 康熙永禁示谕文告

3纸。据平阳《雷蓝钟宗谱选印》记载，由于畲民屡受迫害，各地反映强烈，清政府于康熙三十六年（1697年）一月二十七日，奉闽浙总督部院郭（世隆）批：据平阳、瑞安二县畲民雷起定、雷文显、蓝文贵、雷阿七、钟宗法等呈称，畲民系高辛之后、赐姓敕居住各处，开山为田，以供赋税，不偏丁甲，不服差役，历朝成例……概行永免。但法久弊生，瑞、平各都里堡地棍阳奉阴违，每都借端勒索，拂其意即行提词告害，以致穷畲迁徙流离，山田荒废，国赋无归。——奉批温州查报，三十七年（1698年）二月十八日，蒙批如常出示严禁，伤饬勒石永革。二月二十四日蒙道宪颁发告示一道，张挂县前仍将示内伤事理勒石永遵。即刷牌模二纸呈送，毋违等因，嗣后，如有各都里堡地棍仍前籍端科派畲民丁甲差徭以及采买杂项者，许即指名控究……康熙三十七年（1698年）五月十六日，平阳县正堂徐某"奉大宪勒石永禁示谕"建平阳衙门首石碑文告一件。自此平瑞两县畲民得到护佑。原碑已失，该内容从宗谱上抄录。木刻印刷板，宋体墨书。纸幅28.厘米×27厘米，10行27字，原藏浙江省平阳县史志办，复印件藏丽水学院畲族文化研究所。

2. 李陈氏嗣书

立嗣书：李陈氏、切氏配夫磻溪公，生子三，长奏朝，次凌朝，三禧朝。遭家不造，长子奏朝早逝，媳陈氏青年守志，未有所出，禧朝亦已早亡，仅遗一子；唯次男凌朝生子四。当先君在日，议将凌朝之子立泉承继长房奏朝为嗣，业已向其本生父母商议，俱各欢诺，并且立泉头角峥嵘，素为长媳所钟爱，自幼付其抚养，顾复而教诲之，无异所生，是为应爱两得昭穆相当，及先君病殆犹谆谆以立书为嘱焉。现立泉年方壮岁，早经娶妇，又已生孙，余心自觉欣慰，爰邀凭亲族写立嗣书。凡氏所有房屋产业及银钱器物一切俱应作三股均分，至大公小公祀产亦当照序轮流，此系氏承磻溪公之志，亲手立定。分爨之日，必须照书行事，各房孙子均毋得异言。唯愿立泉服劳奉养，能承顺嗣母之心，并足慰先人于地下。庶几家室和平，家声丕振，以绵以续以光门闾，是则氏之所厚望也夫。

苏祖楮、陈承雅、陈承庆、叶应向、眉铨

房族：眉铨、时酵

胞侄：钦朝

长媳：陈氏

次男：凌朝

光绪元年五月　　日立嗣书李陈氏

孙三勋

执笔蔡步阶

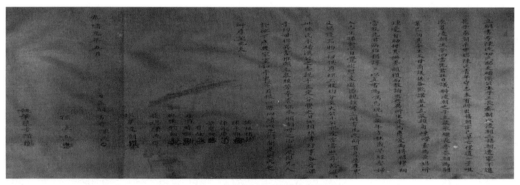

图2-7-3-1　清光绪六年（1880年）青街畲族乡李陈氏嗣书

第四节　唱本诗词

　　青街畲族乡的畲族民歌，是平阳县畲族中最多的，原青街公社党委书记蓝享时（已故），走也唱，坐也唱，人称歌王。南朱山村的李菊花、雷春腊都是有名的歌手，凡是邻近有歌会时都会被邀请，有"三天三夜唱不完"之美称。

　　畲族民歌多数是民间口头传唱，从前无完整的抄本，更无印刷成书，只有用汉字所作的零星记录。青街畲族在400多年的传承和不断发展的过程中，留下了丰富的畲歌文化遗产。畲族常借汉字记畲语音法手抄许多歌本，旧社会畲民没有受文化教育的机会，把学歌、唱歌作为一种重要文化生活。因此歌言的传承方式以手抄本为主。畲族民歌一般以四言、七言体韵文为一条，四句为一段（又称"一条"。一首民歌少则1—2条，多则7—8条），也有少数歌词第一句为三个字或五个字，讲究押韵。现存有蓝享时、雷必曹、李菊花、雷春腊、雷秀珠等手抄歌本。本目收集了《龙麒出征》《蓝玉蒙冤》《想郎歌》《山伯英台》《十二生肖歌》《采茶歌》等6首民间歌本。

一、唱 本

（一）畲歌抄本

1. 龙麒出征

畲语神话传说歌，流传于平阳北港一带。七言诗句、畲语演讲、通俗易懂。歌词讲述的是畲族始祖"龙麒"的故事。相传高辛帝时燕王作乱，始祖被高辛封为龙麒大将军奉旨出征。平定番乱、凯旋回朝，封王爵、赐公主招驸马。由此畲族后人崇拜他为畲族"始祖"。蓝响时讲唱，曾小玲记录。28行196字。收入1987年版《平阳县民间文学集成·故事、歌谣、谚语卷》，今藏平阳县档案馆。复印件藏丽水学院畲族文化研究所。

2. 蓝玉蒙冤

畲语史歌流传于平阳地区。歌词讲述明朝武将蓝玉因平元立功，被封为凉国公，在朝为官。洪武二十六年（1393年），皇帝朱元璋陷害蓝玉以假冒功，定其死罪，并株连九族。蓝姓子孙连夜逃走，避难到福建罗源山上垦荒。后来朱元璋又下旨不赦蓝姓人，严禁科举读书，置业不准文契等，使蓝姓畲民过着苦难的日子。青街王神洞蓝响时讲唱，黄平记录。32开纸4页，30行420字。收入1989年版《平阳县民间文学集成·故事、歌谣、谚语卷》。今存平阳县档案局，复印件藏丽水学院畲族文化研究所。

3. 想郎歌

畲语情歌流传于平阳北港。歌词以多种修辞手法，描述了畲族青年谈情说爱时的生活情景和心理活动，具体生动。青街南朱山李菊花唱，1983年蓝朝罗摘录。72行，504字，摘录本存平阳县民族宗教事务局民族科。

4. 山伯英台

据"梁祝"故事移植改编的畲语小说歌。流传闽、浙、皖一带。序歌以"天爱下水起云来，水子淋淋百花开，英台好似红花妞，山伯好似白花开"和尾歌以"天上起云风打开，地下男女结成对，天长地久情唔老，就是山伯祝英台"的比兴手法头尾呼应，点明山伯与英台的关系。主要歌唱山伯与英台姻缘的曲折过程。此歌着意刻画英台的聪明机智和山伯的忠于爱情，且揭露了封建最高统治阶层的昏愦与腐朽，辛辣地讽刺了封建科举制度。青街王神洞雷秀珠抄于民国期间唱本。共188节752行。翻录稿存平阳县民族宗教事务局民族科。

5.十二生肖歌

畲族风俗仪式歌，男女长夜对歌将结束前必唱的内容，流传于闽、浙一带畲村。歌词以月令为序，使月份、时辰与生肖相对应，一唱一回，叙述12种生肖概况，再接以一肖为一句的3首"歌底"和时辰、生肖、五方、五行等相对应的7首"歌盖"，演唱时这些内容不可或缺，表示对所有在场听歌者的感谢与祝福，故称"十二生肖"压歌门。青街南朱山李菊花手抄唱本4页96行。收入蓝朝罗编的2009版《平阳畲族民歌选编》。

6.采茶歌

畲族生活劳动歌，流传于平阳畲族地区。歌词描绘了畲族人民劳动和生活的情景。在劳动中人们以歌交流生产劳动的经验和感受，以歌结交男女之间的感情。蓝响时讲唱，曾小玲记录。32行224字。收入1987年版的《平阳民间文学集成·故事、歌谣、谚语卷》，今藏平阳县档案馆，复印件藏丽水学院畲族文化研究所。

7.歌曲水墨青街

葛煜标和苏苗锋二人创作，经畲歌王子蓝永萧（平阳县顺溪镇人）演唱，并于2009年经金麦田文化传媒有限公司录制，传遍了浙、闽、粤等广大畲族地区。

定亲歌

一个娘崽①两头亲，三托四托托媒人；
九月十月送礼金，十一十二月来攞亲。

一双花鞋三步去，四方郎君来睇②你；
一树红花对对红，两人来结百年双。

五福具全人添丁，六亲和睦在酒筵；
一十才郎去读书，二十正好去定亲。

五十样事莫管闲，六十清心似神仙；
一对公婆成双全，两人相伴得团圆。

五楼堂前挂金榜，六部尚书中状元；
一蒲③白云追月行，官府官员管百姓。

五姑六嫂统亦肯，七叔八伯统答应；
一个娘崽像花朵，十八年前爷家中。

百年姻缘命注定，喜欢那个随你意；
三崽买田多兴旺，子孙作田谷满仓。

七桌八坐财气好，九十长寿人添岁；
三十兴家买田地，四十何崽④又何孙。

七十八十命长寿，九十一百再由天；
三春再养宝贝崽，四岁孙崽坐书堂。

---

① 崽：子
② 睇：看
③ 一蒲：一朵
④ 何崽：有子

七品官员在官府，八拍惊木坐上堂；
官府官员管得好，百姓日子过太平。

黄蜂头

黄蜂来嫐①入门楼，脚踏石板两头翘；
新作灯笼连连旋，好似主家官做透②。

黄蜂来嫐入石街，脚踏石板两头斜；
新作灯笼连连旋，好似主家官做快。

黄蜂来嫐入门埕，脚踏石板叮当响；
新作灯笼连连旋，好似主家官做赢。

黄蜂来嫐入门槛，门槛上头探三探；
一来烦了唱错歌，二为烦了唱错娘。

黄蜂来嫐入大厅，八仙美椅排两边；
当中留个孔子位，两边排来歌先生。

黄蜂来嫐临水街，声音来旺尾来齐；
在娘高堂毛③学歌，半斤鸡仔正学啼。

黄蜂头，黄蜂内里起歌头；
黄蜂内里教徒弟，重重叠叠起歌头。

黄蜂头，黄蜂内里起歌头；
黄蜂内里教徒弟，教了徒弟奴④娘斗。

---

① 嫐：玩
② 透：到
③ 毛：无
④ 奴：与

黄蜂头，黄蜂内里起歌场；
黄蜂内里教徒弟，教了徒弟奴娘唱。

劝亡灵（选录）①

六亲九眷来吊孝，唔知亡灵在那方；
今日亡魂在那处，乃见香烟毛见人。

孝男孝女苦嗳嗳，亡灵死去毛转来；
亡灵乃是隔层纸，万古千秋唔想回。

孝男孝女口乔忧忧，几多亡灵落扬州；
彭祖八百归阴府，郭老二万亦俭休。

柴草死了还俭抽，人乃死了万事休；
世间几多长短事，阎王勾笔毛定收。

孝男孝女口乔连连，毛见阿妳在眼前；
问你阿妳念位去，目连接引上西天。

茶水敬待你唔透，亡灵切莫记心头；
天下祖传统共样，一直去透阎王桥。

人间世事闹纷纷，天长地久后人传；
三寸气在千般用，一日毛常万事休。

养男养女愁心肠，又着补裤做衣裳；
几多艰苦养你大，今日报恩谢爷娘。

养男养女是艰难，崽乃眠内爷眠边；
几多艰苦养你大，今日归阴想毛边。

---

① 这是青街畲族乡九岱村雷朝斌用畲话唱的《劝亡灵》节选。

细时在妳身边坐，好食甜来何定攞；
食妳心头三年奶，今日毛妳毛奈何。

细时在妳身边嬉，夜间奴妳共盖被；
食妳心头三年奶，今日毛妳想毛意。

细时在妳身边缠，夜间倒妳身边眠；
食妳心头三年奶，今日毛妳想毛边。

在世本是当用人，今日归阴是冤深；
男男女女统孝顺，目连接引上西天。

目连接引上西天，毛见阿妳在眼前；
一年四季来祭请，保佑崽孙太平年。

花毛百日树头红，人毛百岁在世中；
唔信你睇天边月，十四十五月团圆。

花开花谢五更风，人生人死在梦中；
几多亡灵归阴府，莫嫌亡灵寿当终。

西方道路何莲台，七宝池中莲花开；
花栽落地年年何，亡灵死去唔转来。

世上难留百岁人，花毛百日树头红；
做人好比一蒲花，风吹水打就落空。

好树乃怕心里溃，好草乃怕五更霜；
好田乃怕秋来旱，好汉乃怕病来亡。

几多寿高亦皈空，人毛千年在世中；
寿命算来前世定，总是由命唔由人。

亡灵亦是隔层纸，今日接引归正堂；
正堂正主是你坐，保佑户户得安康。

当初出朝在广东，流传孝顺人祖公；
彭祖八百归阴府，郭老二万亦归空。

爷妳寿满亦归空，孝顺爷妳值千金；
世上孝顺为第一，想来孝顺正过心。

爷妳归阴唔转来，媳妇男女口乔哀哀；
日夜又在心头想，几时想的心头开。

当初你妳心带胎，十个月日出世来；
几多艰苦养你大，你乃唔孝亦毛胚。

你妳养你出世来，身边毛奶口乔哀哀；
几远路头亦赶转，未成坐落奶透嘴。

爷妳养你是愁心，养你长大正成人；
可心孝顺命注定，毛心孝顺天折人。

孟宗口乔竹竹葱葱，流传孝顺人祖公；
养崽孝顺为天地，孝顺爷妳唔俭空。

目连孝顺为头前，嬌爷嬌妳嬌喧天；
世上孝顺是目连，超度目连上西天。

丁兰刻木为当初，孝顺爷妳双公婆；
一日三顿奉茶饭，后来状元何官做。

王祥冻雪冰上眠，孝顺现来想毛边；
因为后娘想食鱼，现出鲤鱼在身边。

棺木抾了等几年，亡灵大仂送出山；
方道山远定好穴，罗天大进几万年。

孝顺爷妳人睇见，唔许凡间借路行；
报恩天地谢爷妳，敬重孝顺谢妳前。

功德来做报妳孝，脱了衣衫亦着跳；
双脚跪落拜天地，拜过天地正是孝。

麻衣做帽头上包，媳妇男女尽戴孝；
大大细细载头白，送妳上山正脱掉。

孝顺爷妳爱争气，日夜功德做分你；
钱财金银七八库，阴间代代保佑你。

功德亦着六亲做，孝崽杀猪又杀鹅；
杀猪杀鹅供爷妳，又敬上代祖公婆。

吉年吉日来送你，又是你妳何福气；
诸事吉星利向透，总是孝崽发福时。

功德圆满送出门，锣鼓齐闹吶纷纷；
六亲九眷统来送，欢欢喜喜妳出门。

便请四位扛丧人，红布盖棺妳起身；
扛透山头棺放落，保佑崽孙代代进。

你妳好命为头前，归阴之日闹战天；
媳妇男女团团转，功德超度往西天。

公婆亦是各人养，各人爷妳各人乡；
千年修来共一度，百世修来共一床。

公婆二人各人姓，成人长大结亲情；
养男养女传后代，崽孙运好上代前。

公婆日夜相对面，唔知啥人走头前；
亦何双双食透老，亦何一半就拆散。

爷妳寿元几十岁，阴间隔木唔见回；
青山流水年年在，柴草逢春抽出来。

南山安葬便转来，男女感谢发大财；
爷妳保佑人丁旺，进财进喜入门来。

古话讲草死留根，古来人死留崽孙；
柴草逢春抽上来，人留崽孙万万代。

（二）信众唱本

目莲经（选录）

家住叶州萧山县，目家门里养儿郎。
七岁读书家里坐，年登十五去修行。
一日去到金山寺，剃头拜佛做僧人。
剃了头发身得病，善才弟子奉茶汤。
难得观音来救度，手举杨柳洗病身。
洗得目莲身病好，回转家中见母亲。
家中老母八十岁，皮黄骨瘦路难行。
目莲弟子行孝顺，南山破竹做经篮。
一日经篮就做好，请经请母上经篮。
经在前头背后母，母在前头背后经。
目莲弟子行孝道，挑经挑母平平行。
挑经挑母横挑去，山林草木两边分。
百般草木都行孝，只有桐籽无孝心。
挑经挑母桐林过，风吹桐籽打娘身。

打我娘身由一可，　缘何打我七卷经。

放下经篮批桐籽，　千年万载不抽芯。

桐籽打油凡间用，　桐油莫点佛前灯。

目莲肚饥食松柏，　口干岩下饮清泉。

夜夜只在月星下，　天赐白叶盖娘身。

十月怀胎娘辛苦，　目莲挑母十八春。

左边肩头挑出血，　右边肩头血淋淋。

两边肩头都出血，　何时挑得到灵山？

挑经挑母崖头过，　看见公公在路边。

放下经篮相借问，　借问灵山路几千？

公公开口回言答，　百万数千有余零。

目莲弟子行孝顺，　灵山路远也要行。

公公看见目莲孝，　灵山就在眼前存。

我母灵山多快乐，　不知我父在何方？

一心要见亲父面，　万丈高崖去安身。

我父万丈高崖下，　修得莲花见世尊。

世尊看见目莲孝，　收我目莲写经文。

先写金刚三本册，　后写目莲七卷经。

百般经文都写尽，　留我目莲在西天。

世上行孝目莲传，　目莲救母上西天。

目莲行孝都说尽，　且劝世间众儿郎。

生我养我是父母，　时时要想报亲恩。

生时父母不孝顺，　死后何用哭灵魂。

孝顺选生孝顺子，　忤逆选出忤逆儿。

不信但看檐前水，　点点落地无差异。

善人听见都行孝，　恶人听见耳边风。

目莲弟子多孝顺，　留在世间万人传。

（选自民国年间手抄本　池方垞藏）

二、诗词文选
(一) 文　选

周茂良睦山堂铭
宋·叶适[①]

睦山堂在睦源，周茂良居。地称顺悌之名，居袭昆仍之久，资仁以合其族，濬文以光其后，为堂之功，始基而愈厚也。学有本统，昭然垂宪，未知之也。役思研虑，涉闻辨知，而卒无益。既知之也，博论广类，极始尽末，而终不倦。强其志不弱其质，明于义不疑于善，圣贤在前，待进而验。成材在习，力熟则变黜，徒悟之，寡浅无单。傅之夸美，故始终俱有考，穷达皆可愿也。有兰婉婉，有竹雅雅，睦山之下，尚启来者。

池门蔡氏安人八袠寿序[②]

盖闻彤管扬辉，无逾苦节，璇闺著美，莫过大年。爰陈鲷背之词，用祝鹤之算。今蔡孺人少习桓修，长娴郝法，垂帘作对，挂月为钩，阃阁长吟，因风起絮。迨迎来奠雁，劬凛鸣鸡：两德相型，既无惭于鸿案；一心克协，更何弁于鹿车。洁潃瀡以进舅姑，晨昏尽职；处闺阃而和妯娌，辑睦甚嘉。当夫浣葛，凄其秋风。无斁缝裳辛苦，宵火常明；云何年值三旬，鸳鸯忽散。时抚二字，鸾鹄尚雏。金石盟心，特发共姜之咏；冰霜矢节，独存杞妇之风。凫弋既见，莫赓熊丸。更欣其是课令嗣，经传璧水，学讲桥门，搜罗百代文章，陶淑三千礼义。承慈亲而色喜固难，第以名齐，然后知蔼蔼庭荆，都名益母，芊芊池草，尽是宜男。尤可羡者，丛桂盈阶，芳兰绕砌，欢承孝媳，馈侍元孙。行看芍药诗成，才推东箭；预卜杨梅对巧，望重南金。当七袠而建坊，应荷龙章庞锡；望一堂之华表，宜蒙凤诏宣恩。可谓福萃人间、德传阃外者已芳。前日南归，曾东道备闻原委，熟悉孝贞。兹者，节届梅开，时逢松秀，觞飞王母，酒追麻姑。萃珠履之三千，群歌茀禄；祝金闺之八十，坐享期颐。将见如冈如陵，待泽西王之瑞，为松为柏，适增南极之辉。

---

① 叶适（1150—1223年），宋温州永嘉（今浙江温州）人，字正则，世称水心先生，1178年中进士第二名。历知蕲州、权吏部侍郎、知建康府兼沿江制置使、宝文阁待制兼江淮制置使等官。同时他是永嘉学派的代表人物和集大成者。著有《水心文集》及《习学记言序目》等，《周茂良睦山堂铭》选自《水心文集》。
② 《池门蔡氏安人八袠寿序》，录自《平阳池氏史妃》，2006年版。

赐进士出身翰林院编修詹事府左庶子前任
贵州省大主考提督山东学政漱兰黄体芳拜撰

恭祝李母方太孺人九袠五世大庆[1]

昆邑睦源池子友梅为余言：里有李君立鳌之母方孺人，年九十，有子五人，孙十五人，元孙一人。食啖，步履如壮岁，北堂详谖，芬芳五叶。今平阳县知事、江都张公题赠匾额曰："德门寿母"。乡人士与其亲戚乐为孺人寿，请为之序，以致颂祷之词。

夫睦源邑之奥，区南雁白云山拱水揖，磅礴郁积之气，閟之久而发其奇，故其地之物产丰硕，荟蔚陆海之珍，竹木之富，溢于四境。南宋周氏聚族于斯睦山之堂，昆仍袭居，仕宦、科第不绝于时。陈文节赠周宣义诗称其一榜，及看三子贵而归美于家学。宣义于勉得传于文节之门，以大儒为依归用。能扶坠绪、振绝学观于《春秋》，复传庶几游夏之能赞辞焉。降至元世周康惠声名籍甚其子，当奇渥运谢之日，尽瘁致身，保卫桑梓，生而扬威，没而血食。盖天地淳和清淑之气所钟，得于人者是不一，致若其康强逢吉眉寿无有害瘝。然山泽之间与溪花野鸟娱玩四时，以全其无者必又多也。然如孺人之年臻大耋，蟊斯麟趾，庆萃一门，胡可得耶？

友梅又言：孺人平日教子以行义以乐善。山有材贫者不给于薪往往咨所取求，岁歉戒子孙多方节缩以济饿者。他如桥梁、道路修筑捐舍，盖无役之不从。而睦源国民小学校之兴，其家与有力焉，皆母之教也。则真所谓德门者矣！孺人族子言：经为余从姊倩其家盛时，筼筜蔽山几如龙门货殖传所书，其人与千户侯等。今孺人子孙昌炽，代兴园林之饶，琅玕数万。每当春夏之间，抽梢解箨，菁猗郁葱。孺人怡然于芳林翠坞中融融洩洩，年寿乌得而不永也！

鲁颂曰：令妻寿母，既多受祉，黄发儿齿，以为颂祷。其可乎？

商科举人廷试一等前邮电部主事六等
嘉禾章眷晚生周锡经顿首拜撰

---

[1] 《恭祝李母方太孺人九袠五世大庆》录自《李氏宗谱·艺文》，民国 31 年修纂。

畲乡竹韵

——张君①

青街，这个地名一听起来就很色彩，很风情。正是在这青山绿水之间，躺着一个翠竹簇拥、风情楚楚的畲乡。避开席卷人心的物欲潮水来到这里，剥脱了世俗的衣衫，我连眉目也清了。

十里竹海，竹浪摇空；青街是畲乡，更是竹乡。平阳北港民谣曰："青街竹！顺溪屋！"这里的竹，和离此不远处顺溪的屋，明清以来就闻名遐迩。这里的李氏大屋、池氏大屋虽然也很有名气，可惜都被民谣忽略了。

这里漫山遍岙的毛竹一株株直上霄汉，蔚为大观。早晨的霞光透过轻纱般晨雾，在鸟声啁啁的竹林中变幻着七色光环，一派缥缈神秘，使人飘飘然欲仙。路边屋边的一丛丛金竹潇潇洒洒，婀娜多姿。深夜的月光下，竹影或深暗如蓝，或清青如翠，每张竹叶都在低唱。毛竹就是徐悲鸿为杜诗《贫女》而作的仕女图中当背景的大竹，有傲骨而绝无傲气；金竹则是郑板桥笔下"任尔东西南北风"的不亢不卑的小竹。竹们美丽而坚忍，能给人立身处世之启迪。人们爱竹，自古而然。宋代有个大胡子不无风趣地说："宁可食无肉，不可居无竹；无肉令人瘦，无竹令人俗。"他的《墨君堂记》赞竹云："风雪凌厉，以观其操；崖石荦确，以致其节。得志，遂茂而不骄；不得志，瘁瘦而不辱。群居不倚，独立不惧。"

绿竹绿草的山野，绿成了满目青蓝色。我无论站在什么地方眺望，那些山坡上静静的竹林都会安谧、秀美得让我的心颤抖！只有我能听到山风送来竹林的心跳，纯净得无任何杂音的处女一样的心跳！谛听着这种心跳，我真想再如孩子般大喊大叫，扑在绿草地上打滚，然后变成一只飞鼠蹿上竹梢……回过神来不禁哑然失笑。

大青石铺就的李氏大屋门前，走过来一个眼珠水灵灵的女孩，带着银项圈，穿着天蓝色镶红边畲服，唱着我听不懂的畲歌。她的身上还烙着老祖宗一代代留下的民族印记。我以审视油画一样的目光审视着她，发现那纯净无污染的眼泪中有一株株绿竹在摇曳。唔，她也不正是春风中的一株新竹吗？踏着青石路逛呀逛，就逛进了一幅畲家风情画。我蹚到村头古廊桥下，凉凉的水汽杂着芳草的清香吹来，水清如风，风凉如水。几个高卷裤管的畲姑站

---

① 张君（1936— ），浙江平阳人。中国民间文艺家协会、浙江省作家协会会员。著有《沈舟诗拾》《春泥秋草》等。

在溪水中洗衣，竹一样坚实而妩媚，汗如露滴。棒槌起落，响声四起，溅起一片彩虹。我想起了李氏大屋中的一则百年佳话：一位家财殷实的阔少爷，毅然与清贫的畲姑同拜天地，结为伉俪，恩恩爱爱地浪漫了一辈子。这位王神洞蓝氏畲姑谢世后，其夫还为其大事"哀荣"，并不惜重金在大屋阁楼上造了一座"艮厝"以供其灵位。在风雨无侵的封建年代在围墙内，也曾绽出过无视民族歧视的叛逆竹笋呵。

夜色青青如竹。我睡在竹床，窗外竹影婆娑，亦歌亦吟，送来一枕清芬的竹韵。

（张君先生提供，2015年10月）

青 街 雨
——吴永远[1]

平阳青街处南雁山水一脉，尽管缺少南雁的卓尔风光，也无想象中一条长长的弥漫古典气息的青石板街路，但在我看来，这里有着世外桃源般的范式，给人以空灵古朴、恬静怡然之感。

事实上，这样的感觉是从古屋的一场雨开始酝酿的。我们上路之时，这秋夏之交的雨，就迅速模糊了远山的竹林，也润湿了古村落的瓦房石路。一段时间，我坐在李氏大屋正堂的木椅上，端详着古屋的四合院式构造与精细的木雕装修，去怀想黯淡而凝重的沧桑，绵绵不绝的雨则在心底滋长着"多少楼台烟雨中"的感喟。人遗忘在了时空里，充盈耳畔的只有雨打瓦背的叮当声，嘈嘈切切，好似"大珠小珠落玉盘"。清脆的雨声一滴滴轻扣我的耳膜，竟使我觉得此番情景已达至一种空灵的精神沐浴。现代住宅的钢筋水泥，似乎已消隐了一种瓦房的原始韵致，我们每日所听到的或许只是嘈杂的市声罢！人声鼎沸或汽笛不绝。或许，隐古屋一隅而倾听回荡空山翠竹的雨声，更能品味一种古典的诗意，更能体悟一种对世俗的超脱！

雨一直下着，它带来的朴素作品还远不止这些。雨水自瓦当流下，形成了一道水幕，檐下深深的沟痕是其以柔克刚的雕塑，而天井里的斑驳青苔也是它中国画般的写意吧？雨欲歇不止的那刻，古屋的上空又演绎出"东边日出西边雨"的景象，透过飘飞的雨丝，远天却一片晴朗……

步出李氏大屋的前门便是古老的青街。十五丈的青石板被水泥浇注，已

---

[1] 吴永远，浙江平阳人，供职于温州市教育局。

看不清它原有的面相了，大概只有周八中举的佳话清晰如故。走在上面，有一股凭吊怀古的心绪，偶尔也有雨巷悠长的错觉，但最先触动心肠的是临街而走的一条溪流。溪名青溪，滩浅而宽，可见水底大小卵石和显露的凸石，溪水急湍而下，轰然交响。尚未落幕的雨已使水位高涨了许多，漫过了溪滩上的碇步，只可惜没有脱鞋涉碇而过，以体验这山泉水的清冽，实现与这场雨的一次间接对话。

雨与山的融合孕育了山的空灵，也孕育了竹的青翠。目光循青溪溯源而上，在遐想类似越女浣纱或"竹喧归浣女"的悠然之际，只见眼前满目葱郁，脑子里倏地迸发出"山外青山竹外竹"一句，耳畔又若有竹海深处畲乡纯朴山歌轻荡沓来。次日清晨，走进那一片苍翠欲滴的茫茫竹海，又仿佛是在一帧绵长的艺术画卷陶醉、倘徉。

雨后，时遇布衣荷锄，或"黄发垂髫并怡然自乐"，纯朴民风拂面而来，是因为雨令人心旷神怡，还是青街本身就有很多的近义词，譬如青翠、清新、清幽、清纯……

但脑子里，最终浮现的却是陶潜名句："此中有真意，欲辩已忘言。"

（选自《平阳报·副刊·文笔峰》，2002年9月24日）

古 意 青 街
——陈小莉[1]

听到这名字时想，会是怎样的地方，也许沿街翠竹绿荫，或青石板小路蜿蜒曲远。

"青街"这个地名，已无从考究何时缘起，这貌似拙朴但发人对绿意向往的二字，在山中不知盘旋了多少年后，到今日已陆陆续续发到山外去，由报纸印刷的、由游客相传的，慢慢传扬开去。

我来时是流火七月，在车慢慢驶进青街的沿途中，因贪看车道两旁青山的竹林，午饭时便觉得此地的竹笋菜特别香甜，以为到底是原产地而新鲜的缘故，后来想起其实这季节已不再出笋。我也没有找到青石板铺成的小街，在午后突然下起了雨，在我跟着同行者去景点的途中，老想着那没见面的青石小路，在雨水的滋润下是否正泛着油样的青光，不知那上面留多少岁月的坑洼，曾有疾奔的马蹄经过吧，也有砍柴的乡人一路山歌而过……

---

[1] 陈小莉，女，浙江平阳县人。

我无法把持我的想象，从听到青街这地名的联想，从身在这地的心思神游，我仿佛同时走进了两个时空，一个是我们永远无法揣测其真实面貌的以前，一个是蹬旅游鞋拿遮阳伞试图揣测以前的现在。我们在家里无法想象是因为楼房钢筋已摧毁一切的历史，有谁会对着刚出窑的石砖缅怀起远古的祖先，而感谢时间的疏忽，在小小角落的青街，它也许打了个盹忘了前进的脚步，便留下了一些一些，我们永远无法复制而每天在消失一点点的过去。

李氏大屋在风雨中标出了自己两百年的岁月，嘿，那时我们的细胞在哪里啊，而现今，曾经在此演绎恩怨纷飞的人事也再无从寻究，大屋如时间中无尽头的隔断，留一些繁华盛景给那头，留一些残垣断壁给这边，而它在中间清醒着却沉默如近旁绵绵青山。我环走在大屋四合院似的走廊，看渐大的雨点敲打着已不再花团锦簇的天井，呵，怎么没有哪屋的小媳妇曳着宽大的长裙出来欢呼地迎雨啊。我靠近那扇扇雕刻精致的窗棂，看两百多年前不知哪个巧匠刻的小木桃、小小福字，那时有他暗藏的心事吗？所以才会如此心细。但我又从窗前逃开，怕真有谁"咿呀"从里面推开那扇已结满蛛网的门，我该如何打招呼？

大屋中还有其他的景，但也许最让我震撼处，便是站在它布满青苔的阶前，听到邻舍电视动画片和孩童的笑声，刹那以为是时空哪里交接错了，把苍老的过去和稚嫩的现在毫无痕迹地融合在了一起。临走前回头看到大屋顶上有炊烟缭绕，想许多年前亦是这样的青烟在每日提示屋内人的生计吧，不同只是灶下吹火的人，代代更替。

离开大屋回到街上，像很多生活逐渐好转的乡村一样，青街原有的青石板地面被水泥覆盖，两边耸起了很多楼房，但这时我仍无法收起想象的翅膀，我看见风霜残旧的睦源廊桥，静默地包容着来往的乡民和憩息的老人，亦护着神——那座座佛像寄托多少代青街人的希望，香火常年缭绕，看不清廊桥是否叹息是否微笑的脸，谁也说不清它的岁数，但也许它已习惯这样的寂寞。桥下的青溪水永远在奔腾，无法考证其千年前的容颜，只不知如今是否清冽如昔。

青街的狗都是当街而眠的，无须怕车轮或者人怕狗，青街的黄昏倒比白天显得热闹，乘凉的人聚在各自的家门前，摇着蒲扇说着闽南话的家长里短，没有卡拉OK等杂音，青街很快就陷入熄灯后的安静，偶响起鸡鸣和犬吠。我在旅舍也很早进入了梦乡，虽然一贯晚睡。

（选自《平阳报·副刊·文笔峰》，2002年9月24日）

畲乡民俗馆
——池云亮[1]

畲乡民俗馆位于温州市平阳县西南部山区的青街，这里群山环抱，茂林翠竹，四周环境十分优美。青街是平阳县唯一的畲乡。据考证，唐天宝年间，周氏始祖欲纳公为避安禄山之乱，从江西迁此相土开基，演延至今已有1200多年了。

民俗馆设在睦源村岭脚潭池氏古屋（始建于清乾隆年间，距今已近300年）。池氏乃当地望族，其肇基始祖明万历初年自闽入浙，发迹后，耗巨资并聘浙闽赣三省土木名师巧匠18人，耗费3年时间建成此屋。大屋建造技艺精湛，布局恢宏，内外红石甬道，青石八角石磉，光滑透亮。前厅大门口"畲乡民俗馆"匾额由省委副书记梁平波书写，正大厅存有古匾额一方，上有"义问宣昭"四个大字。

一踏进大屋，满目是有极高艺术价值的木质雕饰，有戏曲故事、飞禽走兽、神话传说、名胜古迹、山水花卉、几何纹饰等。古朴的门窗、屏风、天棚、横梁、斗拱、枋檩、神龛等均巧构工镂，不事彩绘，显露出各种木材的天然肌理和质感。名师雕刻，不同凡响，各式各样的木雕构成一道道乡土景观。花雕中的"蜜蜂采蜜"意味着人生要勤劳，才能过上甜蜜美好的生活；"琴棋书画"激励儿孙后裔应发奋读书才能出人头地；"鲤鱼跳龙门"象征着登科及第；"寿桃蝙蝠"是长寿幸福的谐音；"松鹤图"含有万古长青之意；"东吴招亲"则是"龙凤呈祥"，含意夫妻团圆，种种图案均有深刻的民俗含意，实是存世不可多得的民俗文物。海内外专家到此考察参观后，都说池氏古屋无木不雕，是一座保存得很完美的"明清民间木雕工艺美术馆"。

青街睦源村是一个历史文化古村，民俗文化风情浓浓，格外招人喜爱。民俗馆把征集到的2100多件各类民俗文物、史料分门别类陈列于11个展厅。分别是：服饰冠戴、传统器皿、远古遗响、昼耕夜读、一生习俗、卧室起居、古雕珍品、畲乡名人、丹青妙笔、生活剪影、竹器集萃。这些展览很好地反映了淳朴的畲乡民俗，神奇的闽南风情，古老的畲族文化，风趣的独异特色。若是赶巧，还能看到抛绣球、抬花轿、畲乡婚礼、民歌对唱、跳竹竿舞等精彩表演。

---

[1] 池云亮（1944—2017年），平阳青街人。原平阳县云祥中学副校长，《青街中心校史》主编，《平阳池氏史志》编辑。

在服饰冠戴展厅，陈列着畲族新娘服饰，绣花服饰与冠戴、彩绣罗帕、护身彩带、银珠凤冠、莲花童帽、盖头围巾、蓝色花裙、腰围肚兜、七色挂色、绣花香囊、苎麻刺绣制服等畲族特有的手工刺绣工艺服饰。其中，畲族新娘服最富民族特点，上衣是青蓝色大襟左衽、短领口、有红色花纹图案，色彩比较艳丽，额下领口左右系红绒球两个，精绣有凤鸟彩图，袖端缀以红边或红领相间布条，镶嵌绣花边，亦有作六角形者，相传此系高辛皇后、公主的服饰。

笄是畲族妇女的头饰品，由笄栏、笄龙、笄管、笄牌、笄绊、笄须、笄帕、笄披等部件组成。笄样式有景宁（丽水、遂昌）式，浙南（平阳、文成、泰顺）、闽东式之分。景宁式有牙插、耳扒等附件，浙南、闽东式冠身为一竹筒（或用竹壳编成），长约八寸，下端开一弧形缺口，上裹红布条，外镶各种花纹和神像银片，作七星、八仙、十二生肖等形状，绕以数串白色珍珠或红色缨珞。两侧各两条蓝色串鬈，前缨后尾，甚是美观。这种冠鬈一般是结婚所戴，去世时要戴笄入棺随葬。《高皇歌》中郑重告诫子孙"应留自己古装衫"。如今，只有山区少数老年尚崇祖训，保存古老的民族服饰，年轻一代已与汉族一样穿戴了，所以很难见到了，馆藏服饰尤显稀罕贵重。

服饰冠戴展厅还展出了许多彩带。彩带是畲族妇女传统工艺品和装饰品。花带以蚕丝和自纺棉纱为原料，经线有红、黄、紫、绿等色，纬线大多用白色。制织十分讲究，织有各种花样，带边平板，中间有山、水、虫、鱼、鸟等花纹和田、中、日、井等简易文字。织品中有"吉祥如意""福、禄、寿、喜""百年富贵"等吉祥词语。陈列品中最精致的是双行字带，织有两行文字和图案。旁厅室有纺车、圈纱篓等，畲族少女一般七八岁开始学织花带。花带用途广泛，可用作新娘和做客时的装束，还可用作裤带、刀鞘带等。青年女子常把自织彩带作为情物赠送情人，花带织得是否精致，是衡量女子是否聪明、心灵手巧的标志。

一生习俗厅展览按畲乡风情、闽南习俗分九组设计，反映了千百年来畲族村民的民俗风情。整个展厅画面由塑像木偶组成：从媒婆说亲、送礼订婚、花轿迎娶、成亲拜堂到分娩、抓周、上学、做寿、殡葬，深刻地展现了畲乡人民独特的生活习俗。木偶形象各异、神态逼真、每组人物栩栩如生，令人惊叹。场面中有"订娃娃亲""四色送礼"等吹吹打打迎亲、抬花轿的热闹氛围，有新郎新娘拜堂羞赧欢喜的样子。各种组合人物惟妙惟肖。

一生习俗厅有畲歌对唱、独唱的表演，悦耳的歌声，令人陶醉……对歌，畲语称为唠歌，是畲族人民独特风格的文化生活形式。通常由一男一女对唱，各唱四句为一首（畲语称"一条"），七字为一句（亦有三字、五字）。对歌内容主要有情歌、杂歌、故事歌等，歌词随编随唱，双方随机应变，山歌对唱反映出畲族人民的聪明和智慧。

青街不但是畲乡，而且还是浙南闻名的竹乡，馆藏民间工艺品相当丰富，各种精粹竹器展品，尽显竹乡风采。竹雕楷书（凸突而出）竹简，圆竹透雕"四龙抢球"，半圆透雕竹、兰、梅、菊"四君子图"；竹头根雕佛像、畲村老叟、"独钓寒江雪"的渔翁；竹丝艺编雄鹰、竹牛、竹帘；竹壳制成的猫头鹰；竹板雕刻"佛心""观涛""静思""月明风清""扬眉吐气"；还有名家书法、画像、圆雕"鲤鱼云龙"，有些作品出自名人手笔。竹茶杯、古烟筒、"山哈酒"，竹帽、手提包、竹茶壶、竹酒、竹拖鞋、竹衣、竹伞等应有尽有，珍品中有相当部分属稀罕物件。还有竹枪、竹弓箭、弹弓之类武器，及竹制"一刀纸""两面纸"。从这里，人们看到了上下五千年人类的发展史。尤值一提的是竹筒"山哈酒"。畲族人民自认为是从外地搬迁到这里的"山区客人""山哈"就是指从外地迁入、居住在山间的人。畲族村民用自家糯米酿制而成的三年陈酿，再把酒装入预先备好的竹筒内，称"山哈酒"，把它作为敬客或馈赠礼品，久而成俗。直至今天，还是如此。

馆内陈列家具器物也是多多：民间旧时竹制六角重旦担，是畲汉人民以前订婚送聘礼时的专用器物；六合圆隔（亦称箴）是祭祀时装贡品的礼担；各类古式果盒、点心盒（笼），是新娘三天回家省亲必备之品，也有在平时用来装放水果的；各式绣花篓、梳妆盒、织带机、锡酒瓶、铜茶壶、铜水烟筒、瓷墨砚、陶煮罐等应有尽有；铜烛台、油擎、三眼灯签、菜油灯、灯芯油碟、土制煤油灯、玻璃风灯、鸭嘴灯、煤气灯，好像在读一部灯的演变史；铁制九节铳，是在打猎时专射击虎、豹、野猪等大型凶猛动物的特效武器；箴制十环圈纱篓是旧时畲乡纺织织布用具；五脚圆靠椅是本宅始祖专用座椅；四足古衣橱门骨雕牙镶金鼎文字，是畲乡富户的豪华结婚用品；大木床描金刻花，由19轩屏风组成，屏风上开窗户，有戏剧人物、花卉、动物浮雕，犹如一座精雕细刻的木宫殿，它是畲乡富户璀璨珍品，反映出床主当年富有的经济实力，是大户人家荣耀的象征。

传统器皿厅相当丰富：兰花凤斗、青瓷酒壶、陶烧筷笼；石臼、石锤、石秤砣、石水缸、石槽磨、练武石……仿佛使人回到石器时代；犁、耙、岸刀、铁铲、钢叉、虾笼、鱼罩、田圈；茶叶篓、草拖鞋、木漏斗、剃头篮、牛角号、打稻梯、大风鼓、篾火笼、盐陶钵，等等，则展示了一部艰苦创业史；另一侧陈列着笔架（笔筒）、墨、砚、书、笔、纸文房四宝与笛、箫、京二弦等乐器，及铜镜、铜花瓶摆设，昼耕夜读就呈现在眼前。

民俗馆创办后，各地游客纷至沓来，畲乡民俗文化激起了人们极大的兴趣，博得了人们普遍喜爱，赢得了声誉和赞扬，被誉为"中国农村第一个畲乡民俗馆"。

（选自《平阳池氏史志》，2006年版）

（二）诗　词

天聪洞

宋·周茂良[1]

一窍虚灵异谷神，达聪何事在红尘？

人间莫道无闻处，天听从今自我民。

赠周宗道[2]六十四韵

明·刘基[3]

天弓拨其弦，平地跃虎狼。腥风扇九泽，浊雾干太阳。

琐琐蚊与虻，亦沸如蜩螗。帝阍隔蓬莱，弱水不可航。

蝼蚁有微忱，抑塞无由扬。遥遥草茅臣，恕切忠愤肠。

披衣款军门，披腹陈否臧。曰走居海隅，诗书传世芳。

感荷帝王恩，禄食厕朝行。走身非己躯，安得缄其肮。

走有目击事，敢布之庙堂。永嘉浙名郡，有州曰平阳。

面海负山林，实维瓯闽疆。闽寇不到瓯，倚兹为保障。

官司职防虞，当念怀善良。用民作手足，爱抚勿害伤。

所以获众心，即此是仞墙。奈何纵毒淫，反肆其贪攘。

---

① 天聪洞在北雁；周茂良，平阳睦源人，宋庆元二年（1196年）进士。

② 周宗道，名嗣德，睦源人，元至正年间任平阳知州，与刘基在青田石门洞读书时系同窗好友，故刘基赠韵相劝，务必识时局。

③ 刘基（1311—1375年），字伯温，浙江青田（今属文成县）人，元至顺年间进士，明朝开国元勋，洪武初授太史令兼御史中丞之职。

破廪取菽粟，夷垣劫牛羊。朝出系空橐，暮归荷丰囊。
丁男跳上山，妻女不得将。稍或违所求，便以贼见笺。
负屈无处诉，哀号动穹苍。斩木为戈矛，染红作巾裳。
鸣锣撼岩谷，聚众守村乡。官司大惊怕，弃鼓撇旗枪。
窜伏草莽间，股栗面玄黄。窥伺不见人，喘汗走伥伥。
可中得伙伴，约束归营场。顺途劫寡弱，又各夸身强。
将吏悉有献，欢喜赐酒觞。杀贼不计数，从横书荐章。
民情大不甘，怨气结肾肠。遂令父子恩，化作蛋与螳。
恨不斩官头，剔骨取肉尝。累累野田中，拜泣祷天皇。
愿得贤宰相，飞笺奏岩廊。先封尚方剑，按法诛奸赃。
择用忠荩臣，俾之提纪纲。弯弧落鸱枭，薙棘出凤凰。
尚可存孑遗，耕稼纳官仓。失今不早计，如水决堤防。
而后事埋筑，劳费何可当。走闻疽初生，灼艾最为良。
熪成施剜割，所忧动膏肓。边戎大重寄，得人则金汤。
龚遂到渤海，盗贼还农桑。张纲入广陵，健儿跪如羊。
苟能任仁智，勿使憸邪妨。孟门虽险艰，可使成康庄。
走非慕爵赏，自鬻求荐扬。痛惜休明时，消息无其方。
又不忍乡里，鞠为狐兔场。陈词未及终，涕泣下滂滂。
旁观发上指，侧听心中伤。天路阻且修，不得羽翼翔。
可怜涸辙鱼，待汲西江长。况有蛟与虬，磨牙塞川梁。
旄丘靡与同，载驰徒慨慷。严冬积玄阴，天色惨以凉。
众鸟各自飞，孤鸾独彷徨。冥冥雁山云，木叶殷清霜。
子去慎所过，我亦行归藏。

睦　源

清·刘眉锡①

古产忠臣地，今宜骚客情。
青山皆竹色，绿水尽箨声。

---

① 睦源系青街古名。刘眉锡（1749—1823 年），字扬之，乾隆诸生，三十六都莒溪人，刘基十五世裔孙，刘璟后代。一生著作甚丰，今存《南雁荡山全志》六卷、《扬之咏稿》一卷、《刘氏族谱》数卷、《南田杂咏》23 章。

烟锁桥边市，风飔树杪莺。

华堂居处者，须记水心铭。

注：宋元时睦源周氏仕宦甚众，忠臣周诚德最著，叶水心集有《周茂良睦山堂铭》，
曰："有兰婉婉，有竹雅雅，睦山之下，尚启来者。"

青街（即古睦源）次韵

清·刘眉锡

一自青街著，睦源换旧名。

踏来皆石色，听去尽阛声。

烟重月山竹，风飔春树莺。

如今周氏作，异地更关情。

乙未岁（1755）馆青街作

清·刘眉锡

不学从人汗漫游，贾逵事业自今修。

睦山镜里颜相照，竹叶杯前句自留。

驹隙惭将同野马，壮怀谁为许沙鸥。

兴来展却书生步，路在青云最上头。

癸亥（1803年）游桥坑题李汉鼎先生新居

清·佚名

睦源何地不亲临，唯入桥坑趣倍深。

竹径缘溪穿九曲，松门倚岭揖千寻。

拖青曳紫观村景，唤雨呼晴听鸟音。

无怪昌黎羡盘谷，鳅生题句古犹今。

竹笔筒诗

清·雷云

雅爱处心护管城，中间只合小心兵。

前身分得淇园种，好入文房伴群英。

赠刘君眉锡

清·池振康

一

天赐胭脂抹一腮，曾从雪里占春开。
谁知八月秋风引，瘦硬枝头香喷来。

二

朝朝仰止睦源山，仙洞神踪烟霭间。
此日神仙来点化，梅花和桂并斓斑。

三

秋日书绅梅叶红，罗舍蓝菊事应同。
若教子弟行无怠，更有门庭瑞气融。

别赠刘君眉锡

清·池缵筠

忝别西宾合共欢，南窗此砚可相安？
高情何止谋朝夕，雅谊真堪度岁寒。
惠笋多由千亩竹，赠茶香似九春蓝。
吾无长物酬知爱，一首诗呈一笑看。

恭祝开清先生与邓氏孺人六旬双寿之庆

一

清·李济世

今旦恭逢梅月天，指挥开宴庆嵩年。
龟龄鹤算千秋在，举案齐眉万载涓。
膝下宁馨步月窟，堂中蓝桂戏花前。
名登天府杖乡国，胜于蓬莱不老仙。

二

清·李士腾

耳顺称觞蒲月天，南辉婺极映华筵。
堂开四世斑衣舞，寿介六旬制锦联。

上国重宾双凤诰，西园桃会两神仙。
庭前五桂枝枝秀，欣羡嗣群泮水鲜。

畲乡竹海
池方垞[1]

层峦叠岭露青痕，竹径萦回入远村。
遍地龙孙齐勃发，无边烟雨湿黄昏。

春 行
池方垞

绿染须眉仄径行，眼前山鸟逗人鸣。
畲歌一曲林中出，却比春莺更动听。

探亲途中
池方垞

远望红楼近百家，千根电线接云崖。
小车明灭群峰转，撞落天边一片霞。

村 居
池方垞

翠竹摇幽径，时闻黄鸟音。
云峰天作柱，涧水地为琴。
野果飘香味，山花娱血亲。
临窗展诗卷，天籁杂微吟。

通往白云山公路
池方垞

大道非凡道，蜿蜒织女家。
青山围玉带，绿水荡河槎。

---

[1] 池方垞（1945—　），平阳青街人，退休教师，中华诗词学会、中国楹联学会、浙江省诗词与楹联学会会员，同晖学社、泾川诗社理事，温州四海楹联艺术院副秘书长。

横跨葫芦谷，旋攀燕子崖。

游人白云上，一路踩烟霞。

登悬空寺

温兴普[1]

悬空古刹绝飞禽，迈步天梯云外寻。

不敢高声殿堂语，只身闯进大雷音。

咏 菊

温兴普

瑟瑟秋风屋角栽，不同桃李抹红腮。

一朝待到重阳日，缕缕清香庭院来。

到青街乡

钱法成[2]

雾罩云堆山渺茫，田畴半割稻金黄。

南天不作秋萧索，暖雨霏霏畲族乡。

睦源桥亭

钱法成

巧架桥亭如圣殿，樟娘怀内抱梅仙。

江山愿得人呵护，不使流泉成叹泉。

青街行

陈志明[3]

绿竹夹道送，廊桥对面迎。

青街民居古，恍入桃源行。

---

① 温兴普（1950—   ），平阳青街人，退休教师，中华诗词学会会员。

② 钱法成（1932—   ），浙江嵊州人，原浙江省文化厅厅长、省政协常委、省文联副主席、省剧协主席、省诗词与楹联学会会长、省书法研究会会长。

③ 陈志明（1934—   ），浙江桐乡人，浙江大学教授，任浙江大学对外语言与文化交流中心副主任、中文系主任、传统文化研究所所长、省诗词与楹联学会副会长等职。

叹青街畲族乡樟抱梅

陈志明

长居廊桥侧，拥梅共阴晴。

可怜梅早殁，谁与伴余生？

畲乡古屋

徐弘道[1]

背倚青山回合廊，雕窗许辨旧荣光。

门前水送琴声远，座上诗吟墨迹香。

春好尤因返堂燕，物珍端幸属畲乡。

四厢花影一帘月，欲借清风歌此庄。

青街畲族少女

陈志岁[2]

青衣右衽美头纱，圃畔三人三朵花。

相戏敧身偎竹笑，山乡静里泛春霞。

忆秦娥·青街李氏大屋

陈志岁

大门斜，石墙围护溪人家。溪人家，层廊四合，柱垫朱砂。　　白银为厝时人嗟，众厅香木雕云霞。雕云霞，匾书犹在，不驻年华。

畲乡民俗馆外即景

沈利斌[3]

飞云吞白日，古屋响清泉。

当户凌山势，捣衣溪里边。

---

[1] 徐弘道（1944—　　），浙江杭州人，高级工程师，浙江省诗词与楹联学会常务理事兼副秘书长、青年部主任、楹联部副主任、世界书画家协会加拿大总会理事。

[2] 陈志岁（1958—　　），浙江平阳人，中华诗词学会和中国楹联学会会员、中国近现代史史料学学会理事、中国国际专家学者联谊会理事、同晖学社社长、温州四海楹联艺术院艺术总监。

[3] 沈利斌（1982—　　）浙江湖州人，浙江经济职业技术学院兴华诗社《兴华诗教》副主编。

思佳客·樟抱梅前不见梅感而寄之
曹淑莺[1]

自有深情谁可言？临风脉脉诉离魂。源溪空证山盟在，雁翼何难锦字传。　　根并结，树成单，问梅底事去无还？冰心应记回归路，等你千年续凤缘。

游青街
蔡圣栋[2]

不见南飞雁，畲乡秋日迟。

峰峦云淡淡，阡陌雨丝丝。

波泛廊桥影，风摇古木枝。

骚人豪气发，横笔一溪诗。

菩萨蛮·青街
林　峰[3]

青街何处丝雨，无多秋色情如许。临水问畲家，姑娘人似花。　　门前黄叶舞，梦断双旗鼓。莫使玉杯空，酒随山霭浓。

鹧鸪天·青街古廊桥
刘妙顺[4]

迤逦山溪白雾消，风光独占古廊桥。一门显爵青街阔，四壁长林翠色娇。　　春寂寂，水滔滔，梅姿弄影更妖娆。黄昏日午廊桥倚，分付闲情话舜尧。

沁园春·青街
陈正印[5]

石也青青，竹也青青，印象青街，念岚光欲滴，纷披翠叶；屐痕应惜，

---

① 曹淑莺（1951—　　）女，浙江嘉兴人，浙江省诗词与楹联学会理事，新月诗社社长。

② 蔡圣栋，浙江瑞安人，温州诗词学会理事，瑞安市诗词学会副会长兼秘书长。

③ 林峰（1967—　　）浙江龙游人，浙江省诗词与楹联学会理事、龙游县诗词学会副会长。

④ 刘妙顺（1936—　　）浙江乐清人，"雁荡四先生"之一，主编《雁荡吟圃》。

⑤ 陈正印（1977—　　），浙江平阳人，中华诗词学会、中国楹联学会、浙江省诗词与楹联学会会员、平阳县诗联学会副会长兼秘书长。

层叠苍苔。古屋晨曦，深林夕照，岁月悠悠无际涯。频回首，有几多故事，总是牵怀。　　残碑诉尽氛埃，叹若觅桃源却费猜。盖李唐遗客，蒙元散勇；汉畲共处，鱼水相谐。琴曲琤琮，盘歌宛转，好戏何妨唱对台？邀明月，且临风把酒，放浪形骸。

三、楹　联
（一）楼台亭榭

青街大份李氏古宅门

当户青山延秀色，环门绿水起文波。

青街第二份古宅

门对钟山天启秀，桥流睦水竹凌云。

青街水尾内池氏古宅

一

鹤发童颜，神仙尚有三千岁；
鹿裘鸠杖，甲子重开二十春。

——池云腾[1] 撰

二

池旁柳色，新绿引来归燕；
竹外桃花，暗香绕上画楼。

——池长庆[2] 撰

岭脚潭池宅厅堂

一

江流万里，衍宗支皆成大器；
夏甸千秋，兴世室辈出英才。

——台湾王金平 撰

---

[1] 池云腾（1897—1941 年），又名云友，平阳青街人。1938 年任牖民小学校长。1939 年加入中国共产党，1941 年被国民党特务杀害。

[2] 池长庆（1964—　　），平阳青街人，现任浙江大学艺术学院副院长、教授，著作有《大学书法》《赵孟頫画语录图释研究》等。

二

金玉同辉财源聚，月笔起舞文运昌。

——台湾吴伯雄　撰

王神洞牌坊

一

问我来何处，行程回首九千九；

酬君最美时，风韵聚焦三月三。

——蓝潮[1]　撰

二

修竹茂林，峰峦竞秀王神洞；

清波碧涧，石径通幽笔架山。

——徐祥地[2]　撰

三

幽谷听泉，深林赏竹，畲乡景美；

盘歌悦耳，乌饭诱人，山哈情多。

——陈正印　撰

四

仙地界平苍，南北云山通胜迹；

王溪夹松竹，东西碧水护畲家。

——池方垞　撰

九岱村文化长廊

竹外花香飘九岱，廊间月色洒三溪。

——黄友省[3]　撰

---

① 蓝　潮（1975—　　），浙江平阳人，供职于平阳县教育局，浙江省书法家协会会员、温州市书法家协会理事、平阳县书法协会副主席，书法作品在全国、省、市多次获奖。

② 徐祥地（1933—　　），浙江平阳人，离休前供职于平阳县文物馆，中华诗词学会、浙江省诗词与楹联学会会员，平阳县诗词学会顾问。

③ 黄友省（1976—　　）平阳水头人，现供职于中国人寿保险公司平阳县支公司，系中国书法家协会会员、平阳龙兴书画院副院长。

题十五亩瀑布

看身立云崖，飞花溅玉，时润青山育灵秀；

羡胸怀鸿志，推石穿林，神驰沧海载艨艟。

——池方垞 撰

题睦源桥

半月拱廊桥，看不尽、青山四面如屏障；

三溪浮玉带，巧安排、碧水千秋会睦源。

——黄心培[1] 撰

青街大桥[2]

一

箫吹竹浪声千壑，月挂廊桥影一溪。

——池长庆 撰

二

饮涧彩虹圆旧梦，倚栏骚客赋新诗。

——温兴普 撰

三

人来人往，痴迷树荫三溪水；

燕去燕回，依恋桥携一片云。

——池方垞 撰

三源门

金钟覆地四时瑞，玉笋擎天万象春。

——池云亮 撰

宾月阁

一

潭溶月色含翠影，风送书声绕青街。

——池长庆 撰

---

[1] 黄心培（1953—　），字清源，上海人，中华诗词学会、浙江省诗词与楹联学会会员，嘉兴市诗词研究会副会长。

[2] 原注：青街大桥建于 1973 年，到 2012 年始建桥廊，终圆旧梦。

二

天降雁山惊碧海，人登此阁胜蓬莱。

——池云亮 撰

十五亩南拳馆

心铭祖训，练功弘德遵法纪；

语导后生，崇志强身报中华。

——温兴普 撰

九岱文化长廊

隐隐青山扬竹影，绵绵古寨揽花香。

——黄 伟[1] 撰

翠竹亭

风前韵度千竿竹，云外秀添万仞峰。

——温从杰[2] 撰

（二）寺观庙宇联

青街双合殿

一

东欧双合，昭灵降福，俎豆千秋同沐德；

南浙三星，护国拯民，海疆万里庆安澜。

——叶元章[3] 撰

二

圣迹流芳，看杰阁嵯峨，佳木古桥凝紫气；

马仙布泽，听慈音缭绕，祥云彩凤护青街。

——叶良骏[4] 撰

---

① 黄 伟，浙江平阳人，浙江省作家协会、省书法家协会会员，华表峰诗社社长。
② 温从杰（1950— ），中华诗词学会会员、浙江省书法家协会会员、苍南县诗词学会副会长。
③ 叶元章（1922— ）浙江镇海人，原宁波大学教授，上海市作家协会会员、中华诗词学会理事、浙江省诗词与楹联学会副会长。
④ 叶良骏：上海人，原同济大学和华东政法大学客座教授，上海市作家协会会员、上海市楹联学会理事。

三

修竹映青街，一轮明月，三溪秀水；

茂林升紫气，千载楼台，万古仙踪。

——池长庆 撰

四

马仙施惠，溪青烟幂月山竹；

杨府显灵，日丽风和春树莺。

——李成廉[1] 撰

五

义率三军，赤胆忠肝昭日月；

名驰万古，英风浩气壮山河。

——徐祥地 撰

青街双合殿戏台

舒心且优游，每怡悦篁竹樾荫，碧溪流水；

演戏来坐赏，共兴观伶人粉墨，前代传奇。

——张 奋[2] 撰

---

[1] 李成廉（1939—　　），浙江苍南人，任教于平阳一中、平阳教师进修学校，讲师职称，曾任《平阳县志》副主编，《桥墩志》主编。

[2] 张 奋（1972—　　），浙江平阳人，平阳电视台记者，县政协文史资料委员会委员、中华诗词学会会员，著有《抚髻集》《前尘影事》等。

第八章　习俗信仰

氏族社会先民对大自然的敬畏，产生了图腾文化、社会礼仪、宗教信仰，又随之流传于民间，世代传承，逐步形成各种风俗信仰。由于畲汉散杂居住，深受当地汉族风俗的影响，有些畲族风俗渐趋汉化，但畲族也传承了自己民族的特点和形式，形成今日之丰富多彩的习俗。青街畲乡的风俗信仰集中表现在物质生活和精神文明的诸多方面。本章重点记述衣、食、住、行等方面的生活习俗，福圣庆诞、民间节日、传统节日、妇幼孕育、婚丧寿庆、祖灵祭拜，以及境内宗教和宗族的历史记载。

第一节　习　俗

青街乡畲族从福建迁入浙江后，居住在交通闭塞的山区半山区，与城镇文明少有接触，较长时期内一直保留着本民族的风俗习惯和特点。

畲汉两族自明、清时入迁青街400多年来，和谐相处，文化上互相借鉴交融，许多习俗大致相同。如岁时、育儿、礼俗、婚娶等风俗，名称和时间很大部分都相同，只在内容方面有些微区别。但"二月二"会亲节、"三月三"歌会、"九月九"重阳节、牛歇节等节日则独具畲族特色，许多畲族走亲串戚，对歌盘歌、宴客聚会，举行各类活动。婚嫁、育儿、岁时、丧葬的程式和礼仪，是地方习俗文化一种表现形式，展现了地方宗族的文化心理：有的是对自然的崇拜，有的是对鬼神的敬畏，有的对先祖的尊崇，有的对丰收的企盼，有的是对幸福的祈求，有的是对生的欢喜、对死的悲哀等，表现了人们朴素的愿望和诉求。

一、生活习俗
（一）服　饰
畲族妇女最主要、最有特色的装束，是"凤凰装"。红头绳扎的长辫高盘于头顶，象征着凤装；衣裳、围裙上用大红、桃红、杏黄及金银丝线镶绣出五彩缤纷的花边图案，象征着凤凰的颈项、腰身和羽毛；扎在腰后的金色腰带头，象征着凤尾；佩于全身叮当作响的银饰，象征着凤鸣。

1. 衣 着

畲族由于长期迁徙，居住分散，其服饰受自然环境、经济条件、生活习惯及其他兄弟民族服装影响，迁入平阳后，在民国时期，基本保留着古朴的民族特色，过去男女喜穿青、蓝二色，布料是夏天穿麻布（贫困山区则终年穿麻布），冬天穿棉布。中华人民共和国成立以后，尤其是现在，除年纪大的老妇，其他人的衣着已与汉民无异。

2. 围 裙

俗称拦腰，不论男女，劳动时都围麻布拦腰。拦腰长一尺至一尺五寸，宽约一尺五寸至二尺，青色嵌蓝色，拦腰头镶红布，以妇女自织花带作带。

3. 银 饰

旧时畲族妇女戴银饰品，订婚时，男方要送银饰品给女方，女子外出时要戴男方所赠饰品。银饰品有项圈、项链、耳环、手镯、戒指等。其式样，老、中、青妇女有别。少数男子亦有戴银丝耳环和银手镯的。

4. 彩 带

畲族彩带是畲族流传悠久的传统手工织品，既是美化衣着的装饰品，以及生活实用品，也是畲族男女定情的信物，定亲回礼和驱邪祝福的吉祥物。制作工艺：织彩带的工具只需简单的织布架，甚至只要3条圆竹竿，牵好经线提好综，用蓝白色棉纱为经纬，织带色彩鲜丽，最常用的红、蓝、黑、白、黄、金红、粉红7色。

5. 花 鞋

旧时，妇女做新娘、做贵客时穿花鞋，死后也要穿花鞋入棺。花鞋由表鞋师制作，一般为蓝布面白布里，或青布面布里，平统，鞋面绣有红、黄色花纹，前端装一束红、黄色丝线鞋须。

6. 头 饰

头饰因年龄而异，因地区而别。主要形成有福建福安的凤尾式、霞浦的凤身式、罗源的凤头式，浙江景宁的雄冠式、云和的雌冠式等5种。纯银高冠式头饰深含着一个源于凤凰崇拜的传说，反映畲族源远流长的历史。

7. 族 徽

畲族有久远的凤鸟图腾崇拜，畲族的族徽主体由美丽的凤鸟和牡丹花组成，象征万事如意和宝贵吉祥，体现畲族人民对幸福生活的向往追求。

（二）食　物

畲族大部分住在山区，在山地种植番薯，收获后刨成丝晒干作主食，只有少量山水田可以种植水稻，所以视大米为珍珠，只在年节时烧米饭吃，或宴请时以米饭待客。平时则煮薯丝饭作主食，还食荞麦、大麦、洋芋等杂粮，种瓜、菜、豆类作副食。青黄不接时，常以瓜、菜或采蕨菜、苦菜等度荒。中华人民共和国成立后，农业现代技术的推广和作物品种的改良，特别是在山区推广杂交水稻，稻谷产量成倍增长，大米成为主食，杂粮大多作饲料，以野生植物度荒的事情已一去不复返。青街乡民的食俗体现自己民族的特色。

1. 糯米糍

以糯米浸胀入甑蒸熟，倒入石臼捣成糊状，搓成小块，外表粘红糖拌芝麻粉、豆粉之类香料热吃。过去，凡农历过年、中秋、重阳、冬至等节日，均做糯米糍过节。长辈生日要做糯米糍，贵客来时亦做糯米糍待客。

2. 磨豆腐

畲族居住地盛产黄豆（田岸豆），常磨豆酿作菜肴。将黄豆浸胀用石磨磨成浆入锅煮熟，称豆腐娘，或称豆腐崽。豆腐崽味鲜，营养好，常作菜肴待客。

3. 红　酒

畲族所饮红酒，由自产糯米浸胀蒸熟，拌红曲加凉水发酵而成，酒色紫红，故称红酒。过年、过节、平常待客、家有订婚、嫁娶、寿辰等喜宴，均以红酒待客，各种祭祀作祭酒；经济条件较好的农户，平时亦以红酒作营养饮料。

4. 竹　笋

"一天两潮鲜，一年四季笋。"早在南宋时期，青街竹笋就已闻名遐迩。春尝春笋，夏吃马蹄笋，秋品竹鞭笋，冬天冬笋炒三鲜，更是山肴中的珍品。千百年来，笋一直是人们席上珍品，属纯粹的绿色食品。其吃法众多，或清汤、或红烧、或油焖、或清蒸、或糟烧……吃腻了鲜笋，笋干、咸笋等则是别具风味。笋质肉甜味美、嫩脆可口，富含磷、钙、铁，具甘凉舒郁、开膈消痰、清肠健胃，利九窍、通血脉，降浊升清、降血压的作用，是馈亲赠友的佳品。

5. 番薯粉丝

以前，青街畲乡各村村民的主食是番薯丝，山区农民在山坡上，以种植番薯为主。番薯可洗出粉，先用番薯磨成（有用手工磨，后用碎机碎）薯渣样，然后用溪水洗出番薯中的淀粉，沉淀后倒掉上面的薯渣，再不断地用水洗，直至淀粉成为白色，晾干后，捣碎制成粉浆，把粉浆倒进蒸笼中蒸。蒸熟后晾凉，用刨子刨出一条条粉丝，然后将其晒干，番薯粉丝即制成了。当地人介绍，这种番薯粉丝烧熟后，用筷子夹起一条甩到壁上，若粉丝能粘在板壁上不掉下来也不会断，就说明其质量是上乘的。如今，番薯粉丝已成送人礼品。

6. 溪鱼、溪鱼干

青街溪的溪鱼可以连鱼骨一起吃，味道特别疏松清脆鲜美，堪称"珍稀佳肴"。但因乱捕过多，青街溪鱼越来越少，溪鱼干货成为珍稀食品。溪鱼干是用捉到的溪鱼，剖杀挖净鱼的内脏，然后放入清水反复冲洗后，放到铁锅烘熏，再用文火烘焙而成。在睦源溪、青街溪、东坑溪都能用钓竿钓到很多的溪鱼，除鲜烧、红烧外，还可制作成溪鱼干，用的竹筒或陶瓷盛装密封，贮藏起来，待日后慢慢地食用。

7. 竹 豚

乡境内村民称竹豚为"土豚"。据《南雁荡山志》载："竹豚，一名竹鼬，状如小猪，大如兔，在竹林土穴中食笋与竹根，肉肥多脂，味甚美，与香狸俱特产。"这两种食物以前在山区是较为名贵的土特产，每年青街双合殿做"五月十八福"，是务必先用上乘佳肴珍品。

8. 石 蛙

山溪里有野生石蛙，一般出现在山坑沟边，水湿阴凉之处，成蛙体重250—400克，大的可以达500克以上。现有养殖的石蛙，一般商品蛙150克即可上市。石蛙肉质鲜美，清凉滋补，富含蛋白质、维生素和矿物质。据《本草纲目》记载：石蛙主治"小儿痨瘦、疳瘦最良"。《中国药用动物志》也记载其"有滋补强壮的功效，主治小儿痨瘦、疳疾、病后虚弱等"。它具有补虚损、解热毒、驱痨瘦、化毒疮之功效。其蝌蚪如乌发，其卵具有明目的功能。现代研究还发现，石蛙之皮肉中含有能使离体子宫收缩的缓激肽，所以石蛙具有很高的食用价值和药用价值。自古以来，它是名贵山珍之一，被人们誉为"食之长寿、药用化疮"的珍贵野味。

9. 水豆腐

水豆腐是青街一大特产，它是豆腐的一种，只是水分含量较高，故食之特别鲜嫩。它的制作方法是，选用上好的黄大豆，洗净后浸泡在水中，泡到豆瓣饱满，裂开一线为佳。把泡好的豆粒放入石磨中细磨，边磨边加水，所加水量的多少，决定了豆腐质量好坏，然后将磨好的豆浆煮熟、倒出，冷却后，加入少量石膏使之凝结后在一个大木桶里铺上一块纱布，把豆浆打出来倒在纱布上，将纱布四周慢慢地提起来包紧成形，盖上特制的木板，压上有一定重量的石块。待豆浆冷却成形后，撤去石块注入木盘，用铁板刀切豆腐，装在碗里，鲜嫩的水豆腐就成了。将水豆腐拌以葱、生姜等佐料，就可以吃了，又鲜又嫩入口即化，风味特佳。

（三）居 住

畲民称住房为寮。入迁之初安家时，只在其开垦的山地附近较平坦、有水源的山脚或山腰搭草寮居住。草寮结构简单，两端用两条丫杈的木料作柱，中间架条横木作为栋梁，两边架若干支小木料，上端用山藤捆扎于栋梁，下端入地，以结成的草片作盖瓦，称为草寮，全家卧室、厨房均在棚内。定居后，在草寮基础上逐步改建为草房。所住草房，除正屋外，还有牛栏、猪栏、柴间、泥灰厂等，都离开正屋单独建造。

民国时期，部分经济条件较好的畲族群众开始仿照当地汉民住房式样建起瓦房，有的则在原草房基础上先改建厨房，然后整幢改建，改建的瓦房大都保留"土库"卧室。中华人民共和国成立后，住房条件大大改善。青街畲居逐渐改瓦房为混砖房，有些已迁入新式楼房。

（四）出 行

民国时期，青街乡民外出经商、求学、探亲访友等，大部分是步行的。往南经过垟半岭、大垟，穿山越岭到莒溪约40千米，要走4个多小时；经过腾垟、下碗窑，到桥墩约30千米，要走6个多小时。往北经过五十丈、山门、蒲岭到水头约20千米，要步行4个多小时，到麻步、鳌江、平阳等地，就要走半天以上时间。乡绅外出，医生出诊，富家子弟外出求学、探亲访友等，有的坐两人抬的轿兜出行，有的坐竹筏到水头镇占家埠，再改乘其他交通工具到水头各地，有的再乘船到麻步、鳌江、平阳等地。

1982年青街到各地的公路开通以后，青街人民大都坐汽车或自己开汽车出行。青街车站客车运输短途线路有4条：青街至水头的班车每天从清晨5时至晚上6时，每隔15分钟就有一班，青街到水头约30分钟。青街至鳌江约1小时，青街到平阳约1小时10分钟。青街至平阳、青街至鳌江，每天都有一二趟公交车来往于两地之间。青街至苍南莒溪，经过苍南腾垟的面包车，每天至少有2车4趟来往。青街到莒溪约1小时。青街要到桥墩时，乘车到腾垟后转乘腾垟至桥墩的汽车也很方便。2015年10月，白岩至大垟村公路以及与腾垟至莒溪公路连接线建设完成并开通。长途出行的可乘车至水头镇客运中心转乘长途汽车，或到鳌江火车站坐动车，或到温州飞机场乘坐飞机。

二、岁时习俗
（一）节日习俗

青街畲乡汉族的传统年节，一般只做春节、清明、端午、七月半四大节，七夕和中秋只是舅父、舅母给外甥送糕饼与月饼，冬至日吃汤圆。

1. 春 节

以前流行"煨年猪"、熏兔、腊肉、备办年货等。"煨年猪"，即把一个较大的干燥树头放在灶炉内，先架小柴将树头的一端烧着，再把树头埋在炉灰里焚烧，树头的余火延续到年初一以后而不灭，俗称"煨年猪"。意在祈望来年养猪长得快、长得大，也有称之"隔年火种"。"煨年猪"的过年习俗已近消失。

正月初一到初五为春节，也是畲族人民的传统节日。初一凌晨起床，按历书规定时辰开门，持香朝吉利的方向拜三拜。拜后放鞭炮迎吉利神，祈求大吉大利；也有拿着竹板敲打，以示驱瘟神，厅堂上摆拜牲礼祭祖，不忘祖宗恩德。早餐吃素面，叫"食长寿面"，以示延年益寿。小孩给长辈拜年，长辈给小孩压岁钱。小孩穿着新衣，到竹林"摇毛竹"，祝愿小孩像竹笋那样，茁壮成长。初五，全家打扫室内外垃圾，送到村口焚烧，叫"送年"。打扫毕，全家吃芋喝糖茶，预祝年年甜蜜清心有余。节日里还举行对歌、登山、荡秋千等活动。不能到邻居家点火种，否则，视为不吉利。初八或十五到祠堂祭祖。

绝大多数村民没有做元宵节的习惯，但睦源村五亩、十五亩村、东坑村大枫脚的村民却有与众不同的庆元宵习俗。元宵节掌灯时分，祖厝厅堂排起连桌，点烛燃香。每户人家带来酒菜，合筵饮酒，至午夜方散。凡有客来者，不论属何民族，也不论认识与否，皆可入席畅饮，如同"百家宴"一般。当晚也有到各户轮流吃芋喝酒的习俗，或炒爆米花，祈望来年吉祥、发达。

2. 祈 福

又称"做福"。

①有二月二敬祀福德正神（民间称土地公）。相传"二月二"是土地公的寿诞，届时村民进行家祭，祭请土地神灵及自家祖先；各村也普遍以二月二日为福日。

②有在五月十八日、十月十五日敬祀"杨府侯王"的传统做福日。

③六月初一日是畲乡睦源桥中泗洲大圣的寿诞。还有九月九日，或在九月十五日做"谢冬福"的，表示庆丰收的喜悦。

3. "二月二"会亲节

"二月二"会亲节是浙南与闽东畲族独特的传统节日。畲族向来好客，独特的习俗使家庭主妇在新春正月很难腾出时间回娘家。初一习惯不出远门，初二就要给本村有寿诞的族亲烧点心，继而"请十饭"。而且农历二月初二在春耕大忙季节之前，会亲会歌不会影响农事，故二月初二便演变成会亲节和畲族歌会。

4. 三月三

三月三是畲族一个重大的传统节日。是日，畲族同胞蒸（煮）乌米饭，合家共餐，馈赠亲友，祭祀祖先。乌米饭，是采集一种野生植物乌稔树叶，把它捣碎用布包好放在锅里煮，汁成黑色，用汁和糯米蒸成乌饭，色泽乌黑，有健脾功能，有防腐作用，贮藏数日不馊。说吃了乌米饭能免除蚂蚁等害虫的叮咬。相传，畲族始祖龙麒生前喜食乌米饭。在唐朝，畲族英雄雷万兴率领畲军抗击官兵，被围困在山中，粮绝饮断情况危急，后来以乌稔果实充饥，军威大振，大败官兵。为纪念始祖，纪念英雄，每逢"三月三"，采乌稔叶蒸乌米饭祭祖，形成畲族一项独特的风俗。晚上，男女老小，齐集歌场，举行盛大歌会，盘歌对歌，通宵达旦，逐渐形成一个传统节日。

5. 清明节

清明时节，家家户户到野外采集野菜。以前农村妇女、小孩走向山野，采集时令野菜，如"鼠粬"（棉菜）、山蕨、青草芯、苦菜、马蓝菜等，不仅自家食用，还可馈赠亲友，或者上集市出售。采集俗称"鼠粬"的野菜拌入米粉制作"鼠粬龟"，清明节扫墓、祭祖所用的"冥斋""粿饼"，都用这种鼠粬粿做成。

清明时节，各家备鸡肉、猪肉、豆腐、棉菜馍糍等祭品，上祖坟扫墓。扫墓后，本姓氏老小相聚祠堂吃"清明饭"。

6. 封龙节

封龙节是畲族一个传统节日，在夏至后的辰日举行。相传这一天玉皇大帝给畲山"封龙"，施惠畲乡风调雨顺、五谷丰登。是日禁用铁器，禁挑粪桶，不事劳动。大家登高举行赛歌，青年男女通过这一盛会，对唱山歌，寻觅伴侣。这个节日在平阳已经很久没有了。

7. 端午节

五月初五端午节，是畲民的一个大节日。家家包粽子，有的用箬竹叶包粽子，有的用毛竹笋壳包粽子，敬献祖宗。包粽子前先砍羹柴"淋羹"。山上有"羹柴"（黄碱柴）的灌木，将其烧成炭灰后用清水淋出碱水，用来浸糯米和煮粽子，也可用黄栀（枝）、槐花浸水。大多数村民用箬竹叶包粽子，但以前也有少数民众用毛竹笋壳包粽子。人人吃染红蛋，喝雄黄酒，故有雄黄渣涂抹关节，洒房前屋后说可避山林蛇虫侵害的说法（雄黄有毒，不能饮）。

8. 七夕节

七夕为牛郎织女相会日。畲族女青年相聚月下比试穿针习俗，看谁眼明手巧。男女青年这一天也择地对歌，谈情说爱，外婆要送"七夕糕"、豆制品给外孙吃。

9. 七月半

明代中后期，倭寇侵犯沿海各省，抢劫烧杀各地百姓，扰乱城乡，人民生活日夜不得安宁。故此，今浙南一带如平阳、苍南等县出现了大量讲闽南话的老百姓（100多万人）。为了生命的安全，各姓始迁祖们实在等不到做七月半（七月十五日）这一天，因而提前在古历七月十三日做"七月半"节（据《平阳池氏史志》所载），他们隆重地摆起牲礼祭祀祖先牌位，烧纸钱，然后逃离福建，迁入浙南各地安居。此风俗在浙南闽南话地区流行。每年定七月半为"小过年"，挨家挨户蒸"九层粿"作为七月半节必定置备牲礼，在祖屋厅堂祭祖灵。各村做"七月半"节的时间，一般都是七月十三日，以前，九岱、王神洞、章山、朱山等畲族村（含山区畲村）多在七月十五日。

10. 尝　新

尝新亦称"祭天地"。一般在新稻米成熟时，村民将刚成熟的稻谷捋下来，晒干，舂米，煮成新米饭。在庭院中摆一张八仙桌或小桌、茶几，放一盘茄子，一盘豇豆和一大碗新米饭，点燃香烛，祭祀神灵。而那些没有新稻米的农户，要盛上一大碗大米饭，插上刚从稻田中伸拔的新稻穗（5至7穗即可），稻穗插入碗内白米饭中，一同把米饭摆在桌面上。其意在感谢天地，保佑自家五谷丰登。其中茄子意味着开花必结实，豇豆为豆类中荚最长者，且对而生，寓并蒂绵长之义。尝新时，一般比较讲究排场，主人家购买些海鲜品或农家中比较上好的菜肴作下酒菜，并且要让家中主要劳动者先品尝，以表达对劳动者的感谢和尊敬，然后其他人才可以吃。从那天起，家中就可以开始食用新收获的大米了。

11. 中秋节

中秋节也是畲族祭祀日。畲族古有春秋两祭习俗，春祭在正月初八或十五，也有在清明节，秋祭即在中秋节。届时全宗老少相聚，若无故不到，要按"失踪"论处。宗祠内由族长率领进行祭祖活动。祭毕聚餐，并有馈赠月饼习俗。

12. 重阳节

农历九月初九秋高气爽，畲族男女登高对歌，青年男女对歌谈情。

13. 生日与做寿

各姓氏族人举行生日庆贺活动，历史悠久，形式多样。普通人家的生日活动比较简单：家中主妇要给家中生日者煮点心，无论是煮寿面或其他较好食品，但一定要有"蛋包"一双；或全家欢聚一堂，吃一餐长寿面，寿面一般长6尺以上，所以称"长寿面"。

村民中的文人学士生日庆贺活动，要比普通百姓热闹。亲朋好友等往往送礼祝贺，并且还有赋诗、祝贺寿联语或赠寿星像等，以表心意。做寿那天，桌案摆上米粉做成的寿桃，也有用鲜桃的。一般一盘盛9只，三盘并列，称为"寿桃"，祝人长寿。

桃为果木，原产中国，桃木栽培已有3000多年的历史。《山海经》一书记载，桃树是夸父追日的手杖变成的，有些神异，故被视为最早的镇邪物件。古代人认为：桃者，五木之精也，故能压伏邪气。桃之精生在鬼门，可制百鬼，以压邪气。古书中还说到，玉桃服之长生不老。即使平时不服食，在临死前吃了，也能尸体"毕天地不朽"。各姓族人历代以来，做寿都要用寿桃。做寿，从30岁开始，称头寿。在闽南话地区各姓氏族人叫"做十"，40岁一般不祝寿，一般40岁"做十"提前到39岁，或推迟至41岁，因方言"四"与"死"谐音，不吉利，所以有"在生不言四十"之说。60岁一般称老人，在60岁生日开始上寿，80岁以上生日为大寿。

至于寿酒、寿面的用意，因"酒"与"久"谐音，有祝人长寿之美意。饮寿酒时，必先敬寿星，然后宾客共饮祝贺。寿面，闽南话又叫索面、长面，因面条形细又长，故有延年益寿的吉意。在寿宴中必有寿面。在老人做寿时，厅堂中一般高挂《福禄寿图》，图中有寿星老人，持桃伴鹿，祝愿老人寿如寿星，闽南话鹿与乐同音，就是快乐；上有飞蝠，蝠与福谐音，预示福气好；禄，旧时官吏将工资称为俸禄，表示为官步步高升的吉意。寿蜡又名寿烛，蜡面上印有"福如东海""寿比南山"一类的吉辞，祝寿一开始时便点燃，以增加寿宴的热闹气氛。

14. 双合殿庙会

每年农历二月廿二日在青街水口双合殿举行出巡庙会。乡民抬出马仙娘娘、杨府侯王、周八大王等神像出巡游春，以祈求合境太平、人丁兴旺、财源滚滚。二月廿二日这天，天刚蒙蒙亮，四社弟子、各方善男信女即汇集双合殿大戏台前。准备炮手四名及令旗、符使、土地、文武背印、刽子手、解差各若干名等，领取方函、拂尘、大刀、包袱、水火棍等。庙会出巡队伍排列依次如下：

钩　刀　排除出巡途中障碍物。

火　铳　铁制三孔，装火药，巨响。

高　照　为"T"字形，高4米左右，上书"双合殿"，各竖写"敕封护国佑民马仙娘娘""敕封护国佑民杨府侯王""敕封护国佑民周八大王"。

净　水　用竹枝或万年青树枝沿途喷洒，除邪去秽，保境安民。

头牌大小5对。大牌书有"马仙娘娘""杨府侯王""周八大王"，小牌均写"肃静""迴避"。

七声锣　2对，敲"哐、哐、哐、哐哐哐、哐"。

长　号　1至2对。

大　旗　20面。

彩　旗　180面。

符　使　先行官。

土　地　土地神。

文武背印　文掌大印、武掌剑。由男童装扮。

香　亭

神　轿　3顶。由华侨池云祥、台胞池昌源、东门周族赠给。每顶由4人抬、内坐马仙娘娘、杨府侯王、周八大王。

凉　伞　有百叶伞与平板伞两种。

刽子手　由四社首事选定，路祭时立神轿两侧。

解　差　2名。

文武七星八将　由孩童装扮。文七星手握马鞭，穿插队伍当中，武八将饰花脸，手执七星叉，跟随神轿。

八　仙　由戏班演员扮八仙随队伍出行。

乐　队　有（将军令）和锣鼓班，穿插队伍中，另一班民乐吹打押后，兼路祭吹奏。

出巡游春路线：双合殿（太监地）—睦源—岭脚潭—九岱—贡后—王神洞—十五亩—青街—太申—垟心—周岙—王碥坝—章山—睦源—双合殿。队伍浩浩荡荡，旌旗招展，火铳轰鸣，鞭炮连响，锣鼓喧天，热闹非常。所经之处，行人不得挡道，群众（尤其是妇女）不能站在高处观看。沿途店家居民燃放鞭炮迎神，村里居民设供路祭，摆三牲祭礼、水果糕点等，还有红包2只，随行褛公净筵收取1只，大红包归双合殿收入。糖糕分给随行队伍。走完路程，整队回宫，火铳声、锣鼓声、呼喊声震天动地，人们前呼后拥，飞也似的把灵炉、神像抬回殿中，四社首事列队庙门两侧，恭迎圣驾回殿，诸神登座。

出巡前后演戏3天，谓之"神民同乐"。演戏时，神前案桌摆上供品，如水果、糕点之类。首场演出开始时，有大八仙庆贺，首事们给送香烟、水果、糖糕和红包1只。演出结束时，擂一通大鼓送神。1951年，政府提倡破除迷信，全县神游出巡活动停止。近年来，各地为继承发扬传统文化和发展旅游业等，庙会活动各村又恢复如前。

15. 吃福酒

在平阳北港有五月十八与十月十五晌午吃"福酒"的民俗，尤以青街最有名气。在青街水口处，有一座著名的双合殿，殿内塑有"周八大王""杨府侯王""马仙娘娘"等神像。各姓列祖经历了一段动荡不安而进入太平时期之后，更加渴求国泰民安。在以前，由于科学落后，往往把这种希望寄托在神灵身上。于是便产生了浓厚的祈求神灵保佑的习俗。五月十八和十月十五据传是神灵的圣诞，在这一天早晨要拜祀供品，供品是山珍海味，凡是能买到的都要买到，还要在一年前就要特地饲养1只大猪和1只公鸡，越大越好，它们是主要的拜祭用品。当天包括其他姓氏在内共摆几十桌，相互之间要攀比排场。殿内各供桌前要挂上精绣桌围，摆上铜烛台、雕花描金栏杆，然后摆出供品，3个"大明斋"糕、酒、茶等，然后首事们点燃香烛，接着褛公口念请词。在念"请旨"时，首事们侧竖耳静听褛公念出自己的名字，唯恐失漏。褛公念好全部祝词，接下便鸣鞭炮，首事们叩首礼拜。结束时，首事急忙收拾供品，即准备中午宴请福酒之用。

福宴酒席，除了首事外，参加者均是福会成员（俗称福脚）。如首事不入席，可邀请亲戚入席参加吃福酒。会员须交纳福金若干、大米1斤。宴会中尽情豪饮，喜气万分，胜似节日。散宴时，会员们分得糖年糕、各式水果，装满一大袋，高高兴兴带回家去。下午和夜间还要演大戏，一般至少要演3天。以前，青街的五月十八福酒是出了名的排场，祭礼之隆重名扬北港。

（二）人生习俗

1. 畲族生育习俗

坐月子　孕妇分娩后在家里休养的一个月，俗称"做月子"，也称"坐月"。产妇不出房门，不见天，手脚不触冷水，要多吃生姜、红酒、绳面、鸡蛋、红糖等食品。分娩第二天，女婿要到岳母家报喜，同时也要送猪腿给媒人，俗称"报喜"。同时煮姜酒面分给左邻右舍，称"落肚面"。

送　庚　孕妇生产后一个月内，娘家携鸡、兔、长寿面、布料、毛线、衣帽等前来贺喜，称"送庚"。主人一般要设酒席款待，会多包红包代替礼品。

做满月　婴儿出生一个月，称"满月"。嫡亲朋友携礼物来贺喜，外婆送衣冠、鞋袜、金银镯（配有银铃）等物品。主人设宴款待，俗称"办满月酒"。请理发师给婴儿理发，称理"满月头"，脑门留寸见方头发，叫"孝顺发"。这天抱婴儿到大户人家讨取猪嘴唇、鲜鱼给婴儿吃，称作"开荤"。也有把理发时的胎毛剃成毛笔，作为纪念。

百廿天　为庆祝小孩出生满4个月，本家要宴请亲戚朋友、称"做百廿天"。外婆家要送煮熟染红的鸡蛋（红蛋），小儿内外衣物等。当天把小孩领到尾角或厕所用竹片左敲右打，称"助胆"。

对　周　俗称"抓周"，即小孩1周岁生日时，外婆家要送衣物、金银首饰、红蛋、米做"红龟"，其中要有一对个大的"红龟"，称"龟王"，把龟王放在桌上让小儿双脚踩在大红龟上，意为长寿。

祝　十　俗称"做十"。每逢10周的生日，亲戚要送礼品，一般是30周岁开始"做十"。40岁不做（因40谐音不吉利），有的39岁"做十"称"补十"，所以有"生不祝四十，死不祭四七"之说。60岁以上为"大寿"或称"祝寿"。

排　辈　畲族很重视人与人之间辈分礼节，不论年龄大小，都要以辈分大小称呼，如不按辈分称呼，则被视为"没人教""毛竹不分上下节"。在举行嫁娶、寿辰等酒宴，来客坐位，要根据酒宴性质、辈分大小安排。

竖寿方　俗谚："三十不发，四十不富，五十起备死厝。"早期一般人到50岁左右就要预制好棺材（即寿棺），也称"百岁枋"。寿方一头写"福"，另一头写"寿"字。今火葬已弃。

做寿被　俗谚："生男孩为棺材，生女孩为水被（即寿被）。"寿被的选料一般为缎面，被里为两层白布缝制而成。

2. 汉族生育习俗

青街汉族妇女结婚后都有祈求早生、多生贵子的愿望。在新娘婆到家时，由长辈中子孙双全的老太太，手抓枣子、莲子、花生、瓜子、百果子（百子糕）5种果子撒向宾客，以取"五子登科"之吉兆。

婴儿满月，要举行"满月礼"仪式，剃满月头（落胎发），向四邻分红蛋，还要设宴，遍谢宾客亲友，亲邻相贺。

婴儿养到4个月时，有做"百廿天"的习俗，闽南话"四"与"死"谐音，不好听不吉利，所以4个月通称"百廿天"。女方娘家外婆，要送给外甥孙许多衣服财物，表示祝贺。

婴儿长到1周岁，还要举行"抓周"之礼，即把各种玩具和文房四宝等陈列在小孩面前，任其抓取，以抓到的物品推测小孩日后的前途、志向、兴趣。这时外婆家要送"红龟粿"，银牌、银圈、银脚镯、银手镯、衣服等等，因"红龟"状似龟背，而龟是长寿象征。亲友皆往庆贺。

3. 礼仪习俗

畲族是一个讲文明有礼貌的民族，朴实、热情、好客，当地汉族礼仪习俗与苍南其他地方相同。

祭祖尊宗拜天地 畲族人民始终将国家与天地并列，每逢春节，在厅堂张贴"天地君亲师位"对联；每逢稻禾登场，在大堂前天井，摆新米和猪肉等祭品，焚香点烛，虔诚供奉。

尊师敬老，待人知礼 在畲乡，不管遇陌生人或熟悉者，必打招呼。对本族或汉族老人，都非常尊敬。

勤劳朴实，谦逊好客 勤劳朴实是畲族传统的美德。男女老少无不参加劳动。畲民十分好客，每逢客人光临，主人必泡上一杯清茶招待，主人一般要冲两次，他们说："喝一杯是无情茶"，"一杯苦，二杯补，三杯洗洗肚"。喝茶，一可消疲止渴，二可养神补身；清茶待客，表示诚意和良好祝愿。畲民很重视植茶，有"畲山无园不种茶"的谚语。畲民人人喜饮茶，在人际交往中，茶又是必不可少的待客之品。在节庆、婚俗、祭祀、丧葬仪式中，均离不开茶俗，如农历正月外出要喝"出行茶"；初五"送年"要喝糖茶；立春要喝"春茶"；腊月二十四要喝"送神茶"；婚俗中撒茶叶米等"五谷"，求添丁发财；敬舅母"九节茶"；亲家母捧出"宝塔茶"敬亲家伯；葬俗中让死者手执茶枝供其开路用等等。逢年过节必酿米酒、捣馍糍，合家欢庆，款待宾客。

每年农历十月家家户户用糯米酿酒，俗称"过年酒"，到春节时便可待客饮用。每当宾客至，便端上香醇米酒，佐以炒豆、南瓜子、干菜、笋等。到畲家做客，主人敬酒，客人必喝，否则，视为不敬。一家有客，邻居闻讯，便提一壶酒、端几碗菜来敬客人，这更是汉族所少见。"捣饭糍"，即将糯米放在水里浸10个小时，在甑里蒸熟，再放石臼里捣，搓入红糖或白糖，撒上芝麻和桂花，或用黄豆、小麦磨成粉加糖，将捣烂的饭糍捏成小块在粉里滚即成。清明时，他们又将在田塍上采到的棉菜拌在饭里一起捣。畲民制作的饭糍柔软香甜可口，成为待客的佳品。

族规家训极严 在畲族各宗谱中，一般都载有族规和家训。族规规定：合族之道在无他要，对贫贱者要"毋论贫富"；祭仪"不可太繁"，父母初丧不可不谨，毋得"分列绢帛，盛设酒馔"；兄弟同天共地，亲如手足，不能偏爱、私藏失和；宗族子弟有俊秀聪敏能读书而无力上学者，家有财力的"义当为助"；广储书籍，以遗给子孙览究；等等。家规有孝父母、敬祖宗、端夫妇、和兄弟、睦宗族、重婚姻、肃闺门、教子弟、慎职业、守勤俭等等。宴席注重位次，以面向大门左侧为上位，视各场不同而定，一般由年长辈分高者坐之。

宴席礼俗 青街地方红白喜事之酒宴，旧时都用方桌（又名"八仙桌"），桌面板必须正对门口摆放。赴宴者就座要论资排辈。假如大厅有四席，最尊贵的是面朝正门左边屏风的一席，称"头桌"，一般是外公、舅父或贵宾的座位。每桌中最重要的位置是上位（或称"头位"），就是八仙桌面朝正门左边靠上横的位置，只有重要人物才可以坐。若是在起媒桌、酒席上媒人是重要人物，此位由媒人坐。若是在婚筵酒席上，舅父是重要人物，此位由舅父坐。若是在祝寿席上，由荣寿主人坐。若是上梁席上，由领班木匠坐。若是在葬墓席上，由泥水师匠坐，若是祠堂酒席上，由最小一辈的男孩坐，称"婪尾"。

仅次于上位的位置是上横头——八仙桌面对正门的左边位置，由尊贵者或长辈坐。陪者坐在上横位的下首（右边）。

上横位的座位叫"下位"，即所谓的"末座"，由晚辈或主人坐。

上位旁边为筛酒人的位置。筛酒次序按逆时针巡行。要待上席宾客入席后，余众才能就座，否则便是失礼。席上要随声举筷，就近夹菜，慢夹轻放，咀嚼不出声。停酒、上饭或散席，也都是上席优先。

酒宴上菜看分两类，一为摆盘（冷盘），一为烧碗（热菜）。一般一桌要有8个冷盘。盘亦有平盘、高盘之分。冷盘摆在外圈，当中放烧碗并有面、年糕、汤圆等主食，有些会增加炒番薯粉丝等。过去以枣汤或罐头上桌代表菜上齐。

旧时菜肴较高档的话，一般会有鸡、鸭、肉、蛋、鱼、虾、蟹、蚶、海参、鳗、团鱼（甲鱼）等。

除红白事外，筵席上要有许多取名图吉利的热菜。第一道一般是枣汤，接着是发菜，意为"早发利市"。此外，索面（又称长寿面），寓意为长寿；汤圆，意为结缘等。

过去宴席有禁忌桌面板横放是请神鬼；如果6人1桌，不得对座各2人，另对座各1人，这种坐法俗称"乌龟坐"。吃酒时，若把脚搁在别人的椅凳上，便是"踏牢吃"，是不允许的，椅凳被踩的人将不负担饮食费。家有宾客时，妇女一般不上桌；红白喜事，菜盘不能重叠放；而摆周酒、寿酒和上梁乔迁酒时，见菜盘叠得越高越吉利，主人家最喜欢。

4. 婚姻习俗

青街婚姻普遍实行一夫一妻制，随着民族平等团结和谐政策的执行落实，畲汉两族青年之间通婚也比较普通。婚姻形式主要是男娶女嫁，或招婿为子，也可招婿入赘。通过看亲、定亲、送嫁、拜堂和婚宴等婚嫁过程来完成。

（1）畲族婚俗

畲族婚姻实行一夫一妻制。畲族长期保留本民族内蓝、雷、钟、李几个姓氏互相通婚的习俗。此为约定俗成的不成文法规，载入《高皇歌》和宗谱。"当初皇帝话当真，盘蓝雷钟好结亲。""你女乃大我来㧚，我女乃大你㧚去"。由于姓氏少，居住分散，又严格实行族内婚，同姓禁止结婚的规定不得不有所改变，故同姓不同房或六代以后也可以通婚。

随着民族平等、民族团结政策的贯彻执行，畲汉间通婚已渐多。据2014年全乡调查，至今与汉族或其他少数民族通婚的有380人。多是外出经商与不同民族通婚，读书后参加工作的大多与汉族结婚。

婚嫁方式有女嫁男方、男嫁女方、做两头家、童养媳、姑换嫂、姑舅表婚等。一般需经相亲、定亲、娶亲几个程序，媒人从中撮合。畲族媒人以男性居多。

女嫁男方　畲族青年男女恋爱比较自由，在生产劳动和节日活动中对唱山歌，建立感情，即可成婚，不讲聘金，陪嫁中的农具、斗笠，成了勤劳创业本色的反映。"卅晚还亲"的婚俗，曾代代相传。即大年除夕晚举行婚礼，新娘新郎着盛装，不讲排场，不摆阔气，不请客受礼，邻里乡亲赶来庆贺，新郎敬烟，新娘泡茶，分赠炒豆、干薯片（新娘饼），大家欢欢喜喜，热闹一番，既隆重又节约。

清代，封建包办买卖的婚姻现象逐渐滋生，重彩礼，多嫁妆，摆阔气，讲排场。贫苦畲民往往因出不起聘金而终身不能成婚。中华人民共和国成立后，人民政府提倡婚事新办，社会主义新风尚日益增多。

男嫁女方 畲族只有女儿而无儿子的家庭，多行招赘。女婿上门按例须改姓，孩子从母姓。若生两个以上儿子，有从母姓的，也有一个从父姓的。对上门女婿不歧视，他既有财产继承权，又有养老送终的义务。男嫁女方有两种称呼：入赘给未婚女子的叫"做女婿"，入赘给寡妇的叫"上门"或叫"插门"

做两头家 做"两头家"，一般为男女双方都是独生单丁者。婚仪较简单，先是女方至男方摆酒，然后男女双双回到女家摆酒。婚后要种两家的田地，继承两家财产，赡养双方父母。所生子女亦分别一个随父姓，一个随母姓，长大后可分两头住，繁衍后代。

童养媳 旧时，穷苦人家生了儿子怕娶不起媳妇，好心的父母便去领养被遗弃的女婴或家中多女孩而无力抚养送别人者；也有久婚未育者先抱一个女孩，以防终生无育，将来可招婿入门，继承香火。到结婚年龄时，添些家具，布置新房，择吉日完婚，只摆酒席而已，叫"子媳缘亲"。抱童养媳之习俗在20世纪70年代以后已匿迹。

姑换嫂 俗称"对亲"。昔日，"对亲"现象在畲村较多。因双方进行对换，婚礼简单，争执也少，只要一方不成，便告吹。但婚后若一方夫妻不和睦，便往往影响另一方夫妻的关系。

姑舅表婚 俗称"接老亲"，即将女儿给姑母、姨母或舅父作子媳，或称表兄妹结婚。昔日较常见。这种近亲结婚现象，今已极少见。

（2）婚俗过程

提亲，合"八字" 男女双方无论哪方先起意，男方会托媒人索要女方生庚。媒人到女家索要生庚时，从男方带去一个红包，该红包俗称"手信"。男家把男女双方的生庚，送请算命先生测看"八字"，是否和合，如果"八字"和合，便认为可以联姻。有的男方还要把女方生庚放在厅堂神龛里或锅灶筒顶（灶君亭前）数天（一般为七天），这期间家里没有出现不吉的兆头，才确定可以联姻。对于"手信"各地风俗不尽相同，有的地方只有二婚看亲才要交"手信"。无论是男方二婚还是女方二婚，双方见面谈妥了，男方要交给女方一件信物或一个红包，日后交"手信"；女方也回赠一件信物，一般是织花带。初婚不行此俗。无论是否初婚，男女看亲之后，订婚之前，表示愿意结亲时，男方都要赠给女方一个"手信"。

看　亲　"八字"和合后，女方会择日同自己的母亲、婶姨及姑嫂等亲朋中的贤能女眷，有的还连同父亲一起到男方"看人家"。女方除要了解男方的人品相貌和住房、财产情况外，对男家所处自然地理条件与生活环境特别关注。畲族绝大多数居住在偏僻山区、交通不便、经济贫困的地方。把女儿嫁到环境条件相对较好地方的愿望尤为强烈。男方到女方看人家时，不仅要看人品相貌，了解个性与为人，还希望有健康的体魄。有的家长甚至还要了解女方的足底弯和脚后跟的状态，看走路爬山是否利索。畲族男女青年可以自己相亲，有的还是双方在劳动或对歌等交往中相恋才托媒结亲的，对婚姻已经有一定的自主权，但仍然要经过"提亲"、"合八字"、看亲等嫁娶的程序。

定　亲　双方同意结亲并商定聘礼数额、嫁妆置办等事宜之后，男方便可择吉日，携礼至女家定亲。前往女家定亲的人一般都是男方的伯叔或兄弟，和媒人一起前往。青街畲乡的风俗是只由媒人送"鸡酒面"前往女方"下定"。所谓"鸡酒面"是指用一个锡壶或茶壶，内装红酒；大公鸡1只，宰好焯过（掏肚不开膛），置于壶上，鸡的双脚扎上红纱线，插入茶壶内；还有索面若干斤。这些礼物分别放在2只红布袋里，再放上2丛四季葱，2簇万年青，一束"五色线"，一对鸡脚谓之"明媒正娶"。订婚戒指红布袋（一般都是银戒指）在订婚之日送给女方，聘礼也在定亲时给付部分或全部。女方收下部分鸡肉、红米酒和索面，余下的作为回礼，并一定要回赠一条双连手巾，有的还回赠女孩所织的织花带。女家在收定亲礼后，要煮点心，以"鸡酒面"敬奉嫡亲长辈。

择日，送日单　畲汉男女青年结婚，无论两人是否定过亲，男家都要持男女双方生庚，请择日馆先生一并选定裁剪、送日单、新娘"开脸"及迎娶的良辰吉日，用大红纸写明。送日单，就是男方把一份记有良辰吉日的大红单子送往女家，由媒人送去。送去的礼物有猪前腿一只，索面若干斤，女家以猪脚作为回礼（用以谢媒人）。畲族在送结婚日单时，都要同时送去给新娘直系长辈及伯叔、舅父、姑父母、姨父母等嫡亲的"桶仔礼"，每户，1份。所谓"桶仔礼"就是2—3斤的猪肉放在瓜瓣桶（俗称红桶仔）里，外加2—3斤索面，一并装在红色网兜里，并附红纸片，万年青枝。收到"桶仔礼"的嫡亲，都要准备礼物给新娘送嫁，并要在翌年正月宴请新婿。男方在送了结婚日单后，要向舅父、姑母、姨母等嫡亲"放帖"，送去龙凤双帖和"桶仔礼"，告知婚期，邀请他们在结婚前一天来喝喜酒（起媒酒）。在选定的"裁剪"日，男女双方分别请裁缝师傅开剪，为新郎、新娘缝制拜堂时所穿的服装、蚊帐、被子及其他衣物。

送"盘担"　迎娶日的前一天，男方要给女方送"盘担"，由媒人和一位挑工前往，挑工一般是新郎的同辈近亲属，挑去的礼物是盘担的4样荤菜、长条印粿最少120双、索面、猪肉等，还有2对的红蜡烛、"果盒"（百子糕、荔枝、园眼、花生、糖果）2份，用于闺房梳妆与厅堂谢担、炮仗、盐米供出嫁仪式之用。男家还要为媒人准备3个红包："盘担"送到女家媒人吃点心时新娘便会向媒人"哭嫁"媒人要给1个红包；当天晚上女家操办嫁酒席，媒人受邀坐大位（主宾），新娘再向媒人"哭嫁"或致谢，媒人又要给1个红包；第二天新娘出嫁登轿后，女家给媒人送猪腿雨伞时，媒人再给1个红包。

娶　亲　各地的娶亲方式，亦各异。中华人民共和国成立前，有步行的，也有坐轿的；现在畲族地方修通了公路、机耕路，乘车的渐多。新郎有在家门口迎接新娘的，也有亲自到女方家去接新娘的。畲族人民至今还保留着古朴而丰富有情趣的婚俗，婚俗简朴。畲族是一个善于唱山歌的民族，它不仅以歌传情，以歌为媒，而且还贯穿到整个婚礼的全过程，成为具有独特风格的一种习俗。畲乡曾流行婚前姑娘"作表姐"的陪客唱歌风俗，姑娘在出嫁前，舅父、姑丈、姨丈都要请她去"做表姐"，村里的青年陪她唱歌。"做表姐"，是姑娘们在出嫁前对其先前学歌成绩的一次检验，是结婚时应付各种对歌的一次预演。善歌的姑娘人人夸，不会唱的姑娘就会遭到讥讽奚落。如果姑娘善于唱，而舅父村又没有好对手，还要邀请外村男青年好歌手与姑娘盘歌唱歌，舅父还要制糯米糍设筵招待。"做表姐"对歌，首先要起歌头，起歌头一定要唱《黄蜂头》，而《黄蜂头》歌词比较难唱，特别是经"小割、大割、分割"，当轮到表姐时才回歌，从中使歌手们彼此了解到对方唱歌的能力和水平。《黄蜂头》歌词节选为：

> 黄蜂飞来入门楼，脚踏石板两头翘；
> 石板铺路千年在，伶俐人表起歌头。
> 黄蜂飞来入大厅，三人同凳坐一横；
> 中央留个娘坐坐，两边又是何缘兄。
> 黄蜂飞来在厅堂，金漆交椅排两行；
> 娘乃长大坐上位，郎乃长小坐下行。

……

十二柬帖两头黄，又是杭州客担上；

柬帖请来礼为大，一心爱请表姐唱。

结婚前两天，男方宰猪、舂糖糕，备上"日子单"（大婚佳期）和礼物，称"丈头庚"，即俗语所谓"闺女白白生，赚担丈头庚"。所有礼物都要放上一片红纸条、一束万年青或柏树枝，用"重盛"送往女方。此外，还要送一件衣料给岳母，称"主家衫"；要给健在的祖父母送上一腿猪肉，称"太公肉"；送上两块相连的"双刀肉"，俗称"主家肉"。"赤郎"，是代表新郎到女方迎新的歌手和操办宴席的厨师，要善对歌，能说会道；"行郎"是专门挑送礼物、抬嫁妆的抬轿手。到时，媒人带赤郎、行郎、唱班到女方。赤郎的点心必须由男方带去，否则女方不给点心吃；媒人要带足所需的各种红包，如门头包、做衫包、笼包、尿盆包、六局包、姐妹包、厨房包、内厨包、泡茶包、请公包、开额包等，行郎人数须凑双，不能逢单。

到女方大门时，有一个热闹的场面，叫"关门迎赤郎"。当迎亲队伍快到女方大门口时，迎亲队伍就燃放双响鞭炮6响，早就守候在大门口的两位女青年，即把大门关紧。唱起"拦门歌"，站在大门口看热闹的观众捧腹大笑。畲族规矩规定：这时是不准来客坐门口和叫门的，所以，赤郎便唱起"开门歌"，又用鞭炮催开门，往往放10响后仍然不开门，则用小鞭炮挂在门环上连续地放，最后无可奈何，只好由媒人掏出2个小红包从门缝中塞进去，这叫"开门包"。大门内一面响起小鞭炮，一面打开大门，由女方兄弟上前迎接迎亲队伍，接进礼担，媒人双手递去2个小红包，叫"接礼包"。进屋后，接待妇女将板凳放在厅堂右（东）首请赤郎们坐，赤郎应马上将板凳挪到左（西）首来，因东大位、西小位，以示自谦；当请赤郎抽烟时，他不但不能接受，而应主动拿烟敬女方的人，连在场的小孩也不例外。如不懂这些规矩，就会遭鞭炮轰。送来的礼物在厅堂首席桌上，赤郎一边唱着"接亲歌"，一边将礼品一一点交给女方。然后女方送上茶和洗脚水，用对唱山歌形式，来接待男方喝茶、洗脚，叫"脱草鞋"。宝塔式的敬茶（下一杯、中三杯、上一杯茶，叠成宝塔型）象杂技那样呈现在赤郎面前，赤郎用嘴衔顶上的一杯茶，不许有一滴往外滴。然后，赤郎把已备好的一只"对盏鸡"呈放在香案上祭祖，唱"对盏鸡"歌。接着，由女方舅舅陪同下，向长辈一一鞠躬后在厅堂左边入座。迎接队伍吃点心，叫吃"落脚酒"。

晚餐由男方回席，备办酒肴，宴请女方亲友，叫"请大酒"。男方在女家宴请，一切饮具均要向女方"借"。赤郎步入厨房，厨房空无一物。这时，赤郎就要以对歌的形式唱起山歌，要什么唱什么，向女方歌手借用一切饮具。如借灶，则唱"四四方方一品墙"；借铁镬，则唱"当央两口好龙塘"；借水勺，则唱"一对鸳鸯水面上"；借火管，则唱"玉女吹箫火城内"；借火钳，则唱"双龙抢珠两路来"；等等。要唱三四十句，才能把厨房里使用的东西一一借全。用好后，又要唱着一一归还。

喜筵时，酒过三巡，新娘在"赤娘"的陪同下，端上茶盘，盘内点燃1对红烛，放上1壶酒2个酒杯，到中堂首席向太公舅父等敬酒。"赤娘"在新娘背后代她唱："一双酒盏花来红，捧上酒盅敬嬢舅，敬你舅父吃双酒，酒宴圆满结成双。"舅父喝1杯给1个红包，喝2杯再给1个红包。若敬酒的红包是单数，舅父还要拿出一个凑成双，俗称"好事成双"。敬酒在接受宾客和长辈馈赠的红包，叫"讨百家银"。清朝和民国初，将这"百家银"用来打手镯、项链、戒指等首饰，给子孙佩戴在身上，不仅显示着华贵美观，且象征着吉祥如意。如今，虽无银币，但举盘（杯）敬酒馈赠红包的习俗，仍保留至今，象征着对新娘的祝福。宴毕，唱"感谢歌""送神歌"等。

晚上，开始长夜对歌。女方请来许多善于对歌的姑娘，和赤郎、行郎赛歌，双方各展其才。引吭高歌，尽情欢快，通宵达旦，以歌代眠，谓为"打大铺"。在对歌中，女方歌手常唱出一些刁难的题目，请男方行郎回答，答对了，啧啧称赞，答错了或答不上来时，往往向行郎脸上抹黑灰，常引起哄堂大笑。对歌结束后，请客人吃点心，叫"办回盘"。

若抬轿去迎，往往于第二天由另一班行郎抬着轿在约定时间到达女方。行郎进屋，女方往往拿凳放在右边让座，行郎应把凳拿向左边。畲族礼仪以右边为主位为大，据说是因畲族始祖龙麒迎高辛帝公主为妻有关，畲族历来有"高头嫁女，低头娶亲"之俗。继而款待行郎茶水、点心。接着，女方行"请祖公"礼，由女方老人、媒人主持，在祖宗面前报告新娘、新郎的姓名、年龄，说两人要结为夫妻，祈求祖宗荫佑，百年好合，举案齐眉。

迎娶之日，凌晨新娘起床，脱下女儿装，穿上新娘服，梳头、包罗帕、插银花、戴凤冠，新娘做什么，歌手配合唱什么，以山歌来戏弄新娘。梳妆后，步入中堂，向父母行跪拜礼，父母唱《请女歌》《嫁女歌》。新娘在离开娘家前，还要在厅堂前"溜筷子""吃千斤饭"。在厅堂的桌上摆着两把筷子和一碗米饭，新娘一手拿着一把筷子，交叉着递给站在身后的哥哥，哥哥从新娘的腋下接着把筷子放回桌上；新娘弯腰衔三口米饭，喷撒在桌上的手帕中，哥哥把它包好放在新娘口袋里让其带往夫家，俗称"千斤饭"，来日将年年能饲养千斤的大肥猪。在厅堂正中焚香点烛，用笼倒罩，叫"留风水"。新娘向长辈、嫡亲告别，向前来欢送的姐妹们分"姐妹包"。上路（或上轿）时间，视两地相隔远近而定，但须在天亮到达夫家，以免在路上碰到孕妇、送葬等意外事。上轿时，由姑嫂扶新娘上轿。轿抬起时，轿夫要三进三退，叫"退轿神"。姐妹们要一拉一送3次，新娘才能动身，叫"留风水"。新娘唱"别亲歌"。一路上，新娘不许回头看。前面两人高擎一对红灯，两人执大锣，称"打对锣"，在前面鸣锣开道；花轿前弹唱班的唢呐、琴、钵不断伴奏，三眼铳声声响，迎亲队伍热闹非常。新娘随身带着桂圆，万一遇上不测（如孕妇），则送两颗桂圆，以示吉利。

娶亲当日一早，新郎请来理发师整容，叫"剃新郎头"。新郎穿上长袍，披上红绸布，戴上礼帽，迎接新娘到来。送亲队伍到了男家，鸣铳放鞭炮迎接。轿停正门外，媒人取出"五谷豆"，向花轿顶上抛撒，叫"撒轿米"。撒毕，新娘赏给轿夫红包，由两名"接姑"牵扶新娘出轿，从铺好的5只红布袋上走过，走过的红布袋又依次铺上，一直走到中堂，叫"传宗接代"。进中堂后，先朝天三跪拜，然后向祖宗香案、公婆三跪拜，再踏上红布袋走进洞房。一路上撒生花生，意为"早生贵子""子孙满堂"。新娘进洞房时，要递给2位传红布袋的老妇各1个红包。有的地方，先进洞房，再至中堂拜天地、祖宗，新娘有跪拜的，也有不跪拜只鞠躬作揖的，只有新郎要跪拜。礼毕，兄嫂带新娘到灶前向每个灶门添火，再回到洞房。进洞房休息片刻，端上"蛋茶"，每碗2只，吃时，新娘头裹红帕，低头饮茶，不能吃蛋，饮毕，拿出"蛋茶包"放在茶盘上，表示谢意，其他陪人吃1个蛋留1个。

中午婚宴，叫娶亲酒，又称"正酒"。新娘、接姑宴席摆洞房，新娘坐大位；舅父、小舅父、外祖父、媒人宴席摆厅堂，舅父坐大位。酒至半筵，新娘、新郎由接姑陪同向众亲各席依次敬酒。

散筵后，备起福礼：落刀净肉、五德龙鸡、馍糍、斋果，请道士念咒，禀报祖先：今娶来某地某氏之女，纳入本郡某裔孙为妻，仗神祇祖公保佑，夫妻恩爱，藕入莲池，子衍昌盛。

入洞房前，请两位父母双全的傧相，各扶新娘、新郎向父母和嫡亲上辈叩拜。拜毕，傧相点燃洞房烛，引新人进房，以男左女右上床，将其双方解开衣领纽扣一对，放下布帐出房。洞烛彻夜长明，夫妻齐眉皆老。

婚后第六天，称"七日满"，新婚夫妇备上礼物，回娘家看望双亲。到了村口，青年男女拦住路口，和他们对唱山歌：新娘新郎双双临，可比鸳鸯水面行；乃想进村见亲娘，先对山歌后放行。对上，才让进村；对不上，便会遭讥讽，甚至抹锅灰。他们须带去许多红包和喜炮，一路上燃放喜炮，赠送红包。岳父岳母摆请女婿酒。新女婿要对一夜歌。过两夜或四夜，再回到男方。

拜头年，婚后第一个正月，要去岳父家拜年，俗称"拜头年"。给岳父一定要送一只猪腿，其余亲戚送猪肉和年糕。受礼的亲戚请新客吃点心、吃饭。还组织歌手进行对歌，通宵达旦。若不会唱或不唱，定会受到"担灰"惩罚。新郎欲回时，岳父家设宴招待邀女婿吃过饭的人，叫"回盆饭"。

婚礼，各地大同小异。如今，移风易俗，婚事新办，婚事简办，昔日遗风，渐成陈迹。

送丈头庚　婚前两天，男方宰猪、春糖糕，备上"日子单"和礼物，称"丈头庚"，俗语称"闺女白白生，赚担丈头庚"。所有礼物都要放上一片红纸条、一束万年青或柏树枝，用"重盛"送往女方。此外，还要送一件衣料给岳母，称"主家衫"；要给健在的祖父母送上一腿猪肉，称"太公肉"；送上两块相连的"双刀肉"，俗称"主家肉"。

"含饭""留箸""留轿"　新娘出嫁临动身时，家人端来一碗饭，新娘扒上一大口，胞兄弟双手拎起自己的衣襟或者拦腰裙，新娘把这口饭吐在里面，兄弟随即把这些饭倒在楼上的谷仓里，俗称"含饭"，也有称之为"吃兄弟饭"。新娘上轿，由胞兄弟抱至厅堂的八仙桌前，站在椅子上，面朝祖宗香案，双手拿两束竹箸，交叉递给站在身后的兄弟。兄弟接箸后，从新娘腋下把箸子放回桌上，这样连续两次，称"留箸"。起轿时，女方兄弟或同辈男性亲属，出来"留轿"，意为留住风水，"留轿"以三退三进为限。

牛（羊）踏路　迎亲队伍回程的序列，最前头的是"踏路牛"。经济条件差一些的家庭则用"踏路羊"。踏路牛（羊）的脖子上箍着红纱，用织花带作牵绳由新娘的年纪最小的弟弟牵行。

拜　堂　迎亲队伍回到男家门堂时，燃放鞭炮迎接，花轿停在门堂上，开轿门让新娘下轿时，男家用茶盘端上两杯糖茶接新娘，杯里还放有红枣、花生，祝福生活甜蜜，早生贵子。新娘拦腰内放的红蛋、花生、饼干、小糖、瓜子等，到男家下轿时，倒出以上东西，小孩来抢，场面十分热闹。拜堂前，厅堂里已摆设八仙桌，点上一对大红蜡烛，供上"果盒"，上香敬祖。拜堂之后，是新郎拜见嫡亲长辈。新郎、新娘在洞房吃汤圆各两个。厅堂中八仙桌前摆下太师椅，新郎要分别拜见舅父、姑父、姨父、伯父、叔父等，此时才可以与父母相见。

摆喜宴，"喝糖茶" 中午，男方摆酒宴请宾客，畲族称该酒为"正酒"。新人未吃，厨师煮好端给新人吃，新人要包一个红包，以与早一天晚上的"起媒酒"相区分。结婚第二天早上，新娘要准备几盘茶点，向娘舅及留宿的嫡亲长辈敬奉糖茶，俗称"喝糖茶"。

闹洞房 结婚当晚，民间有闹洞房的风俗，畲族也不例外。虽说"洞房三天无大小"，但来闹洞房的一般都是本村对歌男女青年。

"转三天" 结婚第三天，婆婆陪儿媳回娘家，带"红礼桶"。

"转头年"与请新舅 翌年农历正月，新娘偕新郎带"伴手"（礼品）回娘家，称"转头年"。"转头年"时，要新舅（女方的兄弟）一对来叫，新郎、新娘要给新娘的每户嫡亲长辈送"伴手"，外加一个红包。凡收到礼物的嫡亲，一定要宴请新娘、新娘，俗称"请新女婿"。酒筵时，同辈男女青年，想方设法戏弄新女婿，是畲族婚俗中一个很有趣的看点。新女婿的一举一动都要十分小心。尽量避免"上当"。如吃点心时要坐在墙壁的一侧，以防身后突然窜出个人在他脸上抹一把锅底烟，还戏称是"担炭"。女方同辈也有戏弄新舅（新娘的兄弟）的风俗，吃点心、酒席间有抹锅底烟，俗称"担炭"等。新郎在女方做客几天，要回家时，对每户有请的都要送红包，称"镶灶脚前"。

在漫长的岁月中，畲族的婚俗，经历了多种变迁，一直延续至今。

4. 汉族婚俗

（1）结婚年龄

青街各姓男女婚俗年龄一般须在"成丁"之后。而男子成丁年龄在18岁。俗传"男子18岁成丁，女子16岁及笄；男子18岁没饭吃，不得怨父；女子16岁没衣穿，不得怨母"。女子16岁举行笄礼，只有举行了笄礼，女子才允许嫁人。一般男女青年举行成丁礼后，表示可以进入社交和寻求异姓佳偶婚配。但也有极少数富户人家的子女婚配年龄提早到十四五岁，目的想做"五代公"，争个好名声。俗话说："男大当婚，女大当嫁。"这是人之常情，但对结婚年龄的规定，却因时、因地而异。

（2）嫁娶与"六礼"

清代以前，男女青年的婚姻，当事人无权作主，由媒妁"穿针引线"促成。男性媒人为媒，女性媒人为"妁"。媒妁传言于前，父母决定于后，婚姻完全由媒人操纵、父母包办。男子以聘的程序而娶，女子以聘的程序而嫁，整个程序称为"六礼"。六礼，是指纳采、问名、纳吉、纳征、请期和亲迎等6个步骤。

纳　采　男家遣媒妁往女家提亲，送礼求婚，得到应允后再请媒妁正式向女家纳"采择之礼"。

问　名　女家以"庚贴"（俗称年甲，内写生辰八字）由媒妁传送给男家。

纳　吉　男家以问名，以卜婚的吉兆通知女方，并送礼表示要订婚，故称"算命"合婚，"若合八字，即可成婚"。

纳　征　也称纳成，即男方纳吉往女家送聘礼。以前，男方一般是送给女方若干"聘金"（放入礼盒内）；公鸡一只放在鸡酒桶内，鸡背上放一束万年青，以求永久；还有猪肉、鱼鲞或墨鱼干、五色线、长寿面。"先纳聘而后婚成"称之为订婚。订婚后，男女双方在法律上得到保护。

请　期　即议定结婚日期，一般由媒人或男方亲属陪同带上写具成亲日期的红帖与礼物送给女方，日期一般都选择吉日，通称"送日"或"大定"。

亲　迎　也称迎亲，旧时以乐队（吹打）、红轿迎娶，迎亲队伍前大锣开道，队列前有牌匾或"大灯"高举，如大灯上面贴有郡望或堂号，热闹非凡。

成婚之礼，举行"花烛之典"。入厅堂时，先拜天地，再拜祖先，然后夫妻对拜，送入洞房食汤圆。新郎来到新房后，新郎坐床之左，新娘坐床之右，面对面一起喝交杯酒。古时候，男女各执一瓢（就是把小葫芦锯作两半，各执一半，或用茶瓯）盛酒而饮，称为合卺。合卺之俗后被合髻所取代。所谓合髻是指新郎新娘并坐，将双方各一缕头发结在一起，"结发夫妻"的成语即由此而来。

成婚后，还要举行成妇之礼，媳妇要端"糖茶"拜公婆，拜舅姑与拜祖先，这样才能得到男方家族公认，方才算最后完成婚礼。

（三）丧葬礼俗

畲族的丧葬，根据史书记载，闽、浙、赣等地畲民早期盛行火葬。在那漂泊迁徙的年代，他们迁到哪里，就把长辈的骨灰带到哪里，随着他们迁居历史的结束，土葬开始普遍实行。2000年殡葬改革后实行火化墓葬，畲族丧葬的仪式大致有报丧、买水沐浴、出殡和超度亡灵等。

1.畲族丧仪习俗

畲族老人去世，称老了、过山了、转去、食粄崽；行棺称出山，埋葬称落土；死者子女称孝男孝女，丧仪称作功德。

设灵堂 老人亡故后，主人家要煮"孝饭"，先下米，后放水，烧好饭后盛到碗里，插上一双交叉着的筷子。筷子大头朝上，在交叉处扎上红线，夹上一小簇棉花、饭碗上放一个鸡蛋。

亡者断气后，孝男孝女给逝者买水洗身体，前三把后四把，并穿上七层寿衣。穿戴整齐后，移到大厅中堂门板上，盖上寿被。遗体上首置方桌，桌上立香炉，摆烛台，供"孝饭"，还放一盏昼夜长明的油灯（现时已用白蜡烛），称之"灵前灯"，桌旁边架着一口铁锅，供烧金银纸用。遗体旁放上孝子戴的"草冠"（几个儿子备几份）和7个生米粽，亲人日夜轮流守灵，并不断给死者点香，烧纸钱。传说这些烧的大银纸钱归亡者自己受领使用。准备在出殡后做功德的，还会在灵堂摆上金山、银山、金童玉女以及"神龛"等。

入 棺 将逝者移入棺材（老寿、百岁枋）。棺内放木炭、木灰、草席，入棺后逝者头顶入一块瓦片，脚下放一撮泥土，意为头顶天，脚踩地。生前如果喜欢喝酒、抽烟的，在棺里随便放些烟酒。时辰到，做棺老师手拿斧头和四枚钉，孝男孝女手持火把，紧跟在师傅后面，师傅打一枚钉，绕棺一周，直至四枚钉钉好，这叫"巡孝"。亡者入棺后，香炉移放棺木大头。丧仪时，孝男、孝女、孝亲团坐香炉守孝，唱（哭）哀歌。丧仪结束，亡者香炉并入本家历代祖宗香炉。

缚草绳 老人死后，子女、媳妇、孙子、孙女等下辈，要腰缚用左手反搓的稻草绳表示悲哀，称缚金丝带。金丝带在死者入棺时解下放在棺内尸体上，表示子女送老人使用。

报 丧 人亡之时，要马上给嫡亲报丧。丧父：叔伯为大，须即向亲房伯叔报知。丧母：娘家为大，要先去娘舅家报丧，畲民称之"赶娘家"。亡者有出嫁的女儿的，也要尽早到女儿家报丧，女儿接到讣告，随即回家。在丧母的治丧活动中，对待"娘家"的礼节尤为谨慎周到，报丧时要告知死因，出丧日期和相关安排，一定要取得娘家回音或等到娘家来人，方可收拾入殓。娘家来人时，孝子要手执茗香火大埕外跪接。娘家人将孝子扶起到厅堂，后堂还要为娘家人安排点心招待，孝子跪接及善待娘家之俗，还传承至今。

落 土 安葬俗称落土。至20世纪60—70年代，还在野外搭棚停棺3年，冬至前后再捡骨入陶罐安葬，后大多棺木现葬。

做功德 老人辞世，民间都有"做功德"（又称"开火光"）的风俗。当地畲汉族在"做功德"之前，将亡人收殓，出殡后或出殡仪式穿插进行，请裰公择日，开"料单"置办三牲供品及香烛和金银纸。有的还请裰公制作神鑫，邀请族内邻居帮助用纸钱模具打做纸钱，一包一包分封取号待用，在"做功德"中烧给亡者。做功德有大功德与小功德之分。大功德竖幡进表做，做的时间3天以上。现大多数老人去世都是微小功德，本地俗称"开清光"，于是民间有"清光"十八出之说。本地资料查获十八出的内容为：发符、请神、念度人经三卷、贡王、起灵招魂、拜水忏三部、灵前交忏、拜救苦忏、请灯光、沐浴、过桥、开火光、开光解德、请库德牒、烧花、劝灵、化鑫、送神。这种"请光"从起鼓到当天午夜结束。

出　殡　帮工们抬着棺材，七响锣走在前面，民间乐队吹打着将军令，有打铳、放金银纸、持幡，一直送到坟山。后土官摆上牲礼供品祭请土地公，后入室祭，阴阳先生在坟头喊山，做坟师傅守在坟穴口，孝男孝女们跪在坟穴前面，等到时辰到，阴阳先生喊句鲁班师傅到了没有，做坟师傅回答到了。随即将棺材慢慢地推进坟里，在坟穴口未封好前，孝子孝孙们按大小顺序提着红灯笼从坟穴里边点着红蜡烛接过来，一一点着意为旺财旺丁。安葬好后，孝子孝孙们换上新衣服、挂红。请点主先生点主（有的地方到家才点主）。

龙门"红祭"　龙门封好后，孝子孝孙们脱掉孝服换上新衣服，肩或臂挂着红绸布，俗称"挂红"。由孝子接过做坟师傅，从坟圹内燃的红蜡烛插于灯笼内，孝子孝孙们又将自己手里的灯笼蜡烛点燃，每人一盏，这叫分灯，农村寓意为丁财两旺。亡者的神主迎回家后，在厅堂举行"红祭"，"红祭"之后，便可将神主香炉的香插到祖先香炉里，称为"合炉"，日后年节同祖先奉祀，有的人家厅堂不设神位的，也可择日送往宗祠。

踩　坟　上坟后，主人家请师傅先生、亲戚喝糖茶，分发财豆，还带着自己一家人在坟山一圈种红豆，意为来年"透年青"。

点　主　在坟埕或主家厅堂举行。点主仪式须由两人进行，点主者称"题主翁"，司礼者称先生。点主仪式由礼生唱礼，先是发炮、鸣锣、奏乐，继而请题主翁就位，接着升东、盥洗，洗毕归位，整冠、束带、撩衣等。唱舞逐一进行。再请题主翁举起朱笔（红笔）指日高升，题主翁便举笔朝天，便把笔围绕香炉绕三圈，接喊"先点内函，次点外函"，题主翁便将柱中"王"字加一点成"主"字，又喊"放下朱笔，举起青笔，乌纱盖顶，翰墨留香"，题主翁便在"神主"二字边写个"八"字，礼生即喊请题主翁举起朱笔，点天天圆，点地地方，题主翁在柱顶端画个圆圈，下端画个四方。礼生再喊点左耳听四方，点右耳听儿郎，题主翁便在柱左边画个"3"字，在右边画个反"3"字，再喊点左眼明，祈了兴旺，点右眼亮，看科弟文章。题主翁便在柱上"左昭""右穆"上各点一点，次作开眼；接呼"盖天天高，盖地地厚，盖左耳听千里，盖右耳辨四方，盖左眼明秋水，盖右眼闪灵光"。合主，请题主翁题主，题主翁便在柱背后写上四个字，或"克昌厥后"或"五世其昌"等。最后呼"簪花结彩"，题主翁将五色线把红绸布扎系在柱顶端，两边插上柱花，由孝子接主。

捡骨习俗　20世纪90年代前，青街畲汉民族中，死者在山上或棺屋停棺3年后，然后在冬至（又称"冬节"，"金葬"习俗者要在冬至日）开棺拾骨，装入陶瓶，称"金瓶"。殡葬改革后，全部实行火化。

2. 汉族丧仪习俗

守灵、设灵堂　人去世后，要在床前设立香炉、点白烛、焚香1支，一支未熄之际，又要点香一支插入炉内，亲人要守在炉边，边在铁锅内焚烧大银纸。同时，在炉前摆设"头添饭"一碗，"头添饭"半生不熟，煮前把抓米12把（抓要小把，边抓边放点，如遇闰年13个月，要抓13把）先放米入锅，然后放水入锅，煮至半熟时，即停火不烧。然后将半生不熟的饭用一饭碗盛得满满的，并将生鸡蛋1只和头添饭水菜5碗放在炉前小椅头上致祀。子孙要日夜轮流伴守，称之"守灵"。"守灵"期间要不断地点烛、焚香、烧大银纸。如死者肖"鼠"的，要严防夜猫经过尸体旁；如遇雷雨天气，要给死者撑伞以避雷电，以前守灵至尸体入棺，如今守到尸体出送入灵车才止。然后在家门口或大厅前布置"孝堂"，中堂挂黑、青布，题写"悼念亡故人仙逝"或"奠"大字的横幅，两旁挽联，正中遗像。

报丧、报棺、报圹　老人气绝去世时，要放鞭炮一串，要去亲戚家报丧。如死者为女性，先到娘舅家报丧，要给报丧人吃（蛋荷包）点心；若死者为男性，则到女婿家报丧，女儿要立即回家奔丧，报丧人如时间紧迫，可喝一口水或折断一根筷子就离开。死者生前有寿枋的，马上派人把棺盖掀动一下，称之"报棺"；如寿坟有利年的话，随即派人到坟，把坟圹门敲开一块砖，俗称"报圹"，并要带宗谱去选日馆，择吉日、吉时，大殓下葬。

大殓、开火光、做功德　大殓称"入棺"或"入殓"或"落殓"，人死后，孝子将金银纸烧于溪边或丢币于水中，舀水回来给死者沐浴，称之"买水"。入棺前，棺内要放木炭、草木灰等干燥物，上铺草席。子女披麻执仗，跪阶前。孝子在厅堂前椽下，站在椅上，拿"木秤"给死者衣服称重，用香火将衣服和水被边角炙炙眼，烧几个小洞，俗称"打火号"。穿衣后。用红缎或红纸包一包盐茶或是金银质小管，放入死者口中，俗称"含口劲"，就是古代含玉之意。而后子女执香礼拜，并号哭留尸；盖棺时，子女号哭着不让棺木匠钉棺盖，俗称"留棺"。大殓后，请道士"褪公""开火光"或请和尚念经"超度""做功德"，超度亡灵，一般是一天，也有好人家做二三天不等。孝子贤孙必须行跪拜之礼，信仰基督、天主教的，大殓晚上请牧师聚会"讲道"，唱"赞美诗"，祝死者荣归。今已实行火葬，送上灵车，子女亲戚或朋友随车送到火葬场。火化后，一般骨灰盒迎送进灵堂。

出　殡　即发丧，是较为隆重的。先祭方相氏或方弼氏大开神路。设有"上马祭"，用两张八仙桌合并后，铺上台布、桌帏，桌上摆着牌位（木主）、香炉及祭品，嫡亲子孙向死者三拜九叩的拜祭，然后发丧。随即拆孝堂。出殡时前开路神（幡旗）、高灯（或由长孙在前一路放在银纸）、铜锣开道，吹打班前引执事、香亭（内放木主、香炉）、容亭（内放死者放大照片），全家披白戴孝，孝子（长孙戴"三梁冠"有的地方没有此例）戴草冠，身穿孝服，脚穿草鞋，手执孝杖（丧杖），嫡亲佩戴头巾称"佬包"，一、二、三代为白色，四代曾孙戴蓝色"佬包"，五代玄孙戴红色"佬包"（主家赠给玄孙辈"利市包"）。乐队、棺木后跟亲属、宾朋队伍，最后还有吹打什锦、锣鼓相送，称之"前吹后引"。一路上燃放鞭炮，出殡队伍途经女婿、外孙或至亲好友家门口时，他们有的设祭坛，拦住香亭、棺木行祭拜礼仪，称之"路祭"，祭毕，烧大银纸并放鞭炮为逝者送行。如今此俗简化，途经亲戚朋友门前时，只放一串鞭炮而已。队行抬棺至三岔路口或桥头，或上坡时，孝子孝孙必跪于道旁，向送殡者叩首致谢，以示免送，送行到此请回。至今基本保存此俗，只是骨灰盒代替棺木，送到坟地。

棺木到坟地后，要择时辰推入墓室，称之"入室""进棺"。入室前，由阴阳先生先祭土地公，称"后土祭"，祭礼要用"红龟粿"、公鸡、猪头（前猪脚）、素菜、海产品等祭品。再行"白祭"，孝子孝孙等全跪在墓前伏地，这时，"阴阳先生"，称"风水先生"也称"地理师"，念完祭文，要上坟山站在坟头，双手托桶盒，桶盆内放大米、罗经（指南针）、"呼龙呵山"，这时墓环两边站两名锣手，"风水先生"每唱一句，两边锣手各鸣锣一声，呼龙内容从"天门开，地门开，吾奉杨救贫仙师到此来！"开始，到"利年利月到！吉月吉时到，鲁班先师到未到"止（约20分钟），泥水匠在墓门口候着，应声"到！"阴阳先生每唱完最后一句，同时泥水匠也刚好封完最后一块砖。泥水匠封坟圹，称"封龙门"。龙门封完后，子孙脱去孝服，换上新衣，披红挂彩。白旗换红旗，照片上黑（白）纱布除去，换上红布或红花，将木主、香火、遗容迎归。回归时，子孙们点红灯笼，一般是按长次顺序先后排列，媳妇则争先恐后回家，用桶盆、糖茶迎接香火回归，名为"抢风水"。这时，回祖屋厅堂，设"红祭"，供木主，香火于厅堂上。请"题主翁"点主，司礼者称"礼生"。点主仪式庄严肃穆，由礼生唱："发鼓、鸣锣、发炮、奏乐，开木主！"鼓乐停后，请题主翁就位，升东盥洗，洗毕归位，整冠，撩衣束带，再请题主翁举起朱笔（要用新毛笔），"指日高升"，绕香炉三匝，将"王"字头上点朱色的点，接着唱"先点内函，后点外函"。内函点郡，点生卒，点阳，接着外函点天，点地，点左昭右穆、点眼、点耳、点自家水，最后合主，请题主翁鸿题，在神主背后题"五世其昌"等吉祥词。同时，子孙亲属行三跪九叩之礼，红祭完毕放大鞭炮。然后，由子孙们及吹打班护送木主，香火到祠堂，香火合炉（没祠堂的在厅堂合炉），木主升座完毕。三日后，全家及嫡裔亲属都要参加省墓，称"探三天"，种五色豆。

撒豆、植树（柏类）　到墓地种豆时说吉祥话，如"撒豆撒墓环，代代子孙出状元；撒豆撒过山，代代子孙做大官；撒豆撒过去，代代子孙出进士，撒豆撒过来，代代子孙出秀才"等等。如今多改为葬墓后的当天，在荣归提红灯前即进行种豆、撒豆、喝糖茶、请还山，亦称"回龙"。撒完豆，子孙们在坟墓周围载上若干株柏树或万年青，以示代代子孙"透脚青"。

第二节　民间信俗

畲族宗教信仰和习俗有许多与汉族相似，但也保留着本民族的一些古老的信仰。青街畲族尊祖敬宗思想浓厚，至今畲民仍然逢年过节祭请祖先（祖公）。传统的畲族祭祖仪式比较隆重，其形式有多种，最平常的逢年过节在自己祖屋厅堂举行家祭、清明时祭坟，每逢农历正月十五与八月十五畲族同支族在宗祠里举行祭祖活动。

畲族人民的信仰主要有盘瓠图腾崇拜、民间俗神信仰和自然神崇拜。在青街畲族民间，神祇信仰十分普遍，蕴含在神祇信仰下的民众崇拜有自然崇拜、图腾崇拜、神灵崇拜、行业神崇拜、自然人格神崇拜等等。

一、自然崇拜
（一）对天的崇拜
在先秦的古籍中，人类祖先是由天帝、天皇等最高天神主管的。《艺文类聚》卷11《春秋纬》说有天皇、地皇与人皇，并称三皇。今在各姓聚居村中，每月逢初一、十五日要烧香，祈求地方和家人平安。在这两天里不得骂人，不得斗殴，更不能做违心的坏事；要有特别的忍耐，每月的这两天最好是做些善事，才会得到善报，否则会遭到上天的惩罚，日后定必遭报应。在民间，人们把玉皇大帝视为至高无上的天神，是鬼神世界中的真正皇帝，主管着三界十方，所以说，天是至高无上的，是最大的，因为它能主宰一切。但随着时间的推移与科学技术的进步，崇拜的内容与习俗也多有变化。

（二）对地的崇拜

祭土地神，是畲汉各族各姓村民"亲地"的一种崇拜方式，这是为了酬谢土地负载万物，生养万物的功劳。土地神，据《礼记·祭法》记载，传说中共工的儿子，名叫句龙，他长年累月、勤勤恳恳地开垦九州荒地，种植五谷，故后人把句龙尊为土地神、五谷神。祭祀每年两次：一次在春天二月二，传说中土地公的生日。以前，在青街各村姓氏聚居地，二月二日这一天有做"土地公福"习俗，首事还请来戏班演戏二三天，以示庆祝土地神生日，祈求本年五谷丰登。一次是在秋冬之际，五谷丰登之时，历代以来，人们捣年糕、杀鸡宰鸭，置办山珍海味、美酒香茗等供祭品，敬祀土地，烧化大金纸后，开办筵席，亲邻相聚共同饮食，俗称"谢冬福"。因土生万物，土为万物之母，所以要祭祀。如今，农村里每年逢清明、中元节（七月半）、"过年"，祭祀祖宗时，都要先祭祀土地神。祭品有公鸡、猪头或猪肉、东海鱼鲜、水果、贡品、米糕及酒三杯、茶一杯等，祈求土地神保佑一家人平安。

平阳北港地方奉祀土地神，多塑须发皓然的白发老翁（俗称土地公），没有塑土地奶奶的。据历代池姓老人传说，其祖辈住居福建时，土地庙里是有土地奶奶神像的。只因有一年六月六，土地公晒银元宝，布满了山岗，收银时，因急事外出，就把锁匙交给土地奶奶管，并嘱托当天午后要把一大缸银元宝救济给过路的穷苦之人。谁知土地奶奶把银元宝错给了假装穷相的财主，受骗上当。土地公怒怪土地奶奶没眼力，从此立下誓言，永不和土地奶奶相处过日子。所以，后来土地庙里只有土地公神像，不再塑土地奶奶了。俗言流传，乡村之"善老"刚直者，死后即为土地神。以往在古屋厅堂中、祠堂里或宫庙中一般都有土地公神炉或塑像，历代以来，在各姓祖辈坟墓左上边，也要立座土地神石宫，或竖立一块刻有"土地"字样的石牌，以供后裔子孙祭拜。

（三）对凤凰的崇拜

凤凰是中国神话传说中的瑞鸟，百鸟之王。凤凰之名在先秦时就有仪禽、鸟王、百鸟尊、百禽长、神鸟、皇鸟、神雀等20多种。见则天下宁，是太平盛世的祥瑞。"箫韶九成，凤凰来仪。"因此，"来仪"也成为凤凰的别名。

青街池氏先人崇拜凤凰，并以凤凰为图腾。秦穆公时，弄玉吹箫引凤凰传为千古佳话。弄玉是公主，她为自由婚姻揭开了序幕，是历代青年最仰慕、最尊敬的女神。凤凰相伴，琴瑟调和，这是夫妻和谐呈祥的表现，如今也是各姓氏族人所向往追求的幸福象征。传说凤有六像，头像天、目像日、背像月、翼像风、足像地、尾像纬。"凤能容万物，通天地。""非梧桐不栖，非竹实不食。"相传尧为政七十年时，凤凰止于庭。饮食必自歌舞，音如箫笙。正因为凤凰是吉祥的神鸟，所以，池氏的血缘始祖十分崇拜凤凰。池氏后裔则永远把它作为崇拜的偶像，故历代以来建筑的池氏宗祠屋脊的饰物，定为凤凰，又称"凤鸡"。但其头形却似龙头状，昂首向上，以答瑞应。

（四）对柏树的崇拜

此俗汉、畲族历代相传，认为柏有镇鬼驱邪的功能。古书记载，古时候有种野兽叫罔象，它嗜食死人的肝和脑。其状如小儿，身体赤黑色，赤目、长耳、美发。但这种野兽却怕老虎和柏树。各姓族人在坟墓周围，特别是墓前边栽种柏树。如青街赤土岭岗池氏祖墓前右边（靠溪边地方）有一棵几百年树龄的古柏王。祖辈栽柏以求达到驱逐罔象保护先祖坟墓的目的。十几年前，旅美华侨池云祥率子孙回乡探祖拜墓时，首先就关心这墓前的大柏树，询问长得是否茂盛。此树可以驱凶邪，也可荫佑后辈裔孙，还是一棵镇锁水口的风水树。可见古柏是尤为族人所爱惜的，也是永远值得后人保护的。

人们崇拜柏树，另一原因是柏树具有高洁的品质。据古书《六书精蕴》记载，万木皆向阳，而柏独西指，益阴木而贞德者，故字从白，白者，西方（正色）也。古人还说："柏之指西，犹针之指南也。"池姓出自嬴氏，嬴氏在西方发迹，秦文公郊天应梦，说的就是梦白蛇从天而降，因建白帝庙，以求瑞应。以前咸阳之城多栽古柏，以示高洁与坚贞。

历代宗祖有饮柏叶酒之俗，饮柏叶汤代茶，祝人长寿。据《仙源记》还说华山有食柏实长寿至123岁的，无疾而终。饮茶过多则伤人，耗精气，害脾胃。饮柏叶汤甚是有益。在民间，"柏"字与"百"字谐音，各姓村民盖新房屋，在上梁时要上挂柏枝，下摆大橘相应，谓之百事大吉，百世兴旺，以示吉祥。

（五）对盘古的信仰

盘古是开天辟地之神。《三五历年记》中说："天地浑沌如鸡子，盘古生其中。万八千岁，天地开辟，阳清为天，阴浊为地。盘古在其中，一日九变，神于天，圣于地。天日高一丈，地日厚一丈，盘古日长一丈。如此万八千岁，天数极高，地数极深，盘古极长。后乃有三皇。"

盘古又是化生万物之神。《五运历年记》中说："首生盘古，垂死化身。气成风云，声为雷霆，左眼为日，右眼为月，四肢五体为四极五岳，血液为江河，筋脉为地里，肌肤为田土，发髭为星辰，皮毛为草木，齿骨为金石，精髓为珠玉，汗流为雨泽……"

青街各村都有盘古的塑像。

二、世俗崇拜

1. 祖先崇拜

畲族家家户户都有一个代表历代祖先的香炉，在流离迁徙过程中，其他用品能丢，唯香炉不丢。畲族家庭只供奉祖先，不供奉其他神灵。本地畲族民众普遍风俗每逢清明节、端午节、七月半和除夕这4个节日，在祖屋厅堂祭请祖灵，人们俗称为"请祖公"。特别是男婚女嫁时也同样要请祖公。

2. 师爷崇拜

畲族认为师爷是崇高的祖先人物，带有千百万神兵，是有无限法力的。老人死后举行做功德仪式，要在灵堂近设"师爷间"安放师爷香案。

3. 祖师崇拜

青街主要手工业有木、竹、泥水、石、雕刻、裁缝、造纸、纺织、理发等。各业都信奉祖师爷，如木匠业鲁班、竹匠业泰山、理发业吕洞宾等，他们作为本行业的保护神，每年定期祭祀，祈保行业兴旺发达。

4. 杨府上圣

杨府上圣又称杨府侯王、杨府爷，是浙南影响最大的民间神祇，也是中国东南沿海重要的民间神祇之一，奉祀神庙有500多座，信众遍布浙江、福建和台湾3省。据乾隆《平阳县志》载：神姓杨，名精义，唐时人，子十人，三登仕籍，七子皆隐，修炼于瑞安之陶山，拔宅飞升。事闻，三子皆挂冠归，寻亦仙去。宋时敕封"圣通文武德理良横福德显应真君"，清同治六年（1867年）钦加"福佑王"。青街有11个行政村，村村有杨府上圣的塑像。民间认为杨府爷忠贞刚烈、护国拯民、能救民于危难之中。每年农历五月十八日和十月十五日，举行春秋两祭。特别是五月十八日，祭品十分丰盛，种类繁多，山珍海味、时鲜水果、甜糕脆饼，应有尽有。仪式隆重，庄严肃穆。

5. 马氏真仙

青街诸姓明清时由闽入迁青街，也带来当地崇拜妈祖的习俗。随着时间的推移，逐渐演变成崇拜马氏真仙，各村便建造娘娘宫。九岱村黄家坑水口娘娘宫碑记上有一段关于马氏真仙生平的记载：马氏系唐代处州景宁县鹭鹚村人。她聪明秀丽，心地善良，早年丧夫，家境贫穷，依靠纺织赡养公婆。后得异人指点，授予仙法，刻苦修炼，终得神异，为民解难求治，药到病痊，声名远扬，深受百姓敬仰。公婆去世，马氏去向不明，据说她成仙登天，当地官员被其感动，将其功绩上奏朝廷，帝敕封"护国九天金阙灵德感应马氏真仙"。鹭鹚村乡人为纪念她，便建庙奉祀。畲民先祖认为马氏孝道感天动地，又有神奇的法术，为人治病，药到病除，能为民消灾解厄，是老百姓心目中的守护神。每年农历七月初七日，畲汉妇女备办素菜敬奉马氏真仙。另外谁家生下男孩，要在农历正月十五日糊一盏纸灯，拜马仙做"干娘"，以求聪明伶俐，平平安安长大。

6. 陈十四

陈十四是俗名，原名陈靖姑，尊称为临水夫人，天仙圣母、碧霞元君。相传她生于唐代福州古田县临水乡。因观音两根白发误落入凡间化为白蛇残害生灵，其两兄弟亦被害。靖姑年17岁，立誓上闾山学法。归来时，路过温州、平阳等地，沿途收妖捉怪，为民除害。后因脱胎祈雨，被蛇所害，年24岁。民间传说中她是位神圣英雄，善于治病、除妖、扶危、解厄、保胎、送子、决疑，护国佑民，圣迹远播福建、浙江、江西、台湾和东南亚许多地方。各地宫庙中，陈十四及其师妹林九娘、李三娘同时供奉。青街双合殿、朱龙宫、镇朝宫、华山宫、黄家坑水口宫均有陈十四塑像。

7. 牧牛大王

牧牛大王又称看牛大王，境内畲汉村民有广泛的信仰。看牛大王的故事流传于浙闽交界地区。相传古代有3个穷孩子替财主牧牛，年小的因误信约，他们3人同日自尽。恰逢一位神仙路过此山，见他们从小勤劳、活泼、诚实、正直、善良、讲仁义，于是就超度他们的灵魂成为神仙，作为穷孩子的守护神。过去孩子们上山放牧牛羊，遇到难爬的陡坡时就念："看牛大王，保佑牛羊，踏石石莫崩，踏土土莫溜，翻过山，有好果，蹚过溪，有好草。"据说，看牛大王闻声就会赶来，事情就会逢凶化吉。畲乡境内有看牛宫一座，塑有看牛大王神像7处。

8. 灶 神

据传灶神起源较早，先秦时《礼记》已把它列为国家祀典的五祀之一，都要供奉，成为自然的信仰之一。关于灶神之名，在以前历来有3种说法：一、《太平御览》说："炎帝作灶，死后为神。"二、《淮南子》说"炎帝作火官，死后为神。"三、《五经异文》中记载：即以祝融为灶神。在民间，灶神信仰普遍流行。历代祖宗都这样流传："灶神不只是掌管饮食，而它的神职主要掌握人们的寿夭祸福。每次上天时，都向玉帝报告某人的功过好歹。"灶神，青街各村民们几乎家家户户信仰它（信奉基督、天主教人们不在此范围内）。也就是说每逢腊月廿四日，要回天界告诉天帝，人间谁犯罪行，谁积善行德。人们之所以稽首叩拜，实望灶神上天奏好事，故民间有"灶君封住口，四季无灾忧"的说法。每年腊月廿四要送灶神上天，洒扫房屋，献贡品供祀、燃烛、焚香，求它"上天言好事，下界降吉祥"。除夕夜要摆供品祭祀，表示诚心接回灶神，同时挂上新灶神像，以求四季平安，新年吉祥。

9. 凑十保

某人如果得病或破财，俗称"运气不好"。为清灾解危祸，邀请10位朋友或亲戚，可在道士的指导下，共同帮助某人。这10人的选取条件是：年轻力壮、在地方上有一定名气的男士。一般情况下，不是特要好的朋友或亲戚，不会同意帮别人家，据说会消耗自身的精力。当事人要备办三牲福礼，把3张八仙桌摆在自家屋前厅，道士迎请神明后，指领10人跪拜10轮，以求平安。然后，主人设宴请酒，让10位好友或亲戚红光满面回家。过了一段时间，某人如时来运转（指身体好或有赚钱安居乐业的），再摆酒筵以示答谢。众友对其关心爱护、尽心帮助，还有酬劳，如用5斤以上的长寿面（索面）及其他礼物。

10. 打 卦

每年正月初开始，就有打卦先生到农村打卦度生。打卦是指懂得周易八卦的先生运用周易进行占卜。占卜的地方叫卦坛。有人家上门请先生算八字。据说，明清时期，这种占卜活动变成上门进行，所以又叫作"打门头卦"。上门打卦时，打卦者会对主人家说些吉利的话，主人家一高兴就会拿些东西给他。

11. 坐刀轿 站油桌

青街畲族乡境内以前有举办迎神赛会这种民间信仰活动，主要为纪念神灵或请神护佑，祈求风调雨顺、五谷丰登、万民平安，在演戏酬神之外，尚须将宫殿里供奉的众神请出庙门巡行以祈福禳灾。在地方上民众自发组成的迎神赛会活动中，乡村中的百姓有以真身扮神"坐刀轿"或"站油桌"的大型民俗表演。迎神赛会活动仪式也称为"做太平醮"，一般活动时间是三至五天不等，除正一道人（本地人称为"裸公"）设坛做道场外，还须得经历"请水、挂火、坐刀轿"（或"站油桌"）三道程序，夜间还要燃放"焰花"，最后将"贡"送之溪边（或山岗上）烧化为止，这叫"送贡"。至此整个活动才算结束，即所谓"功德圆满"，福庇地方清宁，万民安泰。

三、灵物崇拜

畲族除与汉民共同信奉住地神佛外，还信奉鬼神。

1.五 通

畲族宗谱载，唐代广东畲乡建有五通庙，入迁平阳的畲民仍保留信奉"五通"，各畲村建有五通庙，作为本村供奉的土地神。

2.天 吊

天吊俗称寮檐鬼。畲族信仰普遍，认为天吊是专伤儿童的恶魔，被害者眼皮上翻，昏迷不醒。如卦卜病者为天吊所伤，须即在病者房檐支撑一竹，上挂迷筛镜等避鬼物，并备祭品祭谢。现已失传。

3.送邪神

青街畲民有送邪神的风俗。送邪神也称"送年"。每逢正月初五，各家各户一大早，有的甚至刚过初四午夜，就披衣起床，洗漱完毕，先点着香，将房上房下房间中堂，以及屋前屋后的每个角落的灰尘、纸屑，打扫得一干二净，再拔掉每个香炉里的香脚。人们要边扫边念："年神归，年神归。来欢喜，去欢喜。初五六无酒无穷，初七八捡凳桌。初八九人都走，无嗣公无嗣婆，三脚两拐，烂头烂脑，伤风咳嗽，病魔鬼怪，房前屋后，中堂角落，上至瓦片，下至地基，所有年神一律归东海，山头没有食，东海吃鲜鱼。山头断炊烟、东海闹翻天。哪个做懒汉麻绳捆上船……"送邪神是为了将那些在正月初一迎财神时无人祭拜、趁机夹杂在队伍中混进来的鬼神妖魔送走，否则它们就会在人间捣乱，兴风作浪，酿成灾祸。送邪神之俗至今犹在畲民中流传。

第三节　宗　教

青街畲族乡境内存在三大宗教：道教、佛教、基督教。

绝大多数青街乡民信仰道教。世居青街（睦源）的周氏自明初迁出后，蓝、钟、雷、池、李、温等诸姓氏于明清年间由闽相继迁入青街。他们崇尚的"天师道"和"崇巫重祀"的传统习俗也带入青街。随后出现大量的宫庙，村村有宫庙，即使在深山，他们也会用几块石头垒一个"土地庵"。他们对神的敬奉是多元化的，有原始之神，有神话之神，有名垂青史的英雄人物，还有的是跳神者臆想出来的"张三娘娘"等来路不明之神。信仰俗神既无教规，也无教义，"正直为神"，在民众心目中神为消灾解厄、赐福于民、普救众生的形象，这些体现了随意性的民间特色。据碑记载，青街宋时玉笋峰之麓建有玉峰禅寺。据此可知，宋时就有佛教信仰。在普通群众眼中，神仙与菩萨并无差别，所以信道的人兼信佛教。基督教20世纪50年代传入青街。

据2015年统计，青街有宫庙35处、寺院3处、教堂1处。从业道教的均为正一派[①]道士，共有7人，其中畲族2人。

一、道　教

镇朝宫　镇朝宫位于垟心村水口古亭边，始建于清康熙戊子年（1708年），首事为武举人温文良先生。正殿由5间单歇式木质结构组成，供奉马仙、陈靖姑、妈祖三位娘娘。清乾隆五十六年（1791年）扩建，形成二进、二庑、一戏台的格局。最具巧思的是穹隆形的藻井。工匠运用尺度较大的斗拱层层叠落，从下往上逐渐收缩，汇集于明镜，形成穹窿顶。此种结构不仅美观，而更重要的是演戏时可以使声音清晰、嘹亮，音响效果佳。

2008年，镇朝宫毁于火灾。不久，当地村民决定重建。2009年冬破土动工，2011年秋告竣。新宫占地面积1188平方米，建筑面积800平方米，高18米。全殿二层结构，三面围廊，正殿对面建戏台一座。二楼正殿设神龛。神龛精雕细刻，金碧辉煌，是殿中之殿。龛里正中除供奉着马仙、陈靖姑、妈祖三位娘娘外，两旁还供奉着李氏娘娘、文昌帝君、东海龙王、土地爷诸神祇。戏台和两厢上下绘有壁画30幅。画面取材于《三国演义》和《封神榜》中百姓熟知的战斗场面，如"三英战吕布""定军山""哪吒闹海"和"邓九公征西岐"等。戏台背景绘制大幅山水画"高山流水"。台后各置"松鹤图"和"双鹿越涧图"。门神两旁也绘制了两幅"与民同乐图"。信众除每月初一、十五烧香

---

① 正一派：此派受牒于江西龙虎山天师张真人，均为男性，不出家，不吃素，可婚娶，俗称"襪公"，实则"火居道士"，属于文教（场）。其祖上大多于明代从闽南迁入，法事诵唱均操闽南话。该派法事侧重于符箓驱邪，长于画符念咒，驱魔降妖，祈福禳灾，延生保泰，行法时摇铃持笏，舞剑吹角，通常法事有招魂、普度、逐煞、收惊、度关、开灯、普利等，从中获取报酬。

外，还每年或隔年在宫中设醮祈安，俗名"做太平醮"，时间1至3天。此宫还有举行庙会演戏的习俗。每年农历正月十五日，地方捐钱开演3天至5天社戏。

华山宫 华山宫又名东坑水口宫，位于东坑村水口，始建于清同治十年（1871年）。据说原先圣母供奉于茶贡。有一天，圣母的香炉突然飞至现宫址，当地村民感悟此乃神灵之意，随即献地集资，建成三间单歇式宫宇，并塑像供奉。经百余年风雨侵袭，华山宫破旧不堪。1985年、1989年和2008年村民曾三度进行扩建，并增建戏台一座。新宫占地面积2580平方米，建筑面积1400平方米。建筑结构严谨，气势恢宏。门前有6根蟠龙石柱支撑着二楼6根石柱。宫内二层结构，大门后戏台正对着二楼正殿。正殿神龛花鸟、人物、山水雕刻精细，造型生动。神龛中间供奉华山圣母娘娘，左边是杨府侯王、齐天大圣、福德土地、土地婆婆，右边是陈靖姑、招财爷、白马明王、白马三郎。上下层两厢绘有壁画18幅，一楼两厢各6幅，2楼各3幅。内容有"古城会""邓九公征西岐""八仙过海""福满乾坤"等。浙南还有一个习俗，谁家生下男孩，就拜圣母娘娘或马仙娘娘做男孩的干娘。其做法是约道士俗称"裰公"糊一盏纸灯，大的叫"大灯"，正月十三日挂在圣母娘娘或马仙娘娘前，叫"上灯"，到十五日夜焚烧，这叫"化灯"。此后每年年终要备办牲礼来礼拜"干娘"。

表2-8-3-1 青街畲族乡宫庙分布一览表

单位：平方米

宫庙名称	所在地	主祀神像	始建年代	重建年代	占地面积	建筑面积
水口宫	大洋水口	马仙娘娘	清顺治年间	1990年	270	140
水口宫	朱山水口	盘古帝王	清	2011	330	240
朱龙宫	朱山八代	陈十四娘娘	清	2006	288	165
枫树湾宫	枫树湾（茶堂湾）	杨府侯王	清	1998	180	125
南网宫	外厂（大层宫）	杨府侯王	清咸丰二年	-	360	490
内厂宫	内厂	杨府侯王	清咸丰年间	1993	380	640
五亩内宫	南网五亩内	通天元帅	民国	2009	300	120
求应宫	桥坑后门	盘古帝王	清	1998	225	175

附表1

宫庙名称	所在地	主祀神像	始建年代	重建年代	占地面积	建筑面积
镇朝宫	垟心古亭路	马仙娘娘	康熙戊子年	2008	1188	800
五显殿	垟心	五显大帝	清	2006	1750	520
看牛宫	月山	看牛大王	清	1990	28	24
德仪宫	十五亩后门	杨府侯王	清	2003	325	117
七宝宫	七宝湾	七宝福公	明弘治年间	2007	35	30
水口宫	王神洞水口	白马明王	清光绪丙戌	2007	550	240
水口宫	腾岩水口	五显大帝	清	2004	180	80
上堡宫	章山坑头	杨府侯王	清	2003	216	120
白岩内宫	白岩水口	马仙娘娘	清	1980	172	65
白岩外宫	白岩九宫隔	杨府侯王	清	1982	260	110
水口宫	九岱黄家坑水口	马仙娘娘	清嘉庆元年	1998	630	180
乌岩岭宫	万字梨脚	马仙娘娘	清	2011	325	120
贡后宫	贡后水库旁边	杨府爷	清	2007	182	130
九岱宫	九岱火石对面	马仙娘娘	清嘉庆年间	2006	460	180
旗杆宫	岭脚潭	杨府侯王	清	1993	425	170
相欧宫	睦源五亩相欧	相氏大郎	清	2013	550	176
宋大郎宫	国宋溪心	宋大郎	清	2009	1116	950
获国宫	太申山边	陈十四娘娘	清	1995	744	260
三老关大王宫	东坑路边	三老关大王	清	1992	230	252
水口华山宫	东坑水口	圣母娘娘	清同治十年	2011	2580	1400
大坪尾宫	东坑大坪尾	华山娘娘	清嘉庆年间	2013	338	580
西郡宫	东上	五显大帝	清嘉庆六年	2007	415	110
旗杆贡宫	太申旗杆贡	杨府侯王	清	1980年	50	45

附表1

宫庙名称	所在地	主祀神像	始建年代	重建年代	占地面积	建筑面积
新兴宫（山边宫）	太申山边岗	灵相公爹	民国期间	2004	368	120
曾吴马宫	下过溪	曾吾马元帅	明万历四十六年	2010	70	50
石柱惠民宫	上过溪	包二相公	清	2012	40	32
童子宫	九岱国宋	王宝贵童子	清	2003	240	120

二、佛 教

玉峰寺 青街玉笋峰之麓曾建有玉峰禅寺，香火兴盛。宋末元初遭兵燹，僧逃寺废，仅存柱石盘磴。1996年春，当地村民商议重建事宜，并成立筹备小组。秋，破土动工。1997年6月告竣。寺院占地面积2475平方米，建筑面积1008平方米。中座大雄宝殿408平方米，高18米，二层结构。二楼供奉释迦牟尼佛，左边供奉观世音菩萨、大势至、阿弥陀佛；一楼供奉地藏王菩萨。整座大殿气魄宏大、庄严肃穆。寺院主持法号独寿，跟他修行的和尚有8人。

一心寺 一心寺位于垟心内，始建于1970年，3间茅草屋。供奉释迦牟尼和观世音菩萨，没有塑像。修行者本地杨大朝，法号达快。3年后，盖了3间砖木结构2层楼房，常住和尚2人。1991年，刘元林和尚来院作主持。该寺院自筹资金15万，拆掉原来3间楼房，1992年一座仿古大雄宝殿拔地而起，同时塑了一尊释迦牟尼像。2010年秋，青年和尚释可丞作主持，他征地筹资建观音殿，几经周折，观音殿于2014年告竣，造价150万元。该殿楼下塑弥勒佛像一尊，楼上为观音殿堂，殿中塑千手观音一尊，左右各有6尊菩萨。菩萨上方有5000尊小观音分布其间，直达天花板。观音殿两旁各盖楼房5间，是和尚和信众休息的场所。一心寺有两大殿，前大雄宝殿，后观音殿，四周辅以围墙，占地1995平方米，建筑面积1705平方米，和尚3人，主持唯定。

三、基督教

青街基督教的传布是在20世纪50年代，活动地点在月山下唐声伍家，信徒15人，负责人是李和容。1966年"文化大革命"开始，宗教活动停止。1978年12月，中国共产党十一届三中全会后，宗教信仰自由政策重新得到落实，基督教的正常活动得到恢复。1980年，在周宅基建了一座教堂。因教堂活动场所狭小，众教友和负责人商量决定搬迁重建。

教堂的新址在睦源深区，投资250万元，2006年动工，2007年3月竣工。建教堂主楼1座，锡安楼1座。占地面积1666.67平方米，四周辅以围墙。教堂主楼二层结构，一楼餐厅，二楼聚会场。锡安楼3层6间，一楼伙食间，二、三楼供教友住宿。右边有草坪120平方米。新教堂负责人李庆味、池云报、池昌茂。

第四节 宗 族

中华人民共和国成立以前，青街畲族社会是宗法社会。畲族把祭祖、建祠、修谱列为族中三件大事，以支族为单位建祠堂、修宗谱、祭祖先，目的是增强宗族凝聚力。畲民迁徙青街之初，生活未安定，仍以"祖担"（即两只竹笼，内装祖先香炉、龙头祖杖、笏板、铃刀、龙角、铃钟、神鞭、本族宗谱）代替祖祠。清代以后，居住稳定，开始修建宗祠。支族在建祠、修谱时组织专门班子，修订族规，筹措经费，安排各地轮流祭祖，平时无常设机构。族长管理族内外事务。畲族具有强烈的民族性，一旦遭受严重的外侮事件，便会举族反抗；畲民家庭遇到问题需要帮助时，或是属于村落公共事务，就由家族出面处理。

一、宗 谱

青街畲族乡畲族修谱最早的是钟氏，修于清道光丙午年（1846年），编修于清同治五年（1866年）的有雷氏，编修于清光绪年间的有蓝氏。本志列表记录存世畲族宗谱共3姓、99部。汉族池氏宗谱最早修于元至正八年（1348年），续编于1950年前的存世宗谱有120卷。李氏宗谱最早修于清乾隆十七年（1752年），续修于1961年前的存世宗谱66卷（详见第七章民间文献第一节书籍）。

二、族规家训

畲族在长期社会生活中，逐步形成族规、家训载入宗谱，作为族内的行为规范，强调要维护本民族、本宗族的尊严与团结，培养高尚的德行，不玷污宗族的尊严。

（一）畲族族规

族规主要内容有：为人以孝悌忠信为本，不可作忤逆事，倘有人面兽心，灭伦乱行者，谱内削名；子孙虽贫须自食其力，倘有失志，降为奴仆皂隶倡优等辈，不许入祠；子孙不许犯奸为盗，用赃聚赌及恃众逞凶，顽害宗族，违者鸣官究治；族内无论支派亲疏，若有家贫而罹患难死丧者，须体祖宗之心，共助资助之，于寡妇贫而守节者，盖当扶持以成美志；族属虽有亲疏，而以祖宗视之，均同一体从有，忌嫌应听族中理处，不许恃强逞凶以致讼控违者攻之；子孙若有前程及受恩耆老，每逢年节祭祀，当进前助祭，以显祖宗。族规如律，不得违之，否则，严惩不恕。因信守心强，违纪背纪，实不多见。

（二）家规家训

1.畲族家规、家训

主要内容有：

一孝父母，忤逆何取；二和兄弟，小忿无争；

三别夫妇，倡随有真；四序长幼，莫涉娇盈；

五训子孙，毋稍忽焉；六睦宗族，古风可有；

七严内外，避嫌为善；八勤职业，无怠无荒；

九慎官守，贪墨谁钦；十明礼义，净淘肝腑。

（1）蓝氏族规陆则

一曰孝父母：

人生天地，父母至亲。三年怀抱，十月受辛。

养育恩重，依恃情真。原吾后裔，孝道是遵。

二曰和兄弟：

孔怀兄弟，同气连枝。谊关手中，奏叶埙篪。

张家宜效，田氏当师。愿吾一体，角弓谨之。

三曰别夫妇：

居室夫妇，同衾并枕。鹿车同挽，鸿案相钦。

共结丝罗，永谐瑟琴。宜其家室，二南当（钿）扣。

四曰序长幼：

乡党长小，大义须明。父事兄事，随行徐行。

谦恭退让，温厚睦平。新疎（疏）同爱，莫忤非争。

五曰睦宗族：

一本宗族，怜恤是敦。少当敬老，卑莫犯尊。

六世同居，九代共门。凡我同姓，古道勿谖。

六曰训子孙：

本支子孙，习业宜专。为忠为孝，希圣希贤。

农工安分，商买耕田。各修其职，见异非迁。

（2）雷氏家训

传家忠与孝，持家俭与勤。

发家耕与读，安家让与忍。

家盗窃与奸，伤家妒与恨。

败家毒与赌，破家暴与愤。

爱家忌谗言，顾家戒疑心。

恋家去杂念，想家有真情。

成家立大志，离家思亲恩。

富家积厚德，和家万事兴。

（3）雷氏祖训十则

戒忤逆、逐匪类、惩凶横、禁赌博、革会盟、摈邪行、黜浮夸、斥污贱、儆游惰、慎婚姻。

（4）雷氏族训

国有律法，家有族规。凡我族人，勿忘祖训。弘扬祖德，倡导文明。教导后昆，均守均遵。

爱祖国　爱国爱族，振兴中华。保家卫国，遵纪守法。尊祖敬宗，团结睦族。虔诚祭祀，发扬光大。

敦孝悌　齐家治国，孝悌为先。孝顺父母，体贴温暖。兄弟和睦，夫妻恩爱。敬老爱幼，温良恭俭。

睦邻里　德业相颂，凶危相顾；急难相济，疾病相扶；过失相规，吉庆相贺；有无相通，守望相助。

尚礼仪　教育之道，贵在于专。待人接物，礼仪为先。言传身教，唯贤唯德。精雕细琢，文武双全。

正心术　以善为本，志存高远。胸怀坦荡，浩气凛然。戒赌戒毒，防盗防奸。爱岗敬业，诚信清廉。

崇勤俭　劳动光荣，懒惰可耻。兴家创业，励精图治。精打细算，艰苦朴素。耕读传家，奋发立志。

勤学习　书山有径，唯勤为路。勤学苦练，悬梁刺股。破除迷信，崇尚科学。勇攀高峰，强国兴族。

树新风　祖功宗德，映辉星河。光前裕后，文韬武略。忠厚传家，仁义处世。谨从此训，利己利国。

（5）钟氏家训

勤耕以安身，善学以修身，笃行以立身。二十四字家风：勤俭持家，宽厚待人，廉洁奉公，懂法守纪，中正交友，发奋攻读。

2. 汉族族规、家训

（1）池氏祖训

三世祖清泉公治家要语四言引：

祖迁彩岙，地属海边。田圃弥望，后枕凤巅。樵苏可采，鱼食维鲜。洎予三世，复有曾玄。天地美丽，获享自然。上念先德，下愿后贤。治家要语，十章四言。垂训孙子，世世勉旃。

孝父母　父兮母兮，人子至亲！事须实孝，奉莫虚文。忤逆不敢，色养为真。愿吾后裔，孝道是敦。

和兄弟　维兄与弟，友爱为宜。华鄂韡韡，声气怡怡。毋私己积，勿听唆词。愿我后世，阋墙戒之。

和夫妇　居室夫妇，生则同衾。贫当共守，富不易心。易戒反目，书儆司晨。愿吾后裔，好合瑟琴。

睦宗亲　凡我宗族，枝叶同根。固须敬老，切勿犯尊。忧喜与共，亲疏莫论。愿吾后世，雍睦长存。

和乡党　乡党亲戚，大义须明。父事兄事，随行雁行。谦恭退让，温厚和平。吾愿吾后，勿起斗争。

敬朋友　同类曰朋，知心曰友。德业劝成，过失规救。信实往来，情义授受。吾愿后人，惟敬交久。

训子弟　不忠不才，全在父兄。幼无训诲，习与性成。去其骄惰，抑彼凶横。愿吾后裔，家法当行。

习本业　天生四民，习业宜专。圣言当畏，国课早完。工循规矩，商安市尘。愿吾孙子。见异勿迁。

知勤俭　勤以生财，则用恒足。宾祭独丰，衣食宜约。勿呈淫奢，毋好游博。吾愿后人，安分自乐。

立身命　敬事神祇，君亲与师。三物是教，五常无亏。身命顾惜，统绪创垂。愿我子孙，十章是维。

活水池清泉题于彩岙之安乐堂

皇宋宣和二年八月望日

（2）李氏祖训

国有教，家有训，由来久矣。吾始祖自徙居兹士，及吾家世衣食充足，礼仪少乖者，赖有祖训谆谆耳。窃虑他日孙支繁衍，其间贤而智者可幸无咎，不肖而愚者谋生制行莫知其方，因而躬犯饥寒身惧灾罪殒，及家风贻我地下，忧者浅鲜也。爰则庭训眼前子孙者，笔诸简端，以垂万焉。

宜孝敬父母，以尽人子之职。

宜友爱兄弟，以全手足之恩。

宜尽丧祭，以免先灵之恫。

宜笃厚宗族，以敦一本之亲。

宜和睦乡里，以杜争衅之端。

宜家习诗礼，以启子孙之蒙。

宜用力农桑，以开财用之源。

宜早完粮饷，以省皇差之扰。

宜崇尚节俭，以绝冻馁之苦。

宜各安生理，以图俯仰之资。

宜济人匮乏，以造子孙之福。

宜排难解纷，以消房族之争。

宜慎谨火盗，以防意外之耗。

宜谨言慎行，以正一身之谊。

宜爱矜孤寡，以修无穷之德。

宜劝谕孝慈，以成良善之俗。

戒慢侮尊长，以干犯上之罪。

淫人妻女，以名幽名之谴。

断绝书香，以致家声之堕。

游手好闲，以令终身之贫。

私贩官物，以犯纍绁之刑。

偷人财物，以招公私之辱。

纵情赌博，以致产业之废。

苟且婚嫁，以玷清白之风。

贪酒生事，以蹈不测之危。

好勇争狠，以取身亡之祸。

利己损人，以酿子孙之殃。

挟世欺人，以贻后日之患。

三、宗 祠

青街诸姓皆设祠堂，称某氏宗祠，是祭祀先祖的场所，又是议论宗族内部事务、协商解决宗亲之间矛盾的场所。祠堂的面积一般在200—1000平方米之间，建筑面积1000平方米内，有台门、围墙。大的宗族，祠堂有前后进，中有天井，左右有回廊。做官或有文武科甲的宗族，祠堂大门外竖有旗杆。每个宗族有自己的郡望，有自己的堂号，即堂名，它是一个家族或房支的徽号和象征。民国以前，宗族有众田、房产，由族长管理，收入用于宗族活动。

（一）畲族宗祠

青街蓝、雷、钟三姓宗祠10处，其中乡内2处，其他分布于苍南、文成、平阳诸地。建祠最早的是地处苍南县莒溪镇垟尾村王神洞蓝氏宗祠，即清道光辛丑年（1841年）建造，也是目前畲族宗祠重建规模最大的一座，占地面积2100平方米，建筑面积1650平方米，高13.80米，砖木混合四合院式结构，单层二进，屋顶盖琉璃瓦，四周有围墙。耗资300万，历时三载而成。

表2-8-4-1　　　　青街畲族乡畲族宗祠一览表

面积单位：平方米

宗祠名称	坐落地址	始建年份	重修（建）年份	占地面积	建筑面积	建筑结构	郡望	堂号
王神洞蓝氏宗祠	苍南县莒溪镇垟尾	清道光辛丑年	2003	2100	1650	砖木混单层二进	汝南郡	种玉堂
王神洞岭边蓝氏宗祠	苍南县莒溪镇乌岩内	民国9年	2015	500	300	砖木混单层一进	汝南郡	种玉堂
九岱坭山蓝氏宗祠	苍南县昌禅岙口	道光年间	20世纪80年代	800	500	砖木混单层一进	汝南郡	种玉堂
腾岩蓝氏宗祠	文成县周山乡水坑村	道光年间	2007年	500	270	砖木混单层一进	汝南郡	种玉堂
章山雷氏宗祠	青街章山	道光二十三年	2002	550	280	砖木混单层二进	冯翊郡	谦让堂
九岱黄家坑黄氏宗祠	九岱黄家坑	道光元年	2005	800	450	砖木混单层一进	冯翊郡	谦让堂

宗祠名称	坐落地址	始建年份	重修（建）年份	占地面积	建筑面积	建筑结构	郡望	堂号
章山外厝雷氏宗祠	文成县双桂桐油垄	光绪年间	2001	650	420	砖木混单层一进	冯翊郡	谦让堂
九岱水碓洋雷氏宗祠	苍南县昌禅岙底	道光年间	2008	780	420	砖木混单层一进	冯翊郡	谦让堂
九岱国宋钟氏宗祠	朝阳乡溪边村	1939年	2009	3100	1300	砖木混单层一进	颍川郡	知音堂
九岱水碓洋钟氏宗祠	苍南县昌禅中岙	道光年间	2010	650	370	砖木混单层一进	颍川郡	知音堂

数据来源：畲族各支派宗谱。

（二）汉族宗祠

青街汉族现有23个姓氏，只有董、黄、王、李、徐、杨、池、魏等姓氏宗祠在青街境内，其他均建在外地。境内建祠最早的是董氏和黄氏宗祠，都在明代时建造。宗祠规模最大的是建于清咸丰八年（1858年）青街李氏宗祠，占地面积3252平方米，建筑面积2088平方米。正殿设神龛，上下两层，安放先祖神主，左右两厢设回廊，殿前设大门，四周围墙，四合院式砖木混合结构。地处青街垟心村2012年重建的杨氏宗祠，是境内规模较大的一座。原来只有5间单层一进殿堂，重建后占地面积1655平方米，建筑面积825平方米，高14.80米，有台门、庭院、大门、天井、正殿、左右回廊，屋顶琉璃瓦。台门摆放石狮一对，大门外石狮、石象各一对。四周辅以围墙。全部建筑费时三载，耗资300万元。

表2-8-4-2　　青街畲族乡境内汉族宗祠一览表

面积单位：平方米

宗祠名称	坐落地址	始建年份	重修（建）年份	占地面积	建筑面积	建筑结构	郡望	堂号
董氏宗祠	旗杆贡	明代	2012	320	128	砖木混单层一进	陇西郡	三策堂

续表

宗祠名称	坐落地址	始建年份	重修（建）年份	占地面积	建筑面积	建筑结构	郡望	堂号
黄氏宗祠	垟心周大公	明崇祯年间	1974	256	144	砖木混单层一进	江夏郡	紫云
王氏宗祠	东坑苦楝园边	清康熙五十九年	1998	1054	568	砖木混单层一进	太原郡	双槐堂
李氏宗祠	月山下	咸丰八年	2012	3252	2088	砖木混二层二进	陇西郡	函关堂
徐氏宗祠	青街山边	雍正十年	—	820	520	砖木混单层一进	东海郡	未知
杨氏宗祠	青街垟心	道光十八年	2012	1655	825	砖木混二层二进	弘农郡	四知堂
池氏宗祠（五房）	青街水尾内	道光二十年	2009	480	350	砖木混单层二进	西平郡	安乐堂
池氏宗祠（六房）	周宅基	民国11年	1986	580	440	砖木混单层一进	西平郡	安乐堂
魏氏宗祠	太申	1999年	—	224	112	砖木混单层一进	钜鹿郡	鹤山堂

数据来源：各姓氏宗祠碑记及宗谱。

第九章 人物名录

　　青街畲族乡人文资源丰富、人杰地灵、人才辈出。为寻求溯源激励后人，本章记录青街畲族乡畲汉两族各姓迁祖及溯源来脉，历代人物传略和主要人物录。人物传录记载历史以来的文人志士、革命烈士、老红军、老干部，以及在社会主义建设期间做出贡献者，热心家乡公益事业的企业家、慈善人物，科级以上干部和历任乡党政主要领导干部，各村党支部书记、村主任名录，大专院校毕业生或在校生名录等。特别是改革开放后，随着教育的发展、民族政策的优惠，畲汉两族的大学生层出不穷，出现了许多的硕士生、博士生，有的还是教授专家。

第一节 人物传略

　　平阳畲族自明清从福建入迁以来，始祖开拓疆土，辛勤劳作，繁衍儿孙，人丁兴旺。清代雷云呈文陈述不平等的阻考行为，是当时学界一件大事。

一、畲族开基祖传略
（一）蓝氏开基祖
　　蓝久裕、蓝种松 青街畲族乡九岱村《蓝氏宗谱》记载，明万历年间，蓝氏始祖蓝久裕从罗源迁黄岩转迁文成，后从文成迁徙青街九岱坭山自然村。青街畲族乡王神洞村《蓝氏宗谱》记载，康熙至雍正年间，蓝昆冈第九世孙元明、元全、元亮迁入青街王神洞。
（二）雷氏开基祖
　　雷明萼、雷明山、雷法罡 青街畲族乡章山村《雷氏宗谱》记载，鼻祖永祥公与三子仰宇、仰善、仰甫于明万历八年（1580年）先后从罗源大坝头迁苍南县桥墩黄坦口（今枫树湾），清顺治八年（1651年）沿海迁界，仰宇子明萼、明山率子侄合族迁移平阳青街，明萼居章山，明山居九岱。青街畲族乡黄家坑村《雷氏宗谱》记载，黄家坑雷氏先祖雷法罡于明朝万历年间自福建罗源大坝头牛栏垟迁福安牛头畔（今牛石坂）转徙福鼎白琳镇牛埕下。

雷云（1825—1877年），名国友，号鹤峰，平阳县仓楼（又名仓头，今属苍南县）人。清道光廿五年（1845年）五月，雷云与堂弟雷夏（名国灿，榜名东升），参加平阳县考试及格。此后便有童生扬言："平阳畲民例无与考。"是故，府试不容雷云、雷夏入场。六月十六日，雷云等呈文温州府，陈述其先祖雷世发"于乾隆三十年（1765年）立户，交粮纳税，与平民无异；既非冒借匿丧，又非倡优隶卒，家世清白，当无不与考试之理"。据此，温州府于六月廿三日批复："畲民雷云等应试，自宜一律准其与考。"为争取畲民参考权利，自道光廿四年六月至道光廿六年六月，雷云与叔子清共呈文29次，遍及县、府、道、省四级官衙。最终，温州府在道光廿七年十月初五日颁发禁阻考告示。雷云为人正直坚毅、身经考案后，更知世道不平，畲民自立尤其不易，因而一生勤学不已。在清咸丰庚申年（1860年），考取贡元（拔贡），授六品顶戴文林郎。时常应聘任教，以诗言志，不无抱负。雷云力倡尊师重教，培植后代，族中有公田二十亩，冲为"养贤田"，由得功名者收益，雷云改之为"笔资田"，用以鼓励和资助童生求学上进，使仓头这个畲族在清时文风鼎盛、人文蔚起，曾出不少人才。

（三）钟氏开基祖

钟百户　青街畲族乡九岱村《钟氏宗谱》记载，明季时先祖钟百户迁居福鼎管阳后溪，转徙平阳三十三都朝阳蕉坑，于清道光戊申年（1848年）君罗三子启东三子文拾移居平阳青街九岱国宋自然村。

二、主要人物传略

在汉族中，古有周氏十八进士。宋、元、清代汉族中有钦加六品、七品御贡生、生员、太学生（国学），儒业者90余人。在现代有革命烈士7人，抗日阵亡将士7人。有古今慈善人物21人。

周嗣德、周诚德　周嗣德（1306—1371年），字宗道（一字从道），弟诚德（1322—1363年），字守仁，崇政乡睦源（今青街畲族乡）人。周家为平阳豪族，嗣德以父荫补海口盐场司令，有政绩，任满归乡。

红巾军大起义后，南方到处响应。至正十三年（1353年），闽括义军临境。刘基在《赠周宗道六十四韵》中，对平阳官逼民反有生动的描述："永嘉浙名郡，有州曰平阳，面海负山林，实为瓯闽疆，闽寇不到瓯，倚兹为保障。

官司职防虞，当念怀善良，用民作手足，爱抚勿害伤，所以获众心，即此是仞墙。奈何纵毒淫，反肆其贪攘。破廪取菽粟，夷垣劫牛羊，朝出系空囊，暮归荷丰囊。丁男逃上山，妻女不得将。稍或违所求，便以贼见戕！负屈无处诉，哀号动穹苍。斩木为戈矛，染红作巾裳。鸣锣撼岩谷，聚众守村乡。官司大惊怕，弃鼓撒旗枪，窜伏草莽间，股栗面玄黄。窥伺不见人，湍江走怅怅。可中得伙伴，约束归营场。顺路劫寡弱，又各夸身强。将吏悉有献，欢喜赐酒觞，杀贼不计数，纵横书荐章。民情大不甘，怨气结肾肠。遂令父子恩，化作蛊与蝗。恨不斩官头，剔骨取肉尝！" 嗣德曾向江浙行省左丞铁里帖木儿揭发浙东道副元帅吴世显的罪状，警告民变在即，不听。归来不久，兵变发生，吴世显等被杀。闽括义军陷分水关，直抵州治，官吏投降，全州参加义军的有百分之六七十。

第二年，浙东道宣慰使恩普宁来温州镇守，委任嗣德代理知州，左丞铁里帖木儿，这时也倚仗他 "讨贼安民"。至正十五年（1355年），依靠江南乡郭瑛、陈文俊等地方武装，招募丁壮，在军事方面委托其弟诚德，从八月开始，一直到至正十九年，以各种手段镇压了金安三、吴邦大等义军领袖。在径川决战中，义军数万人，又被分化瓦解而败。诚德率兵又镇压瑞安州、福建交界等义军，消灭了金龙十、程景安、葛兆、吴悌五、郑子敬。在血腥镇压中，嗣德升浙东道宣慰司同知、副元帅，总制本州及瑞安州军事，诚德也授忠显校尉、同知州事兼行军镇抚。

秩序稳定后，嗣德乃修治城防官署、学宫、庙宇，革积弊平冤狱，兴修水利，与民休息，使社会秩序安定下来，客观上有利于生产的恢复和发展。周嗣德为了地方安宁，排斥方国珍对温州路的控制，数次向面临崩溃的元王朝输粮。至正二十年（1360年）夏，虽 "廪无余粟，闻京师旱，遣弟绍德漕运粮二万五千石上供"。第二年夏，又遣都事张君锡 "漕贡京师"。周嗣德累升为行院判官、江浙等处行省参知政事，诚德升为温州路总管府判官、行枢密院判官，累官浙东副都元帅。

当时方国珍控制台州、庆元（宁波）和温州部分之地，为元江浙行省平章政事，其侄明善为行省参政，驻军温州，欲控制嗣德，嗣德不从，于是不断派舟师来骚扰，矛盾越演越烈。二十二年，明善以三千余舟列营平阳、瑞安，被诚德所败，俘舟二百，且上书朝廷揭发国珍派兵侵犯事。国珍大怒。二十三年，国珍调动台、庆、温之兵直攻瑞、平，双方相持6个月。明善以重金收买周部将林淳、林子中为内应，9月，平阳沦陷，周兄弟二人均被俘。嗣德被送至方国珍处，国珍不敢相害。明善俘诚德后，责备他不服从自己。诚德大骂道："贼奴，贼奴！……"至死骂不绝口。

明善占据平阳月余，周部将校童环、陈达起兵驱逐明善，且向明将胡琛归顺。胡琛派孙安击走明善，收复瑞安，从此瑞、平归朱元璋统治。二十七年（1367年）方国珍兵败降明，嗣德也到了南京，在刘基的帮助下放归故乡。明洪武四年（1371年），又被遣送到京，不久卒。至正十八年，嗣德曾重修《南雁荡山志》6卷，今佚。

温文良　名日御，字世贞，另一庵，生于康熙己未年（1679年），康熙戊子科（1708年）考中武举人，因军功钦授明远将军，中举后（配侧室陈氏），移居青街垟心。逝于乾隆甲戌（1754年），墓葬南雁周岙村，墓前旗杆夹石尚在。

池正观（1845—1916年）　名开易，字龙光，清末贡生。协助创办睦源小学（今青街中心小学），对地方公益事业多作奉献。民国3年（1914年），平阳县知事项需亲题"广慈化雨"匾额予以褒扬，并旌表竖旗杆一对。至今在青街地方口碑较好。

施味辛（1902—1929年）　名锐，号退之，平阳县五十一都南莽（青街乡南网村）人。民国3年（1914年）至民国5年（1916年）就读怀新高等小学，民国6年（1917年）进入浙江省立第十中学读书。民国8年（1919年）只身来到上海，开始接受进步思想，阅读了大量的宣传马列主义和俄国十月革命的书籍，确立了共产主义信仰。1922年初进入上海大学社会学系读书，后由共产主义小组成员、中国社会主义青年团中央书记、上海大学教授施存统介绍，加入中国共产党，在周恩来、陈延年的领导下，从事地下革命活动。民国14年（1925年）南下广东，以个人身份加入国民党，在广州、汕头等地从事国民革命活动。民国15年（1926年）秋，党组织安排其到国民革命军第17军政治部负责宣传工作。民国16年（1927年）初，随国民革命军第十七军北伐，由军长曹万顺率领由福建进入浙江，施味辛率政治部宣传员，沿途发传单、贴标语，分头讲演，宣传革命真理。民国16年（1927年）2月，施味辛随北伐东路军前方筹备处先期抵达平阳，筹备成立了国民党平阳县党部，并担任执行委员兼宣传部长。国民革命军第十七军北上后，他留在浙南继续开展革命活动，建立农民协会，发展党员，打击土豪劣绅。为了反击国民党反动派发动的"四·一二"反革命政变。民国16年（1927年）6月，他与当地农民领袖叶廷鹏等组织发动江南农盐民300多人攻打平阳城。后因敌人搜捕，转移到厦门从事地下工作。

民国17年（1928年）初，党组织安排施味辛和周少梁前往马来西亚，组织领导华工运动，反抗英国殖民当局。由于长期在热带雨林工作，施味辛得了水肿病。民国17年（1928年）冬，在周少梁护送下，秘密回到平阳养病。由于白色恐怖，不能公开就医，致使病情恶化，民国18年（1929年）6月在南网老家病逝。

　　李基中（1914—1949年）　字君石，平阳县青街乡李氏大份人。民国16年（1927年）在水头街荣寿药店当学徒，民国19年（1930年）在温州成大药行当职员。民国21年（1932年）到新加坡，入同乡池传楹创办的三民皮件公司为店员。他急公好义，助人为乐，有较强的宣传组织能力，不久被推选为华侨工会代表。民国27年（1938年）10月，积极参与陈嘉庚、庄希泉等发起成立的南洋各属华侨筹赈祖国难民总会，支援抗日战争。为了支持家乡教育事业，节衣缩食汇款给青街小学（当时捐资助学汇款的还有山门池传楹和腾垟华侨），作为购置校产之需。民国29年（1940年）前后，一直在新加坡坚持地下抗日战斗。在长达10年的反对日本侵略和英殖民政府的斗争中，负责全马来亚职工总会和新加坡工会的财政，经常以公开身份组织群众，发表演讲和列席谈判。民国35年（1946年）2月，发起成立马来亚人权保障同盟，召开星洲各界人民联合大会，是大会九人主席团成员之一。他和陈嘉庚、胡愈之等发起签名，要求美军退出中国领土。发起成立马来亚和平民主联合会，当选为执委。《南侨日报》曾刊出他大幅头像，并刊发专题介绍他。他曾是马共中央委员，是马来亚共产党领导人之一。1949年牺牲于离马来亚柔佛州26英里的振林山根据地。

　　池欣昌（1927—1994）　名昌瑛，青街水尾人。温州中学毕业。原任中共平阳县委副书记、平阳县人民政府县长。民国37年（1948年）夏参加党的活动，1949年4月入党，同年5月入伍。历任南雁区公所财粮干事，直属镇委宣传委员；1952年8月参加华东人民革命大学浙江分校学习；从1953年起历任睦源区委书记，宜山区委书记中共平阳县委委员、县委互助合作部部长，县委常委兼任万全区委书记，县委农村工作部部长，县革委会生产指挥组组长，县委常委兼县委办公室主任，县革委会副主任，县农委主任、党组书记，中共平阳县副书记、县人民政府代县长，平阳县人民政府县长、县人大常委会主任、党组书记（兼）。是温州市六届人大代表，平阳县第七届、八届、十届、十一届人大代表。1985年12月离休。离休后，他忘我工作，先后担任《平阳县志》顾问，县老龄委副主任、县关协副会长、山区老区扶贫领导小组顾问、县渔民协会名誉会长、昆阳片离休干部政治学习大组组长等职务。为《平阳县志》修志工作的出版发行呕心沥血，几次病倒卧床。他还与人合编有《南雁荡山与南麂列岛》一书。他为人厚道，待人诚恳，严于律己，宽以待人，团结同志，平易近人，为人民的事业尽职尽责，鞠躬尽瘁，表现了一个党员干部的高贵品质。他为政清廉，两袖清风，生活艰苦朴素，始终保持人民群众的本色。

池方清（1929—2009年） 青街贡后人，中共党员，任《平阳池氏史志》编辑委员会名誉主任。民国37年（1948年）参加革命，民国38年（1949年）4月入党。历任中共平阳县睦源区委，山门区委副书记，马站区委书记，县委组织部、宣传部副部长、部长，金乡区革委会主任，平阳县粮食局革委会主任，县政工组副组长，县革委会副主任，苍南县委副书记兼组织部部长，县人大常委会副主任、党组副书记。1978年9月21日作为浙南老区代表（浙江老区浙东、浙南各一人），出席全国民政工作会议，受到党和国家领导人亲切接见。1985年11月离休后，应聘任苍南县党史委员会主任，组织史领导小组副组长（主持工作），县关工委副主任，县老龄委顾问，县老龄大学顾问，县渔民协会总顾问，县慈善总会顾问，县委县府党风廉政监督员，县政法委、公安局、国土资源局、教育局、卫生局、房管局、县行政审批中心等单位行风监督员。离休后，先后被评为：浙江省关心下一代工作委员会先进工作者、浙江省少先队事业功臣，浙江省委组织部老干部局和温州市委先进老干部、优秀党员等，并多次获奖状、奖品、纪念章，其中有浙江省人民政府颁发的庆祝中华人民共和国成立五十周年纪念章。先后参与编写《中共苍南县组织史资料》第一、二卷，《苍南党史资料》，《苍南党史大事记》等。入编《浙江古今人物大辞典》、《中外名人辞典》、《中国老龄事业》（浙江卷）等。在职期间参与领导的建设项目有：兴建矾岩大桥，维修钱仓双塔，修筑马站十八孔水库，开凿马站至矾山路基，兴建苍南县少年宫、桥墩水库以及建设横阳支江治理工程、灵溪老干部活动中心等。在《平阳池氏史志》编纂期间，为族史编纂作提出指导性的意见，并在百忙之中，多次亲临青街为编史中遇到的问题，排忧解难。著有《池方清回忆录》一书。

池腾辉（1901—1977年） 原名昌煜，男，平阳县青街睦源人。青少年时期品学兼优，为人谦逊厚道，正直诚恳。后到新加坡创业发展，创办三江五金公司，任董事长兼总经理。曾任新加坡温州会馆副会长，在华侨、华人中享有很高的声望。1951年在温州设立新加坡侨汇办事处，为新加坡对浙南的侨汇提供了方便。1972年曾数次大额汇款修建故乡防水大堤，修缮池氏古屋及续修族谱。

池云祥（1920—1996年）　原名云从，字亦龙，平阳青街旗杆内人，海外实业家，著名华侨。民国35年（1946年）赴台湾经商，后从事房地产业开发，相继创立庆祥、人力、仁泰三家较大的建筑公司，任董事长兼总经理。由于勤俭治业、管理有方，事业蒸蒸日上，资产积累颇丰。育有二子三女，均接受高等教育，获得硕士、博士学位，颇有成就。1983年举家迁往美国洛杉矶定居。关心故乡教育事业，1990年前后，多次回乡考察，协商创办中学，捐资33万元，创建青街初级中学，后被平阳县政府命名为"云祥中学"，并特聘他为该中学名誉校长。此外还出资在故乡睦源溪上建思源桥，资助苍南县建少年宫，还不时赈灾扶危接济特困户，捐资达130多万元。他的生平事迹传略被载入《浙江古今人物大辞典》。

吴良祚（1929—1995年）　青街南网人。1950年加入中国共产党，太平天国史专家，中国太平天国史研究会理事、浙江社会科学研究院研究员。青年时肄业于浙江大学史地系（1947—1948年）和浙江师范学院历史科（1952—1954年）。浙江师范学院结业后，为响应党的号召，自愿到定海支援海岛建设，先后在嵊泗中学、舟山师范、舟山中学等校担任文史教师。1976年初调回故里，任平阳县第二中学语文和历史教师。1982年由国务院古籍整理规划小组借调到北京中国近代史研究所，参加整理《太平天国资料丛刊续编》工作。1984年10月又被调到浙江省社会科学院，任《浙江学刊》历史编辑暨党支部书记。1992年退休后，又应扬州师范大学聘请，带病培养了多名中国近代史专业研究生。从20世纪50年代开始，他除从事教育事业外，一直坚持于对太平天国史进行研究，着重太平天国文献校勘，史料考释、词语训诂和避讳研究等方面。专著《太平天国避讳研究》（广西人民出版社1993年版）是他的力作，历时20年，三易其稿始成。全书25万字，深入探讨太平天国避讳制度，阐述晦涩术语，澄清费解词语。立论公允，分析缜密，考证精审，匡谬正误，深受史学界专家学者赞誉。与人合编《中国近代史资料续编·太平天国》属国家《1982—1990年古籍整理出版规划》项目，任《太平天国大词典》副主编。另外，历年来在各书刊上发表论文60余篇。《关于〈天父诗〉》《太平天国史料校点琐议》，获1978—1982年浙江省社会科学优秀成果二等奖；《上帝教约书探略》《论太平天国避讳的研究和利用》《太平天国与天地会词语的比较研究》3篇获1987—1990年浙江省社会科学优秀成果三等奖；1982—1984年，他被选为温州市第六届、平阳县第七届人民代表。

表2-9-2-1　　　南宋时期青街（睦源）人进士、职官一览表

姓　名	科考时间	任职
周茂良，字君实	宋庆元二年（1196年）	南安知府
周励，字仲敏	宋庆元二年（1196年）	陕西教授
周勉，字明叔	宋庆元二年（1196年）	邕州安抚
周劼	宋庆元二年（1196年）	翰林院编纂司
周溥，字少博	宋庆元五年（1199年）	－
周希浚	宋嘉定元年（1208年）	知龙泉县
周履常	宋嘉定元年（1208年）	静江教授
缪思问，字叔通	宋嘉定七年（1214年）	－
周文郁	宋宁宗丁丑（1217年）	任卢阳令，江陵安抚，知处州
周效，字有进	宋嘉定十年（1217年）	－
周自介	宋绍定二年（1229年）	－
周于，字华叔	宋绍定五年（1232年）	黄州守
周椅	宋嘉熙二年（1238年）	知善化县
周文子	宋宝祐四年（1256年）	永兴令
周梓	宋咸淳四年（1268年）	－
周熙夫	宋戊辰科（1268年）	－
周颛	宋戊辰科（1268年）	武冈县令
周埏	南宋后期（1269—1278年）	－
周仁勇	南宋后期（1265—1271年）	宁国推官，武举换文，廷对第二，徙居雅山

表2-9-2-2　　　宋代、元代（1025—1368年）青街人担任官职一览表

姓　名	时间	任职（含谥赠追封）
周栋	宋	尚书检阅
周杓	宋	池阳法曹
周汝临	元	赠中顺大夫、淮东道宣慰副使、上骑都尉，追封永嘉郡博

姓　名	时间	任职（含谥赠追封）
周雷轰	元	赠中顺大夫，河南路总管，轻车都尉。追封永嘉郡侯。
周应奎	元	赠同签太常礼仪院事，轻车都尉，汝南郡侯，谥康惠。
周元浩	元	江阴郡侯
周元德	元	任广东历山县丞
周嗣德	元	平阳知州，浙东道宣慰司同知、副元帅、总制平阳州、瑞安州军事，累升行院判官，江浙行省参政（从三品）
周诚德	元	显忠校尉，同知州事，兼行军镇抚；温州路总管府判官，行枢密院判官，累官浙东副都元帅。
周绍德	元	温州路平阳州副参将。

表2-9-2-3　清代青街池氏钦加六品、七品御贡生、生员、太学生（国学）儒业者一览表

姓名	生　卒	学业、名位
池天养	清康熙辛酉—乾隆丁巳（1681—1737年）	儒业
池大来	清雍正甲辰—乾隆己亥（1724—1779年）	太学生
池天吉	清康熙丙申—乾隆丙午（1716—1786年）	乾隆年间登仕郎
池登衢	清乾隆乙亥—乾隆癸丑（1755—1793年）	乾隆年间贡生
池登捷	清乾隆壬戌—嘉庆乙丑（1742—1805年）	国学生
池登堂	清乾隆乙卯—嘉庆庚辰（1759—1820年）	太学生
池登选	清乾隆壬午—道光辛巳（1762—1821年）	登仕郎（释褐进士）
池有读	清雍正乙卯—道光戊子（1735—1828年）	国学生
池开诚	清乾隆癸未—道光庚子（1763—1840年）	嘉庆年间武生员
池开郎	清乾隆乙巳—道光辛丑（1785—1841年）	国学生
池日铓	清道光壬辰—咸丰巳卯（1832—1855年）	儒业
池化在	清乾隆辛巳—咸丰乙卯（1761—1855年）	国学生
池有子	清乾隆丁酉—咸丰己未（1777—1859年）	介宾
池日鹏	清乾隆丙午—咸丰庚申（1786—1860年）	国学生
池开清	清乾隆乙酉—咸丰辛酉（1789—1861年）	介宾

姓名	生　卒	学业、名位
池开趾	清嘉庆己未—咸丰辛酉（1799—1861年）	国学生
池日邓	清嘉庆戊辰—同治乙丑（1808—1865年）	道光丙申科史宗师取入府学第二名　武生员
池日北	清道光癸未—同治丁卯（1823—1867年）	钦加六品衔
池日焕	清嘉庆辛酉—同治戊辰（1801—1868年）	道光年间贡生（武）
池士我	清嘉庆戊辰—同治癸酉（1808—1873年）	国子监生
池开庸	清道光丁亥—光绪庚辰（1827—1880年）	祖籍青街水尾池璞山八世孙　军功六品衔
池日天	清道光壬午—光绪丁亥（1822—1887）	军功六品衔池璞山九世孙　祖籍水尾内
池日丽	清道光壬午—光绪戊子（1822—1888年）	钦加六品衔　迁杭州　祖籍水尾内
池日成	清道光丙戌—光绪戊子（1826—1888）	军功七品衔
池日知	清嘉庆丁丑—光绪壬辰（1817—1892年）	国学生
池日升	清同治庚午—光绪甲辰（1870—1904年）	儒业
池步科	清道乐壬寅—宣统辛亥（1842—1911年）	儒业
池正观	清道光乙巳—民国丙辰（1845—1916年）	未贡生
池云宰	清咸丰丙辰—民国戊午（1856—1918）	国学生
池步箴	清咸丰辛亥—民国丁卯（1851—1927年）	光绪年间贡生　水尾内人
池云霈	清道光丁未—民国乙亥（1847—1935年）	介宾（睦源人）
池日楼	清道光戊子—光绪壬辰（1828—1892年）	国学生
池云棠	清同治甲子—民国戊寅（1864—1938年）	钦授按察司经历衔

表2-9-2-4　　清代青街林、胡、温、王氏贡生、生员、国学生迪功郎一览表

姓名	生卒	学业、名位
林圣富	清康熙己巳—乾隆乙酉（1689—1765年）	国学生
林凤溪	清乾隆庚子—道光戊申（1780—1845年）	迪功郎

续表

姓名	生卒	学业、名位
林凤栖	清乾隆壬辰—卒道光戊申（1772—1848年）	迪功郎
胡瑞徽	清道光庚戌—民国乙丑（1850—1925年）	介宾
温懋(茂)光	清乾隆年间（垟心村温厝）	国学生
王诗淼	清道光戊申—民国24年（1848—1935年）	贡生
王锦醒	清光绪元年—民国32年（1875—1943年）	贡生

表2-9-2-5 清代青街李氏贡生、生员、太学生（国学生）儒业者一览表

姓名	生卒	学业、名位
李允节	清乾隆丙寅—道光壬辰(1746—1832年)	迪功郎
李允载	清乾隆庚午—嘉庆丁丑(1750—1817年)	国学生
李允翠	清乾隆甲戌—道光丙申(1754—1836年)	贡生
李世位	清乾隆庚子—道光癸巳(1744—1833年)	国学生
李世绍	清乾隆庚辰—嘉庆庚辰(1760—1820年)	贡生
李世环	清乾隆辛卯—道光丁未(1771—1847年)	国学生
李世南	清乾隆癸巳—嘉庆丙子(1773—1816年)	国学生
李世蕙	清乾隆丙申—道光庚子(1776—1840年)	贡生
李遇铨	清乾隆己亥—道光乙酉(1779—1825年)	国学生
李镐铨	清乾隆辛丑—道光乙未(1781—1835年)	庠生
李义铨	清乾隆庚戌—咸丰己未(1790—1859年)	国学生
李渭铨	清嘉庆庚辛—同治丁卯(1800—1867年)	州同
李活铨	清嘉庆乙丑—同治丙寅(1805—1866年)	贡生
李旂朝	清嘉庆庚申—同治己巳(1800—1869年)	职员
李睿朝	清道光癸未—光绪戊寅(1823—1878年)	佾生
李凌朝	清道光甲申—光绪甲申(1824—1884年)	国学生
李奉朝	清道光甲申—光绪甲申(1824—1884年)	国学生

姓名	生卒	学业、名位
李朝翼	清道光甲申—咸丰壬子（1824—1852年）	国学生
李啟朝	清道光戊子—光绪癸未（1828—1883年）	州同
李襟朝	清道光辛卯—光绪丙申（1831—1896年）	国学生
李禧朝	清道光壬辰—同治戊辰（1832—1868年）	国学生
李科朝	清道光丙申—同治壬戌（1836—1862年）	国学生
李淞朝	清道光庚子—光绪丁酉（1840—1897年）	国学生
李立泉	清咸丰辛亥—民国癸酉（1851—民国癸丑）	国学生
李立辞	清咸丰甲寅—光绪庚寅（1854—1890年）	国学生
李立汀	清咸丰甲寅—光绪戊申（1854—1908年）	国学生
李立厚	清咸丰乙卯—民国丙辰（1855—民国丙辰）	贡生
李言珑	清咸丰戊午—　　　　（1858—　　）	国学生
李言订	清道光戊子—光绪癸巳（1828—1893年）	国学生
李志娱	清同治壬戌—光绪辛丑（1862—1901年）	武生
李言瀚	清同治壬戌—　　　（1862—　　）	国学生
李立芬	清同治丁卯—民国癸亥（1867—民国癸亥）	国学生
李行明	清光绪丁丑—民国甲戌（1877—民国甲戌）	国学生

第二节　名　录

　　青街畲族乡的畲汉人民在中国共产党的领导下，积极参加革命和建设，为中华人民共和国的建立和建设作出应有的贡献。全乡有革命烈士7人，抗日阵亡将士7人。

一、革命烈士名录

姓名	性别	出生地	出生日期	职务	牺牲时间地点
池云友	男	青街贡后村	清光绪庚寅（1890年）	牖民小学校长	1941年在迢岩碰步头

续表

姓名	性别	出生地	出生日期	职务	牺牲时间地点
陈玉廷	男	青街贡后村	清光绪甲辰年（1904年）	战士	1941年在安徽歙县
李玉山	男	青街十五亩村	民国1年（1911年）	副排长	1946年10月在长兴县
张全敬	男	青街南网村	民国2年（1913年）	平西一分区工作人员	1941年6月在水头镇万人坑
张意言	男	青街南网村	民国4年（1915年）	平西一分区交通员	1941年6月在水头镇万人坑
杨明醉（又名卢兴贵）	男	青街垟心村	民国7年（1928年）	班长	1949年11月在温岭江厦海面
池昌虎	男	青街睦源村	1963年	副班长	1985年1月在中越边境

二、国民革命军抗日阵亡将士名录

李瑞修　1939年12月湖北冬季攻势作战中牺牲。

李金忠　1939年12月湖北冬季攻势作战中牺牲。下过溪人。

李来忠　参加1939年12月湖北冬季攻势作战中在安徽青阳牺牲，生前是野十师304团二营一连二等兵。

施昌植　1940年10月浙江诸暨反日军攻势作战中牺牲。桥坑人。

李在柳　1944年9月 浙江青田小溪口作战中牺牲。

王守惠　1944年6月浙江衢州战役中牺牲。

李齐忠　1941年12月江西高安上高会战中牺牲。

（暂缺简历）

蔡忠连　陈亦象 施巨级 李在修

三、青街畲族干部名录

姓名	性别	出生地	出生年月	工作单位	职务	备注
蓝响时	男	王神洞村	1922.07	原青街公社	书记	已故
蓝景生	男	九岱村	1925.07	原青街公社	副主任	已故
雷必彬	男	九岱村	1925.08	睦源区中心小学	校长	已故

续表1

姓名	性别	出生地	出生年月	工作单位	职务	备注
蓝天两	男	王神洞村	1926.06	顺溪公社	副主任	已故
蓝德端	男	王神洞村	1927.07	华东地质区332队	机长	–
蓝德吾	男	王神洞村	1929.03	平阳县委统战部	副部长兼县侨办主任	已故
雷必文	男	九岱村	1930.04	原青街信用社	–	已故
雷本立	男	睦源章山	1931.09	青街信用社	–	退休
蓝响崇	男	王神洞村	1935.07	青街大队	大队长	不脱产
蓝德柔	男	王神洞	1938.01	青街小学	–	退休
蓝翠英	女	王神洞村	1939.12	县农业银行	–	退休
蓝响郑	男	王神洞村	1941.10	县农业银行	–	退休
雷顺明	男	九岱村	1942.06	九岱小学	–	退休
雷金莲	女	王神洞	1942.10	青街小学	–	退休
蓝天决	男	王神洞	1945.02	青街小学	–	退休
雷顺林	男	九岱村	1945.07	九岱小学	–	退休
蓝德巧	男	王神洞村	1947.03	丽水市公安局	享受副县级	退休
雷朝欣	男	九岱村	1950.01	青街畲族乡人民政府	副处级	退休
雷明孝	男	睦源章山	1950.08	青街小学	–	退休
雷顺波	男	九岱村	1951.06	青街小学	–	退休
蓝天送	男	王神洞	1951.07	青街小学	–	退休
蓝天辉	男	王神洞村	1953.05	鳌江新华书店	–	–
蓝梅红	女	王神洞	1954.01	青街小学	–	退休
蓝德镇	男	王神洞村	1954.02	青街供销社	–	–
蓝天丽	男	王神洞村	1954.05	浙江衢化医院	–	–
雷梅子	女	睦源章山	1954.07	青街信用社	–	退休
雷明玺	男	睦源章山	1954.12	平阳公安局	–	退休
蓝方华	男	王神洞	1955.04	青街小学	–	退休
雷衍宾	男	九岱村	1955.05	青街小学	–	去世
蓝德着	男	王神洞村	1956.01	青街卫生院	–	–
蓝秋梅	女	睦源章山	1956.06	青街乡人民政府	人大副主任	退休
雷正旺	男	睦源章山	1957.01	青街小学	–	–
雷顺群	男	九岱村	1957.04	青街小学	–	退休
蓝周	男	王神洞村	1957.08	南雁镇计生办		

续表2

姓名	性别	出生地	出生年月	工作单位	职务	备注
蓝青响	男	九岱村	1958.06	青街供销社	－	－
雷顺育	男	九岱村	1958.08	平阳造纸厂	－	－
蓝德贺	男	王神洞村	1961.11	青街乡政府	－	退休
蓝琳琪	女	王神洞村	1962.01	平阳交通局	科长	－
蓝天华	男	王神洞村	1962.10	青街供销社	－	－
蓝海春	女	王神洞	1963.02	昆阳一小	－	－
蓝庆华	女	王神洞村	1964.09	山门供销社	－	－
蓝锡对	男	王神洞	1964.11	水头江屿小学	－	－
蓝天宇	男	王神洞	1965.03	水头一中	书记/校长	－
蓝天平	男	王神洞村	1965.06	平阳民政局	主任	－
雷招勤	男	睦源章山	1965.09	昆阳土地分局	－	－
蓝瑞玲	女	王神洞村	1966.05	县信用社	－	－
蓝丽云	女	王神洞村	1967.09	平阳县人民医院	－	－
雷顺宪	男	九岱村	1967.11	青街信用社	－	退休
雷顺平	男	九岱村	1968.02	顺溪粮管所	－	－
蓝德曙	男	王神洞村	1968.11	青街卫生院	－	－
蓝美秋	女	王神洞村	1968.11	腾蛟卫生院	－	－
蓝 森	男	王神洞村	1969.03	县农行	－	－
蓝淑慧	女	王神洞村	1970.01	平阳啤酒厂	－	－
蓝德孝	男	王神洞	1970.01	广东惠州城管局	－	－
雷招弟	女	王神洞村	1970.01	青街卫生院	－	－
雷日科	男	章山	1970.02	水头卫生院	－	－
雷素清	女	王神洞村	1971.05	平阳县慈善总会	－	－
雷顺士	男	新三村腾岩	1971.06	青街小学	－	－
雷日群	男	睦源章山	1971.11	水头一小	－	－
蓝虹霞	男	王神洞村	1972.04	浙江省民委	－	－
蓝天安	男	王神洞	1973.07	水头一中	－	－
蓝天泉	男	王神洞村	1974.01	平二医	－	－
蓝宏荣	男	王神洞村	1974.04	丽水市交警队	－	－
蓝 青	男	王神洞村	1974.05	县供电局	－	－
蓝丽妃	女	王神洞村	1974.12	萧江医院	－	－
雷 恒	男	九岱村	1976.01	平阳农机站	－	－

姓名	性别	出生地	出生年月	工作单位	职务	备注
雷丽萍	女	章山	1976.09	青街卫生院	-	-
雷顺卫	男	新三村腾岩	1976.10	山门镇委干部	-	-
雷日坤	男	睦源章山	1977.08	水头实验小学	-	-
蓝天胜	男	王神洞	1978.03	山门教委办	-	-
雷顺宗	男	南朱山村	1978.03	水头二小	-	-
雷昌周	男	睦源章山	1978.08	平阳农业局	-	-
雷昌兴	男	睦源章山	1978.09	水头一小	-	-
蓝天宏	男	王神洞村	1979.02	青街乡人民政府	-	-
雷淑平	女	九岱村	1979.03	安徽任教	-	-
蓝天程	男	王神洞	1981.01	水头一小	-	-
雷灵娇	女	九岱村	1981.04	平阳县机关事务管理局	-	-
雷秀秀	女	九岱村	1982.08	杭州妇幼保健医院	-	-
蓝菲菲	女	王神洞	1982.09	水头小学	-	-
雷湘	男	九岱村	1982.10	贵州普安县劳动保障局	主任	-
雷小春	女	南朱山村	1982.10	水头二小	-	-
蓝玮玮	女	王神洞村	1983.02	昆阳镇政府	-	-
雷顺柔	男	南朱山村	1984.08	水头派出所	-	-
蓝苗苗	女	王神洞村	1984.09	温州一医	-	-
雷雄	男	九岱村	1988.12	青街畲族乡人民政府	-	-
雷健	男	九岱村	1991.11	平阳档案局	-	-
雷海瑛	女	九岱村	1995.01	温州慈铭体检中心	-	-

四、青街汉族干部名录

姓名	性别	出生年月	地址	职务
池方水	男	1912	睦源村	浙南游击队后方医院主治医师
池方日	男	1915	水尾内	大校副军职干部
池方生	男	1915	睦源村	青街乡乡长
池步凰	男	1921	睦源村	三明市水泥总厂党组副书记
池方坪	男	1922	东坑村	青街乡副乡长

续表1

姓名	性别	出生年月	地址	职　务
王后圭	男	1922.12	东坑村	原南京军区团级干部
池方钦	男	1924	睦源贡后村	平阳县总工会副主席、轻工业局干部（县级待遇）
施巨金	男	1925	南网村	泰顺县县长
池伯成	男	1926	睦源村	中国艺术协会名誉理事
施正中	男	1926.03	南网村	福建省福安地委农村工作部部长
池欣昌	男	1927	水尾内	平阳县人民政府县长
池方卯	男	1927	睦源村	历任睦源乡乡长，莒溪乡乡长
池昌镳	男	1927	睦源村	历任青街、顺溪农会主任、乡长、书记，1983年离休
池长接	男	1928	睦源村	河北省邯郸市先造厂（提炼工业炼油）厂长、厂党委副书记
王后陶	男	1928	东坑村	平阳县山门公社党委书记、山门供销社主任、书记
李昌中	男	1928.01	太申村	青街小学校长
池方巧	男	1928.04	睦源村贡后	温州市经贸局（经委）科长
吴良祚	男	1929	南网村	《浙江学刊》历史编辑暨党支部书记
池方清	男	1929	睦源村贡后	苍南县人大常委会副主任
池方理	男	1929	睦源村贡后	平阳县顺溪镇书记、青街乡党委书记，1983年退休
池方乔	男	1929	睦源村贡后	主持碗窑民办初中日常工作
李信谦	男	1929.12	青街村	青街乡中心校长，离休干部
李志树	男	1929.03	青街乡大垟人	睦源乡党委书记
池方沧	男	1930	睦源村贡后	陕西省建材工业设计院副院长
李锏忠	男	1930.06	青街村	平阳县药检所所长
池昌足	男	1931	睦源村	平阳县鳌江镇委副书记
池昌华	男	1931	睦源村	苍南县桥墩区团委书记、副区长
李杰忠	男	1932.12	青街村	平阳县对台办主任，老干部局副局长
李信孚	男	1932.04	青街乡	中共温州市委党校副校长
温怀德	男	1933.01	垟心村	清流县委办公室主任
李信友	男	1933.01	青街村	睦源乡党委书记
施正建	男	1933.08	南网村	青街乡党委副书记
李志洗	男	1933.09	青街村	平阳县顺溪财政所副所长
王荣开	男	1934.12	东坑村	平阳县南雁公社党委书记
池云源	男	1935	青街村	平阳县青街中心校校长

姓名	性别	出生年月	地址	职务
施德侯	男	1935	青街村桥坑	青街乡党委书记
池昌泽	男	1935	青街村	顺溪供销社主任
池昌镇	男	1937	睦源村岭脚潭	连云港市港务局武装部部长
李师忠	男	1937.03	青街乡	福建省福鼎市人大常委会机关法工委主任
李志晃	男	1939.04	青街村	岭街小学校长、青睦中小学教导主任
陈均远	男	1939	东上村宫脚陈宅	中科院院士、博士生导师
池云矗	男	1941	睦源村	平阳县越剧团团长
池昌世	男	1941	睦源村	睦源公社书记
黄益谦	男	1941.11	青街村	山门区、水头区区长
温怀智	男	1941.02	垟心村	苍南县组织部干部科科长、苍南文广新局局长
池昌伦	男	1942	青街村	平阳县陶瓷总厂副厂长，2001年退休
池方资	男	1942.07	睦源村	青街南雁、矾岩卫生院院长
李信速	男	1942.09	青街乡	平阳广播局副局长兼电视台台长
李信涨	男	1943	青街村	青街乡中心校校长
李川忠	男	1943	十五亩村	平阳县物价所所长（已逝）
王后宜	男	1943.09	东坑村	龙游县农业局高级农艺师
池长尧	男	1944	睦源村	浙江省书籍装帧艺术研究会会长
池方真	男	1944	睦源村	温州市公安局、预审处处长
池云亮	男	1944	睦源村	平阳县云祥中学副校长（主持工作）
李丕进	男	1944	垟心村	无锡市陆区工商所所长
李信托	男	1944.07	青街村	福建省宁德市刑侦大队长
李信评	男	1944.09	十五亩村	平阳县陶瓷厂副厂长
李学数	男	1945	青街村	新加坡南洋大学教授，博士
池方垏	男	1945	青街村	平阳县云祥中学工会主席
李法忠	男	1945.08	十五亩村	青街乡党委书记
池长月	男	1948	青街村	平阳县财税局副局长
池昌勤	男	1948	青街水尾	睦源乡乡长
李信华	男	1948	青街乡人	丽水市公安局大队长
杨明溪	男	1948	垟心村	原任苍南县莒溪镇镇长
池昌珍	男	1949	青街贡后	平阳化工厂副厂长
池昌棉	男	1949	睦源村	平阳县顺溪镇人大副主任

续表3

姓名	性别	出生年月	地址	职　务
池昌森	男	1949	青街乡	平阳县水头镇科级干部
池昌备	男	1949	青街贡后	睦源乡乡长，苍南县灵溪工商所长
池昌模	男	1949	青街睦源贡后	平阳县事业单位登记管理局局长
温兴谱	男	1950.11	垟心村	青街中心学校校长
池方正	男	1951	东坑村	美国加州圣荷西电脑总公司董事
池宗惠	男	1952	睦源村	平阳县城消费合作社主任
李坤忠	男	1952.01	太申村	苍南县公安局行政科副科长，灵溪中心警务室主任
李信聪	男	1952.02	青街乡	平阳县水头派出所副所长，水头交警中队长
温兴阔	男	1952.05	垟心村	青街中心学校校长
张全景	男	1953	南网村	文成县人民法院院长
池昌稿	男	1954	青街贡后	苍南县计委副主任，灵溪镇常务副镇长
池伟伟	男	1955	睦源村贡后	陕西省工商厅消费处处长
池宗任	男	1955	青街乡	平阳县教育局计划财务科科长
池宗胤	男	1955	青街乡	金铬企业股份公司董事长
池昌勉	男	1956	睦源村贡后	矾岩乡中心校长
池宗探	男	1956	青街睦源	台州地区农业机械公司总经理
李克宾	男	1956.11	青街村	青睦小学校长
魏起瑜	男	1956.03	青街村	水头四小校长
李信辉	男	1956.04	青街乡	福建省福鼎市公安局政治处主任
王积平	男	1956.06	东坑村	平阳县地税稽查局局长
池宗宪	男	1957	睦源村	《自立晚报》记者站副主任
池昌荣	男	1957.05	睦源村贡后	平阳县委党校副校长
池昌财	男	1957.07	东坑村	矾岩乡乡长
李卫中	男	1957.08	青街村	水头三小校长
池云森	男	1958.03	青街乡	县老城办办公室副主任（副处级）
李庆成	男	1959	青街乡	历任海军东海舰队第二训练团班长，连队庭(局)长
王荣进	男	1959.08	东坑村	硕士，苏州市化工厂总经理、高级工程师
池方昆	男	1960	睦源村	平阳县鳌江镇人大副主任
李庆利	男	1960.12	青街村	北京圣方达隆医药科技发展有限公司副总经理兼研发总监

姓名	性别	出生年月	地址	职 务
王积瑶	男	1961.01	东坑村	平阳县教育局职教科科长
池长鹏	男	1963	睦源村	历任排长、连长、营长
池希平	男	1963.01	青街书房基	福建省福鼎市公安局副政委
李忠榜	男	1963.04	青街村	河南省检疫局局长（厅级）
池长庆	男	1964	水尾内	浙江大学艺术学院副院长
池长辉	男	1964	睦源村	苍南县地方税务局副局长
魏起川	男	1964.01	青街村	平阳县林业局
李曙光	男	1964.05	青街乡	舟山市普陀区物价局办公室主任
池昌顺	男	1965	睦源村	平阳县国土资源局办公室主任地籍科科长
池方鹏	男	1965	垟心村	温州市银监局处长
温兴谊	男	1965.05	垟心村	平阳县直属机关工作委员会书记
池海方	男	1966	睦源村	平阳县运管局副局长
池长营	男	1966	睦源岭脚潭	泰顺县农行行长
李峰	男	1966.03	青街乡	平阳县昆阳镇委副书记、镇长
李小彬	女	1966.05	垟心村	平阳县教育局
李学军	男	1966.08	青街村	平阳县教育局山门学区主任
池长仙	男	1967	睦源村	平阳县云祥中学校长
池秋玲	女	1968	睦源村	平阳县统计局副局长
池方岳	男	1968.08	垟心村	苍南县钱库镇委书记、原苍南县副县长
李庆明	男	1969.11	青街村	中国武术协会会员
池夏方	男	1970	青街村	平阳县云祥中学校长
池涛	男	1970	睦源村	连云港市港务局工会主席
池长守	男	1970	睦源村	顺溪信用社青睦分社主任
池方华	男	1972.03	睦源村	研究生，温州市文化局干部
杨作铭	男	1972.03	垟心村	平阳县教育局
池淳	男	1974	睦源村	温州市海洋与渔业局副处长
池昌友	男	1974	睦源村	平阳县农商银行副主任
王荣滔	男	1976.02	东坑村	温州市电业局工程部
池浚	男	1979	睦源村	中国京剧院创作研究部副主任
魏思思	女	1985.03	青街村	平阳县农商银行山门分行青睦分理处主任

姓名	性别	出生年月	地址	职　务
池立平	男	1987.02	新三村	杭州市滨江区社保局执法大队大队长
魏乃焜	男	1989.04	青街村	山门农商分行青街分理处
王贻然	男	1991.11	东坑村	空军某部后勤
吴徐平	男	–	青街村	上海市中国人寿保险公司审计中心纪委书记
吴良选	男	–	南网村	平阳县农业银行副行长
李忠明	男	–	青街村	平阳县顺溪镇卫生院院长
杨梁印	男	–	垟心村	苍南县灵溪镇副镇长
杨明烈	男	–	垟心村	平阳县水头粮管所副所长
施明吴	男	–	朱山村	温州市西山陶瓷总厂人武部部长

五、青街慈善人士名录

1. 青街主要慈善人士事迹名录

姓名（生卒）	出生地	事迹简介
池一满（1649—1718年）	青街睦源	1689年，路过闽福鼎桐山，捐助白银建桐山水北街大桥三栋
池大来（1724—1779年）	青街水尾	清乾隆甲午年（1774年）倡重建迢岩溪碇步。乙未年（1775年）筑青街溪矴埠
池登选（1762—1821年）	青街	乾隆乙卯年（1795年）倡议捐资建造望神洞抱珠桥
池步钾（1848—1918年）	青街睦源	光绪癸未（1883年）春，他倡议并捐资在睦源与太监地交界处建成通惠桥
池日修（1884—1940年）	青街睦源	55岁时修筑一条从青街白岩底壶至银（痕）坑通往莒溪的山间道路
胡育林（1949年—）	青街睦源岭脚潭	1997至2003年，捐资100多万元建设，青街车站至青腾公路接头工程、睦源至九岱公路、农村生活饮用水改造等。2008年，青街慈善分会成立，捐款20万元。2010年，捐款10万元青街月笔桥建设，2011年，捐赠100万元建设文化场所。同年，捐款30万元建设青街和谐桥。2012年，与妻子捐资35万元建设青街中心校塑胶跑道，捐资青街建设90万元。在山西捐资约980万元建设学校、造桥、乡村公路等项目。近年来，还为睦源村70岁以上老人分发压岁钱30万元。

续表

姓名（生卒）	出生地	事迹简介
李庆新（1970年—）	青街内垅	为地方修桥造路捐资300余万元。2012年为平阳李氏纪念堂重建捐资20万元。

2. 青街慈善人士名录

姓名	住址	荣誉称号	颁发单位	颁发时间
王积旅	青街畲族乡东坑村	"慈善明星"五星	县人民政府	2011年4月
王积旅	青街畲族乡东坑村	"慈善明星"五星	县人民政府	2011年4月
胡育林	青街睦源	"慈善之星"五星	县人民政府	2011年4月
叶文英	青街	"慈善之星"五星	县人民政府	2011年4月
池云浪	青街睦源	"慈善之星"三星	县人民政府	2011年4月
李庆新	青街村	"慈善之星"三星	县人民政府	2011年4月
李庆仕	青街桥坑	"慈善之星"三星	县人民政府	2011年4月
施昌堆	青街桥坑	"慈善之星"二星	县人民政府	2011年4月
胡育林	青街睦源	慈善捐赠特大贡献者	县人民政府	2013年8月
李庆新	青街村	慈善捐赠特大贡献者	县人民政府	2013年8月
池云浪	青街睦源	"慈善明星"三星	县人民政府	2013年8月
李克海	青街十五亩村	"慈善明星"三星	县人民政府	2013年8月
李克边	青街十五亩村	"慈善明星"三星	县人民政府	2013年8月
王德友	青街东坑村	"慈善明星"三星	县人民政府	2013年8月
魏乃生	青街村	"慈善之星"二星	县人民政府	2013年8月

六、大专院校毕业人员名录

1. 青街畲族乡大专院校毕业生名录（畲族）

姓名	性别	出生年月	行政村	毕业院校	现工作单位
蓝享华	男	1935.06	王神洞	浙江师范学院	平阳教委
雷明玺	男	1954.12	章山	浙江师范大学	平阳公安局
蓝宝祯	男	1956.02	王神洞	浙江师范大学	—
蓝宝夏	男	1959.08	王神洞	杭州大学	温州市公安局
蓝德平	男	1962.02	王神洞	温州商校	平阳烟草公司
蓝天安	男	1973.07	王神洞	中南民族学院	水头一中
蓝天泉	男	1974.01	王神洞	荆门职业技术学院	—
蓝天荣	男	1974.04	王神洞	浙江公安专科学院	青田公安局

续表1

姓名	性别	出生年月	行政村	毕业院校	现工作单位
蓝色珩	男	1978.01	王神洞	北京翰林学院	中国人寿财产保险股份有限公司
雷昌兴	男	1978.01	章山	温州师范学院	青街中心校
雷顺宗	男	1978.03	南朱山	丽水师专	水头二小
蓝天虹	男	1979.02	王神洞	中央民族大学	–
蓝天程	男	1981.01	王神洞	西南师范学院	水头一小
蓝天锷	男	1981.05	王神洞	浙江理工大学	–
雷湘	男	1982.01	九岱	江西艺术学院	贵州普安县劳动保障局
雷小春	男	1982.01	南朱山	丽水师专	杭州小学
蓝俊杰	男	1982.12	王神洞	浙江理工大学	–
雷巍	男	1982.03	九岱	杭州师范大学音乐学院	浙江恒洋金融信息服务有限公司
蓝岚	男	1984.06	王神洞	中央民族大学	衢州广电集团
雷顺柔	男	1984.08	南朱山	浙江警察学院	水头派出所
蓝天赋	男	1984.11	王神洞	浙江交通干部学院	–
雷临汾	女	1985.12	九岱	温州职业技术学校	–
雷靠主	男	1986.11	章山	浙江农林大学	浙江科城种业股份有限公司
雷艳冰	男	1987.03	九岱	杭州职业技术学院	宁波
雷日匀	男	1987.05	章山	浙江经贸职业技术学院	–
蓝天戈	男	1987.07	王神洞	上海财经大学	温州银行
蓝天思	男	1987.09	王神洞	杭州神学院	–
雷大湖	男	1988.01	九岱	杭州电子科技大学	–
蓝天翔	男	1988.01	王神洞	浙江海洋学院	市人民政府
蓝天航	男	1988.01	王神洞	台州科技职业学院	–
蓝天耀	男	1988.01	王神洞	杭州职业技术学院	–
蓝天照	男	1988.11	王神洞	温州职业技术学院	–
雷雄	男	1988.12	九岱	浙江理工大学	青街畲族乡人民政府
蓝小燕	女	1988.08	九岱	北京书法学院	–
蓝阳	男	1989.01	王神洞	西南大学	衢州市发改委
蓝天演	男	1989.05	王神洞	美国威斯康星大学	–

姓名	性别	出生年月	行政村	毕业院校	现工作单位
雷爱淑	女	1990.01	九岱	浙江商业职业学院	－
雷顺新	男	1990.01	南朱山	浙江国际海运职业技术学院	－
钟炳良	男	1990.08	九岱	金华职业技术学院	浙江海康生物制品有限公司
蓝天亮	男	1990.08	王神洞	东阳职业技术学校	－
雷艳霞	女	1990.08	南朱山	温州电视大学	－
蓝小君	女	1991.01	九岱	宁波卫校中专	宁波第八医院
雷健	男	1991.11	九岱	丽水学院	平阳县档案局
钟维杰	男	1991.09	九岱	丽水职业技术学院	广州树心人皮具有限公司
蓝天想	男	1992.01	王神洞	台州职业技术学院	－
蓝海燕	女	1992.02	王神洞	浙江旅游学院	－
雷昌顶	男	1992.04	章山	浙江广厦建设职业技术学院	杭州指大五交化有限公司
雷丽萍	女	1992.05	九岱	杭州医学院	－
蓝翔翔	女	1992.06	王神洞	浙江树人大学	桃源中心小学
雷秀秀	女	1992.08	九岱	温州医学院	浙医大妇产科医院
蓝际荣	男	1992.08	南朱山	武汉中南民族学院	读研究生
雷顺安	男	1992.08	南朱山	长沙外贸学院	长沙外贸
蓝玲玲	女	1993.01	王神洞	浙江长征职业技术学院	－
蓝海燕	女	1993.01	王神洞	绍兴科技学院	－
雷正岳	男	1993.01	南朱山	金华职业技术学院	金华鹏程装饰有限公司
雷思思	女	1993.12	九岱	浙江经济职业技术学院	杭州卓钢物资有限公司
钟吴月	女	1993.02	九岱	温州大学	鳌江二幼
雷荣祯	女	1993.03	九岱	中国计量学院	－
雷双双	女	1993.06	九岱	湖南长沙大众传媒技术学院	－
蓝盛达	男	1993.06	南朱山	浙江邮电职业技术学院	－
雷玲玲	女	1993.07	九岱	浙江宁波职业技术学院	平阳多乐学苑培训班
蓝爱雪	女	1993.07	王神洞	浙江工商职业技术学院	－

续表3

姓名	性别	出生年月	行政村	毕业院校	现工作单位
雷大江	男	1993.08	九岱	浙江医学高等专科学校	威士达医疗设备（上海有限公司）
雷朝波	男	1993.08	王神洞	湖州职业技术学院	－
蓝娇娇	女	1993.08	南朱山	温州职业技术学院	－
钟晶晶	女	1994.01	九岱	浙江工商职业技术学院	－
蓝 欧	女	1994.01	王神洞	浙江东方职业技术学院	－
雷小青	女	1994.01	章山	温州大学	瑜莘服饰有限公司
雷小巧	女	1994.03	章山	浙江工商大学	浙江影锋文化创意有限公司
雷丽容	女	1994.05	九岱	浙江义乌工商学院	－
雷荣贵	男	1994.05	九岱	温州职业技术学院	－
雷 磊	男	1994.07	九岱	东北大学	－
蓝济乐	男	1994.07	南朱山	浙江中医药大学	－
蓝天环	男	1994.08	王神洞	中南民族大学	－
雷坤坤	男	1994.09	九岱	浙江旅游职业学院	－
雷丽华	女	1994.09	九岱	浙江医药高等专科学校	融创宁波府
雷昌哲	男	1994.09	章山	华北理工大学冀唐学院	河北邢台市冀中能源邢矿集团总医院
雷朝臻	男	1994.09	南朱山	浙江国际海运职业技术学院	－
雷海瑛	女	1995.01	九岱	丽水学院	温州慈铭体验中心
雷荣乾	男	1995.01	九岱	浙江大学	－
雷小燕	女	1995.11	章山	台州职业技术学院	杭州德邦货运代理有限公司
雷小敏	女	1995.04	章山	浙江旅游职业学院	浙江够么网络科技有限公司
雷小雪	女	1995.05	九岱	江西科技学院	－
蓝大填	男	1995.05	王神洞	杭州技术学院	－
雷朝仙	男	1995.07	王神洞	福建泉州轻工学院	青街畲族人民政府
雷昌邹	男	1995.08	九岱	台州职业技术学院	－
雷小青	女	1995.08	王神洞	浙江经济职业技术学院	－
雷日响	男	1995.09	章山	宁波大学	－

续表4

姓名	性别	出生年月	行政村	毕业院校	现工作单位
钟思思	女	1996.01	九岱	福建计算机学院	-
雷昌悦	男	1996.01	章山	杭州科技职业技术学院	温州鳌江VIVO公司
雷建萍	女	1996.11	章山	湖州职业技术学院	-
雷松松	女	1996.12	章山	绍兴文理学院	-
蓝大昆	男	1996.03	王神洞	浙江海洋大学	-
雷荣耀	男	1996.06	章山	温州科技职业技术学院	-
雷大余	男	1996.07	九岱	浙江水利水电学院	-
雷日权	男	1997.11	章山	浙江长征职业技术学院	-
蓝丝丝	女	1997.02	王神洞	绍兴文理学院	-
雷茜如	女	1997.07	南朱山	浙江横店影视职业学院	-
雷荣荣	女	1997.08	腾岩	宜春学院	-
雷晓影	女	1998.09	章山	杭州师范大学	-

2. 青街畲族乡大专院校毕业生名录（汉族）

姓名	性别	出生年月	毕业院校	工作单位	备注
池方日	男	1915	中央党校、陕西省委党校	空军第六航校副政委	-
池步凰	男	1921	福建省委党校	三明市水泥厂党委副书记	-
池昌源	男	1927	青岛海军学院	曾任台湾商船大副	-
池欣昌	男	1927	华东人民革命大学	原平阳县县长	-
池云臣	男	1928	上海沪江大学	-	-
池长接	男	1928	河北省委党校	河北邯郸市兴建厂厂长	-
池方清	男	1929	浙江省委党校	苍南县人大常委会主任	-
池方沧	男	1930	陕西省委党校	陕西建材设计院	党委书记
李信芳	男	1934.02	中国人民解放军军政大学	普陀县教育局	-
李园玉	女	1934.12	舟山水产学院	-	-

续表1

姓名	性别	出生年月	毕业院校	工作单位	备注
李信卓	男	1936.11	浙江大学	–	–
魏起探	男	1936.11	浙江大学	–	–
池昌镇	男	1937	江苏省委党校	连云港市港务局人武部长	–
林尚密	男	1937.05	杭州大学	温师院	–
陈均远	男	1939	西北大学	中科院地质古生物研究所	–
池昌伍	男	1939	宁波工学院	苍南桥墩大垅医院	–
李志晃	男	1939.04	温州师范学院	平阳县云祥中学	–
池方宝	男	1941	上海中医学院	–	–
李信卫	男	1941.11	南京林业大学	四川省林业厅	–
李信速	男	1942.09	北京高级军械学校	–	–
池昌隆	男	1943	马来西亚吉隆坡大学	–	–
王后宜	男	1943	浙江农业大学	–	–
池方真	男	1944	浙江大学	温州市公安局	–
池长尧	男	1944	浙江大学	浙江美术出版社	编审
池方垰	男	1945	温州师范学院	平阳县云祥中学	–
李信明	男	1945.06	新加坡南洋大学	–	博士
李汉忠	男	1946.01	浙江财经学院	–	–
李秋菊	女	1948	福建师范大学	福鼎一中	学士
李信光	男	1948	新加坡南洋大学	–	–
淡小丽	女	1949	浙江工商学院	杭州西湖区工商局	–
温兴普	男	1950.11	温州师范学院	平阳县云祥中学	–
池方正	男	1951.07	美国圣荷西大学	加州圣荷西电脑总公司	硕士
李坤忠	男	1952.01	北京人文函授大学	苍南县公安局	–
李信妥	男	1952.03	温州工业学院	–	–
池方平	男	1952.12	美国加州(财经学院)大学	洛杉矶圣荷西公司	博士
池芳玲	女	1953.12	美国伊里诺大学	美国加州花旗银行	硕士
池昌稿	男	1954	上海体育学院	苍南县经贸局	–

姓名	性别	出生年月	毕业院校	工作单位	备注
池素秋	女	1954	温州师范学院	–	–
李信辉	男	1954.04	中国人民公安大学	福鼎市公安局	学士
池宗任	男	1955	中央党校	平阳县教育局	–
黄彬彬	女	1955.06	台北"清华大学"	–	–
池芳菲	女	1955.12	台湾东吴大学	居洛杉矶	学士
陈金桃	女	1956	四川大学	–	–
池俐黎	女	1956	西安大学	陕西省体工大队	–
王积平	男	1956	温州大学	–	–
吴良志	男	1956	浙江大学	–	–
池昌汉	男	1956.01	山东大学	青街回春药店	中药师
魏起瑜	男	1956.03	浙江师范大学	水头四小	退休
李信欣	男	1956.08	浙江教育学院	平二中	–
李信城	男	1956.11	北京广电学院新闻系	–	–
池昌荣	男	1957	浙江农业大学	平阳党校	研究生
池宗宽	男	1957	台湾大学	台湾《大成报》	总编、硕士
池宗宪	男	1957	台湾辅仁大学、铭传大学	攻读台湾大学博士学位	双硕士
李卫忠	男	1957.08	温州师范学院	水头二小	–
李信鸿	男	1957.08	温州师范学院	–	–
陈秀远	女	1958	温州师范学院	苍南县中心小学	–
池云森	男	1958	中央党校函授学院	平阳县海洋局	–
池宗明	男	1958	浙江广播电视大学	平阳县广电局	–
李丽君	女	1958	浙江师范学院	平阳县中心小学	–
吴逢印	男	1958	天津工程学院	–	–
董丽琴	女	1959.12	温州医学院	平二医	退休
徐文兰	女	1960	台湾文化大学	台北市某校	–
李庆利	男	1960.12	北京大学	北京圣方达隆医药科技发展有限公司	主管药师高级工程师
池英英	男	1961	浙江财经学院	苍南县地税局	–

续表3

姓名	性别	出生年月	毕业院校	工作单位	备注
王积瑶	男	1961	温州师范学院	–	–
叶惠红	女	1961	浙江省委党校	平阳电视台	–
池芳园	女	1961.07	美国匹斯堡大学	居洛杉矶	学士
池云仁	男	1961.07	中央广播电视大学	青街畲族乡人民政府	–
胡英源	男	1961.11	南京陆军指挥学院	鳌江镇政府	–
池长海	男	1962	浙江省委党校	–	–
黄 苹	女	1962	浙江机械学院	–	–
吴逢钏	男	1962	南京大学	–	–
李岩青	女	1963	浙江教育学院	–	–
施正党	男	1963	中国农业大学	–	–
吴逢宽	男	1963	浙江青年政治学院	–	–
李忠榜	男	1963.04	温州师范学院	–	硕士
李信福	男	1963.07	杭州大学	–	–
李晓洁	女	1963.12	温州电大	–	–
池 涛	男	1964	江苏省委党校	连云港市港务局	–
池昌海	男	1964	浙江大学	浙江大学	教授、博士
池秀珍	女	1964	浙江教育学院	苍南县小	苍南县政协委员
池长辉	男	1964	湖南财经学院	苍南县地税局	–
池长庆	男	1964	杭州大学	浙江大学	教授、博士
施夏瑜	女	1964	南京大学	–	硕士
张加驰	男	1964	浙江省委党校	–	–
魏起川	男	1964.01	中央广播电视大学	平阳县林业局	–
李曙光	男	1964.05	杭州物价学院	普陀区物价局	–
李广生	男	1964.07	浙江邮电职业技术学院		
池方鹏	男	1965	浙江财经学院	中国人民银行温州市分行	研究生
池长成	男	1965	新加坡国立南洋大学	–	–
吴逢平	男	1965	杭州医学院	–	–

姓名	性别	出生年月	毕业院校	工作单位	备注
吴逢溪	男	1965	杭州大学	－	－
温兴柔	男	1965.09	浙江大学	温州劳动局	－
李信华	男	1965.12	温州师范学院	－	－
池昌勉	男	1966	浙江大学	苍南灵溪安全监察局	－
池昌模	男	1966	广州海军军事学院	平阳县人事局	－
池长营	男	1966	中央党校（党校）	泰顺县农行行长	－
李庆鑫	男	1966	温州医学院	－	－
李小斌	女	1966	浙江教育学院	平阳县教育局	－
吴逢康	男	1966	温州大学	－	－
李 峰	男	1966.03	中国农业大学	－	－
李信军	男	1966.04	厦门大学	福州市公安局	学士
李学军	男	1966.07	温州师范学院	平阳县教育局山门学区	－
李信用	男	1966.08	西南大学	平阳广电局	－
池长仙	男	1967	浙江教育学院	鳌江第五中学	－
王德标	男	1967	宁波纺织学院	－	－
徐天琼	女	1967	湖南财经学院	－	－
张全月	男	1967	北京中医药大学	－	－
张仁瑞	男	1967	浙江警察学院	－	－
李庆勋	男	1967.09	中国军地两用人才大学	－	－
池方岳	男	1968	浙江大学法学院	－	－
池秋玲	女	1968	杭州大学	平阳县统计局	－
池为美	男	1968	温州师范学院	平阳县水头二中	－
池长惠	男	1968	宁波师范学院	－	－
池长举	男	1968	浙江工学院	苍南建设银行	－
池长守	男	1968	中国石油大学	－	－
池长艺	男	1968	温州大学	－	－
李素娟	女	1968	湖北长江大学	－	－
吴逢军	男	1968	杭州财政学院	－	－

续表5

姓名	性别	出生年月	毕业院校	工作单位	备注
朱淑辉	女	1968	浙江工学院	苍南桥墩电业所	－
池长恩	男	1968.01	浙江大学	农行	－
李　儒	男	1968.01	浙江工业大学	－	－
李儒中	男	1968.01	浙江理工大学	苍南第一建筑工程公司高级工程师	－
李庆望	男	1968.06	上海医科大学	平阳县中医院	－
黄宗耀	男	1968.09	华东政法学院	浙江雅河律师事务所	－
李　儒	男	1968.09	东北财经大学	苍南第一建筑公司	－
池　兵	男	1969	温州师范学院	昆阳三中	－
吴逢呈	男	1969	北京航空航天大学	－	－
吴逢东	男	1969	杭州大学	－	－
吴良洲	男	1969	浙江财政学院	－	－
李庆成	男	1969.01	沈阳工业大学	－	－
温莉健	女	1969.02	浙江电大	平阳县农行	－
李　浩	男	1969.08	厦门大学	－	－
陈　琪	女	1970	宁波师范学院	－	－
池昌松	男	1970	浙江大学	杭州市教育局	研究生
池惠见	女	1970	武汉华中师范大学	江汉油田	－
池希周	男	1970	温州师范学院	水头四中	－
池夏方	男	1970	浙江电视广播大学	青街中心校	－
池长泉	男	1970	温州师范学院	昆阳二中	－
池长征	男	1970	浙江教育学院	苍南灵溪一中	－
李春芝	女	1970	上海体育学院	－	－
张桂玲	女	1970	浙江师范学院	平阳县云祥中学	－
李海平	男	1970.08	成都电子科技学院	－	－
李庆掌	男	1970.08	浙江医科大学	平阳二医	学士
李中城	男	1970.08	青岛科技大学	华廷集团有限公司董事长工程师	－
李庆喜	男	1970.09	上海体育学院	－	－

续表6

姓名	性别	出生年月	毕业院校	工作单位	备注
池春阳	女	1971	浙江师范学院	昆阳三中	-
池华辉	女	1971	长江大学	-	-
池文贤	男	1971	温州师范学院	鳌江中学	-
李宝华	女	1971	浙江师范大学	青街乡中心幼儿园	-
林 芳	女	1971	浙江教育学院	苍南灵溪三中	-
李中众	男	1971.01	浙江省委党校	平阳县南雁镇政府	-
李庆想	男	1971.02	温州大学	-	-
池荣昌	男	1971.06	北京中医药大学	-	-
李晓露	女	1971.09	北京广播学院研究生班	中央电视台	-
池方华	男	1972	杭州大学	平阳县第一中学	研究生
池昕荣	女	1972	台湾崇右企业专科学院	台湾崇右企业公司	-
池长春	男	1972	福州医科大学	福建建瓯一医	-
池长在	男	1972	美国纽约城市大学	美国杜邦公司	博士
池浙青	女	1972	福州医科大学	福建南平医院	-
依 妹	女	1972	南平师范学院	-	-
李卫健	男	1972.03	福建财经学院	福州市国税局	学士
杨作铭	男	1972.03	西南大学	平阳县教育局	-
魏雪松	男	1972.12	上海医科大学	平阳县肖江医院	-
池久明	男	1973	浙江理工大学	杭州莱欧报装公司	-
池长银	男	1973	浙江电大	-	-
施正党	男	1973	中国农业大学	-	-
吴克林	男	1973	杭州大学	-	-
黄宗炎	男	1973.01	温州大学	平阳县电视局	-
李妙忠	男	1973.09	西南大学	-	-
李庆山	男	1973.12	北京邮电学院	-	-
池小露	女	1974	福州师院	政和县一中	-
张仁高	男	1974	浙江省委党校	-	-
李育文	女	1974.02	上海第一医科大学	-	-

续表7

姓名	性别	出生年月	毕业院校	工作单位	备注
李庆贤	男	1974.08	上海第二医科大学	–	–
池昌友	男	1974.09	西南大学	平阳农商银行	–
魏 威	男	1974.11	杭州现代汽修学校	–	–
魏雪君	女	1974.12	温州医学院	平二医	–
池长丰	男	1975	浙江大学	–	–
池长驹	男	1975	上海体育学院	水头镇小	–
吴逢东	男	1975	西安大学	–	–
吴逢雄	男	1975	杭州大学	–	–
吴逢旭	男	1975	温州师范大学	–	–
池昌盛	男	1976	浙江理工学院	–	–
池春玲	女	1976	浙江师范学院	–	–
池晶晶	女	1976	福州师范大学	福州市教委	–
池久体	男	1976	浙江工业大学	–	–
池乐燕	女	1976	杭州大学	–	–
池天心	女	1976	温州教育学院	–	–
池长袍	男	1976	浙江大学	–	–
王荣滔	男	1976	武汉水利大学	–	–
吴逢敬	男	1976	杭州财经学院	–	–
叶好好	女	1976	陕西师范大学	–	–
李金装	女	1976.03	浙江教育学院	水头一小	–
施昌耀	男	1976.04	西南大学	平阳县农商银行	–
李海阳	男	1976.07	南京理工大学	–	–
李美永	男	1976.08	浙江林业学院	–	–
池昌权	男	1977	浙江经济学院	–	–
池金钗	女	1977	上海财经大学	–	–
池久晨	男	1977	英国伯明翰大学	浙江理工大学	–
池翔君	女	1977	台湾德明商科学院	–	–
池长记	男	1977	长沙理工大学	–	硕士
吴作舟	女	1977	宁波大学	–	–

姓名	性别	出生年月	毕业院校	工作单位	备注
李庆立	男	1977.02	温州师范学院	－	－
李 茜	女	1977.03	新加坡大学	－	－
周海蓉	女	1977.05	浙江大学	杭州江南实验中学	－
温作章	男	1977.06	浙西电力大学	鳌江电业局	－
李 艳	女	1977.11	集美大学	福州边防检查站	学士
池昌双	男	1977.12	浙江财经大学	浙江滨海产业研究院	－
池高三	女	1978	杭州大学	－	－
池建斌	男	1978	杭州大学	－	－
池长环	男	1978	杭州师范学院	－	－
池长相	男	1978	华中科技大学	－	硕士
张 燕	女	1978	温州师范学院	－	－
池昕禹	女	1978.01	美国加州大学洛杉矶分校	－	研究生
李晋浙	女	1978.01	武汉军事学院	－	－
李美广	男	1978.01	杭州大学	－	－
胡育前	男	1978.02	复旦大学	浙江肿瘤医院	硕士研究生
李 菁	女	1978.02	福建师范学院	－	硕士
李信前	男	1978.02	浙江医科大学	平阳人民医院	－
李莹莹	女	1978.03	浙江大学	水头一中	－
李 翔	男	1978.05	温州师范学院	－	－
李信勇	男	1978.06	清华大学	－	硕士
池 浚	男	1979	中央戏剧学院	国家京剧院戏剧创作中心	博士
池彩敏	女	1979	合肥科技大学	－	－
池昌转	男	1979	温州师范学院	－	－
池凤羽	女	1979	浙江师范大学	－	－
池剑方	男	1979	福州林学院	－	－
池小研	女	1979	温州师范大学	福州中学	－
池长钏	男	1979	温州师范学院	平阳南湖中学	－

续表9

姓名	性别	出生年月	毕业院校	工作单位	备注
池长毅	男	1979	浙江大学	–	–
来　霖	女	1979	浙江理工大学	–	–
李庆权	男	1979	南京理工大学	–	–
吴逢源	男	1979	河南大学	–	–
吴松洁	女	1979	宁波大学	–	–
徐　盈	女	1979	浙江理工大学	–	–
李　青	女	1979.03	温州师范学院	–	–
卢喜植	女	1979.04	山东大学	青街回春药店	药师
李双双	女	1979.06	沈阳建筑学院	深圳华为集团公司	学士
李美桔	男	1979.07	宁波公安大学	–	–
陈建新	女	1980	温州师范学院	平阳南湖中学	–
池昌希	男	1980	浙江电子学院	–	–
池海环	女	1980	浙江理工大学	–	–
池金谷	男	1980	浙江工业大学	–	–
池兰芳	女	1980	浙江广播电视大学	–	–
池长龙	男	1980	天津贸易大学	–	–
李庆诚	男	1980	宁波大学	–	–
张加敏	男	1980	杭州大学	–	–
池海滨	女	1980.01	浙江大学	浙江大学	–
李美义	男	1980.01	北京医科大学	–	–
温兴愉	男	1980.01	浙江大学	苍南工商管理局	
池长理	男	1980.03	浙江医科大学	青街回春药店	医生
胡育昆	男	1980.03	浙江工业大学	杭州华为公司	–
池希泉	男	1980.11	上海师范大学	–	–
李庆丰	男	1980.11	温州医学院	平阳一医	–
张周瑞	女	1980.12	杭州财经学院	–	–
池爱芬	女	1981	义乌工商学院	–	–
池海燕	女	1981	大专毕业	水头机关幼儿园	–

姓名	性别	出生年月	毕业院校	工作单位	备注
池进静	男	1981	温州职业技术学院	－	－
池婷婷	女	1981	浙江大学	昆阳二小	－
池伟民	男	1981	浙江师范学院	－	－
池新颖	女	1981	美国加州大学	－	学士
池玉叶	女	1981	杭州之江学院	－	－
池长营	男	1981	浙江省卫生学院	青街卫生院	－
池长誉	男	1981	宁波万里学院	－	－
李春宝	女	1981	湖北荆州技术学院	－	－
李信华	男	1981	中国人民公安大学	－	－
林涓	女	1981	温州师范学院	苍南观美小学	－
吴逢德	男	1981	杭州大学	－	－
陈文	女	1981.01	温州师范学院	－	－
李信健	男	1981.01	浙江财经管理学院	－	－
池长勋	男	1981.04	温州财经学院	－	－
李庆财	男	1981.06	温州教育学院	－	－
池海燕	女	1981.07	浙江师范学院	－	－
李勤	男	1981.07	浙江财经学院	浙江岳华会计师事务所	学士
池昕莹	女	1981.08	洛杉矶大学	－	硕士研究生
李信专	男	1981.08	温州科技职业学院	自主创业	
徐顺洁	女	1981.1	浙江理工大学	硕士	温州市财政局
李信科	男	1981.11	山西太原中北大学	－	－
池昌蛟	男	1981.12	浙江教育学院	－	－
李明	男	1981.12	浙江交通大学	－	－
池昌燊	男	1982	华中科技大学	－	－
池炜	男	1982	浙江大学	温州市建设银行	－
池爱醒	女	1982	浙江树人大学	－	－
池彬彬	女	1982	南昌蓝天学院	－	－

姓名	性别	出生年月	毕业院校	工作单位	备注
池丹丹	女	1982	南开大学	-	-
池海东	女	1982	中国管理软件大学	-	-
池海燕	女	1982	武汉大学	-	-
池久甲	男	1982	嘉兴师范学院	-	-
池久建	男	1982	宁波大学	-	-
池双双	女	1982	上海师范大学	-	-
池翔嘉	女	1982	台湾德明专科学院	-	-
池小田	女	1982	南京大学	上海浦东检察院	硕士
池小映	女	1982	浙江财经学院	-	-
池长哈	男	1982	湖北三峡大学	温州建投证券公司	-
池长昀	男	1982	上海大学	中科院上海应用物理研究所	硕士
李庆敏	男	1982	浙江交通职业学院	-	-
施克平	男	1982	浙江大学	-	硕士
池昕旳	女	1982.01	美国普林斯顿大学	-	研究生
李克靖	男	1982.01	浙江工业大学(分校)		
魏昌益	男	1982.01	华中科技大学	温州大学团委副书记	硕士
李　瑞	男	1982.03	南京邮电学院	中国联通温州公司	
池方凯	男	1982.06	上海海关大学	杭州海关	硕士
李　韦	男	1982.07	杭州交通航运学院	-	-
李　依	女	1982.09	浙江财经学院	-	-
董　克	女	1982.1	厦门大学	温州医学院附属二医	硕士
池昌炜	男	1982.11	浙江大学	中国银行温州银监局	研究生
李　翔	男	1982.11	浙江大学	-	-
李信镇	男	1982.11	浙江科技学院	唯创股权投资基金	学士
池昌圣	男	1982.12	爱荷华州立大学	-	硕士
池　凯	男	1983	上海海关大学	杭州海关	
池昌林	男	1983	浙江经济学院	-	-

续表12

姓名	性别	出生年月	毕业院校	工作单位	备注
池昌龄	男	1983	杭州师范大学	－	－
池超容	女	1983	温州师范学院	－	－
池久东	男	1983	广州华南理工大学	－	－
池久锐	男	1983	衢州职业技术学院	－	－
池素香	女	1983	浙江工商大学	－	－
池希斌	男	1983	浙江大学	－	－
池晓阳	男	1983	温州师范学院	－	－
池玉环	女	1983	浙江师范大学	－	－
池长昌	男	1983	杭州职业技术学院	－	－
池长楷	男	1983	浙江广播电视大学	－	－
池长守	男	1983	浙江大学	－	－
李 勤	男	1983	浙江经济职业技师学院	－	－
李 顺	男	1983	浙江工商学院	－	－
李 洋	女	1983	南开大学	－	硕士
李美雪	女	1983	温州医学院	－	－
池昌龄	男	1983.01	杭州师范学院	杭州西湖翠苑街道办	－
池位坚	女	1983.01	温州医学院	温州市绣山卫生院	－
池长杰	男	1983.01	温州师范学院	青街	－
施世然	男	1983.01	浙江大学	青街中心学校	－
王益钊	女	1983.06	中央广播电视大学	浙江广播电视台	－
温作鲁	男	1983.06	浙江医学院	温州医院	－
李 焕	男	1983.07	浙江机电职业学院	杭州激扬科技有限公司	－
李海燕	女	1983.07	温州大学	－	－
李金秋	女	1983.07	浙江师范大学	－	－
吴 兰	女	1983.07	浙江医学高等专科学院	杭州浙讯企业	－
陈丁玲	女	1983.08	义乌工商技术学院	杭州国际经济合作促进会	－
李陈平	女	1983.08	温州医学院	温州医学院附一医	－
李 宜	男	1983.09	浙江大学	－	－

续表13

姓名	性别	出生年月	毕业院校	工作单位	备注
李 莹	女	1983.12	温州师范学院	–	–
池必松	女	1984	杭州万向职业技术学院	–	–
池昌晓	男	1984	温州大学	–	–
池会央	女	1984	浙江大学	–	–
池金辉	男	1984	浙江经济技术学院	–	–
池金来	男	1984	浙江城市学院	–	–
池晶晶	女	1984	丽水师范专科学校	–	–
池晶体	女	1984	丽水师范专科学校	–	–
池久旭	男	1984	浙江财经学院	–	–
池美艳	女	1984	宁波万里学院	–	–
池萍萍	女	1984	浙江经济学院	–	–
池素波	女	1984	温州广播电视大学	–	–
池文博	男	1984	浙江工商财经学院	–	–
池秀明	女	1984	天津大学	–	学士
池长平	男	1984	北京体育学院	–	–
池中和	男	1984	温州大学	–	–
李 庆	女	1984	温州大学	–	–
王彩霞	女	1984	武汉大学	–	–
王积玮	男	1984	英国诺丁汉大学	–	–
王敬泓	女	1984	黑龙江科技大学	–	–
吴美萍	女	1984	宁波大学	–	–
陈治贵	男	1984.01	北京财经学院	杭州拼阁网络科技有限公司	–
李金丹	女	1984.01	浙江师范大学	苍南县农业商业银行	–
李庆威	男	1984.01	宁波大学	宁波进出口检验局	学士
李 江	男	1984.02	宁波师范学院	–	–
施昌烁	男	1984.02	浙江林学院	杭州速博雷尔传动机械有限公司	–
池 静	女	1984.03	湖北襄樊医科学院	–	–

续表14

姓名	性别	出生年月	毕业院校	工作单位	备注
李东	男	1984.03	浙江理工大学	-	-
李珊珊	女	1984.03	温师院专科	-	-
施小芳	女	1984.03	嘉兴医学院	温州康宁医院	-
温灵敏	女	1984.03	浙江工业大学	-	-
周跃跃	女	1984.04	上海大学	-	-
李东	男	1984.05	温州广电大学	-	-
杨洪洪	女	1984.06	宁波大学	-	-
刘亮	女	1984.07	湖北师范学院	杭州华为公司	-
李庆欢	男	1984.08	浙江商业职业技术学院	-	-
李俊	男	1984.09	浙江大学	-	博士
李信裕	男	1984.09	浙江经贸职业技师学院	-	-
池周方	男	1984.12	桂林科技学院	-	-
李伟	男	1984.12	福建公安专科学校	-	-
曾越	女	1985	浙江师范大学	温州大学	-
池方	男	1985	漳州学院	-	-
池宝丽	女	1985	绍兴越秀外国语学院	-	-
池昌甄	男	1985	浙江理工大学	-	本科
池东升	男	1985	金华职业技术学院	-	-
池丽君	女	1985	北京中华女子学院	-	-
池丽君	女	1985	宁波外贸大学	-	研究生
池玲玲	女	1985	江西航天技术学院	-	-
池鸳鸯	女	1985	浙江工业大学	-	-
池长庚	男	1985	宁波理工学院	-	-
池长购	男	1985	浙江林学院	-	-
池长希	男	1985	中国工艺美术学院	-	-
池长涨	男	1985	福建南洋学院	-	-
刘清	女	1985	杭州师范大学	富阳城管执法局	-
施克怀	男	1985	杭州林学院	-	-

姓名	性别	出生年月	毕业院校	工作单位	备注
施丽秋	女	1985	浙江省农业大学	–	–
施正夏	男	1985	温州医学院	–	–
吴正取	男	1985	浙江大学	–	–
张　翔	男	1985	浙江水利水电学院	–	–
李　耀	男	1985.03	温州广电大学	平阳县水头国土资源分局	–
李春青	女	1985.03	杭州商业职业技术学院	–	–
魏师师	女	1985.03	浙江树人大学	平阳县农商银行	–
池仙娥	女	1985.04	北京林业大学	–	–
池久晗	男	1985.05	哈尔滨工程大学	–	–
池燕云	女	1985.05	杭州财经学院	–	–
李　薇	女	1985.05	杭州商业学院	–	–
李信化	男	1985.05	丽水师范学院	–	–
温伟伟	女	1985.08	金华师范学院	东阳广厦学院	–
池小方	男	1985.11	宁波诺丁汉大学	上海浙江商业泰隆银行	研究生
李庆东	男	1985.11	温州大学	–	–
李晓燕	女	1985.11	温州医学院	–	–
池晶晶	女	1985.12	浙江艺术职业技术学院	–	–
李　杭	男	1985.12	浙江电大	宁波国旅	–
魏乃科	男	1985.12	四川大学	杭州	–
池　静	女	1986	钱江学院	–	–
池春春	女	1986	浙江师范大学	–	–
池克列	男	1986	温州大学	–	–
池月秋	女	1986	荆楚师范大学	–	–
池长榜	男	1986	浙江师范学院	–	–
池长解	男	1986	浙江理工大学	–	–
池长盛	男	1986	浙江理工大学	–	–
施周慧	女	1986	杭州医学院	–	–
吴逢印	男	1986	温州大学	–	–

姓名	性别	出生年月	毕业院校	工作单位	备注
吴振大	男	1986	浙江大学	－	－
张珊珊	女	1986	华东师范大学	－	－
李　珍	女	1986.01	华东师范大学	－	在校、硕士
李明明	女	1986.01	浙江工商大学	杭州艺术学校	－
李园园	女	1986.01	宁波大学	－	－
李　静	女	1986.02	浙江工商大学	－	－
陈海苹	女	1986.04	南京审计大学	－	学士
李丽坚	女	1986.04	浙江工贸职业技术学院	－	－
池海棠	女	1986.06	丽水学院	－	－
李　萍	女	1986.07	温州大学	－	－
池珊珊	女	1986.08	温州大学	－	－
李　宝	男	1986.08	浙江大学	－	－
李庆兴	男	1986.08	浙江工商大学	－	－
李信宝	男	1986.08	浙江大学	－	博士
池昌盛	男	1986.09	浙江理工大学	－	－
林欢欢	女	1986.11	温州医科大学	－	－
王德平	男	1986.11	湖南师范学院	－	－
池春姿	女	1986.12	温州工贸职业技术学院	－	－
李庆宇	男	1986.12	温州大学	－	－
池　琦	男	1987	杭州师范学院	－	－
池秋生	女	1987	海南大学	－	－
池昭昭	女	1987	丽水学院	南雁镇政府	－
李　鹏	男	1987	湖北长江大学	－	－
李春桃	女	1987	浙江工商业技术学院	－	－
施昌满	男	1987	温州大学	－	－
王声托	男	1987	浙江科技大学	－	－
吴克聪	男	1987	浙江大学	－	－
吴振辉	男	1987	浙江农业大学	－	－

续表17

姓名	性别	出生年月	毕业院校	工作单位	备注
吴正鑫	男	1987	浙江大学	－	－
池品地	男	1987.01	英国约克大学金融专业	－	研究生
池长毅	男	1987.01	浙江工商学院	－	－
魏荣	女	1987.01	浙江师范大学	－	－
魏天真	女	1987.01	杭州师范大学	－	本科
魏晶晶	女	1987.02	南昌大学	泉州服装公司	－
李庆省	男	1987.03	上海杉达学院	－	－
杨阳喻	男	1987.03	云南农业大学	－	－
池昌北	男	1987.04	沈阳药科大学	－	－
李庆举	男	1987.04	北京语言大学	－	－
施春玮	女	1987.04	浙江医科大学	萧山区人民医院	硕士
魏乃斌	男	1987.04	南昌大学	－	－
魏忠潇	男	1987.05	浙江工业大学	平阳县农商银行	－
李庆杭	男	1987.06	宁波大学	－	－
李信海	男	1987.06	西安欧亚学院	－	－
徐幼苗	女	1987.06	杭州师范大学	－	学士
杨德洪	男	1987.06	江苏江淮大学	－	－
杨作填	男	1987.06	丽水学院	－	－
池丽丽	女	1987.07	温州大学成人教育学院	－	－
杨容苗	男	1987.07	金华大学	－	－
池元琪	男	1987.09	杭州师范大学	－	学士
李美微	女	1987.09	广东中南工业学校	深圳市杰科数码有限公司	－
池芬芬	女	1987.11	浙江金融职业学院	－	－
李强	男	1987.11	江西省学院	－	－
李泳	男	1987.11	湖南司法警官职业大学	鳌江防暴队	－
李信应	男	1987.11	丽水学院	－	－
池文文	女	1987.12	绍兴文理学院	－	－
池娟娟	女	1988	杭州财经学院	工商局	－

姓名	性别	出生年月	毕业院校	工作单位	备注
吴　晓	男	1988	浙江大学	－	－
吴克云	男	1988	浙江大学	－	－
池昌放	男	1988.01	秦皇岛市环保学院	－	－
黄　哲	女	1988.01	英国留学（建筑设计）	上海中外合资企业	－
李　龙	男	1988.01	金华职业技术学院	－	－
李开鑫	男	1988.01	武汉理工大学	－	－
李信兴	男	1988.02	青岛滨海学院	北京磁力信科技有限公司	学士
汪秋燕	女	1988.02	浙江广播电视大学	－	－
温作莲	男	1988.02	杭州医学院	－	－
池久强	男	1988.03	绍兴文理学院	－	－
池长波	男	1988.03	北京民族大学	青街	－
池长晗	男	1988.03	温州医学院	文成县纪检组	－
李海燕	女	1988.03	宁波大学工程学院	－	－
李信君	男	1988.03	浙江大学	－	在校、硕士
王积乐	男	1988.03	北京大学	－	－
池琼琼	女	1988.04	浙江经济职业技术学院	－	－
林依依	女	1988.08	武夷计算机应用学院	－	－
施赛申	男	1988.08	上海海事大学	－	－
杨淑女	女	1988.08	温州大学	青街畲族乡	－
池　杰	男	1988.09	宁波大红鹰技术学院	经商	－
池文益	女	1988.09	青岛外国语学院	－	－
方贤惠	女	1988.09	日本大正大学	上海大学日语专业	－
李　浩	男	1988.09	湖北大学附属学院法律系	－	－
李小雅	女	1988.09	浙江中医药大学	温州医科大学附属第二医院	学士
李　挺	男	1988.11	杭州职业技术学院	杭州西湖管理处	－
施思思	女	1988.11	浙江财经学院	杭州华夏银行	－
魏乃洪	男	1988.11	浙江工商大学杭州学院	－	－

续表19

姓名	性别	出生年月	毕业院校	工作单位	备注
池雪峰	男	1988.12	浙江大学	-	博士
池品轩	男	1989	台湾"中央大学"	台北桃园	硕士
施克落	男	1989	西南交通大学	-	-
施正碧	男	1989	宁波职教学院	-	-
施正委	男	1989	杭州财经学院	-	-
吴克鸿	男	1989	浙江大学	-	-
吴克伟	男	1989	浙江农业大学	-	-
张家瑶	男	1989	湖北工业大学	-	硕士
池海燕	女	1989.01	宁波外贸工程学院	-	-
池久銮	男	1989.01	中国计算机大学	-	-
池小君	女	1989.01	宁波职业技术学院	-	-
池星星	女	1989.01	浙江金融职业学院	-	-
李苗苗	女	1989.01	宁波工商学院	浙江云峰网络技术有限公司	-
李书剑	女	1989.01	浙江中医药大学	杭州中医门诊部	硕士
池长鑫	男	1989.02	上海师大	青街	-
池宗祥	男	1989.03	中央广播电视大学	-	-
李玲玲	女	1989.03	杭州电子科技大学	杭州阿里巴巴电子公司	学士
李庆潘	男	1989.03	浙江理工大学	-	在校
李庆同	男	1989.03	浙江师范大学	-	就读硕士
杨作勇	男	1989.03	浙江大学	-	-
魏乃焜	男	1989.04	绍兴大学	-	-
王 敏	女	1989.05	宁波万里学院中文学	-	-
池昌永	男	1989.06	杭州电子科技大学	杭州市物流公司	-
李春锦	女	1989.06	湖北襄阳职业技术学院	肖江卫生院	-
温小雅	女	1989.06	江淮大学	平阳县农商银行	-
池久群	男	1989.07	杭州水利水电学院	温州公司	-
温 涵	女	1989.07	浙江师范大学	杭州学军中学	-

姓名	性别	出生年月	毕业院校	工作单位	备注
杨春新	女	1989.07	江西大学	平阳医院	－
杨霞霞	女	1989.07	金华大学	－	－
金青露	女	1989.09	山东大学(留学法国)	－	－
黄蕾蕾	女	1989.11	丽水学院	鳌江镇第一小学	学士
杨珊玲	女	1989.11	温州大学	－	－
池蓉蓉	女	1989.12	杭州女子专修学院	龙港私立小学	－
李信稿	男	1989.12	浙江工业大学	平阳电信局	学士
池 坚	男	1990	浙江理工大学	－	－
池久聪	男	1990	温州职业技术学院	－	－
池久湖	男	1990	武汉工程大学	－	－
池久快	男	1990	金华职业技术学院	－	－
李祖伟	男	1990	天津理工大学	－	－
施昌钰	男	1990	澳大利亚留学	－	－
施小秋	女	1990	安徽医学院	－	－
施晓红	女	1990	英国留学	－	－
施正相	男	1990	江西理工大学	－	－
王积然	男	1990	杭州新世纪学院	－	－
池玲玲	女	1990.01	浙江海运国际职业技术学院	－	－
池宗旭	男	1990.01	杭州职业技术学院	－	－
施晶晶	女	1990.01	宁波教育学院	水头镇三留管理中心	－
施克勇	男	1990.03	温州科技职业学院	－	－
池潇涵	男	1990.05	广州大学	青街	－
池源生	女	1990.05	英国华威大学	－	－
温婷婷	女	1990.08	浙江大学	温州人民检察院	－
温小雁	女	1990.08	温州大学	温州民政局	－
杨猷强	男	1990.08	岳阳职业技术学院	－	－
施世泵	男	1990.11	宁波大学	宁波检疫局	－

续表21

姓名	性别	出生年月	毕业院校	工作单位	备注
池丹丹	女	1991	浙江广厦建设职业技术学院	－	－
池久强	男	1991	浙江理工成教学院	－	－
池 炜	男	1991	宁波职业技术学院	－	－
池希贤	男	1991	浙江大学城市学院	－	－
李祖略	男	1991	台州学院	－	－
王娟娟	女	1991	台州科技学院	－	－
王贻然	男	1991	徐州空军大学	天津军区	－
吴克捷	男	1991	河南医科大学	－	－
池昌贤	男	1991.01	美国加州大学洛杉矶分校	－	硕士
池海燕	女	1991.01	杭州万向职业技术学院	－	－
池周强	男	1991.01	丽水学院	正方软件股份有限公司（杭州）	
李 森	男	1991.01	丽水学院	－	－
李庆祥	男	1991.01	湖州职业大学	－	－
施仙仙	女	1991.01	浙江女子专修学院	－	－
施小霞	女	1991.01	湖州理工大学	－	－
池长然	男	1991.02	哈尔滨化工学院	－	－
李小敏	女	1991.02	宁夏理工学院	安徽富煌科技股份有限公司	学士
池 健	男	1991.03	浙江中医药大学	正大青春宝药业有限公司（杭州）	药师
李婷婷	女	1991.03	浙江工业大学	－	在校
温珊珊	女	1991.03	温州大学	－	－
李雅婷	女	1991.04	浙江工业大学	浙江省十里坪监狱公务员	学士
池小慧	女	1991.05	台州金融学院	－	－
杨作田	男	1991.05	金华大学	－	－
池长剑	男	1991.07	浙江工业大学	－	－
池苗方	女	1991.09	浙江女子进修学院	－	－
池申凡	女	1991.09	英国哈德斯菲尔德大学	－	－

续表22

姓名	性别	出生年月	毕业院校	工作单位	备注
池宝珊	女	1991.11	绍兴文理学院	-	-
池 伟	女	1991.11	温州东方学院	-	-
杨阳耀	男	1991.11	温州大学	-	-
池 君	男	1991.12	南京应天学院	-	-
池师师	女	1991.12	武汉保险学院	温州中保人寿财险公司	-
李滨滨	男	1991.12	浙江师范大学	-	-
李信滨	男	1991.12	浙江师范大学	研究生在读	硕士
杨丽生	女	1991.12	温州大学	-	-
池乔青	女	1992	南京农业大学	研究生	硕士
池伟红	女	1992	湖北电视广播大学	江汉油田	-
池雅旬	男	1992	湖北大学	福鼎市财政局	-
池彦彦	女	1992	江苏师范大学	研究生	硕士
池玉敏	女	1992	华中师范大学	-	-
池宗耀	男	1992	淮海工学院	-	-
施文文	女	1992	宁波大学	-	-
王苏君	女	1992	浙江科技学院	-	-
吴克旋	女	1992	浙江医科学院	-	在校
池莉莉	女	1992.01	浙江理工大学	杭州海康卫视公司	-
池秀秀	女	1992.01	温州科技学院	-	-
李 阳	男	1992.01	浙江商业技术学院	广州生物科技有限公司	-
池威方	男	1992.02	浙江长征职业技术学院	-	-
池文燕	女	1992.02	杭州电子科技大学	-	-
温作值	男	1992.02	宁波大学	-	-
池 党	男	1992.05	宁波电子信息学院	宁波电子信息技术有限公司	-
施莉莉	女	1992.05	南京交通大学	南京交通局	-
李鸿鸿	女	1992.07	西南政法大学	温州律师所	-
魏乃铭	男	1992.07	横店影视技术学院	-	-

姓名	性别	出生年月	毕业院校	工作单位	备注
温 雪	女	1992.07	温州大学	－	－
池昌昌	男	1992.09	台州职业技术学院	－	－
吴倩静	女	1992.11	三亚学院	杭州安邦财产保险股份有限公司	学士
池雯杏	女	1992.12	美国凯斯亚储大学	在校攻读博士学位	硕士
苓清雪	女	1992.12	北京电影学院	－	－
施文文	女	1992.12	浙江树人大学	南雁镇社区	－
李 晨	男	1993	湖州师范学院	－	－
李金平	女	1993	南京邮电大学	－	－
施小清	女	1993	南昌职业学院	－	－
王珊珊	女	1993	黑龙江外语学院	－	－
王贻恒	男	1993	杭州科技职业技术学院	－	－
吴克报	男	1993	浙江大学	－	－
吴克盘	男	1993	山东大学	－	－
张 醒	男	1993	浙江警察学院	－	－
张凌雪	女	1993	华中科技大学	－	博士
李 颖	女	1993.01	杭州师范大学	－	在校
李媛媛	女	1993.01	美国德雷塞尔大学	－	在校
李 婷	女	1993.02	浙江中医药大学滨江学院	在读	学士
池丽娜	女	1993.03	在法国留学	－	－
池瑶瑶	女	1993.03	温州大学瓯江学院	－	－
池幼儿	女	1993.03	上海工业学院	－	－
池长平	男	1993.03	浙江工业大学	杭州微巴信息技术有限公司	学士
李庆山	男	1993.03	浙江工贸职业技术学院	杭州伟愿网络科技有限公司	－
李信尧	男	1993.03	湖北中医药大学	在读	学士
李 尉	男	1993.04	浙江纺织服装职业技术学院	杭州市丰平创意有限公司	－
池昌雄	男	1993.06	浙江大学	在校研究生	硕士
李思思	女	1993.06	杭州电子科技大学	浙江园自机器人公司	

续表24

姓名	性别	出生年月	毕业院校	工作单位	备注
池骋	男	1994	北京大学	－	硕士
池璐	女	1994	澳洲纽卡斯尔大学（留学悉尼）	－	－
池彬彬	女	1994	山东医科大学	－	硕士
池长川	男	1994	杭州第一技师学院	－	－
胡玲玲	女	1994	南昌航空大学	－	－
施德江	男	1994	河北医科大学	－	－
施甜甜	女	1994	美国留学	－	－
王美松	女	1994	金华师范大学	－	－
池方明	男	1994.01	德国汉诺威应用科技大学	公费留学在校	－
池慧慧	女	1994.01	上海交通大学	上海市人民医院	－
李利利	女	1994.01	宁波卫生职业技术专科学院	温州市中心医院	－
李韦韦	女	1994.01	浙江工商职业技术学院	宁波互联创业有限公司	－
王积昆	男	1994.01	杭州电子科技大学	－	在校
胡俊尧	男	1994.02	上海交通大学	在校研究生	－
施世远	男	1994.02	浙江工商大学	－	－
池林平	女	1994.03	温州职业技术学院	－	－
池长晋	男	1994.04	杭州电子科技大学	－	－
李伟伟	女	1994.04	浙江树人大学	在读	学士
池昌营	男	1994.05	中国计量学院	－	－
温文秀	女	1994.05	金华医学院	平阳医院	－
杨阳贤	男	1994.05	台州学院	－	在校
池雁雁	女	1994.06	杭州电子科技大学	－	－
杨文秀	女	1994.06	温州大学	－	在校
李开健	男	1994.07	浙江海洋大学东海科学技术学院	正方软件股份有限公司（杭州）	学士
李勤勤	女	1994.08	宁波城市职业技术学院	平阳县雁荡山风景名胜旅游服务公司	－
李一帆	男	1994.08	浙江大学城市学院	省工商银行营业部	－

续表25

姓名	性别	出生年月	毕业院校	工作单位	备注
杨慧慧	女	1994.08	绍兴职业技术学院	-	-
李开埔	男	1994.09	浙江医药高等专科学院	杭州药药好网络科技有限公司	-
池桐	男	1994.11	温州理工大学		
李敏	女	1994.12	山东协和学院	在读	
温其其	女	1994.12	上海医学院	杭州第一医院	-
池培萱	女	1995	浙江工业大学	-	本科
池强	男	1995	浙江交通学院	-	-
池希扬	男	1995	上海东海职业技术学院	-	-
池长兴	男	1995	江西科技学院	-	-
张茜茜	女	1995	温州医科大学	-	-
李萱	男	1995.01	厦门华天涉外职业技术学院	-	-
施振佳	男	1995.01	浙江理工大学	-	-
池娟娟	女	1995.02	绍兴文理学院	-	在校
池婷婷	女	1995.02	绍兴文理学院	-	在校
池长铝	男	1995.02	浙江工业大学之江学院		
黄子夏	女	1995.03	宁波诺丁汉大学		在校
池文婷	女	1995.04	宁波万里学院	-	
李勇	男	1995.05	浙江省机电技术学院		在校
李婷婷	女	1995.06	温州医学院	温州市叶同仁附二体检中心	-
李泽	男	1995.07	青岛农业大学海都学院	-	在校
池长炳	男	1995.08	浙江工业大学		
池昌润	男	1995.09	浙江金融职业学院	平阳农商银行	-
池文强	男	1995.09	浙江师范大学		
李晋	男	1995.09	山西大学	在读	学士
李建珊	女	1995.09	宁波城市职业技术学院	-	-
李信巢	男	1995.09	温州职业技术学院	浙江三石装饰有限公司	-
池月丽	女	1996	丽水职业技术学院	-	-

姓名	性别	出生年月	毕业院校	工作单位	备注
李祖录	男	1996	浙江科技学院	－	－
王德稳	男	1996	杭州师范大学	－	－
张慧敏	女	1996	宁夏大学	－	－
池 鑫	男	1996.01	浙江工商大学	在校就读	－
池久恒	男	1996.01	浙江工商大学	－	－
林祖阳	男	1996.01	金华职业技术学院	－	－
池静文	女	1996.02	北京服装学院	－	－
池昌珺	男	1996.04	福州大学	－	－
池宸宸	女	1996.05	北京电影学院	－	－
池昌威	男	1996.06	宁波医科大学	旗杆内池宅	－
温蕙阳	女	1996.07	温州大学	－	在校
池莉莉	女	1996.08	温州大学	－	－
施德狮	男	1996.11	江西工程学院	－	－
池安琪	女	1997	悉尼大学（留学）	－	硕士
吴克印	男	1997	温州大学	－	－
张 康	男	1997	南开大学	－	－
施世泉	男	1997.01	北京大学	－	在校
施文文	女	1997.01	浙江纺织服装职业技术学院	－	－
池建东	男	1997.03	漳州科技学院	－	－
池雯悦	女	1997.04	浙江工商大学	－	－
池长勤	男	1997.04	义乌工商职业技术学院	－	－
池宗汉	男	1997.04	杭州电子科技大学	－	－
李培想	男	1997.04	杭州师范大学钱江学院	－	－
池久金	男	1997.05	越秀横店影视大学	－	－
池久恺	男	1997.05	郑州大学	在校	－
李勤友	男	1997.05	浙江大学	－	在校
杨海燕	女	1997.05	温州大学	－	在校

续表27

姓名	性别	出生年月	毕业院校	工作单位	备注
李信雁	男	1997.08	陕西科技大学	–	在校
陈秋霜	女	1997.09	嘉兴学院	–	在校
池长鸿	男	1997.09	美国麻省理工学院	在校	–
王德愉	女	1997.09	温州科技职业学校	–	在校
池昌楷	男	1997.11	浙江大学城市学院	–	–
李庆勤	男	1997.11	浙江理工大学	在读	–
池 伟	男	1998	温州职业技术学院	–	–
池文苍	男	1998	湖北中医药大学	–	–
王允泽	男	1998	宁波职业技术学院	–	在校
吴逢海	男	1998	浙江警察学院	–	–
池海燕	女	1998.01	绍兴越秀外国语学院	–	–
池慧方	女	1998.01	美国澳本大学	–	–
李 鉴	男	1998.01	福州阳光学院	–	在校
李 造	男	1998.03	浙江汽车职业技术学院	在读	–
池知恒	女	1998.04	浙江农林大学	–	–
林祖禄	男	1998.06	绍兴邮电技术学院	–	在校
池冬冬	男	1998.09	昆明理工大学	–	在校
池靖方	男	1999.03	浙江财经学院	–	–
李勤超	男	1999.06	重庆大学	–	在校
李庆从	男	1999.09	浙江东方职业技术学院	–	–
胡英敏	男	1999.12	北京吉利学院	–	–

丛　录

浙江省平阳县王神洞畲族村调查报告（摘录）

一、民族名称与来源

（一）民族名称

本地畲族自称"前客"，意思是畲族人来到此地比汉族早。也有的自称"苗族"和"小姓人"。附近汉族称畲族为"山客"，意即住在山上的人。由于"山""前"音相近，以后畲族也称自己为"山客"。畲族称汉人为"哈（音）老"或"明家人"和"百姓人"。

（二）人口分布

王神洞村属于浙江省平阳县山门公社青街大队，位于青街小镇西南三里，与附近贡后、白岩等汉族村相距极近。

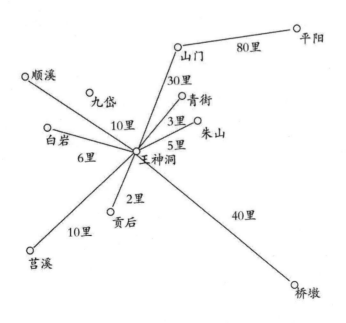

本村现有71户，人口317人，其中男子172人、女子145人（中华人民共和国成立前有63户，共258人，其中男子143人、女子115人），大多为三至六口的小家庭，人口最多的有九口一家、八口两家，其余七口四家、六口的十三家、五口的十九家、四口的九家、三口的十二家、二口的八家、一口三家。每户平均人口4.28。全村有劳力149人（男劳动力98人，女劳动力51人）。附表如下：

家庭人口	户数	百分比（%）	人口	平均每户人口
总　计	71	100	317	4.28强
一　口	3	4.20	3	－
二　口	8	11.30	16	－
三　口	12	17	36	－
四　口	9	12.70	36	－
五　口	19	26.80	95	－
六　口	13	18.30	78	－
七　口	4	5.60	28	－
八　口	2	2.30	16	－
九　口	1	1.40	9	－

中华人民共和国成立前，全村从事农业劳动，其中有兼做手工业者12人（木匠2人、做木板2人、切烟丝4人、理发3人、做竹工1人），中华人民共和国成立后又出现工人1人、国家机关干部2人。本村人口年龄比例见下表：（包括中华人民共和国成立后男女性别）

年龄组	解放前（1948）					解放后（1958）				
	人口合计	男	女	性别比（%）	百分比（%）	人口合计	男	女	性别比（%）	百分比（%）
1—5	24	16	8	200	7.50	50	26	24	108	16
6—10	21	10	11	90	6.30	32	15	17	89	10
11—15	23	12	11	109	7.20	24	17	7	243	7.80
16—20	29	19	10	190	9.10	23	12	11	110	7.20
21—25	27	16	11	145	8.50	28	15	13	116	8.80
26—30	28	14	14	100	8.80	27	18	9	200	8.50
31—35	26	15	11	140	8.30	27	15	12	121	8.50

年龄组	解放前（1948）					解放后（1958）				
	人口合计	男	女	性别比（%）	百分比（%）	人口合计	男	女	性别比（%）	百分比（%）
36—40	16	6	10	60	5.10	23	13	10	130	7.20
41—45	12	8	4	200	3.70	23	13	10	130	7.20
46—50	14	7	7	100	4.40	11	5	6	83	3.40
51—55	13	8	5	160	4.10	12	7	5	140	3.70
56—60	9	4	5	80	2.80	12	5	7	71	3.70
61—65	9	4	5	80	2.80	8	4	4	100	2.50
66—70	7	4	3	130	3.30	8	4	4	100	2.50
71—75	-	-	-	-	-	5	2	3	66	1.50
76—80	-	-	-	-	-	4	1	3	33	1.20
总 计	258	143	115	124	100	317	172	145	119	100

由上表可以看出，中华人民共和国成立以后畲族人口增加的情况。9年以来，除死亡补充以外，净增人口59人，尤其是女孩增长很快，中华人民共和国成立前1—5岁女孩仅有8人，中华人民共和国成立后24人，增加2倍。畲族人民在中华人民共和国成立以前由于生活贫困，溺婴现象非常普遍，中华人民共和国成立后，人民生活水平普遍提高，人口不断增加。

关于夫妻婚龄差别，据王神洞70对夫妻的统计，列表说明如下：

年龄差数	夫妻同年（11对）	夫长于妻（48对）	妻长于夫（11对）
一 岁	-	11	5
二 岁	-	10	2
三 岁	-	2	3
四 岁	-	6	1
五 岁	-	7	-
六 岁	-	3	-
七 岁	-	3	-
九 岁	-	3	-
十 岁	-	1	-
十一岁	-	2	-

（三）王神洞畲族的来源

根据本地蓝氏宗谱记载：唐光启二年，有畲族盘、蓝、雷、钟四姓，共360余人，从广东由水路至福建连江马鼻登陆，其中盘姓一船被风漂流，不知去向，故至今无传。明洪武十三年移居福建福宁，浙江温州、处州等地。

又据族谱流源序中记载：原籍为广东潮州府凤凰山，明季因倭寇作乱，携家眷来胥望宇，后又迁至莒溪洋尾居住，其中一支迁北港青街王神洞，一支迁闹村东湾，一支迁风岭脚，一支迁熊岭并大峨。据老人传说，来王神洞时间是在清雍正年间。

二、政治情况

（一）中华人民共和国成立前的保甲制度

国民党统治时期，王神洞属于青街乡第二保。第二保管辖范围包括十五亩、朱山、大垟、王神洞。王神洞分5个甲。乡长与保长由汉族人担任，甲长由本村人担任。甲长负责替保长收税派款。

畲族人民在国民党统治之下，毫无政治权利，经常被派款抓丁，中华人民共和国成立前在本村56户中，被抽过壮丁的就有34人，其中被抓兵的有12人，买壮丁的22人。据不完全统计，全村买壮丁共花去2790元，9600斤谷和1.50亩土地。被抓去的12人中，有7个死在外面，回来一个不久也死了。蓝响绿的儿子蓝德惯一人就被抽了4次壮丁，买了3次壮丁，共花了930元（当时3.20元100斤谷），这些钱都是变卖家产和借高利贷来的。蓝茂林的眼睛坏了，也被抓了壮丁，只好把自己的房子卖掉，买了壮丁顶替，自己在山上搭起草棚来住。蓝响渡被抓壮丁死在外面，他的老婆也死了，搞得家破人亡。蓝德浮被抽壮丁，父亲年老无依投河自杀，老婆也自己吊死。老百姓被抓壮丁连独生子也不能幸免，而保长儿子却从未抽过一次壮丁。

保长经常借抽丁为名向人民敲诈勒索，畲族人民每逢年节必须向保长送礼，一般送鸡兔、年糕或请吃酒吃饭，如果不送保长礼，抽丁就一定跑不掉。国民党反动派向畲族人民所派的苛捐杂税名目繁多，谁也说不清到底有哪些项目。如果谁敢提出问题来就要挨打坐牢，蓝德荣的父亲就是因此被捉去关了好多日子才被保出来的。保长在村里收税总要带上五至十个兵，到村里就抓鸡捉兔，大吃大喝。在1941年年关时伪乡长在蓝茂申家里吃饭，门外面有个小孩子吹口哨，他就叫来十几个国民党兵，硬说村里有土匪，到处乱放枪，把全村人都吓跑了，他们却到各家抢东西，把准备过年的东西抢得一干二净。

畲族人民在国民党统治下，受到的压迫是极其深重的，畲族人民永远不会忘记他们在旧社会所受的痛苦。

（二）中华人民共和国成立后的政治情况

1. 农会和民兵的组织情况

多少年来，畲族人民渴望翻身解放，只有在党的领导下才真正站了起来。1948年9月，王神洞村开始组织农会，贫农，中农都参加了，当时水头区还未解放（王神洞村属于水头），但在党的领导下，组织起来的农民，就不再向地主交租，也不给国民党政府纳粮了，他们开展了"收回押金运动"，向地主进行面对面的斗争，结果取得了胜利，几乎所有过去佃种土地的全部押金都收回来了（每亩一般6块银圆）。

在农会的领导下，1948年冬组织民兵，所有青壮年都参加了，全体共有基干民兵34人，普通民兵34人。民兵都用土枪武装起来（一部分土枪是原有的，一部分是自己新造的），并自制火药。

原来这一带土匪非常猖狂，经常有人遭到绑票，民兵组织起来后，日夜站岗放哨，使土匪不敢活动。解放军渡长江后，国民党军队开始逃窜，经过这一带向福建逃跑。第一批国民党军南逃时，这里的民兵全部调到文成、泰顺一带进行阻击，保卫劳动人民。国民党军在泰顺进行烧杀抢劫，民兵英勇打击敌人，缴获了大批武器弹药和马匹。第二批国民党逃兵经过平阳、山门、青街一带，民兵又连夜急速调回，把守这一带的山头，阻击敌人，群众也都组织起来为民兵送弹药、粮食。后来第三批国民党败兵从平阳过来驻在水头，他们经常在晚上出来把人民的猪、鸡抢走，并乱抓挑夫，本村民兵，在仙姑洞一带与国民党兵对仗一次，打死国民党兵数人，使匪兵退回水头。在解放军强大的攻势和民兵不断的打击下，1949年4月水头区获得了解放，王神洞也随之解放了。

在农会刚刚组织起来时，就已开始进行土改的宣传。1951年12月青街来了土改队，群众情绪非常高涨，在青街开土改大会时，本村几乎所有的人都去参加了。回来以后全村人民开大会，干部进行土改学习，选出土改代表7人（贫农占70%、中农占30%），分为行政组、材料组、分配组、没收组、评议组。土改共分五个阶段进行，和青街一起斗争了3个地主（其中有本村的一个畲族地主）。至1952年4月土改胜利结束，本村农民分得土地113亩，蓝响绘当选为农会主任。畲族人民真正成了国家和土地的主人，多年在外的长工和讨饭度日的人也返回了自己的家园，有了土地和房屋，畲族人民开始了幸福的生活。

2. 抗美援朝与镇压反革命运动

1950年美帝国主义发动了朝鲜战争，全国人民掀起了轰轰烈烈的抗美援朝运动。翻身了的畲族人民纷纷表示：有多少力量就拿出多少力量，我们刚刚获得解放决不能再受第二次的痛苦。王神洞全村青壮年都踊跃地报名参加志愿军，有些妇女老头也报了名。群众开展了捐献运动，有的妇女把卖鸡蛋的钱拿来捐献，有的砍几天柴卖钱捐献，有的把卖工的钱拿出来捐献，全村共计捐献人民币200多元。

镇压反革命运动：原来平阳有白军和反革命组织"大刀会""五龙会"等，在本村附近也有土匪活动，1949年4月15日有国民党残匪到本乡会抢走很多东西。1951年公布镇压反革命条例之后，大家反映镇压反革命很对，本村民兵在一起住宿，轮流放哨，1951年3月，配合其他地方的民兵消灭了全副武装的国民党特务20余人。

3. 政治地位的提高与民族干部的成长

中华人民共和国成立前畲族人民完全处于被统治的地位，政治上毫无权利，中华人民共和国成立以后他们与全国人民一样做了国家的主人，政治上获得了彻底的翻身，现在本村有5人参加了中国共产党，与贡后村党员共同成立一个党支部。有团员8人共同成立一个团支部。中华人民共和国成立以来，党特别关心对少数民族干部的培养。王神洞有县干部1人，公社党委副书记1人（兼任副大队长），正副连长各1人，县人民代表1人，乡代表二人（包括妇女1人），并有县劳动模范1人，地质工作者1人。

各级党委在此地认真贯彻了民族政策，特别注意民族之间的团结。中华人民共和国成立初期各级党委给少数民族讲清过去民族压迫的根源，消除了旧社会所造成的民族隔阂，加强了民族之间的团结。本村和贡后、九岱、白岩等汉族共同组成了一个农业生产合作社，两族人民为了提高生产，搞好生活，密切地配合，一起劳动。青街乡每年都召开少数民族代表会和座谈会，听取畲族人民的反映和要求，并向他们进行民族政策教育。1957年平阳县委召开了少数民族代表会议，总结了几年来民族工作的成绩。为解决畲族人民生产生活上的困难，政府每年发放大量的救济款，解决了畲族人民的困难，使生产获得了迅速的发展。为照顾少数民族入学，将少数民族学生学费减免50%，医疗费也根据实际情况进行减免。1957年10月本村选出了代表参加了浙江省少数民族参观团，到北京和全国各地进行参观，他们亲眼看到了祖国的伟大可爱，体会了祖国民族大家庭的温暖。

三、经　济

（一）中华人民共和国成立前的生产方式

1. 生产力

（甲）作物种类与土地的利用：

畲族人民主要是从事农业。

作物的种类很多，以番薯、水稻为主，此外还有大麦、小麦、马铃薯、大豆、黄豆、油菜、芋头、苎麻、黄麻、高粱、玉米、茶叶、生姜、萝卜、包菜、大葱、蒜、南瓜、冬瓜、花生等。

水稻只种一季，品种有糯谷、粳谷、满谷。番薯品种有"台湾红""台湾白""六月早"3种。

山上竹林茂盛，树木有马尾松、杉树、针叶松、油洞、柏树、油茶等。

这里的耕地，多分布于有溪水流经的山坡上，以石垒为逐级梯田，依山势成狭长形，面积很小，每块田一般只有0.20—0.50亩，超过0.50亩的很少，根本无1亩以上的。仅在靠近溪流的极少地方有面积较大和较平坦的耕地，每块面积也仅1亩左右。在无水流的山坡高处和一些较矮的山顶上，畲族人民开垦一些面积不大，只能种番薯、豆类等杂物的园地。

本村水田比旱地多，中华人民共和国成立前全村耕地（包括租入田地）220亩，其中水田190亩，占耕地的86.36%，旱地30亩，占耕地的13.64%。此外，还有竹林36.90亩、山林8.40亩。

水田和旱地是畲族人民的主要生产资料。

这里的耕地无"轮歇地"，但水稻和番薯皆不能在某块田地里连种2年以上，否则即将地力耗尽，每隔2年水稻与番薯必须轮换种植1年，就是把稻田水排尽改种番薯或把番薯田灌水改为水稻田。

这里耕地的收益情况如下：

（1）水稻：上等田收水谷500斤，折干谷400斤，需谷种8斤，收获量为种子的50倍；中等田收水谷400斤，折干谷320斤，需谷种7斤，收获量为种子的45.70倍；下等田收水谷300斤，折干谷240斤，需谷种6斤，收获量为种子的40倍。

本村水田（包括租入的）190亩，其中上等田有57亩，占水田面积的30%，中等田38亩，占水田面积的20%，下等田95亩，占水田面积的50%。

（2）番薯：田番薯（种在将水排尽的水稻田里），一般亩产鲜番薯2800斤（折番薯丝700斤），需番薯种（鲜番薯）100斤，收获量为种子的28倍；地番薯（种在旱地里）一般亩产鲜番薯1200斤（折番薯丝300斤），需番薯种60

斤，收获量为种子的20倍。

旱地番薯的亩产量，远不如田番薯，因旱地的土质贫瘠，一般土层厚度仅1—3尺。番薯的收成也决定于施肥的多少，所以收获量比较不固定。

中华人民共和国成立前的土地利用率很低，一般每年只收获一次，水稻是单季稻，在割稻后仅很少的田里再种点麦子、芥菜、油菜、红花、草子。番薯挖出后，有的地里再种点油菜、麦子、豌豆、蚕豆、花生。中华人民共和国成立前全村各户人家，除收获番薯、水稻外，其他作物的收获总共也不过几十斤或百余斤。

中华人民共和国成立前的粮食平均亩产500斤。

1948年本村农业人口258人，平均每人租入和自有耕地0.85亩。

（乙）生产工具：

中华人民共和国成立前这里的畲族已使用铁制农具，农具与附近汉族地区无差别。本民族无打铁匠，农具皆购自顺溪汉族打铁铺。主要农具有犁、耙、板锄、山锄、柴刀、砍刀、镰刀、草刀、打谷筒等。全村农具和耕牛缺乏。

（1）农具：犁32张、耙27张、板锄105把、山锄108把、柴刀40把、砍刀91把、镰刀87把、草刀103把、打谷筒61个。

（2）耕牛：水牛4头、黄牛15头。

畲族人民在中华人民共和国成立前生活非常贫困，大部分农具都是使用到破烂不堪的程度，例如锄头、山锄许多只剩两三寸铁头。耕牛中有些是小牛不能犁田，黄牛虽然有15头，但黄牛力量小犁田困难或不能犁田。

农具价值及使用年限、年折旧费如下表：

农具价值及使用年限、年折旧费表

农具名称	价值（谷、斤）	使用年限	年折旧数（谷、斤）
犁	30	4	7.50
耙	250	20	12.50
板　锄	80	15	5.30
山　锄	100	15	6.60
柴　刀	25	10	2.50
砍　刀	25	10	2.50
镰　刀	3	2	1.50
草　耙	20	100	0.20
打谷筒	85	75	1.10

租牛一工谷16斤（牛力差的或黄牛15斤谷），一牛工可犁或耙田1亩。这里由于每块梯田的面积很小，耕牛的使用受到很大限制，有很多地方根本无法使用耕牛。

（丙）耕作技术：

（1）水稻：插秧前二犁二耙，犁田深度仅4—6寸，在插秧后隔半月时间接连耘田除草2次，种水稻并不施肥料，灌溉是引山水依梯田地势在田边挖水沟进行自流灌溉。

种水稻一亩须22人工和4牛工。

畲族种水稻是比较粗放的，一般不施肥，田间管理差。主要原因是畲族虽种水稻多，但收获的稻绝大部分被地主掠夺去了。他们自己主要靠番薯丝度日，因而对水稻的种植不感兴趣，把主要精力放在种植番薯上；种植水稻的经验技术缺乏，不知施肥，全村会犁田的不过三四十人，会插秧的更少，仅15人；耕牛农具缺乏。

一般行距一尺五寸，株距一尺一二，亩丛仅五六千。

（2）番薯：畲族人民种植番薯经验丰富，而且种番薯的历史也较久。在种番薯前，刨地、翻地各2次，施基肥并追肥各2次，田间管理较水稻好，除草2次，翻藤3次。种番薯前不用牛犁，人刨深度八九寸，亩株2000左右。

（3）中华人民共和国成立前由于地主和国民党反动派的残酷剥削，畲族人民为了维持生活不得不以很多时间从事卖工挑担，全年劳动时间中从事农业仅占40%，但卖工和其他副业多在农闲时进行。

（丁）劳动力：

全村整劳动力106人（男73人、女33人），半劳动力41人（男17人、女24人），整、半劳动力147人，占全村总人口258人的57%。

每个劳动力平均一年从事农业劳动出工100天（每个劳动力平均负担耕地1.74亩），种番茄一亩，需60天，其余耕种水稻25天，再种些其他作物需15天。

残酷的剥削压迫，使畲族人民丧失生产积极性，更由于农业收入被反动的封建地主和国民党反动政府掠夺后所剩无几，只有经常出外卖工和搞些其他副业，才能维持半饥半饱的生活。

沉重的地租剥削，使畲族农民生产上劲头很小，除农忙时节整天劳动外，平日劳动时间很短，甚至有时只是到田头转转就回家了，很多时候每日只干半天，平均每天劳动时间不过5—6小时。

在从事农业生产上，只有男女差别极小的分工，妇女不犁田，不插秧，一般也不打稻，男的不拔秧苗、不种菜，其他劳动男女皆同样负担。畲族妇女很能干，不仅从事家务劳动，而且在其他劳动上他不比男子差，仅在挑担上有时不如男人，但一般也能挑一百五六十斤。

种水稻1亩，须人工24工，牛工4工（按强劳动力整日劳动计算），培育秧苗1.50工，犁、耙田8人工和4牛工，拔草修田埂3工，插秧1工，耘田3工，看田水2工，割、打、挑、晒稻谷3工，挑稻草0.50工。

种番薯1亩，须人工54工。刨地5工，翻地3工，施基肥、追肥7工，插秧1工，除草8工，翻藤3工，刨、挑番薯12工，洗、刨、晒丝15工。

按强劳动力一年出整工100天计算，能种水稻4亩，如果种番薯只能种2亩，能收获1400斤番薯丝或1280斤谷（按干谷计算）。一个劳动力的口粮按吃谷600斤或吃番薯丝700斤计算，能剩番薯丝700斤，折谷520斤，或剩稻谷680斤。

卖工100天，得稻谷1143斤（每工按国民党币0.40元，当时3.50元能买谷100斤）。

砍柴和其他劳工50天，得谷500斤（按每天收入10斤计算）。

总计，一个人全年劳动创造价值为稻谷2923斤，或稻谷1643斤与番薯丝1400斤，减去口粮600斤谷，创造的剩余产品为稻谷2323斤，折合国民党币81.30元。

本村劳动力有剩余，全村劳动力186.50个，按每人一年出工250天计算，全年可出工46625个。从事农业仅18650工，只占40%，剩余27975工。由于高额地租剥削和高利贷盘剥以及国民党反动政府的苛捐杂税，要维持半饿半饱的生活主要靠卖工，全村全年卖工挑担18650工，占40%，从事砍柴、卖零工9325工，占20%。

每个工所创造的价值如下：

（1）种水稻：种上等田为14.50斤干谷（收获干谷400斤，农具折旧10斤，谷种8斤，租牛64斤，需22工）；种中等田为10.90斤（收获干谷320斤，谷种7斤，农具折旧、牛租，需工数同上）；种下等田为7.50斤（收获干谷240斤，谷种6斤，农具折旧、牛租，工数同上）。

（2）种番薯：种田番薯为12.30斤番薯丝（收获番薯丝700斤，农具折旧谷6斤，折番薯丝10斤，种子25斤，需54工）；种地番薯为5.20斤（收获番薯丝300斤，农具折旧需工数同上，种子15斤）。

（戊）农业灾害与防治：这里主要是虫灾和风灾，因田地是引山水或溪水自流灌溉，抗旱能力30天左右，所以旱灾不严重。但地处沿海，经常有台风侵袭，中华人民共和国成立前又无台风预报，不能事先采取预防措施，危害很大。虫害以蝗虫为害最严重，中华人民共和国前毫无办法，只有"抬菩萨"，对螟虫采用燃菜油灯杀灭，对田间的虫害使用蛎灰有一定效力。

2. 生产关系

（甲）阶级结构：

畲族地区在中华人民共和国成立以前，已处于封建社会的发展阶段。内部阶级分化明显，已出现了地主、富农阶级，但数量少；中农不多，而且大部分是佃中农，租种汉族与本族地主的土地；贫农占绝大多数，都是地主的佃户；雇农也占一定数量。根据王神洞1951—1952年土改时的统计资料，在全村63户（全部是畲族）中，地主1户，占总户数的1.50%；中农23户，占36.50%；贫农37户，占59%；雇农1户，占1.50%；讨饭1户占1.50%，贫雇农与讨饭的占全村总户数的62%。

（乙）生产资料的占有情况：

畲族地区以农业经济为主，土地（水田、农地）是农业主要的生产资料，此外还有耕牛、农具等。

中华人民共和国成立前这里的土地、山林都是私人占有。由于封建制度的统治，地主与高利贷残酷的剥削，土地的占有极不合理，占人口大多数的畲族农民无地或少地。他们的耕地中有很多是向外乡畲汉地主及本村地主租入的。据王神洞党支书蓝响时说，中华人民共和国成立前，本村共拥有自耕地90—100亩，租入地主的土地113亩。

根据土改时不完全的统计资料：本村耕地面积为198亩，其中自耕田129.60亩、地10.20亩，租入水田56.80亩、地1.40亩，租入地占耕地总面积的29.40%。全部自耕地以人口计算，每人平均有水田0.50亩、地0.005亩。

在自耕土地中，畲族内部各阶级占有土地也不平衡，占总户数1.50%的地主占田15.70亩，地0.30亩；占36.50%的中农占田76.40亩，地4.40亩；而占总户数50%的贫农却仅占田40.90亩，地5.50亩。

中华人民共和国成立前王神洞私人土地占有情况表
（1951—1952年土地统计材料）

成分	户数	百分比	水　田			农　地		
			租入面积	占有面积	平均每户占有	租入面积	占有面积	平均每户占有
总计	63	100	56.80	129.60	2.05	1.40	10.20	0.16

续表

成分	户数	百分比	水 田			农 地		
			租入面积	占有面积	平均每户占有	租入面积	占有面积	平均每户占有
地主	1	1.50	—	12.30	12.30	—	0.30	0.30
中农	23	36.50	15.70	76.40	3.30	0.10	4.40	0.19
贫农	37	59	41.10	40.90	1.10	1.30	5.50	0.14
雇农	1	1.50	—	—	—	—	—	—
讨饭	1	1.50	—	—	—	—	—	—

贫农与中农所占有田地是极少的，以水田为例，全村除地主外，占有5—6亩的4户，4—5亩的4户，3—4亩的5户，2—3亩的15户，1—2亩的14户，1亩以下的15户，有3户贫农没有水田。

除了私人占有土地外，畲族地区尚有一小部分公有的田地。王神洞在中华人民共和国成立前，约有4亩"坟中地"，这是各房把卖掉祖宗墓地上的树木所得的收入买进来的土地，作为清明时祭祖宗、办坟酒用。"坟中地"属于全房人公有，一般把这些田地租给本房的农民耕种，租额每年约比地主出租田少200斤左右。每年清明时，由本房各家轮流办坟酒，请全家人吃，租佃"坟中地"的农民每年把租谷送至办坟酒的人家里。本房又推选一个"坟中地"的管理人，负责安排每年办坟酒家的次序，没有其他报酬。

畲族耕牛、农具也属于私人所有。由于山腰梯田田面狭窄，使用耕牛不便，故耕牛数不多。中华人民共和国成立前，王神洞全村63户中有耕牛10头，平均3.30户中才有1头耕牛。

中农家一般农具齐全，而贫农很多缺少犁耙，就是有锄头、山锄等，也多破损。附表如下：

王神洞中华人民共和国成立前各阶级劳动力及耕牛、主要农具占有调查统计表（本组调查）

项目	总计	地主	中农	贫农	雇农及讨饭
户 数	63	1	23	37	2
人 口	256	6	110	137	2
劳动力	147	2	50	94	1
耕 牛	19	1	10	8	—

续表

项目		总计	地主	中农	贫农	雇农及讨饭
主要农具	犁	32	2	14	16	-
	耙	27	2	14	11	-
	板 锄	105	5	38	62	-
	山 锄	108	4	36	68	-
	砍 刀	91	5	35	51	-
	柴 刀	40	3	17	20	-
	草 耙	103	4	32	67	-
	镰 刀	87	5	32	50	-

（丙）土地买卖与贫富分化：

畲族地区很早就出现了土地私有与买卖。由于封建统治阶级的压迫与剥削，畲族人民虽终日辛勤劳动，仍摆脱不了破产与贫困的厄运，终纷纷丧失了自己的田地、财产，变为无地、少地的农民。而地主阶级、高利贷者则通过地租、雇工及高利贷的剥削，占有农民的土地。

据王神洞人所称，中华人民共和国成立前60年以来，本村共卖出土地一两百亩。在中华人民共和国成立前，不仅贫农无地、少地，变成本村、外村地主的佃户，就是中农也大多佃耕地主的土地，王神洞的23户中农中，租入土地的就有13户。

农民丧失土地的原因，有的是因为祖宗没有遗留田产，有的是因天灾人祸及繁重的苛捐杂税、抓丁派款而受高利贷残酷的盘剥的，也有少数是赌博、抽大烟负债而倾家荡产。我们接触的10多起土地买卖事件，都是通过高利贷来进行的，地主借钱给农民，几年后就把土地夺了过来，并使农民变成他的佃户。

贫农蓝德情家本有田3亩、地1亩多、山林两亩半，因母亲病亡，向地主借钱医、葬，利息一年滚一年，终把自己的土地卖光，自己也变成地主的佃户。贫农蓝茂廪因家中困难，向地主借140元，结果也卖掉土地，变成佃户。雇农蓝德浙家中原有两片很好的山林，约值80多块银圆，因向地主借10块银圆，还不起，地主就再给他家4块银圆，夺了这两片山林。蓝德越在1946年因抽壮丁而卖去土地一亩。类似这些例子，为数不少。

中华人民共和国成立前，这一带抽大烟及赌风甚盛。青街有大烟馆两家，赌场十几处。赌博与抽大烟很早就传入王神洞，赌博方式有麻将、牌九、押宝等。据了解，中华人民共和国成立前因赌博、抽大烟而卖出土地的有6家。

在王神洞，也有一些小生产者，依靠自己辛勤的劳动，积累钱买进点土地。在中农中间，很多是做手工、烟丝、砍竹及其他生产而挣钱买田地的。中农蓝响贵，其祖父本来一无所有，后靠植树、抬轿、卖工等买入4亩田。但在国民党反动派统治下，他们同样受到层层压迫勒索，保长见他们生活稍好，即经常要他们请酒，加重派款等等。

由于农民丧失了自己的土地，生活陷入极其贫苦的境地。1949年，全村56户中，有4户到外村要饭，无番薯丝过年的有15户，粮食只吃到清明的有13户，半年有吃的19户，够吃的只有5户。一般农民均吃野菜、米糠、麦皮、地瓜叶等以度日，甚至一年有十几天饿肚子。有14户没有棉被、棉衣过冬，不得不用棕衣当棉被，或用火笼御寒。有的终年到外村给人家当长工或卖工，至三四十岁都娶不上老婆。至于到外地乞食的人家，其情形之惨不堪言状，很多因吃死狗死羊、草根而全身腐烂而死。

（丁）剥削关系：主要是封建的剥削形式。

（1）租田：中华人民共和国成立前，王神洞的贫农与佃中农向本村地主及顺溪、青街、莒溪、山门、晓坑等乡的汉、畲地主租种土地。

本村佃耕户共44户，租入田56.80亩、地1.40亩。其中贫农31户，占佃耕户70%，租入田41.10亩、地1.30亩；中农23户，占佃耕户的30%，租入田15.70亩、地0.10亩。全村佃耕户约占全村总户数的70%。

向地主租种土地要先付一定数量的押金。一般租1亩水田要付6块银圆，等于白白送给地主，押金付得多则租田限期也长久一些，押金付得少，地主则借口任意夺佃。贫农蓝德情租顺溪地主1.50亩田，交押金11元；中农蓝德曹租莒溪地主的田半亩，押金6块。地主还可以随意增加押金，如中农蓝响市租种莒溪地主一亩水田已三代之久，原付押金三块，至另一地主时，增加押金100元伪币（折谷1000斤）。如付不出，地主则收回田转租其他的佃户耕种，这样又可以剥削一些押金。

地租形式主要是实物地租，租地主的土地，要付谷租。租额固定，不分年成丰歉，按固定租额交租，一般按田土质量好坏定产量，然后以产量的50%为固定额租。租谷以水谷计算，但在年成好的时候，地主则要佃户挑干谷交租。这样实际上等于加租20%—30%。

根据实地调查，全村1948全年要交租25450斤谷子，如以全村租地计算，每亩租地要交租430多斤谷。一般地租均超过产量的50%。畲族劳动人民往往以高额地租租入地主的土地，如贫农蓝德如原有1亩水田，因借顺溪地主的高利贷，无力偿还，结果把自己辛勤劳动开辟的这亩田产900斤的水田，虚报产量为1500斤卖给地主，又向地主租进这亩土地，每年地租按产量1500斤计算为750斤，租额占实际年产量（900斤）的83.33%。贫农蓝德情租地主1.50亩田，产量650斤，交租550斤，占产量的85%；蓝德浙租地主1.50亩田，年产量500斤，但交租也要500斤，自己仅剩下些稻草。

每当收成时，地主狗腿都带着"警备班"与一些流氓至佃户家中催租，并要佃户供他们大吃大喝。租谷得佃户挑送至地主家，路近的没有饭吃，路远的吃一顿饭。

农忙时地主往往叫佃户去帮工，有的佃户怕地主夺佃，不敢要报酬，有的收报酬，工资也很低，一般一天仅1.50斤米，住地主家附近的佃户每年约有两个月被叫至地主家帮工。

地主还要佃户为他饲养牛、猪，不负担饲料，生下牛犊，地主占一半，生下小猪，挑最好的一头拿去。为地主饲养牛、猪的还得是和地主有亲戚关系或地主认为较"可靠"的佃户。

（2）高利贷：高利贷的剥削十分残酷，地主富农主要通过高利贷的剥削而兼并土地，贫苦农民往往因缺乏粮食或遇到天灾人祸，向地主借债，结果丧失了自己的土地。

1948年全村63户中，借债户即达50户之多。占总户数的79%。我们调查了22户借债户（其中15户贫农、6户中农），在1948年共借了1228元银圆，全年要交利息8810斤谷。

地主放高利贷往往在青黄不接、谷价高昂的时候用钱贷出，农民借得钱，只能买少量粮食。至收成时，地主却要农民把债款折谷交还，这时谷子价贱，即可多剥削一些粮食。

一般年利率为20%，但也有100%。贫农蓝德巧1948年借150斤谷，每年要交利息100斤，年利率为66%。贫农蓝德如由于家口大，劳动力多，欲多租土地，为了付租地的押金，在1950年左右向地主郑某借入120块大洋，而利息加二，后增为"加三"，每年利息24元，除每年养一头猪一百斤出卖抵还利息18元外，尚欠6元，利上加利，至中华人民共和国成立前夕，除10年已付的180元利息外，本利相加还欠地主250元，只好把自己的土地卖给地主。

高利贷的利率逐年增加，1926年利率为20%，至1947年上升为50%。中华人民共和国成立前夕，因国民党伪币贬值，很多人不愿意贷出，有的采取了月息，一个月折算一次利息，甚至有12天折算一次的。1944年高利贷每月利率为40%，年利率为480%，1947年月利100%，年利为1200%。贫农蓝德城1942年6月，借地主15000元伪币（能买500多斤谷），最初24天本利折算一次，后改为12天一折算，到年底时，把自己仅有的一亩田卖了33000元，其中30000元还给地主，剩下的3000元作为租佃这亩土地的押金也给了地主。

（3）雇工：雇工种类有长工、短工两种。

由于畲族农民没有自己的土地或只有很少的一点土地，为了维持最低的生活水平，不得不出卖自己的劳动力。因此，王神洞畲族人民很多给地主家当长工与短工。

中华人民共和国成立前，本村当长工的有12户，除了1户雇工（蓝德浙）外，贫农家当长工的有9户、中农2户，此外，还有一个无家可归、终日在外当长工的雇工（蓝德凋）。每年春冬农忙时，到本村及外村地主家做短工的很多，我们调查28家，平均每家每年做短工约30天，有的达70天之多。本村只有地主1户雇工，每年雇一个半长工（1个耕地、1个看牛），农忙时约雇200个短工。

雇工工资以货币工资为主，工资数目极低。

长工除住在地主家，吃地主的番薯丝外，一般每年工资约30元，看牛的长工只有四五元。长工每年出工320天以上，耕田、砍柴、砍毛竹、烧炭、养猪，什么都得干。看牛工实际上也被当作一般工使用。以每个劳动日创造的劳动产品15斤谷计算，全年320天所创造的劳动产品为4800斤谷，除去长工每年口粮600斤谷与工资30元折谷850斤外，一个长工每年有3350斤谷的剩余产品被地主剥削去。实际上还不止于此，因为雇工全年出工320天中，只有一部分干农活，其他多系副业。而副业生产每天所创造的价值要比农业的高。

蓝德凋在中华人民共和国成立前无家可归，给本村及外村地主干了7年放牛工、6年长工，每年出工达340天，仅过年过节休息几天，每天干活十几小时。空余时间，还要替地主去卖工，收入全部归地主，自己一个钱也没有挣到。全年约创造5100斤谷，除去口粮600斤及工资500斤谷外，被地主剥削去4000斤。

雇农蓝德浙，给地主当看牛工，每年工资仅两三块，顿顿吃番薯丝，整年只有过年闲几天，什么活都干，在最热的天气里，中午也要割草、耕地。

短工工资视农活轻重及劳动力强弱而定。一般每天是4角（合2斤谷），低的只有2角。短工在地主家吃饭，每天约3斤谷子。一般地主经营的土地比较肥沃，亩产可达350—400斤，一个工一天可生产22.8斤谷，除去口粮与工资5斤谷，剥削量为17.80斤。

（戊）手工业、副业及其他：

（1）手工业与商业：

中华人民共和国成立前畲族的手工业只是一种副业，它尚未脱离农业生产而成为独立的生产部门。从事手工业活动是在农闲期间，平时都参加农业劳动。

本村有做篾的1人（蓝响尾）、锯板的2人、造房子的2人、切烟丝7人。

切烟丝（切旱烟丝）。本村有从事切烟丝已70年了的，现在年龄最大的会切烟丝的是蓝响茂，他是跟蓝茂算学的，蓝茂算又是跟蓝宗可学的。他又教会蓝德衔。学切烟丝比较容易，仅一两个月就可学会，在跟别人学的时间里，无报酬。切烟丝较固定的季节6—8月最忙。切1斤旱烟国民党币5角（折谷2市斤），主家管饭，一天能切12斤，挣6元（谷24斤），每年一般能切到1000斤左右。收入国民党币500元（折谷2000斤）。切烟丝的工具：大橙子1张、木板2块、绳子3条、木棍1根、切刀1根、镶头1支。

锯板（专门锯造房用的木墙板、地板）。本村会锯板的蓝宗日是跟蓝茂叠学的。学徒期3年，跟老师在一起工作，第一年无报酬，第二年得一部分报酬，第三年拿全部工资。中华人民共和国成立前每日工资8斤谷，主家管饭。一年可作50—80工，每年收入400—640斤谷，工具是：铁锤子、锯、斧头。

作篾（作竹器）。本村有作篾的历史已百余年，这是蓝响尾听他老师钟合县说的。每天工钱6.50斤谷，每年作70—150天，收入455—975斤谷。工具有：破竹刀、锯、钻……能做百余种生产与生活所需的竹器。

造房（建筑木工）。系向汉人老师学会的，学徒期3年，第一年无报酬，第二、第三年仅有一部分报酬。中华人民共和国成立前每年作150天左右，每天工资10斤谷，主家管饭，一年收入1500斤谷，工具是锯、斧、刨、钻等。

畲族人民从事的一般都是技术较简单的手工业，而且手工业者本人并不制作商品，与商场也不发生关系，报酬的方式与农业的帮工类似。

畲族没有从事商业的。本村没有店铺与经常挑担卖货的汉商人来。购买生产生活必需品都要跑到汉族地区，主要的购买地点：青街、水头、顺溪（附简图）：

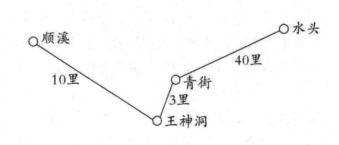

水头的水产鱼虾之类较便宜，而且店铺较多，商品齐全。顺溪铁铺多，本村农具皆购自顺溪。青街离此较近，仅3里路，可以买到盐、布、粉干、油等生活日用品。

购买商品皆用钞票，在临近解放，国民党币贬值时，使用银圆。只是偶尔有小贩挑鱼、粉干至村里，买时是用稻谷与番薯丝换。

（2）副　业

打猎在农闲时进行，不经常，亦无固定组织。打猎妇女不去，男孩子到了十多岁可跟去牵猎狗，搜寻野兽。大家携带鸟枪、铁叉，分头埋伏。在野兽必经的路上，用哄的办法把野兽赶出。打中的人分皮，其他参加的人分猎获物的肉，谁的猎狗搜寻到野兽分给头与肝。不仅用枪打，还有"土炮"，即将炸药包上食物，野兽一咬就会把它炸死。在对付老虎、豹子等猛兽时，多采用伏弩射杀，用此法一定要事先布告，以防伤人。打猎的对象是猪、山羊、狐狸、狼、虎豹等。

畲族居于山区，交通不便，仅有山间小路通行，运输全靠肩挑，只有大批放木排、竹排时利用较宽的溪流。畲族并无做木材、毛竹生意的人。但有人为木商放木排、竹排。

山上有毛竹和各种树木，几乎每户都有山林，面积大小不等，从一二分到一二亩都有，出产最多的是毛竹，砍伐毛竹和树木出卖是作为副业收入，补贴生活费用的。

家禽饲养比较普遍，主要是兔、鸡、猪、山羊。1948年全村计有：猪57头、羊21头、兔255头、鸡163只、鸭60只。养猪主要是出卖，极少自食，有的人家养猪，出卖小猪仔，收入较多，本村还有一户养种猪（俗称猪头），养羊也是为出卖。兔子和鸡、鸭主要是自食，出卖很少，此地畲族非常喜欢食兔。

（3）卖　工

中华人民共和国成立前，这一带畲族劳动人民因受封建统治的压迫剥削，单靠农业收入不足以维持自己的生活，且各户耕种土地极少，全年除农业生产外，尚剩余大量的劳动力。同时由于附近汉族地区，烧炭、开矾、制茶等工业甚发达。因此，这里畲族地区，除了从事农业生产，做长短工及副业生产外，卖工现象非常普遍。王神洞的畲族每年有相当多的时间到汉区去卖工。

卖工主要有3种：一种是挑炭，主要是替汉族商人把从泰顺来的炭，从莒溪挑到青街，然后由青街用竹筏把炭运到平阳等地，供碾米厂与船舶用。从莒溪挑炭至青街，每担约需一天时间，工资是3角。也有的直接从泰顺挑来青街，路途有五六百里。一次需三天半时间。第二种是挑矾，把附近矾山的矾挑至赤溪，每担有150多斤，需一天至一天半时间，工资1.20—1.50元。另一种是挑茶，把茶叶从莒溪挑到腾蛟的茶厂，每担也要一天多时间，工资1.50元。此外，也有为汉商挑布、挑盐及放木排运货的。

中华人民共和国成立前，王神洞几乎家家户户都有卖工。一般各家都是男女两个劳动力一起卖工，女劳动力主要是挑炭。在全村63户中，平均每户每年有100天从事卖工，与农业劳动所花的劳动日一样。有的人家，全年有半年以上时间在外面卖工。根据我们了解的28户中，每年从事卖工达150—200天的有18户，200天以上的4户，150天以下的6户。贫农蓝德情除本人每年做短工70天内，一家夫妻两人卖工达280天（男150天、女130天）。这使农村生产力的提高大受影响。

总之，这里的自然条件较好，但在封建制度统治下，封建的生产关系束缚了畲族人民对于农业生产力的提高，因此生产技术比较粗放，影响产量的提高。

从生产关系看来。这里的畲族地区的社会性质，在中华人民共和国成立前已达到封建社会的阶段。表现在土地早已个体私有。农村中个体小农的自然经济占统治地位，内部阶级分化明显，与汉族经济紧密结合，成为一个完整的封建经济体系。佃户受着封建地租的剥削，农民往往因借高利贷而丧失土地，逐渐变成无地的贫苦农民。手工业尚未脱离农业，而成为独立的生产部门。加以遭受国民党反动派苛捐杂税的横征暴敛，使得畲族人民生活处于十分贫困的景况。

（二）中华人民共和国成立后经济的发展

1. 土地改革与互助合作运动

1951年底至1952年初，本地畲、汉族劳动农民，在党的领导下进行了土地改革运动。王神洞村的畲族劳动人民与贡后村的汉族劳动人民紧密团结起来，坚决地对2户汉族地主和本村的1户畲族地主进行斗争，将地主斗垮，取得土改的彻底胜利，没收本村畲族地主的田9.30亩、地0.20亩、山林11.80亩、农具238件。

消灭了封建生产关系后，畲族人民取得了农业生产的主要生产资料——土地，正如他们自己唱的歌一样："万年土地开了花，千年土地归老家。"

王神洞村属于青街乡，贫雇农、中农的土地按每人0.78亩计算，缺少的由没收地主的土地分配补足，全村共分入土地山林113亩，其中田107.25亩、山林5.75亩。贫、雇农分入田103.45亩，山林5.75亩；中农分入田3.80亩。土改根本消灭了贫雇农不占有耕地或只占有极少数量土地的现象，也改变了土地不够的中农的情况；贫雇农缺乏农具的现象也得到了改变，全村贫、雇、中农共分入农具92.50件（不完全的统计）、耕牛3头。由于消灭了封建剥削，农民的经济生活逐年提高，不断的添置新农具和修理旧农具，土改后不久就消灭了长期以来农具缺乏的现象。

土改后，畲族人民在党的领导下，开展了互助合作运动。

中华人民共和国成立初，本村已有几户（干部）搞个互助组，大家感到好处很多，能解决一些人家劳动力不够、农具缺乏和没有耕牛的困难，在犁田插秧时也不要请工了（村里只有少数人会插秧、犁田）。事实证明当时互助组的优越性，土改后当年（1952年），村里组织了6个互助组，其中一个12户干部组织的互助组已经不是变工互助了，采用劳动工分的办法，是常年互助组，近似低级社。其余的5个组都是临时的变工互助组。这个类似初级社的常年互助组到年底收成比一般单干户每亩增产六七十斤，这个组原有5户粮食只能吃到冬天，这时户户粮食都够吃了。

1953年过渡时期总路线宣传后，党指示了农村走向社会主义的光明大道，开展了农业的社会主义改造。1954年村里办起了一个初级社，以那个常年互助组为核心，又有8户参加，共29户。建社的第一年生产上遇到了很大的困难，首先是社里无耕牛，大家就凑钱105元买了1头耕牛。其次是农具不足，大家就都搞副业，卖工挑担积钱买农具，解决了耕牛、农具不足的困难。在初级社办起后，村里大多数人家都参加了互助组，这些互助组已是常年的了，他们还不大相信合作社的优越性，提出要跟合作社"比比看"，但事实上无论如何，互助组是比不过合作社的，在犁田、插秧上，合作社比那些互助组都完成得早，互助组遇到生产困难不易解决。初级社里有3个生产队，开展了劳动竞赛，大家开荒、积肥、植树造林，全年开荒13亩，在20余亩的荒山上种植松树，水稻田也开始施肥了。到了1955年秋收时，社里获得了大丰收，不仅完成了国家公粮任务，而且参加社的人家户户有余粮，这个社被评为全县特等模范单位，受奖喷雾器1个。这证明了合作社的优越性。

所以，1955年冬搞高级社时，不仅王神洞全村畲族都参加了，而且贡后、九岱等村的汉族也参加了，搞起了一个200余户的畲汉联合社。1956年遇到了少见的大旱灾，连旱了88天，本地当时的抗旱能力不过30天左右，这时周围有些村的农民抬菩萨求雨，但社员们坚信人定胜天，积极行动起来抗旱，当时晚稻正该插秧，但稻田无水不能插，青年们组织了突击队，不分白天黑夜挑水灌田，保证了及时插秧，番薯被晒干了，全社不分男女，每天从溪里挑水上山灌番薯地，并在山上开了一条三里长的水渠，又用毛竹连接成水管引水灌溉，终于战胜了旱灾。那年社员们打破惯例种植双季稻。社里不仅做好了生产，而且办起了福利事业，建立了一个托儿所和修建了一个篮球场。虽然1956年遭大旱灾，但只减产了10%左右，仍收获粮食37万斤。

1957年初，大社分为4个小社，王神洞村成为新春社，71户全是畲族。

1958年9月办起了人民公社，王神洞与大洋、贡后2个汉族村同属山门公社青街大队第7连。

2. 中华人民共和国成立后生产力的发展

在党的领导下，畲族人民获得解放，推翻了封建地主和国民党反动派的统治，打破了严重束缚生产力的封建生产关系，畲族人民变成了自己土地的主人，被束缚了千百年的生产积极性得到空前的发挥，特别是在党的农业社会主义改造运动中，生产力得到迅速提高，农业生产得到更大的发展。

粮食单位面积产量的逐年增长情况见下表：

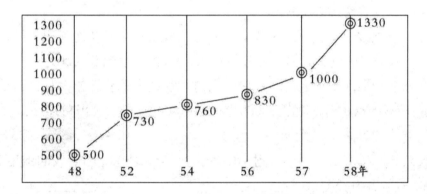

土改时本村耕地202亩（原来220亩，调剂给其他村18亩）至1957年耕地面积为255亩，耕地扩大53亩。中华人民共和国成立前已无可开垦的荒地。但中华人民共和国成立后群众的生产积极性提高，千方百计找寻在以前看来似乎不能开荒种植农作物的山地，开垦后作为种植番薯、大麦、花生、豆类的园地，仅1957年即开荒23亩。

中华人民共和国成立后，由于畲族人民生产积极性提高，村里不仅赌风根绝，而且再也看不到游手好闲的人了。特别是在1955年办高级社后，大家都是起早贪黑地劳动，1955—1956年平均每日要劳动8小时左右。1957年"大跃进"时，每日出工平均8—12小时。每天的劳动量比中华人民共和国成立前增加1倍多。全村人人生产、个个劳动，就连六七十岁的老人也参加劳动。

中华人民共和国成立前畲族都是单干的小农，彼此在生产上仅偶然互相帮助，根本没有劳动组织，谈不到分工，每个人什么都干，男女也无差别。在1952年村里有了互助组，才算有了劳动组织，特别是建立初级社、高级社以后，劳动组织逐渐完善，开始有了分工。在初级社里，虽只20户，但组织为3个队，在高级社里分为3个大队、7个小队，并有8人组成的运竹排队和7人组成的烧砖瓦队，除这2个专业队外，其他生产队都有妇女。

1958年9月公社后，组织与分工达到更高的水平。

由于生产提高和收入增加，特别在初级社、高级社组织起来后，不断购置新农具代替旧农具，并且还使用了新式农具，如插秧器、快速收割器、喷雾器等。公社的社员们，还大搞技术革命，准备改装和创造适用于本地的新式农具。

中华人民共和国成立后耕作技术的提高甚为显著：

（甲）深耕方面：中华人民共和国成立前，水稻二犁二耙，深耕不过4—6寸，现在是三犁三耙，深耕一尺二三寸，比中华人民共和国成立前深一倍多；中华人民共和国成立前，番薯刨深八九寸，现在深刨到一尺五至二尺，比中华人民共和国成立前深一倍左右。

（乙）施肥方面：番薯在中华人民共和国成立前亩肥3800斤（牛栏、草泥灰1800斤，人粪2000斤），现在亩肥9000斤（牛栏、草泥灰7000斤，人粪2000斤），增加一倍半；中华人民共和国成立前，水稻是不施肥的，从1954年开始施肥，现在亩肥16000斤（泥巴13000斤、人肥3000斤）和肥田粉15斤。

（丙）选种方面：中华人民共和国成立前水稻种采用片选，1956年开始水选（用苏打水或黄泥水）；番薯种中华人民共和国成立前只挑无病的就成，现在选6—10斤重的，皮光滑、无病虫害的。

（丁）密植方面：水稻中华人民共和国成立前种子（一亩）17斤，株行距11厘米×15厘米或12厘米×15厘

附：中华人民共和国成立前后农时的变化

阳历	1	2	3	4	5	6	7	8	9	10	11	12
阴历	11	12	1	2	3	4	5	6	7	8	9	10	11
节气	小寒 大寒	立春 雨水	惊蛰 春分	清明 谷雨	立夏 小满	芒种 夏至	小暑 大暑	立秋 处暑	白露 秋分	寒露 霜降	立冬 小雪	大雪 冬至
解放前 单季稻 早					○						⌐	
晚						○	⌐				⌐	
解放后 连作稻 早			○	⌐			⌐					
晚							○⌐					
解放前 番薯 前薯		○			⌐							
解放后 番薯 后薯			○		⌐						⌐	——
解放前 马铃薯 前薯	⌐			⌐								
解放后 马铃薯 后薯	⌐			⌐								

○犁田、刨地　∅散种、插秧　⌐收获

米，亩丛五六千，现在亩种36斤，株行距3厘米×6厘米或3厘米×7厘米，亩丛四万；番薯中华人民共和国成立前亩种100斤，垅宽5尺，垅高3尺，亩株2千，现在亩种130斤，垅宽、高各2尺，亩株三千、三千五。

总之，生产力提高得很快，以种水稻和番薯所需劳动力与中华人民共和国成立前对比：中华人民共和国成立前1亩水稻要22人工和4牛工，现要85.50工和6牛工；中华人民共和国成立前1亩番薯要54人工，现在要153人工。做到了深耕细作。

党和政府为帮助畲族人民更迅速地发展生产，每年对本村的农业贷款和救济款都在二三百元以上，1956年对本村的农贷和救济款达500余元。

本村有木匠2人、锯板2人、作篾1人、切烟丝4人、理发3人。除木匠1人已参加建筑公司外，其他人都参加了农业合作社（已成为公社社员）。他们主要参加农业生产或参加一部分农业生产，手工业是作为个人副业进行的，从事手工业的社员，因现在烟种的少，除切烟丝的收入减少外，其他人收入都增加很多。

手工业种类	中华人民共和国成立前每年收入（斤谷）	中华人民共和国成立后每年收入（斤谷）	中华人民共和国成立后每年工数	日工资（元）
锯　板	400—640	1269.80	100	0.80
作　篾	450—970	1333.30	120	0.70
木　匠	150	2222.20	200	0.70
切烟丝	1000	857.10	50	1.08
理　发	–	1904.50	–	–

在青街（距此村3里）设有国营商店，商品齐全，现在村里至水头、顺溪买东西的少了。今年11月初在村里有了供应日用品的供销店，商品百余种，人们不用为了买点酱油之类的东西跑了3里路了。

3.畲族人民生活的改善

在党和政府的领导和关怀下，畲族人民的生产迅速

（计算单位：斤）

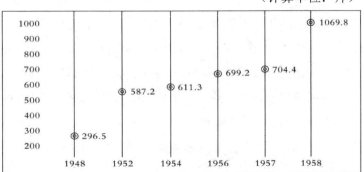

发展，人平均粮食分配量也快速增加。

每户每年粮食平均分配是：

1948年1070斤；1954年2729.50斤；

1957年2980.90斤。

每户除粮食收入外的货币收入：1948年伪币42.70元（每人10.70元）；1954年人民币86.50元（每人19.40元）。1957年每户的总收入平均为195.10元，每人平均为43.70元。

1954年全村已达到中农生活水平，1957年则大大超过了。

附：典型户材料

（一）中 农

1. 蓝响贵（51岁）

中华人民共和国成立前有6口人：本人、妻子、母亲、儿子、媳妇、女儿，有4个劳动力。中华人民共和国成立后，其女儿出嫁，新生孙女1个，劳动力2个，其儿子当山门公社党委副书记。

其曾祖父很早就死掉，留下妻儿两个，没有一点田地，祖父蓝宗犁12岁就在顺溪一带替人家放牛达6年之久，18岁时在顺溪当长工，至24岁被晓坑雷姓招婿，帮助雷家耕种，36岁时，雷姓生小孩，就把其祖父赶回本村。当时一无所有，祖父在高山自选茅房，租本村人的荒地开垦，另又替别人当长工。在高山住13年后，搬到山下，用自己当长工时积储的一点钱买入5分地，当时租入一片山林，栽植许多麻、洋青（染料）及其他树林出卖，并为人抬轿、卖工。在十几年中，以植树为主，陆陆续续买进点土地，至64岁时，树林均已长大，除造了一座五间的房屋外，尚卖出600株杉木，购进2亩田。

祖父70多岁时，父亲蓝茂丙与叔父分家，当时，家里已有田4亩多、地2亩、山林2亩多，并租入田5亩，其父分得田2亩多、地1亩，租田2.50亩，山林仍归两家合有。以后，两家卖掉林木，把原来佃租的土地买进3亩，各分1.50亩，2亩山林也平分。在父亲手里还买入七分田、三分地。本人手里也买入五分山林。这样，家里生活逐渐改善。但其父亲仍很节俭，不赌博，一辈子穿破棉衣、戴破帽子，有时到水头买东西也宁可饿肚，省点钱拿回家。

蓝响贵6岁即念书塾，10岁放牛，16岁参加农业耕种18岁结婚。中华人民共和国成立前夕，家里共有自耕田四亩六分、地2亩、山林2亩、租田1.30亩。农具及生活用具齐全，与叔父家合有耕牛1头、耙1张、自有犁1张，锄头、山锄各2把、房屋2间、床2张、锅3个。每年收入粮食，除交租400斤及口粮等外，余粮500斤。中华人民共和国成立前很少借债，有时遇青黄不接借一点，一有钱立即还清。

中华人民共和国成立前，受到国民党反动派的敲诈勒索。保长见其生活稍好，即多加派款。本来一家一个独子，只要花五角钱请1次酒就可领取免役证，但保长每年要他请3次酒，请了5年才发给免役证，弄得他把这的山林都砍光。1945年买入一头价值6.50亿元伪币的黄牛，被土匪写恐吓信，要去6亿元。

中华人民共和国成立以后，生活得到了改善。1954年收入谷子2500斤、地瓜米1800斤、麦子80斤、油菜20斤、毛猪120元、毛竹90元、砍柴20元、油茶15元。全年计交公粮375斤、卖余粮1800斤。全年的衣服用去80元，吃菜及过年过节送礼吃肉达100元。1957年共收入319元。平均每人每年生活费达53.10元。去年养兔子30多头，留自己吃，每年吃猪肉约130斤、鸡蛋100多个。

2、蓝响市（49岁）

中华人民共和国成立前全家6口人，男3人、女3人，劳动力2人。中华人民共和国成立后5口（本人、妻子、母亲、儿子、女儿）。

中华人民共和国成立前自有田4亩、地1.40亩、山林1.50亩，租入田2.25亩。房子5间，牛2头（1头耕牛），犁2把，耙1张，锄头4把，山锄3把，打谷桶5个，其他农具齐全。

其祖父时，本来只有半亩田，租入2.25亩，生活很苦，吃穿不够，但尽量节约，买入地1.50亩。父亲蓝茂本时，买了一亩半山林，把每年砍毛竹的钱都存下来，以后就用砍毛竹及养猪等副业收入以及向人家借钱，陆续买了3亩田，隔几年买1亩，共买3次。第一次用80块银圆，第二次105块，第三次110块。每次买田都是借钱，而且上次买田借的钱都还没还清。祖父在民国18年（1929年）盖5间房子，欠人家几十块钱，父亲因为买田又借富农200多块银圆，连同以前所欠共负债350块，每年70块利息。利息交了11年，才用砍毛竹、养猪等收入把本利还清。

蓝响市并非其父亲生子，系14岁招人当儿子的，以后他的父亲又替他另招了个只比他小3岁的儿子，并带来儿媳，加上他妻子，全家共有4个劳动力。由于 他父子三代都不是血统关系，很受人轻视，国民党保长见其田地多，派款也特别重。

21年前，他曾被国民党抽丁到台湾作劳工，10月后才回来，当时本村蓝茂奢也同去，因没有路费，向他借了10块，还不起，以后他就补给蓝茂奢30块，把其半亩田买来了。他招来的儿子在1948年死去，儿媳也嫁了人。因此以后耕种田地也请短工帮忙，春天耕田及压地瓜时，请六七个短工，主要是以牛工换人工。冬到收割时请9个短工，每工除吃饭外，工资5角钱。其耕牛每年出租12天，每天16斤水谷。交地租650斤、派款120元、谷费45斤、地瓜费500斤、口粮3000斤、化销120元。

中华人民共和国成立后每年收谷子3350斤、地瓜米2000斤，卖工6元、毛竹79元，卖小猪100元、猪35元、茶8元，卖余粮1000斤60元，卖小牛45元、竹笋15元。1957年收入108.10元，平均每人有61.62元。

（二）贫 农

1.蓝德点（52岁）

全家6口人，3个劳动力。

家中本有3亩水田，其祖父眼睛瞎掉，年老无法生活，卖掉了2.30亩田。以后他父亲死又卖掉5分，以葬父。结果自己剩下5分田，租入2.80亩，每年交租625斤。

中华人民共和国成立前生活相当困苦。除交租外，全家仅剩下1000斤粮食，只够吃到二月，每年六月就开始挖尚未成熟的地瓜吃。平时每顿饭只用半斤米与一斤地瓜丝煮稀饭，一家6口人喝点米汤，经常跑到山上采野菜及草药，有时草药卖了钱，换1斤多地瓜丝作汤，让劳动的人吃点儿，其他的根本吃不上饭。一年中有20多天是挨饿的。有一年野菜找不到，老婆与儿子到外地讨饭，要点地瓜丝与剩饭带回来大家吃。家里猪、羊、鸡都养不起。

全家只有破锄头与山锄各1把、破棕衣1件、破晒谷簟1个、2担破筐。过冬时，睡觉没有被子，6口人盖一件破蚊帐，再用棕衣盖上，整夜抱着火炉，根本没做过衣服，都是买别人不要的破衣服。

有一年因受灾，收成很少，连650斤的地租都交不起，还差100多斤，只好向别人借5块钱，把收成的500斤地瓜米拿出300斤当利息，自己没粮过年，便带着妻儿至山上挖草药。1938年国民党派他当壮丁，要他30块银圆，付不起，就把父亲留下，带妻儿到他岳父家住了4年，但是保长还要抓他的壮丁，他的父亲跑来莒溪，告诉他："咱们要交不出30块钱，你就得当兵，要不他们要把我抓去。"于是，不得不回村，当天即被抓去，幸而体格检查不合格，才被放回。

以后他的身体因挑矾卖工坏了，到桥墩替草药店挖草药，100斤卖4块钱。此后，生活就专门靠挑草药过活，家中劳动由妻儿去做，后又到水头卖草药，学了两年看病，回来后，生活无着，仍旧卖草药。

1952年土改时，分入田4.10亩、山林1.20亩、耕牛四分之一头、耙四分之一张、粮食150斤。1957年工分1700个165元、养毛猪1只23元、母猪1只生小猪47元、当土医师收入65元、砍柴12元、茶8元。支出：口粮2705斤、过节20元、做衣服26.50元、吃肉喝酒75元、送礼请喜酒12元，平均每人粮食与花销共44.70元。

中华人民共和国成立几年除养2头猪外，养鸡3只、兔2只、购买山锄2把、棕衣2件、新建炉灶1个，农具都重新修理过，新添棉被2床、被单1床、棉衣1件、绒衣1件、单衣11件、雨鞋1双、雨伞1把、手电筒1个，两个小孩子上了学，自己参加民校学习，识字1200个，摘掉了文盲帽子。

2. 蓝响论（63岁）

中华人民共和国成立前有5口人，男3人、女2人。现在仅自己与外孙两口，没有劳动力。

中华人民共和国成立前有田0.20亩、地3.50亩、山林0.20亩。每年收入谷子200斤、地瓜丝1100斤、猪12—13元、毛竹8元、挑炭4元。每人每年的生活费（口粮与零用）只有244斤谷子与0.60元，因此生活十分寒酸。

每年收多少粮食只能吃多少，因为他家没有东西抵押，所以人家既不租给他田，也不借给他钱与粮食。每年粮食吃到六七月就要吃生地瓜。经常挨饿，或吃烂地瓜头及野菜，或野菜与半斤地瓜混在一起吃，大米饭从来没吃过，就是做点稀饭，最多也不过放一斤半米渗着地瓜吃。油盐菜更是缺乏，每年只买10多斤盐，青菜经常不下盐，酱油、醋、鱼都没吃过。有时搞点菜油，从未见过猪油。过年节时，只有极少的年酒、年糕，买点蜡烛、燃纸。

住着一间破茅屋，连盖草房的稻草都是向人家要的，房子在有风时都不敢住，冬天时，住屋破烂也别无办法可想，没有棉被、棉衣过冬，6月穿什么，腊月还穿什么，只盖上2件破棕衣过夜，或把稻草白天在太阳下晒晒，夜里盖在身上。冬天早上很寒冷，只得晚起，抖得连晒地瓜丝都没法干，有时就到外面去晒晒太阳、暖和暖和身体。女儿在很小的时候，冬天都穿破短裤子，穿的衣服破烂不堪，都是把别人不要的破衣拿了来，大多不合身，无法改也只好穿着。一人一身打了好几个补丁的破衣，连换下来洗都不可能，一年有七八天要补衣服，但是一根针得用好几年，线也是用自己的麻制成。

全家剩有一把破山锄及破锄头，锄头只有二三寸，挖地时得用力三四下，并且还得拿去修理修理才能用，买不起新的，犁田耙田都用山锄挖，晒谷席破好几洞，晒谷时要把谷放在没有洞的地方，全家没有地瓜扁，只有4个草扁，地瓜米用草扁或放在山上较平的石头上晒，打谷时得跑得很远的地方借打稻桶，自己的山地没有什么土，谷种少得可怜，插秧时不够，都向别处找人要剩下的秧苗，种地瓜没有干栏，只得用山上的草堆在一起，等它烂后使用，肥料仅用草灰肥，3亩地才施20多担。

家里没有床，只搭几块板，有一个用了17年的破锅，一张缺了一脚的桌子，全家大小碗9个、筷子8双、菜刀1把、菜刀与碗筷用一个破柜放，还有一个小得不能装东西的烂桶，放地瓜丝只好用两块板栏一下，盖上稻草。一担箩筐已用了30多年。

过去的苦处真是说也说不完，生活已经十分困苦，还得受国民党的剥削，每年要交壮丁捐、酒税、派款等，同时要给保长送礼，有一次送给保长2只兔子，另一次派3块钱交不起，保长就把他唯一的山锄拿走，自己至乡里苦苦央求，挨了一顿臭骂才要回来。因为生活困难，蓝响论在32岁才结婚，妻子是一个寡妇，两人相好，就在一起过了。

中华人民共和国成立以后大大翻身，土改时分入田1.65亩、盆1个、盆架1个。1954年收入稻谷750斤、地瓜米1600斤、麦子30斤、油菜25斤、猪32元、羊11元、茶叶14元，除交公粮外，余下粮食2110斤，平均每人有703.30斤，全家3口顿顿吃饱。全年共花销40元，还有10多块坟砖，并养兔12只、鸡3只、山羊4只、猪1头。

1957年全户谷子650斤，地瓜米1700斤，猪、羊、茶等收入60元。农忙时女儿与女婿来帮忙，外孙与他一起过活。交公粮104斤，卖余粮850斤，全年花销45元，作坟50元。中华人民共和国成立后新添了棉被棉衣，单衣每人有3套。他外孙还上学念三年级。

1958年10月，公社决定送他进幸福院，他对党非常感激，说："要没有解放，我这一辈子都只有住在山上挨饿受冻了"。

3. 蓝德情（41岁）

1948年全家3口人（本人、妻子、儿子），2个劳动力。现在增加儿子1个、女儿1个，共4个劳动力。

中华人民共和国成立前自有2分地。租入顺溪地主1.50亩田，押金11块洋钱，每年收成650斤谷，交租550斤谷。有2间房子，没有耕牛，犁耙、板锄、山锄、砍刀各1把。

祖父蓝茂株时，有6口人，田3亩、地1亩多、山林2.50亩。其父亲蓝响皆与本村地主本是亲兄弟，兄弟俩分别给这家和地主家招为儿子，约20年前，因母亲生病，向地主借钱医病，不久母亲死又借钱埋葬，以后父亲续娶，又负很多债，利息一年滚一年，结果把田地都卖给地主了。他家借地主100块，被取去1.50亩田，而另外1.50亩也卖给顺溪地主，并变成他的佃户。

至蓝德情时，家里田地已卖个精光，连晒地瓜米都没有地方，得把地瓜扁搭到别人田里。中华人民共和国成立前，每年收入粮食除交租与付高利贷利息外，仅剩口粮340斤，平均每人只吃2月，每天只喝一两餐稀饭。二月后，只好依靠野菜、米糠、麦皮、地瓜叶、烂地瓜种度日，每年有十几天饿肚皮，家里农具与生活用具破烂不堪，没有棉被、棉衣过冬，盖上棕衣与一顶破蚊帐，及用蒸笼取暖，衣服都是买破旧摊的。有时生活困难，同其亲叔叔地主借一两斤米，但地主逼着他帮工，用工资还债务。因此，他与妻子不得不出卖自己的劳动以求生，两口子天天扁担不离肩，至距离100多里的凤阳乡去挑矾，也到五六百里外的泰顺挑炭，一次要三天半时间。本人每年做短工70天，卖工150天，其妻子卖工130天，每年仅有100天时间在家。就是卖工，也不足以维持生活，连小孩子都养不起，中华人民共和国成立前曾饿死3个小孩。

其卖工收入的一半都被抽税抽掉了，为了交纳壮丁费，卖掉了全家财产。有一次卖壮丁，向人家借100块，每年利息150斤谷。同时还要送鸡、猪腿、年糕等给保长、保队副。

1952年土改时，家里分到2.15亩田、6分山林、粮食30斤、棕衣1件、箩筐1担、地瓜扁10个。中华人民共和国成立后，生活逐年改善，很快上升到富裕中农的生活水平，再也不用卖工了。1954年收入谷子950斤、地瓜丝1200斤、油菜40斤、麦子60斤、猪45元、羊25元。除交公粮40斤，卖余粮100多斤外，自由市场还卖去200多斤粮食。全年花销（包括喝酒、请客）用去100多元。1957年做1500多工分、砍毛竹15元、柴火25元、山羊25元、猪40元、挖树根等25元。全年收入共260元，平均每人有65元，每月可吃一只兔、半只鸡，每年可吃鸡蛋60多个。

中华人民共和国成立后新建楼房1幢，衣服每年可做二三套，新添棉被1床、棉衣3件、绒衣1件、青年装2件、被单1床、棕衣1件、锄头山锄各2把、晒谷簟1个、雨鞋1双、钢笔1支、桌子1张、烟锅灶1个。新近又买球鞋1双、手电筒1支。以前只字不识，现已识得几百字，儿子也摘掉了文盲帽子。

（三）雇 工

1. 蓝德浙（36岁）

中华人民共和国成立前仅自己一口，租入他姑母家顺溪地主田1.50亩，自己只有山林1分、半间房、1把很短的锄头，其他别无所有，终年替地主当长工，出卖劳动力。

原来家里也有点土地，他爷爷时有两片很好的山林，起码值七八十块银圆，因借地主10块银圆，还不起，地主就再给他家4块银元，把山林夺去了。租来的1.50亩田原来也是他家的，因借姑母家几块钱，也给夺了。

18岁时，父亲整年在矾山卖工，自己随母亲去要饭，每天在庙、嗣堂、炭窑里过夜。一年家里只剩下100多斤地瓜丝，年年没粮过年。全家靠吃地瓜头、草根、死狗等充饥。本来他父亲生下他6个兄弟，3个溺婴而死，1个给人家当儿子。不久，母亲与另一个弟弟因吃死狗、死羊、草根而死，父亲也因吃烂地瓜病死，连棺材都没有，只用几块板埋了，全家只有他一人。

16岁时，开始给地主家放牛、种田2年，在桥墩放羊1年，章山放羊1年，也给地主作2年长工。

给地主放牛，每年工资只两三块，名义上是放牛，实际上什么事情都干，地主把他当牛马使唤，整年得做工，只有过年闲几天，一天从早干到晚，早晚还要挑水，夏天最热的天气里，在火热的中午，也要割草与到田间干活，有病地主也不准停工，但就是这样，还要经常挨地主的骂，常常把他骂得哭了。

在地主家顿顿都是地瓜丝，经常吃不饱，而地主却骂他："穷鬼真会吃！"每晚睡在地主的一间堆破烂东西、养鸡兔的破房里，盖一床地主不要了的破被，穿地主的破衣和屁股都穿烂了的裤子，生下来从未穿过新鞋、做过新衣……只有1946年连年挑炭，换了一条裤子，鱼肉也都没尝过。中华人民共和国成立前，根本娶不上老婆。

租他姑母家的1.50亩，每亩收成500斤，但租也要500斤，自己只剩下些稻草及150斤地瓜丝。

1952年土地改革，蓝德浙分入1.50亩、粮食90斤、晒谷席1个、地瓜扁5个，这才有得吃，土改后，年年可卖余粮100多斤，并招了个儿子，上小学三年级。中华人民共和国成立后，新购板锄、山锄各1把，棕衣1件，添了新的衣服与棉衣，他儿子上学时，政府还救济了1条裤子与1件棉衣。

2. 蓝德阔（32岁）

全家仅1口人。中华人民共和国成立前一无所有，根本没有户籍，从9岁开始替地主放牛，共干了13年长工。

其家很早就没有土地，租田半亩。父亲原系招来的女婿，因与母亲感情不和，在他年幼时就离家回原乡。家里留下祖母、母亲、妹妹及自己4人，本人生下时，只用一块破布包身，住一间下雨都不能住人的破房，年幼即随母亲到外地要饭，在破庙及破茅房里过夜。冬天下雨时，没衣穿，冷得直发抖，又要不到饭，常常一两天没吃饭。9岁时，母亲与妹妹在讨饭中得传染病而死，祖母也相继死去，只剩自己一人。开始给人家放牛、当长工。

先在莒溪为一蓝姓中农放牛1年，以后给青街地主放牛，放牛工资每年仅2元。但地主要他干各种活。13岁那年，替地主搬纸，因力小搬不动，地主打他，以后就又换到啼山、黄坑等地放牛。从9岁至16岁共放牛7年之久，16岁到中华人民共和国成立前夕，干了长工6年。开始给本村地主做1年长工，以后又给水头闹村地主做长工5年。在当长工的十几年中，没有自己的房子与户籍，吃住都在地主家，有时回本村，在叔叔（中农蓝响尾）家住两三天。

当长工除吃外，每年工资10多块伪币，常常在年初时讲好工资价钱，至冬天算账发钱时，货币早已贬值，每年干活340天以上，天没亮就得出工，摸黑才收工回来，早晚还要为地主挑水。除了农活外，还替地主砍柴、砍竹、喂猪等等，有时地主叫他挑200多斤重的毛竹，挑不动也只好硬撑，因而累得生病。此外还要替地主卖工，如挑烟丝等，收入全归地主，自己一个子儿也捞不到。在闹村平原地带，地主全家吃大米饭，而他却吃地瓜米，每晚在地主的牛栏里，用两块破板当床睡觉，十几年来没做什么新衣，盖破被子。

中华人民共和国成立后，他回到了本村，分入田1.16亩、地1分、新锄头1把及地主的1张新床。于是，他就在自己的土地上，辛勤劳动，生活大为改善，年年丰衣足食，并用自己节约的钱造了一幢新房。1954年收入谷子500斤、地瓜丝700斤、砍柴30元，除交公粮及留种外，卖余粮400斤，自留口粮800斤。1957年做700工分，连砍柴等收入共100元。中华人民共和国成立后，新买锄头、山锄各1把，棕衣1件，锅1个，菜刀1把，铲子1把，火钳1把，棉被1床，绒衣1件，被单1床，雨鞋1双，手电筒1个。自己还入了民校，扫了盲。他认为只有在党的领导下，才能翻身，没有党，一辈子都要当长工。因此，几年来，积极劳动生产，"大跃进"中，成为办公社的积极分子。

四、物质生活与风俗习惯
（一）畲族人民的物质生活及其变化

畲族村王神洞位于低矮的山坡上，四周群山环抱，山峦起伏，中有山涧流水汇成小溪，风景很美。交通很不方便，通向外村只有曲折的山坡，没有任何交通工具，运输只靠肩挑。为了改善山区人民的交通条件，1957年10月已在此地进行公路测量，一条从王神洞至青街，一条从山门至莒溪经过王神洞，预计年底可开始动工修建公路。

畲族人民有自己的民族服装。妇女上衣前襟绣有五彩花纹，新做的服装有两层花纹，预备穿坏后去掉上面的，里面还有一层，下装穿裤，一般都是黑色；妇女头上戴有关冠，高约3寸，配有珠穗和银片作为装饰，在节日和结婚时戴；中华人民共和国成立前畲族妇女全部留有头鬓梳在脑后，少女梳一根发辫垂在后面，中华人民共和国成立以后，由于和汉族往来密切，相互学习，为节省时间，在妇女代表雷月枝的带头下，1952年全部改为短发。中华人民共和国成立后由于生活提高，畲族人民做了很多新衣，多仿汉人服装制成。现在，畲族的民族服装在日常生活中已看不到，仅有的几件只放在家里保存，节日时偶尔穿穿。男子服装与汉人没有差别，只在男女劳动时腰间围一块自制的布巾，腰带上面织有各种花纹，为了节省衣服，保持清洁，至今仍然采用。

畲族人民主食以番薯丝为主，有少量的稻米、糯米、马铃薯，畲族人民最喜欢吃的是用糯米做成的食巴，也称山客饭，是每逢年节和请酒办事都不可缺少的食品，并喜食肉类，一般家庭都饲养几只鸡、兔和一两头猪，日常一般菜蔬是鱼和萝卜、大豆等。

住的为木屋，上盖稻草或瓦片，窗户很小，屋内光线很差，因年代长久，房屋全部熏黑，中华人民共和国成立以后才开始大量建造新房，1954年一年就造新房20多间，到1958年共建新房47间半，原来的草棚都换了新房，人民的居住条件大大改善。

（二）社会组织

本村共有蓝、雷两姓，蓝姓67户，雷姓4户。雷姓来此较晚，到现在只住了3代，是从莒溪搬来的；蓝姓到这里已有200多年。本村蓝姓是同属于第二房（第一房在泰顺，第三房在洋尾，第四房在福鼎上陶）。第二房以下又分为4个房，每房成员已打破血缘聚居的关系，并不与同房住在一起，但同一小房的人来往更为密切，如一般结婚、做坟、办酒，小房中的人都聚在一起，小房没有专门的负责人。本村蓝姓同属于一个祠堂，雷姓属于一个祠堂，蓝姓祠堂在洋尾，雷姓祠堂在张山，每年一月十五日要在祠堂祭祖，祭祖由各房轮流主持，每次祭祖摆两桌酒席，出席人也要轮流（上年岁的男人），祭祖用的钱一部分由畲田的收成上支出，一部分由各家平均分摊。

过去本村有一个"头人"（蓝茂周），由大家推选，条件是公道、忠厚、又会说话的人。头人威信很高，大家都听他的话，一般选上头人的都不会有问题，如果不称职也可以改选，其职务是负责管理族谱和公田，解决村内发生的问题。如过去本村蓝姓一户家里很穷无法过年，就到地主家扛了几根竹子，地主不肯，要罚他，因他家很穷无钱，地主就把他家的家具全部搬走，并把人捆起来，头人蓝德周就到地主家讲情，于是叫蓝姓办了一桌酒，请一请地主和头人及村里一些其他的人就算过去了，如果没有头人从中说话地主是不肯的。

（三）家庭与婚姻

本村畲族多为二至六口的小家庭，没有几代住在一起的，兄弟结婚以后就分家，父亲自己住或和小儿子住在一起。财产继承问题一般是兄弟平均分配，但长子可以多分一些，如果长子有长孙，可先抽出一部分约相当于每股所分的土地，其余再按几个兄弟平均分配，一般田地太少只适当照顾一下长子就可以了。父母在时，要留一部分财产，够其生活，父母死后再把父母的一份财产平均分配，没有娶老婆的兄弟可以多得一些，称为"老婆本"。妇女在家庭没有继承权，如果没有儿子用女儿招婿的，可享有家庭财产继承权。

结婚的范围：同姓可以结婚，同一祠堂的不许结婚，姨表兄妹可以结婚，姑表兄妹结婚的很少。

结婚的过程：首先订婚，一般男女从七八岁就开始订婚，有媒人从中说合，媒人大都为男人，到男女方家说明对方的情况，如果双方同意，由男方父母到女方家相看女子的相貌和品德；也由女方父母到男方家看家庭情况和财产，双方家庭同意后就下定礼，由女方家要多少钱，一般是40块银圆，也要看家庭情况而定，定礼钱不一定一年拿出，可分做几年拿，但必须在结婚以前交完。下定时男方要请客，预备糯米巴、酒、面和4样小菜，要担到女方家请客，送去时女方家只留一半，其余一半挑回，女方要备衣服一套、毛巾、花生饼给男方。结婚一般在十七八岁。结婚前3个月男方要送"日子"给女方，用红纸写上结婚日期。送日子也要送东西，有糖年糕（60斤）、猪肉40斤、面15斤、8条鱼、4样菜，女方收三分之二请客，其余挑回，女方要预备衣服、帽子、鞋、袜、毛巾、花生饼带给男方，并有五色彩线（红、绿、蓝、白、黑）。结婚前一天还要送礼，称轿前聘。有年糕（60斤米做的）、猪肉4样菜，还有半斤面（作为媒人的点心）送到女家，女方全部收入，女方要预备陪嫁，有被子、衣服、家具等，结婚当天把陪嫁抬到男方家，结婚要用花轿，并打锣、打着灯笼，新娘上轿前一定要哭，骂父母狠心，结婚当天男方要备酒请客。结婚3天后回家，由兄弟来接。对媒人的酬谢是衣服1件、猪脚1个、1包面、1块多银圆。

畲族人民为一夫一妻，没有抢亲的现象，有因感情不和而卖妻子的。

由于结婚仪式频繁花钱太多，因此有些人娶不起妻子，有的因结婚变卖家产。中华人民共和国成立后新婚姻法颁布后，畲族人民也按婚姻法办事，由父母包办改为自由恋爱结合。形式简单，也不用大办酒席，有老人反映："这样很好。不必父母操心，又避免浪费，省很多钱，过去有人结婚都搞穷。没有共产党领导还改变不了这个习惯。"

（四）丧　葬

畲族习惯人死后用棺材，有的用几块木板抬到山上，过二三年拣骨入罐，选择好日期再葬埋，丧葬时要吹打，备酒席，请巫师做功德。巫师不参加农业劳动。

（五）习惯法

如因穷困偷些小东西没有处罚，劝一劝就是了，如果偷贵重的东西就要请酒罚款。儿子与父亲打架要备酒请亲戚，这种请酒被认为是无名誉的事情。

（六）节　日

有一月十五、八月十五，每年两次祭祖，三月清明办酒扫墓，五月初五端阳节吃糯米粽，九月九日祭齐天大圣的生日，能保家口平安，三月回阳忌虎爷，是插地瓜秧的日子，能保护地瓜的成长。

（七）禁　忌

压地瓜种和插秧要选择好日子，否则庄稼不易生长；小孩子生下来就要算命，以知道小孩犯的是什么关，如果算出不祥，便要请巫师过关；正月初一不许借火种，债主不许讨债，一般借债的农民过年那天要躲藏起来，到了正月初一才敢回家；初一、十五不许挑粪；八月初一不许出门。

五、文教与卫生

（一）中华人民共和国成立前的文教情况

畲族人民由于生活贫困与反动政府的统治，中华人民共和国成立前很少有入学机会，本村在中华人民共和国成立前只有4人（其中一人是地主子弟）念过2—4年书塾，其他全部是文盲。反动政府在文教上也实行民族歧视，畲族子弟入学比同年级的汉族学生学费要多缴三分之一，否则就不收。他们在学校里，什么话也不敢说，什么事也不敢做，并受到同学的欺辱。有的少数民族子弟到小学念书，就要瞒名改姓，如有蓝长行（莒溪人）在鳌江中学读书时，改为姓曾。在畲族中流行着两句话："找人无人，要告无钱。"意思是说本民族没有文化，要告状，写状纸都找不到人。

中华人民共和国成立前全县只有少数民族教师3人，而且职业不固定，反动政府随时可以解聘，教师生活水平很低，每年工资700斤稻谷，靠一月工资至月底连一双草鞋都买不起，教师生活很不安定，每年寒暑假都要东奔西跑找工作，以备解决最低程度的生活。

（二）中华人民共和国成立后文教事业的发展

1956年9月，本村开始办起小学，有学生29人（畲族28人、汉族1人）；1957年10月，学生数发展到34人。至今年10月已有学生43人，其中有8人在乡完成小学，本村小学有35人（1—3年级），学龄儿童已全部入学。学生家庭成分：贫农26人、中农7人、地主1人。中华人民共和国成立后，本村还有6人上农业中学、2人上中学、1人上幼儿师范。学校经费，除校舍是由民房改作，桌椅等由社里自制，其他一切经费和教师工资完全由政府发给，如1957年下半年就发给王神洞小学9元，教师工资1956年21元，1957年25元（每月伙食不到10元）。

学校教学方法也贯彻了教育与劳动生产相结合的方法，课程安排除一般功课外，每星期有3节劳动课，3节政治课。政治课的内容是读报、讲国内外形势；劳动课内容有洗铁砂、烧木炭、积肥、帮助社里割稻等中心工作。在10月15日—10月31日半月内积肥600斤、烧木炭300斤、洗铁砂100斤、养猪2头，计划要种3分菜园地，在下半月要积肥1200斤。除正式劳动课劳动外，其他在中午或晚饭后还有参加劳动的时间安排。劳动是有组织的，由老师带领，参加一些社里的中心工作。

为了培养儿童的组织性纪律性和集体主义精神，本村小学学生要全部住校，校舍早已备好，因为现已冬季，故正准备学生的棉被。从11月开始，学校又开始办学生食堂，统一在校内吃饭，并且将要把附近的4个学校（朱山、九岱、王神洞、白岩）并在一起，共130个学生，实行集体住校。

政府为照顾少数民族子弟入学，现又把学费减少5%，按每个学生家庭的具体情况决定。家庭富裕的交5%以上，比较贫困的则交不到5%或免费。

学生家长反映很好，现在孩子不但能上学，而且有的孩子过去很懒，现在都变爱劳动了。蓝德成反映，过去一个儿子上不了学，现在有2个儿子上学，不用说2个就是4个儿子也能上。

学校教学一律用普通话，解释时用福建话，很少用本族的语言。

从1955年开始办起民校。农民白天劳动，晚上读书，当时有127个学生，讲课内容是农民课本与跃进课本，其中包括有生产知识、国家建设与好人好事。1956年停办，1957年下半年又继续办起。

扫盲情况：本村有10人参加扫盲。他们认识到中华人民共和国成立前没有入学、不识字，中华人民共和国成立后有此机会，因此情绪很高。不管路途远、下雨山路又陡又滑，还是坚持学习。妇女也参加扫盲，现在一般都会写信，并培养了3个记分员。

在文娱活动方面：从1954年，王神洞群众自己动手，建立了全县农村唯一的篮球场。每天，当人们经过了一天的劳动后，在晚饭后休息之余，就都聚集到篮球场上来，进行着友谊的球赛，篮球成为他们喜爱的运动之一。本村还订了很多杂志、报纸，有《浙江日报》《浙南日报》《浙江青年报》《少年报》《文化报》《平阳报》《红旗》《求是》《民族团结》等等，供摘掉了文盲帽子的青壮年业余阅读。

畲族人民喜唱山歌，至今仍很流行，不论在劳动中和饭后休息时间或看戏、看电影回来的路上都可以听到他们的歌声。山歌内容以情歌为主，为男女对唱方式，如果有外地客人（畲亲）到此，本村青年便以挑战方式邀其对唱，对唱时有竞赛的性质，如果一方被唱倒，便予以讽刺与讥笑。近年来，尤其在"大跃进"、办公社以后，畲族人民所唱的山歌也增加了新的内容，对共产党毛主席的感谢、对新生活的颂赞等均通过歌唱表达出来。儿童、少年唱山歌的已不多，大都用普通话唱新歌。

（三）中华人民共和国成立前后卫生情况的变化

由于生活贫困，中华人民共和国成立前畲族人民的卫生条件很差，有的一家住半间房，什么东西都堆在一起，养猪就在床的旁边、养鸡养兔就放在床下，不经常进行打扫。中华人民共和国成立前畲族人民普遍未用过有肥皂（以茶饼代替），由于衣服破烂脱下来就没有换的，所以衣服也不常洗，只有天气暖和的中午脱下来洗一洗晒干后马上穿上。吃的东西也不太注意卫生，有病就请巫师到家请鬼，一次不好再请，有的连请好几次，病人死掉的很多，中华人民共和国成立前请巫师的现象非常普遍，很少人有病请医生看。

中华人民共和国成立以后，政府对少数民族的健康非常重视。1957年政府派防毒队到王神洞，给畲族人民普遍进行了验血检查，共检查202人。对患者马上进行了治疗，家庭贫困的进行免费治疗，此外，政府还经常派卫生队，给畲族人民种牛痘和打防疫针，并实行免费治疗（如蓝德水、蓝德足二人，在1953年和1954年两年就享受免费治疗达300余元）。1956年流动保健站在此地建立，并培养了一个畲族保健员。

中华人民共和国成立后经常开展卫生运动，每年都要进行几次大扫除，从楼前楼后，灶前灶后，到各种农具都进行彻底的打扫，改善了畲族人民的卫生条件，更主要是由于生活的提高，有了换的衣服，使用了肥皂，衣服经常换洗，有病就请医生看，请鬼治病的方法已完全绝迹，畲族人民的健康水平大大提高。

六、民族关系

中华人民共和国成立前，在封建制度残酷压迫和剥削下，畲族人民过着极其贫困的牛马般的生活。同时由于统治阶级的大汉族主义，也造成民族间的一些隔阂。

但是畲汉劳动人民之间长期以来却建立了友好亲密的关系，在经济、文化等各方面极其融洽，互通有无。畲族原来耕作技术较落后（刀耕火种），以后从汉族地区传入较先进的水稻、地瓜等耕作技术。手工技术、手工工具及农具等也都自汉区传入。畲族没有本民族的商人与市场。一切商品交换都必须到汉区进行，王神洞附近的青街、水头等实际上便是汉畲两族人民共同的市场。

中华人民共和国成立后，畲族人民在政治上翻了身，成为自己土地上的主人，在党的民族政策光辉照耀下，畲汉劳动人民悠久而友好的关系得到了进一步的发展。畲族人民与汉族劳动人民一起斗争了两族的封建地主，没收地主的土地，共同进行分配，王神洞畲族在土改时就曾把15亩土地划送给贡后汉族村。以后王神洞又与附近十五亩汉族村建立了联合社，社长由汉畲两村人共同充当，他们互相商量工作，统一领导两村的生产。过去，本村柴火不多，没柴烧想到汉族村（十五亩）山上去砍，人家不让砍，现在十五亩汉族主动请畲族去砍柴。本村造房林头不够用，到贡后村去买，但汉族人却不要钱，说随便拿一些就算了。贡后汉人陈宝廷家里房子坏了，本村有20多人前去帮助他修房子，并且不肯在他家吃饭，陈宝廷感激地说："这是过去从来没有的！"贡后老人家也很感动，说："现在真正畲汉一家人了。"过去两族小孩在一起放牛，常常互相辱骂，中华人民共和国成立后经过大人教育后，关系相处很好。在婚姻关系上，也打破了历史上汉畲互不通婚的惯例，有两个畲族人娶了汉族妻子，有一个畲族妇女嫁给了汉人。

在党的教育与关怀下，畲族人民的觉悟空前提高，他们明白了过去民族间的一些隔阂是反动统治所造成的。他们说从前和这些汉人相处，关系不好，中华人民共和国成立后也是和这些人相处，但是却互相帮助，互相关心。从前国民党军队来了，抓鸡抢劫。现在解放军却帮助我们，1953年有的畲族老人到莒溪挑东西挑不动，解放军就帮他们挑了。他们认为我们的国家是一个多民族的国家，不团结是不行的，全国应该团结得像一家人一样。附近的贡后与十五亩等汉族人民也说，我们应该向王神洞的畲族人民学习，特别是应该学习畲族妇女爱劳动的习惯。

现在，王神洞与贡后村等都同属于山门公社青街大队的一个连，在公社的大家庭中，通过共同的劳动与生活，汉畲人民之间建立了崭新的民族关系。

中 国 科 学 院 民 族 研 究 所
福建省少数民族社会历史调查组
调查人：章以淦、陈佳荣、袁钟秀、蓝天两
翻　译：蓝天两
1958年10月

后 记

2015年4月28日，青街畲族乡召开会议，传达了浙江省在丽水召开的民族乡（镇）志培训会议精神，就编写乡志有关问题，如乡领导分工、乡志领导小组、办公地点、经费、编纂人员、顾问、交稿时间等进行研究。会议决定：乡长任乡志领导小组组长，乡人武部长（现乡纪委书记）任副组长，具体负责乡志编写工作；编写组由蓝朝罗、雷朝欣、池云亮、池方垞、李志晃、雷顺迎等6位组成；顾问为黄益谦、李信谦同志。

5月，编写组人员召开会议，首先根据《浙江省民族乡（镇）志》篇目，九章内容进行分工；其次分阅《沐尘畲族乡志》、邻县的《桥墩镇志》等；第三查阅《浙江省少数民族志》、《平阳县志》、《平阳年鉴》、县档案局有关资料、各姓氏宗谱等。

之后，进行资料搜集，并进行卡片制作。根据省民族乡（镇）志编委要求，按照先易后难，先近后远，先内后外，先"主"后"辅"等原则有序进行。取得材料，接着对材料进行梳理鉴别，去粗取精，去伪存真，使材料真实可靠，然后才进入志稿。

根据九章内容，编写组进行了分工：大事记由蓝朝罗、池云亮执笔，第一章由池云亮执笔，第二章由池云亮、池方垞、雷顺迎执笔，第三章由蓝朝罗、池方垞、雷朝欣、雷顺迎执笔，第四章由池方垞、雷顺迎、雷朝欣、李志晃执笔，第五章由蓝朝罗、池方垞、池云亮执笔，第六章由李志晃、雷顺迎执笔，第七章由李志晃、雷顺迎执笔，第八章由雷朝欣、池云亮、池方垞执笔，第九章由池云亮、雷朝欣、李志晃、池方垞、雷顺迎执笔。畲话节为温州大学马贝加教授撰稿。

为写好青街畲族乡志，2015年12月请平阳县志办副主编卢立新先生就如何写好乡志进行指导。丽水学院研究员施强教授、文学院院长杨杰教授两次来乡进行具体指导。

回顾编写过程，编委虽然做了大量工作，数易其稿，又经卢立新先生润色，但离上级的要求还有很大距离：一是资料欠缺，许多知情人已过世，资料搜集遇到了困难；二是编写人员年龄大，最大接近80岁，身体弱，工作艰辛。

《青街畲族乡志》编纂完成，是畲乡的一件大喜事。在本志编写过程中，得到了乡党委、政府及各村、各部门的支持，还有畲、汉两族干部、知情人士提供的意见，在此致以衷心的感谢！

由于时间紧迫，水平有限，错漏之处在所难免，恳请批评指正。

《青街畲族乡志》编委会

2019年6月